紀念瑞安林尹教授百歲誕辰學術研討會論文集

李鍌題耑

（下）

國立臺灣師範大學國文學系
主　編

會議時間：九十八年十二月十九日（星期六）、二十日（星期日）

會議地點：國立臺灣師範大學綜合大樓國際會議廳（臺北市和平東路一段129號）

主辦單位：紀念瑞安林尹教授百歲誕辰學術研討會籌備會

協辦單位：教育部國語會　國立臺灣師範大學文學院　國立政治大學中文系
　　　　　東海大學中國文學系　文化大學中國文學系　輔仁大學中國文學系
　　　　　淡江大學中國文學系

文史哲出版社印行

紀念瑞安林尹教授百歲誕辰
學術研討會論文集
（下）

目　　次

論陳澧處理《廣韻》同韻二音
衝突之方法及其得失

潘柏年

摘　要

　　陳澧《切韻考》共有二表，以四聲、聲類、韻類，列表整理《廣韻》音系，並校理切語。然其條目，細緻有餘，系統不足，不免流於瑣碎，難窺源流。故本文之旨，乃將其逐條整理，分門別類，以闡明陳澧校理《廣韻》之方法，並指陳其得失。限於篇幅，僅討論陳澧處理《廣韻》同韻二音衝突之例。

　　《廣韻》共九十七處存在同韻二音衝突問題，陳澧以爲「《廣韻》同音之字不分兩切語」，故陳氏於此必加解釋：或判爲增加字，或認爲《廣韻》之偶疏，或引他書改定《廣韻》之切語，或釋以無同韻類字故借用他類，或以爲同音誤分兩切，或存疑之等六法。然就類別言，其判爲增加字者，半爲妄刪；釋以無同韻類字故借用他類者，妄刪同類諸紐；存疑者乃過度相信系聯，不信材料也，亦復不可從。其大體正確者，僅以爲《廣韻》之疏，引他書改正《廣韻》切語，釋以同音誤分兩切三者。唯就數量言，則正確者較誤判者爲夥，故亦不可抹滅陳氏整理之功。唯其所以正確較誤判爲多，乃《廣韻》增加之字實眾矣！筆者以爲陳澧若確實依據其增加字之標準 —— 位於韻末、字重見、音重出，字隱

僻 ── 四者，以判定增加字，則判增加字者，多能得其實；反之，若判爲增加字者，僅爲符合其說，非確實依據上述四標準，不免有誤。陳澧最大錯誤，乃釋以無同韻類字，不得已借用他類者，漠視增加字之標準，肆意刪其同類字，妄改資料，遷就己說，其謬亦不可諱也。

　　檢討陳澧得失及其因由，筆者以爲其《切韻考》考據之工甚深，先於〈序錄〉明訂其標準化作業程序，即反切系聯條例與判增加字之標準。前者乃建立《切韻》音系架構，後者爲刪除同韻衝突切語，使《切韻》音系表格而系統，結構井然。陳澧雖不明近代結構語音學，然其《切韻考》之表格，隱然呈現最小音韻對比之概念，此乃得力於方法科學，態度嚴謹之考據工夫也。然則陳氏雖以最嚴謹之體例研究《切韻》，但《切韻》並非完美無誤之韻書，雖然「上字取聲，下字取韻」，其例外之切語，亦所在多有，故因音系結構化之需要，後世韻圖代之而起。然陳澧最大之問題，乃視《切韻》爲單一音系之具體呈現，並以韻圖爲晚出，非六世紀初隋唐時音，故於〈序錄〉，即確定其書乃純粹系聯《廣韻》之工夫，排除韻圖資料，因此部分於韻圖已有合理解釋之問題反切，如重紐、以開切合、以合切開、以洪切細等，於《切韻考》反不得其解。就其研究方法言，陳澧實爲考據學家，而非聲韻學者也。檢討陳氏之誤，以其未見唐寫本《切韻》系韻書殘卷，此資料之限也；誤認《切韻》性質爲單一音系，此聲韻學理未成熟也，此皆時代之圍，非其罪也。陳澧以反切系聯之法，指出《廣韻》九十七處存在同韻二音衝突，並加以嘗試解決，其發現考據之功，亦不可沒也。

關鍵字：陳澧、切韻考、廣韻、切韻

一、前　言

　　陳澧《切韻考・卷四》、《切韻考・卷五》共有二表，以四聲、聲類、韻類列表整理《廣韻》音系，並校理《廣韻》切語。唯囿於材料所限，陳氏手邊僅《廣韻》張士俊本（陳書簡稱張本）、明內府本（陳書簡稱明本）、顧亭林刻本（陳書簡稱顧本）、曹棟亭刻本（陳書簡稱曹本），其中明本、顧本爲略本，曹本爲前詳後略本，僅張本爲完整之詳本，故陳氏以之爲基礎，輔以其他三本互校，再佐以徐鉉《說文音》、徐鍇《說文篆韻譜》、《玉篇》、《集韻》等書爲旁證，以科學考據爲方法，深入推論分析，細密校理《廣韻》，其成果可謂豐碩矣。

　　唯陳澧校理《廣韻》之條目，細緻有餘，系統不足，不免流於瑣碎，難窺源流。故本文之旨，乃將陳澧《切韻考》卷四、卷五二表逐條整理，分門別類，以闡明陳澧校理《廣韻》之方法，並指陳其得失。此後，更進步探討陳氏謬誤對其《廣韻》音系之影響，以爲深入研究陳澧《切韻考》之基礎。

　　本文爲筆者博士論文之一節，全章名〈論陳澧校理《廣韻》之方法及其得失〉，限於研討會篇幅，獨立發表第二節。以全章之架構論，乃先就陳澧如何發現《廣韻》問題之關鍵，分爲：《廣韻》諸本互校、同韻二音衝突、以他韻爲下字、依注語校理、引他書內容校理等，分別列表申論陳澧校理《廣韻》之方法及其得失，再進步探討其缺失對陳氏《廣韻》音系之影響，末了檢討陳澧校理《廣韻》之成果作結。本文乃〈第二節、同韻二音衝突〉獨立發表也。

　　《切韻考・序錄》云：「切語之法，以二字爲一字之音：上字與所切之字雙聲，下字與所切之字疊韻；上字定其清濁，下字

定其平上去入。平上去入四聲，各有一清一濁，詳見〈通論〉。……切語上字與所切之字爲雙聲，則切語上字同用者、互用者、遞用者，聲必同類也。……今據此系聯之，爲切語上字四十類，編而爲表直列之。切語下字與所切之字爲疊韻，則切語下字同用者、互用者、遞用者，韻必同類也。……今據此系聯之，爲每韻一類、二類、三類、四類，編而爲表橫列之。《廣韻》同音之字不分兩切語，此必陸氏舊例也。其兩切語下字同類者，則上字必不同類。……今分析切語上字不同類者，據此定之也。……上字同類者，下字必不同類。……今分析每韻二類、三類、四類者，據此定之也。」上述引文，即董同龢稱之爲「基本條例」、「分析條例」者，其名甚當，其方法亦甚爲科學，雖童子亦可爲之，縱碩儒不易其論也。

　　然系聯結果之正確，建立於《廣韻》本身嚴守以上三規則：一、上字與所切之字雙聲，下字與所切之字疊韻，上字定其清濁，下字定其平上去入；二、基本條例；三、分析條例。由於《廣韻》反切非一人一時所作，故有部分切語，其反切上字之韻或反切下字之聲，干擾反切結果，造成錯誤。如「爲，薳支切」者，合口韻母[u]乃表現於反切上字「薳」之韻，故而下字乃一開口無[u]介音之「支」字，仍能切出「爲」音。如此依據基本系聯條例，則必將支韻合口一類與開口一類系聯矣。再以分析條例驗之，陳澧云：「爲，薳支切。此韻陲字是爲切，提字是支切，則爲與支韻不同類，爲字切語用支字，此其偶疏也。」由於《廣韻》本有以開切合，以洪切細等例外之切語，故而基本條例與分析條例偶有矛盾衝突之處，此皆干擾系聯正確之因素，故陳澧系聯《廣韻》，必先排除此類干擾也。

　　再者，《廣韻》之增加字，亦爲干擾反切系聯結果之因素。

《廣韻》之編撰，乃宋禮部爲科場押韻之依據。歷代科場，韻書爲可合法攜入考場之參考書籍，故爲舉子查考之便，搜羅務廣，且附有大量注釋，以利舉子使用。據封演《聞見記》云：「陸法言《切韻》凡一萬二千一百五十八字」，而今澤存堂本《廣韻》，共二萬六千一百九十四字，所增倍於原書矣！此些後增之字，絕大多數加入同音之韻紐，然有少數增加字，因審音不嚴，編撰不謹，附於韻末，未能加入同音之韻紐，如《廣韻》四紙，陳澧云：「此韻末有企跂二字，丘弭切，與跬字丘弭切同，又見五寘，此增加字也，今不錄。」此增加字之顯例，完全相同之切語，分爲兩韻紐，則造成基本條例與分析條例之矛盾，干擾反切系聯結果。故陳澧撰《切韻考》，必排除此類造成基本條例與分析條例矛盾之增加字也。至於少數增加字，未造成同韻二音衝突，無害於《切韻考》之音韻結構，陳氏亦保留之，如：「又有齹字士宜切，二徐楚宜切。此韻差字楚宜切下亦有齹字，此齹字士宜切別在韻末，蓋增加字，二徐據《切韻》、《唐韻》無此音也。但此韻別無與士宜切音同之字，此齹字雖增加，無害於本書之例，故仍錄之」、「徐鍇於佳反，與娃字於佳切同。徐鉉烏媧切，與蛙字烏媧切同。《廣韻》蛙字烏媧切下已有鼃字，此鼃字戶媧切，別在韻末。蓋增加字也。以其無害於本書之例，故錄之」……等條，可見陳澧刪去同韻二音衝突之增加字，而仍保留未衝突之增加字也。

　　此外，《切韻》系韻書俱有一普遍同韻二音衝突現象，即重紐也。重紐問題至今仍未能算完美解決，僅能以擬音之不同解釋重紐三、四等之差異，無論其對比爲聲母、介音、或主要元音，皆在音標上增加某一區隔之標記，仍無法解釋何以《切韻》系韻書普遍存在此一現象。此現象既普遍存在於全數《切韻》系韻書，

應爲陸法言《切韻》本有者。然陸氏編撰《切韻》，從分不從合[1]，「若賞知音，即需輕重有異」，且又同音不分兩切語，何以不明顯區隔重紐三、四等之下字，使之涇渭分明，無法系聯？筆者以爲陸法言〈切韻序〉所謂：「屏居山野，交遊阻絕，疑惑之所，質問無從。亡者則生死路殊，空懷可作之歎，存者則貴賤禮隔，以報絕交之旨」，重紐現象者，概陸氏「疑惑之所」也。因陸法言編撰《切韻》，乃依開皇初年「燭下握筆，略記綱紀」之筆記，加以「遂取諸家音韻，古今字書，以前所記者，定之爲《切韻》五卷」，顯然陸氏並未如現今學者從事田野調查，僅作書面材料之分析整理，故於呂靜、夏侯該、陽休之、李季節、杜臺卿等五家韻書切語，僅作綜合整理，於其矛盾扞格之處，未能完美審其切語，使音類明顯區隔，此陸法言案頭編撰，而未能田野調查所必然產生之問題。故凡《切韻》系韻書，皆存有重紐問題也。

　　由於《廣韻》系聯存有上述問題，故陳澧系聯《廣韻》時，發現九十七條同韻二音衝突之例，然「《廣韻》同音之字不分兩切語」，故陳氏對同音衝突諸例，必加解釋。或判爲增加字，或認爲《廣韻》之偶疏，或引他書改定《廣韻》之切語，或釋以無同韻類字故借用他類，或以爲同音誤分兩切，或存疑之。然陳澧判別諸類之標準，並未明言，且陳氏所判定之增加字、無同韻類字故借用他類兩者，考諸《切韻》系韻書殘卷，多有未合。爲推知陳澧判定之標準，今以上開諸類爲綱，先述陳澧判別之依據或理由，再以《切韻》系韻書殘卷考之，更加論述，以判陳氏《切韻考》之正誤。

---

1 見筆者碩士論文《《切韻》性質研究‧結論》，國立台灣師範大學國文研究所碩士論文，民 91 年 5 月。

二、判為增加字

　　陳澧系聯《廣韻》音類時，因《廣韻》本身之問題，不免出現基本條例與分析條例矛盾之情形，即同韻二音衝突。陳氏解釋此一矛盾現象，其最大宗者，乃判定為增加字而刪之，其套語為：有某字，某某切，與某字某某切音同，增加字也。今不錄。

　　然陳澧並未得見唐五代各本《切韻》系韻書，故其判定增加字者，多有武斷妄刪之處也。此陳氏囿於資料所限，非戰之罪也。今以周祖謨《唐五代韻書集存》為據，考察陳氏判定為增加字者，凡《切一》、《切二》、《切三》、《王一》、《王二》、《全王》……等各本已出現之韻紐，視為非增加字；《刊謬補缺切韻》有之而《切韻》殘卷未見者，仍視為非增加字，唯附記於表中。雖則王仁煦《刊謬補缺切韻》較之《切韻》，亦有新增之字，然則因各本《切韻》系韻書，多係抄本，偶有遺漏，在所難免。且若以《切韻》殘卷為據，則缺乏去聲諸韻，更因斷爛，其餘韻部，亦不完整，若因《切韻》殘卷所無，而判定為增加字，亦不免有失矣！且《唐五代韻書集存》所存，皆唐五代時本，其所有之韻紐，至少可斷定唐時已存在，不可謂宋時《廣韻》所增加也。故本文以《唐五代韻書集存》為據，別陳澧因同韻二音衝突而判定為增加字者為二類，凡於《唐五代韻書集存》未曾出現者為增加字，曾出現者為陳氏所妄刪。下文則分此二類，各列表以論述之。

（一）確為增加字

　　比對《廣韻》與《切一》、《切二》、《切三》、《王一》、

《王二》、《全王》等書，下列三十一例，確爲增加字[2]：

韻紐	反切	聲類	韻類	陳澧反切	補　　　　充
憁	職勇	照	腫合三	職勇	韻末有憁㥄二字，職勇切；與腫字之隴切音同，增加字也，今不錄。曹本矢勇切，矢字誤。
搙	穠用	娘	用合三	穠用	此韻末有搙字穠用切，與韄字而用切音同，增加字也。今不錄。
企	丘弭	溪	紙開三	丘弭	此韻末有企跂二字，丘弭切，與跬字丘弭切同，又見五寘，此增加字也，今不錄。
掎	卿義	溪	寘開三	卿義	又有尯掎二字，卿義切，明本顧本曹本鄉義切，誤也，《集韻》卿義切可證。然卿義切與企字去智切音同，掎又已見四紙，此增加字也，今不錄。
跱	止姊	照	旨開三	止姊	此韻末有跱字，止姊切，與旨字職雉切音同，增加字也，今不錄。
抾	丘之	溪	之開三	丘之	又有抾字丘之切，與欺字去其切音同，增加字也，今不錄。抾字又見欺字下注云：又丘之切。此更因韻末丘之切而誤，當作又丘居切也。《玉篇》抾字丘之、丘居二切。
眱	式其	審	之開三	式其	又有眱字，式其切，與詩字書之切音同，亦增加字，今不錄。
暚	七外	清	泰合一	七外	此韻末有暚字七外切，與襊字麤最切音同，增加字也，今不錄。明本顧本作曘，尤非，《集韻》、《類篇》並作暚。
靳	胡輩	匣	隊合一	胡輩	此韻末有靳字胡輩切，與潰字胡對切音同。靳字又見八微，此增加字也。今不錄。
佁	夷在	喻	海開一	夷在	又有佁字夷在切，與膭字與改切音同，增加字也。今不錄。膭字亦在韻末，蓋亦增加字耳。

2 本表所稱韻紐，即小韻。反切、聲類、韻類乃依據本師陳新雄先生《廣韻研究》頁 393-568 之表格，以作爲現今校勘《廣韻》音系之總結，陳澧反切則是《切韻考》校定之切語，補充則爲《切韻考》之重要引文。唯限於部分罕見字爲電腦中 Unicode 所無，爲避免造字導致電子檔流通之不便，故以同音之常用字代替，或以教育部異體字典爲之，仍無從解決者，以掃瞄圖片爲之。本表使用仍以對照《切韻考》爲宜，下同。

猲	況必	曉	質開三	況必	此韻末有猲字，況必切，與故許吉切音同，增加字也。今不錄。
叐	土骨	透	沒合一	土骨	此韻有叐字，土骨切，與宊字他骨切音同，雖不在韻末，亦增加字也。今不錄。其字明本作叐，顧本曹本作敻，未詳孰是。
豻	可顏	溪	刪開二	可顏	此韻末有豻髺二字，可顏切，與馯字丘姦切音同。《集韻》馯豻音同，可證也。豻字已見二十五寒二十八翰，髺字又見二十八山，此增加字，今不錄。
撰	雛鯇	床	潸合二	雛鯇	此韻末有撰饌二字，雛鯇切，與虥字士板切音同。撰字又見二十八獮，饌字又見三十三線，此增加字，今不錄。
棧	士免	床	獮開三	士免	又有棧字，士免切。明本曹本土免切，誤。《集韻》士免切，可證也。然與撰字音同，棧字又已見二十六產，此增加字，今不錄。
癉	連彥	來	線開三	連彥	此韻末有癉㨨二字，連彥切，與戀字力卷切音同，增加字也，今不錄。
胹	於靴	影	戈合三	於靴	張本曹本許胹切，徐鉉許䐝切，今從明本顧本。此韻末有胹䩦二字於靴切，䏢字縷胣切，胣胣二字去靴切，脞脡二字子胣切，皆隱僻之字，必陸氏書所無。若本有之，胹字於靴切，倭字烏禾切，於烏聲同類，則靴禾韻不同類。胣字去靴切，科字苦禾切，去苦聲同類，則靴禾韻亦不同類。戈字古禾切，靴禾韻既不同類，則鞾戈韻亦不同類。若鞾字切語用胹䏢二字，後來必無改用戈字之理。明是本用戈字，後來增加胹䏢諸字，乃改之也。胹䏢諸字今不錄。韻末癰字巨靴切亦必增加字，以其無害於本書之例，故錄之。
䏢	縷胣	來	戈合三	縷胣	
胣	去靴	溪	戈合三	去靴	
脞	子胣	精	戈合三	子胣	
癰	巨靴	群	戈合三	巨靴	
譜	千過	清	過合一	千過	此韻末有譜㨨二字千過切，明本㨨字別為符臥切，顧本亦別為千臥切。《集韻》㨨字在三十八箇千个切，則千臥切是，符臥切誤矣。然千過千臥同一音分兩切，亦誤也。且千過切與剉字麤臥切音同，譜㨨皆增加字。今不錄。

磋	七過	清	過合一	七過	又有磋字七過切，亦與剉字麤臥切音同。磋字又已見七歌，此亦增加字，今不錄。
㩼	乞加	溪	麻開三	乞加	此韻末有㩼字乞加切，與䶥字苦加切音同，增加字也。今不錄。
欨	許令	曉	勁開三	許令	此韻末有欨䡈二字許令切，與敻字休正切音同，增加字也，今不錄。
秠	芳婦	敷	有開三	芳婦	此韻有秠字芳婦切，與恒字芳否切音同，秠又已見六脂五旨。此增加字也今不錄。
㳹	七合	清	合開一	七合	此韻末有㳹字，張本士合切，明本顧本曹本于合切，皆誤。《玉篇》千合切，《五音集韻》七合切，千字即千字之誤，士字即七字之誤。皆與趁七合切音同，乃增加字也，今不錄。
唈	烏荅	影	合開一	烏荅	又有唈字烏荅切，與始字烏合切音同，亦增加字，今不錄。
砝	居盍	見	盍開一	居盍	又有砝鴿二字居盍切，與頜字古盍切音同，增加字也，今不錄。
鍼	巨鹽	見	鹽開三	巨鹽	此韻末有鍼字巨鹽切，與箝巨淹切音同，又已見二十一侵，此增加字，今不錄。
綖	先頰	心	怗開四	先頰	此韻末有綖字先頰切，與燮蘇協切音同，增加字也，今不錄。

　　上述三十一條，考諸《唐五代韻書集存》，確爲增加字，然有數條尙須深論之：

韻紐	反切	聲類	韻類	陳澧反切	補　　充
拹	穡用	娘	用合三	穡用	此韻末有拹字穡用切，與韗字而用切音同，增加字也。今不錄。
豻	可顏	溪	刪開二	可顏	此韻末有豻骹二字，可顏切，與駐字丘姦切音同。《集韻》駐豻音同，可證也。豻字已見二十五寒二十八翰，骹字又見二十八山，此增加字，今不錄。
齃	七外	清	泰合一	七外	此韻末有齃字七外切，與襊字麤最切音同，增加字也，今不錄。明本顧本作蕝，尤非，《集韻》、《類篇》並作齃。

<table>
<tr><td>肥</td><td>於靴</td><td>影</td><td>戈合三</td><td>於靴</td><td rowspan="5">張本曹本許肥切，徐鉉許⿰月戀切，今從明本顧本。此韻末有肥餓二字於靴切，⿰月戀字縷肫切，肫⿰骨化二字去靴切，侳⿰飠坐二字子⿰骨化切，皆隱僻之字，必陸氏書所無。若本有之，肥字於靴切，倭字烏禾切，於烏聲同類，則靴禾韻不同類。⿰骨化字去靴切，科字苦禾切，去苦聲同類，則靴禾韻亦不同類。戈字古禾切，靴禾韻既不同類，則鞾戈韻亦不同類。若鞾字切語用肥⿰月戀二字，後來必無改用戈字之理。明是本用戈字，後來增加肥⿰月戀諸字，乃改之也。肥⿰月戀諸字今不錄。韻末瘸字巨靴切亦必增加字，以其無害於本書之例，故錄之。</td></tr>
<tr><td>⿰月戀</td><td>縷⿰骨化</td><td>來</td><td>戈合三</td><td>縷⿰骨化</td></tr>
<tr><td>⿰骨化</td><td>去靴</td><td>溪</td><td>戈合三</td><td>去靴</td></tr>
<tr><td>侳</td><td>子⿰骨化</td><td>精</td><td>戈合三</td><td>子⿰骨化</td></tr>
<tr><td>瘸</td><td>巨靴</td><td>群</td><td>戈合三</td><td>巨靴</td></tr>
</table>

「⿰扌戎」字「穠用切」，陳澧以爲「穠用」與「而用」二切同音衝突，故判定「⿰扌戎」爲增加字。然「穠」字有「女容」、「而容」二切，陳氏以爲「穠用」與「而用」音同者，蓋讀「穠」爲日母；若讀「穠」爲娘母，則「⿰扌戎」字不與他字衝突也。唯「⿰扌戎」字《王一》、《全王》皆無，確爲增加字也。本師陳新雄先生《廣韻研究・聲經韻緯求古音表》，則將「⿰扌戎」字視爲娘母，以其無害於《廣韻》音系結構，仍錄於表中也。

「豻」字「可顏切」，與「馯」字「丘姦切」音同，陳澧以「豻」字爲增加字，實則《切三》、《全王》「豻」、「馯」二字均無，俱爲增加字矣！「⿰目最」字「七外切」，與「襊」字「麤最切」音同，陳氏判爲增加字而刪之是也。然考《全王》，雖無「⿰目最」字，卻有「⿱穴取」字作「千外反」，《王二》無此韻紐，《廣韻》則「襊」韻紐下有「⿱穴取」字，其字形雖與「⿱穴取」字有別，然《全王》一書多形近而訛與異體字，且「⿱穴取」字注「塞外道」，「⿱穴取」注「塞」，故「⿱穴取」與「⿱穴取」二者，應是同字也。《廣韻》既以「⿱穴取」與「襊」字同音，而《全王》列「⿱穴取」於韻末，且「千

外反」與「襘」字「七會反」同音衝突，依陳澧所言增加字之特徵：「然有兩條切語同一音者於例不合，而凡不合者其一條多在韻末，又字多隱僻，且多重見」，除「多重見」外，「寂」字有上述特徵，故「寂」字應爲《全王》之增加字。

　　至若「膍」、「臙」、「骳」、「伾」諸字，陳澧以增加字而刪之雖無誤，然《全王》「鞾」字雖作「火戈反」，實則「鞾」字與「戈」不同韻類，因無與之相當之韻類，特借「戈」爲下字耳！此字《切三》作：「鞾，鞾鞋，無反語」，《王一》作：「鞾，鞾鞋，無反語，胡屬，亦作靴，或作履，火戈反又布（布當爲希，形近而訛）波反，陸無反語」，《王二》作：「鞾，希波反，鞋，俗作靴」，《全王》作：「鞾，鞾鞋，無反語，火戈反又希波反，陸無反語」。以此觀之，「鞾」字爲外來胡語，陸法言《切韻》雖有此字，卻無切語，可見其聲韻之特殊也。以《廣韻》觀之，「鞾」字作「許胆切」，可見其聲紐應爲曉母，而韻類與「戈」不相當也。若然相當，何以切語舍易就難？又何以「陸無反語」？與「戈」同類之下字眾矣！陳澧以「膍」、「臙」、「骳」、「伾」諸字爲增加字而刪之，又以切語忌隱僻之字，故「鞾」字應從明本顧本作「許戈反」，則誤將「鞾」與「戈」合爲一類矣！本師陳新雄先生《廣韻研究》[3]，李榮《切韻音系》[4]，俱析「鞾」、「戈」爲二也。故「膍」、「臙」、「骳」、「伾」諸字雖爲增加字，然實與「倭」字「烏禾切」，「科」字「苦禾切」無衝突也，均可準「癏」字「以其無害於本書之例」，而錄之也。

（二）陳澧所妄刪

3 見《廣韻研究》，台北，學生書局，民 93 年 11 月初版，頁 506。
4 見《切韻音系》，鼎文書局，瀛涯敦煌韻輯附錄抽印本，頁 46。

　　比對《廣韻》與《切一》、《切二》、《切三》、《王一》、《王二》、《全王》等書，下列三十一例，爲陳澧所妄刪：

韻紐	反切	聲類	韻類	陳澧反切	補　　充
㠓	莫弄	明	送開一	莫弄	此韻末有㠓霿㠓三字莫弄切，與夢字莫鳳切音同，三字皆已見一東，此增加字，今不錄。
驪	子垂	精	支合三	子垂	此韻末有驪字子垂切，與劑字遵爲切音同，增加字也，今不錄。
倚	於義	影	寘開三	於義	此韻有倚犄陭三字，於義切，與縊字於賜切音同，倚犄二字又已見四紙，此雖不在韻末，亦增加字也，今不錄。
馶	居企	見	寘開三	居企	韻末有馶蚑二字，居企切，與寄字居義切音同，蚑又已見此韻，此增加字也，今不錄。
衈	火季	曉	至開三	火季	此韻末有衈字火季切，與䁽字香季切音同，衈字又見二十四職，此增加字也，今不錄。
茬	士之	床	之開三	士之	此韻末有茬字士之切，與漦字俟甾切音同，茬字又已見甾字側持切下。此增加字也，今不錄。徐鍇茬漦並俟之反，則似非增加，然亦足證此二字不當分兩切矣。
劓	牛例	疑	祭開三	牛例	此韻末有劓字牛例切，與藝字魚祭切音同，增加字也。明本顧本劓上有劓字，劓字已見六至，亦增加字也。今皆不錄。
崴	乙乖	影	皆合二	乙皆	此韻末有崴磈巍𩲸四字，乙皆切，與搋字乙諧切音同，增加字也。今不錄。《玉篇》、《類篇》、《集韻》崴烏乖切，實與搋不同音，此乙皆切又增加者之疏也。
俖	普乃	滂	海開一	普乃	此韻末有俖肧二字，普乃切，與啡字匹愷切音同。肧又已見七尾，此增加字也。今不錄。
䏇	而尹	日	準合三	而尹	又有䏇字而尹切，與蝡字而允切音同。二腫有㮃㮃二字即䏇字，此䏇字乃增加字也。今不錄。徐鉉而尹切，徐鍇而允切，似所據《唐韻》、《切

					韻》有此字，或頧字乃增加字歟？頧又見二十八獮。
麧	下沒	匣	麧開一	下沒	又韻末有麧䪻齕紇淈五字，下沒切，與搰字戶骨切音同。淈字已見此韻骨字下，紇䪻二字已見十六屑，此增加字也。《通志・七音略》、《切韻指南》並以痕很恨麧相承，則以麧為痕字之入聲，然陸氏《切韻》無可考，今不錄之，亦蓋闕之義也。
繓	子括	精	末合一	子括	此韻有繓撮攥三字，子括切，與蕝字姊末切音同。雖不在韻末，亦增加字，今不錄。
蜎	狂兗	群	獮合三	狂兗	此韻末有蜎字，狂兗切。徐鉉在沇切，誤也。狂兗切與圈字渠篆切音同，又蜎已見二仙，此增加字，今不錄。
楩	符善	並	獮開三	符善	又有楩慲諞扁四字，符善切，與辯字符蹇切音同。慲諞已見此韻，楩諞扁已見二仙，扁又見二十七銑，此增加字。今不錄。
箹	方別	幫	薛開三	方別	又有箹謝䎻扒別五字，方別切，與鷩字并列切音同。別字已見此韻，此雖不在韻末，亦增加字也，今不錄。
焆	於列	影	薛開三	因悅	韻末有焆焆二字，於列切，二徐焆字因悅切。焆字當是焆字入聲，因悅切是也。然因悅切與妜字於悅切音同，亦增加字耳，今不錄。
啜	姝雪	穿	薛合三	姝雪	明本顧本殊雪切，誤。《集韻》姝悅切，可證姝字是也。然姝雪切與歠字昌悅切音同，且歠字下已有啜字，此又重見於韻末，乃增加之最粗疏者，今不錄。
闄	於小	影	小開三	於小	韻末有闄字於小切，與夭於兆切音同，《集韻》夭闄皆於兆切，此增加字，今不錄。
㧖	古罵	見	禡合二	古罵	此韻末有又㧖諛二字古罵切，與駕字古訝切音同，增加字也。今不錄。明本顧本古駕切，尤誤。古駕雙聲，不可為切語也。
粯	俱往	見	養合三	俱往	此韻末有粯迋儥迬四字俱往切，與獷字居往切音同。徐鉉具往切，則與徃

					字求往切音同。槩字又見三十八梗，迋字又見四十一漾，皆增加字也，今不錄。
頯	初丈	初	養開三	初丈	又有頯傸二字初丈切。明本初大切，誤也。初丈切與碜字初兩切音同，且頯字已見此韻爽字下。此增加字，今不錄。
汪	烏曠	影	宕合一	烏浪	此韻末有汪䤁二字烏浪切，與盎字烏浪切同，增加字也，今不錄。《集韻》汪烏曠切，與盎字實不同音。此烏浪切與盎無別，又增加者之疏也。
䕅	乙白	影	陌開二	乙白	此韻有䕅字乙白切，與啞字烏格切音同；又有垎趞格䇞四字胡格切，與嚇嗃二字胡伯切音同，雖不在韻末，亦增加字也，今不錄。
垎	胡格	匣	陌開二	胡格	
諕	虎伯	曉	陌合二	虎伯	又有諕諕潮嚞霍羽湆硅愃八字虎伯切，與赫字呼格切音同。又潮字已見十九鐸，嚞字已見二十三錫，雖不在韻末，皆增加字也。然此諕字以下八字與赫字實不同音，《集韻》赫諕分兩音，可證也。此虎伯切乃增加者之疏耳，今不錄。
繃	北萌	幫	耕合二	北萌	此韻末有繃絣𢇅拼舟并五字北萌切，與浜字布耕切音同，增加字也，今不錄。徐鉉繃補盲切，盲字在十二庚，此《唐韻》繃字不在耕韻之證。《集韻》繃在耕韻，浜在庚韻，蓋以浜繃同一韻則不當分兩切，故移浜字入庚韻耳。
魩	許極	曉	職開三	許極	此韻有魩䰝黰奭懷五字許極切，與洫字況逼切音同。此五字惟䰝見《尚書》，餘皆隱僻，雖不在韻末，亦增加字也。今不錄。
惏	去秋	溪	尤開三	去秋	此韻有惏惆殼三字去秋切，與丘字去鳩切音同，殼字又見四十九宥。此雖不在韻末，亦增加字也，今不錄。《類編》惏在丩部，《廣韻》從心旁，亦誤。
蠽	作三	精	談開一	昨三	此韻末有蠽字昨三切，與慚字昨甘切音同，增加字也，今不錄。

兼	古念	見	㮇開四	古念	此韻末有兼鮯二字古念切，與趁字紀念切音同，《集韻》兼趁音同，可證也。兼又已見二十五添，此增加字，今不錄。《玉篇》趁他念切，則不與兼同音，然此韻桧字他念切，若趁字亦他念切，則與桧同音，亦增加字耳。
喊	呼豏	曉	豏開二	呼豏	此韻末有喊字呼豏切，與闞字火斬切音同，又已見四十九敢，此增加字，今不錄。

上開三十一韻紐於《唐五代韻書集存》之分布與切語如下表[5]：

韻紐	反切	聲類	韻類	《切三》	《切二》	《王一》	《全王》	《王二》	《唐韻》	其　　他
幪	莫弄	明	送開一				幪莫弄	幪莫弄		
驉	子垂	精	支合三	驉子垂	驉子垂		無	驉子垂		
倚	於義	影	寘開三			倚於義	倚於義	倚於義		
馶	居企	見	寘開三			馶舉企	馶舉企	尶勁賜[6]		
衋	火季	曉	至開三			衋火季	衋火季	衋火季		
茌	士之	床	之開三	茌士之	茌士之		茌士之	無		
劓	牛例	疑	祭開三			劓牛例	劓牛例	劓義例	劓牛例	〈伯三六九六〉劓義例
崴	乙乖	影	皆合二	崴乙乖		崴乙乖	崴乙乖			〈伯二零一五〉崴乙乖
俖	普乃	滂	海開一	俖普乃			俖普乃	俖普乃		
䤩	而尹	日	準合三	無		䤩而尹	䤩而尹	䤩而尹		
麧	下沒	匣	麧開一	麧下沒		麧下沒	麧下沒	麧下沒	麧下沒	〈伯三六九四〉麧下沒
繓	子括	精	末合一	繓子括		繓子括	繓子括	繓子括	繓子括	〈伯三六九四〉繓子括
蜎	狂兗	群	獮合三	蜎狂兗			蜎狂兗	蜎狂兗		〈伯三六九三〉蜎狂兗
楩	符善	並	獮開三	楩符善		楩符善	楩符善			〈伯三六九三〉楩符善
箭	方別	幫	薛開三	箭方列		箭[7]	箭兵列	箭變別	方別[8]	

5　下表排列次第，除「其他」一欄，依《唐五代韻書集存‧考釋》所列之時代先後。表中空格，乃代表該韻書殘缺，不能明確得知是否有此韻紐；「無」則表示該韻書此處完整，確無此韻紐。
6　《王二》「馶」字屬「尶」韻紐。
7　殘缺切語。

焆	於列	影	薛開三	焆於列		焆於列	焆於列	焆於列	焆於列
啜	姝雪	穿	薛合三	啜樹雪		啜樹雪	啜處雪	啜樹雪	啜殊雪
闄	於小	影	小開三	無		闄於小	闄於小		
圿	古罵	見	禡合二		圿古罵	圿古罵	無	無	〈斯六一七六〉圿古罵
㽺	俱往	見	養合三	無		㽺渠往			
𩔗	初丈	初	養開三	無		𩔗叉丈			
汪	烏曠	影	宕合一			汪烏光		無	
軉	乙白	影	陌開二	軉乙白		軉乙白	軉乙白		
垎	胡格	匣	陌開二	垎胡格		垎胡格	垎胡格		
諕	虎伯	曉	陌合二	諕虎伯		諕虎伯	諕虎伯		
繃	北萌	幫	耕開二	繃甫萌		繃甫萌			
颎	許極	曉	職開三			颎許力		颎許力	〈斯六零一二〉颎許力
恘	去秋	溪	尤開三	恟去愁		恟去愁	恟去愁		
蹔	作三	精	談開一	蹔作三		無	蹔咋三	蹔作三	
兼	古念	見	㮇開四		兼古念	兼古念	兼古念	兼古念	〈伯三六九四〉兼古念
喊	呼豏	曉	豏開二	無		喊子減	喊子減	喊子減	

　　由此可知上述三十一例，俱唐寫本《切韻》系韻書所本有者，非宋代增加字也。今以其最小音韻對比關係，分為以下諸類：

1.重　紐

　　《切韻》系韻書普遍存在重紐現象—於支、脂、真、諄、祭、仙、宵、侵、鹽及其四聲相承之韻，其喉、牙、唇音出現大量同韻二音衝突之例，是為重紐。重紐被視為聲韻學最困難之問題者，本師陳新雄先生《廣韻研究》云：

> 關於重紐問題，不僅出現在支韻，還出現於脂、真、諄、祭、.仙、宵、侵、鹽諸韻，為談反切系聯而不可避免者。向來諸家對「重紐」之解釋，亦不盡相同。約而舉之，共有四說：（Ａ）董同龢〈廣韻重紐試釋〉，周法高〈廣韻重紐的研究〉，張琨夫婦〈古漢語韻母系統與切韻〉，納

8　殘缺韻紐。

格爾〈陳澧切韻考對於切韻擬音的貢獻〉諸文都以元音的不同來解釋重紐的區別。自雅洪托夫、李方桂、王力以來，都認為同一韻部應該具有同樣的元音。今在同一韻部之中，認為有兩種不同的元音，還不是一種足以令人信服的辦法。（B）陸志韋〈三四等與所謂喻化〉。王靜如〈論開合口〉，李榮《切韻音系》，龍宇純〈廣韻重紐音值試論〉，蒲立本〈古漢語之聲母系統〉，藤堂明保《中國語音韻論》皆以三、四等重紐之區別，在於介音的不同。筆者甚感懷疑的一點就是：從何判斷二者介音的差異，若非見韻圖按置於三等或四等，則又何從確定乎？我們正須知道它的區別，然後再把它擺到三等或四等去，現在看到韻圖在三等或四等。然後說它有甚麼樣的介音，這不是倒果為因嗎？（C）林英津〈廣韻重紐問題之檢討〉，周法高〈隋唐五代宋初重紐及切韻研究〉，李新魁《漢語音韻學》都主張是聲母的不同。其中以李新魁的說法最為巧妙，筆者以為應是所有以聲母作為重紐的區別諸說中，最為圓融的一篇文章。李氏除以方音為證外，其最有力的論據，莫過說置於三等處的重紐字，它們的反切下字基本上只用喉、牙、脣音字，很少例外，所以它們的聲母是脣化聲母；置於四等處的重紐字的反切下字不單可用脣、牙、喉音字，而且也用舌、齒音字，所以其聲母非脣化聲母。但是我們要注意，置於三等的重紐字，只在脣、牙、喉下有字，而且自成一類，它不用脣、牙、喉音的字作它的反切下字，他用甚麼字作它的反切下字呢？何況還有例外呢？脂韻三等『逵、渠追切』，祭韻三等『劓、牛例切』，震韻三等『菣、去刃切』，獮韻三等『圈、渠篆切』，薛韻三等『哦、

乙劣切』，小韻三等『妖、於兆切』，笑韻三等『廟、眉召切』，緝韻三等『邑、於汲切』，葉韻三等『腌、於輒切』，所用切語下字皆非脣、牙、喉音也，雖有些道理，但仍非十分完滿。（D）章太炎先生《國故論衡・音理論》論及重紐之區別云：『媯、虧、奇、皮古在歌；規、闚、岐、陴古在支，魏、晉諸儒所作反語宜有不同，及《唐韻》悉隸支部，反語尚猶因其遺跡，斯其證驗最著者也。』董同龢《廣韻重紐試釋》一文，也主張古韻來源不同。董氏云：『就今日所知的上古音韻系看，他們中間已經有一些可以判別為音韻來源的不同：例如真韻的「彬」、「砏」等字在上古屬「文部」，「賓」、「繽」等字則屬真部；支韻的「媯」、「虧」等字屬「歌部」；「規」、「闚」等字則屬「佳部」；質韻的「乙」、「肸」等字屬微部，「一」、「欯」等字則屬「脂部」。』至於古韻部來源不同的切語，何以會同在一韻而成為重紐？先師林景伊先生〈切韻韻類考正〉於論及此一問題時說：『虧、闚二音，《廣韻》、《切殘》、《刊謬本》皆相比次，是當時陸氏搜集諸家音切之時，蓋韻同而切語各異者，因並錄之，並相次以明其實同類，亦猶紀氏（容舒）《唐韻考》中（陟弓）、笨（陟宮）相次之例，媯、規；祇、奇；靡、陸；陴、皮疑亦同之。今各本之不相次，乃後之增加者竄改而混亂也。』筆者曾在〈蘄春黃季剛先生古音學說是否循環論證辨〉一文中，於重紐之現象亦有所探索，不敢謂為精當，謹提出以就正當世之音學大師與博雅君子。筆者云：『甚至於三等韻重紐的現象，亦有脈絡可尋。這種現象就是支、脂、真、諄、祭、仙、宵、侵諸韻部分脣、牙、喉

音的三等字，伸入四等。……我曾經試著用黃李剛先生古
本音的理論，加以說明重紐現象，因為重紐的現象，通常
都有兩類古韻來源。今以支韻重紐字為例，試加解說。支
韻有兩類來源，一自其本部古本韻齊變來（參見黃君正韻
變韻表。本部古本韻、他部古本韻之名稱今所定，這是為
了區別與稱說之方便。正韻變韻表中，正韻列於變韻之上
方者，稱本部古本韻，不在其上方者，稱他部古本韻。）
這種變韻是屬於變韻中有變聲的，即卑、跛、陴、彌一類
字。韻圖之例，自本部古本韻變來的，例置四等，所以置
四等者，因為自本部古本韻變來的字，各類聲母都有，舌、
齒音就在三等，脣、牙、喉音放置四等，因與三等的舌、
齒音有連系，不致誤會為四等韻字。另一類來源則自他部
古本韻歌戈韻變來的，就是陂、鈹、皮、縻一類的字。韻
圖之例，從他部古本韻變來的字，例置三等。故陂、鈹、
皮、縻置於三等，而別於卑、跛、陴、彌之置於四等。當
然有人會問，怎麼知道卑、跛、陴、彌等字來自古本韻齊
韻？而陂、鈹、皮、縻等字卻來自他部古本韻歌戈韻？這
可從《廣韻》的諧聲偏旁看出來。……這在在顯示出支韻
的卑、跛、陴、彌一類字確實是從齊韻變來的，觀其諧聲
偏旁可知。段玉裁以為凡同諧聲者古必同部。……兩相對
照，也很容易看出來，支韻的陂、鈹、皮、縻一類字是從
古本韻戈韻變來的。或許有人說，古音學的分析，乃是清
代顧炎武等人以後的產物，作韻圖的人恐怕未必具有這種
古音知識。韻圖的作者，雖然未必有清代以後古韻分部的
觀念，然其搜集文字區分韻類的工作中，對於這種成套出
現的諧聲現象，未必就會熟視無睹，則於重紐字之出現，

必須歸字以定位時，未嘗不可能予以有意識的分析。故我
對於古音來源不同的重紐字，只要能夠系聯，那就不必認
為它們有甚麼音理上的差異，把它看成同音就可以了。[9]

上述引文，筆者以為其要有二：其一、本師陳新雄先生將重
紐對立差異之解釋，分為主要元音說、介音說、聲母說、古音來
源不同說等四派，更以諧聲偏旁證重紐區別為古音來源不同；其
次，林景伊先生〈切韻韻類考正〉以為《切韻》系韻書存在重紐
現象，「虧、闚二音，《廣韻》、《切殘》、《刊謬本》皆相比次，
是當時陸氏搜集諸家音切之時，蓋韻同而切語各異者，因並錄之，
並相次以明其實同類，亦猶紀氏（容舒）《唐韻考》中（陟弓）、
苹（陟宮）相次之例，嬀、規；衹、奇；麼、陸；陴、皮疑亦同
之。今各本之不相次，乃後之增加者竄改而混亂也」。此說頗能
解釋陸法言《切韻》何以產生重紐現象，唯此說亦有所憾，即以
《切韻》殘卷、《刊謬補缺切韻》觀之，重紐對立諸字，未必皆
如「虧」、「闚」二音相比次也。然此說亦提示後人一重要思考方
向，即陸法言編撰《切韻》，乃就案頭書面材料為之，非就口語
材料為之。

筆者以為陸法言〈切韻序〉言及編撰《切韻》之過程，起於：
「昔開皇初，有劉儀同臻、顏外史之推、盧武陽思道、李常侍若、
蕭國子該、辛諮議德源、薛吏部道衡、魏著作彥淵等八人同詣法
言門宿，夜永酒闌，論及音韻。以古今聲調，既自有別，諸家取
捨，亦復不同。吳楚則時傷輕淺，燕趙則多涉重濁，秦隴則去聲
為入，梁益則平聲似去。又支脂魚虞，共為不韻，先仙尤侯，俱
論是切。欲廣文路，自可清濁皆通，若賞知音，即須輕重有異。

---

9 見陳新雄《廣韻研究》，台北學生書局，民 93 年 11 月，頁 338-341。

呂靜《韻集》、夏侯該《韻略》、陽休之《韻略》、李季節《音譜》、杜臺卿《韻略》等，各有乖互。江東取韻，與河北復殊。因論南北是非，古今通塞，欲更捃選精切，除削疏緩。顏外史、蕭國子多所決定。魏著作謂法言曰：『向來論難，疑處悉盡。何為不隨口記之？我輩數人，定則定矣！』法言即燭下握筆，略記綱紀[10]」，可見即便劉儀同、顏外史諸人，亦並非人人均能讀出《切韻》各個切語之差異，更何況當晚之會議記錄，僅有：「燭下握筆，略記綱紀」，並非以音標記錄《切韻》一萬二千一百五十八字[11]之讀音。故十數年後，陸法言編撰《切韻》時，其口語並不能讀出各切語之差異，只能就案頭材料為之。〈切韻序〉言及編撰之法：「遂取諸家音韻，古今字書，以前所記者，定之為《切韻》五卷」，顯然陸法言僅依憑書面材料為之耳！復由王仁昫《刊謬補缺切韻》之韻目小注，知《切韻》之架構，乃依據呂靜、夏侯該、陽休之、李季節、杜臺卿等五家韻書「從分不從合」，確立分韻基礎。且〈切韻序〉自言編撰時所遭遇之困難：「屏居山野，交遊阻絕，疑惑之所，質問無從。亡者則生死路殊，空懷可作之歎，存者則貴賤禮隔，以報絕交之旨」，則更無尤以口語音值比對。經由上文對〈切韻序〉之深入分析，知《切韻》各反語之差異，陸法言不能俱宣之於口，故《切韻》自始即一書面音韻系統，而非口語音韻系統也。重紐也者，蓋亦陸氏「疑惑之所」也。筆者推想陸氏編撰《切韻》時，遇五家韻書不同切語之處，並不依據自己口吻同異而任為整併。呂、夏侯之韻紐，其同音之字若可系聯，自可併為同一切語；若其所收之字無相同者，則俱錄之。因《切韻》之撰作本旨，為明示押韻之範圍，且使用者無人能讀出《切韻》

10　〈切韻序〉文字，以〈伯 2129〉為準。
11　依唐封演《聞見記》之記載。

所有切語之差別，故同音之字分屬兩切，其中差距乃心理之別，非口吻之異也。虧闕也者，蓋五家韻書歸屬同韻而切語各異者，陸法言因並錄之也。唯陸法言編撰《切韻》，其音韻結構並未如韻圖一般嚴格齊整，所謂：「初創者難為工，繼起者易為力」，《切韻》聲韻之排列，不如《五音集韻》、《韻鏡》之井然，故陸法言並未刻意「相次以明其實同類」也。筆者此說承繼林景伊先生之語，一面解釋陸法言《切韻》產生重紐現象之因由，並改良其說，使之符合《切韻》殘卷證據，或能得其實焉！

　　既然重紐現象是《切韻》本有之問題，故陳澧以「同音之字不分兩切語」，於同韻二音衝突之字，判為增加字，則必妄刪重紐諸字也。其所妄刪重紐諸字者，凡八例：

韻紐	反切	聲類	韻類	陳澧反切	補　　　　充
倚	於義	影	寘開三	於義	此韻有倚輢陭三字，於義切，與縊字於賜切音同，倚輢二字又已見四紙，此雖不在韻末，亦增加字也，今不錄。
馶	居企	見	寘開三	居企	韻末有馶躨二字，居企切，與寄字居義切音同，躨又已見此韻，此增加字也，今不錄。
衊	火季	曉	至開三	火季	此韻末有衊字火季切，與瞷字香季切音同，衊字又見二十四職，此增加字也，今不錄。
劓	牛例	疑	祭開三	牛例	此韻末有劓字牛例切，與藝字魚祭切音同，增加字也。明本顧本劓上有劓字，劓字已見六至，亦增加字也。今皆不錄。
蛚	狂兗	群	獮合三	狂兗	此韻末有蛚字，狂兗切。徐鉉在沇切，誤也。狂兗切與圈字渠篆切音同，又蛚已見二仙，此增加字也，今不錄。
楩	符善	並	獮開三	符善	又有楩惼諞扁四字，符善切，與辯字符蹇切音同。惼諞已見此韻，楩諞扁已見二仙，扁又見二十七銑，此增加字。今不錄。

| 箭 | 方別 | 幫 | 薛開三 | 方別 | 又有箭誀莂扒別五字，方別切，與鷩字并列切音同。別字已見此韻，此雖不在韻末，亦增加字也，今不錄。 |
| 闚 | 於小 | 影 | 小開三 | 於小 | 韻末有闚字於小切，與夭於兆切音同，《集韻》夭闚皆於兆切，此增加字，今不錄。 |

　　上開八韻紐，陳澧皆以同韻二音衝突，判爲增加字而刪之，實則皆《切韻》本有之重紐對立韻紐也。陳氏對待《廣韻》因重紐所造成之同韻衝突諸例，或判爲增加字刪之，或以爲《廣韻》之偶疏，或釋以無同韻類字故借用他類，其中標準，並未分明。今列表以觀，或可推知也。陳澧於《切韻考・序錄》云：「然有兩條切語同一音者於例不合，而凡不合者其一條多在韻末，又字多隱僻，且多重見，此必增加字也」，由此可知增加字之四特徵：兩條切語同一音、多在韻末、字多隱僻、字多重見。觀上述陳氏誤判重紐爲增加字者八例，共涉及「倚」、「輢」、「陭」、「駅」、「翲」、「衁」、「剠」、「蜎」、「梗」、「慈」、「編」、「扁」、「箭」、「誀」、「莂」、「扒」、「別」、「闚」等十八字，其中字重見者有「倚」、「輢」、「翲」、「衁」、「蜎」、「梗」、「慈」、「編」、「扁」、「別」十字，「扒」字陳澧雖未指出，然亦有「博怪」、「博拔」、「方別」等切，「駅」字亦然，有「章移」、「巨支」、「施智」、「居企」等音，「陭」字有「於離」、「於義」等切，則未重見者，僅「剠」、「箭」、「誀」、「莂」、「闚」五字耳！若將此五字視爲隱僻之字，亦不爲過，且「闚」據《集韻》當與「夭」同，則合併兩切語，亦屬有據。此外，於韻末者六例，不在韻末者僅「倚」、「箭」兩例，可知韻末亦爲陳氏判爲增加字之標準，唯其韻末範圍甚廣，如「蜎」字乃二十八獮倒數十韻紐，陳澧謂之「韻末」，不免失之泛寬矣！由「倚」、「箭」兩條「此雖不在韻末，亦增加字也，

今不錄」觀之，判定爲增加字者，韻末非絕對之條件，而是相對
而言，居於韻末者更可能爲增加字矣！由此可知陳澧將同音衝突
之二切語，判定爲增加字之標準，主要須符合重見或隱僻字二者
之一，其次若於韻末則更增其信心，若不在韻末亦無妨，且韻末
之標準甚寬泛，由此判同音衝突之二切語，屬增加字，抑或《廣
韻》之偶疏與無同韻類字故借用他類者。雖然陳氏同音衝突判爲
增加字之標準尚稱明確，然以唐五代《切韻》系韻書殘卷考之，
上開八條十八字皆《切韻》所本有者，其衝突二音之關係乃重紐
也。「同音之字不分兩切語」雖《切韻》之例，然《切韻》本有
例外切語，重紐也者，即例外切語之大宗者也。陳澧不知《切韻》
本有重紐現象，則妄刪重紐諸字，亦理之必然。陳氏之推理，雖
過程嚴謹，標準明確，然其大前提存在「同音之字分兩切語」之
重紐者，則結論亦不免謬誤矣！惜哉！

　　《切韻》另有一同韻二音衝突之例，究其衝突之原因，亦當
歸於重紐也。

韻紐	反切	聲類	韻類	陳澧反切	補　　　　充
恘	去秋	溪	尤開三	去秋	此韻有恘惆毀三字去秋切，與丘字去鳩切音同，毀字又見四十九宥。此雖不在韻末，亦增加字也，今不錄。《類編》恘在丩部，《廣韻》從心旁，亦誤。

　　依據董同龢〈《廣韻》重紐試釋〉，以爲尤與幽乃重紐對立
關係，而「惆」字當移入幽韻溪母也。故推究「恘」、「丘」同
韻衝突之原因，亦當歸於重紐也。「去秋切」共「恘」、「惆」、
「毀」三字，其中「毀」字重出，「恘」《類編》從「丩」旁，
《廣韻》從「忄」旁，「惆」爲其異體字，唯《切三》、《王一》、
《全王》、《王二》居「去愁反」之音者，俱「惆」字也，且諸

本均無「惏」或「啉」字。陳澧據《類篇》校改《廣韻》，故「啉」、「惆」、「𣪁」三者，歸於隱僻之字可也。《廣韻》「惏」韻紐位於「丘」韻紐之前，《切韻考》判「惏」韻紐爲增加字者，蓋因「丘」韻紐之「丘」、「蚯」、「邱」等字俱爲常用字，且皆無其他音讀，故判「丘」韻紐爲本有，「惏」韻紐爲增加字也。由是例可知陳澧判定爲增加字者，非必《廣韻》居後之韻紐也。

上引諸例，皆陸法言《切韻》本有之重紐現象，而陳澧以其同韻二音衝突，判爲增加字而刪之者，實陳氏所妄刪也。

2.開　合

《切韻》系韻書亦普遍存在「以開切合」、「以合切開」之例，本師陳新雄先生以爲「反切之原則，上字取聲，下字取韻，然上字之韻，與下字之聲，仍無可避免夾雜其間，既雜其間，則易導致錯誤，而有不合常軌之切語出現。如五支韻『爲，薳支切』、八戈韻『靴，許戈切』是也。[12]」以「爲，薳支切」爲例，「爲」字爲合口，卻以開口「支」爲下字，實拼合「薳支切」時，上字「薳」之合口介音夾雜其間，故使拼出之「爲」音，帶合口介音也。反之「建，居萬切」，「建」字應爲開口，卻以合口「萬」爲下字，實拼合「居萬切」時，上字「居」之開口三等介音[13]夾雜其間故也。另脣音字兼具開合口性質，故脣音開口字可爲合口字之下字，如「跬，丘弭切」，「跬」爲合口字，「丘」、「弭」二字皆屬開口，實合口介音之脣部運動，表於脣音聲母也。反之，亦有脣音開口字以合口字爲下字者，如「班，布還切」，「班」爲開口字，「布」、「還」二字皆屬合口，實脣音字兼具開合口

12　陳新雄《廣韻研究》，台北學生書局，民九十三年十一月，頁 364。
13　依據本師陳新雄先生之考定，九魚韻應爲開口三等，見陳新雄《廣韻研究》，台北學生書局，民九十三年十一月，頁 344。

之性質也。《切韻》脣音字例不分開合，脣音字兼可爲開合口字之下切，開合口字亦均可爲脣音字之下切，《廣韻》脣音開合衝突者，其一必爲後世所增也[14]。

　　既然《切韻》系韻書本有「以開切合」、「以合切開」等不合常例之反切，故部分同韻衝突之韻紐，實開合對立者，特因不合常例之反切，使之系聯衝突耳！故陳澧以「同音之字不分兩切語」，於同韻二音衝突之字判爲增加字，則必妄刪開合對立之韻紐也。其所妄刪開合對立之韻紐者，凡九例：

韻紐	反切	聲類	韻類	陳澧反切	補　　　　　充
㟪	乙皆	影	皆開二	乙皆	此韻末有㟪硋巎溾四字，乙皆切，與㩟字乙諧切音同，增加字也。今不錄。《玉篇》、《類篇》、《集韻》㟪烏乖切，實與㩟不同音，此乙皆切又增加者之疏也。

14　《廣韻》同韻脣音字開合衝突者，僅耕韻「繃，北萌切」、「抨，布耕切」；卦韻「庍，方卦切」、「擘，方賣切」；昔韻「辟，必益切」、「碧，彼役切」三組。若將灰咍、魂痕、嚴凡及其相承韻部視爲開合對立，則增加「妹，莫佩切」、「穤，莫代切」一組。另《全王》較《廣韻》多出「裴，薄恢切」、「培，扶來切」。其中「繃」字《切三》、《全王》作「甫萌反」，俱無「抨」字。「庍」字《全王》、《王二》、《唐韻》俱同《廣韻》，〈伯三六九六〉「庍」字作「庎」，異體字也。「擘」字《王一》、《全王》同《廣韻》，然〈伯三六九六〉、《王二》、《唐韻》俱無也。「辟」字《切三》、《王一》、《全王》、《唐韻》俱同《廣韻》，「碧」字《切三》切語殘損不可讀，《唐韻》作「方彳反」，《王一》、《全王》則無有。至於灰咍及其相承者，於《韻鏡》雖爲開合對立，然依《全王》韻目注語—「灰，呼恢反。夏侯陽杜與咍同，呂別，今依呂。」、「賄，呼猥反。李與海同，夏侯爲疑，呂別，今依呂。」、「隊，徒對反。李與代同，夏侯爲疑，呂別，今依呂」三條觀之，呂靜《韻集》灰咍及其相承者有別。復依其餘論及呂靜《韻集》之韻目注語，呂靜無以開合分韻者，故可推測呂靜灰咍及其相承者之分，非因開合，實韻部不同也。今上古韻部灰咍有別，呂靜《韻集》爲早期韻書，僅稍晚於李登《聲類》，可知其灰咍之別，恰如上古音也。詳見筆者碩士論文《切韻》性質研究・第二章、《切韻》系韻書之沿革・第二節、《切韻》以前的韻書》，國立台灣師範大學國文研究所碩士論文，民91年5月。因《切韻》脣音字兼可爲開合口字之下切，開合口字亦均可爲脣音字之下切，復因脣音開合互補，少數例外亦俱可解釋，故筆者認同「脣音字例不分開合」之說也。

麧	下沒	匣	麧開一	下沒	又韻末有麧秳齕紇淈五字，下沒切，與搰字戶骨切音同。淈字已見此韻骨字下，紇齕二字已見十六屑，此增加字也。《通志·七音略》《切韻指南》並以痕很恨麧相承，則以麧為痕字之入聲，然陸氏《切韻》無可考，今不錄之，亦蓋闕之義也。
繓	子括	精	末合一	子括	此韻有繓撮攛三字，子括切，與醉字姊末切音同。雖不在韻末，亦增加字，今不錄。
焆	於列	影	薛開三	因悅	韻末有焆喁二字，於列切，二徐焆字因悅切。焆字當是娟字入聲，因悅切是也。然因悅切與妜字於悅切音同，亦增加字耳，今不錄。
觟	古罵	見	禡合二	古罵	此韻末有又觟諢二字古罵切，與駕字古訝切音同，增加字也。今不錄。明本顧本古駕切，尤誤。古駕雙聲，不可為切語也。
汪	烏曠	影	宕合一	烏浪	此韻末有汪䤄二字烏浪切，與盎字烏浪切同，增加字也，今不錄。《集韻》汪烏曠切，與盎字實不同音。此烏浪切與盎無別，又增加者之疏也。
垎	胡格	匣	陌開二	胡格	此韻有韄字乙白切，與啞字烏格切音同；又有垎趶格輅四字胡格切，與嗃嚆二字胡伯切音同，雖不在韻末，亦增加字也，今不錄。
諱	虎伯	曉	陌合二	虎伯	又有謞謞淢旹霍羽濭硅愬八字虎伯切，與赫字呼格切音同。又淢字已見十九鐸，旹字已見二十三錫，雖不在韻末，皆增加字也。然此諱以下八字與赫字實不同音，《集韻》赫諱分兩音，可證也。此虎伯切乃增加者之疏耳，今不錄。
艴	許極	曉	職開三	許極	此韻有艴虉鱕奭懱五字許極切，與洫字況逼切音同。此五字惟虉見《尚書》，餘皆隱僻，雖不在韻末，亦增加字也。今不錄。

　　其中「嵗」字依《切三》、《王一》、《全王》，當為「乙乖反」，與《玉篇》、《類篇》、《集韻》「烏乖切」音同，與「搋」字「乙

諧切」開合對立，可知此乃《廣韻》之誤，方使「崴」、「摬」
二字衝突也。陳澧誤判為增加字，雖事出有因，然準陳氏之例，
有以《玉篇》、《集韻》等書以校《廣韻》之誤者，如「摒，卑
政切。《廣韻》諸本皆畀政切，畀字誤，當作卑，《集韻》卑政
切，可證。《玉篇》必政切，必卑聲同類，亦可證卑字是也」。
「崴」為十四皆倒數第十一韻紐，其中僅「磈」、「溾」有又音，
「崴」、「齀」二字無又讀，將「崴」、「齀」二字均視為罕見
字，不免過於寬鬆也，畢竟「崴」見於《玉篇》、《類篇》等書，
不應歸於罕見字也。故以陳澧增加字四標準—兩條切語同一音、
多在韻末、字多隱僻、字多重見—驗之，「崴」韻紐皆不當視為
增加字，此條乃陳澧之誤失，雖護者不可諱也。

　　「麧」字「下沒切」一條，《切三》、〈伯三六九四〉殘卷、
《王一》、《全王》兩韻紐皆有之，由《韻鏡》、《通志・七音
略》以觀，此痕韻入聲字少附於十三末也。《廣韻》乃是韻書，
詩文用韻之依據為其編撰標的。依古典詩押韻規則，同音字不可
為韻腳，則一首律詩至少需有三韻紐之字。故《廣韻》編撰之原
則，至少三韻紐方能獨立成一韻，如櫛韻、臻韻兩韻各僅三韻紐。
少於三韻紐之韻，如冬韻上聲「湩」、「鶴」入腫韻，臻韻上聲
「𧤛」、「齔」入隱韻，臻韻去聲「櫬」入震韻，痕韻入聲「麧」
字入沒韻者。此些字少附入他韻者，驗之《韻鏡》、《七音略》
均可確定其歸屬。唯陳澧雖見《七音略》等韻圖，然陳氏以「三
十六字母者，唐末之音也[15]」，而《切韻》為隋唐標準音，故不
以韻圖資料改易上開諸字之配置。其中「湩」字歸於二冬之上聲
者，乃依據《廣韻》注語為之，將於本論文其他章節探討；「鶴」

---

15 陳澧《切韻考外篇・卷三》。

字判爲增加字而刪之，亦無可議者；「虮」、「𦟛」等字於隱韻，「櫬」字於震韻無衝突，不以韻圖資料改易其配屬；「𣐌」字「下沒切」與「搰」字「戶骨切」衝突，判爲增加字，然附記《通志・七音略》、《切韻指南》以「𣐌」爲「痕」字之入聲，因陸氏《切韻》無可考，闕而不錄，凡此皆可見陳氏之嚴謹與拘泥也。實則就韻書編撰目的爲押韻之參考言，韻紐過少則無獨立成部之必要，附於他韻，亦理之必然，無須拘泥《廣韻》之歸屬，而亂音韻之架構也。

　　「緤」字、「𪗆」字依據《切三》、〈伯三六九四〉殘卷、《王一》、《全王》，兩韻紐皆有之，此曷末兩韻開合口之對立也。初陸法言《切韻》僅一百九十三韻，至《廣韻》則爲二百六韻矣。《廣韻》所增者，別真諄、寒桓、歌戈及其相承四聲爲二，更增益嚴韻之上去聲檻、釅兩韻，共十三韻。其中《廣韻》別真諄、寒桓、歌戈及其相承四聲爲二，析之未盡，故多有誤置者，如「囷，去倫切」，當歸於諄韻，而仍留於真韻也。「𪗆」字「姉末切」，實爲開口字，應歸於曷韻[16]，此《廣韻》之析之未盡者也。陳澧不知《切韻》僅一百九十三韻，誤以爲《廣韻》二百六韻皆陸氏之舊，不知曷末兩韻，於《切韻》均爲十一末，共有開合兩韻類。開口一類於《廣韻》獨立爲曷韻，「𪗆」字也者，實當改置於曷韻而遺漏者。此陳氏資料所限，倘陳澧得見唐代《切韻》系韻書抄本則不致有此誤也。然陳澧此條考定，亦非無可議者也。其判定「緤」字爲增加，「𪗆」字爲本有之標準爲何？陳澧云：「此韻有緤撮攃三字，子括切，與𪗆字姉末切音同。雖不

16　見李榮《切韻音系》，鼎文書局，瀛涯敦煌韻輯附錄抽印本，頁 34。黎明版《大宋重刊廣韻》林景伊先生之校語亦以爲「𪗆」字爲當移入十二曷韻也。

在韻末，亦增加字，今不錄」，未明言判定「緤」爲增加，而「𩐭」
爲本有之因由，然考之陳氏判定爲增加自之四標準—兩條切語同
一音、多在韻末、字多隱僻、字多重見，「𩐭」韻紐六字，實較
爲隱僻也。若論字重見者，兩韻紐各僅「瀎」、「撮」兩字有又
讀，且均非韻末之紐，何以判「緤」字爲增加，「𩐭」字爲本有
耶？故此條考據，陳澧標準不清，不可諱也。

　　「焆」字一條，陳澧更是大謬，據《切三》、《王二》、《全
王》，「焆」字均作「於列反」，與「妜」字開合對立也。陳澧
以諧聲偏旁，判定「焆」字當是「娟」字入聲，以此論斷二徐切
語爲是，擅改《廣韻》之切語，不知諧聲偏旁亦有例外者。何況
《韻鏡》亦將「焆」字歸於開口，《廣韻》「焆」字「於列切」
與「妜」字「於悅切」無有衝突，凡此，皆證明陳澧不應以二徐
妄改《廣韻》也。此條乃陳氏《切韻考》之大謬，無可諱也。

　　「抓」、「汪」、「𢀖」、「諜」、「麭」等五字，乃典型
之上字之韻、下字之聲，干擾反切拼合之結果，導致不合常軌之
切語出現。以「抓」字言，《王一》、《全王》俱有此二韻紐，
「抓」、「駕」二字乃開合對立之關係，「抓」字「古罵切」爲
合口字，上切「古」爲合口字，下切「罵」爲脣音字，無論是上
字之韻或下字脣音聲母，皆可導致「抓」字拼出合口音。「汪」
字「烏浪切」，與「盎」字「烏浪切」音同，然陳澧既知《集韻》
「汪」字作「烏曠切」，即可證明「盎」、「汪」兩字，實開合
對立之關係，故可準「摒」字之例，以《集韻》校《廣韻》之失
也。同一「烏浪切」者，拼出「盎」、「汪」開合對立之音，此
《廣韻》編撰者之疏忽也。然上切「烏」字「哀都切」，其合口
韻母可干擾反切拼合之結果，使「汪」字讀合口音也。《全王》
「汪」字作「烏光反」，然宕韻無「光」字，唐寫本《唐韻》則

無「汪」字，故可推測《集韻》編撰時改「光」為「曠」，以明白表現「汪」為宕韻合口字也。「垎」、「諕」兩字皆二十陌韻字，本韻「格」字與「虢」字俱「古伯切」，亦同「盎」、「汪」兩字，實開合對立之關係，此乃《廣韻》之疏也。其上切「古」為合口字，下切「伯」為唇音字，皆可干擾反切拼合之結果，使「虢」字讀合口音也。然系聯陌韻並比對《韻鏡》，可知「伯」、「白」等字開合口均可用，「格」字只切開口，故二十陌凡同韻二音衝突者，其下字為「格」者乃開口，下字為「伯」、「白」者乃合口，可據此定之也。至於「魊」字「許極切」與「淢」字「況逼切」同音此條，問題不在「魊」，而在「淢」，特「魊」等五字遠較「淢」等十四字隱僻，雖「魊」在「淢」前，亦判其為增加字也。實〈斯六零一二〉殘葉、《全王》，俱有「魊」字作「許力反」，知「魊」雖隱僻，亦《切韻》之所本有也。二十四職韻之合口字，僅「淢，況逼切」、「域，雨逼切」二者，其上切皆為合口字，故亦上字之韻干擾反切拼合之結果，使「況逼」、「雨逼」切成合口音也。特二十四職韻無其他為母字，故陳澧未提及「域」字耳！

　　考陳澧判「𡎆」、「汪」、「垎」、「諕」、「魊」等五字為增加字，而不以其為《廣韻》之偶疏者，其標準或可說焉！之所以判定「𡎆」、「垎」、「諕」為增加字，關鍵乃「化」、「虢」二字也。四十禡韻「化」字，二十陌韻「虢」字，皆常用字，且無又音，斷不可視為增加字，應是《切韻》所本有也。然「化，呼霸切」與「嚇，呼訝切」衝突，「虢，古伯切」與「格，古伯切」同切，而「化」、「虢」均非增加字，故以為「化」、「虢」無同類之韻，借用「霸」、「伯」為下字也。既然判斷「化」、「虢」無同類之韻，故陳澧盡刪四十禡韻與二十陌韻之合口字，

云：「化，呼霸切，與嚇字呼訝切音同。然化非增加字，以化字無同類之韻，故借用霸字耳。此韻有㧒吴崋華樺鰨樏七字胡化切，韻末有䤥俙二字所化切、瓦字五化切、㩆宩踝三字烏吴切，皆與化字韻同類，而化字切語用霸字，不用此諸字。且崋華宩已見九麻，鰨已見十一暮，樏又見十九鐸，瓦已見三十五馬，餘亦隱僻，皆增加字也。今不錄」；又云：「虢，古伯切，與格字古伯切同，然虢非增加字，以其無同類之韻，故借用伯字耳。此韻末有㦑濩䕶䕶巇五字一虢切，蜖劃二字丘㦑切，皆與虢字韻同類，而虢字切語不用，皆增加字也，今不錄。此韻有韄字乙白切，與啞字烏格切音同；又有垎趞格輅四字胡格切，與嚄嚇二字胡伯切音同，雖不在韻末，亦增加字也，今不錄。」故除「嚄」字外，陳澧藉故盡刪四十禡韻與二十陌韻之合口字，「嚄」字亦與開口一類系聯，而刪真正陌韻開口字「垎」也。至於何以判「化」、「虢」二字無同類之韻，借用他類字爲下切，而非視其爲《廣韻》之偶疏，則留待下文探討。

　　陳澧判「汪」爲增加字，乃因同一「烏浪切」者，分立「盎」、「汪」兩韻紐，實不合理之至。加之「汪」字尙有「烏光」、「紆往」二讀，「䤩」字隱僻，故判之爲增加字也。二十四職韻之合口字，僅「淢，況逼切」、「域，雨逼切」二者，且下字可相互系聯，故陳澧職韻只一類也。其衝突者，亦僅有「桅」、「淢」二紐，故以「桅」等五字隱僻，而判之爲增加字也。

　　綜上所述，可知陳澧雖誤判「崴」、「麲」、「繶」、「狷」、「孤」、「汪」、「垎」、「諫」、「桅」等九字爲增加字而刪之，然深究其理，亦事起有因，知陳氏容或有失，然其失誤處，皆導因於《廣韻》之疏也。然則陳澧以爲：「切語之法，以二字爲一字之音：上字與所切之字雙聲，下字與所切之字疊韻；上字

定其清濁，下字定其平上去入」，上下字互不干涉，無「聲韻相挾而變」之觀念，則無由理解唇音字兼具開合口性質，亦不明上字之韻可能干擾拼合結果，一味墨守系聯，排除韻圖資料，亦其盲點也。

3.洪　細

《廣韻》部分同韻二音衝突之韻紐，實洪細對立者，特因不合常例之反切，使之系聯衝突耳！陳澧以「同音之字不分兩切語」，於同韻二音衝突之字判爲增加字，則必妄刪洪細對立之韻紐也，僅有二例：

韻紐	反切	聲類	韻類	陳澧反切	補　　　充
幪	莫弄	明	送開一	莫弄	此韻末有幪䙤㠓三字莫弄切，與夢字莫鳳切音同，三字皆已見一東，此增加字，今不錄。
䫉	乙白	影	陌開二	乙白	此韻有䫉字乙白切，與啞字烏格切音同；又有垎趌格輅四字胡格切，與嚇嗝二字胡伯切音同，雖不在韻末，亦增加字也，今不錄。

「幪」、「夢」兩字，乃一等與三等之對立，然因「弄，盧貢切」，「鳳，馮貢切」，故系聯二者，實則「鳳，馮貢切」乃不合常例之反切，其三等介音，表於上字「馮」也。陳澧以機括式之方法系聯上下字，故於此類例外反切，必導致錯誤也。陳澧判「幪」等三字爲增加字之標準，其一乃見於韻末，其二乃已見於一東，故符合其判定爲增加字之標準。陳澧此誤，蓋因其凡例：「惟以考據爲準，不以口耳爲憑，必使信而有徵，故甯拙而勿巧」，墨守系聯，排除韻圖，故不以輕唇音之條件，將「鳳」視爲三等字也。「䫉」、「啞」二字較爲複雜，「䫉」字乃合口三等，「啞」字爲開口二等。前文已指出，「白」、「伯」兼可作爲陌韻開合口之下字，「格」字則僅能作陌韻開口之下字；且「䫉」字「乙

白切」，其三等介音表於上字「乙」，故「韃」字實爲一合口三等字，與「啞」字不衝突也。陳氏上下字之系聯過於機械化，故不免發生錯誤矣！其判定「韃」字爲增加字之標準，乃因「韃」字於本韻又有「一虢切」一音，加上此字隱僻，故雖不在韻末，亦判之爲增加字也。

　　前述兩例亦爲《廣韻》之例外反切，陳澧墨守系聯，故「檬」、「夢」與「韃」、「啞」兩兩衝突，實導因於《廣韻》之疏也。陳澧乃考據學家，非語言學家，其《切韻考》：「惟以考據爲準，不以口耳爲憑，必使信而有徵，故甯拙而勿巧」，故陳氏無法理解何以「白」、「伯」兼可作爲陌韻開合口之下字，亦無法瞭解何以「鳳」以「貢」爲下切，何以判爲三等字。簡言之，陳澧之概念：「切語之法，以二字爲一字之音：上字與所切之字雙聲，下字與所切之字疊韻；上字定其清濁，下字定其平上去入」，上下字互不干涉，無「聲韻相挾而變」之概念，亦不知上字之韻與下字之聲會干擾拼合結果，則無由理解唇音字兼具開合口性質，亦無法認知輕唇音出現之韻類條件也。

4.其　他

　　比對《唐五代韻書集存》與《切韻考》，尚有四種情況陳澧判爲增加字而刪之，實唐代寫本《切韻》系韻書本有之也。其一，《切韻》系韻書本有之同韻二音衝突者，如「茬」、「倄」、「兼」三字；其二，衝突之二字，陳澧所刪爲本有者，所留爲增加者，如「毳」、「繃」二字爲《切韻》本有之韻紐，與其衝突之「蝡」、「浜」乃新增之韻紐，陳澧誤刪「毳」、「繃」而保留「蝡」、「浜」也；其三、唐寫本《切韻》系韻書切語與《廣韻》不同，如「啜」、「黮」、「喊」三字；其四，僅有部分《切韻》系韻書見之者，如「槷」、「頪」兩字，《全王》有之而《切三》無，

又如「騼」字，《切二》有之而《切三》、《全王》無。下文則分此四表格說明之：

韻紐	反切	聲類	韻類	陳澧反切	補　　充
茌	士之	床	之開三	士之	此韻末有茌字士之切，與漦字俟薑切音同，茌字又已見薑字側持切下。此增加字也，今不錄。徐鍇茌漦並俟之反，則似非增加，然亦足證此二字不當分兩切矣。
俖	普乃	滂	海開一	普乃	此韻末有俖肶二字，普乃切，與啡字匹愷切音同。肶又已見七尾，此增加字也。今不錄。
兼	古念	見	桥開四	古念	此韻末有兼餡二字古念切，與趁字紀念切音同，《集韻》兼趁音同，可證也。兼又已見二十五添，此增加字，今不錄。《玉篇》趁他念切，則不與兼同音，然此韻桧字他念切，若趁字亦他念切，則與桧同音，亦增加字耳。

　　「俖」、「啡」兩字衝突，然《切三》、《全王》、《王二》俱有此二韻紐；「兼」、「趁」兩字衝突，然《王一》、《王二》、《全王》、《唐韻》俱同《廣韻》，此乃早期《切韻》系韻書所本有之問題，實非陳澧之失也。陳氏判定「俖」、「兼」為增加字者，乃因兩韻紐位於韻末，且字有重出，符合其增加字之標準，加之同韻二音衝突，故刪之也。「茌」字「士之切」與「漦」字「俟薑切」亦衝突，李榮《切韻音系》、邵榮芬《切韻研究》、竺家寧《聲韻學》以為此乃俟母獨立之證據[17]，然《切二》、《切三》、《全王》「茌」字「士之切」與「漦」字「俟薑切」均位於之韻最末兩紐，且「漦」字又有「里之」一音，符合陳澧增加字之標準：位於韻末、字重

17　李榮《切韻音系》，鼎文書局，瀛涯敦煌韻輯附錄抽印本，頁 92-93；邵榮芬《切韻研究》，北京，中國社會科學出版社，民 69 年 12 月，頁 39；竺家寧《聲韻學》，台北，五南圖書出版公司，民 80 年 7 月初版，頁 227。

見、音重出，字隱僻，疑早期《切韻》系韻書即增加「謤」字，抑或陸法言編撰時誤分爲兩韻紐也。陳澧刪「茬」留「謤」字，乃因《廣韻》「里之切」無「謤」字，然《王一》、《全王》「里之切」均有「謤」字，則以「謤」字爲增加者，似較爲合理也。陳氏判「茬」爲增加字者，雖屬誤刪，然究其理，實非其過也。

韻紐	反切	聲類	韻類	陳澧反切	補　　　　　充
軥	而尹	日	準合三	而尹	又有軥字而尹切，與蝡字而允切音同。二腫有輭瑌二字即軥字，此軥字乃增加字也。今不錄。徐鉉而尹切，徐鍇而允切，似所據《唐韻》、《切韻》有此字，或蝡字乃增加字歟？蝡又見二十八獮。
繃	北萌	幫	耕合二	北萌	此韻末有繃絣㘱拼舟并五字北萌切，與浜字布耕切音同，增加字也，今不錄。徐鉉繃補盲切，盲字在十二庚，此《唐韻》繃字不在耕韻之證。《集韻》繃在耕韻，浜在庚韻，蓋以浜繃同一韻則不當分兩切，故移浜字入庚韻耳。

　　「軥」、「繃」二字，考諸《唐五代韻書集存》，《王一》、《全王》均有「軥」字，反無「蝡」字，唯《切三》俱無此二韻紐也；《切三》、《全王》均有「繃」字，作「甫萌反」，反無「浜」字也。推究陳澧誤刪「繃」字，而保留「浜」字之理，「繃」字較近韻末，且徐鉉《說文音》「繃」字「補盲切」，「盲」字在十二庚也。雖《集韻》「繃」在耕韻，「浜」在庚韻，然《集韻》爲後出之韻書，故陳氏採早出之《說文音》，誤刪「繃」而保留「浜」，實資料所限，非其過也。然「浜」字又有「布梗切」一音，「繃」字則僅有一音，以此觀之，刪「浜」留「繃」，當較爲合理。再者，考諸《韻鏡》，外轉第三十五開、三十六合兩圖，「絣」、「繃」兩字開合對立，然《廣韻》「絣」、「繃」

兩字同為「北萌切」，加之《切三》、《全王》、《韻鏡》俱無「浜」字，故本文不以「浜」、「繃」為開合對立韻紐，而以為「浜」字當刪也。推究陳澧誤刪「毨」字，而保留「蝡」字之理，「毨」字較近韻末，且陳氏以為二腫之「氄」、「毦」二字，即「毨」之異體字也。然《廣韻》二腫「氄」字下注云：「鳥細毛也」；十七準「毨」字下注云：「毛聚」，知《廣韻》「毨」字與「氄」、「毦」兩字形音義皆不同也，未可視為異體字也。因「蝡」字又有「而袞切」一音，故陳澧亦不敢斷定「蝡」、「毨」究竟何者為增加字，可見其慎重也。故陳氏雖誤刪「毨」字而保留「蝡」，然加注云：「徐鉉而尹切，徐鍇而允切，似所據《唐韻》、《切韻》有此字，或蝡字乃增加字歟？蝡又見二十八獮」，可見其為學之嚴謹。

韻紐	反切	聲類	韻類	陳澧反切	補　　　充
歠	姝雪	穿	薛合三	姝雪	明本顧本殊雪切，誤。《集韻》姝悅切，可證姝字是也。然姝雪切與歠字昌悅切音同，且歠字下已有歠字，此又重見於韻末，乃增加之最粗疏者，今不錄。
蠡	作三	精	談開一	昨三	此韻末有蠡字昨三切，與慚字昨甘切音同，增加字也，今不錄。
喊	呼鎌	曉	鎌開二	呼鎌	此韻末有喊字呼鎌切，與闞字火斬切音同，又已見四十九敢，此增加字，今不錄。

　　「歠」、「蠡」、「喊」三字，唐寫本《切韻》系韻書與《廣韻》略有差異。先討論「喊」字，《切三》無「喊」字，《王一》、《王二》、《全王》「喊」字皆作「子減反」，屬精母。若《王一》、《王二》、《全王》為是，則無有衝突也，然精母字例不出現於二等，甚可疑也，且《切三》無「喊」字，三本《刊謬補缺》俱有之，當可視為王仁煦所增之字也。筆者推測《廣韻》「喊」

字作「呼嗛切」，疑《廣韻》編撰時，採王仁昫《刊謬補缺切韻》，於五十三豏保留「喊」字，然因「喊」字之精母讀法，與各方音差異過大，故易「子減反」爲「呼嗛切」也。陳澧以「喊」字位於韻末，復有「呼覽切」一讀，故判爲增加字而刪之也。

「啜」、「齜」兩字，則較爲複雜，唐寫本《切韻》系韻書之切語並不一致。「齜」字《切三》、《王二》爲「作三反」，屬精母，《全王》與《廣韻》同，爲「昨三反」，屬從母。若《切三》、《王二》爲是，則無有衝突也。然陳澧未能得見唐寫本《切韻》系韻書，以「齜」字在韻末，復有「子鑑」一音，字又隱僻，故判爲增加字，實材料所限，非其罪也。

然陳澧於「啜」字之處理，則顯然有失。「啜」字於《切三》、《王一》、《王二》作「樹雪反」，屬禪母，《全王》作「處雪反」，屬穿母。若《切三》、《王一》、《王二》爲是，則無有衝突也。明本顧本「啜」字作「殊雪切」，屬禪母，與《切三》等書同也，應是。陳澧以《集韻》斷《廣韻》諸本異同之是非，其方法雖無誤，然既已列表研究《切韻》音系，當知薛韻禪母合口尚有空缺，不應妄刪《廣韻》韻紐也。且《集韻》「歠」字亦爲「姝悅切」，即《集韻》「姝悅切」者，《廣韻》「昌悅切」也。「啜」字《集韻》有二音，則《廣韻》有二音，其一爲穿母、另一爲禪母，亦屬合理，實應以明、顧二本改張本之形訛也。陳氏於此，顯有疏忽，雖護者不可諱也。

韻紐	反切	聲類	韻類	陳澧反切	補充
驨	子垂	精	支合三	子垂	此韻末有驨字子垂切，與劑字遵爲切音同，增加字也，今不錄。
臩	俱往	見	養合三	俱往	此韻末有臩迋儹迬四字俱往切，與獷字居往切音同。徐鉉具往切，則與俇字求往切音同。臩字又見三十八梗，迋字又見四十一漾，皆增加字也，今不錄。

| 頰 | 初丈 | 初 | 養開三 | 初丈 | 又有頰傔二字初丈切。明本初大切，誤也。初丈切與碤字初兩切音同，且頰字已見此韻爽字下。此增加字，今不錄。 |
| 喊 | 呼嗛 | 曉 | 嗛開二 | 呼嗛 | 此韻末有喊字呼嗛切，與闞字火斬切音同，又已見四十九敢，此增加字，今不錄。 |

　　上述四例，於唐代寫本《切韻》系韻書或有或無，因各本《切韻》系韻書均係抄本，偶有遺漏，在所難免。且若以《切韻》殘卷為據，則缺乏去聲諸韻，更因斷爛，其餘韻部，亦不完整，若因《切韻》殘卷所無，而判定為增加字，亦不免有失矣！故本文自訂體例，凡唐寫本《切韻》系韻書有之者，均視為陳澧所妄刪。然則自陸法言《切韻》初創，後世每有新增，既然唐寫本《切韻》系韻書或有或無，則陳澧視之為增加字，亦無不可，此不可不辨明者也。如「喊」字，前文已提及《切三》嗛韻無此字，《王一》、《王二》、《全王》有之，或可視為王仁煦所增之字也。其餘「騷」、「粟」、「伀」等字，考諸《唐五代韻書集存》，《全王》「粟」、「伀」兩字同韻紐，俱「渠往反」也，居於韻末，《切三》則無此韻紐，可見「粟」、「伀」兩字，皆王仁煦所增也，唯限於本文體例，歸於陳氏所妄刪也。《廣韻》「伀，求往切」、「粟，俱往切」兩韻紐相連，實同一韻紐誤分為二切者，當併之也。陳澧以「伀」為本有，「粟」為增加者，蓋「伀」字無他音，而「粟」、「迋」有又讀也。《全王》「頰」作「叉丈反」，亦與「碤」字音同，位於「粟」、「伀」兩字之前，為倒數第二韻紐，且《切三》無此字，知「頰，叉丈反」為王仁煦所增也，然因本文體例，歸於陳氏所妄刪者。因「頰」字「已見此韻爽字下」，而「碤」字無又讀，加之「頰」字位於韻末，故判定「頰」為增加字，甚為合理也。

　　至若「騒」字，乃問題最大者，《切三》、《切二》、《王二》俱有「騒」字，而《全王》無之，〈伯三六九六〉、《王一》此處殘損，以現有材料觀之，「騒」字當陸氏《切韻》所本有者也。《韻鏡》「劑」字列四等、「騒」字列三等，以此觀之，似將「劑」、「騒」二者視爲重紐三、四等之對立，然重紐僅出現於喉牙唇音，而「騒」字反爲「子垂」，亦不可視爲照母，顯然「騒」字之音韻地位，實有深究之必要。本師陳新雄先生於此置之不論，故筆者亦存而不斷，唯準「佸」、「啡」之例，將「劑」、「騒」衝突視爲《切韻》本有之問題也。單純探討陳澧之推理邏輯，「騒」字位於韻末，且復有「之累切」一音，字又隱僻，符合陳澧判爲增加字之要件，故陳氏判「騒」爲增加字，亦理之必然，雖《切三》已有「騒」字，然究其理，此實《切韻》本身之問題，非陳澧之疏失也。

　　綜上所述，陳澧雖誤判「茬」、「佸」、「兼」、「騒」四者爲增加字，然此乃早期《切韻》系韻書已有之問題，實非其失也；而陳氏誤判「毦」、「繖」二字增加字，所衝突之「輭」、「浜」爲本有者，實資料所限，非其過也；而「啜」、「齰」於唐寫本《切韻》系韻書殘卷之音韻地位與《廣韻》不同，此亦資料之限，非其疏也；至若「粟」、「類」、「喊」三字，僅有部分《切韻》系韻書見諸，雖依本文體例，凡《唐五代韻書集存》已出現之韻紐，均視爲非增加字，故歸於陳澧所妄刪一類，然則細究其殘卷年代，《切三》及其更早之殘卷俱無此三字，故陳澧將三者視爲增加字，亦無不當。總而言之，就推理邏輯言，陳澧判爲增加字，以解決「茬」、「佸」、「兼」、「騒」、「毦」、「繖」、「啜」、「齰」、「粟」、「類」、「喊」等十一處同韻二音衝突，大致無誤，其誤判皆因資料本身之問題，非可深責

陳氏也。

　　通盤檢討陳澧判爲增加字以解決《廣韻》二音衝突者，共六十二例，乃諸類之冠，唯其半數之例，均可見於唐寫本《切韻》系韻書殘卷。此三十一條除「苙」、「佮」、「兼」、「驒」、「毽」、「繃」、「啜」、「齰」、「粟」、「頪」、「喊」等十一條情有可原外，其餘二十條皆陳氏墨守系聯之弊也。蓋系聯之正確，其大前提乃反切之正確，然則《切韻》、《廣韻》俱非完美無誤之韻書，加之反切不似拼音精準，其上字之韻與下字之聲，能夠干擾反切拼合，故陳澧以：「切語之法，以二字爲一字之音：上字與所切之字雙聲，下字與所切之字疊韻；上字定其清濁，下字定其平上去入」，系聯《切韻》反語，則上下字毫不相涉，終不可解決重紐、開合、洪細諸多問題反切。本來《切韻》、《廣韻》問題之反切，可參酌《韻鏡》以斷之，然陳澧《切韻考·序錄》開宗明義：「惟以考據爲準，不以口耳爲憑，必使信而有徵，故甯拙而勿巧」，更以「三十六字母者，唐末之音也[18]」，而《切韻》爲隋唐標準音，故排除韻圖資料及聲韻學理，一味墨守系聯，遂無能解決大量因錯誤反切導致之二音衝突問題，甚至濫用判爲增加字之法，刪去不合其說之諸紐矣！

　　總而言之，陳澧之盲點，乃其系聯基礎將上下字斷開，互不干涉，無「聲韻相挾而變」之觀念，上字取聲，下字取韻，墨守系聯，排除韻圖，終無能解決例外之反切也。

三、以爲《廣韻》之偶疏

　　陳澧解釋《廣韻》同韻二音衝突問題，數量次焉者，乃以爲《廣韻》之偶疏，其套語爲：有某字某某切，某字某某切，則某

18　陳澧《切韻考外篇·卷三》。

與某韻不同類，某字切語用某字，此其疏也。以爲《廣韻》之疏
者，共十九例：

韻紐	反切	聲類	韻類	陳澧反切	補　充
爲	遠支	爲	支合三	遠支	此韻陲字是爲切，提字是支切，則爲與支韻不同類，爲字切語用支字，此其偶疏也。
隨	旬爲	邪	支合三	旬爲	此韻觽字去爲切，闞字去隨切，則隨與爲韻不同類，隨字切語用爲字，亦其疏也。
綺	墟彼	溪	紙開三	墟彼	此韻技字渠綺切，跪字渠委切，則綺與委韻不同類。彼字甫委切，綺既與委韻不同類，則亦與彼韻不同類，綺字切語用彼字，亦其疏也。
避	毗義	並	寘開三	毗義	此韻恚字於避切，縊字於賜切，則避與賜韻不同類，賜字斯義切，避既與賜韻不同類，則亦與義韻不同類。避字切語用義字，亦其疏也。
癸	居誄	見	旨合三	居誄	此韻揆字求癸切，晷字暨軌切，求與暨聲同類。則癸與軌韻不同類。誄字力軌切，癸既與軌韻不同類，則亦與誄韻不同類，癸字切語用誄字，此其疏也。徐諧居累反，尤誤。累字在四紙。
卦	古賣	見	卦開二	古賣	此韻庍字方卦切，擘字方賣切，則卦與賣韻不同類，卦字切語用賣字，此其疏也。徐鉉古壞切亦疏。壞字在十六怪。
建	居万	見	願合三	居万	此韻健字渠建切，圈字臼万切，臼與渠字聲同類，則建與万韻不同類。建字切語用万字，此其疏也。
黠	胡八	匣	黠開二	胡八	黠，胡八切；滑，戶八切，胡戶聲同類，而其下皆用八字。且此韻切語用八字者甚多，遂相淆混。二百六韻之中，此韻最爲疏舛。不知陸氏書本然，抑後人傳寫增加之失也。
王	雨方	爲	陽合三	雨方	此韻狂字巨王切，強字巨良切，則王與良韻不同類。方字府良切，王既與良韻不同類，則亦與方韻不同類，王字切語用方字，此其疏也。

往	于兩	爲	養開三	于兩	此韻緣字居兩切，獷字居往切，則往與兩韻不同類，往字切語用兩字，此其疏也。
況	許訪	曉	漾合三	許訪	此韻誑字居況切，彊字居亮切，則況與亮韻不同類。訪字敷亮切，況既與亮韻不同類，則亦與訪韻不同類。況字切語用訪字，亦其疏也。
博	補各	幫	鐸開一	補各	此韻各字古落切，郭字古博切，則博與落韻不同類，即與各韻不同類，博字切語用各字，亦其疏也。
橫	戶盲	匣	庚開二	戶盲	此韻諻字虎橫切，脝字許庚切，虎與許聲同類，則橫與庚韻不同類；盲字武庚切，橫既與庚韻不同類，則亦與盲韻不同類，橫字切語用盲字，此其疏也。
影	於丙	影	梗開三	於丙	此韻警字居影切，憬字俱永切，居與俱聲同類，則影與永韻不同類；丙字兵永切，影既與永韻不同類，則亦與丙韻不同類，影字切語用丙字，亦其疏也。
宏	戶萌	匣	耕合二	戶萌	此韻莖字戶耕切，則宏與耕韻不同類；萌字莫耕切，宏既與耕韻不同類，則亦與萌韻不同類。宏字切語用萌字，此其疏也。
役	營隻	喻	昔合三	營隻	此韻焲之役切，隻之石切，則役與隻韻不同類，役字切語用隻字，此其疏也。
急	居立	見	緝開三	居立	急與汲同音。此韻邑字於汲切，揖字伊入切，於伊聲同類，則汲入韻不同類；立字力入切，汲既與入韻不同類，則亦與立韻不同類，急字切語用立字，此其疏也。
炎	于廉	爲	鹽開三	于廉	此韻淹字央炎切，懨字一鹽切，央一聲同類，則炎鹽韻不同類；鹽字余廉切，炎與鹽韻不同類，則亦與廉韻不同類，炎字切語用廉字，此其疏也。
輒	陟葉	知	葉開三	陟葉	此韻敜字於輒切，魘字於葉切，則輒與葉韻不同類，輒字切與用葉字，亦其疏也。

　　上述十九例，皆基本條例可系聯，卻與分析條例衝突者。以

「卦」字言，《切韻考》云：「此韻庍字方卦切，㟪字方賣切，則卦與賣韻不同類，卦字切語用賣字，此其疏也」，雖謂「卦字切語用賣字」為疏，然實則欲解決者，乃「庍字方卦切」與「㟪字方賣切」之衝突。故就邏輯上言，以為《廣韻》之疏者，亦為解決同韻二音衝突現象之法。與判為增加字此法不同者，判為增加字者，乃直接刪除衝突切語之一；而以為《廣韻》之疏者，則以某字之下切為疏，斷開基本條例兩韻類之系聯，此其方法上之差別也。以本師陳新雄先生《廣韻研究》所析韻類比對之，知陳澧以為《廣韻》偶疏之十九例，皆當別為二韻類者，其中「隨」、「避」、「癸」、「急」、「炎」、「輒」等六字析出重紐對立兩韻類，餘十三例，皆析分開合對立兩類也。下文先分重紐、開合兩類，以深入檢討上述十九例。

1.重　紐

　　陳澧判定《廣韻》偶疏之十九例，皆當別為二韻類，其中「隨」、「避」、「癸」、「急」、「炎」、「輒」等六字，析出重紐對立之兩韻類。前文已指出，陳澧不明重紐，亦排除韻圖資料，然則以「隨」字條為例，《切韻考》與「隨隋籚，旬為切」系聯為一類者，共「䜰㯠槻規鷷鵑撌，居隋切」、「陸墮㒃，許規切」、「闚窺，去隨切」等三紐十二字，其中有大量常用字，且皆不在韻末，未可以增加字刪之，故陳澧以為：「䳷字去為切，闚字去隨切，則隨與為韻不同類，隨字切語用為字，亦其疏也」，而將此「隨」、「䜰」、「陸」、「闚」四紐獨立為一類。實則以等韻學審視此四紐，「䜰」、「陸」、「闚」為重紐四等字，然「隨」字為齒音，不分重紐三、四等，故與其謂「隨」字不當以「為」字為下切，不若謂「䜰」、「闚」不當以「隨」、「隋」為下切也。然則陳澧乃考據學家，非語言學家也。其《切韻考·

序錄》云：「惟以考據為準，不以口耳為憑，必使信而有徵，故甯拙而勿巧」，且認為：「切語之法，以二字為一字之音：上字與所切之字雙聲，下字與所切之字疊韻；上字定其清濁，下字定其平上去入」，上下字互不干涉，終無法解決重紐問題也。何則？蓋陳澧系聯下字，僅就下字言之，不論聲母，然重紐之對立，僅出現於喉、牙、唇聲母，故支韻合口，僅喉、牙音有重紐對立，其餘皆可系聯為一，然依據陳澧之系聯條例，必無從解決何以分析條例確立之「虧」、「闚」二類，至齒音之「隨」字，反併為一類也。「避」字更是大謬，陳澧謂：「此韻恚字於避切，縊字於賜切，則避與賜韻不同類，賜字斯義切，避既與賜韻不同類，則亦與義韻不同類。避字切語用義字，亦其疏也」，以此將「避，毗義切」、「恚婋，於避切」、「睼，規恚切」、「嬀，呼恚切」、「娷諈，竹恚切」、「諉抲緌，女恚切」等六紐十字為一類，然則以今之中古聲韻系統驗之，「避」字乃開口重紐四等韻，與之系聯者為「臂，卑義切」、「譬，匹賜切」、「馶，居企切」、「企，去智切」、「縊，於賜切」等五韻紐；而「恚，於避切」、「睼，規恚切」、「嬀，呼恚切」、「娷，竹恚切」、「諉，女恚切」等五韻紐，俱為合口字，其中「娷」、「諉」兩字屬舌音無分重紐三、四等，其餘「恚」、「睼」、「嬀」等紐皆為合口重紐四等也。故此條與其判為「避字切語用義字，亦其疏也」，不若改判「恚字切語用避字，亦其疏也」。實則「恚」字切語用「避」字，亦如前文所述，《廣韻》唇音字例不分開合，唇音字兼可為開合口字之下切，開合口字亦均可為唇音字之下切，故唇音開口字之「避」，可切合口之「恚」字也。陳澧盲從下字系聯，排除語言音讀，摒棄韻圖材料，故此韻類混淆開合口也。復如「癸」字，陳澧謂：「此韻揆字求癸切，陒字暨軌切，求與暨聲同類。

則癸與軌韻不同類。諫字力軌切，癸既與軌韻不同類，則亦與諫韻不同類，癸字切語用諫字，此其疏也」，以此將「癸湀，居誄切」、「揆葵楑夔湀，求癸切」、「瞡，火癸切」等三紐八字系聯爲一類，與他類不相連，然則以今之等韻學審視此三紐，「瞡」字當屬重紐三等，與「癸」、「揆」等重紐四等字不同類。再如「急」字，陳澧謂：「急與汲同音。此韻邑字於汲切，揖字伊入切，於伊聲同類，則汲入韻不同類；立字力入切，汲既與入韻不同類，則亦與立韻不同類，急字切語用立字，此其疏也」，以此將「急，居立切」、「邑，於汲切」、「泣，去急切」三紐單獨系聯爲一類，實則以《韻鏡》考之，緝韻重紐三等韻尚有「及，其立切」、「岌，魚及切」、「吸，許及切」、「䴗，彼及切」、「鵖，皮及切」等五紐，陳澧排除韻圖資料，故於緝韻重紐三、四等，純依系聯分類，以是有所遺漏也。又如「炎」字，陳澧謂：「此韻淹字央炎切，懕字一鹽切，央一聲同類，則炎鹽韻不同類；鹽字余廉切，炎與鹽韻不同類，則亦與廉韻不同類，炎字切語用廉字，此其疏也，以是將「炎，于廉切」、「箝，巨淹切」、「淹，央炎切」、「䜴，史炎切」等四紐單獨系聯爲一類，然則今之以等韻學檢視之，「䜴，史炎切」爲疏母，不當有重紐之別，而「砭，府廉切」、「慇，丘廉切」、「顩，語廉切」等，則應系聯於重紐三等一類也。至若「輒」字，陳澧謂：「此韻敜字於輒切，魘字於葉切，則輒與葉韻不同類，輒字切與用葉字，亦其疏也」，並將以「輒」爲下字者系聯爲一類，共「聶，尼輒切」、「曄，筠輒切」、「衱，其輒切」、「䐕，丑輒切」、「敜，於輒切」、「萐，山輒切」、「緁，居輒切」等七紐爲一類，然以今之等韻學檢討之，「聶，尼輒切」、「䐕，丑輒切」、「萐，山輒切」等三紐爲舌齒音，無分重紐三、四等；而「魘，去涉切」，據《韻

鏡》當爲重紐三等字也。凡此，陳氏之誤，蓋墨守《廣韻》系聯，排除韻圖材料，且單純以爲「切語之法，以二字爲一字之音：上字與所切之字雙聲，下字與所切之字疊韻；上字定其清濁，下字定其平上去入」，上下字互不干涉，無「聲韻相挾而變」之概念，故無從理解重紐韻之喉、牙、唇音，皆須依韻圖資料考究其韻類，不可單憑下字系聯定其韻類也。

　　雖然陳澧不明重紐，乃其時音韻學理之限制，非戰之罪，然則檢討陳澧之系聯方法，「惟以考據爲準，不以口耳爲憑，必使信而有徵，故甯拙而勿巧」，又謂：「切語之法，以二字爲一字之音：上字與所切之字雙聲，下字與所切之字疊韻；上字定其清濁，下字定其平上去入」，已確立機括式之考據工夫，而非聲韻學理之審音工夫也。其盲從考據工夫，排除韻圖資料，摒棄音韻學理，故於重紐，終不可解，今日既明重紐理論，於陳氏所誤判者，不可不慎也。

2.開　合

　　陳澧判定《廣韻》偶疏之十九例，皆當別爲二韻類，其中「爲」、「綺」、「卦」、「建」、「黠」、「王」、「往」、「況」、「博」、「橫」、「影」、「宏」、「役」等十三條，析分開合對立之兩韻類。前文已指出，《廣韻》普遍存在「以開切合」、「以合切開」之例，本師陳新雄先生解釋成因與舉例云：「反切之原則，上字取聲，下字取韻，然上字之韻，與下字之聲，仍無可避免夾雜其間，既雜其間，則易導致錯誤，而有不合常軌之切語出現。如五支韻『爲，薳支切』、八戈韻『靴，許戈切』是也。[19]」其所舉之例證，即「爲」字也。蓋系聯《廣韻》者，最複雜之韻部厥爲支韻，而「爲」字

---

19 陳新雄《廣韻研究》，台北學生書局，民九十三年十一月，頁364。

猶是顯例也。《廣韻》「爲」作「薳支切」，「爲」字爲合口，
卻以開口「支」爲下字，實拼合「薳支切」時，上字「薳」之合
口介音夾雜其間，故使拼出之「爲」音，帶合口介音也。反之，
可以「建」字爲代表。《廣韻》「建」作「居萬切」，「建」字
應爲開口，卻以合口之「萬」爲下字，實拼合「居萬切」時，上
字「居」之開口三等介音[20]夾雜其間故也。另唇音字兼具開合口
性質，故唇音開口字「彼」，可以切爲「甫委切」，「甫」、「委」
皆屬合口，故前述「綺，墟彼切」一條，陳澧謂：「此韻技字渠
綺切，跪字渠委切，則綺與委韻不同類。彼字甫委切，綺既與委
韻不同類，則亦與彼韻不同類，綺字切語用彼字，亦其疏也」，
實則與其謂：「綺字切語用彼字，亦其疏也」，不若謂：「彼字
切語用委字，此其疏也」蓋此條若以開口字爲下切，則不復混淆
紙韻開合之界限也。唇音字既兼具開合口之性質，則唇音開口字
亦兼可爲開合口字之下切，如「黠，胡八切」、「滑，戶八切」，
一爲開口，一爲合口，且其上字皆屬匣母合口字，而其下切皆用
八字。黠韻無論開合口，切語用八字者甚多，如開口「札，側八
切」、「殺，所八切」，「汃，普八切」，均以「八」字爲下切；
又如合口「婠，烏八切」、「滑，戶八切」，亦以「八」字爲下
切，可證「八」字確實兼具開合口之性質也。陳澧謂：「黠，胡
八切；滑，戶八切，胡戶聲同類，而其下皆用八字。且此韻切語
用八字者甚多，遂相淆混。二百六韻之中，此韻最爲疏舛。不知
陸氏書本然，抑後人傳寫增加之失也」，此實不明唇音字兼具開
合口之性質也。《切韻》唇音字例不分開合，唇音字兼可爲開合
口字之下切，開合口字亦均可爲唇音字之下切，《廣韻》唇音開

20　依據本師陳新雄先生之考定，九魚韻應爲開口三等，見陳新雄《廣韻研
　　究》，台北學生書局，民九十三年十一月，頁 344。

合衝突者，其一必爲後世所增[21]。故前述「爲」、「綺」、「卦」、「建」、「點」、「王」、「往」、「況」、「博」、「橫」、「影」、「宏」、「役」等十三條，或其上字之韻母，或其下字之脣音聲母，干擾反切之拼合成果，導致開口一類與合口一類相系聯也。本段已深入探討「爲」、「建」、「綺」、「點」四條，下文參酌其例，復加檢討其餘九條。

　　「王」、「況」兩條，爲周祖謨〈陳澧《切韻考》辨誤〉一文再三大力批評者，陳澧謂：「王，雨方切，此韻狂字巨王切，強字巨良切，則王與良韻不同類。方字府良切，王既與良韻不同類，則亦與方韻不同類，王字切語用方字，此其疏也」，又謂：「此韻誑字居況切，彊字居亮切，則況與亮韻不同類。訪字敷亮切，況既與亮韻不同類，則亦與訪韻不同類。況字切語用訪字，亦其疏也」，周氏批評云：「又如陽韻及漾韻之脣音字同爲合口

---

21 《廣韻》同韻脣音字開合衝突者，僅耕韻「繃，北萌切」、「抍，布耕切」；卦韻「庍，方卦切」、「㿆，方賣切」；昔韻「辟，必益切」、「碧，彼役切」三組。若將灰咍、魂痕、嚴凡及其相承韻部視爲開合對立，則增加「妹，莫佩切」、「穦，莫代切」一組。另《全王》較《廣韻》多出「裴，薄恢切」、「㟝，扶來切」。其中「繃」字《切三》、《全王》作「甫萌反」，俱無「抍」字。「庍」字《王一》、《全王》、《王二》、《唐韻》俱同《廣韻》，〈伯三六九六〉「庍」字作「庎」，異體字也。「㿆」字《王一》、《全王》同《廣韻》，然〈伯三六九六〉、《王二》、《唐韻》俱無也。「辟」字《切三》、《王一》、《全王》、《唐韻》俱同《廣韻》，「碧」字《切三》切語殘損不可讀，《唐韻》作「方彳反」，《王一》、《全王》則無有。至於灰咍及其相承者，於《韻鏡》雖爲開合對立，然依《全王》韻目注語一「灰，呼恢反。夏侯陽杜與咍同，呂別，今依呂。」、「賄，呼猥反。李與海同，夏侯爲疑，呂別，今依呂。」、「隊，徒對反。李與代同，夏侯爲疑，呂別，今依呂」三條觀之，呂靜《韻集》灰咍及其相承者有別。復依其餘論及呂靜《韻集》之韻目注語，呂靜無以開合分韻者，故可推測呂靜灰咍及其相承者之分，非因開合，實韻部不同也。今上古韻部灰咍有別，呂靜《韻集》爲早期韻書，僅次李登《聲類》，可知其灰咍之別，恰如上古音也。詳見筆者碩士論文《《切韻》性質研究·第二章、《切韻》系韻書之沿革·第二節、《切韻》以前的韻書》，國立台灣師範大學國文研究所碩士論文，民 91 年 5 月。因《切韻》脣音字兼可爲開合口字之下切，開合口字亦均可爲脣音字之下切，復因脣音開合互補，少數例外亦俱可解釋，故筆者認同「脣音字例不分開合」之說也。

一類，陳氏囿於反切系聯，表中兩韻之脣音字屬類不同……此以方芳房亡爲開口，放防妄爲合口，與四聲相承之例又不合矣[22]」，又云：「案王雨方切，《切三》、《王一》、《王二》同，王方本同類也。陽韻兼有開合二類，王方爲合口一類，陳氏《切韻考》所列殊誤……陳氏云：『狂巨王切，強巨良切，則王與良韻不同類』，是也，王合口，良開口也。若謂王方韻不同類，則誤矣。依反切系聯法方芳房亡王匡狂同爲合口一類，惟方作府良切，方合口，良開口，是顯然不合，其以良切方者，爲脣音合口字以開口字爲切語之例。古者脣音字開合辨析未精，故脣音合口字之切語其上字爲合口矣，則下字間亦取開口字爲之。陳氏不能辨方良之韻不同類，及方作府良切爲用字之疏，反謂王方韻不相同，而定方芳房亡四字與強良張等同爲開口一類，實爲不合！且依四聲相承之例觀之，陳氏以方芳房亡爲開口，其去聲相承之放防妄諸字則爲合口，上下乖異，其誤不辯自明[23]」。依據周氏之辨誤及其後文〈論《廣韻》之韻類〉一節，則「訪」字「敷亮切」爲疏，而非「況」字「許訪切」爲疏也。筆者以爲雖周氏之辨正確無誤，然周氏之評稍嫌苛刻，蓋陳澧乃以考據學之方法考《切韻》之音系，而非以聲韻學之法爲之，墨守系聯，於《切韻考‧卷一‧序錄》即開宗明義主張：「惟以考據爲準，不以口耳爲憑，必使信而有徵，故甯拙而勿巧」，自然拘牽系聯，不以一己脣吻定是非。故陳澧之聲類與韻類，陳氏不構擬其音，其《切韻考‧卷六‧通論》云：「以此知隋以前之音細密，唐以後之音漸混。蓋古今聲氣不同，不知其所以然也。此猶古韻支脂之三部，『三百篇』分用，段懋堂考之甚明，而不能讀爲三種音，晚年以書問江晉三云：

22　參見周祖謨《問學集》，北京，中華書局，民五十五年一月，頁536-537。
23　參見周祖謨《問學集》，北京，中華書局，民五十五年一月，頁542-543。

『足下能知其所以分爲三乎？僕老耄，倘得聞而死，豈非大幸？』此亦古人能分，今人不能分，時代所限，無可如何，不可妄議古人也。」可知陳澧《切韻考》之音類，乃書寫系統，非口語系統也。陳氏更以韻圖資料爲晚出，口語資料爲主觀，故排除其干擾，「惟以考據爲準，不以口耳爲憑」，如此指摘陳澧「囿於反切系聯」、「與四聲相承之例又不合」，不異以規範矩，各說各話。故筆者以爲與其將陳澧《切韻考》之音類，和一己之中古音系相互比較，是其所是，非其所非，不若依陳氏考據方法，檢討其推論過程是否嚴謹，在其時代方法、工具、材料之限制下，能否得出更高明之意見，以此批評陳澧，方始公允妥當。以「王，雨方切」，此合口字以脣音字爲下切，前文已提及，脣音字兼具開合口之性質，故兼可爲開合口字之下切；且既然脣音字兼具開合口之性質，則「方，府良」、「芳，敷方」、「房，符方」、「亡，武方」以開口字作脣音字之下切，亦無不可；再者，「訪」字爲脣音字，故反爲「敷亮」，以開口字爲下切，亦無不當，故由此可區分「陽」、「漾」兩韻之開合口也。陳氏之系聯法，本無問題，唯其不知脣音字之性質特殊，故墨守系聯，導致陽與漾之脣音字四聲不相承，今既知脣音字兼具開合口之性質，則依結構語言學之法，輔以韻圖資料，判定開合即可，無須苛責陳澧，畢竟陳氏系聯之法，乃科學之考據，不科學者，乃《切韻》、《廣韻》不夠嚴謹之反切，非陳氏之過也。

　　經由上述，可知「上字取聲，下字取韻」爲切語之常例，然亦有例外之反切，影響拼切之開合口者：上字爲合口音者，其合口韻母可干擾切語拼成合口；脣音字爲下切者，兼可拼出開合口之音。如《廣韻》「往」字切爲「于兩」者，蓋其上字「于」乃「羽俱切」，合口三等字，故因上字之合口韻母干擾，令「于兩」

拼成合口也。「役」字亦然，其上字「營，余傾」亦合口三等字
也，故因上字之合口韻母干擾，令「營隻」拼成合口也。「往」、
「役」二字，乃合口上字之干擾也。又如《廣韻》「丙，兵永切」
者，蓋「丙」為脣音字，兼具開合口之性質，故可以合口之「永」
字為下切；而開口之「影」字，可以脣音之「丙」字為下切，此
乃脣音字兼具開合口性質，故系聯梗韻之開合口也。「郭」、「卦」、
「橫」、「宏」四者，則兼具反切上下字之干擾，影響其拼合成
果也。《廣韻》「郭」字切為「古博」者，蓋以「博」字為脣音
字，兼具開合口之性質，且「古，公戶切」，為合口一等字，故
無論上字「古」之韻母，抑或下字「博」之聲母，皆可干擾「古
博」拼成合口也。「卦，古賣切」亦然，無論上字「古」之韻母，
抑或下字「賣」之聲母，皆可干擾「古賣」拼成合口也。「橫，
戶盲切」亦屬之，《廣韻》「戶」切為「侯古」，故無論上字「戶」
之韻母，抑或下字「盲」之聲母，皆可干擾「戶盲」拼成合口也。
「宏，戶萌切」亦同理，無論上字「戶」之韻母，抑或下字「萌」
之聲母，皆可干擾「戶萌」拼成合口也。

　　上述十三條，皆《廣韻》不嚴謹之處，陳澧墨守系聯，以基
本條例系之，以分析條例分之，能發現「為」、「綺」、「卦」、
「建」、「黠」、「王」、「往」、「況」、「博」、「橫」、
「影」、「宏」、「役」等十三條基本條例與分析條例互斥之例，
已屬難能。至於陳氏判某字之疏，如判「綺」、「王」、「況」、
「博」、「影」五字之切語為疏，不若判「彼」、「方」、「訪」、
「郭」、「丙」五字之切語為疏，此類或屬未當，然若排除韻圖
資料，純以系聯觀之，實無從判定旨、陽、漾、鐸、梗五韻之開
合也。陳氏既排除韻圖資料，又乏現代音韻學理，無從判定脣音
字之開合，於此偶疏，亦不能深責也。蓋陳澧乃考據學家，故其

以考據之法，研究《切韻》、《廣韻》，自必先甄別材料，避免後代語音材料及理論成見之干擾，此《切韻考》排除增加字、韻圖材料，《玉篇》、《集韻》反切亦僅為輔證，「不以口耳為憑，必使信而有徵」，其理在此。今研究陳澧之系聯，當體會陳澧之本意，稱賞其能甄別材料，不用韻圖、口語，以考《切韻》原本之成果；而不當以語音學家之學理，借用韻圖、方言材料，妄加非之也。

　　再推究陳澧何以判此十九例為《廣韻》之疏，而非判其為增加字之理，筆者以為無法僅以增加字四標準─一位於韻末、字重見、音重出、字隱僻─解釋之。以二十九葉韻言，其所衝突者，僅「敬字於輒切」與「魘字於葉切」耳。且「敬」字有「於輒」、「於業」二音，字又隱僻，除不在韻末外，實合乎陳氏判別增加字之標準。又如二十二昔韻，其所衝突者，僅「菓」與「隻」、「𥏫」與「䪘」、「役」與「繹」、「碧」與「辟」四組耳！其中「菓」字，《切三》、《王一》、《全王》、《唐韻》俱不見，增加字也；「𥏫」字，《切三》、《王一》、《全王》、《唐韻》俱不見，亦增加字也；「碧」字《王一》、《全王》不見，僅《切三》、《唐韻》有之，且見於韻末，亦可謂之增加字也。然「菓」、「𥏫」等字，陳氏不判為增加字而刪之，反能正確判定二十二昔韻下字雖可系聯，實兼具開合對立兩類，故知陳澧判定《廣韻》偶疏之標準，遠較判定增加字者為嚴謹，上十九例各應區分為兩類，陳氏以為《廣韻》之疏，殆無誤也。

　　推陳澧判定《廣韻》偶疏之標準，或可由下字補充系聯條例獲得啟發：「切語下字既系聯為同類矣，然亦有實同類而不能系聯者，以其切語下字兩兩互用故也。如朱俱無夫四字，韻本同類。『朱，章俱切』，『俱，舉朱切』，『無，武夫切』，『夫，甫

無切』，朱與俱、無與夫，兩兩互用，遂不能四字系聯矣。今考平上去入四韻相承者，其每韻分類亦多相承。切語下字既不系聯，而相承之韻又分類，乃據以定其分類。否則雖不系聯，實同類耳。」可知陳澧系聯《廣韻》韻類，會參考其四聲相承之韻也。以此觀之，陳澧支紙寘各分四類，脂旨至各分三類，每類均有大量常用字，無法歸併，故認定「爲」、「隨」、「豈」、「避」、「癸」等條爲《廣韻》之疏。佳蟹卦、元阮願月、刪潸諫黠、陽養漾藥、唐蕩宕鐸、鹽琰豔葉，四聲皆分爲兩類，故斷定「卦」、「建」、「黠」、「王」、「往」、「況」、「博」等條亦爲《廣韻》之疏。其中鹽琰豔葉設若合爲一類，衝突之字僅「懕」與「淹」、「黡」與「奄」、「厭」與「愔」、「魘」與「敧」、「浹」與「頕」、「箝」與「鍼」等六組。六組之中，陳澧已考定「鍼」爲增加字，故僅剩五組耳！然「懕」與「淹」、「黡」與「奄」、「厭」與「愔」、「魘」與「敧」等四組，恰爲影母四聲相承之例，故陳氏判定鹽琰豔葉應分爲兩類，故判定「炎」、「輒」兩條爲疏也。

　　以四聲相承之韻，綜觀上述十九例，除庚梗敬陌少合口入聲一類，耕耿諍麥上去二聲，清靜勁昔、傾竫沁緝去聲僅一類外，餘者四聲相承之韻，分類俱相合也。其庚梗敬陌開口分二類，由「庚」與「觵」、「梗」與「礦」、「格」與「虢」等，其四聲相承之跡甚明也。平聲「諻」字「虎橫切」，「脝」字「許庚切」衝突，去聲「行」字「下更切」，「蝗」字「戶孟切」別爲二類，故可推測庚韻開口雖可系聯爲一類，乃《廣韻》之偶疏也。另庚敬兩韻合口分爲二類，故推測梗韻「警」字「居影切」，「憬」字「俱永切」雖可系聯，乃《廣韻》之偶疏，當分爲二類也。平聲「莖」字「戶耕切」，「宏」字「戶萌切」衝突，入聲「覈」

字「下革切」,「獲」字「胡麥切」別爲二類,故可推測耕韻下字雖可系聯爲一類,乃《廣韻》之偶疏也。清靜勁昔平聲「盈」與「營」、上聲「郢」與「潁」,入聲「繹」與「役」,四聲相承之跡顯然也,故判「役字切語用隻字,此其疏也」。入聲「揖」字「伊入切」,「邑」字「於汲切」衝突,平聲「愔」字「挹淫切」,「音」字「於金切」別爲二類,故可推測緝韻下字雖可系聯爲一類,乃《廣韻》之偶疏也。

綜觀陳澧以爲《廣韻》偶疏之十九條,共含有重紐、開合兩類問題,皆因《廣韻》未足嚴謹之故。陳澧系聯《廣韻》下字,以基本條例系之,以分析條例分之,能發現「隨」、「避」、「癸」、「急」、「炎」、「輒」、「爲」、「綺」、「卦」、「建」、「點」、「王」、「往」、「況」、「博」、「橫」、「影」、「宏」、「役」等十九條基本條例與分析條例互斥,兼且正確判定此《廣韻》之偶疏,當各區分爲兩類,而非任意判爲增加字刪之,實深有見地,大有功於《廣韻》也。至於陳氏判某字之疏,如重紐三、四等混同一類之例,判「隨」字不當以「爲」字爲下切,不若謂「䅬」、「闚」不當以「隨」、「隋」爲下切;判「避」字切語用義字,亦其疏」,不若判「恚字切語用避字,亦其疏」,此陳澧不明重紐之別,故其兩類之判定,大是乖誤。又如開合混同一類之例,判「綺」、「王」、「況」、「博」、「影」五字之切語爲疏,不若判「彼」、「方」、「訪」、「郭」、「丙」五字之切語爲疏,此陳澧不明唇音字之性質,亦不明上字之韻可能干擾反切,純以系聯推論,故不免有疏。然陳澧判定何者爲疏,或屬未當,但若排除韻圖資料,純以系聯觀之,實無從判定重紐三、四等之別,及旨、陽、漾、鐸、梗五韻之開合也。陳氏既排除韻圖資料,於此偶疏,亦不能過分苛責。蓋考據學家,每以桂

馥《說文解字義證》長於蒐羅，短於甄別，加以批判，故陳澧以
考據之法，研究《切韻》、《廣韻》，自必先甄別材料，避免後
代語音材料及理論成見之干擾，此《切韻考》排除增加字、韻圖
材料，甚至《玉篇》、《集韻》反切亦僅為輔證，其理在此。今
研究陳澧之系聯，當體會陳澧之本意，知其為考據學家，而不以
語音學理非之也。以此評陳氏之功過，知其能以四聲相承之韻，
正確判定《廣韻》之偶疏，雖僅十九例，亦十分難能，大有功於
《廣韻》也。至若其未足之處，此其方法、材料之限制，非戰之
罪，不可深責也。

四、引他書改定《廣韻》之切語

陳澧校理《廣韻》，其主要參考書除《廣韻》張士俊本、明
內府本、顧亭林刻本、曹楝亭刻本外，另參考徐鉉《說文音》、
徐鍇《說文篆韻譜》、《玉篇》、《集韻》等書。故處理同韻二
音衝突之問題，若能從以上四書獲致不同之切語，陳氏輒徵引之，
以改定《廣韻》之切語。其套語為：某字某某切，《廣韻》諸本
皆某某切，與某字某某切音同，誤也，今從某書。共有以下四例：

韻紐	反切	聲類	韻類	陳澧反切	張本	明本	顧本	曹本	補　　　充
齎	祖雞	精	齊開四	祖雞	相稽	相稽	相稽	相稽	《廣韻》諸本皆相稽切，與西字先稽切音同，誤也，今從徐鉉。
密	美筆	明	質開三	美筆	美畢	美畢	美畢	美畢	《廣韻》諸本皆美畢切，與蜜彌畢切音同，誤也。今從徐鍇。《玉篇》蜜，彌畢切；密，眉筆切，可見密與筆韻同類。徐鉉密，美畢切，與《廣韻》同，則其誤已久，《集韻》遂以蜜密同一音矣
縣	黃絢	匣	霰合四	黃絢	黃練	黃練	黃練	黃練	《廣韻》諸本黃練切，與見

									字胡甸切音同，誤也，今從徐錯。縣字同音之字眩衒術衙，徐鉉並黃絢切。
怳	許昉	曉	養合三	許往	許昉	許昉	許昉	許昉	《廣韻》諸本皆許昉切，與響字許兩切音同，誤也，今從徐鉉。

考諸《唐五代韻書集存》，「齎」字《切三》作「即秜反」，《全王》作「即黎反」，可證《廣韻》諸本確形近而訛也；「密」字《切三》、《王一》、《全王》俱爲「美筆反」，可證《廣韻》諸本確聲近而訛也。然「縣」、「怳」二字，頗有問題，尚須加以深入說明。「縣」字《王一》、《全王》俱爲「黃練反」，《王二》作「玄絢反」，依據周祖謨《唐五代韻書集存・考釋》，《王二》當晚於《王一》、《全王》，可知「縣」字本作「黃練反」，其誤已久，《廣韻》因之，然《切韻》系韻書，代有因革，後代韻書，雖去古較遠，亦不可抹煞其刊謬補缺之功，故《王二》「縣」字作「玄絢反」，亦可證二徐之音，有所本也，惜《廣韻》未採其說。「怳」字《切三》、《王一》、《全王》俱爲「許昉反」，「昉」字《切三》、《全王》均爲「方兩反」，《廣韻》則作「分网切」，《廣韻》「网」字爲「文兩切」，依照下字基本系聯，「怳」、「昉」二字，皆屬開口也。然「昉」、「网」二字屬脣音字，脣音字多有以開口切合口者，此即其例也。因「昉」、「网」屬特例之切語，乃使「怳」、「響」二字相衝突，此非「怳」字「許昉切」之誤，乃「昉」字「文兩切」之誤也。本師陳新雄先生《廣韻研究》正爲：「今從《玉篇》正作昉分往切，往于昉切[24]」。然陳澧據徐鉉改「怳」字爲「許往切」，亦無誤也，唯「昉」字當屬合口，陳澧視爲開口，此其墨守系聯之病耳！

---

24 陳新雄《廣韻研究》，頁 515。

五、釋以無同韻類字故借用他類

陳澧處理《廣韻》同韻二音衝突問題，或釋以無同韻類字而借用他類，並刪與之去系聯者，其套語爲：某，某某切，與某字某某切音同，然某非增加字，以其無同類之韻，故借用某字耳。共以下九例：

韻紐	反切	聲類	韻類	陳澧反切	補　　充
臂	卑義	幫	寘開三	卑義	與賁字彼義切音同，然臂字非增加，蓋無同類之韻，故切語借用義字也。
葵	渠追	群	脂合三	渠追	此韻已有逵字渠追切，葵字不當又渠追切也。《玉篇》、《類篇》、《集韻》逵葵皆不同音，則非傳寫誤分，實以葵字無同類之韻，故切語借用不同類之追字耳。
丫	乖買	見	蟹合二	乖買	與解字佳買切音同，且在韻末，似是增加字。然此是媧字卦字之上聲，以此韻無同類之字，故切語亦用買字耳。
僩	下赧	匣	潸開二	下赧	僩字無同類之韻，故借用赧字。
幻	胡辨	匣	襉合二	胡辨	與莧字侯襉切音同，然幻非增加字，以其無同類之韻，故借用辨字耳。
化	呼霸	曉	禡合二	呼霸	與嚇字呼訝切音同。然化非增加字，以化字無同類之韻，故借用霸字耳。此韻有摦吴崋華樺鱯檴七字胡化切，韻末有誜傻二字所化切、瓦字五化切、攨窊蹠三字烏吴切，皆與化字韻同類，而化字切語用霸字，不用此諸字。且崋華窊已見九麻，鱯已見十一暮，檴又見十九鐸，瓦已見三十五馬，餘亦隱僻，皆增加字也。今不錄。
礦	古猛	見	梗合二	古猛	礦字無同類之韻，故借用猛字。此韻末有界字苦礦切，與礦字韻同類，而礦字切語不用，且界字已見十遇，此增加字也，今不錄。
蝗	戶孟	匣	映開二	戶孟	與行字下更切音同，然蝗字非增加之字，以其無同類之韻，故借用孟字耳。此韻末有弦字烏横切，與蝗字韻同

					補　充
					類，而蝗字切語不用，弦乃增加字也，今不錄。
虢	古伯	見	陌合二	古伯	與格字古伯切同，然虢非增加字，以其無同類之韻，故借用伯字耳。此韻末有攫濩韄韄嶱五字一虢切，蜘蟈二字丘攫切，皆與虢字韻同類，而虢字切語不用，皆增加字也，今不錄。此韻有韄字乙白切，與啞字烏格切音同；又有垎趞垎輅四字胡格切，與嚄嘖二字胡伯切音同，雖不在韻末，亦增加字也，今不錄。

　　此九例實大謬焉！陳氏既無法將「幻」、「化」等字視為增加字而刪之，又不以《廣韻》之偶疏釋之，故推以無同韻類之字，借用他類為下字也。因該推論之前提，乃無同韻類之字，故凡切語下字與上述九例系聯者，陳澧皆視為增加字而刪之，共刪去十三韻紐，如下表：

韻紐	反切	聲類	韻類	陳澧反切	補　充
夥	懷𠆢	匣	蟹合二	懷𠆢	此韻末又有夥字懷𠆢切，而𠆢字切語不用之，且又見三十四果，此乃增加字也，今不錄。
掰	丈夥	澄	蟹合二	丈夥	又有掰字丈夥切，扮字花夥切，夥字既是增加字，而此二字切語用之，亦增加字也。今不錄。明本顧本曹本掰字交夥切，尤誤。《集韻》柱買切，丈柱聲同類，可證丈字是也。
扮	花夥	曉	蟹合二	花夥	
扮	晡幻	幫	襇合二	晡幻	此韻末有扮字，晡幻切；又有鰥字，古幻切。幻字切語借用辨字而不用此二字，且鰥字又已見二十八山。此增加字也，今不錄。
鰥	古幻	見	襇合二	古幻	
搲	胡化	匣	禡合二	胡化	此韻有搲吳崋華樺鰥樏七字胡化切，韻末有諍傻二字所化切、瓦字五化切、攨窊跁三字烏吳切，皆與化字韻同類，而化字切語用霸字，不用此諸字。且崋華窊已見九麻，鰥已見十一暮，樏又見十九鐸，瓦已見三十五馬，餘亦隱僻，皆增加字也。今不錄。
諍	所化	疏	禡合二	所化	
瓦	五化	疑	禡合二	五化	
窊	烏吳	影	禡合二	烏吳	

界	苦礦	溪	梗合二	苦礦	此韻末有界字苦礦切，與礦字韻同類，而礦字切語不用，且界字已見十遇，此增加字也，今不錄。
弦	烏橫	影	映合二	烏橫	此韻末有弦字烏橫切，與蝗字韻同類，而蝗字切語不用，弦乃增加字也，今不錄。
擭	一虢	影	陌合二	一虢	此韻末有擭濩嚄韄嚄五字一虢切，蝴劃二字丘擭切，皆與虢字韻同類，而虢字切語不用，皆增加字也，今不錄。
蝴	丘擭	溪	陌合二	丘擭	

此法甚不科學！陳澧非因《廣韻》無有以「幻」、「化」等字爲下切之例，而謂「幻」、「化」諸字無同類之韻，反刪去與其說相違之例，此乃妄改資料，以遷就己說，甚不可取！

前述同韻衝突之九例，除「臂」與「賁」、「葵」與「逵」兩組爲重紐對立外，其餘七組，均開合對立也。其中「礦」和「僩」兩條，並未明言「與某字某某切音同」。然「礦」雖未明言「古猛切」與「梗」字「古杏切」衝突，然準陳澧之系聯條例，此例實因「猛」字「莫杏切」而相互系聯，故陳澧方始覺察問題，因之本文歸併於此探討。「僩」字亦然，雖未明言「下赧切」與「晥」字「戶板切」衝突，然此例實因「赧」字「女版切」而相互系聯，本文亦歸此類探討。

前文已指出陳澧並無重紐之概念，以「《廣韻》同音之字不分兩切語」，故「臂」、「葵」二字之同音衝突現象，釋以無同類之韻，借用他類字也。然考之《韻鏡》，旁徵諧聲，「臂」、「譬」、「避」等字，韻同類也；「葵」、「綏」、「惟」等字，韻亦同類，皆不可謂之無同類之韻，由此可證陳澧《切韻考》整理之《廣韻》音系，並未參酌《韻鏡》音系也。尤有甚者，五寘韻中，「臂」與「賁」重紐、「避」與「髲」重紐，陳澧於「避」字條云：「避，毗義切。此韻恚字於避切，縊字於賜切，則避與

賜韻不同類，賜字斯義切，避既與賜韻不同類，則亦與義韻不同類。避字切語用義字，亦其疏也」；然「臂」字條云：「與賁字彼義切音同，然臂字非增加，蓋無同類之韻，故切語借用義字也」，相同之條件，陳氏卻分屬兩類，實不科學之至也。若謂「臂」、「避」二者，究有何不同，則僅有「恚」字「於避切」，「䁤」、「孈」、「娷」、「諉」等四字以「恚」爲下切耳！即陳澧以「恚」字偶然以「避」字爲下切，則謂《廣韻》之疏，而無有以「臂」爲下切者，故單獨成一類，謂「臂」字「蓋無同類之韻，故切語借用義字也」，然二者無論就上古音、中古音、近代廣州音、北京音言，其韻實無二致也。故陳澧五寘韻下，別爲四類，「臂」與「避」下切雖同爲「義」字，諧聲偏旁亦相同，「臂」字卻單獨成一類，甚不合理，雖護者不可諱也。

　　上開九例，除「臂」、「葵」爲重紐之對立外，其餘均爲開合之對立。其中「幻」、「化」、「蝗」、「虢」等四例較爲單純，其上切均爲合口字，下切均爲唇音字，拼切時，無論上字合口元音之干擾，抑或下字唇音之影響，皆可導致被切之音唸合口，與開口之「莧」、「嚇」、「行」、「格」，實無衝突也。至於「礦」字，陳澧雖未明言，然陳氏之所以判斷「礦字無同類之韻，故借用猛字」者，乃因「礦，古猛切」、「猛，莫杏切」、「梗，古杏切」，「礦」與「梗」字衝突也。故陳氏雖未明言，本文仍歸此類。究其切語，「礦，古猛切」以唇音字爲下切，受下字之影響，導致被切之音成合口也。

　　「僴」字一條，需詳加說明。首者，與「礦」字相當，陳澧雖未明言，然陳氏之所以判斷「僴字無同類之韻，故借用赧字」者，乃因「僴，下赧切」、「赧，女版切」、「睆，戶板切」，版板同音，則「僴」與「睆」字衝突，故陳氏雖未明言，本文歸

諸此類也。其次，「僩」、「睆」開合對立，乃因「睆，戶板切」，其上切爲合口字，下切爲脣音字，同上所述，拼切時無論上字合口元音之干擾，抑或下字脣音之影響，皆可導致被切之音唸合口，與開口之「僩，下赧切」，實無衝突也。

　　陳澧疑「丫，乖買切」爲增加字，考諸《唐五代韻書集存》，「丫」字確爲增加字也。然其同音字「枒」，《切三》無此韻紐，《全王》列於駭韻末尾，作「孤買反」，「買」字當屬十二蟹也，亦唐時本有之韻紐，列於駭韻者，蓋《全王》抄寫之訛誤也。然準前例，「丫，乖買切」，其上切爲合口字，下切爲脣音字，拼切時無論上字合口元音之干擾，抑或下字脣音之影響，皆可導致被切之音唸合口，與開口之「解」字，實無衝突也。

　　然此些釋以無同類字而借用他類者，其最大問題，乃將《廣韻》與之系聯者，盡視爲增加字而刪之。其套語爲：此韻有某字某某切，與某字韻同類，而某字切語不用，此乃增加字也，今不錄。例如上表十三韻紐，皆陳澧爲求其主張之成立，而妄加更動原始資料也。實則考諸《唐五代韻書集存》，上表十三韻紐，雖有部分屬《廣韻》所增加者，然亦有唐時本有之韻紐，如「鰥」、「㧔」、「詨」、「瓦」、「窔」、「㩼」等韻紐，雖其字形或偶有出入，如「㧔」字〈斯六一七六〉殘卷作「㭭」，《王一》、《全王》字跡模糊難辨，疑亦作「㭭」；「窔」字《王一》、《全王》均作「窌」，然就其音韻地位言，均與《廣韻》相當，下列表以明之[25]：

韻紐	《廣韻》反切	聲類	韻類	《切三》	〈斯六一七六〉	《王一》	《全王》	《王二》	《唐韻》
鰥	古幻	見	襉合二			鰥，脫切語	鰥古幻		

25　下表排列次第，依《唐五代韻書集存‧考釋》所列之時代先後。

摦	胡化	匣	碼合二			楓胡化	楓胡化	楓胡化	
諗	所化	疏	碼合二			諗所化	諗所化	諗所化	
瓦	五化	疑	碼合二				瓦五化	瓦五化	
窊	烏吳	影	碼合二				窊烏瓜	窊烏瓜	
攨	一號	影	陌合二	攨一號			攨一號	攨一號	攨一號

　　由此可證，「鰥」、「摦」、「諗」、「瓦」、「窊」、「攨」等，皆唐寫本《切韻》系韻書所本有者，非宋代增加字，陳澧不當妄刪也。

　　若以陳澧所立增加字之標準—位於韻末、字重見、音重出，字隱僻—檢視上述六韻紐十九字，「鰥」、「窊」、「瓦」等字僅符合「位於韻末」、「字重見」二者，「窊」之同音字「擨」、「䟰」、「䴥」、「䶄」、「嵑」僅符合「位於韻末」、「字隱僻」二者，其餘「攨」、「濩」僅符合「位於韻末」，「崋」、「華」、「鱹」、「樺」僅符合「字重見」，「摦」、「吳」、「樺」僅符合「字隱僻」，且「摦」、「樺」字謂之隱僻，尚有商榷餘地也。尤以「諗」、「傻」二字既不符「字重見」、「音重出」，「字隱僻」，且位於倒數九紐，謂之韻末，未免過於寬泛，與陳澧自訂之判別增加字標準，相去甚遠矣！由此可知，將上述六韻紐十九字視為增加字，並不符陳澧自訂之判別增加字標準，陳氏判之為增加字，純粹乃為符合其說—「此韻有某字某某切，與某字韻同類，而某字切語用某字，不用此諸字，某字乃增加字也，今不錄」—故妄改原始資料，實不科學之至，雖護者不可諱也。實則《切韻》之重紐現象、唇音字兼具開合口之性質、上字元音之干擾，皆導致《切韻》本有之同韻二音衝突現象，此或陸法言所謂：「疑惑之所、質問無從」者也。而陳澧系聯既考知問題，當以《廣韻》之偶疏釋之，不該因某字借用他類字為下切，逐行判定該類無其他韻紐，而妄刪不符增加字標準之諸紐也。

筆者意以為陳澧此失，乃崇古太過，以為陸氏《切韻》，乃完美精準之韻書，若不符系聯條例，借用他類字為下切，必有其不得不然之理，後世學者不明其理，《廣韻》新增諸字，反亂其系統，故刪去增加字也。陳氏此說，與段玉裁《說文解字注》輒謂：「淺人所改」者，實異曲而同工，殊途而同歸也。然則就《切韻》系韻書之發展言，後世韻書對前代韻書之增訂，主要者為二：一是刊謬、二是補缺，故《廣韻》音系，實較《切韻》龐大完善，雖則龐大必然增加疏漏之處，然其結構比之《切韻》，更為井然有序，不應以其非古而妄改之也。況乎上述六韻紐十九字，已證明皆古之本有也。陳澧之誤失，雖護者不可強辯也。

六、以為同音誤分兩切

　　陳澧處理《廣韻》同韻二音衝突者，有二例以為同音誤分兩切，其套語為：此韻有某字某某切，與某字某某切音同，且即在某字某某切之後，此誤分兩切也，今不錄。

韻紐	反切	聲類	韻類	陳澧反切	補　　充
俟	牀史	牀	止開三	牀史	此韻有俟竢涘駛絭鞍俟七字，牀史切；在士仕柹卮仳五字鉏里切之下，十二字相連，鉏里、牀史音又同，此亦誤分兩切也。《爾雅·釋詁·釋文》：竢音仕，字又作俟，亦作仳，音同。是此數字同一音之證。《玉篇》士涘並事几切，亦可證《廣韻》分兩切之誤。《集韻》、《切韻指掌圖》、《通志七音略》皆沿《廣韻》之誤，惟《五音集韻》士俟同音不誤耳。徐鉉士仕柹三字鉏里切，俟竢涘鞍四字牀史切，與《廣韻》同。則《唐韻》已分兩切。然仳字牀史切，則與《廣韻》異也。
標	方小	非	小開三	方小	此韻有標翲標嫑四字方小切，與表陂矯切音同，且即在表陂矯切之後，標字又已見四宵。此增加者本欲與表字同為一條，而誤分兩切也。今不錄。

　　上開第一例，即李榮《切韻音系》、邵榮芬《切韻研究》、竺家寧《聲韻學》所討論俟母獨立者[26]。考諸《唐五代韻書集存》，《切三》作：「士，鋤里反三」，「俟，漦史反二」，兩韻紐比次相連；〈列 TIVK75〉斷片僅殘存「俟，漦史反二」；《王二》作「士，鋤里反三」，「俟，漦史反四」，亦比次相連；《王一》、《全王》與上述諸本相去甚遠，作：「士，鋤里反七」，中有「俟」字，「漦史反」為其又讀。準《王一》、《全王》言，陳澧謂「士」、「俟」同音誤分兩切，可得印證。陳氏更引《爾雅》、《玉篇》，論證「士」、「俟」同紐字「仕」、「竢」同音，「士」、「涘」同音，可謂考據之工深也。雖則《廣韻》、《集韻》、《切韻指掌圖》、《通志七音略》等皆「士」、「俟」有別，然以陳澧之好古，古者皆「士」、「俟」無分，必信古而疑今也。由《王一》、《全王》觀之，必有某一源流之《切韻》系韻書，將「士」、「俟」併為一紐，而以「漦史反」為其又讀也。故陳澧關於「士」、「俟」同音誤分兩切之推論，從《切韻》系韻書之內外，均可得證明也。

　　上開第二例「表」、「褾」二紐，考諸《唐五代韻書集存》，《切三》作：「表，方小反二」，「褾」屬之；〈伯三六九三〉作：「表，方小反二加一」，「褾」、「覭」屬之；《王一》、《全王》均作：「表，方小反三」，「褾」、「覭」屬之，韻末更有一紐：「表，方矯反」。準《切三》、〈伯三六九三〉言，陳澧謂「表」、「褾」同音誤分兩切，可得印證。更以《王一》、《全王》觀之，韻末新增「表，方矯反」一紐，以陳澧判別增加字之四標準衡之，既位於韻末，字復重見、音亦重出，再驗之《切

26　李榮《切韻音系》，鼎文書局，瀛涯敦煌韻輯附錄抽印本，頁 92-93；邵榮芬《切韻研究》，北京，中國社會科學出版社，民 69 年 12 月，頁 39；竺家寧《聲韻學》，台北，五南圖書出版公司，民 80 年 7 月初版，頁 227。

三》、〈伯三六九三〉等，不見此紐，可證確爲增加字也。以《王一》、《全王》觀之，可推測必有某一支流之《切韻》系韻書，韻末將「表」字別出「方矯反」一紐，而後輕重唇音分化，將「方矯反」類隔更音和作「陂矯切」也。此後再合併前後兩「表」字，以「陂矯切」置於前「表」字後，而「標」字則維持原樣，仍作「方小切」，故《廣韻》「表」、「標」，分屬二紐矣！《韻鏡》、《七音略》列「表」爲三等，「標」之同音「標」字爲四等，故今之學者，如本師陳新雄先生《廣韻研究》[27]、李榮《切韻音系》[28]，均將「表」、「標」二紐，歸屬重紐三、四等之對立，然究其本始，當以陳澧同音誤分兩切之判斷，較符合陸氏《切韻》原樣。

七、存疑之

陳澧處理《廣韻》同韻二音衝突者，有一例未能決斷而存疑之，謂「所未詳也」，如下表：

韻紐	反切	聲類	韻類	陳澧反切	補　　　　充
棄	詰利	溪	至開三	詰利	與器字去冀切音同，然棄字非增加，疑利字當作季，或當作悸，然二徐皆詰利切，所未詳也。

此實重紐之例也。陳澧系聯脂旨至三韻，以下字補充條例：「切語下字既系聯爲同類矣，然亦有實同類而不能系聯者，以其切語下字兩兩互用故也……今考平上去入四韻相承者，其每韻分類亦多相承。切語下字既不系聯，而相承之韻又分類，乃據以定其分類。否則雖不系聯，實同類耳」，定脂旨至皆各分三類，而群母字三韻九類俱全：「耆，渠脂」、「逵，渠追」、「葵，渠

27 見《廣韻研究》，台北，學生書局，民93年11月初版，頁497。
28 見《切韻音系》，鼎文書局，瀛涯敦煌韻輯附錄抽印本，頁43。

追」、「跑，曁几」、「陒，曁軌」、「揆，求癸」、「臮，具冀」、「匱，求位」、「悸，其季」。「棄，詰利切」、「冀，几利切」、「器，去冀切」，是「棄」、「器」衝突也。而至韻溪母共「喟，丘愧切」、「器，去冀切」、「棄，詰利切」三紐，恰可分配齊整，故陳澧以爲「棄」、「器」其一必系聯「季」也。然則何以推測與「季」系聯者爲「棄」而非「器」，乃因曉母「歖，虛器切」與「瞲，香季切」並列，知「器」與「季」不同類也。故陳澧疑「棄，詰利切」，「利」當作「季」，然考諸《說文音》、《說文篆韻譜》，「棄」字均爲「詰利切」，其推論無能獲得印證，故曰：「所未詳也」。然陳澧雖曰「所未詳也」，並未刪去「棄」紐，仍置於表中與「季」相連之一類，無如「㲴」字，謂「蓋闕之義」，即不錄之，可知雖然證據無法支持，陳澧對其說仍深具信心。考諸《唐五代韻書集存》，《王一》、《全王》均作「弃，詰利反，又作棄」，《王二》則與《廣韻》同，則知陸氏《切韻》原本，應如《廣韻》也。陳澧不明重紐之理，「棄」、「器」二者，實重紐三、四等之對立，均可以開口「利」字爲下切；而「棄」、「季」分屬開合口，「棄」字絕不能以「季」爲下字。以陸法言《切韻》論之，重紐對立之距離，比諸開合口之差距，顯然更爲接近。陳氏不明此理，雖有參考《七音略》、《切韻指掌圖》……等韻圖，然以韻圖爲晚出，多不從韻圖之說。故雖《韻鏡》「棄」、「季」不同類，二徐本「棄」均作「詰利切」，仍以臆測，妄斷「棄」字歸屬。此過度相信系聯，不信材料之病也，不可從焉！

八、結　語

考據學之魅力，乃以堅實細緻之工，得千古不磨之論，雖童

子不廢其業，縱碩儒不易其論也。陳澧《切韻考》一書，即以考據之工深自詡。故《切韻考・卷一・序錄》，陳澧明訂其標準作業程序，即反切系聯條例與判增加字之標準。前者乃建立《切韻》音系架構，後者爲刪除同韻衝突切語，使《切韻》音系表格而系統，結構井然。陳澧雖不明近代結構語音學，然其《切韻考》之表格，隱然呈現最小音韻對比之概念，此乃得力於方法科學，態度嚴謹之考據工夫也。

　　然則，陳氏雖以最嚴謹之體例研究《切韻》，但《切韻》並非完美無誤之韻書。《切韻》之切語，並非陸法言一人一時一地，依據實際音讀所造。〈切韻序〉論及其審音定韻之標準，乃依據陸法言「燭下握筆，略記綱紀」之架構，其材料僅「取諸家音韻，古今字書」等案頭文書，而非田野調查之口吻記錄，「諸家音韻」、「古今字書」各有乖互，加以編撰時多所決定之顏之推、蕭該已逝，故雖《切韻》上下字「同用、互用、遞用」者，聲韻必同類，「同一音不分兩切語」，乃其大原則，其例外之切語，亦所在多有，即便陸法言復生，亦無能妥善系聯《切韻》音系結構而無有衝突也。因音系結構化之需要，故後世韻圖代之而起，《韻鏡》等圖，即《切韻》音系結構化之成品。

　　然陳澧最大之問題，乃視《切韻》爲單一音系之具體呈現，並以韻圖爲晚出，非六世紀初隋唐時音，故於〈卷首序錄〉，即確定《切韻考》純粹系聯《廣韻》之工夫，排除韻圖資料，故部分於韻圖已有合理解釋之問題反切，如重紐、以開切合、以合切開、以洪切細等，於《切韻考》反不得其解。今之學者系聯《廣韻》、《全王》，建立音系時，必參考韻圖資料，方得妥適之結論，而陳澧不依此途，純以《廣韻》爲之，故因上述問題反切產生錯誤系聯，導致同韻二音衝突現象，陳澧之解釋，不免錯誤百

出。

　　陳澧處理系聯《廣韻》同韻二音衝突之方法，最正確者，乃判為《廣韻》之疏，因《廣韻》存在重紐、以開切合、以合切開者，本乃《廣韻》之疏，加之陳澧判《廣韻》偶疏之標準審慎，故十九條判《廣韻》之疏者，皆當分兩類也。

　　陳澧處理系聯《廣韻》同韻二音衝突之方法，最大宗者，乃判為增加字而刪之，唯問題亦最複雜。劉琨《陳澧《切韻考》所刪《廣韻》小韻考》[29]云：

> 結合陳澧判斷增加字的方法，對被誤刪的 58 個小韻分五類進行了考察：一、同韻部的兩小韻音同，陳氏認為其一多為增加字，據此刪去的小韻有 28 個。然而陳氏所謂同音者，又可分五種情況，如：兩小韻根據反切確屬同音，實際卻是重紐或開、合口的關係。此類誤刪 16 個小韻。二、凡取不同類或不同韻之字作切下字者，陳澧稱為借用。其所以借用者，陳氏以為陸氏《切韻》無同類同韻字，故切下字借用不同類之字。《廣韻》雖有同類之字，陳氏以為皆屬後人所增，據此刪去的小韻有 6 個。《廣韻》小韻確有切下字借用不同類之字者，但是切下字屬何韻類並不能代表被切字就屬何韻類，以切下字借用來判斷增加字是不科學的。三、被切字的切下字不在本韻，陳氏認為這些字多為他韻增加字而誤入本韻，據此刪去的小韻有 7 個。從《切韻》到《廣韻》，韻部的數量增加了，重新劃分韻部時有些小韻被誤歸他韻，但不能據此說明這些小韻都是增

---

29 劉琨《陳澧《切韻考》所刪《廣韻》小韻考》，陝西師範大學國際漢學院碩士論文，二零零七年。承蒙劉琨先生協助，惠予電子檔，故此處未列頁碼，謹此說明，並申致謝之意。

加字。四、陳澧據《廣韻》注語及《二徐音》定部分小韻
為增加字，刪去的小韻有 13 個。五、因其他原因誤刪 4
個小韻。

通過對誤刪小韻的考察，我們將造成陳澧誤刪小韻的原因
歸結為主、客觀兩個方面。一、主觀原因有：1）陳澧注重
反切，忽視實際讀音。2）陳澧不相信韻圖。3）陳澧的研
究未注意系統性。4）陳澧過分相信徐鉉、徐鍇的音切。二、
客觀原因有：1）反切的複雜性。2）陳澧所見到的韻書材
料有限。

我們發現，被陳氏誤刪的小韻多與重紐及韻字的開合等問
題有關，而重紐、唇音字的開合等問題就是確定《切韻》
韻類的重要因素。我們將《切韻考》的韻類與《王三》切
下字的系聯結果進行比較，結果發現由於陳澧對小韻的誤
刪，影響了他對《切韻》韻類分類的準確性。

　　因劉氏一書專門處理陳澧判為增加字誤刪之韻紐，而本文則
先依陳澧發現問題之方法分類，故其第三類原因「被切字的切下
字不在本韻」，歸於下節處理，第四類原因「陳澧據《廣韻》注
語及《二徐音》」，歸於後文章節處理，其餘內容，與本文探討
增加字之錯誤者相當。至於次數，因本文凡《唐五代韻書集存》
有，而陳澧判為增加字者，均視為誤刪，而劉氏一文以其師胡安
順先生校定之王仁煦《刊謬補缺切韻》音系為據，故判定誤刪標
準不同，數量頗有差異。然究陳澧誤刪之理，則本文與劉氏一文
相當。因同韻二音衝突，陳澧判為增加字者共六十二條，雖有三
十一條確為《廣韻》之增加字，然仍有半數乃因重紐或開合口錯
誤反切，導致陳氏妄刪。陳澧處理《廣韻》同韻二音衝突問題，
或釋以無同韻類字而借用他類九條，並刪與之系聯者十三韻紐，

實《切韻考》之大謬也！共「鰥」、「摳」、「悛」、「瓦」、「窊」、「攫」六字妄刪，劉珉謂：「以切下字借用來判斷增加字是不科學的」，本文更進步指出其違反陳澧自訂之增加字之標準－位於韻末、字重見、音重出，字隱僻－四者，其不科學者，亦若是也。

　　陳澧處理同韻二音衝突之問題，或徵引《玉篇》、《說文音》、《說文篆韻譜》，以校《廣韻》之切語，共四條，頗能正《廣韻》之失。更引《爾雅》、《玉篇》，考證《廣韻》「士」、「俟」別爲二者，乃同音誤分兩切，甚有據也。依《唐五代韻書集存》以觀「表」、「標」二紐，亦可推論陸氏原書，非有此重紐對立二者，後世有之，亦同音誤分兩切也。

　　至於「棄」、「器」二紐，陳澧雖謂「所未詳也」，然究其表，陳氏仍依己說，以「棄」、「季」爲一類。實則「棄」、「器」二者，乃重紐三、四等之對立，均可以開口「利」字爲下切；而「棄」、「季」分屬開合口，「棄」字絕不能以「季」爲下字。重紐對立比諸開合口之差距，顯然更爲接近。陳氏不明此理，以其臆測妄斷「棄」字歸屬，此過度相信系聯，不信材料之病也，不可從焉！

　　綜上所述，陳澧處理處理《廣韻》同韻二音衝突之方法，雖有判爲增加字、認爲《廣韻》之偶疏，釋以無同韻類字故借用他類，引他書改定《廣韻》之切語，釋以同音誤分兩切，或存疑之等六法，然就類別言，其判爲增加字者，半爲妄刪；釋以無同韻類字故借用他類者，妄刪同類諸紐；存疑者乃過度相信系聯，不信材料也，亦復不可從。其正確者，僅以爲《廣韻》之疏，引他書改正《廣韻》切語，釋以同音誤分兩切三者。唯就數量言，誤刪三十七韻紐，「棄」字歸屬有誤；而三十八韻紐爲《唐五代韻

書集存》所無，確可判爲增加字，十九韻紐認爲乃《廣韻》之疏，亦甚得當；四條引他書改正《廣韻》切語、兩條釋以同音誤分兩切，則正確者較誤判者爲夥，故亦不可抹滅陳氏整理之功。唯其所以正確較誤判爲多，乃《廣韻》增加之字實眾矣，故陳澧若確實依據其增加字之標準—位於韻末、字重見、音重出，字隱僻一四者，則判增加字者，多能得其實；然若判爲增加字僅爲符合其說，非確實依據上述四標準，不免有誤，如以爲借用他類者，釋以無同韻類字，而漠視增加字之標準，肆意刪其同類字，其謬亦不可諱也。實則《廣韻》乃編撰而成，切語非一人一時一地所造，乃綜合性質之韻書，故造切語者唇吻混同二類，乃有以他類爲下字者，未必因無同韻類字不得不然之舉。陳氏以借用他類爲下字，作爲判定增加字之理，實過於相信《廣韻》之正確、純粹、單一，非《廣韻》之性質也！

　　總而言之，陳澧所確立系聯之前提：「切語之法，以二字爲一字之音：上字與所切之字雙聲，下字與所切之字疊韻；上字定其清濁，下字定其平上去入」，則其系聯上字歸上字，下字歸下字，上下字互不相涉，無「聲韻相挾而變」之概念，更不知上字之韻與下字之聲，能夠干擾反切拼合，則無由解釋《廣韻》重紐、開合、洪細混淆等例外反切也。復加以陳澧鑑別材料，誤以《切韻》爲隋唐標準音，《韻鏡》等韻圖爲後世之音，故排除韻圖材料，墨守切語系聯，遂無能解決大量因錯誤反切導致之二音衝突問題，甚至濫用判爲增加字之法，刪去不合其說之諸紐矣！簡言之，陳澧之盲點，乃其僅以考據學之方法與材料，排除音韻學理與韻圖，上下字分開研究，終無能解決例外之反切也。

　　然則陳澧雖有此失，其於音韻學理未成熟之際，能嚴謹貫徹以案頭考據工夫，整理《廣韻》上下字，以基本條例系之，以分

析條例分之，建立系統結構，隱然有最小音韻對比之概念，實屬
難能。然其音類之別，非口吻方言之異，乃案頭系聯之殊，故當
謂之考據學家，而非語言學者也。今研究陳澧系聯，當體會其本
意，知《切韻考》一書所長者，乃考據之工深，非學理之精湛，
以此評其功過，知其能建立《廣韻》音系結構，更發現《廣韻》
九十七處同韻二音衝突，並嘗試加以解決，其發現考據之功，亦
不可沒也。至若其未足之處，此其方法、材料之限制，非戰之罪，
未可深責也。

參考書目

依注音符號排序

潘柏年《《切韻》性質研究》，國立台灣師範大學國文研究所碩士論文，民 91 年 5 月。

李榮，《切韻音系》，鼎文書局，瀛涯敦煌韻輯附錄抽印本。

劉琨《陳澧《切韻考》所刪《廣韻》小韻考》，陝西師範大學國際漢學院碩士論文，民 96 年。

林尹校訂，《新校正切宋本廣韻》，台北，黎明文化事業股份有限公司出版，民 81 年 10 月 13 版。

羅偉豪點校，陳澧《切韻考—附音學論著三種》，廣州，廣州高等教育出版社，民 93 年 8 月，頁 3。

錢大昕《十駕齋養新錄》，臺灣商務印書館，民 65 年。

周祖謨《唐五代韻書集存》，臺灣學生書局，民 83 年 4 月。

周祖謨《問學集》，北京，中華書局，民 55 年 1 月。

邵榮芬《切韻研究》，北京，中國社會科學出版社，民 69 年 12 月。

陳新雄《等韻述要》，台北藝文印書館，民 63 年。

陳新雄〈《切韻》性質再檢討〉，《中國學術年刊》第三期，民 68 年 6 月。

陳新雄《廣韻研究》，台北學生書局，民 93 年 11 月。

陳新雄《聲韻學》，台北文史哲出版社，民 94 年 9 月。

談《切韻指掌圖》序例中的幾個問題

何昆益[1]

摘　要

　　所謂《切韻指掌圖》之「序例」，即包含了〈切韻指掌圖敘〉、「檢例上、下諸例」、「三十六字母圖」、「類隔二十六字圖」、「二十圖總目」以及「董南一〈跋〉」這幾個部分，最令人詬病的是它具有相當程度的抄襲，本文除了討論它的「承襲」，更指出它的「衍生」之處，並作出說明。

關鍵字：切韻指掌圖、序例、四聲等子

一、前　言

　　本文主要討論《切韻指掌圖》序例中的幾個問題，此處所言之「序例」所指即《指掌圖》韻圖前後的〈切韻指掌圖敘〉（有稱之為司馬光〈序〉或溫公〈序〉）、「檢例上、下諸例」、「三十六字母圖」、「類隔二十六字圖」、「二十圖總目」以及「董南一〈跋〉」這幾個部分。這部等韻圖在序、例、跋等部分，最令人詬病的是它具有相當程度的抄襲，這也就令人懷疑起《指掌圖》本身到底具有多少分「原創性」，當然在這麼大的論題裡頭，

---

1 慈濟大學東方語文學系助理教授。

本文先就著《指掌圖》韻圖前後的「序例」作出討論。

　　首先討論韻圖裡頭的〈序〉、董南一的〈跋〉以及圖前「三十六母字圖」這三個與前人文章相似之處，說明這些部分並不是《指掌圖》作者的原創，或者我們可以說這是《指掌圖》「承襲」的部分；當然，它也有它的「衍生」之處，即是「類隔二十六字圖」以及該圖下的「三十六字母指掌圖」，由於它本身也包含了些許矛盾，因此也並不完全屬於原創性質。再者，《指掌圖》裡頭的「檢例」更是「承襲」意味濃厚的部分，因此進一步討論它與《四聲等子》相似之處。

二、《切韻指掌圖》的〈序〉、〈跋〉問題

（一）《切韻指掌圖》的〈序〉

　　關於《指掌圖》一書的作者，自明桑紹良《青郊雜著》、清周贇《山門新語》、莫友芝《韻學源流》等已開始懷疑此書是托名之作，到了清人鄒特夫、陳澧更主張是南宋楊中修的作品，然說亦無確証。其中鄒特夫（1819-1869）因《指掌圖》中的溫公〈自序〉與孫覿所撰〈切韻類例‧序〉二者些許段落竟然雷同，也因此認爲司馬光並非《切韻指掌圖》之撰作者，鄒氏云：

> 據此（孫覿〈序〉）則《集韻》既成之後，爲切韻圖者，自楊尚書（樞密楊倓）始耳。仲益（孫覿字）生元豐辛酉（1081）卒乾道己丑（1169），此序當在南渡之初。而今所傳《切韻指掌圖》題司馬溫公撰，有嘉定癸亥（嘉定有癸酉，疑譌字。）番易董南一序，在其後五六十年，有溫公〈序〉，其語俱與孫〈序〉雷同，孫〈序〉（按：孫覿序楊中修《切韻類例》）稱著爲十條，爲圖四十四，而今《指掌圖》爲圖

二十，疑南宋流傳，改併失真，乃冒溫公名以求售。

昆益按：此「嘉定癸亥」應依影宋本正作「嘉泰」（1203）。[2]茲考南宋寧宗在位期間有五年號：紹熙、慶元、嘉泰、開禧、嘉定；其中紹熙乃續完光宗年號，其中「嘉泰」只用了四年，即從嘉泰元年辛酉（1201）～四年甲子（1204），其中嘉泰三年即是癸亥（1203）。而鄒特夫雖知「嘉定癸亥」有誤，卻誤將它訂正為「嘉定六年癸酉（1213）」不知道當作「嘉泰三年癸亥（1203）」。

以下茲先列舉溫公〈自序〉於下（《切韻指掌圖·序》：四部叢刊續編經部。上海涵芬樓景印常熟瞿氏鐵琴銅劍樓藏景宋寫本，下文凡引《指掌圖》者皆據此，茲不贅述）：

> 仁宗皇帝詔翰林學士丁公度、李公淑增崇韻學，自許叔重而降，凡數十家，總為《集韻》，以賈公昌朝、王公洙為之屬，治平四年，予得旨，繼纂其職，書成上之，有詔放焉，嘗因討究之暇，科別清濁，為（昆益按：文淵閣《四庫全書》此增「二十圖」三字）[3]以三十六字母列其上，推四聲相生之（昆益按：文淵閣《四庫全書》此增「法」一字），縱橫上下，旁通曲暢，律度精密，最為捷徑，名之曰切韻指掌圖。嗚呼！韻學之廢，久矣！士溺於所習，讀書綴文，趣了目前，（昆益按：文淵閣《四庫全書》此增「以至」二字）覽古篇奇字，往往有含胡（昆益按：墨海金壺本胡字作「糊」）囁嚅之狀，是殆天造神授，以便學者，予不敢秘也。涑水司馬光書。

復列舉孫覿所撰〈切韻類例·序〉於次：[4]

---

2 詳見趙蔭棠先生：（1985），頁 94-107 之考證。
3 此據文淵閣《四庫全書》（第二三七冊）《切韻指掌圖》補。
4 此據《景印文淵閣四庫全書》之《鴻慶居士集》卷三十，頁 7-10（總頁 1135：300-302）。

余少時讀司馬相如〈上林賦〉間，遇古字讀之不通，始得
顏師古音義，從老先生問焉，累數十日而後能一賦，於是
喟然嘆曰，儒者之學，自六藝、百家、史氏之籍、箋疏之
書，無不學也，河圖洛書、山鑱冢刻、方言地志、浮屠老
子之言，無不配也；相如奏賦，夸苑囿之大，固無鬼冢神
林，萬里海外，荒怪誕幻不經之說，尚書給禮，受一日之
作，固無二京、三都，覃思十年，雕琢肝腎之奇賦，奏天
子一見大悅，固金華露門，諸儒進讀，無摘句分章之助，
而流傳數百歲，後班孟堅刪取其要，顏師古為之訓解，學
者讀之，往往不通，此六書韻學之廢，而士大夫不識古字
之過也。韓吏部云：凡為文辭，宜略識古學，而士溺于所
習，履常蹈故，讀書綴文，趣了目前，不求甚解，至有伏
獵侍郎，弄麞宰相，貴為公卿，遺臭千載，可為太息。宋
沈約慨然閔古學之壞，力振起之，思與天下共識龜圖鳥跡
之遺，趨高領妙，自謂入神，旁通曲暢，律度精密，難字
過目，無復含糊囁嚅之狀，時有王筠誦郊居賦，而擊節稱
善，獨在雌霓一語，文從字順，各識其識，高下抑揚，自
中律度，如流水高山，慶賞音之一遇也。洪農楊公，博極
羣書，尤精韻學，古篇奇字，一覽如素習，熙寧中，嘗召
試中書，進換文階，擢三衙且顯用矣，會大臣當國，欲用
為臺諫，排斥所不快者，公笑謝不願也，明日有召，還復
東頭供奉，官進閤門祇侯，始見疏斥天下，至今稱之。今
老矣，強記洽聞，劇談世事，如精練少年，蓋未衰也，於
是出平生所著切韻，樂於學者共之。昔仁宗朝，詔翰林學
士丁公度、李公淑崇增韻李（昆益按：「李」當為訛字，
此當作學），自許慎而降，凡數十家，總為《數篇》（昆益

按：「數」當為訛字，此當作《類篇》)、《集韻》，而以賈
魏公、王公洙為之屬，治平四年，司馬溫公繼纂其職，書
成上之，有詔頒焉，今楊公又即其書，科別戶分，著為十
條，為圖四十四，推四聲子母相生之法，正五方言語不合
之訛，清濁、輕重、形聲、開合，梵學興而有華竺之殊，
吳音用而有南北之辨，解名釋象，纖悉備具，離為上下篇，
名曰《切韻類例》。嗚呼！慨自靖康之亂，久秘圖書之府，
與夫私家之所藏，鬻書之肆，焚滅為炭爐無遺者，學者訪
異書、問奇字、屬古文，漫然無所考按，始有牆面之歎，
得公此書，可以窺是自然與聲俱生之妙，破流俗附意生文
之偽，不待旁咨久察窮蒐遠紹具見于一圖二篇之中，不必
有曹憲，可以備顧問，不必有揚子雲，可以備劉棻好奇之
訪，不必沈休文、韓吏部，文章之作，宮商相交，低昂殊
節，自應古法，覽者當自得之。公名某字某號畸翁云。

　　從以上二則序文，不難看出其間文字實在有太多相同及神似
之處，關於這點姚師榮松已做了詳細考證，茲整理（1-8）併增個
人增考者（8-13）列表於下：[5]

		偽溫公序[6]	孫序
字句雷同換字	1	仁宗皇帝……增崇韻學	昔仁宗朝……崇增韻學
	2	自許叔重而降，凡數十家	自許慎而下，凡數十家
	3	總為《集韻》	總為《類篇》、《集韻》
	4	而以賈公昌朝、王公洙為之屬	而以賈魏公、王公洙為之屬
	5	治平四年，予得（以下平抬）旨繼纂其職	治平四年，司馬溫公繼纂其職

5 詳見姚師榮松（1973），頁76-81。
6 昆益按：以下行文，凡舊所謂之「溫公序」，今既知其偽作，是更其名曰
　「偽溫公序」。

文句 藕斷 絲連	6	科別清濁	科別戶分
	7	推四聲相生之法	推四聲子母相生之法
	8	覽古篇奇字，往往有含胡囁嚅 之狀	古篇奇字，一覽如素習[7]
文字 相同	9	書成上之，有詔敥焉	書成上之，有詔頒焉
	10	旁通曲暢，律度精密	旁通曲暢，律度精密
	11	讀書綴文，趣了目前	讀書綴文，趣了目前
文句 藕斷 絲連	12	韻學之廢，久矣！士溺於所習	此六書韻學之廢……而士溺于 所習
	13	天造神授，以便學者	趨高領妙，自謂入神……於是 出平生所著切韻，樂於學者共 之

此外，孫〈序〉讀來文從字順，關於年代及相關事件皆屬合理，至於溫公〈序〉就出現了歷史年代的錯誤，董同龢先生云：[8]

> 翻遍當年纂修《集韻》的文獻，誰也沒有看見司馬光的名字。治平四年，司馬光倒是奉詔續修了一部書，不過那是《類篇》而不是《集韻》。（《集韻》那時早已完成了）司馬溫公自己會那麼記憶不清嗎？孫〈序〉上也有相類的一段，但是《集韻》上多《類篇》二字，就顯得是言而有據。《指掌圖》抄脫了兩個字，不想便是關鍵。

董先生所云「《指掌圖》抄脫了兩個字，不想便是關鍵。」點出了偽溫公〈序〉純係偽作的重要關鍵，因為《集韻》成書是在宋仁宗寶元二年（1039），下至英宗治平三年（1066）司馬溫公以龍圖閣學士代范鎮續成《類篇》，當時書完成，只是繕寫未畢，至「繼纂其職，書成上之」治平四年（1067），其間差有二十八之久，此姚師榮松對於偽溫公〈序〉下了一段總結，云：[9]

7　昆益按：此例尚可補充。孫〈序〉：「旁通曲暢，律度精密，難字過目，無復含糊囁嚅之狀……古篇奇字，一覽如素習。」偽溫公〈序〉：「覽古篇奇字，往往有含胡囁嚅之狀。」是偽溫公〈序〉據孫〈序〉文字前後置換藕斷絲連者。

8　詳見董同龢先生（1948），頁 195-196。

9　詳見姚師榮松（1973），頁 78-80。

若云「得旨繼纂其職」，亦當云「治平三年」，溫公又不當以上書之年與得旨繼纂混為一談也。……溫公《傳家集》有《名苑·自序》云：『今以《集韻》本為正，先以平上去入眾韻正其聲，次以《說文解字》正其形。』知溫公亦嘗用心於《集韻》……如篇首既云仁宗皇帝增崇韻學，篇末又云韻學之廢久矣，殊違行文之自然。末以『是殆天造神授，以便學者』自喻，又曰：『予不敢祕也』，更似作偽者之供詞，等韻圖前有所承，豈可謂天造神授，縱為溫公所作，亦不過讀書識字之啟蒙書而已，何隱祕之有？而曰：「不敢祕也」，恐不得為溫公口氣明矣。

　　姚師榮松此段論述，字裡行間揭發了《指掌圖》作偽心虛的偽造心態：既云「仁宗皇帝增崇韻學」，又說「韻學之廢久矣」，復曰「是殆天造神授，以便學者」，更道「予不敢祕也」，行文之文意前後矛盾，甚謂「天造神授」，實在不似溫公口吻，既「不敢祕」又無見載於溫公《傳家集》中，是近代學者深疑《指掌圖》作者實非司馬溫公之力證。

（二）《切韻指掌圖》的〈跋〉

　　以下針對董南一〈跋〉的文字進行考校，說明該文亦係偽作之討論。董氏跋語，讀之語氣一貫，甚為通暢，然據董同龢先生（1948）、姚師榮松（1973）的考證，亦有其抄撮而成之處，蓋自董南一〈跋〉自「圖蓋先正溫國司馬文正公所述也」以下一段，與《四聲等子·序》一文，亦有雷同及改字之處。以下謹列表將董〈跋〉及《等子·序》比較於下：

	董南一〈跋〉文	《四聲等子‧序》文
1	以三十六字母總三百八十四聲	以三十六字母約三百八十四聲
2	列二十圖	別二十圖，畫為四類
3	辨開闔以分輕重	審四聲開闔以權其輕重
4	審清濁以訂虛實	辨七音清濁，以明其虛實
5	極五音六律之變	極六律之變
6	分四聲八轉之異	分八轉之異
7	遞用則名音和徒紅切同	遞用則名音和徒紅切同字
8	傍求則名類隔補微切非	傍求則名類隔補微切非字
9	通歸一母，則為雙聲和會切會	通歸一母，則為雙聲和會切會字
10	同出一韻，則為疊韻商量切商	同出一類，則為疊韻商量切商字
11	同韻而分兩切者，謂之憑切乘人切 神　丞真切辰	同韻而分兩切者，謂之憑切求人切 神字　丞真切脣字
12	同音而分兩韻者，謂之憑韻巨宜切 其　巨沂切祈	同音而分兩韻者，謂之憑韻巨宜切 其字　巨祁切祈字
13	無字則點窠以足之，謂之寄聲；韻 闕則引鄰以寓之，謂之寄韻	無字則點窠以足之，謂之寄聲；韻 缺則引鄰韻以寓之，謂之寄韻
14	按圖以所二百六韻之字，雖有音無 字者，猶且聲隨口出，而況有音有 字者乎！	按圖以所二百六韻之字，雖有音無 字者，猶且聲隨口出，而況有音有 字者乎！

　　從上表列舉的這一段，很明顯可以看出董南一〈跋〉文抄襲了《四聲等子‧序》，董同龢先生對此指出了一個問題：[10]

　　　　《四聲等子》自母分二十三行橫列，拿二十三乘上縱列的
　　　　四等四聲十六行，得三百六十八個格子，再加上標寫韻目
　　　　的十六格，共是三百八十四聲無誤。《指掌圖》不然，字
　　　　母三十六行，乘十六再加十六是五百九十二。由這一點看，
　　　　董序盲目抄襲《等子》序而出了岔子，已無疑義。

　　董先生從「以三十六字母總三百八十四聲」一句，指出董〈跋〉文盲目抄襲了《等子‧序》，以致將《指掌圖》之前的以三十六字母分二十三行的韻圖格式，它們總得字音三百八十四聲，這與《指掌圖》以三十六字母分三十六行，總得五百九十二聲，是截

10 詳見董同龢先生（1948），頁196-199。

然不同的。姚師榮松更進一步說明：[11]

> 《指掌圖》幫非兩系字不分開合，同在一圖，故可以三等
> 並列（而非互補），如八圖、十圖。以此計之，則《指掌
> 圖》較《四聲等子》僅多非系（僅有三等）十六格，合三
> 百八十四，共為四百聲。無論如何，董南一未察《指掌圖》
> 內容，而因襲前人之說，確無可疑。又檢例中，辨字母次
> 第例亦云：『以三十六字母演三百八十四聲』則三百八十
> 四聲確為《指掌圖》以前韻圖之通用格式。

　　姚師不但進一步以舌音端知二系、齒音知照二系是互補的性
質，而脣音的幫非二係非為互補，而是並列的性質，補證了董先
生的說法，更提出了一個關鍵的線索，就是《指掌圖》〈檢例〉的
「辨字母次第例」亦提及到了「以三十六字母演三百八十四聲」，
個人認為，這當然不只是單純的序、跋抄襲的問題，這已經牽連
到〈檢例〉內部是否具備原創性的爭議；此外，董氏之〈跋〉，
更是雜取了《四聲等子》、《集韻》、《韻鏡》等序文[12]貫串而成，
如今細察，不禁令人懷疑，似乎自偽溫公〈序〉、〈檢例〉、二十圖
至董氏〈跋〉，皆出一人之手託名偽撰。

三、「三十六字母圖」與《等子》「七音綱目」之比較

　　自韻學殘卷出土以來，吾人得以知曉字母本係創於唐代，創

11　詳見姚師榮松（1973），頁 83-85。
12　同上註。董〈跋〉之首段，取《集韻》書前韻例比較，正有脫胎換骨之
　　跡，字「音韻之學尚矣」至「相繼衰類」，正隱括韻例首段。其下「國
　　朝陳彭年、丘雍復刊益之」與《集韻》韻例次段行文亦類似，僅繁略之
　　殊。又「經典載籍，具有音訓，然五方之人，語音不類，故調切歸韻，
　　舛長十二三，囊以為病，既得此編，瞭然在目，頓無讀書難字過之累，
　　亦一快也。」與張麟之《韻鏡・前序》（紹興辛巳）所云相類：「讀書
　　難字過，不知音切之病也……余嘗有志斯學，獨恨無師承，既得友人授
　　《指微韻鏡》一編。」

於唐代沙門之手，初造爲三十，守溫述之，又增訂爲三十六，而胡僧了義傳之，以梵文之法，利用三十六字母以治反切。

　　從張麟之刊行《韻鏡》，於序之後列有三十六字母圖，更證得等韻圖是三十六字母誕生後的產物，字母的誕生始能產生等韻圖，這是可以理解的，然而從早期的等韻圖《韻鏡》、《七音略》到《四聲等子》乃至於《切韻指掌圖》在字母的使用上，依舊是以三十六字母爲準。

　　茲將《四聲等子》的「七音綱目」與《切韻指掌圖》的「三十六字母圖」羅列於下，左圖是《四聲等子》之「七音綱目」：

《四聲等子》之「七音綱目」

七音綱目	五音	全清	次清	全濁	不清不濁	全清	全濁
牙音	角	見堅經	溪輕乾	羣鞋	疑銀研		
舌頭音	徵	端丁顚	透汀天	定廷田	泥寧年		
舌上音		知珍	徹	澄陳纏	孃紉尼		
唇音重	宮	幫賓邊	滂芬蕃	並貧便	明民綿		
唇音輕		非分番	敷芳蕃	奉墳煩	微文亡		
齒頭音	商	精津煎	清親千	從秦前		心新先	邪斜
正齒音		照真氈	穿嗔	牀崇		審身	禪脣
喉音	羽	影因煙	曉馨軒	匣刑賢	喻寅延		
半舌半齒	半商微	來鄰連	日人然				

以下是《切韻指掌圖》之「三十六字母圖」：

《切韻指掌圖》之「三十六母字圖」（引類・清濁）

舌齒音	喉音	正齒音	齒頭音	唇音輕	唇音重	舌上音	舌頭音	是牙音
來 鄰連（不清不濁）	影 因煙（全清）	照 真氈（全清）	精 津煎（全清）	非 分番（全清）	幫 賓邊（全清）	知 珍（全清）	端 丁顚（全清）	見 經堅（全清）
日 人然（不清不濁）	曉 馨軒（次清）	穿 嗔燀（次清）	清 親千（次清）	敷 芳蕃（次清）	滂 芬蕃（次清）	徹 癡纏（次清）	透 汀天（次清）	溪 輕羣乾（次清）
	匣 刑賢（全濁）	牀 崇鋤（全濁）	從 秦前（全濁）	奉 墳煩（全濁）	並 貧便（全濁）	澄 陳纏（全濁）	定 廷田（全濁）	羣 勤乾（全濁）
	喻 寅延（不清不濁）	審 身鐘（全清）	心 新先（全清）	微 文亡（不清不濁）	明 民綿（不清不濁）	娘 紉尼（不清不濁）	泥 寧年（不清不濁）	疑 銀研（不清不濁）
		禪 脣蛇（全濁）	邪 斜余（全濁）					

　　從上圖的比較上，我們察覺到《四聲等子》與《切韻指掌圖》出現了非常相似的情形：

（1）發音部位與清濁相同

　　《四聲等子》的「七音綱目」與《切韻指掌圖》的「三十六字母圖（引類清濁）」所標示諸發音部位與清濁，經過比對之後，個人發現《四聲等子》與《切韻指掌圖》所標示的清濁完全相同，它們不但是「清」、「濁」完全相同，就連《四聲等子》「邪、禪」（「邪」母《切韻指掌圖》作「斜」）特有的「半清半濁」以及「疑、泥、孃、明、微、喻、來、日」八母特有的「不清不濁」，全都相同。

　　在這兩部年代、製圖編排先後相承的等韻圖中，發現了這些特殊的雷同現象，不難令人聯想到這兩部韻圖之間必定存在著相當大的關係，若我們說《切韻指掌圖》這些部分是自創的，而不是承襲自《四聲等子》，恐怕很難令人置信。

（2）字母與歸納助紐字大致相同

　　我們仔細觀察前頁兩圖的字母例字，不難發現到它們所列舉的助紐字大致相同。茲將《韻鏡》「三十六字母歸納助紐字」圖列之於下：

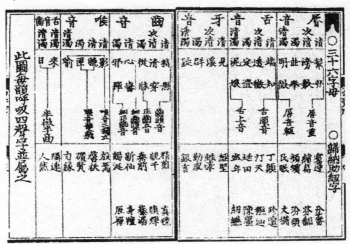

茲列表考察其異同之處：（若三圖皆同者，並不列於下表）

	A 韻鏡	B 四聲等子	C 切韻指掌圖	備　註
羣	勤虔	勤乾	勤乾	BC 同
疑	銀言	銀研	銀研	BC 同
徹	獬辿	獬脡	癡脡	皆異
娘	紉攣	紉嬭	紉尼	紉字皆同
並	頻蠙	貧便	貧便	BC 同
明	民眠	民綿	民綿	BC 同
非	分蕃	分蕃	分番	AB 同
敷	芬翻	芬翻	芬蕃	AB 同
奉	汾煩	墳煩	墳煩	BC 同
微	文撝[13]	文構	文亡	AB 同
心	新仙	新先	新先	BC 同
照	真甂	諄專	真甂	AC 同
穿	瞋燀	春川	嗔蟬	AC 近
床	榛潺	神遄	崝潺	AC 近
審	身羶	申羶	身羶	AC 同
禪	辰禪	純船	脣蛇	皆異
影	殷焉	因烟	因煙	BC 同
曉	馨祅	馨軒	馨軒	BC 同
匣	礥賢	刑賢	刑賢	BC 同
喻	匀緣	寅延	寅延	BC 同

　　由上表我們可以看出，《四聲等子》除了在正齒音「照、穿、床、審、禪」多列合口音之外，其餘皆與《切韻指掌圖》一致；在上表的分析中，《切韻指掌圖》列字與《韻鏡》同者（即 AC 同者），只集中於上述正齒音「照、穿、床、審、禪」，也就是說在《四聲等子》列舉合口音字的情形下，《切韻指掌圖》便改而尋求《韻鏡》的例字，其餘的部份，大致來說，不是《韻鏡》與《四聲等子》列字相同，就是《四聲等子》與《切韻指掌圖》

13　撝，《廣韻》無撝字，元韻下有「構」字，武元切；《集韻》銑韻收撝字，彌殄切。茲考《韻鏡》銑韻無撝字，元韻微母地位有「構」字，又《等子》作「構」字，知是「構」字之誤，《韻鏡》从扌从木多因形近而訛，如外轉三十五開入聲錫韻匣母地位列「撽」字，即「檄」字之訛也。

列字相同。據此更可見《四聲等子》與《切韻指掌圖》的關係非比尋常了。

　　以上為《切韻指掌圖》「三十六字母圖」承襲《四聲等子》的討論，以下茲就《指掌圖》「三十六字母圖」的「衍生」之處，提出說明。在《指掌圖》「三十六字母圖」之後，有所謂的「類隔二十六字圖」以及「三十六字母指掌圖」，因為該圖提到了三十六字母的發音部位、清濁、歸納助紐字等概念，為了讓檢索韻圖的人，更簡易明瞭地按圖索字，《指掌圖》做了一些創新，它增加了之前幾部等韻圖所沒有的「資料」，那就是「類隔二十六字圖」及「三十六字母指掌圖」。以下是「類隔二十六字圖」：

	類隔二十六字圖	
脣重	幫滂並明	
脣輕	非敷奉微	
舌頭	端透定泥	
舌上	知徹澄娘	
齒頭	精清從心斜	
正齒	照穿牀審禪	

應屬二十六字母下字謂之類隔或切在幫字母下而韻不可歸者即於非字母下求之或切在非字母下而韻不可歸者即於幫字母下求之佗皆倣此蓋幫滂並明非敷奉微皆脣音端透定泥知徹澄娘皆舌音精清從心斜照穿牀審禪皆齒音但分清濁輕重爾

（切韻指掌圖　十　承）

　　「類隔二十六字圖」提出之用意，應該是為了補充〈檢例〉中提到有關類隔的「概念表」，圖左注云：「應屬二十六字母下字，謂之類隔，或切幫字母下，而韻不可歸者，即於非字母下求之，或切在非字母下，而韻不可歸者，即於幫字母下求之，佗皆倣此。蓋幫、滂、並、明、非、敷、奉、微皆脣音；端、透、定、

泥、知、徹、澄、娘皆舌音，精、清、從、心、斜、照、穿、牀、
審、禪皆齒音，但分清濁輕重爾。」亦既以發音部位的脣音（重
脣音的幫系字、輕脣音的非系字）、舌音（舌上音的知系字、舌
頭音的端系字）、齒音（齒頭與正齒音的精照二系）這三組字母
爲主要「尋求」的對象，個人認爲《指掌圖》之所以會製作這個
圖的理由是，它將脣舌齒這三組字母從之前韻圖三十六字母分二
十三行的形式，改變爲三十六字母分成三十六行的創舉，使得以
往幫非二系同列於脣音四欄共六十四格中、端知二系同列於舌音
四欄共六十四格中、精照二系同列於齒音五欄共八十格中，如今
幫非、端知、精照二分，各字有其專屬的欄位，不再共用這些欄
位，這個用意雖好，本是爲了讓求索音讀的人，能更直接依字母
「直看」，固然十分便利，但使用者並非等韻家，若是音韻程度
不夠好、或是習慣用傳統韻圖的人，頓時多了這許多欄位，自然
對於求索音讀的人有所不便，因此創立了這個圖，其目只要使用
本韻圖的人依舊圖之例（因爲舊圖是脣、舌、齒音沒有二分，無
論精通音韻與否，只要能判斷發音部位，皆可依韻橫推，依聲在
同一發音部位的欄位中直看，找尋該字）其聲、韻歸列，即可尋
得，若尋求不到，只要依發音部位，於這個類隔二十六字圖中，
另尋其同類（同發音部位）相隔的字母地位（即同發音部位同清
濁的兩兩一組字母，兩者之中以⌒標示者），即可尋得該字音讀。

　　這是《指掌圖》編圖者對於「三十六母字圖」「衍生」之舉，
用意在於讓使用者遇到「類隔」情況時「索音」更加便利，也兼
顧到「創新」的用意。至於「三十六字母指掌圖」則是這部等韻
圖定名的由來，茲列圖於下：

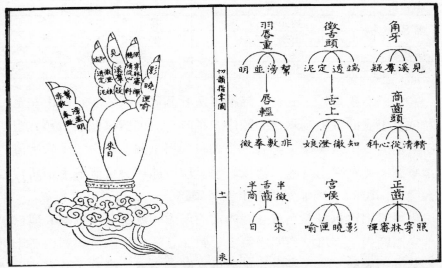

　　「三十六字母指掌圖」是較具有宗教色彩的一張圖，這可能與宋朝當時援佛入儒的儒釋融合思想有關，[14] 該圖似乎與偽溫公〈序〉所云：「天造神授，以便學者」該句話相呼應。其實無論是佛、道教，甚至是地理地形，都有以「指掌」的形式將所欲表達的科判或術語，有次序的羅列於其中，讓使用、學習者都能獲至「瞭若指掌」的功效，正好五指與五音相合，藉由每一手指代表每一個發音部位（上述類隔的三個發音部位，則於同一手指併列），半舌半齒音則列於掌腹，依五指及掌腹所代表的三十六字母順序如下：

指　節	發音部位	字　　母
大姆指	重脣音	幫、滂、並、明
	輕脣音	非、敷、奉、微
食　指	舌頭音	端、透、定、泥
	舌上音	知、徹、澄、娘

14　相關討論詳見董同龢《切韻指掌圖中幾個問題》，頁 199。李紅《切韻指掌圖研究》，頁 9-18。

中　指	牙　音	見、溪、群、疑
無名指	齒頭音	精、清、從、心、斜
	正齒音	照、穿、牀、審、禪
小姆指	喉　音	影、曉、匣、喻
掌　腹	半舌半齒音	來、日

　　而圖右正是以「五音」歸納了這五個發音部位，正好由左至右依照上表的五指到掌腹的順序，順時針的列置這個由六類九組所含括的三十六字母；再者，吾人將《指掌圖》的「三十六字母指掌圖」（左手指掌圖）轉以右手呈現，即可發現到各手指所代表發音部位的字母排列順序正與《韻鏡》、《七音略》無異[15]，這也可看出它本身存在著一個內部的矛盾，就是《指掌圖》與它本身韻圖內部字母排列順序並不一致。且圖前之敘例與圖內三十六字母相異者，除「三十六字母指掌圖」之外，尚有〈檢例〉中的「辨五音例」，茲列於下：

　　　　欲知宮，舌居中喉音

　　　　欲知商，開口張齒頭正齒

　　　　欲知角，舌縮卻牙音

　　　　欲知徵，舌柱齒舌頭舌上

　　　　欲知羽，撮口聚脣重脣輕

　　「辨五音例」中「宮、商、角、徵、羽」五音，以一般所知的西樂八度音律，正是由低而高「Do－Re－Mi－So－La」的排列，「辨五音例」的五音與其後的發音部位，更與《七音略》圖中的相配情形一致，這些資料都顯示了《指掌圖》承襲諸韻圖的情形，「辨五音例」顯示了它與《韻鏡》、《七音略》這類韻圖的「五音」與「發音部位」的相配情形，這「五音」與「發音部位」的相配，正是《四聲等子》與《韻鏡》、《七音略》這類韻圖的不

15　此蓋聞之於本師陳伯元先生，不敢掠美，謹誌於此。

同，《等子》主要是「以脣音配宮、以喉音配羽」，這裡正好相反，是「以脣音配羽、以喉音配宮」，但有趣的是，雖然《指掌圖》在這個地方與《韻鏡》、《七音略》相同，但是韻圖本身的字母安排，卻是與《等子》「七音綱目」牙、舌、脣、齒、喉、半舌半齒音的排列次序相同。這當然也算是趙蔭棠先生所謂《指掌圖》盲目抄襲的一則笑話吧！此外，從這「三十六字母指掌圖」，表面上看來應該也算是《指掌圖》編圖者對於「三十六母字圖」的「衍生」之舉，在等韻學史上甚有創新之功，但是，個人對此圖是否為《指掌圖》作者所原創提出強烈質疑：原因就在這「指掌」五指所概括的發音部位與字母，與《指掌圖》內部的發音部位與字母順序並不一致！

　　《指掌圖》的字母排列與《等子》「七音綱目」牙、舌、脣、齒、喉、半舌半齒音的字母排列次序相同，此外在接下來的〈檢例〉中，亦有論及類隔者，其說解似有尚待商榷。而《指掌圖》「辨五音例」後面的「辨字母次第例」更是與其自己所列之「三十六字母指掌圖」、所述之「辨五音例」不同，茲列「辨字母次第例」於下：

> 辨字母者，取其聲音之正立以為本，本立則聲音由此而生，故曰：母以三十六字母演三百八十四聲，取子母相生之義，是故一氣之出，清濁有次，輕重有倫，合之以五音，運之若四時，故始牙音，春之象也，其音角，其行木；次曰舌音，夏之象也，其音徵，其行火；次曰脣音，季夏之象也，其音宮，其行土；次曰齒音，秋之象也，其音商，其行金；次曰喉音，冬之象也，其音羽，其行水。所謂五行之出，猶四時之運者，此也。

　　本段「辨字母次第例」文中（「子母相生」一詞亦見於孫覿

〈切韻類例・序〉文之「子母相生之法」），以五音比附五行，更比附了四季，只是文中指出的五音與發音部位之相配與前所述者不合：牙音－角、舌音－徵、脣音－宮、齒音－商、喉音－羽。而上述的「辨五音例」則是：舌音－宮、齒音－商、牙音－角、舌音－徵、脣音－羽，茲將該二例論及五音及發音部位之相配情形，製表比較於下：

	角	徵	宮	商	羽
辨五音例	牙音	舌音	喉音	齒音	脣音
辨字母次第例	牙音	舌音	脣音	齒音	喉音

從上表的比對，其中「宮音」、「羽音」之歸屬與分配出現了歧異，「辨五音例」宮音屬喉、羽音屬脣，若其行文順序為「宮、商、角、徵、羽」，正好與《韻鏡》、《七音略》的韻圖字母排列順序相配，更與「三十六字母指掌圖」相通；然取「辨字母次第例」與「辨五音例」、「三十六字母指掌圖」合觀比較，卻是不能相融，但是它竟與《指掌圖》三十六字母的排列順序一致，而且正巧與《四聲等子》表述三十六字母清濁的「七音綱目」的排列順序以及與「韻圖編製概念表」（即姚師所云「三十六字母四聲四等相配表」）一致。

在對《切韻指掌圖》二十圖以外的資料有絕大部分是抄襲，以及本身內部解說並不一致的的情形看來，個人對於這「三十六字母指掌圖」是否具有「創新衍生」之舉，恐怕令人大大地存疑了。

四、〈檢例〉與《等子》所列門法之異同

這個小節，主要指出《指掌圖》裡頭的「檢例」、構圖格式、歸字列等規則，吾人可以從中窺見《指掌圖》「承襲」《等子》

之處，以下討論《等子》「七音綱目」之後所舉出「等韻門法」與《指掌圖》〈檢例〉的異同，比較《等子》相關文字與《指掌圖》〈檢例〉的異同，凡是《指掌圖》〈檢例〉中述及者，則討論之。《指掌圖》〈檢例上〉所述全是「協聲、歸母、四聲、一音」的基本原則，因此這段文字是《等子》所無。至於〈檢例下〉則涉及到門法，這正是它與《等子》門法異同之所在，茲討論於下：

（甲）辨音和切字例及辨類隔切字例的比較

（1）《等子》辨音和切字例：

> 凡切字，以上為者切，下者為韻，取同音、同母、同韻、同等，四者皆同，謂之音和。謂如丁增切登字，丁字為切，丁字歸端字母，是舌頭字，增字為韻，增字亦是舌頭字；切而歸母，即是登字，所謂「音和遞用聲」者此也。

協	德字與曾字協聲，在本帙第十七圖曾攝內八端下第一等中	四	登^平等^上嶝^去德^入
聲	洪字與通字協聲，在本帙第一圖通攝內一匣字下第一等中	聲	洪^平澒^上哄^去穀^入
歸	德字屬舌頭音，歸端字母	一	德　烘 忒　洪
母	洪字屬喉音，歸匣字母	音	特　翁 鼟　○

> 謂如德洪切東字，先調德字，求協聲韻所攝，於圖中尋德字，屬端字母下，係入聲第一等眼內字，又調洪字於協聲韻所攝，圖中尋洪字，即自洪字橫截過端字母下，平聲第一等眼內，即是東字，此乃音和切。其間或有字不在本等眼內者，必屬類隔、廣通、局狹之例，與匣、喻、來、日下字。或不識其字，當翻以四聲一音調之，二者必有一得

也。

以下是《等子》「辨類隔切字例」：

> 凡類隔切，字取脣重脣輕、舌頭舌上、齒頭正齒，三音中
> 清濁者，謂之類隔。如端、知八母下，一、四歸端，二、
> 三歸知。一、四為切，二、三為韻，切二、三字；或二、
> 三為切，一、四為韻，切一、四字是也。假若丁呂切柱字，
> 丁字歸端字母，是舌頭字（在後曾攝內八啟口呼圖內端下
> 第四等），呂字亦舌頭字。柱字雖屬知，緣知與端俱是舌
> 頭純清之音，亦可通用。故以「符」代「蒲」，其類奉、
> 並（如玉篇皮字作符羈切之類是也）；以「無」代「模」，
> 其類微、明；以「丁」代「中」，其類知、端；以「敕」
> 代「他」，其類徹、透。餘倣此。

（2）《切韻指掌圖》〈檢例・下〉，一開始就與《等子》
如出一轍，皆下來《等子》舉字例說明何謂音和，但是《指掌圖》
則先是將「類隔」也一併先行「敘述」，其次列出「協聲、歸母、
四聲、一音」的部分，最後再舉出字例，這些敘述的文字大致相
同，甚至連舉用的字例，亦是如此。其中姚師榮松細校二者，以
為其中尚有差異者五，茲列表簡述於下：[16]

	《四聲等子》	《切韻指掌圖》
1	德字與曾字協聲，在本帙第十七圖曾攝內八端下第一等中。	德字與揯庚字協聲在第十六圖內。
2	「一音」下喉音例字次第：洪烘翁○（從喉音次第排列曉匣影喻）	「一音」下喉音例字次第：翁烘洪○（從喉音次第排列影曉匣喻）
3	謂如如德洪切東字，先調德字，求協聲韻所攝，於圖中尋德字，屬端字母下，係聲第一等眼內字，又調洪字於協聲韻所攝，圖中尋洪字	謂如如德洪切東字，先調德字，求協聲韻，於圖中尋德字，屬端字母下，係入聲第一等眼內字，又調洪字求協聲韻於圖中尋洪字，即自洪

---

16 詳見姚師榮松（1973），頁 93-96。

	，即自洪字橫截過端字母下，平聲第一等眼內，即是東字，此乃音和切。其間或有字不在本等眼內者，必屬類隔、廣通、局狹之例，與匣、喻、來、日下字，或不識其字，當翻以四聲一音調之，二者必有一得也。	字橫截過端字母下，平聲第一等眼內，即是東字，此乃音和切，萬不失一。其間或有字不在本等眼內者，必屬類隔及廣通偏狹之例，與匣、喻、來、日字母下字，或不識其字，當以翻四聲調之一音二音者必有一得也。
4	謂如丁增切登字，丁字為切，丁字歸端字母，是舌頭字，增字為韻，增字亦是舌頭字；切而歸母，即是登字，所謂「音和遞用聲」者此也。[17]	丁增切登字　緣用丁字為切，丁字歸端字母，是舌頭字，用增字為韻，增字亦是舌頭字，所以切登字，登字歸端字母，亦是舌頭字，三字俱在舌頭。詩云：「音和遞用聲」者，此也。
5	假若丁呂切柱字，丁字歸端字母，是舌頭字（在後曾攝內八啓口呼圖內端下第四等），呂字亦舌頭字。柱字雖屬知，緣知與端俱是舌頭純清之音，亦可通用。故以「符」代「蒲」，其類奉、並（如玉篇皮字作符羈切之類是也）；以「無」代「模」，其類微、明；以「丁」代「中」，其類知、端；以「敕」代「他」，其類徹、透。餘倣此。[18]	丁呂切貯字　緣用丁字為切，丁字歸端字母，是舌頭字用呂字為韻，呂字亦舌頭字。所以切貯字，貯字雖歸知字母，緣知字與端字俱是舌頭中純清之字，詩云：「類隔傍求韻」者，此也。

其以下條列其後之「辨分韻等第歌」：

見溪群疑四等連，端透定泥居兩邊。知徹澄娘中心納，幫滂四等亦俱全。更有非敷三等數，中間照審義幽玄。精清兩頭為真的。影曉雙飛亦四全。來居四等都收後，日應三上是根源。

17　《等子》誤云「增字亦是舌頭音」，此段當解釋為「丁字歸字母是舌頭字，以增字為韻，但將增字視為舌頭字，切而歸端母，即是登字。」而《指掌圖》不辨，亦隨《等子》文字誤植，為牽就「音和遞用聲」，竟云丁增登「三字俱在舌頭」之誤。

18　《等子》誤云「呂字亦為舌頭字」，誤與上同。類隔者，即同類而隔，需是清濁相同，部位相近者，於實際語音已有隔閡，而韻書中偶見通用，是謂類隔。《指掌圖》以「類隔傍求韻」與「音和遞用聲」相對。此處實則與上述「三十六字母指掌圖」所云一致，然此處之說解似乎有異，斯或可證個人提出「三十六字母指掌圖」為抄襲之明證也。

關於此歌訣，姚師榮松（1973）以爲「取《等子》卷首三十六母四等四聲相配表觀之，此歌訣方易曉。歌訣極有可能櫽括《等子》前表而成。」亦即暗指《指掌圖》之所以能清楚的分辨各字母的等第，若就《指掌圖》而言，其本身並沒有附帶任何相關的圖表與資料，但是在《韻鏡》有「三十六字母歸納助紐字」表，其中喉音曉匣二母注云「喉音雙飛」，而《指掌圖》此處歌云：「影曉雙飛亦四全」，是矣，喉音中匣母依例不出現於三等地位，喻母有喻三喻四之別，一等二等地位不置喻母字，是以「影曉雙飛亦四全」當是比「曉匣－喉音雙飛」爲合理。又《等子》二十圖前，列有「韻圖編製概念表」，該表除半舌半齒音之來日二母列等出現問題外，[19]其餘大致正確，該圖中不但列置了七音與三十六字母的相配，更標示了各組字母在韻圖中應當排列的位置，因此姚師之論斷「取《等子》卷首三十六母四等四聲相配表觀之，此歌訣方易曉。歌訣極有可能櫽括《等子》前表而成。」甚有道理，十分值得採信。

（乙）辨內外轉例的比較

茲列兩部韻圖中有關「內外轉例」文字的對照表於下：

《四聲等子》	《切韻指掌圖》
內轉者，脣、舌、牙、喉四音更無第二等字，唯齒音方具足。外轉者，五音四等都具足。今以「深曾止宕果遇流通」括內轉六十七韻，「江山梗假效蟹咸臻」括外轉一百三十九韻。	內轉者，取脣、舌、牙、喉四音更無第二等字，唯齒音方具足。外轉者，五音四等都具足。舊圖以通止遇宕宕流深曾八字，括內轉六十七韻，江蟹臻山效假咸梗八字，括外轉一百三十九韻。

---

19 該表上以來日皆具四等，此「具四等」三字當標示於日母下，來母下應依例標示爲「只具第三等」。又下半部的四等安排，以一到四等皆列來母，而日母並未列出，此當是訛誤。應更正爲一到四等皆列日母，而三等地位有來母字。

　　從以上對於「內外轉例」的比對，《指掌圖》大致上還是抄襲了《等子》，它只是把《等子》的「今以『深曾止宕果遇流通』括內轉六十七韻，『江山梗假效蟹臻』括外轉一百三十九韻。」該句的「今以」二字改爲「舊圖」，當然這也就顯示了對於《指掌圖》來說的舊圖也反映了這個現象，然而它所指的「舊圖」究竟爲何？我們從現今的韻圖中，可以找到的解答可以是《韻鏡》、《七音略》，以可以是《四聲等子》；此外，姚師榮松指出「《等子》內外轉例與其本身圖次，又皆非《指掌圖》所見原貌，《指掌圖》既稱舊圖有十六攝之名，則必與《等子》同類（或其前身）無疑。」也就是說，我們可以從《指掌圖》修改《等子》的文字中得到一個關鍵，那就是《指掌圖》所說的「舊圖」，自然也包含了《四聲等子》。至於《四聲等子》攝次及所標示之內外轉（詳見第二章第一節的討論），本師陳伯元先生考之精詳，據《廣韻》次序重訂《等子》十六攝次序，考究內外轉次，得出內外轉各八攝的結論，此結論使得《四聲等子》所標示的內外轉次第及列圖次序不相應的情形，將《等子》原本標示的兩個外八－梗攝、咸攝，予以釐清，不更動梗攝而將咸攝訂爲「外七」，並將第三圖附於宕攝內五的江攝－這個被《等子》遺漏標示內外轉次的韻攝，補於空出來的外一，於是歷來《等子》內外轉次訛誤不完整的情形，從此得以還原。據此，我們更可藉此討論上述「內外轉例」中所提及的的韻目數量，茲計算於下：[20]

內轉八攝－通　　止　　遇　　果　　宕　　流　　深　　曾
　　　　　　11　　12　　9　　6　　8　　9　　4　　8－總共是 67 個韻目
外轉八攝－江　　蟹　　臻　　山　　效　　假　　咸　　梗
　　　　　　4　　19　　25　　28　　12　　3　　32　　16－總共是 139 個韻目

---

20 此據姚師榮松（1973），頁 120-121 之統計。

這正好與《指掌圖》所說的韻目數相同，而且從韻目數量的計算中，我們可以相信一個事實，那就是《指掌圖》「內外轉例」中所謂的「舊圖」（個人認爲應該就是它所抄襲的本子）應當就是《四聲等子》這一系的（或許是《等子》的前身）圖，因爲在韻目的計算上，若依照《韻鏡》將去聲廢韻寄列於內轉第九、十轉圖中，那數據就有差異了，若是我們依《等子》的安排－將廢韻恢復於外轉蟹攝圖中，那就是上面所列的 19 個韻目，如此一來，外轉韻目正好是「內外轉例」中所說的 139 個。執此之理，與二部韻圖（《等子》、《指掌圖》）有關「內外轉例」之文句敘述大爲雷同的情形下，這個它所「承襲」的關鍵線索「舊圖」，指的正是《四聲等子》（或是《等子》前身）這樣的等韻圖！

（丙）辨廣通侷狹例的比較

茲列《等子》「辨廣通侷狹例」於下：

> 廣通者，第三等字通及第四等字。侷狹者，第四等字少，第三等字多也。凡脣、牙、喉下爲切，韻逢支、脂、真、諄、仙、祭、清、宵八韻，及韻逢來、日、知、照、正齒第三等，並依通廣門法，於第四等本母下求之（如余之切頤字，碑招切標字）。

> 韻逢東、鍾、陽、漁、蒸、尤、鹽、侵，韻逢影、喻及齒頭精等四爲韻，並依侷狹門法，於本母下三等求之（居容切恭字，居悚切拱字）。

而《指掌圖》的「辨廣通侷狹例」則是抄襲了上述《等子》「辨廣通侷狹例」的文字，茲列舉於下：

> 所謂廣通者，第三等字通及第四等字也。侷狹者，第四等字少，第三等字多也。

　　這自當然是《指掌圖》承襲《等子》的例子，然而《指掌圖》尚有看似「衍生」的創舉，那就是在該例之下所列舉的兩則「歌曰」，茲將此二則「歌曰」列舉於下。第一則是：

　　支脂真諄蕭仙祭，清宵八韻廣通義，正齒第二為其韻，脣牙喉下推尋四。（余支切移、撫昭切漂）

　　第二則是：

　　鍾陽蒸魚登麻尤，之虞齊鹽侷狹收，影喻齒頭四為韻，卻於三上好推求。（居容切恭、居悚切拱）

　　我們仔細一探，不難發現這兩則「歌曰」，第一則講的就是「廣通」、第二則講的就是「侷狹」，內容也就是《等子》「辨廣通侷狹例」各例後面的說明，甚至於舉用的字例也大致相同（《指掌圖》不以余之切頤字、碑招切標字，而更之以余支切移、撫昭切漂）。其實這等修改，不過是大同小異罷了，只是以「歌訣」這樣的「衍生」方法，雖說可以讓人朗朗上口，但實際上對於觀念的辨識，似乎不太理想；此外，姚師榮松將此兩者相互對照比較之後，發現了《指掌圖》的兩點錯誤：

1. 廣通歌既稱八韻，凡舉有九韻，四等之蕭韻不得入此，恐係誤增，或純為歌訣湊字。

2. 侷狹歌之韻目較《等子》少了東、侵二韻，多了之、虞、齊、麻、登五韻，其中登為一等韻，齊為四等韻，照理皆不得納入，《指掌圖》恐係誤增。

　　總之，「廣通」，就是專指在「支、脂、真、諄、祭、仙、宵、清」八韻之中，有一類和一般三等韻的字一樣，在韻圖中居於三等地位，沒有發生變化，但是另外還有一類在脣、牙、喉音中，則是居於四等地位。也就是說遇到舌音知系、齒音照系、半舌半齒音之來、日二母，一如正常情形，仍然居於本來的三等位

置，但若遇到脣音之幫系字、牙音之見系字以及喉音之影曉諸母，就要改在四等的位置尋求；至於「侷狹」，專指發生在東、鍾、陽、魚、蒸、尤、鹽、侵、麻八韻的脣、牙、喉音（喻母除外），韻圖置三等時，若以四等之精系及喻母字為切語下字時，則所切之字不在四等求之，而當在三等求之。亦即「廣通」則大抵是為解釋重紐現象的歸字例，而「侷狹」則較接近原來三等韻的面貌。

（丁）辨獨韻與開合韻例

這則韻例，實為《指掌圖》所獨創，並不見於《等子》當中，可謂是《指掌圖》真正「衍生」的一例了。這一則韻例的創立，主要是為了說明「二十圖總目」而設，《指掌圖》前六圖乃獨韻，所切之字音，自然不出於本圖之內，至於另外的十四圖，則互為開合，這與〈檢例・上〉「此葉全無前後收」的概念是相同的。韻圖之開合，在前期等韻圖中已有標示，只是當時實際語音已有了變遷，且編圖者有亦將它反映在等韻圖當中，由於開口字在拼切音讀之時，其字母及韻目受到了雙脣的影響，不甚容易清楚的辨別開合口，且往往會有一個類似輔音性質的雙脣軟顎半元音〔w〕為過渡音，因此使得脣音字開合口讀來甚為接近，而《指掌圖》的作法是將所有的脣音字皆列置於合口圖中。

（戊）辨來日二字母切字例、辨匣喻二字母切字歌

這兩則亦為《指掌圖》所獨創，並全不見於《等子》當中，也可謂是《指掌圖》真正「衍生」之例。

（己）辨雙聲疊韻例的比較

茲列《等子》「辨雙聲切字例」及「辨疊韻切字例」於下：

　　謂如「和會」二字為切，同歸一母，只是會字，更無切也，故號曰「雙聲」。如章灼切灼字，良略切略字是也。

　　謂如「商量」二字為切，同出一韻，只是商字，更無切也，

　　故號曰「疊韻」。如灼略切灼字，章良切章字之類是也。
　　為了比較的方便，茲列舉《指掌圖》「雙聲疊韻例」於下：

　　和會二字為切，同歸一母，只是會字，更無切也，故號曰
　　「雙聲」。如章灼、良略是矣。

　　商量二字為切，同出一韻，只是商字，更無切也，故號曰
　　「疊韻」。如灼略、章良是矣。

　　由上面的對照比較，我們也不難發現這一則門法內容，還是抄襲《四聲等子》之文句，只是將前面的「謂如」刪去，並只留下切語上下字，其於皆屬相同。比較特殊的是《指掌圖》該例下有「歌曰」一則：

　　和會徒勞切，商量亦末尋，驗人端的處，下口便知音。

　　說的是這些音切都屬於雙聲或疊韻的關係。雙聲者，所切之字仍歸下字之音，如和會切出的只會是會字，更無它切；疊韻者者，所切之字仍歸上字之音，如商量切出的只會是商字，更無它切；因此遇到這類音切的不需「勞」、也莫用「尋」，只要對它的字母韻目稍加留意，檢驗它們的聲韻是否相同，馬上就可得知所切出的音讀了。《指掌圖》的這則「歌曰」，所舉的「和會」、「商量」兩例音切，也是和《等子》的辨「雙聲」、「疊韻」切字例所舉的音切一模一樣。

五、結　語

　　《切韻指掌圖》韻圖前後的偽溫公〈序〉、「檢例上、下諸例」、「三十六字母圖」、「類隔二十六字圖」、「二十圖總目」以及「董南一〈跋〉」這幾個部分，經上述考證，裡頭的〈序〉、董南一的〈跋〉以及圖前「三十六母字圖」這三個與前人文章相似之處，說明這些部分並不是《指掌圖》作者的原創，我們可以大膽的說

這是《指掌圖》「承襲」的部分。

　　從僞溫公〈序〉與孫覿所撰〈切韻類例・序〉的對比中，綜合前人的研究及個人的考索，總共有 13 段文句是相近或雷同的。至於在董南一〈跋〉及《四聲等子・序》比較，總共有 14 段文句是相近或雷同的，董氏〈跋〉更是另外雜取了《四聲等子》、《集韻》、《韻鏡》等序文而成，這實在令人懷疑，似乎自僞溫公〈序〉、〈檢例〉、二十圖至董氏〈跋〉，皆出一人之手託名僞撰。此外，個人將《切韻指掌圖》的「三十六字母圖」與《四聲等子》的「七音綱目」進行比較，發現其中有相當近似的現象：（1）發音部位與清濁相同，（2）字母與歸納助紐字大致相同；而它的「衍生」之處，即是「類隔二十六字圖」以及該圖下的「三十六字母指掌圖」，個人認爲這兩者的產生，是爲了讓檢索韻圖的人，更簡易明瞭地按圖索字，這是《指掌圖》做了一些創新，它增加了之前幾部等韻圖所沒有的「資料」，只是者資料本身也包含了些許矛頓，因此也並不完全屬於原創性質。

　　最後，《指掌圖》裡頭的「檢例」更是「承襲」意味濃厚的部分。《指掌圖》裡頭的「檢例」、構圖格式、歸字列等規則：（甲）辨音和切字例及辨類隔切字例的比較、（乙）辨內外轉例的比較、（丙）辨廣通侷狹例的比較、（丁）辨獨韻與開合韻例、（戊）辨來日二字母切字例、辨匣喻二字母切字歌、（己）辨雙聲疊韻例的比較，吾人可以從中窺見《指掌圖》「承襲」《等子》之處。

六、參考書目

（一）韻圖韻書類

　　《四聲等子》　　咫進齋叢書本，台北：藝文印書館。

　　《切韻指掌圖》　　四部叢刊續編本（影宋寫本），台北：商務印書館。

　　《新校宋本廣韻》　　台北：洪葉文化事業有限公司。

（二）專著類

王　力

　　1980　《漢語史稿》，北京：中華書局。

　　1980　《漢語音韻學》，北京：中華書局。

孔師仲溫

　　1989　《韻鏡研究》，臺北：學生書局。

李新魁

　　1983　《漢語等韻學》，北京：中華書局。

竺家寧

　　1972　《四聲等子音系蠡測》，臺北：臺灣師範大學國文研究所碩士論文。

姚師榮松

　　1973　《切韻指掌圖研究》，臺北：台灣師範大學國文研究所碩士論文。

陳師新雄

　　1996　《等韻述要》，臺北：藝文印書館。

　　2004　《廣韻研究》，臺北：學生書局。

　　2005　《聲韻學》，臺北：文史哲出版社。

楊　軍

　　2003　《七音略校注》，上海：上海辭書出版社。

　　2007　《韻鏡校箋》，浙江：浙江大學出版社。

董同龢

　　1974　《董同龢先生語言學論文選集》，臺北：中研院歷史語言研究所。

趙蔭棠（憩之）

　　1985　《等韻源流》，臺北：文史哲出版社。

《白虎通義》中的複聲母問題

柯　響　峰

論文提要

　　《白虎通義》中的音訓，有關漢代語音資料部分，所在皆是。但是古代漢語到底是不是存有複聲母現象，這在漢語語言研究的學術上雖然還有爭議，然而作爲語言現象的解釋，仍具有其合理性。本文試就其可能徵實漢語中存有複聲母現象的部分進行分析。如〈號〉篇中：「虞者，樂也。言天下有道人皆樂也。」以「樂」訓「虞」。「虞」，遇俱切，疑紐/魚部；「樂」，盧各切，來紐/鐸部。就其韻部而言，其「音訓」條件仍得以「魚鐸對轉」釋之。但是在聲類遠隔的情形之下，如果將二字擬作虞 [*ŋlîua]：樂 [*lak]，或虞 [*ŋîūā]：樂 [*ŋlak]，是否 [*ŋl-]的複聲母也有可考見的痕跡？這些都是值得自《白虎通義》「音訓」中所顯現的語音現象加以進一步推究的。

一、前　言

　　東漢班固《白虎通義》一書，在兩漢政治思想與古今文之爭的學術脈絡中所存在的意義，似乎遠遠大於它在漢語演化歷史中的標注地位。是書在寫作體例上大量的運用了漢儒「音訓」的方

法。之後，劉熙也沿此作成《釋名》，此書並成爲「音訓」的代表著作。雖然《白虎通義》與《釋名》的寫作時間點，在漢語語言變遷的軸度上幾乎一致，但《白虎通義》自不同於《釋名》。最基本的原因在於二者的寫作目的不同，直接顯示在「音訓」形式與內容上也就相對不同。然而，對於無意中保存了當時漢語語音材料這個貢獻則是一致的。

　　關於漢語是否曾經有過複聲母的事實，直到目前爲止仍有所爭論。當西方比較語言學興起，也影響到對於漢語的研究觀念與運用方法，尤其是在複聲母問題方面。瑞典漢學家高本漢（klas Bernhard Johannes Karlgren,1889~1978）對於漢語複聲母作了一些擬定的規則。而中國最早對此有研究的是林語堂發表於 1924 年晨報六週年紀念增刊的〈古有複輔音說〉一文與陳獨秀發表於 1937 年的〈中國古代語音有複輔音說〉[1]。之後如董同龢、李方桂、周法高、丁邦新、龔煌城、竺家寧等學者，於複輔音研究亦都各有所成。本師　陳伯元先生《古音學研究》在〈聲母總論〉中對漢語複聲母問題也作專章的論述[2]。目前對複聲母研究的主要方向在同語族間語言的比較，比如漢藏語之間的一些對應變化關係。在這方面雖然有一些研究成果出現，但要說漢藏是同源語族似乎仍然未得定論[3]。漢語如果確有存在複聲母，也應該是屬於上古更早之前的語言現象。《詩經》時代以至於兩漢時期是否仍存有複聲

---

1 見趙秉璇、竺家寧編《古漢語複聲母論文集》，北京：北京語言文化大學出版社，1998 年 3 月，頁 14-38。
2 陳新雄《古音研究》，台北：五南圖書出版公司，2000 年 11 月，頁 657-677。
3 李方桂《上古音研究》：「漢語與別的藏漢語系的語言的比較研究，這是將來發展和與上古音系的一條大路，也有不少人嘗試，……可是這種工作一直到現在還只是初步的，還沒有十分肯定的結論。我們現在可以應用的也不過少數比較可靠的例子拿來作上古音系的印證而已，還沒有做到成系統的擬測藏漢語系的原始語音系統。」，北京：商務印書館，2003 年 9 月，頁 5。

母的語言形式，目前所累積的一些證據，就是要嘗試建構古代漢語的系統。就語言演變的規則所作推測，用以解釋古代漢語的一些現象，確實可以減少許多語音演變看似矛盾之處。複聲母的跡象如果確實存在過，而且保存至兩漢，則從《白虎通義》的音訓中當有跡象可循。本文對《白虎通義》所呈現材料，考其聲類韻部間的對應關係，共得二百九十三組音訓例[4]，其中可以就「同諧聲偏旁」與「同韻異聲」中加以探求，以解釋可能存在漢語中的複輔音。

二、本　文

一、「同諧聲偏旁」之聲紐關係

　　《白虎通義》成立的音訓二百九十三組例證中，覈以許慎《說文解字》，真正載明為形聲字而具諧聲關係的音訓組得七十九例，臚列如下：

《白虎通義》諧聲音訓組字表					
1	九：究	2	土：吐	3	壬：任
4	兄：況	5	禾：和	6	岱：代
7	史：使	8	丙：炳	9	未：味
10	戊：茂	11	亥：侅	12	肝：干
13	弟：悌	14	伯：迫	15	玦：決
16	姑：故	17	征：正	18	姻：因
19	皇：煌	20	侯：候	21	帝：諦
22	狩：守	23	庠：詳	24	柏：迫
25	珪：圭	26	栗：慄	27	寅：演
28	婚：昏	29	清：青	30	笙：生
31	崩：塴	32	堯：嶤	33	智：知
34	舅：舊	35	雍：甕	36	嫁：家
37	祿：錄	38	輅：路	39	弒：試

---

4 柯響峰《白虎通義音訓研究》，新竹：玄奘大學碩士論文，2004 年 12 月。

40	辟：璧	41	瑁：冒	42	璋：章
43	璜：橫	44	壎：熏	45	夫：扶
46	丑：紐	47	卜：赴	48	冬：終
49	地：施	50	池：施	51	中：仲
52	君：群	53	辰：震	54	甫：輔
55	伯：白	56	泮：半	57	味：昧
58	妹：未	59	姓：生	60	性：生
61	妾：接	62	癸：揆	63	春：偆
64	秋：愁	65	娶：取	66	舜：僢
67	琮：宗	68	魂：伝	69	魂：芸
70	禘：諦	71	槨：廓	72	魄：迫
73	魄：白	74	戰：憚	75	學：覺
76	鍾：動	77	糜：迷	78	著：耆
79	簫：肅				

　　考此七十九例中，本字與訓字之對應聲類韻部，79.簫：肅一組為同聲對轉關係外，餘七十八組韻部全同。聲紐部分自 1-44 組聲類全同，45-78 為同類關係，而 78 著：耆則為同位關係。聲韻全同的音訓例是否也可能有複聲母的現象，目前就所知資料不能判別，這可由包擬古（N.C. Bodman）在〈釋名複聲母研究〉一文中的意見：「音訓中，塞音、塞擦音的字，總是以同聲母之字來訓釋，這樣自然無法幫助我們辨出複聲母，因為假定字組的關係是 kl-：kl-，我們看起來跟 k-：k- 又有什麼區別？」[5] 為解釋理由。所以，如果音訓例在單聲母系統之中可以解釋其聲紐的對應關係，即不以複聲母作分析，故就可以區別的三組音訓論述如下：

（一）癸 [*kji̯uəi]：揆 [*ɣi̯uəi]— 見紐/微部：群（匣）/微部。

（二）君 [*kji̯uən]：群 [*ɣi̯uən]— 見紐/諄部：群（匣）/諄部。

---

5 Nicholas Cleaveland Bodman：《A Linguistic Study of the Shih Ming》1954。本文引自竺家寧據原書第三章所譯〈釋名複聲母研究〉，見《中國學術年刊》第三期，1979 年 6 月，頁 64。

　　見紐與群（匣）紐間的關係在同屬舌根音，即「同類」關係。「同類互諧」在音理上是成立的，李方桂在《上古音研究》中說：

> 舌根音的 k、kh、g 聲母的字常常互諧，但是不大跟鼻音 ng 諧聲。奇怪的是 h（x）這個聲母倒往往跟 k、kh、g 等母的字諧聲。kw、khw、gw 不大跟 ngw 母的字諧聲。kw、khw、gw 不大跟 k、kh、g 一類字諧聲，這是很特殊的，就是合口字不大跟開口字諧聲。[6]

　　這樣看來舌根音諧聲關係以開合可分做兩類的。也就是說舌根音類中，見 k、溪 k‘、群 g‘、曉 x 聲母互諧，而疑 ŋ 為一類。但舌根音之中還有一匣紐是與見紐為一類？還是與疑紐為一類？或自為一類呢？關於匣紐的問題，本師　陳伯元先生於《音略證補》中將黃季剛「群，此溪之變聲」補正為「群者匣之變聲」並舉例：「《書微子》：『我其發出狂』，《史記·宋世家》引作『往』。狂，巨王切群母，往于兩切為母，為古歸匣。《水經泗水注》：『狂黃聲相近。』狂群母，黃胡光切匣母。《孟子·萬章》：『晉亥唐。』《抱朴子·逸民》作『期唐』。期渠之切群母，亥胡改切匣母。」[7]。此一觀點並見於《古音研究》匣于群三紐的演變程序[8]：

　　上古音　　《釋名》到六世紀初　　　《切韻》

　　　　　　　　　┌＋非 i 韻母 ─────→ ɤ-（匣母）
　　　　　　　┌ ɤ-
＊ɤ- ┤　　　　└＋ i 韻母 ────────→ g‘-（匣母）
　　　　　　　└ Vj-　　＋　 I ────────→ j-（為母）

6　李方桂《上古音研究》，北京：商務印書館，2003 年 9 月，頁 99。
7　陳新雄《音略證補》，台北：文史哲出版社，1990 年 4 月，頁 52。
8　陳新雄《古音研究》，台北：五南圖書出版公司，2000 年 11 月，頁 631。

李方桂先生對群母的看法是：「**群母是不圓脣的舌根濁音*g+j-來的，或者是*gw+j+i-來的。**」[9]所以得其演變的規律如下：

上古*g+j-（三等）＞中古群母 g+j-

上古*g+（一、二、四等韻母）->中古匣母 γ-

上古*gw+j->中古喻三 jw-

上古*gw+j+i->中古群母 g+j+w-

上古*gw+（一、二、四等韻母）＞中古匣母 γ+w-

　　中古舌根音中的匣紐 γ 與群紐 g‘ 既爲同一來源，見紐與匣紐同類互諧是合於音理規則的。見紐與群紐的諧聲關係仍可舉出以下例證如：

1.　咸

　　據《說文通訓定聲》：「**咸三十六名，凡咸之派皆衍咸聲。**」[10]從咸得聲者如下十八字，咸後另有覃聲十八，不在論述範圍故不錄。又減、鹹、顑字皆有又音，共得二十一例。

咸（胡讒）—匣*ɣ→　　2 誠（胡讒）；3 撼（胡感）；4 鹹（胡讒）；
　　　　　　　　　　5 減（下斬）；6 械（胡讒）。

　　　—見*k→　　　7 感（古禫）；8 減（古斬）；9 鹹（古洽）；
　　　　　　　　　　10 緘（古咸）；11 繁（古咸）；12 黬（古咸）。

　　　—溪*k‘→　　　13（苦洽）；14 鹹（苦洽）；15 顑（苦感）

　　　—照（端）*tj→16 鱵（職深）；17 箴（職深）；18 鍼（職深）；19 葴（職深）

　　　—疑*ŋ→　　　20 麣（五咸）；21 顑（玉陷）。

2.　吅

　　據《說文通訓定聲》：「**吅二十名，凡吅之派皆衍吅聲。**」

9　李方桂《上古音研究》，北京：商務印書館，2003 年 9 月，頁 18。
10　朱駿聲《說文通訓定聲》，台北：藝文印書館，1994 年 1 月，頁 155~157。

　　從吅得聲者如下二十字，吅、懽二字又音，共得二十二例。

吅（況袁）—曉*x→　　　2 讙（呼官）；3 鸛（呼官）；4 酄（呼官）；

　　　　　　　　　　　5 歡（呼官）；6 讙（況袁）；7 貛（呼官）；

　　　　　　　　　　　8 驩（呼官）；9 懽（呼官）。

　　　　　　—見*k→　　10 蘿（古玩）；11 瓘（古玩）；12 觀（古丸）；

　　　　　　　　　　　13 爟（古玩）；14 灌（古玩）；15 矔（古玩）；

　　　　　　　　　　　16 懽（古玩）。

　　　　　　—群（匣）*ɣ→17 趲（巨員）；18 權（巨員）；19 獾（巨員）；20 蠸（巨員）。

　　　　　　—溪*k‘→　　21 勸（去願）。

　　　　　　—心*s →　　22 吅（私全）。

　　從「咸」、「雚」之字，在匣紐與見紐大量相諧，就比例原則看來是常態。咸雖有疑紐字兩例，但仍合於李方桂「**舌根音的 k、kh、g 聲母的字常常互諧，但是不大跟鼻音 ng 諧聲。**」的解釋。至於其中含有照（端）紐四字同切職深，全在侵韻開口三等。根據董同龢對有關舌尖音與舌面音的解釋，認為「**有一部分 tś 系字是常跟舌根音字諧聲而不跟任何舌尖音字（或本為舌尖的 t̂- 系字）發生關係。**」[11]董氏並不認同高本漢以為的幾個三等韻中的顎化舌根音偶而跟 tś-系字諧聲，所以在《上古音韻表稿》中舉出了二十六例 tś-系專跟 k-系諧，而又與 t-、t̂-兩系絕緣的例證，其中更有轉換互諧的情形。如：

　　　　旨 tś-：耆 g‘-：嗜 ź-　　　臣 ź-：臤 k-：腎 ź-

　　所以董氏假定古代聲母有一組偏前的舌根音，或是說偏後的舌面音，將其擬作 k-k̂-ĝ-gn-x́-j-，到中古跟本來是 t̂- t̂‘

11 董同龢《上古音韻表稿》，台北：中央研究院歷史語言研究所，1944年 12 月，頁 15。

-ḍ'-ń-ś-ź-同變爲 tś-tś'-dź'-ńź-ś-ź-'。如此解釋 tś-、k-兩系互諧的現象以爲最爲妥當。蓍：耆一組的關係演變：

（三）蓍 [**sk'jɪ̯ɐi] → [*st'jɪ̯ɐi]：耆 [*ɣɪ̯ɐi] — 審<（透）紐/脂部：群（匣）/脂部。

所以，音訓中見群間的互諧關係是合理的，不必用複聲母關係來解釋徒增困難。理由是：

> 這些 tś-、k-互諧的情形跟前文所述 m-、x-互諧的情形完全一樣。我們已經知道這一類的關係並不跟已知的複聲母關係相同了。其次，如果擬出 îk-或 kî-之類的形式，就未免過於造作了。[12]

關於諧聲偏旁中轉換互諧的情形，董同龢舉有「臣」與「堅」的例證，臣 ź-：臤 k-：腎 ź-。《說文解字》：「臤，堅也。从又臣聲。」無疑的「臤」是形聲字，从臣得聲，但《白虎通義》中之「堅」則「土剛也。从臤土。」爲會意字。這類六書形式的轉換，是原作爲聲符之字，轉化類型爲形符，而與另字會意，但就聲韻關係分析，實則仍具聲符意義。

本文就《白虎通義》之音訓例中「本字」與「訓字」爲會意又具聲韻關係者，除：臣 [**sg'jɪ̯ɐi] → [*sd'jɪ̯ɐi]：堅 [*kiɐn]之外，又有：

1. 祫 [*ɣrəp]：合 [*ɣəp]

《說文解字》祫篆下：「祫，大合祭先祖，親疏遠近也。从示合。」段注：「會意。不云合亦聲者，省文重會意也。」

2. 冕 [*mjən]：俛 [*mjən]

《說文解字》俛篆下：「頫，或从人免。」

---

12 董同龢《上古音韻表稿》，台北：中央研究院歷史語言研究所，1944年 12 月，頁 17。

《說文解字》冕篆下：「大夫以上冠也。从冃免聲。」

3. 女 [*nrjia]：如 [*njia]

《說文解字》如篆下：「從隨也。从女从口。」

4. 戌 [**smjiuat]→ [*sjiuat]：滅 [*mjiat]

《說文解字》滅篆下：「滅，盡也。从水威聲。」

《說文解字》威篆下：「威，从火戌。火死於戌，陽氣至戌而盡。」

5. 老 [**gləu]→ [*ləu]：考 [*kʻəu]

《說文解字》老篆下：「考也。七十曰老。从人毛匕，言須髮辯白也。」

《說文解字》考篆下：「老也。从老省，丂聲。」

6. 嵩 [*sjiɐu]：高 [*kɐu]

嵩字《說文解字》未收。當爲「从山高會意」，不從高聲。

袷 [*ɣrəp]：合 [*ɣəp]、冕 [*miɐn]：俛 [*miɐn]、女 [*nrjia]：如 [*njia]三例雖爲會意，但就聲韻結構而言，仍具有諧聲關係的條件，而許慎所重在會意耳。至於戌 [*sjiuat]：滅 [*mjiat]以及老 [*ləu]：考 [*kʻəu]、嵩 [*sjiɐu]：高 [*kɐu]三例另述之於後。

二、「同韻異聲」之聲紐關係

本字與訓字同韻而異聲，可能單純以「同韻爲訓」，也可能雖是異聲但有同源、異讀、連詞或會意兼形聲的條件，就聲紐部分可能有構擬上古複聲母的條件，就《白虎通義》中可爲構擬複聲母之音訓例分述如下：

（一）帶舌尖清擦音 s- 之複聲母

1. 戌 [*sjiuat]：滅 [*mjiat]

　　戌，辛聿切；術，合口三等；心紐/月部。

　　滅，亡列切；薛，開口三等；微（明）紐/月部。

　　就諧聲偏旁關係而言，許慎之意，戌與滅之間並無諧聲關係。《說文解字》滅篆下：「滅，盡也。从水威聲。」而威篆下：「威，从火戌。火死於戌，陽氣至戌而盡。」載明「滅」所從聲符「威」从「戌」會意，而不从「戌」得聲。朱駿聲《說文通訓定聲》則在「威」下云：「案：从火戌聲，戌非意。《詩・正月》：『褒姒威之。』又案：『此字據郭忠恕汗簡所載古文皆从戌，蓋省聲。』」朱氏以爲「戌」是「威」的聲符。所以「滅」與「戌」是存在諧聲關係的一組音訓例，此處從朱駿聲之意見。

　　戌，心紐 [*s-]。从「戌」得聲之字有：

　　（1）滅，微（明）紐 [*m-]。

　　（2）搣，微（明）紐 [*m-]。

　　（3）歲，心紐 [*s-]（濊、薉、噦等字从歲得聲，非其類）。就複聲母的觀點而言，「戌」與「滅」之間可能存在過 [*sm-] 的複聲母型式，在音素失落後，變爲中古 [s-]，演變爲：

上古　　　　　　　　　中古

失落濁輔音 m

戌 [**sm-] ──→ 戌 [*s-] ──→ 戌 [s-]、歲 [s-]
‖ 諧聲關係

滅 [**m-] ──→ 滅 [*m-] ──→ 滅 [m-]

　　「戌」字音值之演變爲 [**smjiuat]→[*sjiuat]以複聲母形式構擬二字之音訓關係爲：

戌 [*sjiuat]：滅 [*mjiat]

與此相同演變的型式另有以下一例：

2. 喪 [*saŋ]：亡 [*mjiuaŋ]

喪，息郎切；唐，開口一等；心紐/陽部。

亡，武方切；陽，合口三等；微（明）/陽部。

「亡」與「喪」爲諧聲關係，上古聲母一在心紐 [*s-]，一在明紐 [*m-]，《說文解字》喪篆下：「喪，亡也。从哭亡，亡亦聲。」此外，《說文解字》以亡爲聲符的字有：芒、改、盲、朚、良、朶、邙、甿、忘、巟、妄、氓、蝱、盯。除「良」爲來母字外，皆明母或曉母。故「亡」、「喪」之間 [*s-]與 [*m-]之間演變爲：

上古　　　　　　　　　　　中古

失落濁輔音 m

喪 [*sm-] ────────→ 喪 [s-]

亡 [* m-] ────────→ 亡 [m-]

以複聲母形式構擬二字之音訓關係爲：

喪 [*smaŋ]：亡 [*mjiuaŋ]

雖然就以上例證可以構擬出 [*sm-]之複聲母型式，但並非所有[*s-]與[*m-]具有對應關係之音訓字間均可構擬 [*sm-]之複聲母。以下例證可爲說明：

3. 霜 [**smrjaŋ] → [*srjaŋ]：亡 [*mjiuaŋ]

霜，色莊切；陽，開口三等；疏（心）紐/陽部。

亡，武方切；陽，合口三等；微（明）紐/陽部。

「亡」與「霜」韻同而聲異，「亡」從上例構擬爲[*m-]的單聲母型式，而「霜」以「亡」爲訓，《說文解字》霜篆下：「霜，喪也。成物者。从雨相聲。」可見「亡」與「霜」二字間並無諧聲關係。故其演變在爲「霜」而不在「亡」：

上古　　　　　　　　　　　　中古

失落濁輔音 m

霜 [**smr-] ⟶ 霜 [*s-] ⟶ 霜 [s-]

亡 [**m-] ⟶ 亡 [* m-] ⟶ 亡 [m-]

　　「霜」字音值之演變爲 [**smrɪaŋ] → [*srɪaŋ]，以複聲母形式構擬二字音訓之關係爲：

霜 [*srɪaŋ]：亡 [*mjĭuaŋ]

4. 心 [*sjĭəm]：任 [*njĭəm]

　　心，息林切；侵，開口三等；心紐/侵部。

　　任，如林切；侵，開口三等；日（泥）紐/侵部。

　　《說文解字》鑾篆下：「垂也。从惢糸。」段注：「糸者，所以系而垂之也。不入糸部者，重惢也，惢亦聲。如壘切，古音在十六部。」又《廣韻》蘂、蕊、鑾三字皆在日紐，則心 [*s-] 與任 [*n-]之間可存在[*sn-]關係。其演變爲：

上古　　　　　　　　　　中古

心 [*s-] ⟶ 心 [s-]

任 [*sn-] ⟶ 任 [ȵʑ-]

　　　　失落輔音 s

　　「任」字音值之演變爲[*snjĭəm]→[njĭəm]→[ȵʑjĭəm]以複聲母形式構擬二字之音訓關係爲：

心 [*sjĭəm]：任 [*snjĭəm]

（二）帶舌尖邊音 l-或閃音 r-之複聲母

1. 律 [*lĭuəi]：率 [*sjĭuəi]

　　律，呂卹切；術，合口三等；來紐/微部。

率，所律切；術，合口三等；疏（心）紐/微部。

《說文通訓定聲》：「率，假借為律。」《禮記・祭義》：「其率用此歟。」疏：「率，法也。」《孟子・盡心上》：「變其彀率。」焦循正義：「更變其彀率之法。」率皆作律之意。鄭張尚芳〈上古漢語的 s-頭〉[13]即將率：律關係列於"生~來 [*sr~*r]"類下，並將「率」構擬為複聲母形式 [*srud]又音「律」[*rud]。其演變為：

上古		中古
律 [* l–]	⟶	律 [l–]
‖ 假借之音訓關係		
率 [*sl–]	⟶	率 [s–]
	失落輔音 l	

二字構擬成複聲母形式之音訓關係為：

$$律 [*lǐuəi] ： 率 [*slǐuəi]$$

2. 老 [*ləu]：考 [*kʻəu]

老，盧晧切；晧，開口一等；來紐/幽部。

考，苦浩切；晧，開口一等；溪紐/幽部。

向來認為上古漢語存在複聲母現象的學者，對於考：老之間關係都認為是一組可以作為解釋的例證，但就諧聲關係而言，考、老間事實上並無關聯。《說文解字》老篆下：「考也。七十曰老。从人毛匕，言須髮變白也。」，考篆下：「老也。从老省，丂聲。」二字為轉注。老為會意字，考則為形聲。但是高本漢（Klas Bernhard Johannes Karlgren,1889~1978）却認為二字聲符相同。在諧聲關係

---

13 鄭張尚芳〈上古漢語的 s-頭〉見趙秉璇、竺家寧編《古漢語複聲母論文集》，北京：北京語言文化大學出版社，1998 年 3 月，頁 339。

中 K：l 發生接觸時，高氏則多半擬定爲複聲母。包擬古（Nicholas C. Bodman）在〈《釋名》複聲母研究〉一文中的第 472 例老 log/lau：朽 xjog/xjəu中云：

> 從這個音訓，證明「老」應當是 glog，「老」字最常見的音訓是「考」，而「考」字的意義正是「老者」、「亡父」，是 log（←glog）字族裏的一頁。很可能「舊」也屬於這個字族。《說文解字》以「老，考也」log=k´og、「考，老也」k´og= log，這樣的訓釋，傳統上稱之為轉注，為六書之一。依高本漢的看法，「老」字的意義很不固定，但「考、老」的聲符是相同的，如果這點不誤，這也是上古音「老」讀 glog 的一項證據。事實上，這裡音訓中的「朽」字也屬於同一聲系（以丂為聲符），因此，「朽」的上古音定為複聲母是合理的。[14]

可惜的是高本漢以「老」、「考」爲諧聲關係，而包擬古雖然設定了「『考、老』的聲符是相同的，如果這點不誤……」的條件，却未堅持「老」、「考」只是意義上的轉注。而寧願認定爲諧聲關係。因此，對考、老二字複聲母的擬定便發生了設定條件錯誤而可能導致的不正確結論。

支持「老」、「考」可以擬構複聲母的條件應該是兩字的「同源詞」關係。何九盈〈商代複輔音聲母〉[15]一文就以「老」、「考」爲同源，並構擬 khr 的複聲母（何氏之 r 爲來母，l 爲喻四）。但王力的《同源字典》有攷（考）與叩、扣、敂爲同源而老與耄

---

14 Nicholas Cleaveland Bodman：《A Linguistic Study of the Shih Ming》1954。本文引自竺家寧據原書第三章所譯〈釋名複聲母研究〉，見《中國學術年刊》第三期，1979 年 6 月，頁 68。

15 何九盈《音韻叢稿‧商代複輔音聲母》，北京：商務印書館，2002 年 3 月，頁 17。

爲同源[16]，解釋又有所不同，未知是否就是高本漢：「**老**」字的
意義很不固定」的這一層意義。《說文解字》以二字爲轉注，則
二字義核相同，聲相近而爲同源。但究竟是老 [*kləu]：考
[*kləu]；還是老 [*kləu]：考[*kəu]；或是老 [*ləu]：考[*kləu]。
包擬古在〈《釋名》複聲母研究〉中從老：朽這一對音訓中認爲
「『**老**』應當是 glog」，並爲以丂爲聲符的「**朽**」定立構擬複聲
母的理由。如前所述，《說文解字》中以丂爲聲符的字有：考苦
浩[*k'-]、攷苦浩[*k'-]、巧苦絞苦敎[*k'-]、朽許久[*x-]，但並不包
含「老」。而以「老」爲聲符者有：老盧晧[*l-]、孝呼敎[*ɣ-]（《說
文通訓定聲》以爲老亦聲）、哮許叫[*x-]，兩類並不相混淆。如
果依從包擬古（Nicholas C. Bodman）將「老」上古作[*glog]，則
從「老」諧聲之「孝」、「哮」未必能將「孝」構擬成[*k'lɣ-]（從
老得聲），「哮」[*k'lɣx-]（從孝得聲）。除非有更多的資料證
明「老」從「考」省聲。否則就諧聲原則看來，將「考」擬作[*kləu]
而「老」作[*gləu]應該比較接近實際情況。其演變爲：

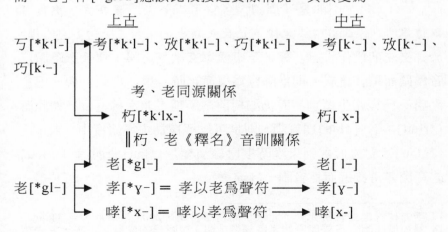

	上古		中古
丂[*k'l-]	考[*k'l-]、攷[*k'l-]、巧[*k'l-] →		考[k'-]、攷[k'-]、巧[k'-]
	考、老同源關係		
	朽[*k'lx-] →		朽[x-]
	‖朽、老《釋名》音訓關係		
	老[*gl-] →		老[l-]
老[*gl-]	孝[*ɣ-]＝孝以老爲聲符 →		孝[ɣ-]
	哮[*x-]＝哮以孝爲聲符 →		哮[x-]

---

16 王力《同源字典》，台北：文史哲出版社，1991 年十月初二刷，頁 185
　　及頁 225。

二字構擬成複聲母形式之音訓關係爲：

老　[*gləu]：考　[*kʻləu]

3. 酉　[*rįəu]：老　[*ləu]

酉，與久切；有，開口三等；喻紐/幽部。

老，盧晧切；晧，開口一等；來紐/幽部。

喻紐之[r]與來紐之[l]，向來學者在論述時都同時探討，以其相近之故。李方桂先生《上古音研究》將[l] [r]同列於舌尖濁通音[17]，而龔煌城先生〈上古漢語與原始漢藏語帶 r 與 l 複聲母的構擬〉[18]亦合併探討（龔氏 r 爲來母，l 爲喻四）。柯蔚南〈東漢音注的聲母系統〉：「東漢 l-：（11）里（上古 *liəgx>ljï）讀為已（*rəgx>ljï）聲之誤也（匠人）。例（1）－（3）跟服虔的音注相似並說明在鄭玄的方言裏，上古*r-，*gr-，*gwrj-在東漢有齒閉塞音特徵。例（11）的接觸，說明這個聲母在某些方面很像東漢 l-。這樣，我們可以推想它是一種顫動流音，簡單構擬為閃音 r-」[19]例（11）引的是《周禮‧冬官考工》：「里為式，然後可以傳眾力。」鄭注：「里讀為已聲之誤也。」若《周禮》之「里」於鄭玄之前已作「已」聲，至東漢鄭玄謂聲之誤，賈公彥疏謂已音爲確而里音爲誤。則當解釋爲東漢之時「里」之來 l-與「已」之喻 r-已經產生區別。而仍如柯蔚南所稱「非常接近」。如此酉 [*rįəu]：老　[*ləu]爲音訓，則是可以解釋爲東漢語音中「老」之 [*gləu]複聲母形式到東漢時期已經演變爲[*ləu]而與酉　[*rįəu]的音值非常接近而爲音訓。其演變爲：

---

17 李方桂《上古音研究》，北京：商務印書館，2003 年 9 月，頁 21。

18 龔煌城〈上古漢語與原始漢藏語帶 r 與 l 複聲母的構擬〉，臺大文史哲學報，第五十四期，2001 年 5 月，頁 1-36。

19 柯蔚南〈東漢音注的聲母系統〉，見趙秉璇、竺家寧編《古漢語複聲母論文集》，北京：北京語言文化大學出版社，1998 年 3 月，頁 187。

上古　　　　　　　　　　中古

酉　[*r-] ─────────▶ 酉　[*r-]

‖　假借之音訓關係

老　[*gl-] ───────▶ 老　[*l-]

　　　　失落輔音 g

「老」字之演變　[*gləu]→[*ləu]。

二字構擬成複聲母形式之音訓關係爲：

酉　[*ri̯əu]：老　[*gləu]

4. 紀　[*ki̯ə]：理　[*li̯ə]

　　紀，居理切；止，開口三等；見紐/之部。

　　理，良士切；止，開口三等；來紐/之部。

《詩・小雅・谷風・四月》：「滔滔江漢，南國之紀。」毛傳：「滔滔，大水貌，其神足以綱紀一方。」箋云：「江也，漢也。南國之大水，紀理眾川，使不離滯。」以紀理連詞。《說文解字》紀篆下：「別絲也，从糸己聲。」从己聲之字有「杞」字。《易・姤》：「九五，以杞包瓜。」虞注：「杞，杞柳也。」

《正義》引陸機疏：「杞，柳屬也。」《孟子・告子上》：「告子曰：『性猶杞柳也。』」趙注：「杞柳，柜柳也。」此皆以杞柳連詞，或以杞爲柳名。「柳」力久切，來紐/幽部。則紀 [*k-]：理 [*l-]之間可存在[*kl-]關係。其演變爲：

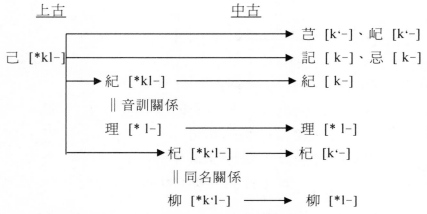

以複聲母形式構擬二字之音訓關係為：

$$紀\ [*klji\partial]：理\ [*li\partial]$$

5. 呂 [*gljia]→[*ljia]：拒 [*ɣia]

呂，力舉切；語，開口三等；來紐/魚部。

拒，其呂切；語，開口三等；群（匣）紐/魚部。

丁邦新〈論上古音中帶 l 的複聲母〉[20]討論了「呂」字的複聲母問題。採用李方桂的方法，認為：「一般聲母加上帶介音的二等韻可以跟來母自由諧聲。另一種情形是只牽涉一個發音部位：呂 gljagx>l-：莒筥 kljagx>k-……聲符與被諧字的關係是 C 式，來母字擬成 l 加上相關部位的濁塞音成為複聲母。」[21]如果「呂」已經因為諧聲關係，上古構擬為 [*gljagx]，則與「拒」為音訓時，其實發音部位是非常接近的。其演變為：

---

20 丁邦新〈論上古音中帶 l 的複聲母〉，見趙秉璇、竺家寧編《古漢語複聲母論文集》，北京：北京語言文化大學出版社，1998 年 3 月，頁 70-89。
21 丁邦新〈論上古音中帶 l 的複聲母〉，見趙秉璇、竺家寧編《古漢語複聲母論文集》，北京：北京語言文化大學出版社，1998 年 3 月，頁 77。

上古　　　　　中古

呂 [*gl-] ⟶ 酉 [l-]

拒 [*ɣ-] ⟶ 拒 [ɣ-]

失落輔音 g

「呂」之音值演變爲[*glji̯a]→[*lji̯a] →[lji̯a]，以複聲母形式構擬二字之音訓關係爲：

呂 [*glji̯a]：拒 [*ɣi̯a]

（三）例舉幾組不構擬複聲母之音訓：

1. 顓 [*tji̯uan]：寒 [*ɣan]

顓，職緣切；仙，合口三等；照（端）紐/元部。

寒，胡安切；寒，開口一等；匣紐/元部。

《說文解字》顓篆下：「頭顓顓謹皃。从頁耑聲。」从耑作聲符之字又有喘、湍、端、遄、諯、貒、剬、顓等等。貒篆下：「貒獸也，似豕而肥，从豸耑聲，讀若湍。」段注：「各本無貒字，今補。三字為一句。《釋獸》曰：『貍、狐、貒、貈、醜，其足蹯，其跡内。』」又《釋獸》：「貒子貗。」郭璞注：「貒，豚也。一名貛。」則貛與貒爲一物。《說文解字》貛篆次於貒篆下，云：「野豕也。从豸雚聲」段注：「按内部引《爾雅》狐、貍、貒、貈、醜，貒作貛，蓋貒貛本一物。貛乃貒之或體，淺人刪去上文『似豕而肥』四字，乃注野豕也。三字於此以分別耳，其物非有二。《集韻》、《類篇》亦合為一字，宜正之曰：『貒或从咚聲。』」

顓有同諧聲之貒，一名貛，二名聲近而實爲一物。貛从雚聲，爲曉紐字，曉與匣近，顓之聲紐演變爲[*sk-]→[*st-]→[*t-]，故顓 [*tji̯uan]：寒 [*ɣan]以韻部相同，而聲類則轉而相諧，惟二字

並無大量諧聲關係，故不必構擬爲複聲母型式。

2. 樂 [*ŋrak]：樂 [*lak]

樂，五角切；覺，開口二等；疑紐/鐸部。

樂，盧各切；鐸，開口一等；來紐/鐸部。

《白虎通義》中以本字爲訓者數量不多，以「樂」訓「樂」正是本字爲訓的例證。包擬古（Nicholas C. Bodman）在〈《釋名》複聲母研究〉一文中的第 289 例爲相同一組音訓。樂 glok/lak：樂 ŋlok/ŋɔk，包氏云：「頭一個『樂』作『喜悅』解，後一個『樂』作『音樂』解（作者按：此處《釋名》之本字、訓字關係與《白虎通義》正相反）。另一個義爲『好也』的『樂』字則讀作 ŋlok/ŋau，可能與『喜悅』的『樂』字屬同一語源。這種現象可以解釋爲詞頭的影響 g-lɔk，ŋ-lok，ŋ-log。由此看來，無論是上古音或《釋名》音訓中，複聲母存在的可能性甚微。」包氏接受馬伯樂《上古漢語的詞頭及語源》中詞頭的觀點，但未進一步說明解釋作詞頭的原因。以及至於同樣是 gl，何以 1265 例之裘溲 gʻjog ʂjog：婁數 glju slju 不做詞頭解釋？事實上包擬古也同意馬伯樂「承認詞頭的意義在許多地方都難以決定。」[22]所以將「樂」擬作 gl 與 ŋl 是其立論的先決條件。但當構擬音值不同時，這個結果便有所不同了。不過包氏以爲可以構成音訓就不必構擬複聲母的原則是正確的。

3. 還 [*ɣruan]：反 [*pjiuan]

還，戶關切；刪，合口二等；匣紐/元部。

反，府遠切；阮，合口三等；非（幫）紐/元部。

---

22 Nicholas Cleaveland Bodman:《A Linguistic Study of the Shih Ming》1954。本文引自竺家寧據原書第三章所譯〈釋名複聲母研究〉，見《中國學術年刊》第三期，1979 年 6 月，頁 61。

　　《說文解字》：「還，復也。从辵睘聲。」從睘得聲之字如
環、鐶、儇、圜、懁字都在曉、匣紐，與幫紐相遠。嚴學宭在〈原
始漢語複聲母類型的痕跡〉[23]一文中構擬了[*ɣp-]的複聲母型式，
主要是從「爻：駁，穴：八，頫：翩（省聲）」的諧聲關係中找
到構擬的理由。王力《同源字典》以「piuan 反：piuan 返」為同
源，又舉「piuan 反：phiuan 幡翻（飜）：phian 翩」之例。《說
文解字》獺篆下，段注：「按此當紕延切，古音在十二部。篇韻
王矩一切，蓋有認為羽聲者。」羽，為（匣）紐，如此則「頫：
翩（省聲）」的諧聲關係正好支持[*ɣp-]的構擬。此外，《國語‧
齊語》：「審吾疆場，而反其侵地。」注：「反，還也。」[24]與《白
虎通義》相同。而《詩經‧周頌‧執競》：「福祿來反。」鄭箋：
「反，復也」。則「還」、「反」皆訓「復」。「復」有扶富、
房六二切語，皆奉（並）紐[b·]。[*p-]與[*b·-]為同類音近。然而
還 [*ɣruan]：反 [*pjiuan]是否有必要構擬[*ɣp-]或[*pɣ-]的複聲
母形式證據仍然薄弱。

三、結　論

　　關於複聲母，問題相當複雜。本文為《白虎通義》中之音訓
例組嘗試構擬複輔音聲母，主要的理由在於對幾組只具「同韻」
關係的音訓例，試圖在語音演變上再進一步尋求更多的支持證
據。前輩學者的研究成果，包括構擬的原則、構擬的方法以及幾
種形式。當然其中也有不構擬複聲母之音訓例，理由在於：

---

23 嚴學宭〈原始漢語複聲母類型的痕跡〉見趙秉璇、竺家寧編《古漢語複
　　聲母論文集》，北京：北京語言文化大學出版社，1998 年 3 月，頁 132。
24 《國語‧齊語》，台北：里仁書局，1980 年 1 月，頁 239。

1. 無諧聲、同源、假借、異文、連詞等關係。
2. 聲紐演變已經可以解釋音訓關係。
3. 爲數甚少之例證。

在不構擬複輔音聲母的形況之下，這些音訓例仍得以「同韻爲訓」爲關係，而不影響音訓的成立。主要在於本文仍於單聲母系統的基礎上做研究。而以複聲母系統爲補充。在論證的過程中，有許多需要再加強的證據，對於證據不足之處，只好先存疑而不試圖構擬複輔音聲母。

參考文獻舉要

丁邦新〈論上古音中帶 l 的複聲母〉，見趙秉璇、竺家寧編《古
　　漢語複聲母論文集》，北京：北京語言文化大學出版社，1998
　　年 3 月。

王力《同源字典》，台北：文史哲出版社，1991 年十月初二刷。

朱駿聲《說文通訓定聲》，台北：藝文印書館，1994 年 1 月。

李方桂《上古音研究》，北京：商務印書館，2003 年 9 月。

竺家寧、趙秉璇編《古漢語複聲母論文集》，北京：北京語言文
　　化大學出版社，1998 年 3 月。

何九盈《音韻叢稿·商代複輔音聲母》，北京：商務印書館，2002
　　年 3 月。

柯蔚南〈東漢音注的聲母系統〉，見趙秉璇、竺家寧編《古漢語
　　複聲母論文集》，北京：北京語言文化大學出版社，1998 年
　　3 月。

陳新雄《古音研究》，台北：五南圖書出版公司，2000 年 11 月。

陳新雄《音略證補》，台北：文史哲出版社，1990 年 4 月。

董同龢《上古音韻表稿》，台北：中央研究院歷史語言研究所，
　　1944 年 12 月。

鄭張尚芳〈上古漢語的 s-頭〉見趙秉璇、竺家寧編《古漢語複聲
　　母論文集》，北京：北京語言文化大學出版社，1998 年 3 月。

嚴學宭〈原始漢語複聲母類型的痕跡〉見趙秉璇、竺家寧編《古
　　漢語複聲母論文集》，北京：北京語言文化大學出版社，1998
　　年 3 月。

龔煌城〈上古漢語與原始漢藏語帶 r 與 l 複聲母的構擬〉，臺大
　　文史哲學報，第五十四期，2001 年 5 月。

Nicholas Cleaveland Bodman:《A Linguistic Study of the Shih
　　Ming》1954。引自竺家寧據原書第三章所譯〈釋名複聲母研
　　究〉，見《中國學術年刊》第三期，1979 年 6 月。

柯響峰《白虎通義音訓研究》，新竹：玄奘大學碩士論文，2004
　　年 12 月。

論同義多音字的類型與
異義多音字的併讀

金　周　生

一、前　言

1979 年夏 5 月，伯元師指導我完成碩士論文《廣韻一字多音現象初探》，當時口考的校外委員是景伊教授，這是我第一次見到林先生，知道是「太老師」主試，心裡非常緊張。口考過程中，只記得林老師和王所長（靜芝先生）十分熟識，暢談「北平三沈」，其中提及沈尹默、沈兼士二位，還稍有所知，屢次說到「沈士遠」的軼事，就完全摸不著頭腦，只是端坐著跟聽跟笑。在這本論文內容方面，林老師提出了一些缺失，我都能立刻意識到寫作的疏漏。總的印象，這是一場氣氛愉快的考試，而今也約略能體會，年紀愈大，老友相聚時敘說當年「共同的記憶」，是多麼歡悅的事。

畢業三十年了，我平常教書之餘所做的研究，往往仍觸及古今的「多音字」，現在又參與《國語辭典》的修整工作，對如何定出「標準音」，刪減「多音字」字音的種種問題，有了更深的體會。這次正值紀念先生百年誕辰學術討論會，我就順著跟老師由「多音字」相識的機緣，把學習研究的一些心得拉雜寫出，誠摯地就教於各位前輩先進。

二、同義多音字的幾種類型

　　《大宋重修廣韻》收 26194 字，是重複計算「多音字」的。根據我碩士論文的統計，澤存堂本《廣韻》收錄 4858 個多音字，一字超過 2 音的所在多有，如「比」字「敠」字 5 音、「番」字「攎」字 6 音、「濼」字「哆」7 音，並不會因為是常用字或罕見字而有大的差異。若以字形統計，《廣韻》實收不及二萬，大約四字就有一字多音，多音的比例相當高。

　　古今字書、韻書呈現的多音字中，「歧音異義」十分常見，因引伸假借所造成的「同形字」為數眾多，[1]「四聲別義」也是其中常見到的一類。「義同音歧」則比較特殊，我認為有四種重要類型，下面分別做一敘述。

　　（一）兼收方音。漢語方言是自古存在的，一字因之而有分歧讀法，也是必然的現象；由於語音一發即逝，加上古代重「雅言」「通語」，排擠「方語」「方音」，[2]若把古籍「義同音歧」字都解釋成「方音現象」，必然會引發證據不足的質疑。但有些「類聚」型而非「個別字」的歧音同義字，卻是可以視為方音現象的。以《中原音韻》的多音字為例，「東鍾」韻與「庚青」韻互見的字有「永嶸榮兄觥崩迸詠横盲轟傾弘繃艋蛼萌棚鵬馮孟薨肱甍泓宏瑩烹」等 28 個；[3]「蕭豪」韻與「歌戈」韻互見的有「濁濯鐲鐸度薄箔泊學縛鑿鑊著杓岳樂藥約躍鑰搭諾末幕寞莫沫落絡

1　此處取裘錫圭《文字學概要》廣義「同形字」觀點，見該書 1988 年版，209 頁。

2　唐・胡曾有〈戲妻族語不正〉詩，周德清《中原音韻・正語作詞起例》有「依後項呼吸之法，庶無之、知不辨，王、楊不分，及諸方語之病矣」一段，可知讀書人的「正音」觀。

3　參見金周生〈元曲暨《中原音韻》「東鍾」「庚青」二韻互見字研究〉一文，1982 年《輔仁學誌・第十一期》。

洛酪薴鸚鰐惡弱蒻略掠虐瘧」等 41 個，這些字在早先《廣韻》《集韻》裡都不是多音字，他們在此出現多音現象，從現代漢語方音看，都可以找到分歧且與《中原音韻》相應的讀法，所以這應該是一種元代戲曲音韻內部方言的異讀。

　　（二）古今音並陳。清代古音學產生之前，字書、韻書作者對古今音的分別意識不強，爲實用目的而編書，不會刻意讓古今音並列：如後來產生的輕唇音字，就不再同時收一個古代讀重唇的字音。但有時也不免在字縫中，讀出了古音殘留的痕跡。如《正字通・鼻部》「鼻」字下說：

> 毗意切，音避。……○鼻兼去入二聲。宋玉〈高唐賦〉：
> 「孤子寡婦，寒心酸鼻」，叶「氣」「志」；杜甫〈送顧
> 文學〉詩：「贈子猛虎行，出郊載酸鼻」，叶「致」「試」。
> 耳目口鼻之「鼻」，今讀入聲，北人或有讀去聲者，諸家
> 皆收入「寘」韻，泥。

「鼻」讀入聲，這透露出作者張自烈當時自己的讀法；而宋玉、杜甫及《廣韻》《集韻》等，都顯示「鼻」讀去聲，可見這是古今音並陳一處。現代漢語方音，「鼻」字多讀「陽平」，這始見於元代周德清的《中原音韻》。《中原音韻》「齊微」韻有「去聲作平聲」一項，把「鼻」字歸爲「陽平」，這是十分特別的。我曾經有〈《中原音韻》「鼻」字陽平音的來源與音讀〉一文，[4] 認爲從現代漢語方音看，在平聲分陰陽的語言中，北京、濟南、西安、漢口、成都、長沙等都讀「陽平」；但如溫州、雙峰、梅縣、廣州、潮州及廈門的白話音、福州的讀書音，卻讀去聲；事實上，「鼻」字還有讀成入聲調的，如：太原、揚州、蘇州、南

---

4 見《聲韻論叢》第八輯，1999 年。

昌及廈門的讀書音、福州的口語音，甚至還包含《中原音韻》作者周德清長期居住的江西高安，當今也讀成入聲。[5]從方音角度看，似乎「鼻」字的三種聲調是地域性的，但地域性的差異，難道不是古今流變的遺跡？字書中所收的「鼻」字，張自烈說「北人或有讀去聲者」，語氣不甚肯定，但所舉文例，卻是可靠的古代文獻，所以我認爲《正字通》「鼻」字的不同聲調記載，應該是古今音的並陳。而「鼻」字的平聲音，則是最晚出的。

　　（三）讀書與口語音並列。科舉考試的規範字音與通語，影響到持不同方言者的發音，閩南語的讀書音與口語音分歧，就是最顯著的例子。在制訂國語標準音時，也碰到類似的現象，尤其是北方官話已無入聲，入聲字演化出的讀書音和既有口語音，形成對比的現象，這在《國語辭典》裡經常可見。如：「鑿」，（讀音）ㄗㄨㄛˋ、（語音）ㄗㄠˊ，「烙」，（讀音）ㄌㄨㄛˋ、（語音）ㄌㄠˋ，「薄」，（讀音）ㄅㄛˊ、（語音）ㄅㄠˊ；「白」，（讀音）ㄅㄛˊ、（語音）ㄅㄞˊ，「麥」，（讀音）ㄇㄛˋ、（語音）ㄇㄞˋ，「窄」，（讀音）ㄗㄜˊ、（語音）ㄓㄞˇ。[6]這些都是可以看出發音規律與模式的。

　　（四）本音與「叶韻」音並收。後人讀古代韻文，有些時候遇到該押韻而讀之不押韻時，就改讀字音，或造一新音，使能達到押韻效果；這種爲「美聽」而改讀的字音，以前多稱爲「叶音」「協韻」或「合韻」。叶音來源甚早，《經典釋文》就已收錄三十餘處，[7]如《毛詩音義‧關雎》「樂之」下注：「音洛，又音岳，或云協韻，宜五教反」，就是本音與協韻音共存一處的。這種早

---

5 見《贛方言概要》296 頁。
6 見《重編國語辭典修訂本》。
7 見拙作〈《經典釋文》所收「叶韻音」研究〉一文，慶祝陳伯元教授七秩華誕論文集，2004 年。

期改讀字音以求押韻的方法，應該是普遍存在的，因之敦煌發現的隋代釋道騫《楚辭音》，唐代顏師古《漢書注》、李賢注《後漢書》、李善注《文選》、公孫羅《文選音決》及張守節《史記正義》、司馬貞《史記索隱》等，都可以發現不少爲押韻而設的改讀音。

　　《廣韻》與更早期的韻書，原則是不收「叶韻」字音的，所以《經典釋文》或唐人所造的叶韻音，不見於這些韻書。但從《集韻》開始，因爲廣收前代字音的緣故，也開始收錄叶韻音，「下」收「後五切」、「信」收「斯人切」、「豻」收「牛姦切」、「野」收「上與切」、「慶」收「墟羊切」、「寵」收「盧東切」、「顧」收「果五切」、「尨」收「母項」切，這些都還容易找到字音的來源出處；至於「天」收「鐵因切」、「田」收「地因切」、「年」收「禰因切」、「喜」收「虛其切」、「家」收「居迓切」、「悵」收「仲良切」等，造出一些新音節，或前代韻書中不見的怪音，就必須經過細心考證，才能瞭解其實是收了「叶韻音」。[8]

　　或許是受到《集韻》的啓發，南宋初，吳棫（1100-1155）著《毛詩叶韻補音》，開始完整的將《詩經》讀之不押韻的韻字，一一找出理由或韻文證據，替他補音。《毛詩叶韻補音》今雖不傳，但朱熹（1130-1200）《詩集傳》、王質（1135-1189）《詩總聞》與楊簡（1141-1226）《慈湖詩傳》中卻承用或引述了不少。吳棫有《韻補》一書傳世，從書名看，可知他是爲「補」韻書收音不足而編，所謂「收音不足」，就是要增收協韻字音，所以《韻補》其實是一本「叶韻音韻書」，他的字音來源，少部分收錄前代叶韻音，大部分則是自己編造出的新字音。

---

8 2006 年我指導康欣瑜撰寫《集韻增收叶韻字字音研究》，文中找出二百餘叶韻音，可參看。

　　朱熹因為替《詩經》與《楚辭》二書逐句解讀，書中承襲了前人改讀以求押韻的傳統，又接受了吳棫的叶韻觀與大部分叶韻音，朱子受到後代尊崇，所以朱熹叶韻音的影響力就極大。據我博士論文《朱熹傳世音韻資料研究》的統計，朱熹改用「叶音」注讀韻字，次數超過兩千，其「造音」工程極其龐大，正常的情形如：

> 參差荇菜，左右采（叶此禮反）之。窈窕淑女，琴瑟友（叶羽已反）之。參差荇菜，左右芼（音帽，叶音邈）之。窈窕淑女，鐘鼓樂（音洛）之（《詩經集傳·卷一·關雎》）

朱熹分別為「采」「友」「芼」造了三個新字音，「此禮反」與「音邈」是既有音節，而「羽已反」則是新音節，因為止韻本來是不與「喻三」相配的。

　　遇到特殊處，朱熹改讀也會有模稜兩可，舉棋不定的情形，如：

> 山有樞（烏侯、昌朱二反）。隰有榆（夷周、以朱二反）。子有衣裳，弗曳弗婁（力侯、力俱二反）。子有車馬，弗馳弗驅（袪尤、虧于二反）。宛其死矣，他人是愉（他侯、以朱二反）。（《詩經集傳·卷三·山有樞》）

朱熹分別為「樞」「榆」「婁」「驅」「愉」各造了一個新音，認為「樞」讀「昌朱反」，則「榆」「婁」「驅」「愉」就得分別讀「以朱反」「力俱反」「虧于反」「以朱反」才能押韻；「婁」讀「力侯反」，「樞」「榆」「驅」「愉」就分別讀「烏侯反」「夷周反」「袪尤反」「他侯反」才能押韻。這樣不能確定押韻字該念何音的現象，已經暴露出為押韻改讀造新音的問題。

　　在有系統大量製造字音的過程中，也會露出明顯不合理的現象，如：

誰謂雀無角（叶盧谷反），何以穿我屋？誰謂女無家（叶音谷），何以速我獄？雖速我獄，室家不足。

誰謂鼠無牙（叶五紅反），何以穿我墉？誰謂女無家？（叶各空反）何以速我訟？（叶祥容反）雖速我訟，亦不女從。

（《詩經集傳·卷一·行露》）

同一「家」字，相同的用法，相同的詞義，朱熹卻有分歧的讀法，並且都與平時正常念法不同。顧炎武就抓準這一矛盾，大加撻伐，他說：

誰謂雀無角音祿。何以穿我屋一屋。誰謂女無家音姑。《集傳》叶音谷，非。此句本不入韻，然「角」「屋」「獄」「足」皆可轉為平聲，則「家」亦未嘗非韻也。何以速我獄三燭。雖速我獄見上。室家不足三燭。

誰謂鼠無牙古音吾。考「牙」字《詩》凡二見，並同。後人誤入九麻韻。與「家」協，隔句為韻。何以穿我墉三鍾。誰謂女無家音姑《集傳》叶「各空反」，非。或問：「二章之『家』不入韻，三章之『家』入韻，可乎？」曰：「奚而不可？夫音與音之相從，如水之於水，火之於火也。其在《集》之中，如風之入於竅穴，無微而不達；其發而為歌，如四氣之必至，而無所逃於天地之間者也。故夫子之傳《易》，曰『同聲相應』，而《記》之言樂也，曰『聲相應故生變，變成方謂之音』。蘇氏所謂『古人之文，譬之風行水上，自然而成者，豈若後世詞人之作字櫛句，比而不容有一言之離合者乎！且如〈凱風〉之『南』，首章入韻，而二章不入韻。〈燕燕〉之『及』，首章、三章不入韻，而二章入韻。於《詩》多有之矣！此二章之『家』，平入相通，固不得謂之非韻也。如《集傳》之說，必欲比而同之，則不得不以二章之『家』音『谷』，三章之『家』音『公』。一『家』也，忽而『谷』，忽而『公』，歌之者難為音，聽之者難為耳矣！此其病在乎以後世作詩之體，求六經之文，而厚誣古人以謬悠忽怳，不可

> 知不可據之字音也。豈其然乎？朱子復生，其必以愚為知言也夫！』。何
> 以速我訟三鍾、三用二音。雖速我訟見上。亦不女從三鍾。（《詩
> 本音・卷一》）

顧炎武對「叶韻音」與「本音」並存的不合理現象，做出嚴厲批
判，由於此時上古音的研究逐漸步上正軌，古音學者已知道另謀
解釋古韻文讀之不押韻的現象，因此「叶韻」音在學理上已無立
足之地，但字書、韻書中卻仍然續用不輟。

　　「本音」與「叶韻音」並見一處的現象，一直影響到清代。
《康熙字典》就大量收錄叶韻音，如「一」字，下收三音，其中
有二音就是叶韻音：

> 《唐韻》《韻會》於悉切，《集韻》《正韻》益悉切，竝
> 「漪」入聲。……又《韻補》叶於利切，音懿。左思〈吳
> 都賦〉：「蘜蒟豆蔻，薑彙非一；江蘺之屬，海苔之類。」
> 又叶弦鷄切，音兮。《參同契》：「白者金精，黑者水基；
> 水者道樞，其數名一。」

再如「事」字，下收六音，其中有四音都是叶韻讀法：

> 《唐韻》鉏吏切，《集韻》《韻會》仕吏切，竝音示。……
> 又《廣韻》《類篇》竝側吏切。……又《韻補》叶逝支切，
> 音時。蔡邕詞：「帝曰：休哉！命公三事；乃耀柔嘉，是
> 式百司。」又叶詩紙切，音始。《詩・召南》：「于以用
> 之？公侯之事」，叶「沚」。又叶疎語切，書上聲。《韓
> 非子・揚權篇》：「使鷄司夜，令狸執鼠；皆用其能，上
> 乃無事。」又叶常御切，音樹。《易林》：「雖慍不去，
> 復職内事。」

　　乾隆時編了一部《欽定叶韻彙輯》，是一部字音與叶韻音並
存的韻書大全。前面所舉的「事」字，更依照韻部的不同，收了

「逝支切」「上止切」「疎女切」「鉏吏切」「《韻補》與御遇叶（未注反切）」「如又切」「食列切」七音，其中「如又切」與「食列切」是《康熙字典》所未收的，《欽定叶韻彙輯》在這二音下的解釋爲：

> 《文選章句》如又切。班固〈東都賦〉：「盛娛游之壯觀，奮泰武乎上囿。因茲以威戎夸狄，耀威靈而講武事。」
>
> 《文選章句》食列切。楊雄〈羽獵賦〉：「羽旗營營，昈分殊事。繽紛往來，輷轕不絕，若光若滅。」

似乎也找到古代押韻的例證。可見叶韻音有其說服讀者的理由，也難怪在漢語中生存了一千五百餘年。

「叶韻音」在現代教育部所編《國語辭典》中仍可以看到遺跡，如「斜」的又音ㄒㄧㄚˊ就是。從學理上說，古代「斜」是「邪」母字，並不念ㄒㄧㄚˊ，這個音應該是爲讀詩押韻而設的。
9

　　總之，本音與「叶韻」音並列，實是古代產生同義多音字的一個重要而易爲大家所忽略的類型。

三、異義多音字的併讀問題

「異義多音字」的產生往往有其個別原因，古籍注疏以「四聲」別義，是比較明顯的一種類型，《群經音辨》《經史正音切韻指南》等書都有一些整理；也有一批是外來詞與本音的並陳，如周德清《中原音韻》說「閼氏音烟支」「可汗音克寒」「冒頓音墨特」「万俟髙音木奇屑」「般若音鉢惹」等。既然以音別義，就該承認是一種古文化的遺跡，不管他是否仍然被後人採用，或

---

9 「斜」是古「麻」韻字，本可以和「花」「家」等字押韻。

是已呈現死字狀態。如《廣韻》「絮」字四音：

御韻「息據切」—— 《說文》曰：敝綿也。

御韻「尼據切」—— 姓也，漢有絮舜。

御韻「抽據切」—— 和調食也。

禡韻「乃亞切」—— 絲結亂也。

現代只用第一音第一義，「息據切」自然成爲常用音。當我們讀古籍時，遇到其他三義，依照反切讀出非常用音，未嘗不可，依照他的常用音念，也不必然會引發恥笑，認爲讀了白字。《群經音辨》「辨字同音異」所舉的例子就屬這一類。

走（上聲），趨也。趨嚮曰走（去聲）。

齊（平聲），等也。等平曰齊（去聲）。

冥（平聲），暗也。暗甚曰冥（去聲）。

收（平聲），斂也。斂穫曰收（去聲）。

如（平聲），似也。審似曰如（去聲）

以上是《經史正音切韻指南》「經史動靜字音」的一部分，在當今口語中已經沒有區別，也未造成任何別義或聽覺困擾。同理，該書又有下面一類字：

分（平聲），別也。既別曰分（去聲）。

相（平聲），共也。共助曰相（去聲）。

散（上聲），分也。分布曰散（去聲）。

論（平聲），說也。說言謂之論（去聲）。

藏（平聲），入也。謂物所入曰藏（去聲）。

這些在當今口語中仍有不同的讀法，如果只取其一音，勢必造成我們這代讀書人的聽覺困擾，但卻未必會造成意義上的誤會。

語言是約定俗成的，爲了減少複雜性，便於學習，異義多音字的併讀，似乎是可行的一條路。古代「絮」字多音，現代取其

一音，不會感覺奇怪；一般人「冒頓」如字讀，也不會認爲是錯，聽到「墨特」反而不懂；減少一字多音，甚或往一字一音的路途邁進，應該是漢語學習的正確方向。

古代一字多音的大量削減與合併，是歷史呈現的事實，也是現代時空因素下所當追求的；當今海峽兩岸規範語音字讀，儘量簡化多音字，應當朝此方向努力。

在簡化與改變字音讀法的同時，對現有的一字多音，仍然是要予以分辨，因爲這些通常都還在口語中使用。

四、多音字併讀會對古文化瞭解產生隔閡

語言離不開思維，思維會因爲人類社會的發展而改變，而文字是語言的載體，語文也是與時更替的。以「單音詞」爲例，古代洗髮曰「沐」，洗身曰「浴」，洗面曰「靧」曰「沫」，洗手曰「澡」，洗足曰「洗」，洗不同部位各有專字，[10]而當今都已混用，這對古文化的瞭解與古籍的閱讀，自然起了障礙。

以「複音詞」爲例，「白馬」一詞通常指「白色的馬」，「白馬素車」「白馬長史」都與此有關，至於中國最早的佛寺「白馬寺」，與在中國各地出現的「白馬寺」，與「白馬」何干？雖然佛典有各種異說，如「白馬負經東來」、「白馬繞塔悲鳴」「佛祖出家乘騎白馬」等各種傳言，但根據王士元的看法，此「白馬」乃梵語「蓮花」（padma）的音譯，[11]如此對古文化的誤解，也與翻譯時既借音又借詞有關。

現存「岐音異義」的多音字，如果念錯，同樣會對「古文化」

---

10 以上都見於許慎《說文解字》水部。
11 引自王松木〈從流俗詞源論詞語內部形式的湮滅與重構〉一文，《文與哲‧第十期》，546頁。

的瞭解產生障礙，以下舉幾個例子說明。

「璉」字在教育部《國語辭典》中有二音，一讀ㄌㄧㄢˊ，字義是：

> 名　宗廟裡用來盛黍稷的禮器。《論語・公冶長》：「子貢問曰：『賜也何如？』子曰：『女器也。』曰：『何器也？』曰：『瑚璉也。』」
>
> 形　連續。通「連」。《文選・何晏・景福殿賦》：「既櫛比而欑集，又宏璉以豐敞。」

另一讀ㄌㄧㄢˇ，是ㄌㄧㄢˊ之又音，意義上並無差別。教育部《一字多音第二版審訂表》只收ㄌㄧㄢˊ音，電腦新注音與自然輸入法，也只有ㄌㄧㄢˊ一音，代表其平聲音佔「有邊讀邊」的優勢，已經取代了上聲的讀法。今考《漢語大辭典》則並收兩音，且字義有所分別：

> 璉 1〔ㄌㄧㄢˇ〕〔《廣韻》力展切，上獮，來。〕古代宗廟盛黍稷的禮器。《論語・公冶長》：「（孔子）曰：『瑚璉也。』」何晏《集解》引包咸曰：「瑚璉，黍稷之器。夏曰瑚，殷曰璉。」
>
> 璉 2〔ㄌㄧㄢˊ〕〔《集韻》陵延切，平仙，來。〕1.通「連」。連接，連屬。《文選・何晏〈景福殿賦〉》：「又宏璉以豐敞。」李善注：「王逸《楚辭》注曰：橫木關柱為連。璉與連古字通。」2.姓。明代有璉井。見明顧起元《客座贅語・僻姓》。

《論語》中有「瑚璉」一詞，「璉」字在古文獻也多以此複詞出現。「璉」字罕見，從有反切注音以來，只有上聲一讀，《經典釋文》《廣韻》《論語集註》均以「力展」切「璉」字。宋・韓維《南陽集・燕諸生於內集堂作詩以勉之》詩：

　　……雲飛乏孔翠，廟薦闕瑚璉。非期寵祿光，或慮志業
　　淺。……

「璉」與「冕謇饍顯踐闉淺勉善」等古上聲字押韻，可見「璉」
字古人只讀上聲。「瑚璉」平聲讀法，應該是民國以後的事情，
而且迅速被接受。

　　從文化角度看，「璉」讀平聲，馬上會產生一個文章解讀的
問題：《紅樓夢》一書人名多用「諧音」以寓意，從「諧音」還
原本字，有助於瞭解作者用心，以「賈」諧「假」、以「甄」諧
「真」、賈府四位小姐以「元迎探惜」諧「原應嘆息」，這些都
已成讀者共識。榮國府賈赦之子賈璉，「賈璉」的諧音，或說為
「價廉」「假廉」或「寡廉」，都以「璉」諧「廉」，作平聲讀。
但博學多聞的曹雪芹，他讀「璉」字，必定是讀上聲，因此說「璉」
諧「廉」，就終隔一層了。我認為應該是諧「臉」字，才符合作
者的原意。這是當今對多音字併讀，造成誤解文本所產生的不良
效果。

　　「羽」字在教育部《國語辭典》中只有一音，讀ㄩˇ，「羽
毛」與「移宮換羽」是同音的。《漢語大辭典》則收兩音：

　　　羽1〔ㄩˇ〕〔《廣韻》王矩切，上麌，云。〕〔《廣韻》
　　　王遇切，去遇，云。〕1.鳥毛。特指鳥的長毛。……13.五
　　　音之一。《周禮・春官・大師》：「皆文之以五聲：宮、
　　　商、角、徵、羽。」
　　　羽2〔ㄏㄨˋ〕〔《集韻》後五切，上姥，匣。〕舒緩。
　　　《周禮・考工記・弓人》：「弓而羽鯝，末應將發。」鄭
　　　玄注：「羽讀為扈。扈，緩也。」

「羽毛」與「五音」之「羽」仍然同音。依照《廣韻》，上聲「麌」
韻「王矩切」收「羽」，注為：

> 舒也，聚也，亦鳥長毛也。又官名，羽林監。應劭《漢官
> 儀》曰：「羽林者，言其為國羽翼，如林盛也。」……，
> 又音芊。

去聲「遇」韻「王遇切」收「羽」，注爲：

> 鳥翅也。又五聲，宮商角徵羽。《晉書・樂志》云：「宮，
> 中也，……羽，舒也。陽氣將復，萬物孳育而舒生。」又
> 音禹。

《廣韻》中認爲「五聲」中的「羽」是當讀去聲的。宋代陳暘《樂書・辨四聲》中說：

> ……五聲之別，宮為上平聲，商為下平聲，角為入聲，徵
> 為上聲，羽為去聲。知此可與言聲律矣。

王應麟《玉海》「唐七音」中也說：

> 凡宮為上平聲，商為下平，角為入，徵為上，羽為去聲。

都是對「五音」中的「羽」讀去聲做出說明，與《廣韻》是相應的。近代學者考李登《聲類》「以五聲命字」，以爲「五聲」應即呂靜《韻集》之「宮商龤徵羽」，且與《切韻》五卷之聲調相比附，則「去聲」卷爲「羽」，因「羽」乃讀去聲之故。果真如此，則「五音」中的「羽」當讀去聲，才能瞭解韻書以「五音」分卷的深刻含義，如依照現代字辭典的注音，此種文化內涵就無法突顯出來了。

　　最後再舉一「禪」字，「禪」字古就有平去二讀，二音義別，直至今日仍然如此。有些詞彙，詞義不明顯，如齒頭音的「照穿神審禪」，蜀漢後主「劉禪」，「禪」字該讀平抑或讀去，就頗難決定了。根據我的考證，齒頭音的「禪」母，古人讀平聲，原因是元代劉鑑《經史正音切韻指南》內有「辨清濁」一項歌訣，是以七律體寫成。詩云：

端見純清與此知，精隨照影及幫非。次清十字審心曉，穿
透滂敷清徹溪。全濁羣邪澄並匣，<u>從禪定奉與牀齊</u>。半清
半濁微孃喻，疑日明來共八泥。

「從禪定奉與牀齊」一句，按照近體詩格律，「禪」字必讀平聲，
始合乎詩律。

蜀漢後主「劉禪」的「禪」當讀去聲，在《全唐詩》卷 729
收有周曇「後主」七絕一首，詩云：

萬峯如劍載前來，危閣橫空信險哉。對此玄休長歎息，<u>方
知劉禪是庸才</u>。

「方知劉禪是庸才」一句，「禪」字必讀仄聲，始合乎詩律；可
見作者把「劉禪」的「禪」讀成去聲。劉禪的「禪」讀去聲，應
是正讀，現代一般讀平聲是誤讀，這還能找到其他輔證。

首先從古人「字」與「名」常有連繫的文化習慣層面看，陳
壽《三國志‧蜀志》中說：「後主，諱禪，字公嗣，先主子也。」
「禪」字去聲一讀，古有「古代帝王祭祀土地山川」義，有「以
帝位讓人」義，正有「替代、傳授」義，而「嗣」字古有「繼承
君位」義，有「君位或職位繼承人」義，從「字」與「名」的意
義聯繫上，及後來政治發展上看，劉禪的「禪」應當讀去聲。又
《三國志‧蜀志‧杜瓊傳》：

先主諱備，其訓「具」也，後主諱禪，其訓「授」也。如
言劉已具矣，當授與人也。

「禪」作「授」解，可見當時人也讀爲去聲。

其次從其兄弟名字相關性看，《三國志‧蜀志‧劉封傳》：

劉封者，本羅侯寇氏之子，長沙劉氏之甥也。先主至荊州，
以未有繼嗣，養封爲子。

劉備未有繼嗣前，曾收一義子，名「封」，其後甘夫人生阿斗，

劉封賜死。阿斗名「禪」，兄名「封」，「封禪」成詞，爲報天地之禮，劉備以漢室之後裔自居，取親子名「禪」以配義子「封」，其說自有深刻的文化含義。

　　從以上所舉三個「歧音異義」字看，無論是合併成一音，改讀成後起字音或讀錯字音，都足以對古文化產生錯誤的認知，由此可以瞭解，多音字簡化或併讀，並不是有百利而無一害的。

五、結　語

　　上文對同義多音字在古籍中的出現，雖然區分爲「兼收方音」「古今音並陳」「讀書與口語音並列」「本音與叶韻音並收」四類，這是從「異」的角度區別；若把它們放在時空交錯的位置上，往往也有同時、同地出現，難以歸類的情形。「同義多音字」從現代漢語學習的角度看，應該給予規範化，訂出一個通用讀音即可。

　　異義多音字出現在古籍中，本來都有其不同文化內涵，要規範併讀，並不容易一蹴可幾，《廣韻》《集韻》收錄非常用的多音字，某些讀法已經自然淘汰，或與常用讀音合併了；某些還存於口語中的，仍然在今日字辭典中出現，而且不能錯讀。當今語文工作者正著眼於易讀易識，減低學習數量，試圖做出併音的規定，這也無可厚非；因爲這一代的不習慣新音讀，可以換取後代學習的方便，從宏觀角度看，也是有意義的事情。

　　在音韻規範簡化的過程中，併讀對舊日有區別性詞義的字詞，自然具破壞作用，這或可以用研究或註釋方法還原真相，讓後人瞭解古代想法；如「賈璉」以前「璉」讀上聲，五音之「羽」以前讀去聲，在古籍閱讀中都有一定的意義，但卻不必強今以合古。至於當今仍然規定的「破音讀法」，在還沒併讀前，也應該

有所區分，因爲讀「白字」總是一種遺憾。

　　人爲的併讀字音，會造成一時聽覺美感的減低；習慣併讀後，也眞的減少了學習的困難，二者如理想與現實，往往不能兩全其美，這也是現代社會中所常見的現象！

本文主要參考資料

漢語方音字彙　北大中文系主編　文字改革出版社　1962

中原音韻槪要　陳新雄　學海出版社　1979

漢語大辭典　上海辭書出版社　1988

贛方言槪要　陳昌儀　江西教育出版社　1991

重編國語辭典　教育部國語會主編　數位版　1994 網址：

　　http://dict.revised.moe.edu.tw/

四庫全書　紀昀等編修　數位版　1997

吳棫與朱熹音韻新論　金周生　洪葉出版社　2005

集韻增收叶韻字字音研究　康欣瑜　輔大碩士論文　2006

論漢高祖劉邦
—— 附論呂后並澄清若干誤解

葉 政 欣

提 要

漢高祖劉邦是一位劃時代的人物。他以一平民，在秦末天下大亂之際，參與中原逐鹿，竟一躍而爲帝王，生平極具開創成就。司馬遷史記善敘事理，把劉邦事跡生動敘述，使劉邦成爲後世家喻戶曉的人物。因此亦成爲後世受到議論及誤解最多的人之一。本文著重劉邦成功的因素、後世對劉邦的評價、劉邦的缺失及遭受後人貶抑的原因，及後人對劉邦的誤解等項，詳加分析說明，以還劉邦的本來面目。末了談到劉邦晚年的兩件心事：一爲廢立太子；二爲如何保全戚姬母子。兩事均與呂后有關，故兼論及呂后。另外，除前言及結語兩項以外，並論及劉邦的家世及性格、劉邦發跡的經過、劉邦於滅秦一役當與項羽並列首功等項。

關鍵詞：〔中文〕：漢高祖、劉邦、項羽、呂后、史記、高祖本
　　　　　　　　　紀、司馬遷
　　　　　〔英文〕：Han-kao-tzuu、Liou-Bang、Shiang-Yeu、Leu-
　　　　　　　　　How、Shyy-Jih、Gau-tzuu-been-jih、Symaa-
　　　　　　　　　Chian

一、前　言

　　漢高祖劉邦這位漢朝的開國國君，是一位劃時代的人物。他的生平功業事跡，有史家司馬遷爲他做了簡要的記載。司馬遷敘事翔實，文筆生動，劉邦的生平便成了後人膾炙人口的故事，他也成了知名度最高的歷史人物之一。

　　劉邦功業鼎盛，在歷史上自然是一位成功的人物，但也有許多不足之處。他的功、過後人有許多的論列，也給了他不同的評價。除了史學的評論以外，一般人在著作中也常拿他做爲評論的對象。由於他是家喻戶曉的人物，他的行事當中，無論正面的也好，或負面的也好，都極易受到評論。也因爲如此，就難免造成以訛傳訛的誤解，而有偏離史實的遺憾。如果說劉邦是受後人誤解最多的一位歷史人物，似不爲過。

　　本文擬根據史家的實錄，客觀論述劉邦的功過，澄清後人的誤解，以還其本來面目。

二、劉邦的家世及性格

　　劉邦是距今二千二百餘年前，江蘇北部沛縣豐邑中陽里人。家庭是尋常百姓人家，父母也沒有什麼過人的表現。有兄弟數人，他排行最小。生來相貌堂堂，《史記・高祖本紀》說他，「隆準而龍顏，美鬚髯。左股有七十二黑子」。個性豁達大度，待人仁厚、慷慨大方，喜歡施捨財物。又「好酒及色」，具有英雄人物的本色。眼界很高，志量很大，看不上一般百姓所從事的謀生職業。因此早年常沒有收入，要賒欠酒錢。他不安分於工作謀生，常受父親嘀咕。父親常拿他和二哥劉仲相比，二哥劉仲很安分，

勤於家人生產作業。[1]

　　劉邦為人絕頂聰明，在他眼中，一般人比他笨多了。他喜歡跟人開玩笑、捉弄人。到了三十歲，「試為吏，為泗水亭長。」成了基層的公務員，常有機會到上級單位從公。他雖然職位低，但和縣政府的官員都混得很熟。這些上級官員個個都成了他開玩笑的對象而不以為忤。當時蕭何也是縣政府官員之一，了解劉邦，他說過：「劉季喜歡說大話，但常做不到。」蕭何的話顯示了一個大人物在發跡以前，充滿尷尬的一面。

　　有一次，沛縣縣令來了一位重客呂公，縣令要為呂公辦酒宴洗塵。主辦人蕭何宣布，送禮金不滿一千錢的客人，席位在堂下。劉邦剛好來到縣府，也參加了宴會。他身上沒錢，但口中卻說：「我賀錢一萬。」直趨堂上，毫無所屈，這就是劉邦大氣度的作風。主客呂公看到劉邦相貌不凡，趕忙起身相迎，並延之入座。席間劉邦談笑風生，「狎侮諸客」。酒宴完畢，呂公竟把非常珍惜的寶貝女兒呂雉許配給劉邦，就是後來的呂后。

　　劉邦看到秦都咸陽宮觀宏偉壯麗，不勝其羨慕之情，曾喟然太息說：「大丈夫理當如此！」這些都可看出他志向的遠大。

　　他豁達的個性也表現在他臨終前的一刻。劉邦率軍擊英布時，為流矢所中，抱病回到長安。呂后迎良醫欲加診治，病情很沉重，良醫雖說可治，但劉邦意識到該是他生命終結的時候，便嫚罵說：「吾以布衣提三尺劍取天下，此非天命乎？命乃在天，雖扁鵲何益？」遂不使良醫治病。像這樣視死如歸、安於天命的作風，也算符合他豁達爽朗的個性。

---

1 史實論述，均據《史記‧高祖本紀》，不具引。下文同。

三、劉邦發跡的經過

秦始皇的暴政，激起人民的反抗。始皇死後，二世元年九月，陳勝、吳廣首先揭竿起義，天下陷入鼎沸狀態。這時沛縣子弟殺沛令，相聚數千人，擁立劉邦爲沛公，開始參與中原逐鹿。後來項梁渡淮擊秦軍，數敗秦軍，擁眾數萬人，軍益盛。沛公收碭郡兵，得五、六千人，乃以兵屬項梁。等到項梁爲秦軍所破，敗死。楚懷王徙都彭城，收掌楚軍權，劉邦所部成了懷王手下和項羽、呂臣並列的三支主力部隊之一。秦兵北移攻趙，趙請救於楚，楚懷王乃命宋義、項羽、范增領楚兵主力救趙。宋義於中途停次不進，爲副將項羽所殺。懷王乃命項羽代之爲楚上將軍，繼續率眾北救趙。同時懷王諸老將都說：「秦父兄苦其主久矣，不如更遣長者扶義而西，告諭秦父兄。誠得長者往，毋侵暴，宜可下。獨沛公素寬大長者，可遣。」於是懷王遣沛公另舉一軍，西略地，直指秦都關中。此時秦兵尚強，「諸將莫利先入關」。故沛公此行，任務堪稱艱鉅。[2] 從下面〈高祖本紀〉節略的這段記載，可以看出：

於是沛公引兵西，遇彭越昌邑，與俱攻秦軍，戰不利。遇剛武侯，奪其軍。與魏將皇欣、申徒武蒲之軍并攻昌邑，昌邑未拔。西過高陽，得酈食其。食其說沛公襲陳留，得秦積粟。拜酈商爲將，將陳留兵，與偕攻開封，未拔。西與秦將楊熊戰白馬，又戰曲遇東，大破之。又南攻潁陽，因張良遂略韓地轘轅。時趙別將司馬卬方欲渡河入關，沛公乃北攻平陰，絕河津。南戰雒陽東，軍不利，還至城陽。與南陽守齮戰犨東，破之。略南陽郡，南陽

---

2 引文均據《史記‧高祖本紀》。

郡守齮走保城守宛。沛公引兵過而西。張良諫，沛公乃引兵還，
圍宛三匝。用陳恢策，封南陽守，約降餘城，餘城皆下。至丹水，
高武侯鰓、襄侯王陵降西陵。還攻胡陽，遇番君將梅銷，與偕，
降析、酈。遣魏人甯昌使秦。趙高已殺二世，使人來，欲約分王
關中。沛公以爲詐，用張良計，使酈生、陸賈說秦將，啗以利，
因襲攻武關，破之。又與秦軍戰於藍田南，秦軍懈，因大破之。
又戰其北，大破之。乘勝，遂破之。漢元年十月，沛公兵遂先諸
侯至霸上，秦王子嬰降軹道旁。[3]

　　劉邦奉懷王命，率軍從山東境內的昌邑，向西進攻，橫貫整
個河南境。沿途郡縣，地方官率秦軍據地堅守。劉邦攻城略地，
戰況時陷不利。賴張良運籌獻策，及酈食其、陳恢等人獻計，克
服困境，艱苦奮戰，始克化險爲夷，終能進抵關中，接受秦王子
嬰的投降，獲得大功。接著項羽大軍入關滅秦，燒秦宮室，殺秦
王子嬰，分封諸侯。劉邦受封爲漢王，擁有一方土地，聲名地位
大爲提升，從此步入成功之途。

四、劉邦於滅秦一役當與項羽並列首功

　　秦始皇施行暴政，激起了全民的反抗，不數年而暴政被推
翻。許多英雄豪傑起義，參與逐鹿中原，都或多或少貢獻了一己
的力量，許多人也在爭戰中失去生命，包括一度勢力強大的楚人
項梁。楚懷王是被立起的六國後裔中，最具影響力的一位。還有，
後來分屬項羽和劉邦兩人手下的許多戰將，都是功勞最顯著的一
群。在項羽率眾入關，分封諸侯當中，他們都受封爲王侯，成了
一時的掌權者。

---

3 據《史記‧高祖本紀》節略原文。

　　當起義軍四起之際，秦遣將軍章邯率軍平亂，起初頗有斬獲，陳涉、周章、景駒等初起的勢力都被消滅，等到項梁渡江北上，起義軍勢力轉盛，秦軍乃漸感不支，屢爲項梁及其他起義軍所敗。不料在秦軍的一次大規模攻擊中，項梁卻以輕敵而敗死。秦軍轉而北攻趙。接著項羽受楚懷王之命率楚軍主力救趙，鉅鹿一戰大展神威，成了諸侯的上將軍，統領所有的起義軍與章邯繼續作戰。

　　當初章邯所率秦軍約三十萬人，約爲秦正規軍的四分之三，餘四分之一約十萬人在關中一帶。經過年餘爭戰，章邯所率秦軍約減損十萬人，又未得朝廷支持，士氣低落，遂爲項羽所敗。於秦二世三年七月，章邯率眾投降項羽，此時章邯手下尚擁有二十萬眾，項羽所部兵力當不止此數。項羽於受降後，便統率大軍向關中進發。中途降軍與起義軍發生摩擦，項羽乘夜坑殺秦降卒二十萬人於新安城南。

　　章邯既降，則秦帝國大勢已去。但一時尚未能進抵關中。秦二世三年十月，劉邦遂先諸侯入關，接受秦王子嬰投降。秦帝國正式覆亡。

　　秦將章邯在河北爲項羽所敗，投降項羽，及劉邦入武關，接受子嬰的投降。這兩件事是秦帝國滅亡的兩大關鍵。而分別由項羽和劉邦兩人完成。如果沒有項羽牽制住章邯的大軍，章邯可以回師救援關中，則劉邦入關勢必增加阻力，不易成功。[4] 因此，項羽在亡秦一役中，消除秦軍主力，已決定秦帝國滅亡的命運，完成了最艱鉅的部分，論功當得首功。同時，劉邦受命另路統領

4　宋代蘇轍說：「沛公方入關，而項羽已至河北與章邯相持，邯欲還兵救秦，勢不得矣。懷王之遣沛公固當，然非邯、羽相持於河北，沛公亦不能成功。」〔《欒城後集》卷7〈漢高帝〉〕蘇氏說可供參考。

一軍，掃除障礙，艱苦作戰，遂搶先進入關中，迫使秦王子嬰投降，則是秦帝國的正式覆亡，論功也應居於首功。

項、劉二人於亡秦之役，均居功至偉。論戰功，項高於劉，但劉先入關受秦王子嬰之降，則是獲得最重要的一項戰果，可與項羽的戰功平分秋色，故亡秦一役，項羽、劉邦二人當並列首功。[5]

五、劉邦成功的因素

劉邦生當秦末天下鼎沸之際，以一微細之亭長起事，參與逐鹿中原，經歷九死一生的征戰，與各方起義軍共同戮力，終能成為一方領袖，又得楚懷王的信任及諸將眾望所歸的推重，賦予長驅進入關中的重任。不過一年有餘，即能排除萬難，掃平秦軍殘餘，率先入關，獲得推翻暴秦的首功。功烈之盛，可謂前無古人，實為「時勢造英雄」之一大典範。

稍後項羽入關滅秦。項羽不聽楚懷王號令，自立為西楚霸王，宰制天下。劉邦屈居項王之下，受封於巴、蜀、漢中，號為漢王。受封諸侯各就國，兵戈本可暫歸平息。然諸侯以為不平，不數月而田榮、陳餘首先發難，劉邦亦起漢中，收服三秦，天下戰事復起，而漸成楚、漢兩雄相爭局面。

項羽在東，都彭城；劉邦在西，都關中。楚、漢雙方爭戰，相持於京、索、滎陽之間，期間長達四年，中原百姓苦於戰亂，流離失所，肝腦塗地。楚、漢相持久不決，最終有鴻溝約和，但劉邦背約追擊，更邀集韓、彭諸侯共擊楚。垓下一戰，項王大敗，退至烏江，自刎而死，天下歸於漢。[6] 劉邦成了最後的勝利者，建立漢朝，得享兩百年國祚。究其成功的因素，約有數端：

---

5 以上史實論述，均據《史記・項羽本紀》及〈高祖本紀〉。
6 以上史實論述，均據〈高祖本紀〉。

（一）劉邦智慧高、氣度大、善於領導、反應靈敏，具備當領袖的能力和魅力：

　　劉邦能知人善任，了解人才、善用人才，故手下人才濟濟，樂為之用。最著名的是號稱三傑的張良、蕭何、韓信三人，劉邦說：「夫運籌策帷帳之中，決勝千里之外，吾不如子房；鎮國家，撫百姓，給餽饟，不絕糧道，吾不如蕭何；連百萬之軍，戰必勝，攻必取，吾不如韓信。此三人者，皆人傑也，吾能用之，此吾所以取天下也。」[7] 這是劉邦能知人善任的最佳例證。此外，像陳平、酈食其、陸賈、彭越、英布等人，或文或武，也都具有傑出的才幹，在劉邦手下效力，都能發揮其所長。匯聚了眾多人才，成為一股巨大的力量，這是他成功的最重要因素。

　　劉邦氣度恢宏，待人寬厚，捨得封賞，故能吸納人才。前述的許多傑出人物，來自各方，紛紛為劉邦所吸納，最主要原因即是劉邦既能讓人發揮所長，又捨得封賞，故人人拼死力以建功。高起、王陵說：「陛下使人攻城略地，所降下者因以予之，與天下同利也。」[8] 有功得賞，這是對真正有才幹的人最好的鼓勵。韓信求為假王，劉邦封他真齊王，讓韓信感戴莫名。垓下戰前，劉邦許韓信、彭越以大塊封地，韓、彭立刻出兵助戰，才徹底擊敗項羽。鼓勵有功，可以獲得優厚的封賞，這是劉邦吸納人才，使人才發揮效力的重要因素。

　　劉邦又深諳領導藝術，手下的文臣武將，個個對他心悅誠服，忠誠度極高，能得人之死力。劉邦在滎陽落敗被圍，情勢危急，手下將領紀信自願犧牲自己，詐降，以鬆懈楚軍，讓劉邦連

---

7 見〈高祖本紀〉。
8 同上。

夜出西門逃逸；御史大夫周苛奉劉邦之命守滎陽，城破被俘。項羽重視周苛，許以上將軍職銜並封三萬戶侯，勸其投降。但周苛拒絕，並大罵而死；酈食其奉劉邦之命，已勸降齊國，齊王田廣解除對漢守備。韓信用蒯通計，突襲齊國，田廣大怒認為酈生欺騙他，要酈生勸退韓信，否則殺他，但為酈生拒絕，寧可受烹而死；又齊王韓信統有河北地區，勢力足以左右項、劉之爭的勝敗，蒯通極力勸韓信脫離劉邦自立，但韓信始終不肯。他認為劉邦對他恩深義重，「豈可向利而背義乎！」[9] 這些例子說明劉邦手下對他的向心力強，忠誠度高，願意為他出死力，這也是劉邦成功領導的明證。

　　遇事能隨機應變，也是劉邦的一大長處。在征戰過程中，隨時都有困難問題待決，劉邦能隨機應變，處理好每件事情，使錯誤減少，自然是最有利。有時劉邦判斷錯誤，經幕僚提醒，他能立刻改進，不露痕跡。像韓信遣使求封為假王，劉邦看了上表大怒，意欲否決，張良、陳平趕忙躡足附耳語提醒，劉邦立刻轉變，順著語氣說：「大丈夫定諸侯，即為真王耳，何以假為！」即派遣張良立韓信為齊王。[10] 此事如若處理不當，後果可能十分嚴重。劉邦能隨機應變，減少決策錯誤，自然有助於成功。

（二）劉邦眼光宏遠，能長遠規劃，制敵機先：

　　劉邦在與項羽對抗期間，除了眼前的戰局以外，劉邦往往能深謀遠慮，做長遠的規劃，這當然有些是來自手下人才的建議。但劉邦能了解其重要性，方能下令進行，見諸實施。像派遣韓信、張耳經略河北地區，就是一著極高明的策略。韓信、張耳於數年

9　見《史記・淮陰侯列傳》及〈項羽本紀〉。
10　見〈高祖本紀〉。

間，將整個河北地區，包括魏、代、趙、燕、齊等諸侯國全部平定，形成對劉邦極為有利的態勢，制敵機先，最終擊敗項羽。

又如劉邦於收復三秦後，即「遣諸將略定隴西、北地、上郡」等地，「置隴西、北地、上郡、渭南、河上、中地郡，關外置河南郡」。又「繕治河上塞」。「諸故秦苑囿園池，皆令民得田之。」漢王「出關至陝，撫關外父老」。[11] 這些措施都有助於安定後方及北方邊防，收攬民心，是他能深謀遠慮的表現。

又於敗軍之際，能著手「立太子，大赦罪人。令太子守櫟陽，諸侯子在關中者皆集櫟陽為衛。」又「令祠官祀天地、四方、上帝、山川，以時祀之。」「興關內卒乘塞」。「立宗廟社稷」。[12] 這些作為均有助於立國根本的建立，是進可戰，退可守的長遠規劃。無怪乎劉邦能成為最後的勝利者。

（三）劉邦韌性特強，雖敗不餒，終於反敗為勝：

楚漢相爭，論軍事實力，項羽強而劉邦弱。初期項羽在爭戰中，佔盡優勢，劉邦時常兵敗連連，東奔西跑。賴京、索、滎陽、成皋一帶，丘陵起伏，阻礙楚軍西進。漢三年，項王數侵奪漢甬道，漢軍乏食，請和，割滎陽以西為漢。項王欲聽，因范增反對而作罷。情況危急，漢王利用紀信誑楚，乃得乘隙逃出滎陽，南走宛、葉。行收兵，復入保成皋。漢之四年，項王進圍成皋。漢王逃，渡河走修武。楚進佔成皋，欲西。漢軍距之鞏。漢王引兵渡河，復取成皋，軍廣武。此時，彭越數返梁地，絕楚糧食。項王患之，引兵擊彭越，減緩對漢軍壓力。此後彭越數侵擾楚後方，斷其糧道，方使楚勢漸弱。韓信又已取得河北諸國，漢軍復振，

---

11 見〈高祖本紀〉。
12 同上。

接著鴻溝議和。漢軍背約追擊，終至垓下決戰，漢軍獲得全勝。[13]
劉邦靠其強韌耐力，雖敗不餒，得以成功。

（四）劉邦機運特佳，處處佔得優勢，又能逢凶化吉：

劉邦機運特佳，許多非人力所能掌控之事，卻往往給他帶來有利的情勢。所謂「天時、地利、人和」，無一不對他有利。

先論天時：劉邦生當秦末天下大亂之際，得英雄用武機會；秦政苛暴，而劉邦卻生性寬容，成為暴政剋星；最大對手項羽，亦以殘暴著稱，不得人望，但劉邦也以能寬容號稱長者，深得民心。這些因素都非人力所可掌控，可以歸之天時。故論天時，對劉邦最為有利。

次論地利：劉邦生於豐、沛地區，近於中原的中心點，一旦亂起，便很自然的投入中原逐鹿；奉懷王之命西征，避開秦正規軍的對抗，阻力較小，進展神速，又逢關中秦卒士氣低落，使劉邦扣關亡秦，提早完成；懷王之約，先入關者王之，取得當關中主人先機。入關後秋毫無犯，得關中百姓擁戴，後來關中成了他的根據地；[14] 關中地理位置最佳，以此為根據地，又深得民心支持，效益更大。劉邦即以擁有關中，成為擊敗項羽的重要因素；後來又成為最理想的建都所在，亦有利於大漢立國。凡此地利，均對劉邦大有助益。

三論人和：天時與人和，有相通之處。劉邦以能寬容，深得遠近民心，尤其在入關中的表現，不殺秦王子嬰，去除秦政苛法，皆深受百姓歡迎，關中百姓為恐劉邦不當秦王。故人和一項，尤為對劉邦最大的助力。

---

13 見〈高祖本紀〉。
14 見〈高祖本紀〉及〈項羽本紀〉。

　　至於劉邦時運之佳，更是有如神助。試舉三例說明：

　　劉邦東伐楚，入彭城，爲項羽所敗，楚軍圍漢王三匝，情勢
危急，「於是大風從西北而起，折木發屋，揚沙石，窈冥晝晦，
逢迎楚軍，楚軍大亂，壞散，而漢王乃得與數十騎遁去。」[15] 這
次遇險得脫，眞有如神助。

　　又項羽在河北擊降章邯後，統率大軍來到函谷關，有兵守關
不得入，又聞劉邦有意獨享秦都珍寶美女，乃大怒，於是攻破函
谷關，進至新豐鴻門，決定翌日進兵「擊破沛公軍」。時雙方兵
力懸殊，項羽一旦攻擊，劉邦後果不堪設想。賴項伯欲救張良，
連夜前往劉營，因而化解危機，這又使劉邦逃過一險。[16]

　　又楚、漢雙方臨廣武而軍，項王伏弩射中漢王，傷胸。[17] 伏
弩，弓箭之強力者；傷胸，要害之處也。而不危及性命，亦屬天
幸。

　　舉此三例，可見劉邦時運特佳，雖遇險，輒能逢凶化吉，眞
可謂吉人天相。

　　上述劉邦的機遇，極爲特殊，亦極爲幸運，雖非人力所致，
但不能否認對其成功確有幫助。

六、後世對劉邦的評價

　　歷史人物的功與過，必受後人的討論和批評，劉邦自不能例
外。兩千年來評論劉邦的學者，無慮千百家。其持正面肯定評價
的，試舉數家如下：

　　《史記》、《漢書》並列炎漢一代的正史。兩書對劉邦的評價，

---

15 見〈項羽本紀〉。
16 同上。
17 見〈高祖本紀〉。

應最足以代表史家的見解，而可以作爲評價的準據。

　　《史記·高祖本紀贊》說：「周秦之間，可謂文敝矣。秦政不改，反酷刑法，豈不繆乎？故漢興，承敝易變，使人不倦，得天統矣。」[18]

　　司馬遷歷敘夏、商、周三代遞嬗的軌跡，認爲三代的更迭承繼，均能把握承敝易變的正道，故能創造光輝文化、享國數百年。周末文敝，秦之代周，當以質樸爲宜，但秦卻出之以嚴刑峻法，故遭致速亡的命運。漢興，以寬仁立國，與民休息，得承敝易變之道，故謂「得天統」。換言之即是能順應歷史變遷的腳步，得天之統緒。司馬遷此論，乃就立國的大旨而言，肯定了漢代立國規模與制度的正確，也肯定了劉邦事業的成功。

　　《史記·秦楚之際月表序》說：「初作難，發於陳涉；暴戾滅秦，自項氏；撥亂誅暴，平定海內，卒踐帝祚，成於漢家。五年之間，號令三嬗，自生民以來，未始有受命若斯之亟也！……以德若彼，用力如此，蓋一統若斯之難也！……然王跡之興，起於閭巷。……故憤發其所爲天下雄，安在無土不王？此乃《傳》之所謂大聖乎，豈非天哉！豈非天哉！非大聖孰能當此受命而帝者乎！」[19]

　　司馬遷慨歎秦、楚之際，政局變化快速多端，五年之間，執掌天下號令者，凡經三次易姓，爲生民以來所未有。並歷敘往昔虞、夏、商、周至秦，均歷經數百年積德用力，乃能統有天下，蓋一統之難如此！但劉邦以一介平民百姓，乘暴秦以苛法荼毒天下之際，順勢而爲，竟能憤發爲雄，統一天下，登臨大位，故推許爲古代典籍所稱大聖之人，並歸之天命。「豈非天哉，豈非天

---

18 見《史記》卷 8。
19 見《史記》卷 16。

哉！非大聖孰能當此受命而帝者乎？」司馬遷慨乎言之，景慕贊歎之情，溢於言表。從司馬遷的推崇，吾人對於劉邦的成就，豈可不特加重視！

班固《漢書·敘傳》說：「皇矣漢祖，纂堯之緒。實天生德，聰明神武。秦人不綱，網漏于楚。……粵蹈秦都，嬰來稽首。革命創制，三章是紀。應天順民，五星同晷。項氏畔換，黜我巴、漢。西土宅心，戰士憤怨。乘釁而運，席卷三秦。割據河山，保此懷民。股肱蕭、曹，社稷是經。爪牙信、布，腹心良、平。龔行天罰，赫赫明明。述〈高紀〉第一。[20]

又《漢書·高帝紀·贊》說：「漢承堯運，德祚已盛。斷蛇著符，旗幟尚赤。協于火德，自然之應，得天統矣。」[21]

班固〈敘傳〉所言是《漢書·高帝紀》一篇的內容大要，推原漢承堯運，於字裏行間，對劉邦的成就，深致推崇之意。〈紀·贊〉並許為能得天統，與司馬遷看法一致。故就歷史長河來看，不能不說劉邦確實是位深具開創之功的偉大人物了。

再就劉邦兩位傑出的臣屬－張良和韓信，對他的評價來看：張良是劉邦手下最得力的謀士，經常跟隨劉邦左右，為之劃策。主從之間，關係密切，彼此相知甚深。張良初從沛公時，常以《太公兵法》向沛公獻策，沛公稱善，常採用張良的策略。張良說：「我向其他領袖進言，他們都不能了解，只有沛公能了解。沛公真是天才！」張良從此決定跟隨劉邦。往後張良的意見，劉邦可說是言聽計從。事實證明：兩人是「傑出領袖和最佳參謀」的最成功組合。[22] 張良如此推崇劉邦，可見劉邦的確不凡！

---

20 見《漢書》卷 100。
21 見《漢書》卷第 1。
22 見《史記·留侯世家》。

　　韓信是劉邦帳下最傑出、且可以獨當一面的將領，生平戰功
彪炳，最長於將兵。他自認將兵能力是多多益善，而劉邦不過能
將十萬人。但是他對劉邦說：「陛下雖不善將兵，而善於將將。」
這種「將將」之才，是得之天授，非由人力。[23] 韓信和張良一樣
推崇劉邦的智慧和領導能力是天才，同樣給劉邦很高的評價。

　　至於做負面之評價者，古來爲數亦多，試舉兩家言之：

　　曹魏高貴鄉公曹髦說：「漢祖因土崩之勢，仗一時之權，專
任智力以成功業，行事動靜，多違聖檢；爲人子則數危其親，爲
人君則囚繫賢相，爲人父則不能衛子；身殁之後，社稷幾傾，若
與少康易時而處，或未能復大禹之績也。推此言之，宜高夏康而
下漢祖矣。」[24]

　　金代王若虛說：「漢祖之平生可考而知也。委太公於俎機而
無營救意，棄孝惠、魯元於道路而無顧藉心。飾無賴之非則跨示
其足，懷櫟釜之隙則怒及其侄。嬖寵如意而幾使冢嫡廢，踞罵張
敖而不以子婿蓄。韓信元勳，本無異志而數施譎詐，畏逼而不終。
蕭何素契，足諒雅懷而未免猜嫌，至械繫而後已。鄭君以不忘故
主而逐之，季布、雍齒以舊嘗窘己而幾殺之。其行事如此，而議
者猶謂寬仁大度，誠信使人，吾不知其說也。」[25]

　　按高貴鄉公曹髦以爲，劉邦藉秦末土崩之勢，專任智力以成
功業，然行事多違聖檢，不及夏少康之能中興禹績。而王若虛則
謂，劉邦行事多乖違不當，有違「寬仁大度、誠信使人」之令譽，
均舉實例爲證。

　　綜上各家所論，大抵持正面評價者，率就其建功立業之大旨

---

23 見《史記·淮陰侯列傳》。
24 見裴松之《三國志注》引《魏氏春秋》。
25 見《滹南遺老集》卷 25〈君事實辨〉。

爲言；而持負面評價者，多舉其行事乖違者言之，均能言之成理。
至功過相權，則「功」當遠大於「過」。

七、劉邦的缺失及遭到後人貶抑的原因

（一）劉邦的缺失：

1.不重禮節，口德欠佳：

　　劉邦出身平民，早年未受良好教育，故待人接物，不重禮節。
年輕時，喜說笑或戲弄人。爲亭長時，對上級廷中吏即「無所不
狎侮」；參與宴會，則會「狎侮諸客」。他自視甚高，不大看得
起人，而個性爽朗，往往出言不遜。當他貴顯之後，對待部屬，
遇不滿意時，動輒粗口罵人，「乃公」一語，常掛嘴邊，故蕭何
對劉邦說過：「王素慢無禮」。而王陵、高起也於回答劉邦時說：
「陛下慢而侮人」。[26] 這真是劉邦的一大缺失。

　　「本紀」載：劉邦初見酈食其時，方踞床使兩女子洗足，態
度輕慢，但酈生執禮不卑不亢，兩人經對話後，劉邦立即改變態
度，起身攝衣，延酈生上坐，並道歉。酈生爲監門，說：「諸將
過此者多，吾視沛公大人長者」。[27] 又說：「吾聞沛公慢而易人，
多大略，此真吾所欲從遊。」[28] 酈生不介意劉邦的輕慢，而推崇
他「多大略」的優點，願意追隨。可見劉邦的優點足以彌補這項
缺點，而無損於他的建功立業。

2.輕視儒生：

　　劉邦性格豪邁，智慧高超，凡事能大處著眼，不拘小節，重
視實際效用，這是他的優點。但卻不喜舞文弄墨，華而不實或坐

---

26 見〈高祖本紀〉。
27 同上。
28 見《史記·酈生陸賈列傳》。

而言不能起而行的讀書人，因此對一般儒生沒有好感，尤其不喜歡帶著儒冠的儒生。劉邦一位麾下的騎士說：「沛公不好儒，諸客冠儒冠來者，沛公輒解其冠，溲溺其中。與人言常大罵，未可以儒生說也。」[29] 溲溺儒冠，這真是一項奇特的做法。他看不慣的儒生，就斥之為「豎儒！」像有一次酈食其為他謀策，後來發現不當，劉邦很生氣，說：「豎儒！幾敗而公事！」[30] 劉邦本身沒受良好教育，不懂《詩》、《書》的好處，僅憑一時的實用價值而輕視書生無用，這是一項嚴重的偏見。他這項偏見一直持續到後來，但晚年已有所改善。

　　陸賈以客卿跟從劉邦定天下，有一次陸賈在劉邦跟前稱引《詩》、《書》，劉邦罵說：「乃公居馬上而得之，安用《詩》、《書》！」但陸賈反駁他說：「居馬上得之，寧可馬上治之乎？且湯、武逆取而以順守之，文武並用，長久之術也。」[31] 經陸賈引證古帝王治國之道，加以解說開導，劉邦才面露慚色，表示接受。[32]

　　雖然劉邦瞧不起一般儒生，但對於有才學的儒者，還是重視的，像麾下的陸賈、酈食其、叔孫通等人，都予重用。劉邦晚年曾道經魯國曲阜，以太牢祭祀孔子。[33] 他的用意當不難明白了。

---

29 同上。
30 見〈高祖本紀〉。這句話說：「爛讀書人！你差點敗壞了老子（我）的事了！」
31 見〈酈生陸賈列傳〉。
32 宋代李季可說：「漢高祖天資明悟絕人，而無學以自發明，得三傑、陳平、陸賈輩，左右開導，然後克濟大業。……至論蕭何功，未有能明之者，獨高祖以謂在曹參上，而無以難伏眾口。……凡心知其然而詞不足以自達者，不學之過也，高祖之謂歟！」（《松窗百說，漢高祖》）李氏也認為劉邦有不學之失。
33 見〈高祖本紀〉。又宋代錢起說：「高祖雖不修文學，然觀其既定天下，聞陸賈《新語》而稱善，用叔孫通綿蕝之儀而知貴，此如田野鄙夫，素不知文事之可樂，一旦致家富饒，則亦從事於禮文，教子孫以《詩》、《書》矣。誰謂溺冠、跨項，終不可與言也？」（《兩漢筆記》卷1〈高祖〉）。

（二）劉邦遭後人貶抑的原因

劉邦在許多地方遭到後人無情的貶抑，原因很多，擇要說明如下：

1.好惡心理的轉移與同情失敗者的心理：

劉邦的對手項羽是位戰功顯赫的英雄，而且行事也有其表現光明磊落的地方，這樣的人物容易受到後人的稱揚和喜愛，而劉邦比較老成持重，對於後人來說，則沒有這種魅力。自然也比較不能獲得後人的好感。相較之下，受到稱揚和喜愛的項羽反而失敗了，人們心裏必然產生失落感，而把這項失望的心情很自然的轉移到對劉邦的不滿，劉邦遭到後人的貶抑，也就很難避免了。況且同情失敗者，本來就是人類一項普遍的心理反應，更助長了這種傾向，更何況還有「鴻門宴」[34]中劉邦一度命懸項羽手中的這件事！更易激發為項羽惋惜的念頭。

2.指桑罵槐的運用：

統治者，尤其是國家的最高統治者，因為運用權力，發號施令，推展政策，必然對人民造成重大的影響。好的政策固然可以造福全民，但壞的政策可能為人民帶來災難。這種形成災難的情形，在現代的民主國家，較能避免。但在過去的帝王時代，或現代的極權國家，則往往容易發生。人民遭遇極權迫害，有苦難言，迫於無奈，往往會借用過去的帝王，作為出氣的對象。剛好劉邦的事跡，後人比較熟習，又具備可以被借用的條件，就成了後人指桑罵槐的出氣對象，因而遭到不白之冤。

3.太史公「不隱惡」的記載，造成後人的誤解：

34　見〈項羽本紀〉。

　　司馬遷敍述史事，本「不虛美，不隱惡」的求實態度，對於當事人行事美惡，均加記載。對劉邦而言，「本紀」稱美劉邦的地方固多，但反面之事亦不遺漏。尤其本紀所提到的兩件事，與父親及子女相關，跟人情觀感較爲貼近，更易引發人們的議論，而人們對於美事往往視爲當然，易於忽略；對於惡事則記憶深刻，不會遺忘。前項所論，後人「美項抑劉」的心理作用，更易使人們放大劉邦的缺失，而加以貶抑了。

4.李宗吾氏擴大渲染的影響：

　　民國二十年前後，四川人李宗吾氏發明所謂「厚黑學」，認爲許多歷史人物得以成功，全憑厚黑哲學有以致之。曹操如此，劉備、孫權也無不如此。李氏不但把劉邦打入所謂厚黑名單，而且對於劉邦其人，尤多論列渲染。其說新奇動聽，抗戰期間風靡四川等大後方地區，雖有反對意見加以撻伐，而不能阻止其風行。李氏又將所作集結成書，刊行海內，其影響益爲顯著。自李氏厚黑論出，而劉邦所受後人誤解益甚。實則李氏之論乃一曲之見，難登大雅之堂。後人實不必隨聲附和，以加深對歷史人物的誤解。

5.誅戮功臣，遭致後世嚴厲批評：

　　劉邦出身平民，於稱帝以後，感受到爲帝者的尊貴，又一下擁有這麼大「產業」，於驚喜之餘，對於如何保有大漢江山，心裡是缺乏安全感的。這雖是人之常情，但也和他早年未受良好教育，欠缺知識，尤其是歷史知識不無關係。況且還有所謂「可與共患難，不可與共安樂[35]；敵國破，謀臣亡」[36]的人性弱點，於是手下的能臣戰將，就成了他擔心嫌疑的對象。更不幸的是，又配上一位精明能幹而心胸狹窄的呂后，問題更爲嚴重。「本紀」

---

35 見《史記·越王句踐世家》。
36 見〈淮陰侯列傳〉。

說：「呂后爲人剛毅，佐高祖定天下，所誅大臣多呂后力。」[37] 司馬遷也明白的指出這一點。

　　首先是號稱三傑的張良、蕭何和韓信三人。張良是劉邦最信任的謀士，功高望重，本來會是劉邦猜忌的對象，但是張良深知自保的道理，自始即和劉邦保持若即若離的關係。又澹泊名利，不慕榮華。既推辭封王的獎賞，「臣願封留足矣，不敢當三萬戶」。雖受封爲留侯，但又文弱多病，不問世事，日與化外之民的赤松子交遊，「學辟穀、道引輕身」。[38] 這些表現，算躲過了劉邦的疑忌，得以壽終。不過劉邦誅戮功臣，呂后是個關鍵因素。留侯張良得以躲過猜忌，跟他有恩德於呂后，可說又多了一層保障。張良獻策挽回了太子孝惠的地位，使呂后感恩戴德，張良的安全，就更不成問題了。

　　蕭何是循規蹈矩的文臣，從劉邦初起，就一路跟隨劉邦，協助處理內政、軍需等方面的工作，是劉邦不可或缺的左右手。既幫助劉邦完成帝業，建國後還是擔任宰相的不二人選。蕭何雖然沒有攻城野戰之功，但以輔相功居列侯第一。「世家」載：「何置田宅必居窮處，爲家不治垣屋」，[39] 治家十分儉約自制。像這樣一位忠良的老臣，照理可以十足的信任，但蕭何這幾年宰相做得並不安穩，左右人員時時要提醒他，聲望不可過高。有一次做事偶不小心，觸怒皇帝，竟遭繫治入獄。可見來自劉邦、呂后的猜忌，始終存在著。由於蕭何的行政能力爲朝廷所必用，加以行事的謹慎小心，總算得以終老。

　　齊王韓信是劉邦手下第一號戰將，也是劉邦、呂后最不放心

---

37 見《史記・呂后本紀》。
38 均見〈留侯世家〉。
39 見《史記・蕭相國世家》。

的人。韓信自從受到劉邦不次拔擢,命為大將以後,即幫助劉邦
整軍經武,拿下號稱三秦的關中,關中成了劉邦最堅實的根據地。
又受命經略河北地區。因為功勳顯赫,受到劉邦、呂后的畏惡和
提防,所謂功高震主。韓信有功當封,但劉邦總是用「相國」一
類虛銜應付,極不願封土地給他,惟恐他坐大。每次打完仗,劉
邦常「襲奪」韓信的軍隊,也是同樣的心理。一直到不得已時,
才封他為齊王。垓下一戰,把項羽消滅後,改調為楚王,年餘又
藉口有人告他謀反,把韓信誘捕,械繫,降為淮陰侯,帶回都城,
就近看管。韓信內心不滿,常稱病不朝從。更加深劉邦、呂后的
疑忌,有如眼中釘,必去之而後快。最後呂后趁劉邦領兵討伐陳
豨的機會,巧妙的羅織罪名,並迫使蕭何出面,誘騙韓信入宮,
加以逮捕殺害。[40] 韓信千古奇冤,受到後人極大同情。

　　和韓信一樣,因功受封王爵的彭越和英布,也逃不過劉邦、
呂后的誅戮。彭越功勞之大,僅次於韓信,因功受封為梁王。不
過五年時間,就因有人告他謀反而被捕,論罪當死,劉邦赦免他
為庶人,傳處蜀地。彭越道遇呂后,呂后認為「彭王壯士,今徙
之蜀,此自遺患,不如遂誅之。」[41] 劉邦聽從,改將彭越處死。

40 見〈淮陰侯列傳〉。按《史記》本傳有淮陰侯與陳豨謀反之說,後世學
　　者多懷疑係司馬遷不得已根據漢廷羅織罪名的假「獄案」而寫,不足採
　　信。清代梁玉繩說:「(韓)信之死冤矣,前賢皆極辯其無反狀,大
　　抵出於告變者之誣詞,及呂后與相國文致耳。史公依漢廷獄案,敘入傳
　　中,而其冤自見。一飯千金,弗忘漂母;解衣推食,寧負高皇?不聽涉、
　　通於擁兵王齊之日,必不妄動於淮陰家居之時;不思結連布、越大國之
　　王,必不輕約邊遠無能之將。賓客多,與稱病之人何涉?左右辟,則挈
　　手之語誰聞?上謁入賀,謀逆者未必坦率如斯;家臣徒奴,善將者亦復
　　部署有幾?是知高祖畏惡其能,非一朝一夕,胎禍於躡足附耳,露疑於
　　奪符襲軍,故擒縛不已,族誅始快。從豨軍來,見信死且喜且憐,亦諒
　　其無辜受戮為可憐也。獨怪蕭何初以國士薦,而無片語申訴,又詐而紿
　　之,毋乃與留侯勸封雍齒異乎!」(《史記志疑》卷 32) 梁氏疑《史
　　記》本傳韓信謀反之說不可信,言之有理,可證韓信之冤屈。
41 見《史記‧魏豹彭越列傳》。

英布看到韓信和彭越皆因功高震主而被害，不免兔死狐悲，被迫起兵造反，也同樣不得善終。

從彭越的遭遇，可知劉邦對待功臣，尚見較寬厚的一面，不爲已甚，呂后則手段毒辣，不留餘地。韓信死於呂后之手，遭夷滅三族的酷刑，如果韓案由劉邦親自處置，沒有呂后的意見參與其中，當不至如此慘酷！因此，我說劉邦誅戮功臣，呂后是一關鍵因素。如果沒有呂后的刻薄，劉邦處置功臣當有較寬容的結果。

總之，誅戮功臣是忘恩負義之事，宜其受到後人嚴厲批評。

八、後人對劉邦的誤解

劉邦是後世家諭戶曉的人物，受到後人的議論自然也多，中間不免有許多誤解，必需加以釐清。

（一）誤解劉邦人品不端：

〈高祖本紀〉載：劉邦「好酒及色」。又於稱帝後，有一次在未央宮前殿大朝群臣。宴會中劉邦向其父太公敬酒，並說：「始大人常以臣無賴，不能治產業，不如仲力。今某之業所就，孰與仲多？」殿上群臣皆呼萬歲，大笑爲樂。[42] 這段記載用了「無賴」二字，又見「好酒及色」的話，遂認爲劉邦早年人品不端，會逛窯子，耍無賴，是個地痞流氓之流。這是極大誤解。

文中「無賴」二字，出自劉邦之口以說自己，意在調侃其父當年嘀咕他不願如其二哥劉仲，能勤於治產業。在群臣的面前、輕鬆的場合，用開玩笑的口吻說自己，所謂「無賴」，是「無所恃以爲生」的意思，意同今語「沒出息」，只是批評人「不知進

---

42 見《史記》卷 8。

取」而已，和後世罵人「流氓無賴」的意義不同。而現在往往可以看到有人寫文章用「這個無賴如何如何」來罵劉邦。顯然是極大的誤解。

劉邦早年未能勤治產業，受過父親的責備，拿他和二哥相比，固有一段尷尬時期，但「本紀」說他：及壯，試爲亭長。這樣的表現，在平民中也算是能奮發向上的人。他之前有父兄接濟，生活當不成問題，如有不是，也只是賒欠酒錢，不拘小節而已，並沒有什麼重大失德之處。「好酒及色」其實只是許多人的嗜好及人性反應，也不能以這四字大作文章。今人編製的戲劇演劉邦，常會穿插一段逛窯子的戲來作賤劉邦，也是前述誤解造成的。

（二）批評劉邦遺棄子女的不慈：

〈項羽本紀〉載：漢王東襲楚，爲項羽所敗。「漢王道逢得孝惠、魯元，乃載行。楚騎追漢王，漢王急，推墮孝惠、魯元車下，滕公常下收載之，如是者三。曰：雖急不可以驅，奈何棄之？於是遂得脫。」[43]

這段記載敘述劉邦在敵騎急追之下，遺棄子女，誠然不應該，太史公不隱惡，也把它記載下來，成爲劉邦的一項污點。不過就事論事，這件事或許也有情有可原的地方：試想在敵軍急追之下，推墮子女車下，或有另一種考慮，如果子女和自己一起被俘，一定都要被殺，沒有活命的機會，但推墮子女可減輕重量，自己逃脫的機會較大，而子女單獨被俘，或尚有存活希望，呂后和太公即被俘而成爲項羽的人質而存活。此其一。

以漢王的地位，當時可以多妻，一、二子女的重要性，在他

---

43 見《史記》卷7。

心目中自然就減輕了。還是保全自己生命最重要，這當然是人性自私心的展現，很不足取，但為了自己的命，只好忍痛犧牲。這也是人性自私的反應。此其二。

基於以上理由，既是人性弱點，也可說是多數人容易犯的毛病，應屬情有可原，而不必因此全盤否定他的人格。

（三）批評劉邦棄父於不顧的不孝：

〈項羽本紀〉又載：當是時，彭越數反梁地，絕楚糧食，項王患之。為高俎，置太公其上，告漢王曰：「今不急下，吾烹太公。」漢王曰：「吾與項羽俱北面受命懷王，曰『約為兄弟』，吾翁即若翁，必欲烹而翁，則幸分我一桮羹！」項王怒，欲殺之。項伯曰：「天下事未可知，且為天下者不顧家，雖殺之無益，祇益禍耳。」項王從之。[44]

劉邦之父太公在項羽手中，項羽迫劉邦投降，否則要殺太公。劉邦不為所動，說：「我和項羽俱受命懷王，約為兄弟，我的父親也是你的父親，你如敢烹殺父親，那就分給我一桮肉羹吧！」項王無奈，只好接受項伯的勸告，放過太公。不過太公仍掌握在項羽手中作人質。

這件事讓後人批評劉邦棄父於不顧，是大大的不孝。面對父親的性命遭到威脅而不能營救，相信劉邦內心是痛苦的。但話說回來，這件事其實對劉邦來說，也是情有可原的。試想一個爭天下的人，是不能不有所犧牲的，太公陷身項羽營中，劉邦一時無法救援，也是無可奈何之事。項伯說得不錯：「為天下者不顧家。」難道以他家人的性命，就能輕易迫其投降嗎？那還爭什麼天下

---

44 見《史記》卷 7。

呢！碰到這種兩難的事，是極端難解的，劉邦的回應無寧是機智的。他的回應，不但化解了難題，也算幫父親逃過一劫。因此面對這件事，我們如能將心比心，或許就不忍苛責了。

九、劉邦晚年的兩件心事

劉邦晚年爲兩件事所困擾，不易解決。一是廢立太子，二是如何保全戚姬母子。這兩件事，前者未成事實；後者在劉邦死後，也以失敗收場。

（一）廢立太子：

劉邦從打敗項羽、稱帝，到逝世爲止，前後七年。在最後幾年中，曾決心要廢立太子。劉邦很早就立了呂后所生的孝惠爲太子，當劉邦與項羽對抗期間，太子駐守關中，有安定局勢的作用。太子爲人仁弱，不夠英明，爲劉邦所不喜，後來戚姬所生的兒子如意，則聰明活潑，劉邦認爲才像自己。因此決心要廢掉太子孝惠，改立如意爲太子。戚姬也極力爲兒子爭取，「日夜啼泣，欲立其子代太子」。可是太子雖然仁弱，並未失德，而且在臣民心目中早已確立了太子的地位，所以劉邦想要廢掉太子，並沒有那麼容易。但劉邦的意志相當堅決，因此這件事便成了劉邦晚年心中的一大困擾。

劉邦要廢太子，呂后必然想盡辦法保全兒子的地位。呂后是何等角色，豈容劉邦輕易過關！況且劉邦無故廢立太子，朝臣多表反對，屢次廷爭，君臣往往爭得面紅耳赤，像周昌的「期期不奉詔」就是顯例，留侯張良也不贊成，但也表示非口舌之爭所可

改變，太傅叔孫通更「稱引古今以死爭太子」[45]。雖然如此，劉邦仍不放棄，此事延續一段時間沒有解決。後來呂后使出霹靂手段，半強迫張良獻計請出四皓[46] 協助太子，這才使劉邦宣告放棄，並告訴戚姬說：「呂后真而主矣」[47]，以後還是呂后作主了。

　　所幸劉邦未能達成廢立太子，對朝廷沒有造成大的波瀾。隨後孝惠繼位，呂后當政，讓國家安定下來。證明劉邦最後放棄堅持是比較妥當的做法。[48]

　　廢立太子這件事的困難，除了呂后和朝臣抗爭的衝擊以外，如何處置呂后也是一個困難問題。倘若改立趙王如意為太子而留下呂后，戚姬壓制得了呂后嗎？呂后會不會聯合舊臣復辟呢？這些事如果發生，都會是「幾危社稷」的事。劉邦知道在他死後，呂后有約束舊臣、安定局勢的作用，重要性非比尋常，因此也決不肯輕易放棄呂后。[49] 劉邦就這樣陷於兩難之中。

　　但從呂后和朝臣反對的過程中，劉邦也逐漸從兩難中醒悟過來。他必然發現呂后與戚姬母子勢同水火、是無法並存的。這使劉邦不得不重新考慮廢不廢太子的問題。如果要廢，必須把呂后

---

45 見〈高祖本紀〉及〈留侯世家〉。
46 四皓指東園公、角里先生、綺里季、夏黃公四人。
47 見〈高祖本紀〉。「呂后真而主矣」，意謂：你以後得聽呂后的了。
48 宋代蘇軾說：「漢高帝起於草莽之中，徒手奮呼而得天下，彼知天下之利害與兵之勝負而已，安知所謂仁義者哉！……如意之為王而不免於死，則亦高帝之過矣！不稍抑遠之，以泄呂后不平之氣，而又厚封焉，其為計不已疏乎？……是以猶欲區區為趙王計，使周昌相之，其心猶未悟，以為一強項之周昌，足以抗呂氏而捍趙王，不知周昌激其怒而速之死耳。古之善原人情而深識天下之勢者，無如高帝。然至此而惑，亦無有以告之者。悲夫！」（《蘇東坡集·蘇東坡應詔集》卷 7〈漢高帝論〉）蘇氏對劉邦處理趙王如意的做法，有所批評，可供參考。
49 宋代蘇洵說：「高帝之以太尉屬勃也，知有呂氏之禍也。雖然其不去呂后何也？勢不可也。……呂后佐高帝定天下，為大臣所畏服。……故不去呂氏者，為惠帝計也。」〔《嘉祐集》卷 3〈高祖〉〕明代宋濂說：「高祖知呂后與戚夫人有隙，終然不殺者，以孝惠不能制大臣，故委戚氏不顧，為天下計也。」（《史記評林》引）蘇、宋二家之說，可供參考。

也廢了，否則如意絕無繼承皇位的可能。但要廢呂后，那是無異自毀長城，也是劉邦所不願意的，結果劉邦選擇了呂后，這就是為什麼廢太子一事，要一直拖延不決的原因。至於劉邦為什麼不早做放棄的表示？則可能為了敷衍戚姬的要求，不忍太早傷戚姬的心，一直等到四皓一出現，劉邦才把它當做放棄的藉口罷了。

（二）如何保全戚姬母子：

　　戚姬母子的安危，與劉邦欲廢立太子一事直接相關。主要來自呂后的威脅。戚姬之子趙王如意幾乎取代了太子之位，讓呂后銜恨甚深。已決定放棄廢立，將來還是呂后作主，劉邦知道他一旦晏駕，呂后一定會採取報復行動，不會輕易放過戚姬母子。因此，戚姬母子未來的安危，就成了劉邦心中的一大憂慮。

　　在既不傷害呂后，將來仍由呂后掌權的情勢下，劉邦對於戚姬很難有什麼可保安全的安排，恐怕只能訴諸感情，囑託呂后的善意成全。至於趙王如意，除了囑託呂后之外，劉邦則是讓他「就國」，遠離都城，到封地去，並派周昌擔任輔相，並囑託周昌刻意保護。周昌是老臣，個性梗直，敢於直言諫諍，呂后對他也敬畏三分。呂后更曾因為周昌廷爭反對廢太子而向周昌下跪，表示感謝。但劉邦一死，戚姬母子還是逃不過呂后的毒手。

　　呂后下詔召趙王如意，為周昌托詞阻攔，呂后大怒，便先召周昌來京，再召如意。趙王左右無人敢再阻攔。如意到長安，所幸仁厚的孝惠帝知道母親怨戚姬母子，對這位奉詔來京的異母弟弟刻意保護，但不到一年，一次孝惠晨起出獵，趙王年少不能早起，未能跟隨，便被呂后乘隙派人將如意藥死。繼而加害戚姬，將之折磨成所謂「人彘」，並召孝惠帝觀人彘。孝惠問知為戚夫人，乃大哭。因而得病，使人請太后曰：「此非人所為。臣為太

后子，終不能治天下。」「孝惠以此日飲為淫樂，不聽政，故有病也。」年輕的孝惠帝經此刺激，日以消沈，在位僅七年即告崩逝，年僅二十三。

呂后為什麼特別召孝惠帝觀「人彘」，動機何在？是個耐人尋味的問題。呂后知道兒子心性仁厚，一向同情戚姬母子，為何還要兒子去看，不擔心他會受驚和受傷害嗎？一般母親凡事都會考慮是否會傷害兒子，呂后似乎沒有這種顧慮。這是為什麼呢？除非這時的呂后，已被仇恨沖昏了頭，失去理性，否則不能排除是否別有居心？

劉邦深深繫念戚姬母子的安危，臨終前必然囑託呂后的成全，但顯然呂后沒有因劉邦的囑託而手下留情，而出之以那麼殘忍的殺戮，可見呂后對劉邦已無尊重的心。嚴格說，這已是對劉邦的一種背叛。加上對兒子孝惠帝的不關心，也不尊重，這時呂后對大漢江山社稷還能尊重嗎？心目中還有大漢江山、還願意為它效力嗎？這些都成了疑問了。

孝惠帝死後，呂后立了一些小皇帝撐場面，她繼續當政，又過了八年才駕崩。在她總共十五年的當政過程中，明顯貶抑劉家勢力，一連殺了劉家三個趙王，不遵高祖「非劉氏不王」的誓約，培植呂氏勢力，大封呂氏子侄為王侯。呂后臨終前，命趙王呂祿為上將軍，將北軍，呂王呂產居南軍，又令為相國，以呂祿女為帝后。一連串的安排，意在強化呂家的勢力，朝中軍、政大權幾皆操持於呂氏手中。如此安排，不難看出呂后的私心，有以呂氏逐漸取代劉氏之意。[50] 但是一般舊臣並不認同呂后所為！呂氏兩位重要當政者呂產、呂祿又才識平平，未能有大作為。最後劉邦

---

50 明代李贄說：「漢高祖呂氏妒虐謀篡之后」。（《藏書》卷 63）

之孫朱虛侯劉章與其兄齊王劉襄一旦發難，舊臣大都左袒爲劉氏，太尉周勃尤有安劉之功。劉、呂攤牌的結果，呂氏盡滅，劉邦之子代王劉恆入繼大統。血淋淋的事實，令人感慨萬千。[51]

十、結　語

劉邦生當秦末鼎革之際，以一平民憑藉其天賦才能，在群雄逐鹿中，脫穎而出。得以推翻秦朝暴政，逐次削平群雄，最後擊敗項羽，統一天下，建立長治久安的漢王朝。其開創之功，至高至偉，實屬前無古人，無怪史家對其功業成就，推崇備至。東漢史家班彪說：

「蓋在高祖，……寬明而仁恕，知人善任使。加之以信誠好謀，達于聽受。見善如不及，用人如由己。從諫如順流，趨時如向赴。當食吐哺，納子房之策；拔足揮洗，揖酈生之說。寤戍卒之言，斷懷土之情。高四皓之名，割肌膚之愛。舉韓信于行陣，收陳平于亡命。英雄陳力，群策畢舉。此高祖之大略，所以成帝業也。」[52] 班氏讚揚劉邦能運用才智，苦心經營，使英雄陳力，群策畢舉，終成帝業，洵爲確當之論。亦肯定劉邦的才能及成就，證明其成功絕非偶然。

可惜劉邦出身平民，毫無憑藉，雖賦異才，但有其先天弱點。表現於外的是，僅憑個人天賦和經驗面世，未經琢磨而野性難馴；與人相處，實多扞格；辜負功臣，惟逞其私。此由早年失學，不知《詩》、《書》，欠缺人文歷史知識的教化洗禮所致。禮樂之

---

51 東漢王符說：「當呂氏之貴也，太后稱制而專政，祿、產秉事而握權，擅立四王，多封子弟，兼據將相，外內磐結。……於是廢仁義而尙威虐，滅禮信而務譎詐，海內怨痛，人欲其亡，故一朝摩滅而莫之哀也。」（《潛夫論》忠貴）
52 見《漢書‧敘傳上》引〈王命論〉。

節，未得與聞；思想境界，未能提升，實爲美中不足。

　　所幸其生性氣度寬仁，差可彌補其弱點，不致阻礙其建功立業。然既登大位，成爲開國君主，擘劃建國宏規，有賴博學卓識，則學識之不足，終爲憾事。故北宋司馬光說：

　　「禮之爲物大矣！……夫以高祖之明達，聞陸賈之言而稱善，睹叔孫之儀而歎息。然所以不能比肩於三代之王者，病于不學而已。當是之時，得大儒而佐之，與之以禮爲天下，其功烈豈若是而止哉！」[53]

　　司馬君實所言，可謂一語中的。劉邦以受限於學識不足，無由督導，而受命制禮的叔孫通又未能以先王禮制爲準繩，取法乎上，制定更高明妥善的典章制度，不免使國家發展受到限制。後世明君之中，清康熙帝玄曄實爲翹楚，亦得力於知識淵博之助，故文治武功開一代盛世，即爲明證。吾人於劉邦當推崇其功業德澤之大者，而諒其行事偶有乖違之失，則庶幾得知人論世之法。

2009 年 10 月 25 日

作者簡介：

　　葉政欣，台灣高雄縣人，民國 28（1939）年生。成功大學中國文學系學士，台灣師範大學國文研究所碩士、博士。任教於成功大學中國文學系三十餘年，曾兼任中文系主任、中文研究所所長三年，並任韓國全南大學中文科交換教授一年，以教授退休。專長於中國古代學術及左傳、史記等專書。著有春秋左氏傳杜注釋例、漢儒賈逵之春秋左氏學、杜預及其春秋左氏學等書及論文若干篇。

---

53 見《資治通鑑》卷 11 漢紀三〈臣光曰〉。

揚雄之性命觀

李　鎏

　　揚雄字子雲，蜀之人，生於漢宣帝甘露元年（西元前五三年），卒於新莽天鳳五年（西元十八年），年七十一。

　　《漢書・揚雄本傳》云：「少而好學，不爲章句，訓詁通而已。博覽無所不見。爲人簡易佚蕩，口吃不能劇談，默而好深湛之思。清靜亡爲，少嗜欲，不汲汲於富貴，不戚戚於貧賤，不修廉隅，以徼名當世。家不過十金，乏無儋石之儲，晏如也。自有大度，非聖人之書不好也，非其意雖富貴不事也……實好古而樂道意欲求文章成名於後世。以爲經莫大於《易》，故作《太玄》；傳莫大於《論語》，作《法言》。」

　　揚雄之著作甚多，文學則有〈羽獵〉、〈甘泉〉、〈河東〉、〈長揚〉四賦，及〈反離騷〉、〈廣騷〉、〈畔牢愁〉、〈成都城四隅銘〉、〈解嘲〉、〈解難〉、〈劇秦美新〉、〈連珠〉、〈州箴〉諸文；小學則有〈訓纂篇〉、〈倉頡訓纂篇〉、〈方言〉；學術思想則有《太玄》、《法言》二書。

　　《太玄》一書，文至艱深，時人不好，以爲「觀之者難知，學之者難成。」[1]劉歆且恐後人用覆醬瓿[2]。是以不顯，然篇籍俱存。《法言》一書，則是繼跡孟、荀，崇正道，闢異端，文高而

1　班固《漢書・揚雄本傳》。
2　同上。

絕，義秘而淵，旨正言贍，高視千古，甚受桓譚、王充之稱頌，故東漢時《法言》大行。

　　揚雄之學是以儒家爲主，孔子爲宗。《法言・吾子》：「山徑之蹊，不可勝由矣；內牆之戶，不可勝入矣。曰：『惡由入？』曰：『孔氏。孔氏者戶也。』」又曰：「或曰：『人各是其所是，而非其所非，將誰使正之？』曰：『萬物紛錯，則懸諸天；眾言淆亂，則折諸聖。』或曰：『惡覩乎聖而折諸？』曰：『在則人，亡則書，其統一也。』」[3]是故，無論修身治己，眾言之斷決，無不質之於仲尼。蓋聖人其神，其德擬天地而參緒身，故聖人在，則就聖人而正焉；聖人沒，則就其書而正焉。

　　對於孟子，揚雄更極盡推崇之能事爲孟子之知不異孔子。《法言、君子》云：「或問：『孟子知言之要，知德之奧。』曰：『非苟知之，亦允蹈之。』或曰：『子小諸子，，孟子非諸子乎？』曰：『諸子者，其知異於孔子，孟子異乎不異。』」所以意欲自比於孟子。《法言・吾子》云：「古者楊、墨塞路，孟子辭而闢之，廓如也。後之塞路者有矣，自比於孟子。」至於荀子，則以爲亦祖述孔子之道，惟所見小異乎。《法言・君子》云：「吾於孫卿，與見同門而異戶也，惟聖爲不異。」故其學說頗受孟、荀之影響。然其人性觀，則與孟、荀異。

一、性善惡混

　　孔子之於人性，但言：「性相近也，習相遠也。」[4]未嘗有所闡發。孟子生於戰國之世，見正途之壅蔽，憫聖道之湮微，故欲假人性之本善，救人心之陷溺，乃倡性善之說。荀子生亦當戰國

3　揚雄《法言・吾子》。
4　《論語・陽貨》。

之時，見世人競爲貪亂，不脩仁義。雖明於治道，知其可化，然無勢位以臨之，故激憤而作〈性惡論〉[5]，而倡性惡之說。揚雄生於漢代，其於人性之說則異於孟、荀，以爲人之性善惡混。

《法言・修身》云：「人之性也善惡混，修其善則為善人，修其惡則為惡人。氣也者，所以適善惡之馬也與！」

所謂性善惡混，各家解說不一。

（一）吳秘注曰：「天命之謂性。性命之初，善惡兼全，故赤子之生，七情未著，而先有號笑喜怒。喜怒者，善惡之端也，是正性與善惡相混。」[6]以赤子之生，先有喜怒之情，以證性之善惡混，是一說也。

（二）宋咸則注曰：「孔子云：『中人以上可以語上；中人以下不可以語上也。』又曰：『上智與下愚不移。』考聖人之言，則是人有上中下三品矣。上焉者善，下焉者惡，中焉者可上可下，善惡混也……今揚子之意，謂孟子已言人性善，是論上品矣；荀子已言人性惡，是論下品矣；而未及中品，故於此謂人之性善惡混。又曰：『脩其善則爲善人，脩其惡則爲惡人。』觀其文，是止言中品之性明矣，非謂人皆然也。得非夫子所謂中人以上可以語上，中人以下不可以語上者邪？得非賈誼所謂可以引之而上，亦可以引之而下者邪？故三子言性各舉其品教，亦備矣。」[7]乃以孔子人有上中下三品爲說，以爲孟子所云人性善，是指上品而言；荀子之人性惡，是指下品而言，揚雄之善惡混，是指中品而言，惟有中品可以引而爲善，亦可以引而爲惡。是又一說也。

（三）司馬溫公曰：「孟子以爲人性善，其不善者，外物誘

5　《荀子集解・性惡篇》楊倞注、王先謙集解。
6　汪榮寶《法言義疏》。
7　同上。

之也。荀子以爲人性惡，其善者，聖人教之也。是皆得其一偏而遺其本實。夫性者，人之所受於天以生者也，善與惡必兼有之，猶陰之與陽也。是故雖聖人不能無惡，雖愚人不能無善，其所受多少之間則殊矣。善至多而惡至少。則爲聖人；惡至多而善至少，則爲愚人；善惡相半，則爲中人。聖人之惡不能勝其善，愚人之善不能勝其惡，不勝則從而亡矣。故曰惟上智與下愚不移。雖然，不學則善日消，而惡日滋；學焉則惡日消，而善日滋。故曰惟聖罔念作狂，惟狂克念作聖。必曰聖人無惡，則安用學矣？必曰愚人無善，則安用教矣？譬之於田，稻粱藜莠，相與並生，善治田者，嫭其藜莠而養其稻粱；不善治田者反之。善治性者，長其善而去其惡；不善治性者反之。孟子以爲仁、義、禮、智出乎性者也，是豈可謂之不然乎？然殊不知暴慢貪惑亦乎性也。是信稻粱之生於田，而不信藜莠之亦生於田也。荀子以爲爭奪殘賊之心，人之所生而有也，不以師法禮義正之，則悖亂而不治，是豈可謂之不然乎？然不知慈愛羞惡之心，亦生而有也。是信藜莠之生於田，而不信稻粱之亦生於田也。故揚子以人之性善惡混。混者善惡雜處於心之謂也，顧人所擇而脩之何如耳。脩其善則爲善人，脩其惡則爲惡人，其理也，豈不曉然明白矣哉？如孟子之言，所謂長善者也；如荀子之言，所謂去惡者也；揚子則兼之矣。韓文公解揚子之言，以爲始也混，而今也善惡，亦非知揚子者也。」[8]
溫公之意，以爲揚雄之論性善惡混，是指善惡雜處於心之謂也。無論聖人、愚人、中人皆然，並無上智下愚之分，祇有善惡多少之別；聖人之性善多惡少，愚人之性惡多而善少，中人則善惡半，故可修其善則爲善人，修其惡則爲惡人。孟子之性善，荀子之性

---

8 同上。

惡，皆得其一偏而遺其本實也。是又另一說。

　　按三說之中，吳秘釋揚雄之性善惡混，以爲舉凡人者皆然，無有例外，亦無因才而有等差之別。所云：「赤子之生，七情未著，先有號哭喜怒；喜怒者，善惡之端也。」情乃性感於物而表之於外者，情與性互爲表裡。今見赤子初生，未嘗與物觸，即先有喜怒之情緒，是可見人性善惡混之端。由情見性，荀子已有是說。荀子曰：「性之好、惡、喜、怒、哀、樂，謂之情。情然而心爲之擇，謂之慮；心慮而能爲已動，謂之僞；慮積焉、能習焉而後成，謂之僞。」[9]彼以爲好、惡、喜、怒之情，皆爲性惡之表徵，必也心爲之擇，能爲之動，慮積能習，乃可以爲善，斯所謂僞也。吳氏同其觀察，而以爲性善惡混之證，所見略異耳。至於孟子曰：「乃若其情，則可以爲善矣，乃所謂善也。」[10]雖亦因情說性，但其所指之情性，則是人所固有之仁、義、禮、智，亦即惻隱之心、羞惡之心、恭敬之心、是非之心，而非好、惡、喜、怒、哀、樂之感情，斯與荀之說所以異也。

　　宋咸以爲揚雄之性善惡混，是指中人而言，上智與下愚皆不與焉。是則宋咸之釋性善惡混，是因人而異，非舉凡皆然也。宋氏之說，實本於王充之論。《論衡‧本性》曰：

　　　「余固以孟軻言人性善者，中人以上者也；孫卿言人性惡者，中人心下者也；揚雄言人性善惡混者，中人也。若反經合道，則可以爲教，盡性之理，則未也。」

　　推王充性三品之說，乃就《論語‧陽貨》子曰：「性相近也，習相遠也。」又曰：「惟上知與下愚不移。」[11]而強爲之分。實

9　《荀子‧正名篇》揚倞注、王先謙集解。
10　《孟子‧告子上》朱熹《四書集註》。
11　《論語‧陽貨篇》朱熹《四書集註》。

則非也。劉寶楠《論語正義》曰：「然有性善，有性不善；性可以為善，可以為不善，孟子已解而闢之，而斷為性善。則知三品之言非矣。夫子言生而知之為上，即此上智；困而學之為又次，困即是愚而為又次，無不可移也。至困而不學，乃云民斯為下，下即與所云下愚。戴氏震《孟子字義疏證》云：『生而下愚，其人雖與言禮義，由自絕於學，是以不移。然苟畏威懷惠，一旦觸於所畏所懷之人，啓其心而憬然覺悟，往往有之。苟悔而說善，則非下愚矣。加之以學，則日進於智矣。以不移定為下愚，又往往在知善而不為，知不善而為之者，故曰不移，不曰不可移。雖古今不乏下愚，而其精爽，幾與物等者，亦究異於物無不可移也。』程氏瑤田《論學小記》：『人之氣有清濁，故有智愚，然人之智固不同於犬牛之智，人之愚亦不同於犬牛之愚。犬牛之愚，無仁義禮智之端；人之愚，未嘗無仁義禮智之端。是故智者知正其衣冠矣，愚者亦未嘗不欲正其衣冠也。』」劉寶楠及戴震、程瑤田之說，皆以為生而下愚，非不可移也。孔子但言「不移」，不曰「不可移」，其說甚是。人性之所以不可移者，朱熹《論語集注》引程子曰：「人性本善，有不可移者，何也？語其性則皆善也，語其才則有下愚之不移。所謂下愚有二焉，自暴自棄也。人苟以善自治，則無不可移，雖昏愚之至，皆可漸磨而進也；惟自暴者拒之以不信，自棄者絕之以不為，雖聖人與居，不能化而入也，仲尼之所謂下愚也。然其質未必昏且愚也。往往強戾而才力有過人者，商辛是也，聖人以其自絕於善，謂之下愚，然考其歸，則誠愚也。」自暴自棄，謂之下愚。自暴者拒之而不信，自棄者絕之而不為。程子之說，蓋申之於孟子。《孟子‧離婁上》云：「自暴者，不可與有言也；自棄者，不可與有為也也。言非禮義，謂己自暴；吾身不能居仁由義，謂之自棄也。」仁義禮智，我固有

之也。今「言非禮義」，是自暴之也；「吾身不能居仁由義」，是自棄之也。故曰「不可與有言也，不可與有爲也」。自暴自棄謂之下愚，是則上智與下愚，非關性之善惡可知矣。而王充謂揚雄論性善惡混說，乃指中人而言，應非的論。即韓文公因王充之論而曰：「揚子之言性，曰：『人之性善惡混。』夫始善而進惡，與始惡而進善，與始也混而今也善惡，皆舉其中而遺其上下者也。」[12]更非定評，故司馬溫公謂之「非知揚子者」是也。自是而觀，宋咸之說亦不可取也。

　　至於王充曰：「余固以孟軻言人性善者，中人以上者也；孫卿言人性惡者，中人以下者也。」竊以爲亦未得其正。孟子之論性曰：「人皆有不忍人之心……所以謂人皆有不忍人之心者，今人之乍見孺子將入於井，皆有怵惕惻隱之心。」[13]曰：「人無有不善，水無有不下。」[14]曰：「故凡同類者，舉相似也，何獨至於人而疑之？聖人與我同類者，故龍子曰：『不知足而爲屨，我知其不爲蕢也。』屨之相似，天下之足同也。」[15]然則孟子謂人性善，蓋指所有之人，固未嘗局於中人以上者而言也。荀子之論性惡，曰：「人之性惡，其善者僞也。」[16]曰：「凡人之欲爲善者，爲性惡也。」曰：「凡人之性者，堯舜之與桀拓，其性一也，君子之與小人，其性一也。」[17]然則荀子所謂性惡，亦指所有之人，未嘗限於中人以下者而言也。王充《論衡·本性》又云：

　　　「告子與孟子同時，其論性無善惡之分……無分於善惡，

　　可推移者，謂中人也。不善不惡，須教成者也。故孔子曰：

12　《韓昌黎集》卷一〈原性〉。
13　《孟子·公孫丑上》朱熹《四書集註》。
14　同注 10。
15　同注 10。
16　同注 5。
17　同注 5。

　　　　『中人以上，可以語上也；中人以下，不可以語上也。』
　　　　告子之以決水喻者，徒謂中人，不指極善極惡也。孔子曰：
　　　　『性相近也，習相遠。』夫中人之性，在所習焉。習善而
　　　　為善，習惡而為惡也；至於極善極惡，非復在習。故孔子
　　　　曰：『惟上智與下愚不移。』性有善不善，聖化賢教，不
　　　　能復移易也。孔子道德之祖，諸子中最卓者也，而曰上智
　　　　下愚不移，故知告子之言未得實也……揚雄言人性善惡混
　　　　者，中人也。」

　　按告子曰：「性無善無不善。」[18]又曰：「性猶湍水也；決
諸東方則東流，決諸西方則西流。人性之無分於善不善，猶水之
無分於東西也。」[19]告子之論性，亦指所有之人而言也。王充強
以孔子上中下三品爲言，而謂性無分善惡，須教成之也；習善爲
善，習惡爲惡，亦猶中人也。並引孔子之言「惟上智與下愚不移」，
而斷告子之言性無分善惡爲未得其實也。按王充之論，恐非告子
之本意。告子以決水爲喻，水性之無分東西，亦猶人性之無分善
惡也。水性決之東則東流，決之西則西流；亦猶人性習之善則爲
善，習之惡則爲惡也。上智與下愚，其性一也。

　　司馬溫公以爲揚雄之論性，舉凡人，其性皆善惡混。惟所具
之善惡有多少耳，視才質之不同而有別。上智者，善至多而惡至
少，下愚者，惡至多而善至少，中人則善惡兼半。溫公之說，蓋
本之於世子。王充《論衡‧本性》云：

　　　　「周人世碩，以為人性有善有惡，舉人之善性養而致之，
　　　　則善長；性惡養而致之，則惡長。如此，則性各有陰陽善
　　　　惡，在所養。故世子作《養書》一篇，宓子賤、漆雕開、

18　同注 10。
19　同注 10。

公孫尼子之徒，亦論情性與世子相出入，皆言性有善有惡。」

揚雄之性善惡混，實即世子之性有善有惡說。溫公釋「善惡混」曰：「善惡雜處於心也。亦猶陰之有陽也。」惟其善惡雜處，故學則惡日消而善日滋；不學則善日消而惡日滋。斯即世子所云：「舉人之善性養而致之則善長，性惡養之則惡長。」所謂「養」，即孟子「我善養吾浩然之氣」[20]之「養」。養者，自養之也；性我固有，故可自養也。養猶不足，尚待於學，揚雄極重視學，《法言・學行篇》云：「學者所以修性也。」修性即所以長善去惡也。然則司馬溫公之說，其論揚雄之性善惡混，最爲貼切，亦最爲曉然明白，可謂得之。

二、氣爲適善惡之馬

揚雄論性又兼及於「氣」。所謂：「氣也者，所以適善惡之馬也與！」揚雄以爲氣乃適善惡之動力，人之性既善惡混，而其所以適善適惡者，端賴於氣，無氣即無動力，無動力即無以適善惡也。氣隨志而生，溫公注曰：「夢得曰：『志之所生，則氣隨之，言不可不養而適正也。乘而之善，則爲忠爲義；乘而之惡，則爲慢爲暴。』」然則氣者何也。《禮記・祭義》曰：「氣也者，神之盛也。」《管子・心術》曰：「氣者，身之充也。」《孟子・公孫丑上》：「夫志，氣之帥也；氣，體之充也。」趙歧注曰：「志，心所念慮也；氣，所以充滿形體爲喜怒也。志帥氣而行之。」《淮南子・原道訓》云：「今人之所以眭然能視，䁪然能聽，形體能抗，而有節可屈伸；察能分白黑，視醜美；而知能別同異、明是非者，何也？氣爲之充，而神爲之使也。」是則念慮之發於

---

20 同注 13。

心者爲志，志之充於身者爲氣。人之所以能視、能聽、能抗、能屈伸、能察、能智者，皆賴於氣之充也。以志帥氣，故馭氣可以適善惡也。然氣無辨於善惡。氣之無辨於善惡，猶馬之無辨於東西也；馬之能適東西，則惟人馭之也。

　　至於如何馭氣以修性，使能適善而不適惡，則有學焉。學可以明辨理欲善惡，學可以變化氣質。《法言・學行》云：

　　　「學者所以修性也。視、聽、言、貌、思，性所有也，學
　　　則正，否則邪。」

　　修性，即所以長善去惡也。飲食男女，人之所大欲存焉，亦人性所同然。孔門論性，無不兼理欲而言，孔子曰：「克己復禮爲仁。」[21]孟子曰：「養心莫善於寡欲。」[22]盡心下其言皆欲擴天理，克人欲。揚雄亦然，彼以爲人性之中有善有惡，亦即人性之中有理有欲；理勝欲則爲善，欲勝理則爲惡。揚雄曰：「視、聽、言、貌、思，性也。」然有欲焉。理欲之消長，則視人之所以修之何如而定。存理遏欲，是爲修其善；窮欲滅理，是爲修其惡。「克己復禮」[23]，是所以修之。修必由學，孔子曰：「非禮勿視，非禮勿聽，非禮勿言，非禮勿動。」[24]斯即所學之事。學爲修性，修性在於克欲。故揚子曰：「學則正，否則邪。」《太玄・玄槐》云：「維天肇降生民，使其貌動、口言、目視、耳聽、心思，有法則成，無法則不成。」此云有法無法，即學則正，否則邪之謂也。朱彬《禮記訓纂》引戴崇隱云：「學何有於五官，然視、聽、言、貌、思，非學則不得其正。」可謂善解揚雄之言者也。

　　學以修性，固無論乎人之材質何如也。《法言・學行》云：

21　《論語・顏淵篇》朱熹《四書集註》。
22　《孟子・盡心下》朱熹《四書集註》。
23　同注 21。
24　同注 21。

「或曰學無益也，如質何？曰：『未之思矣。夫有刀者礪
諸，有玉者錯諸，不礪不錯，焉攸用？礪而錯諸，質在其
中矣，否則輟。』」

《禮記‧學記》云：「玉不琢不成器，人不學不知道。」玉
必待琢而後成器，人必待學而後知道。玉之不琢，僅止於不成器
而已；刀之不礪，僅止於不利而已；而人之不學，則將不辨理欲；
不辨理欲，勢必滅理縱欲而滋惡矣，非僅止於不知道而已矣。故
人之材質無論美惡，皆必有學。材美者，學可以成其德；材劣者，
學可以寡其過。學可以盡性，學可以克欲，焉得謂之無益？

揚雄論性，以氣爲適善惡之動力，直承於性，以學爲修性馭
氣成德之法門，較之孟子修學在揚善，荀子修學在化僞，及宋儒
程、朱以氣言性，所謂「才說性時，便是兼氣質而言矣。」更爲
曉然明白。是則揚雄之性說，有其獨特之見解與價值。

三、人為不為命

揚雄於論性之外，又有所謂「命」者。

《法言‧問明》云：「或問命。曰：『命者，天之命也，非
人爲也。人爲不爲命。』請問人爲。曰：『可以存亡，可以死生，
非命也；命不可避也。』或曰：『顏氏之子，冉氏之孫。』曰：
『以其無避也。若立巖牆之下，動徵病，行而招死，命乎！命乎！』」

按命者，運命也。運命受之於天，謂之天意可也。死生窮達
皆是命，孔子曰：「死生有命，富貴在天」[25]是也。舉凡運命，
皆非人力之所能爲。人力之所能爲者，皆非命也。命不可奪，亦
不可避。孟子曰：「口之於味也，耳之於聲也，鼻之於臭也，四

---

25 同注 21。

肢之於安佚也，性也，有命焉，君子不謂性也。仁之於父子也，義之於君臣也，禮之於賓主也，知之於賢者也，聖人之於大道也，命也，有性焉；君子不謂命也。」[26]孟子以爲性之與命，皆受之於天，而其分際，在於性乃可求而必可得；命則可求而不必可得。口、耳、鼻、四肢之欲，人皆有所同好焉，然未必人人皆能求而得之，故曰：「有命焉，君子不謂性也。」孔子曰：「富而可求也，雖執鞭之士，吾亦爲之；如不可求，從吾所好。」[27]可見富貴利達，並非可求而必可得也，蓋命中有定焉。仁、義、禮、智之理，我所固有之也，可求而必可得，故曰：「有性焉，吾子不謂命也。」蓋非命之所定也。是以孔子曰：「富而可求，雖執鞭之士，吾亦爲之；如不可求，從吾所好。」亦謂命不可強求也。

　　至於死生之命，孟子曰：「莫非命也，順受其正。是故，知命者不立乎巖牆之下。盡其道而死者，正命也；桎梏死者，非正命也。」[28]朱注：「人物之生，吉凶禍福，皆天所命，然惟莫之致而主者，乃爲正命，故君子脩身以俟之，所以順受乎此也。命謂正命，巖牆，牆之將覆者；知正命，則不處危地以取覆壓之禍。盡其道，則所值之吉凶皆莫之致而至者矣。桎梏所以拘罪人者，言犯罪而死，與興立巖牆之下者同，皆人所取，非天所爲也。」[29]死生有命，愈順其自然，俏身以俟之，非人力之所得爲也。命宜死，而營謀以得生；命可以不死，而自致於死，皆非知命也。死於巖牆，死於桎梏，皆非命也，皆非順受其正也。故知命者，不死於巖牆之下，不死於桎梏之刑，必也順受其正，存其心，養其性，乃得終其天年。孟子曰：「殀壽不貳，修身以俟之，所以立

26　同注 22。
27　《論語・述而篇》朱熹《四書集註》。
28　《孟子・盡心上》朱熹《四書集註》。
29　同注 26。

命也」是也。[30]

　　揚雄論命，直承孟子之說，以爲凡人力之所可爲者，皆非命也。所謂「人爲不爲命也」，自取之也，非順受其正者也。若顏淵、冉伯牛者，皆以德行名於世，然一短命、一惡疾，不得壽考，斯即所謂命也，無可避者。至若孟子所言，「立乎巖牆之下」，或「動徵病」，「行而招死」，皆非無可避者，可避而不避，是人爲自取之也，非所謂命也。《韓詩外傳》云：「哀公問孔子曰：『有智者壽乎？』孔子曰：『然。人有三死而非命者，自取之也。居處不理，飲食不節，勞過者、病共殺之。居下而好干上，嗜欲無厭，求索不止者，刑共殺之。少以敵眾，弱以侮強，忿不量力者，兵共殺之。故有三死而非命者，自取之也。』」[31]人之年壽，有其定數，天之降年，有求有取，非人力所可爲，所可避者。故人惟修身以順其正，終其天年，無爲祈禱修煉之術，徼望延永，是謂知命也。斯即揚雄論命之用意焉。

四、性、命說之繼迹

　　漢初，黃老刑名之術盛行，至其末流，則漸趨於刑名之慘礉矣；而言清靜者，修道養壽，又流於神仙之術。及董仲舒治儒者之學，而重災異之變，述天人之道，以陰陽之說，作儒家之用。影響所及，自董生之後，以迄劉向無不採陰陽之言以說經，而道家黃老之說，與刑名之學，仍潛在於儒道之中。至王莽之世，更有神仙符命之說。揚雄見諸子各以其知舛馳，詆訾聖人，雖小辯終破大道以惑眾，是以欲闢除諸子，以復興儒學爲己任。以爲陰陽家之說，不合聖人；神仙之說，亦不可信。亟思有以正之；而

---

30 同注 28。
31 韓嬰《韓詩外傳》卷一。

正之之道，惟自教育始。而情性者，教育之本也。然性善、性惡，孟、荀二子早已著論，各執一端，其於人治則未見克其功，於是乃倡性善惡混說。其後，東漢王充釋揚雄之性善惡混說，以為乃指中人而言。並謂孟、荀、揚三子之性說，作為「反經合道，則可以為教，但若盡其性之理，則未也。」是以又主性有善有惡說。《論衡・本性篇》曰：

> 「情性者，人治之本，禮樂之所由生也。故原性情之極，禮為之防，樂為之節。性有卑謙辭讓，故制禮以適其宜；情有好惡喜怒哀樂，故作樂以通其敬；禮所以制，樂所為作者，情與性也，昔儒舊生，著作篇章，莫不論說，莫能實定……實者，人性有善有惡，猶人才有高有下也。」

《論衡・率性篇》又曰：

> 「論人之性，實有善有惡。其善者，固自善矣；其惡者，故可教告率勉使之為善。凡人君父，審觀臣子之性，善則養育勸率，無令近惡；惡則輔保禁防，令漸於善。善漸於惡，惡化為善，成為性行……天道有真偽，真者固自與天相應；偽者人加知巧，亦與真者無以異也。

　　王充論性有善有惡，謂「其善者，固自善矣。」蓋指中人以上而言。中人以上者，性本善，不待教而能自善也。謂「其惡者，故可教告率勉使之為善」者，則指含中人以下之人而言。中人以下之人，其性惡，故須教告率勉使之為善。王充之說，乃承告子「有性善，有性不善。是故以堯為君，而有象；以瞽瞍為父，而有舜；以紂為兄之子，且以為君，而有微子啟、王子比干」[32]而來。與揚雄之說異，然其視教育為修善去惡之門則無異也，惟教

---

32 同注 10。

育之對象有別耳。一主所有之人皆須受教力學。一主惟中人以下則須教告率勉之爲善。至於論性之理，二人皆兩取孟、荀之說性而折中之也。

揚雄之論命，蓋見時人崇信神仙之說，故發展《易·繫辭上》「原始反終，故知死生」之說，以明死生有命，乃自然之法則。

《法言·君子》云：「有生必有死，有始必有終，自然之道也。」

自然之法則，非人力之所可爲，是故揚雄又曰：「可以存亡，可以死生，非命也。命不可避也。」王充《論衡·道虛》更闡其說曰：

> 「有血脈之類，無不有生，生無不死，以其生，故知其死也。天地不生，故不死；陰陽不生，故不死。死者生之效，生者死之驗也。夫有始必有終，有終必有始，惟無終始者，乃長生不死。人之生，其猶水也。水凝而爲冰，氣積而爲人；冰極一冬而釋，人竟百年而死。人可令不死，冰可令不釋乎？諸學仙術爲不死之方，其必不成，猶不能使冰終不釋也。」

有生必有死，不生則不死；猶水凝爲冰，冰終必釋爲水，此生死有命，自然之道也。王充既闡揚雄之說，又擴而充之，申論人生貴賤禍福亦有命焉。《論衡·命祿》曰：

> 「凡人偶遇及遭累害，皆由命也。有死生壽夭之命，亦有富貴貧賤之命。自王公逮庶人，聖賢及下愚，凡有首目之類，含血之屬，莫不有命。命當貧賤，雖富貴之，猶涉禍患矣；命當富貴，雖貧賤之，猶逢福善矣。故命貴從賤地自達，命賤從富位自危。故夫富貴若有神助，貧賤若有鬼禍……故夫臨事知愚，操行清濁，性與才也；仕宦貴賤，

　　治產貧富，命與時也。命則不可勉，時則不可力。

　　「命則不可勉，時則不可力。」所謂「時」者，機運也。命不可強求，機運亦不能力致。死生貴賤皆命也，時也，既不可力求而得，則惟修身養性，力學向道以俟命，此揚雄、王充所力主，亦儒家思想一貫之主張也。

《荀子‧禮論篇》正補

劉 文 起[1]

摘　要

　　《荀子》三十二篇，以禮爲其根本主張，荀子常稱：「禮者，人道之極也。」（〈禮論〉）又曰：「法禮足禮，謂之有方之士。」（〈禮論〉）禮字貫穿全書，而〈禮論〉遂成爲《荀子》書中最爲核心之篇章，凡治荀書者，自不能不予以特別關注，故今收錄〔唐〕楊倞以後如清儒之整理文字及民國以後學者研治之成績，略事整理成〈《荀子‧禮論篇》正補〉一文，盼能成爲治荀者之參考與資助。

　　《荀子》之書，劉向〈敘錄〉嘗稱可比於紀傳，可以爲法。惟因倡言性惡、非孟之論，故秦漢之後，治之者無有，迄唐楊倞始爲之注，有得有失，毀譽不一。清乾嘉之後，治荀者衆，荀子遂成顯學，惟其書訛誤奪衍，終不能掩。昔日曾以《古逸叢書》影南宋台州本爲底本，並以輔本十多種爲助，兼及昔人論述，合而稍事董理成《荀子正補》一書，今茲所錄乃〈禮論〉一篇耳。

---

1 劉文起，山東沂水人，民國三十六年生，現年六十二歲，中華民國國家文學博士，先後任教於高雄師範大學、中正大學、世新大學等校，現爲東吳大學中文系專任教授。著有《荀子成聖成治思想研究》、《荀子正補》、《王符潛夫論所反映之東漢局勢》、《國學論叢》等著作及單篇論文數十餘篇。

先王惡其亂也，故制禮義以分之，以養人之欲，給人之求。
兩者相持而長，是禮之所起也。

楊注：有分然後欲可養，求可給。

案：「故制禮義以分之」句，《藝文類聚·三八》、《天中記·四二》引並作「故制禮義以養之」，分作養，蓋涉下文「以養人之欲」養字而誤。觀注文云：「有分然後欲可養，求可給。」此意不特得之，亦足以訂正彼二類書引文之誤。蓋人情欲之多，物必不能贍，唯有分而後能養，不得其分則爭，爭則亂，亂則窮，（楊注窮字云：「謂計無所出。」失之，窮即困窮。）不得逕改作「故制禮義以養之」也。本書〈榮辱篇〉云：「故先王案為之制禮義以分之。」〈王制篇〉亦云：「先王惡其亂，故制禮義以分之。」具作分字可知。

使欲必不窮於物，物必不屈於欲。

楊注：屈，竭也，先王為之立中道，故為不盡於物，物不竭於欲。

案：注文下為字，當作欲字，字之誤也，今本作為字者，乃涉上為字而誤，當從各本改正。

椒蘭芬芳，所以養鼻也。

案：「芬芳」，各本並作「芬苾」，《天中記·四二》同。「芬苾」，即「芬芳」也，《說文》：「苾，馨香也。」《廣雅·釋器》：「苾，香也。」《一切音義·四》：「苾，大香也。」又《史記·禮書》作「芬茝」，《楚辭·離騷補注》引作「苾芬」，《太平御覽·五二三》則引作「芬馨」，並字異而義同。

彫琢刻鏤黼黻文章，所以養目也。

案：「彫琢」，十行本、元本、六子本、元補本、翻宋本、黑口本、世德堂本、六子全書本並作「雕琢」。《說文》：「雕，

驥也。」又：「彫，琢文也。」是瑂琢之成文曰彫，其字從彡，與雕字鳥名之義本自有別，後則以二字聲同而相假也。

疏房檖貊越席床第几筵，所以養體也。

楊注：貓貊，古貌字，檖貊未詳。或曰：檖讀為邃，貌，廟也，廟者宮室尊嚴之名。或曰：貊讀為邈，言屋宇深邃縣邈也。

鍾泰曰：或說檖讀為邃，貊讀為廟，是也，《左傳》：「虞人之箴曰：民有寢廟，獸有茅草。」古居屋亦謂之廟，不必宗廟而後曰廟也。故此以「疏房」「邃廟」對言。至楊曰：「廟者，宮室尊嚴之名。」則不得其說而為之辭。

梁啓雄曰：《爾雅‧釋言》：「室有東西廂曰廟，無曰寢。」《禮記‧月令》：「寢廟必備。」注：「前曰廟，後曰寢。」是廟本宮宦之名，不專限於宗廟也。

案：二說是也，鍾氏所引《左傳》之文，見襄公四年，謂民居寢廟，獸居茅草，故傳文下曰各有攸處也，此寢廟即所謂人之居，非謂宗廟也。又《左氏‧襄公二十三年》傳云：「夫鼠，畫伏夜動，不穴於寢廟，畏人故也。」此亦指人之宮室言之，以其為人所居，故鼠不敢入也。《呂氏春秋‧慎勢篇》云：「古之王者，擇天下之中而立國，擇國之中而立宮，擇宮之中而立廟。」廟亦指王者所居言之，非謂宗廟也。

蛟韅。

楊注：韅，馬腋之革，蓋象蛟形，徐廣曰：「以鮫魚皮為之。」

盧文弨曰：《史記》蛟作鮫，古字通用。注：「馬服」乃「馬腋」之誤。徐說本《說文》，楊云：「象蛟形。」與上下文虎兕龍一例，勝徐說。

案：《說文‧虫部》：「蛟，龍屬，無角曰蛟。」又〈魚部〉：「鮫，海魚也，皮可飾刀。」是蛟，鮫本截然為二物，《廣韻》

亦曰：「鮫，魚名，皮有文，可飾刀。」《文選·南都賦注》引
《山海經注》，亦謂鮫乃皮有珠文而堅者。唯《呂氏春秋》有「季
夏伐蛟」之語，彼高注云：「蛟，魚屬。」因遂以蛟爲鮫，《淮
南子·道應篇》注云：「蛟，水居，其皮有珠，世人以爲刀劍之
口。」〈說山篇〉注亦云：「鮫，魚之長，其皮有珠，今世以爲
刀劍之口。」所稱鮫魚之長，又即《說文》池魚滿三千六百，蛟
之爲之長也，蓋皆蛟、鮫二字互借，故《禮記·中庸》：「黿鼉
蛟龍。」《釋文》云：「鮫，本又作蛟也。」又盧氏謂注文「馬
服」

　　當作「馬腹」，今本正作腹字不誤。《史記·禮書》〈索隱〉
曰：「以鮫魚皮飾韅，韅，馬腹帶也。」《左傳·僖公二十八年》
傳云：「晉車七百乘，韅靷鞅靽。」注云：「在背曰韅，在腹曰
靽。」《釋名·釋車》：「韅，經也，橫經其腹下也。」與徐廣
說不同。

　　　　故大路之馬，必倍至教順，然後乘之，所以養安也。

　　楊注：倍至，謂倍加精至也。或以必倍爲句，倍謂反之，車
在馬前，令馬熟識車也，至極教順，然後乘之，備驚奔也。

　　盧文弨曰：《史記》「倍至」作「信至」。

　　王先謙曰：倍當依《史記》作信，倍信形近而譌，據楊注，
則所見本已誤，信至謂馬調良之至。

　　案：王說是也，凡隸書之字，從言從音多相似，故信、倍二
字多互亂，《戰國策·魏策》：「輕信楚趙之兵，」《史記·穰
侯列傳》作：「輕背楚趙之兵，」則知〈魏策〉之信字當爲倍字
之譌，《墨子·貴義篇》：「市賈信徒，」信亦倍字之譌，此文
「倍至」《史記·禮書》則作「信至」也。順與馴通，「教順」
即「教馴」也。

　　孰知夫出死要節之所以養生也。

　　王先謙曰：《史記》「出死」上多一士字。

　　李滌生曰：《史記》「出死」上士字，乃後人誤加，蓋士即出之訛也。隸書出字，或省作士，歆字作散，賣作賣，是其例，故兩字易訛，《史記》多士字，當是一本作士，一本作出，後儒不能去取，兩存之耳。

　　案：據下文云：「孰知夫輕費用財（本作出貴用，從龍宇純說校改）之所以養財也，孰知夫恭敬辭讓之所以養安也，孰知夫禮義文理之所以養情也，」則此文「出死」上不當有士字，四句始一例矣。經傳中士出二字，往往互訛，本書〈大略篇〉：「君子聽律習容而後出，」今本出訛作士，《史記‧呂后本紀》：「齊內史士，」徐廣曰：「一作出。」《左傳‧僖公二十五年》：「諜出曰：原將降矣。」《呂氏春秋‧為欲篇》「諜出」二字訛作「謀士」，並其例，李說市也。〔宋〕陳旉《穎川小語‧卷下》引《荀子》此文，「出死」上亦有士字，誤與《史記》同。

　　苟怠惰偷懦之為安居，若者必危。

　　楊注：懦讀為儒，言苟以怠惰為安居，不能恭敬辭讓，若此者必危也。

　　王先謙曰：《宋台州本》安下有居字，據注似正文本有居字。

　　饒彬曰：審之上下文理，此不當有居字，《宋台州本》疑涉注文而衍。

　　案：上文曰：「人苟生之為見，若者必死，苟利之為見，若者必害。」下文又曰：「苟情說之為樂，若者必滅。」細審上下文義，安字與見字、樂字正一例，居字不當有也，且「苟怠惰偷懦之為安，若者必危」句，正承上文「孰知夫恭敬辭讓之所以養安也」而言，彼文楊注：「無恭敬辭讓，則亂而不安也。」亦無

居字可明，今本有居字者，殆淺人妄增之也。饒說是也，王說非。

　　無天地惡生，無先祖惡出，無君師惡治。

　　案：《大戴禮記・三本篇》，三惡字皆作焉，惡，焉意同。

　　故禮，上事天，下事地，尊先祖，而隆君師。

　　鍾應梅曰：《老子》曰：「治人事天莫如嗇。」〈上河公注〉曰：「事，用也。」荀子事天、事地，亦包涵此義。〈天論篇〉：「從天而頌之，孰與制天命而用之？」可證。而所以制天命而用之者，禮也。

　　案：鍾說非是，上文曰：「禮有三本，天地者，生之本也，先祖者，類之本也，君師者，治之本也。」此文承之而言，故事字當訓為事奉之意，蓋禮之所由出者，其基本有三，故制禮以郊天、社地、禘祖（指祭禮），尊隆君師（指朝聘之禮）。下文又有言曰：「郊止乎天子，而社止於諸侯。」此亦「尊者事尊，卑者事卑」之意也。

　　故王者天太祖。

　　楊注：謂以配天地，太祖若周之后稷。

　　案：太祖為天所生，德澤延及後世，故配天而祭之。《毛詩・序》曰：「文王之初，起於后稷，故推以配天焉。」

　　郊止乎天子。

　　王先謙曰：《史記》作「郊疇乎天子」，〈索隱〉：「疇，類也，天子類得郊天，餘並不合祭。」

　　案：小司馬又曰：「今《大戴禮》作『郊止乎天子』，是也，止或作時，因誤耳。」〔清〕張文虎亦曰：「疇當作止，止與時音近，疇則由時而誤也。《說文》：時，天地五帝所基止，祭地也。是時亦有止義。」（見《校史記札記》）蓋止與時疊韻故通用，《漢書・高帝紀》：「戰好時，」〈注〉：「神靈之所止也。」

《後漢書‧馮衍傳》：「陟雍時而逍遙兮，」〈注〉：「時者，止也。」可證。時疇形近易誤，《左氏‧襄公三十年傳》云：「成衍奔乎時，」〈釋文〉：「時，本作疇。」又《昭公‧二十二年傳》云：「奔于平時，」〈釋文〉：「音止，本或作平壽，誤。」故《史記》疇字當从《荀子》此文及《大戴禮》改正。

　　而社止於諸侯。

　　王先謙曰：《史記》作「社至諸侯」，〈索隱〉言：「天子巳下至諸侯，得立社。」《說文》：「社，地主也。」《孝經緯》：「社，土地之主也。土地闊，不可盡敬，故封土為社，以報功也。」案止字義不可，當作至，至止形近而誤，楊所見荀子，本亦作「至於諸侯」，若作「止於諸侯」，不訓為自諸侯通及士大夫矣。

　　案：下文云：「道及士大夫，」劉師培《補釋》曰：「三代之時，天子祭天，諸侯祭土，大夫士則祭其先，即下文所謂尊者事尊，卑者事卑也。若祭法言：大夫以下，或群立社。然此皆公立之社，非特立之社，與王社國社不同，故荀子言社止於諸侯也。」據劉氏之言，則知王說為非。唯《史記》之至字，與此文之止字，二字義同，《說文》：「至，鳥飛從高下至地也。從一，一猶地也。象形。不上去，而至下來也。」鳥至地則止，是至有止義。且《說文》室、屋、臺，字皆從至，亦以其有為人所止之義，尤益可知。《詩‧泮水》：「魯侯戾至，」〈傳〉：「止，至也，」止訓至，則至亦可訓為止矣。故「社至於諸侯」即「社止於諸侯」也。

　　故尊之尚玄酒也，俎之尚生魚也，豆之先大羹也，一也。

　　案：「尊之尚玄酒也」，《史記‧禮書》作「尊之尚玄尊也」，（《淮南子‧詮言篇》同）下尊字涉上文而誤，〈正義〉引皇侃云：「玄酒，水也。」知所據《史記》本亦作「玄酒」，《大戴

記‧禮三本篇》亦作「玄酒」可證。豆字，各本作俎，是也。觀上文，「大饗尚玄尊，俎生魚，先大羹」，及下文「成事之俎不嘗也」，並無豆字連文可知。

　　　利爵之不醮也。

　　楊注：醮，盡也，謂祭祀畢告利成，利成之時，其爵不卒，奠于筵前也，《史記》作「不啐」。

　　俞樾曰：「利爵不醮」，未盡其義，利者謂佐食也，利爵不醮，蓋據大夫儐尸之禮，〈有司徹篇〉：「利洗爵獻於尸，尸酢獻祝，祝受祭酒，啐酒奠之。」是其事也。利既獻尸，尸卒爵酢利，利又獻祝，祝受奠之不啐，示祭事畢也。

　　梁啓雄曰：《史記‧集解》引鄭玄曰：「啐，入口也。」〈有司徹〉云：「祝受祭酒，啐酒奠之。」而俞云祝受奠酒而不啐，豈非與禮意相違乎？考《廣雅‧釋詁》：「啐，嘗也。」啐酒奠之，謂嘗其酒而奠之。嘗其酒，正謂小飲不盡，則楊訓醮為盡，是也。《史記》作啐，鄭詁啐為入口，皆非也。

　　案：楊訓醮為盡，是也。《說文》：「釂，飲酒盡也。」又：「歠，盡酒也。」《禮記‧曲禮》：「長者舉未釂。」鄭注：「盡爵曰釂。」《史記‧游俠列傳》：「與人飲，使之嚼。」醮、釂、嚼，並字異而義同。《爾雅》：「水醮曰厬。」郭注：「謂水醮盡。今江淮間人謂人財盡曰醮，亦其義也。」亦可證成楊說。又醮字，《史記》作啐，則梁說為是。「利爵之不醮」，即「祝受祭酒，啐酒奠之。」之意。

　　　清廟之歌，一倡而三歎也，縣一鍾，尚拊之膈，朱絃而通
　　　越也，一也。

　　王先謙曰：《大戴禮》鍾作磬，與磬同，「拊膈」作「拊搏」，無之字，《史記》亦無，明此之字衍。

高亨曰：「朱弦而通越」，上疑當有瑟字，轉寫脫誤。謂清廟之瑟如是。如無瑟字，則朱弦通越，無所指矣。《禮記‧樂記》：「清廟之瑟，朱弦而通越。」即此證。

案：「縣一鍾尙拊之膈」，本作「縣一鍾之尙拊膈」，之猶而也，詳裴氏《古書虛字集釋》，《大戴禮‧禮三本篇》作「縣一磬而尙拊搏」，彼文之字，即此文而字也，王氏謂下之字衍文，非也。又高氏謂朱弦通越上有瑟字，其說是也。《尙書大傳》云：「古者帝王升歌清廟之樂，大琴練弦通越，大瑟朱弦達越，」「朱弦達越」正指瑟字而言。

故至備，情文俱盡，其次，情文代勝，其下，復情以歸大一也。

案：《史記‧禮書》亦有此文，中井積德曰：「其次其下，就禮中次第其事也，非美惡之等。」（《史記左傳雕題》）此說得之。上文曰：「凡禮，始乎梲，成乎文，終乎悅校。」乃就禮制之始出而言者，後世禮制至備，情文俱盡，追溯其初則皆歸於質素，非謂古必不如今。上文又曰：「貴本之謂文，親用之謂理，兩者合而成文，以歸大一，夫是之謂大隆。」不忘本而歸於太一，則此文「其下，復情以歸大一也」者，自不得謂爲最低層次之禮也。且下文又有言曰：「禮者，以隆殺爲要。」要，當也，禮或隆或殺，唯其所當爲貴，不必強分高下，從可知之矣。

能慮能固，加好者焉，斯聖人矣。

王先謙曰：《史記》者作之，此句當作「加好之者焉」，《史記》引刪者字，荀書奪之字也，無之字則語不圓足。〈王制篇〉云：「爲之貫之，積重之，致好之者，君子之始也。」致好下有之字，是其例。

陶鴻慶曰：者讀爲諸，諸與之同，《史記》作之，此文作者，

其實一也。王解謂《史記》刪者字，此文奪之字，非是。

　　潘重規先生曰：者之古字通，《史記》之之，即荀書之者，能慮能固，又能好之，則是聖人矣，詞義甚明。

　　案：《史記・禮書》作「加好之焉，聖矣」，者之古通用，古籍習見，《史記・穰侯列傳》：「未嘗有者也，」《國策・魏策三》作：「未嘗有之也」；《孟子・盡心篇》：「堯舜性者也。」又：「堯舜性之也。」本書〈富國篇〉：「不利而利之，不如利而後利之之利也，不愛而用之，不如愛而後用之之功也。利而後利之，不如利而不利者之利也，愛而後用之，不如愛而不用者之功也。」《墨子・節葬篇下》：「積委多，城郭修，上下調和，是故大國不耆攻者，無積委，城郭不修，上下不調和，是故大國耆攻之。」並其明證，潘先生之說是也。王氏不知者之二字互文，陶氏亦曲為支解，竝非。

　　　　以多少為用。

　　楊注：多少異制，所以別上下也。

　　案：用字，各本作異，是。觀注云：「多少異制，所以別上下也。」知荀文作異不作用，今本作用，涉上文「以財物為用」用字而致譌，《史記・禮書》亦作「以多少為異」。

　　　　步驟馳騁厲騖不外是矣，是君子之壇宇宮廷也。

　　楊注：厲騖，疾騖也。《史記》作「廣騖」，言雖馳騁，不出於隆殺之間。

　　案：《史記・禮書》作「步驟馳騁廣騖不外，是以君子之性守宮庭也。」「廣騖」當依荀子作「厲騖」。厲廣二字，形似相近，故經傳往往致誤，《莊子・大宗師》：「厲乎其似世乎？」崔譔本厲作廣，且云：「苞羅者廣也。」《史記・平津候傳》：「厲賢予祿。」徐廣曰：「厲，一作廣。」〈儒林傳〉：「以廣

賢材。」《漢書》廣作厲；《漢書‧地理志》齊郡廣，《說文》
水部注廣譌為厲；《禮記‧月令》：「天子乃厲飾，」《淮南‧
時則篇》作「廣飾」，皆其例也。又厲本字當作駕，《說文》：
「駕，次弟馳也。」《廣雅‧釋宮》：「駕，奔也。」《玉篇》
作馴。古通作厲，故〈月令〉云：「征鳥厲疾。」《楚辭‧遠遊》：
「颯弭節而高厲。」是也。又《史記》步驟以下十八字，有譌有
奪，當從荀子此文改正，說詳王念孫《史記雜志》。

　　曲得其次序，是聖人也。

　　案：《史記‧禮書》作：「曲直得其次序，聖人也。」彼直
字衍文，〈索隱〉曰：「委曲得禮之序，動不失中，則是聖人之
行也。」是〈索隱〉本曲下亦本無直字可知。

　　君子以倍叛之心接臧穀，猶且羞之，而況以事其所隆親乎？

　　楊注：所隆親，所厚之親也。

　　王引之曰：隆，尊也，隆親二字平列，所隆謂君也，所親謂
父母也。下文曰：「臣之所以致重其君，子之所以致重其親。」
是其證，楊注非。

　　案：王說是。下文曰：「三月之殯，何也？曰：大之也，重
之也，所致隆也，所致親也，將舉措之，遷徙之，離宮室而歸丘
陵也。」言既殯之後，三月後始安葬者，蓋於所致親之父母，所
致隆之國君，不敢不備禮文，鄭重其事也。亦以隆親二字分列之
證，下文曰：「故先王案為之立文，尊尊親親之義至矣。」尊尊
即隆君，親親即謂親父母也。

　　　天子之喪，動四海，屬諸侯；諸侯之喪，動通國，屬大夫；
　　　大夫之喪，動一國，屬脩士；脩士之喪，動一鄉，屬朋友；
　　　庶人之喪，合族黨，動州里。

　　楊注：《春秋傳》曰：「天子七月而葬，同軌畢至；諸侯五

月而葬，同盟至；大夫三月，同位至；士踰月，外姻至。」

　　案：注所引文，見《左傳‧隱公元年》。《禮記‧王制》亦云：「天子七日而殯，七月而葬；諸侯五日而殯，五月而葬，大夫、士、庶人三日而殯，三月而葬。」又《說苑‧脩文篇》云：「天子七月而葬，同軌畢至；諸侯五月而葬，同會畢至；大夫三月而葬，同朝畢至；士、庶人二月而葬，外姻畢至也。」此皆「尊者舒，卑者速」之義也。

> 刑餘罪人之喪，不得合族黨，獨屬妻子，棺椁三寸，衣衾三領，不得飾棺，不得晝行，以昏殣，凡緣而往埋之，反無哭泣之節，無衰麻之服，無親疏月數之等，各反其平，各復其始，已葬埋，若無喪者而止，夫是之謂至辱。

　　案：《左傳‧哀公二年》云：「簡子誓曰：若其有罪，絞縊以戮，桐棺三寸，不設屬辟，素車樸馬，無入于兆，下卿之罰也。」《周禮‧冢人》：「凡死於兵者，不入兆域。」鄭注：「戰敗無勇，投諸塋外以罰之。」與荀子此文，皆示罰之意。《墨子‧節葬下》：「故古聖王制為葬埋之法，曰：桐棺三寸，足以朽體，衣衾三領，足以覆惡，以及其葬也，下毋及泉，上毋通臭，壟若參耕之畝，死則既已葬矣，生者必無久哭，而疾而從事，人為其所能，以交相利也，此聖王之法也。」《莊子‧天下》：「墨子獨生不歌，死不服，桐棺三寸而無槨，以為法式。」《韓非子‧顯學》：「墨者之喪也，冬日冬服，夏日夏服，桐棺三寸，服喪三月。」是墨家之喪制，與荀子此文所言者相近，惟荀子以此斥刑餘罪人，而墨者取尤薄者以為準式也。

> 故量食而食之，量要而帶之，相高以毀瘠，是姦人之道也，非禮義之文也，非孝子之情也，將以有為者也。

　　楊注：非禮義之節文，孝子之真情，將有作為以邀名求利，

若演門也。

盧文弨曰：注演門未詳。

久保愛曰：本注演門地名，《莊子‧外物篇》：「演門有親死者，以善毀爵為官師，其黨人毀而死者半。」

案：《莊子‧外物‧釋文》曰：「演門，宋城門名。」成玄英〈疏〉曰：「東門也。亦有作寅者，隨字讀之。東門之孝，出自內心，形容外毀，惟宋君嘉其至孝，遂加爵而命為卿。鄉黨之人，聞其因孝而貴，於是強哭詐毀，矯性偽情，因而死者，其數半矣。」

> 刻死而附生謂之墨，刻生而附死謂之惑，殺生而送死謂之
> 賊。

楊注：刻，損減，附，增益也，墨，墨子之法，惑謂惑亂過禮也。

王念孫曰：墨與惑賊對文，則墨非墨子之謂。上文云：「事生不忠厚，不敬文，謂之野，送死不忠厚，不敬文，謂之瘠。」此云：「刻死而附生謂之墨，」〈樂論〉云：「亂世之徵，其養生無度，其送死瘠墨。」又以瘠墨連文，則墨非墨子明矣。

鍾泰曰：瘠正謂墨子之道太瘠薄也，故〈樂論〉以瘠墨連文，然則墨之謂墨子之法，無疑耳。此下文云：「儒者是矣。」儒亦與墨對。〈修身篇〉：「術慎墨而情雜汙，」慎墨與雜汙對文，荀子固有此種說法。

案：此文以墨字與惑賊二字相對，則墨非謂墨子之法，可以無疑。〈樂論篇〉固以瘠墨連文，然彼既以之與上文「其養生無度」對，則彼文墨字亦非指墨子而言。《左氏‧昭公十四年傳》云：「己惡而掠美為昏，貪以敗官為墨，殺人不忌為賊。」荀子此文，以墨字與惑賊相對，亦猶《左氏》之以墨與昏賊相對也。

此文墨字當另有所指，墨借作冒，謂貪冒也，《正字通》：「墨通作冒，《左傳》貪冒之民，〈周語〉其君貪冒，即貪墨。」《說文通訓定聲》亦云：「墨，假借爲冒，《左氏‧昭公十四年傳》：貪以敗官爲墨。按：犯而取也。注：不潔之稱，失之。」則「刻死而附生謂之墨」者，即薄其葬而厚益其生，謂薄葬省錢，而厚益生者也，故爲貪財。上文曰：「夫厚其生者而薄其死，是敬其有知而慢其無知也，是姦人之道而倍叛之心也。」彼云姦人倍叛者，正此貪冒之意也。

今夫大鳥獸，則失亡其群匹。

案：《意林》引此文，匹上无群字。

然則可以分之。

楊注：分，半也，半於三年矣。

物茂卿曰：何以分之，言何以分五等也，注非。

案：徂來之說是。下文曰：「曰：至親以期斷。……然則三年何也？曰：加隆焉，案使倍之，故再期也。由九月以下，何也？曰：案使不及也，故三年以爲隆，總麻，小功以爲殺，期，九月以爲閒。上取象於天，下取象於地，中取則於人，所以群居和一之理盡矣。」此即依「稱情立文」之義，以分親疏而定服喪年月之長短，注文非是。

慈母，衣被之者也，而九月。

久保愛曰：〈喪服傳〉：「爲庶母慈己者，小功，布衰裳，牡麻絰，即葛五月。」此云九月，或誤字，或傳聞之異也。

案：〈喪服小記〉曰：「爲慈母之父母無服。」注云：「恩所不及故也。」又曰：「慈母與妾母不世祭。」是固有不盡同於母者矣。《禮記‧曾子問》：「子游問曰：喪慈母如母，禮與？孔子曰：非禮也。古者男子外有傅，內有慈母，君命所使教子也，

何服之有？」案此與喪服所言慈母不同，故孔子曰：「何服之有」也。顧炎武《日知錄》亦曰：「《南史‧司馬筠傳》，梁天監七年，安成國太妃陳氏薨，詔禮官議皇子慈母之服。筠引鄭玄說服止卿大夫，不宜施之皇子。武帝以爲不然，曰：禮言慈母有三條，一則妾子無母，使妾之無子者養之，命爲子母，服以三年，喪服齊衰，章所言慈母如母是也。二則嫡妻子無母，使妾養之，雖均乎慈愛，但嫡妻之子妾無爲母之義，而恩深事重，故服以小功。〈喪服小功章〉所以不直言慈母而云庶母慈己者，明異於三年之慈母也。其三則子非無母，擇賤者視之，義同師保而不無慈愛，故亦有慈母之名。師保無服；則此慈母亦無服矣。（內則）云：擇於諸母與可者使爲子師，其次爲慈母，其次爲保母。此其明文，言擇諸母，是擇人而爲，此三母非謂擇取兄弟之母也。子遊所問，自是師保之慈，非三年小功之慈也，故夫子得有此答，豈非師保之慈母無服之證乎？……于是筠等請依制改定嫡妻之子母沒爲父妾所養，服之五月，貴賤並同，以爲永制。」據此，則荀子此文所言「慈母」者，即嫡妻子無母，使妾養之者，亦〈喪服小功章〉所云之「庶母慈己」者也。

郊者，并百王於上天而祭祀之也。

楊注：百王，百神也，或神字誤爲王。言社稷唯祭一神，至郊天則兼祭百神，以喻君兼父母者也。

柳鍾城曰：《記纂淵海‧七六》引並作合，又引王作神，與注說合。

案：百王，百世之王，皆謂前世之君也，社稷唯祭一神，郊祭上天，則兼祭百神也。《翰苑新書‧後集八》引此文並作合，王作神，與《記纂淵海》引同。

祭者、志意思慕之情也。

　　王念孫曰：情與志意義相近，可言「思慕之情」，不可言「志意思慕之情」，情當為後積，字之誤也。志意思慕積於中，而外見於祭，故曰：「志意思慕之積也。」下文「唈僾」注云：「氣不舒憤鬱之貌。」正所謂志意之積也，又下文：「　，則其於志意之情者，惘然不嗛。」情亦當為積。言志意之積於中者不慊也，楊云：「忠臣孝子之情，悵然不足。」則所見本已誤。

　　鍾泰曰：情字不誤。下文云：「其於志意之情者，惘然不嗛，其於禮節者，闕然不具。」以情與禮節對言，禮節即文，是正情文俱盡之說，王氏說非也。

　　案：鍾說為是。荀子所言之禮，其具體可行者，即事生之禮、送死之禮、祭祀之禮也，三者情文具備，故本篇尤顯言之。祭祀之禮，文也，即所以表達意志思慕之情者，正上文所謂「稱情而立文」之意，若改情字作積，則與荀意相違，下文：「故曰：祭者，志意思慕之情也，忠信愛敬之至矣，禮節文貌之盛矣，」複文可證。

　　韶夏護武，汋桓箾簡象。

　　楊注：因說祭，遂廣言喜樂哀愛痛敦惡之意，本皆因於感動，而為之文飾也。喜樂不可無文飾，故制為鐘鼓韶夏之屬，箾音朔，賈逵曰：「舞曲名。」武汋桓皆〈周頌〉篇名。簡未詳，象，周武王伐紂之樂。

　　王念孫曰：箾象即《左傳》之象箾也，自鐘鼓管磬以下，皆四字為句，則箾象之間，不當有簡字，疑即箾字之誤而衍者。

　　案：韶，舜樂，夏，禹樂，護同濩，湯樂也。武，《呂氏春秋・古樂篇》：「武王即位，以六師伐殷，六師未至，以銳兵克之於牧野，歸乃薦俘馘于京太室，乃命周公作為大武。」而《左氏・宣公十二年》則以為武王所作，又引「耆定爾功」語，謂為

武之卒章，以賚爲武之三章，以桓爲武之六章，是古時武原分章，
今《毛詩》則以章爲篇也。汋今《毛詩》作酌，《左氏‧宣公十
二年》則作汋，與荀同，《春秋繁露‧三代改制質文篇》：「周
公輔成王，受命作宮邑於洛陽，成文武之制，作汋樂以奉天。」
即其事也。汋又作勺，《風俗通》、〈內則〉、《漢書‧禮樂志》
作勺可證。《冊府元龜‧將帥部‧識略門》引《左傳》亦作勺字。
是汋、酌、勺音同而通用也。

《淮南子·主術訓》中儒道法
三家思想之合流與互補

胡 楚 生

摘　要

本文分爲七節：

首節：緒論，敍述有關《淮南子》之成書情形。

次節：略敍先秦諸子中儒道法三家之政治思想。

三節：敍說〈主術訓〉中儒家「君道」之特色。

四節：敍說〈主術訓〉中道家「君道」之特色。

五節：敍說〈主術訓〉中法家「君道」之特色。

六節：討論〈主術訓〉中儒道法三家思想之互補。

七節·結語，敍說〈主術訓〉對後世「君道」之影響。

一、引　言

　　《淮南子》爲漢代淮南王劉安（西元前一七九年至一二二年）集門下客所撰成。《漢書·藝文志》於雜家列《淮南》內二十一篇，《淮南》外三十三篇，顏師古注云：「內篇論道，外篇雜說。」《漢書·淮南王傳》云：「（淮南王安）招致賓客方術之士數千人，作爲《內書》二十一篇，《外書》甚眾，又有《中篇》八卷，

言神仙黃白之術，亦二十餘萬言。」[1]高誘《淮南鴻烈解・敘》云：「於是遂與蘇飛、李尚、左吳、雷被、毛被、伍被、晉昌等八人及諸儒大山、小山之徒，共講論道德，總統仁義，而著此書。其旨近《老子》，淡泊無爲，蹈虛守靜，出入經道。言其大也，則燾天載地，說其細也，則淪於無垠，及古今治亂存亡禍福，世間詭異瓌奇之事。其義也著，其文也富，物事之類，無所不載，然其大較，歸之於道，號曰《鴻烈》，鴻，大也，烈，明也，以爲大明道之言也。」[2]高氏之言，對於《淮南子》一書之要旨，闡釋頗爲詳明。

《淮南子・要略》云：「〈主術〉者，君人之事也，所以因任督責，使群臣各盡其能也。明攝權操柄，以制群下，提名責實，考之參伍，所以使人主秉數持要，不妄喜怒也。其數直施而正邪，外私而立公，使百官條通而輻湊，各務其業，人致其功，此主術之明也。」[3]也已將〈主術訓〉一篇之重點，大略說明。

今考〈主術訓〉中，發揮儒道法三家政治思想之精蘊者，爲數頗多，推論其原因，當是漢帝國統一之後，鑑於秦王朝滅亡之原因，又深感先秦諸子政治學說內涵之豐富，故擷取諸家君道之優點，從而會通，以求互濟其理，俾用於治國，以求國泰民安，國祚綿延，故〈主術訓〉中，實兼涵儒道法三家政治思想的精華。

二、先秦時代儒道法三家之政治思想

先秦儒家思想，以孔子爲代表，孔子的思想，以「仁」爲中心，發展出一套道德倫理的學說，其中的德目，以孝弟、忠恕、

1　班固：《漢書》，台北，鼎文書局影印新校本，民國八十年。
2　張雙棣：《淮南子校釋》，北京大學出版社，一九九七年，下引並同。
3　同注2。

禮樂、信義爲最重要，作爲人生行爲的準則。

　　在儒家的政治思想中，則以「老者安之，朋友信之，少者懷之」（《論語·公冶長》）爲最高的理想，以「己欲立而立人，己欲達而達人」（《論語·雍也》）爲追求的目標。在施政方面，孔子強調「德治」，所謂「爲政以德，譬如北辰，居其所而衆星拱之」（《論語·爲政》），所謂「政者正也，子帥以正，孰敢不正？」（《論語·顏淵》），所謂「道之以德，齊治以禮，有恥且格」（《論語·爲政》）。同時，也強調「正名」，所謂「君君臣臣，父父子子」（《論語·顏淵》），所謂「名不正則言不順，言不順則事不成，事不成則刑罰不中，刑罰不中則民無所措手足」（《論語·子路》）。而在政治理想方面，則推崇堯舜禹湯文武周公爲代表人物，爲理想的政治境域。

　　先秦道家思想，以老子爲代表，老子的思想，以「道」爲中心，上推至宇宙的產生，人生的順應，而發展出一套「清虛以自守，卑弱以自恃」（《史記·老子列傳》）的虛靜哲學，作爲人們遵循效法的準則。

　　在道家的政治思想中，則以「太上，不知有之」（《老子》十七章）爲最高的理想，以「小國寡民」，「甘其食，美其服，安其居，樂其俗，鄰國相望，雞犬之聲相聞，民至老死不相往來」（《老子》八十章）爲追求的目標。在施政方面，老子強調清靜無爲，主張「爲道日損，損之又損，以至於無爲，無爲而無不爲」（《老子》四十八章），主張「我無爲而民自化，我好靜而民自正，我無事而民自富，我無欲而民自樸」（《老子》五十七章），強調「聖人無常心，以百姓心爲心」（《老子》四十九章），以百姓的幸福爲依歸，而自身卻不願居有其功，所以他說，「生而不有，爲而不恃，長而不宰」（《老子》五十一章），又說，「功成，事

遂，百姓皆謂我自然」（《老子》十七章）。

　　先秦法家思想，以韓非子爲能集其大成，在韓非之前，其較重要者，有商鞅之「尙法」，申不害之「尙術」，愼到之「尙勢」，（《漢書・藝文志》以《管子》著錄於道家，而不在法家之中）至於韓非，遂得集法術勢之大成，而成爲法家之代表。

　　在法家的政治思想中，實兼具法術勢之運用，在「法」與「術」的方面，《韓非子・定法》說：「今申不害言術，而公孫鞅爲法。術者，因任而授官，循名而責實，操殺生之柄，課群臣之能者也，此人主之所執也。法者，憲令著於官府，刑罰必於民心，賞存乎愼法，而罰加乎姦令者也，此臣之所師也。君無術則弊於上，臣無法則亂於下，此不可一無，皆帝王之具也。」[4]則是指明君王治國，必當法術並用，缺一不可。至於在「勢」的方面，《韓非子・功名》說：「夫有材而無勢，雖賢，不能制不肖，故立尺材於高山之上，則臨千仞之谿，材非長也，位高也。桀爲天子，能制天下，非賢也，勢重也；堯爲匹夫，不能正三家，非不肖也，位卑也。千鈞得船則浮，錙銖失船則沉，非千鈞輕錙銖重也，有勢之與無勢也。」同時，韓非子也格外注重君王所擁有的權柄，《韓非子・二柄》說：「明主之所道制其臣者，二柄而已矣，二柄者，刑德也，何謂刑德？曰，殺戮之謂刑，慶賞之謂德，爲人臣者，畏誅罰而利慶賞，故人主自用其刑德，則群臣畏其威而歸其利矣。」法家的政治思想，主要離不開這些重點的運用。

　　《漢書・藝文志》於「雜家類」〈小序〉說：「兼儒墨，合名法，知國體之有此，見王治之無不貫。」所以，《淮南子・主術訓》在討論「君人之事」時，自然兼取了各家之長，綜合儒道

4　陳奇猷：《韓非子集釋》，台北，世界書局，民國五十二年，下引並同。

法的「君道」優點，而作出截長補短的應用之途。

三、〈主術訓〉中儒家「君道」之特色

《淮南子‧主術訓》中蘊涵了不少儒家的「君道」思想，例如〈主術道〉曰：

> 人主貴正而尚忠，忠正在上位，執正營事，則讒佞奸邪無
> 由進矣。

在爲君之道方面，《淮南子》首先提出一個「正」字，這仍然是儒家思想「政者正也，子帥以正，孰敢不正」(《論語‧顏淵》)，「其身正，不令而行，其身不正，雖令不從」(《論語‧子路》)的觀點，強調君王的道德行爲，以作臣民百姓的表率，爲其要務，〈主術訓〉又曰：

> 使人主執正持平，如從繩準高下，則群臣以邪來者，猶以
> 卵投石，以火投水。故靈王好細腰，而民有殺食自飢也，
> 越王好勇，而民皆處危爭死也。

由於人君的道德行爲能執「正」而持其「平」，臣民百姓才能在行爲處事上，有所準繩，有所遵循，然後使奸邪之臣，不敢輕舉妄作，而君王也得以擇選良臣，爲國圖治。〈主術訓〉曰：

> 故人主誠正，則直士任事，而奸人伏匿矣；人主不正，則
> 邪人得志，忠者隱蔽矣。

又曰：

> 是故聖人得志而在上位，讒佞奸邪而欲犯主者，譬猶雀之
> 見鸇，而鼠之遇狸也，亦必無餘命矣。是故人主之一舉也，
> 不可不慎也。所任者得其人，則國家治，上下和，群臣親，
> 百姓附。所任非其人，則國家危，上下乖，群臣怨，百姓
> 亂。故一舉而不當，終身傷，得失之道，權要在主。

　　君主由於己身行為道德能持守其「正」，然後，才能舉用賢才，蔚為國用，使國家向化，上下和諧，反之，如果君主在上，其身不正，而使奸佞之臣，得窺伺其隙，以遂其私，則朝廷所任非人，必致使上下乖離，百姓怨亂，故朝政得失之關鍵，實繫於君主之能否執守其「正」而已。〈主術訓〉曰：

> 人主之居也，如日月之明也，天下之所同側目而視，側耳而聽，延頸舉踵而望也。是故非澹薄無以明德，非寧靜無以致遠，非寬大無以兼覆，非慈厚無以懷眾，非平正無以制斷。

　　人君在上，除了己身行為得「正」之外，在內心方面，也特別注重「寧靜」、「淡薄」的修養，「寬大」、「慈厚」的胸懷，才能關切民瘼、痌瘝在抱，急民之所急，苦民之所苦，而如日月之明，不受奸佞之蒙亂。〈主術訓〉又曰：

> 人主者，以天下之目視，以天下之耳聽，以天下之智慮，以天下之力爭，是故號令能下究，而臣情得上聞，百官修通，群臣輻湊。喜不以賞賜，怒不以罪誅，是故威嚴立而不廢，聰明先而不蔽，法令察而不苛，耳目達而不闇，善否之情，日陳於前而無所逆。是故賢者盡其智，而不肖者竭其力，德澤兼覆而不偏，群臣勤務而不怠，近者安其性，遠者懷其德，所以然者何也？得用人之道，而不任己之才者也。

　　君王一人，居高在上，必須廣聽博視，以天下百姓之眼為己所視，以天下百姓之耳為己所聽，方能明察秋毫，分辨賢否，方能集中天下才智之力，造福民眾，而任才得盡其能。〈主術訓〉又曰：

> 古者天子聽朝，公卿正諫，博士誦詩，瞽箴師誦，庶人傳

語，史書其過，宰徹其膳，猶以為未足也。故堯置敢諫之
鼓，舜立誹謗之木，湯有司直之人，武王立戒慎之鞀，過
若毫厘，而既已備之也。夫聖人之於善也，無小而不舉，
其於過也，無微而不改。堯舜禹湯文武王，皆坦然天下而
南面焉。

《淮南子》認為，人君除卻任用賢能，更應廣納諫言，以開
拓自己的視聽，以減少自己犯錯的機會。〈主術訓〉又曰：

食者民之本也，民者國之本也，國者君之本也。是故人君
者，上因天時，下盡地財，中用人力，是以群生遂長，五
穀蕃殖，教民養育六畜，以時種樹；務修田疇，滋植桑麻，
肥墝高下，各因其宜；丘陵阪險不生五穀者，以樹竹木。
春伐枯槁，夏取果蓏，秋畜蔬食，冬伐薪蒸，以為民資。
是故生無乏用，死無轉尸。

國家以人民為根本，君王在上，發號施令，必也使百姓生活
富足，衣食無虞，才能號令必行，人民信服，因此，「足食足兵，
民信之矣」（《論語‧顏淵》），確實是君王理應關注的焦點。〈主
術訓〉曰：

故古之君人者，其慘怛於民也，國有飢者，食不重味，民
有寒者，而冬不披裘，歲登民豐，乃始懸鐘鼓，陳干戚，
君臣上下，同心而樂之，國無哀人。

又曰：

夫天地之大，計三年耕而餘一年之食，率九年而有三年之
畜，十八年而有六年之積，二十七年而有九年之儲。雖澇
旱災害之殃，民莫困窮流亡也。故國無九年之畜，謂之不
足，無六年之積，謂之閔急，無三年之畜，謂之窮乏。故
有仁君明王，其取下有節，自養有度，則得承受於天地，

而不離飢寒之患矣。

故明君在上，必須使國家備有諸糧，民眾生活富足，不虞饑寒交迫之患，才能號令必行，貫澈君王領導的方針，而君王本身，也應力行儉約，戒絕浮華，方能使百姓信服。〈主術訓〉又曰：

> 堯之有天下也，非貪萬民之富，而安人主之位也，以為百姓力征，強凌弱，眾暴寡。於是堯乃身服節儉之行，而明相愛之仁，以和輯之。是故茅茨不翦，采椽不斲，大路不畫，越席不緣，大羹不和，粢食不毀，巡狩行教，勤勞天下，周流五嶽，豈其奉養不足樂哉？舉天下而以為社稷，非有利焉。

只有為君者，自身奉行儉樸，作為萬民的榜樣，才能使人民信從，心中無所怨懟，所以，〈主術訓〉也特別強調，「君人之道，處靜以修身，儉約以率下，靜則下不擾矣，儉則民不怨矣」，儉約寧靜，以此自守，確實也是儒家「君道」的根本原則。

四、〈主術訓〉中道家「君道」之特色

《淮南子・主術訓》中也蘊涵了不少道家的「君道」思想，例如〈主術訓〉曰：

> 人主之術，處無為之事，而行不言之教，清靜而不動，一度而不搖，因循而任下，責成而不勞。是故心知規而師傅諭導，口能言而行人稱辭，足能行而相者先導，耳能聽而執正進諫，是故慮無失策，謀無過事，言為文章，行為儀表於天下。進退應時，動靜循理，不為醜美好憎，不為賞罰喜怒。名各自名，類各自類，事猶自然，莫出於己。故古之王者，冕而前旒，所以蔽明也；黈纊塞耳，所以掩聰；天子外屏，所以自障。故所理者遠，則所在者邇，所治者

> 大，則所守者小。夫目妄視則淫，耳妄聽則惑，口妄言則
> 亂。夫三關者，不可不慎守也。

《淮南子》認為，人主統理天下，為君之道，其首要者，在於「處無為之事，行不言之教」，以「無為」的態度，清虛寧靜的心情，去處理國政，自己儘量隱身幕後，而使臣下代任其勞，因此，君王心雖善知，而卻使大臣代任宣達之責，口雖善言，卻使大臣代任陳辭之事，以至於其他各種行動事為，皆使大臣分別擔任，而君王才能寧靜自持，順應自然，掌握國事的重心，而不為瑣屑雜事所分散精神，而使國政自然推行，這與《老子》十七章所說的「太上，不知有之」，以至於「功成，事遂，百姓皆謂我自然」的境域，是道理相同的，所以，也才主張，為人君者，應該要垂旒人、塞耳、掩聽，以維持心中的安寧靜謐。〈主術訓〉又曰：

> 而君人者，不下廟堂之上，而知四海之外者，因物以識物，
> 因人以知人也，故積力之所舉，則無不勝也，眾智之所為，
> 則無不成也。

又曰：

> 是故不出戶而知天下，不窺牖而知天道，乘眾人之智，則
> 天下之不足有也，專用其心，則獨身不能保也，是故人主
> 覆之以德，不行其智，而因萬人之所利。

《淮南子》主張，為人君者，應善假他人之力，以為己力，善用他人之智，以為己智，方能以簡馭繁，清靜自然，就像《老子》四十七章所說的，「不出戶，知天下，不窺牖，見天道」，六十八章所說的，「善用人者為之下」，「是謂用人之力，是謂配天之極」，道理相同。〈主術訓〉曰：

> 夫人主之聽治也，虛心而弱志，清明而不闇。是故群臣輻

湊並進，無愚智賢不肖，莫不盡其能者，則君得所以制臣，
臣得所以事君，治國之道明矣。

《淮南子》以爲，人君治國，應該虛心寧靜，內心清明，方
能善用群臣之力，使群臣各司其事，多途並進，使國家大治。〈主
術訓〉又曰：

> 主道員者，運轉而無端，化育如神，虛無因循，常後而不
> 先也。臣道方者，運轉而無方，論是而處當，為事先倡，
> 守職分明，以立成功也。是故君臣異道則治，同道則亂。
> 各得其宜，處其當，則上下有以相使也。

君臣爲治，其道不同，以方圓爲喻，君道似圓，運轉無端，
周而復始，化民如神，而臣道似方，言論必需正確無誤，行事必
然措施妥貼，分工雖異，功成則同，這與《老子》四十八章所說，
「爲學日益，爲道日損，損之又損，以至於無爲，無爲而無不爲」，
道理十分相同，皆主張君王無爲，臣下有爲，故分別從事，而有
方圓、損益之不同。

在行政措施方面，〈主術訓〉記載：

> 蘧伯玉為相，子貢往觀之，曰：「何以治國？」曰：「以
> 弗治治之。」

「以弗治治之」，正是道家所主張的「無爲之治」，以清虛
無爲、寧靜自然的方針去導正國政。〈主術訓〉又曰：

> 無為者，道之宗，故得道之宗，應物無窮。任人之才，難
> 以至治。湯武，聖主也，而不能與越人乘幹舟而浮於江湖。
> 伊尹，賢相也，而不能與胡人騎騵馬而服駃騠。孔墨博通，
> 而不能與山居者入榛薄險阻也。由此觀之，則人知之物也
> 淺矣，而欲以遍照海內，存萬方，不因道之數，而專己之
> 能，則其窮不達矣。故智不足以治天下也。

　　《淮南子》強調，「無為」是「道」的根本，而「道」卻是宇宙萬物行事的準則，由於人之才智，各有偏勝，即使聖人如湯武，賢才如伊尹，博學如孔子墨翟，在施用上也各有限制，因此，君王為治，只有把握大道，慎守律則，才能無所不治，無所不理。所以，道家為政，力主清虛自守，而不以苛察繳擾為務。〈主術訓〉曰：

> 是以上多故則下多詐，上多事則下多態，上煩擾則下不定，上多求則下交爭，不直之於本，而事之於末，譬猶揚堁而弭塵，抱薪以救火也。故聖人事省而易治，求寡而易澹，不施而仁，不言而信，不求而得，不為而成，塊然保真，抱德推誠，天下從之，如響之應聲，景之像形，其所修者本也。刑罰不足以移風，殺戮不足以禁奸，唯神化為貴，至精為神。

　　道家主張，國君行政，必需清靜無為，以不擾民為要，《老子》五十八章所說，「其政悶悶，其民醇醇，其政察察，其民缺缺」，以及六十五章所說，「故以智治國，國之賊，不以智治國，國之福」，道理相同，故五十七章借聖人之口吻說，「我無為而民自化，我好靜而民自正，我無事而民自富，我無欲而民自樸」，所以，省刑去罰，寧靜自然，才是道家為政的理想境界。

五、〈主術訓〉中法家「君道」之特色

　　《淮南子‧主術訓》中也蘊涵了不少法家的「君道」思想，例如〈主術訓〉曰：

> 法者，天下之度量，而人主之準繩也。縣法者，法不法也；設賞者，賞當賞也。法定之後，中程者賞，缺繩者誅。尊貴者不輕其罰，而卑賤者不重其刑。犯法者雖賢必誅，中

度者雖不肖必無罪，是故公道通而私道塞矣。

《淮南子》以爲，法律是君王治理天下的準繩及尺度，法律訂定之後，合於法律者加以賞賜，違背法律者予以刑戮，法律規章，既定之後，貴賤之人，共同遵守，法律也不因地位高貴者犯罪而故意輕予懲罰，也不因地位低賤者違規而故意加重其刑責，因此，罰有過而賞有功，乃成爲君主治理天下的重要依據。〈主術訓〉又曰：

法生於義，義生於眾適，眾適合於人心，此治之要也。

又曰：

法者非天墮，非地生，發於人間，而反以自正。是故有諸己不非諸人，無諸己不求諸人。所立於下者，不廢於上；所禁於民者，不行於身。

《淮南子》指出，法律的出現，是依據道義而產生，合於道義的事，又必然經過適於人心人情的鍛鍊，這與法律緣於道理，道理生於人情，所謂「情理法」的合一，有著極度的相似，同時，《淮南子》又指出，法律出之人間，故人君立法，也當以法律自反，依法律而行於正道，先有諸己，然後才要求民眾百姓，一體遵行，所以〈主術訓〉才說：「是故人主之立法，先自爲檢式儀表，故令行於天下。」又說：「故法律度量者，人主之所以執下，釋之而不用，是猶無轡而馳也，群臣百姓，反弄其上。」所以，「法」在君王的治國方術中，佔據了極爲重要的地位。

至於在君王執行法律之時，則強調無論大臣與百姓，都必需嚴格遵守，平等看待，不能有所出入，在群臣方面，〈主術訓〉曰：

言事者必究於法，而為行者必治於官，上操其名，以責其實，臣守其業，以效其功，言不得過其實，行不得逾其法，

群臣輻湊，莫敢專君。事不在法律中，而可以便國佐治，
必參五行之，陰考以觀其歸，並用周聽，以察其化。不偏
一曲，不黨一事，是以中立而遍，運照海內。群臣公正，
莫敢為邪，百官述職，務致其公跡也。主精明於上，官勸
力於下，奸邪滅跡，庶功日進。

　　《淮南子》以為，大臣行政，必以法律為依歸，在上之君主，
然任既命官員，必需循其爵名，要求履行其實，群臣也必需各守
其職，以效其功，如此，上下君臣，皆以法律為治國立政之準繩，
即使有法律涵蓋不及之處，也宜多方參考比較，然後尋覓可行之
道，如此，君王立於中正不偏之地，凡事皆以法律為斷，群臣自
然守法循規，不敢為非，如此，上下同力，而國必大治，反之，
不循法規，必然國有亂政，加速危亡，對此，〈主術訓〉曰：

亂國則不然，有眾咸譽者，無功而賞；守職者，無罪而誅。
主上闇而不明，群臣黨而不忠，說談者游於辯，修行者競
於住。主上出令，則非之以與；法令所禁，則犯之以邪。
為治者務於巧詐，為勇者務於鬥爭。大臣專權，下吏持勢，
朋黨比周，以弄其上。國雖若存，古之人曰亡矣。

　　《淮南子》提出，如果君王不重法律，行事失卻準則，無功
者妄賞，無罪者妄誅，君王不能分辨群臣之賢愚，大臣結黨營私，
蔑視國君之政令，專權恃勢，則國家危亡，君王喪權失政，可以
立待。

　　除了注重法律規章之外，〈主術訓〉中，也特別強調君臣之
關係，以及君王駕馭群臣之道，〈主術訓〉曰：

夫臣主之相與也，非有父子之厚、骨肉之親也，而竭力殊
死，不辭其軀者何也？勢有使之然也。

又曰：

> 君臣之施者，相報之勢也。是故臣盡力死節以與君，君計
> 功垂爵以與臣。是故君不能賞無功之臣，臣亦不能死無德
> 之君。君德不下流於民，而欲用之，如鞭蹄馬矣，是猶不
> 待雨而求熟稼，必不可之數也。

君王與大臣，本來並無骨肉之親，君王與大臣的關係，完全
建立在「勢」的情形上，爵祿權位，造成一種「勢」的情形，吸
引大臣爲之投效，爲之盡心盡忠，因此，君王與大臣的關係，實
際上，只是一種相互報答的情形，各取所需，各盡所能，所以，
「人主」在位，如果失去「權柄」之勢，自然無法要求群臣的回
報，〈主術訓〉曰：

> 權勢者，人主之車輿；爵祿者，人臣之轡銜也。是故人主
> 處權勢之要，而持爵祿之柄，審緩急之度，而適取予之節，
> 是以天下盡力而不倦。

又曰：

> 聖主之治也，其猶造父之御，齊輯之於轡銜之際，而急緩
> 之於脣吻之和，正度於胸臆之中，而執節於掌握之間，內
> 得於心中，外合於馬志，是故能進退履繩，而旋曲中規，
> 取道致遠，而氣力有餘，誠得其術也。是故權勢者，人主
> 之車輿也；大臣者，人主之駟馬也。體離車輿之安，而手
> 失駟馬之心，而能不危者，古今未有也。

賞與罰，是君王持以範圍臣下的「二柄」，擁有「二柄」，
才構成君王駕馭群臣的「權勢」與「方術」，故《淮南子》一再
地以造父之善馭，與良馬之善馳，作爲君臣之間的譬喻關係，所
以，〈主術訓〉中，也特別強調，「是故有術則制人，無術則制
於人」，人主對於賞罰權勢，豈能不加以措心？

六、〈主術訓〉中儒道法三家思想之互補

先秦時期，諸子之學，百家爭鳴，百花齊放，《漢書・藝文志》於〈諸子略〉曰：「諸子十家，其可觀者，九家而已，皆起於王道既微，諸侯力政，時君世主，好惡殊方，是以九家之術，蠭出並作，各引一端，崇其所善，以此馳說，取合諸侯，其言雖殊，辟猶水火，相滅亦相生也，仁之與義，敬之與和，相反而皆相成也。」又曰：「使其人遭明王聖主，得其所折中，皆股肱之材已。」又於「雜家類」曰：「雜家者流，蓋出於議官，兼儒、墨，合名法，知國體之有此，見王治之無不貫，此其所長也。」[5] 所論先秦諸子九流十家，皆可相互並濟，用爲治術，其言極爲通達，而雜家所長，尤貴於兼綜取材，蔚爲國用。

西元前二四六年，秦始皇統一六國，重用李斯，採法家治術，強調尊君與集權，以成一代之暴政。

西元前二〇六年，漢高祖入關中，登帝位，約法三章，以治天下，而秦之苛法，也繼續施用。

惠帝呂后之後，文帝景帝在位，（西元前一七九年至一四二年）崇尚黃老，與民休息，道家之學清靜無爲，爲時近四十年。

武帝（西元前一四〇年至八十七年）繼立，武功特盛，雖罷黜百家，獨尊儒術，而其他諸子各家之長，也未嘗棄絕。

淮南王劉安，於武帝建元二年，（西元前一四一年），獻上《淮南子》一書，以爲武帝致治之用，其於〈主術訓〉一篇之中，實兼取儒道法三家之長，而棄其所短，尤爲「君道」秉政之要。

儒家之「君道」思想，所長在強調人君之道德人格，以崇尚

---

5 同注 1。

「德治」爲主，故期待聖君賢相之出現，以共臻於至治之境，而以堯舜爲理想之君王。至其所短，在偏重「人治」，苟無聖君賢相，則理想之政治，不易推行。

道家之「君道」思想，所長在強調人君之清靜無爲，功成不居，而使萬物自化，其民淳樸自然。至其所短，在偏向消極，苟遇暴虐之世，亂賊橫行，則勢必束手無法以對。

法家之「君道」思想，所長在嚴刑峻法，令出必行，循名責實，效率迅捷。至其所短，在罔顧人情，慘覈寡恩，以至入於酷虐之途。

在《淮南子‧主術訓》中，既已綜取儒道法三家之長，會合其流，至於在「君道」互補方面，則以儒家之「德治」、「正己」，道家之「寬柔」、「寧靜」，補法家之「苛察繳擾，權勢策謀」。以法家之「刑賞必究」，補道家之「清虛」、「無爲」，補儒家之「人治」、「任賢」。綜舉其要，大略如此，細加分析，則不能盡數。

要之，儒道法三家之「君道」思想，其在先秦，分之爲三，各守其藩籬，互不爲謀，而在〈主術訓〉中，會合其流，以求相互彌補，俾得截長去短，以求有裨於國政，有用於「君道」，此則〈主術訓〉一篇撰著之用意，當可斷言。

七、結　語

先秦諸子，學說思想，各引一端，各具所長，故百家爭鳴，百花齊放，不相統攝，也不免各有缺失存在。

秦祚短暫，漢代統一天下之後，所形成之大漢帝國，其國家形態，學說思想，與先秦之自由論述，各自發揮者，又全然不同。因此，在治國君民方面，人君所採取之策略，自然也與先秦時代

之規模氣度，不必相同。

　　儒道法三家之原始思想，各自皆有其一定之價值，然而，時移世異，三家之「主術」，也不易獨自踐行其理想，大漢帝國之思想家，則綜取三家「君道」之所長，以形成一「合流」與「互補」之方向，其所得之理論，不僅在漢代可以實踐於當時，其在後世，也足以影響於歷代君王行政之方針者甚巨，對於治國君民之「方略」，也必然形成一不可或缺之理想之「君道」，而爲後世君王所參酌所遵循，此則爲《淮南子‧主術訓》一篇之貢獻所在，也爲劉安之貢獻所在。

司馬遷對法家思想的論述

賴　明　德

一、前　言

　　《說文》解釋「灋」字說：「灋，刑也。平之如水，从水。
廌，所以觸不直者，去之。从廌去。」灋是「法」的本字，國家
立法的目的原本是在懲治惡徒和保護善良，以建立司法正義，維
護社會的治安，所以說「刑也」。《說文》解釋「刑」字說：「罰
罪也」，意謂懲罰那些爲非作歹的罪人。灋字以水爲構件，是表
示法律的精神注重人權的平等，所謂「王子犯法，與庶民同罪；
法律之前，人人平等。」因爲世界上最平的東西莫過於靜止的水
面，故古人造灋字時，用水作構件，表示法的精神重在公平。廌
是古代一種神奇的獸類，又稱作「解廌」、「獬廌」，《說文》：
「廌，解廌，獸也。似牛，一角。古者決訟，令觸不直。」這種
獸類的鼻樑上漲了一個肉角，古時每當司法官員對嫌犯或訴訟的
兩曹無法斷定孰是孰非時，便令役使將獬廌牽到嫌疑犯或原告、
被告等人的面前由獬廌作判斷，凡是被獬廌用鼻上的肉角碰觸到
的那人便是有罪，所以「灋」字以「廌」爲構件，表示法的功能
在分辨是非。用「去」字爲構件，則表示法的權威，在將作奸犯
科的人繩之以法，而逐出人類社會，以免危害人民。如《尙書・
堯典》所載「流宥五刑」、「流共工于幽洲，放驩兜于崇山，竄

三苗于三危，殛鯀于羽山」，即是這個道理。

　　由於法家這個學派大概是從古代掌管審辨是非的理官所發展出來，注重以「循名責實，信賞必罰」爲其核心思想，主要在彌補禮制的缺失，講求六親不認、一斷於法。主張只有這樣纔足以治世裕民，富國強兵，故法家思想可說是一種「建法立制，富國強人」[1]注重現實的功利主義思想。它對戰國時重「利」尙「力」之強國主張的諸侯們，具有極大的吸引力，故成爲戰國時代的一種顯學。在漢代學者中首先對法家思想作扼要論述的是司馬談。他說：「法家嚴而少恩，然其正君臣上下之分，不可改矣。」又說：「法家不別親疏，不殊貴賤，一斷於法，則其親親尊尊之恩絕矣。可以行一時之計，而不可長用也。故曰嚴而少恩。若尊主卑臣，明分職不得相逾越，雖百家弗能改也。」[2]從《史記》一書的內涵加以分析，司馬遷幼受庭訓，傳承家學，所以對法家思想的體認，也沒有逾越這個範圍。法家思想的精神既然是「不別親疏，不殊貴賤，一斷於法」，從另一角度看，當然是「嚴而少恩」。這裡所謂「嚴而少恩」，是和儒家思想作比較而言的。因爲儒家思想認爲「恩」是一種美德，但是法家思想卻認爲「恩」是一種私情；純任法治則必傷及恩義，強調恩義則必遠離法治，二者背道而馳。「嚴而少恩」就儒家而言，是一種過失；就法家而言，則是「奉公守法」，乃治國的必要準則。[3]這種綜核名實，嚴辨賞罰，任法爲治的法家思想，實際上含有一部分道家自然無爲的精神、儒家正名主義的觀點、墨家平等觀念的色彩。不過就道家和法家作比較，道家以無爲詮釋宇宙和社會，而法家則以無爲說明

1　劉劭《人物志・業流》：「建法立制，富國強人，是謂法家，管仲、商鞅是也。」
2　《史記・自序》中論陰陽、儒、墨、名、法、道德六家要旨。
3　陳啓天《中國法家概論》，頁6

君道（類似黃老政術）。道家以無爲爲究竟，法家則以無爲爲手
段。法家所謂無爲，不是真無爲，而是要藉君主的無爲，使臣下
可以有爲，一切以法作爲治國的準則。這是法家思想雖有取於道
家思想，卻又不同於道家思想的關鍵所在。[4]就儒家和法家作比
較，儒家的正名主義偏重於倫理義涵；法家的刑名主義則是一種
政治方法，也就是一種統馭的治術。就墨家和法家作比較，墨家
的平等觀念有濃厚的宗教精神，法家的「一斷於法」則是純粹以
法律爲基準。

　　班固的生平晚於司馬遷，他對於法家的評論是：「法家者流，
蓋出於理官。信賞必罰，以輔禮制，易曰：『先王以明罰飭法。』
此其所長也。及刻者爲之則無教化，去仁愛，專任刑法，而欲以
致治；至於殘害至親，傷恩薄厚。」[5]法家思想雖肇端於理官，春
秋時以管仲、子產等人爲標的，繼踵的則有戰國時的商鞅、申不
害、慎到，最後集理論之大成的是戰國末年的韓非，徹底實踐的
是秦朝的李斯，變本加厲，趨於極端，以致慘絕人寰的是漢代的
酷吏。如果就法家思想內涵的特徵加以歸類，其理論有著重在獎
勵實業，提倡武勇，以致富圖強的，可稱之爲尙實派，以管仲爲
代表。有著重在「憲令著於官府，法令必於民心」[6]信賞必罰的，
可稱之爲尙法派，以商鞅爲代表。有著重在「循名責實，君操其
名，臣效其形」，綜核名實的，可稱之爲尙術派，以申不害爲代
表。有著重在「尊君卑臣，秉權立威，令行禁止」的，可稱之爲
尙勢派，以慎到爲代表。有著重在執一以靜，法術並重，勢力兼
顧的，可稱之爲集大成派，以韓非爲代表。其他如李斯、鼂錯、

4　陳啓天《中國法家概論》，頁4。
5　班固《漢書・藝文志・諸子略》。
6　《韓非子・定法》。

酷吏等人，其思想不足以構成體系，其行事則酷烈無比，可稱之為殘忍派。以上這些人的生平行跡，思想言論，事功政績，司馬遷都作有頗為深入的探討，在《史記》一書中對他們都有生動而透闢的論述。

二、司馬遷論述法家思想及其代表人物

（一）管　仲

　　劉劭的《人物志》將管仲列為法家，但是管仲是一位較為溫和而務實的法家人物。管仲的思想和行誼，《管子》一書中有詳盡的記載，在《史記》中則著錄於〈齊世家〉和〈管晏列傳〉之中。司馬遷論述管仲的思想和政績，說：

> 管仲既任政相齊，以區區之齊在海濱，通貨積財，富國強兵，與俗同好惡。故其稱曰：「倉廩實而知禮節，衣食足而知榮辱，上服度則六親固，四維不張，國乃滅亡。下令如流水之原，令順民心。」故論卑而易行。俗之所欲，因而予之；俗之所否，因而去之。其為政也，善因禍而為福，轉敗而為功。貴輕重，慎權衡。桓公實怒少姬，南襲蔡，管仲因而伐楚，責包茅不入貢於周室。桓公實北征山戎，而管仲因而令燕修召公之政。於柯之會，桓公欲背曹沫之盟，管仲因而信之，諸侯由是歸齊。故曰：「知與之為取，政之寶也。」[7]

　　由此可知管仲是一位注重實利，講求實效，以民為先，以人為本，不唱高調的政治人物。他施政首先注重經濟、財政，認為禮節、文化只有建立在充足的民生基礎之上，纔能真正落實。他

---

7 《史記‧管晏列傳》。

也是一位心思敏捷，政治手段靈活的政治人物，他將「桓公南襲蔡」、「桓公北征山戎」、「於柯之會」這三件本來將對齊國造成重大傷害的事件，斡旋轉化爲齊國的利益，實在具有極高的智慧。所謂「知與之爲取，政之寶也」的政治思想是從《老子》「將欲取之，必固與之」的辦證思想中演化出來的。[8]由此也可以看出法家思想和道家思想的一部分關係。但是司馬遷對管仲的評述仍然是有褒有貶的。他說：

> 管仲世所謂賢臣，然孔子小之。豈以爲周道衰微，桓公既賢，而不勉之至王，乃稱霸哉？語曰：「將順其美，匡救其惡，故上下能相親也。」豈管仲之謂乎？[9]

司馬遷引用《孝經・事君》章「將順其美，匡救其惡」等語以彰顯管仲，是對管仲臣事桓公的忠誠，造福齊國人民之偉大功業的一種「褒」。引用孔子在《論語・八佾》篇中對管仲的批評以立論，卻是一種「貶」。換一句話說，司馬遷認爲管仲輔佐齊桓公，雖然使齊國富強，卻無法使桓公推行王道，只能成爲一位「道之以政，齊之以刑」的霸者，這種以現實功利主義爲目標的法家型人物，無論其聰明才智多高，施政能力多強，其胸襟氣度仍然不夠開闊，其眼光視野仍然不夠遠大。

（二）商　鞅

戰國之際，由於封建制度逐漸崩潰，君主政治代之而興，商鞅認清時代的趨勢，拿定變法的主張，以軍國主義爲目的，以法治主義爲手段，一方面摧毀舊有的封建貴族，一方面抑制新興的商人游士，在二十餘年之間，使秦國建立起君主集權政治的基礎，

8 《老子・三十六章》、《韓非子・說林・上》。
9 《史記・管晏列傳・太史公曰》。

所秉持的便是崇尙刑名法術之學的法家思想。司馬遷敘述商鞅爲秦變法，在秦孝公面前舌戰群臣的精采過程，描述得唯妙唯肖。他說：

> 孝公既用商鞅，鞅欲變法，恐天下議己。衛鞅曰：「疑行無名，疑事無功。且夫有高人之行者，固見非於世；有獨知之慮者，必見敖於民。愚者闇於成事，知者見於未萌。民不可與慮始而可與樂成。論至德者不和於俗，成大功者不謀於眾。是以聖人苟可以彊國，不法其故；苟可以利民，不循其禮。」孝公曰：「善。」甘龍曰：「不然。聖人不易民而教，知者不變法而治。因民而教，不勞而成功；緣法而治者，吏習而民安之。」衛鞅曰：「龍之所言，世俗之言也。常人安於故俗，學者溺於所聞。以此兩者居官守法可也，非所與論於法之外也。三代不同禮而王，五伯不同法而霸。智者作法，愚者制焉；賢者更禮，不肖者拘焉。」杜摯曰：「利不百，不變法；功不十，不易器。法古無過，循禮無邪。」衛鞅曰：「治世不一道，便國不必法古。故湯武不循古而王，夏殷不易禮而亡。反古者不可非，而循禮者不足多。」[10]

這一場轟轟烈烈的辯論是功利思想和保守思想的鬥爭，也是一場針鋒相對，你死我活的意識型態的鬥爭。商鞅認爲一國的政治和社會制度不應該僵化不變，必須隨著時代和社會的變遷，作與時俱進的更新和建置，以適應國家和人民的需求。只要切合現實政治的形勢，針對當前的需要，便可以變法，不必遵循「不愆不忘，率由舊章」[11]的傳統。這種思想和後來韓非的見解不謀而

---

10 《史記・商君列傳》。
11 《詩經・大雅・假樂》。

合。韓非說：

> 今有構木鑽燧於夏后氏之世者，必為鯀禹笑矣。有決瀆於
> 殷周之世者，必為湯武笑矣。然則今有美堯舜湯武禹之道
> 於當今之世者，必為新聖笑矣。是以聖人不期修古，不法
> 常可，論世之事，因為之備。[12]

商鞅所主張的「不法其故」、「不循其禮」和韓非所主張的
「不期修古」、「不法常可」是法家思想的基本歷史觀[13]，他們
重視對現狀的改革，反對墨守阻礙進步的傳統古制。司馬遷對法
家的這種理論其實並未加排斥。不過司馬遷批評商鞅的行事為人
卻相當的嚴厲。他說：

> 商君，其天資刻薄人也……及得用，刑公子虔，欺魏將印，
> 不師趙良之言，亦足發明商君之少恩矣。余嘗讀商君開塞
> 耕戰書，與其人行事相類，卒受惡名於秦，有以也夫。[14]

這是說商鞅因喜愛刑名法術的理論，以致在行事為人方面，
表現了嚴酷絕情的行徑，這和他刻薄寡恩的人格特質有密切的關
係。刑名法術和刻薄寡恩似乎成了一體兩面的關係，這仍然是以
儒家的觀點評論法家的。《史記》中描述商鞅逃亡到函谷關，被
客舍主人所拒，纔覺悟到自己作法自斃的那一幕尷尬場面，無異
是對崇尚刑名法術者作極大的諷刺，這種諷刺和上述的指責，其
表裡是相一致的。司馬遷說：

> 商君亡至關下，欲舍客舍。客人不知其是商君也，曰：「商
> 君之法，舍人無驗者坐之。」商君喟然嘆曰：「嗟乎，為
> 法之敝，一至此哉！」[15]

---

12 《韓非子・五蠹》。
13 劉偉民《司馬遷研究》頁96。
14 《史記・商君列傳・太史公曰》。
15 《史記・商君列傳》。

（三）申不害

司馬遷論述申不害的學術。說：

> 申子之學，本於黃老而主刑名，著書二篇，號曰《申子》。[16]

《申子》此書的中心思想是「申子之書，言人主當執術無刑，因循以督責天下，其責深刻，故號曰術。」[17]這是說掌國的君主應當深諳權術，以控制臣下，讓臣下因無法掌握君主的好惡而不敢曲意逢迎諂媚，這樣君主纔可以將臣下控制於掌股之上，使臣子們像牛馬一般地為君主效勞。這種思想施之於政事上的成效是：

> 昭侯用為相，內修政教，外應諸侯。十五年。終申子之身，國治兵強，無侵韓者。[18]

韓昭侯任命申不害為宰相，運用申不害的權謀理論，將內政、外交推行的面面俱到，前後不過十五年便能峙立於國際之間，這種將現實主義的功利思想推行於政治之上的措施，的確可以收到急功近利，國治兵強的績效。但是「申子卑卑，施之於名實」[19]的結果，卻是「託萬乘之勁韓，十七年而不至於霸王」[20]這是說申不害雖然自強勤勉，致力於推展君尊臣卑的名實理論，使韓國富強，卻無法使韓昭侯臻於王霸的地位。可見這種「任術」的法家思想，仍然有它的侷限性。

---

16 《史記‧老子韓非列傳》。
17 裴駰《史記集解》引《新序》。
18 《史記‧老子韓非列傳》。
19 《史記‧老子韓非列傳‧太史公曰》。
20 《韓非子‧定法》。

（四） 慎　到

司馬遷論述慎到的部份只有短短數語。他說：

> 學黃老道德之術，因發明序其旨意，故慎到著十二論。[21]

這是說慎到所著的十二論是從探討黃帝、老子的道德學說，闡揚它的旨意而發展出來的。慎到的十二論，司馬遷應該是看過的，可惜未見司馬遷的論述。十二論後世已佚。[22]《漢書藝文志》有《慎子》四十二篇列在法家，今所傳《慎子》五篇為後人輯佚本。《莊子》評論慎到的學術。說：

> 公而不黨，易而無私；決然無主，趣物而不兩；不顧於慮，不謀於知；於物無擇，與之俱往。古之道術，有在於是者，彭蒙、田駢、慎到聞其風而悅之。[23]

> 無建己之患，無用知之累；動靜不離於理，是以終身無譽。

> 故曰：至於若無知之物而已，無用聖賢，夫塊不失道。[24]

這是說慎到的思想主張公正而不阿黨，平易而無偏私，去除私意而無主見，隨物變化而不起兩意。去除自我中心，順隨於不得已的事，聽任於物，作為處世的道理。這是莊子以道家的觀點在評論慎到的學術思想。又如荀子評論慎到。說：

> 尚法而無法，下修而好作，上則取聽於上，下則取從於俗，終日言成文典，反紃察之，則偶然無所歸宿，不可以經國定分……是慎到、田駢也。[25]

21　《史記・孟荀列傳》。
22　《慎到》十二篇，漢代增為四十五篇，見《漢書藝文志》，後世已佚，今存輯佚本五篇。
23　《莊子・天下》。
24　《莊子・天下》。
25　《荀子・非十二子》。

　　　　慎子蔽於法而不知賢。[26]

　　這是從儒家的觀點以評述慎到的思想。以道家的觀點，著重
在論述慎到「尚勢」的妙用；以儒家的觀點，著重在論述慎到制
法的苛察。一就長處說，一就短處言。這些評述或許可以彌補司
馬遷未論及之處。

（五）韓　非

　　司馬遷論述韓非的行誼。說：

　　　　韓非者，韓之諸公子也。喜刑名法術之學，而其歸本於黃
　　　　老。……韓非疾治國不務脩明其法制，執勢以御其臣下，
　　　　富國彊兵而以求人任賢，反舉浮淫之蠹而加之於功實之
　　　　上。以為儒者用文亂法，而俠者以武犯禁。寬則寵名譽之
　　　　人，急則用介冑之士。今者所養非所用、所用非所養。非
　　　　廉直不容於邪枉之臣，觀往者得失之變，故作〈孤憤〉、
　　　　〈五蠹〉、〈內外儲〉、〈說林〉、〈說難〉十餘萬言。[27]

　　「喜刑名法術之學，而歸其本於黃老」這已將韓非的思想淵
源作了交代，所著〈孤憤〉、〈五蠹〉諸篇正是在發揮法家思想
的重要作品。司馬遷評論韓非的思想。說：

　　　　韓子引繩墨，切事情，明是非，其極慘礉少恩。皆原於道
　　　　德之意，而《老子》深遠矣。[28]

　　這是說韓非的思想，有一部分是源於《老子》。《老子》的
思想中含有「忍」的特質，這種忍的特質，就其自然主義的人生
思想而言，如老莊一派的逍遙自足，超然物外，其精神在於對人

26　《荀子·解蔽》。
27　《史記·老子韓非列傳》。
28　《史記·老子韓非列傳·太史公曰》。

世間一切事物無法完美的「容忍」；就其因時制宜的政術而言，如黃老一派的澹泊寧靜，清閑無為，其精神在於對整治國家秩序的「隱忍」；就其深沉的歷史體驗而言，如申韓一派的刑名法術，信賞必罰，其精神在於制裁邪惡暴行的「殘忍」。韓非的思想融合了《老子》思想中的「殘忍」精神，和《荀子》思想的性惡觀點，因而形成了「其極慘礉少恩」的缺陷。司馬遷對韓非的評論，等於是對法家人物的一種嚴厲批判。韓非這位博極群書，深諳歷史，明曉當世政治，集法家思想之大成的刑名法術權威，其下場竟是無比的悽慘。司馬遷說：

> 人或傳其書至秦。秦王見〈孤憤〉、〈五蠹〉之書，曰：「嗟乎，寡人得見此人與之游，死不恨矣！」李斯曰：「此韓非之所著書也。」秦因急攻韓。韓王始不用非，及急，迺遣非使秦。秦王悅之，未信用。李斯、姚賈害之，毀之曰：「韓非，韓之諸公子也。今王欲并諸侯，非終為韓不為秦，此人之情也。今王不用，久留而歸之，此自遺患也，不如以過法誅之。」秦王以為然，下吏治非。李斯使人遺非藥，使自殺。韓非欲自陳，不得見。秦王後悔之，使人赦之，非已死矣。[29]

韓非和李斯都曾經受業於荀卿的門下，在師承上有同門的情誼，但是後來，這兩位提倡法家思想的同窗，其中一位為了個人的功名利祿和官位權勢，竟不惜向另外一位施以毒手，將其置之死地。服膺法家思想的人物，不惜將其現實功利主義和慘礉寡恩所呈現的面目赤裸裸的展現出來，其流毒最終竟由韓非本人去承受；就韓非而言，簡直是自作自受，咎由自取。難怪司馬遷為此

29　《史記·老子韓非列傳》。

而嘆息。說：

> 余獨悲韓子為〈說難〉而不能自脫身。[30]

　　這等於在總結韓非的行誼，認為韓非的政治思想強調以法令為準則，據法令以決斷事情，明辨是非，並且將游士向君主勸說的難處論述地極為周詳，可是最後還是不得善終，免不了慘死。

（六）李　斯

　　法家縝密的理論系統完成於韓非，推行於秦、漢之後，其流弊便是產生了阿直深刻的政客和嚴切慘急的酷吏。司馬遷對那些一味以刑名法術是尚的政客，一向沒有好感。因此，評述他們的思想和行事為人，也常是譏刺和指責交加。司馬遷描述李斯少時見廁中鼠和倉中鼠的差別境遇，發出「人之賢不肖譬如鼠矣，在所自處耳」[31]的感嘆，以及李斯學成，辭別荀卿說：「處卑賤之位而計不為者，此禽鹿視肉，人面而強行者耳。故詬莫大於卑賤，而悲莫甚於窮困。久處卑賤之位，困苦之地，非世而惡利，自托於無為，此非士之情也。」[32]已經充分刻畫了這一位現實主義者的功利心態。司馬遷論述李斯為了取悅秦二世，乃上書主張以法家思想作為施政的理論基礎。它的內容是：

> 明主聖王之所以能久處尊位，長執重勢，而獨擅天下之利者，非有異道也，能獨斷而審督責，必深罰，故天下不敢犯也。……凡賢主者必將能拂世磨俗，而廢其所惡，立其所欲，故生則有尊重之勢，死則有賢明之諡也。是以明君獨斷，故權不在臣也。然能滅仁義之塗，掩馳說之口，困

30　《史記·老子韓非列傳》。
31　《史記·李斯列傳》。
32　《史記·李斯列傳》。

烈士之行，塞聰揜明，內獨視聽，故外不可傾以仁義烈士
之行，而內不可奪以諫說忿爭之辯。故能犖然獨行恣睢之
心莫之敢逆，若此然後而謂能明申、韓之術，而脩商君之
法。法脩術明而天下亂者，未之聞也。故曰王道約而易操
也。唯明主為能行之。若此則謂督責之誠，則臣無邪，臣
無邪則天下安，天下安則主嚴尊，主嚴尊則督責必，督責
必則所求得，所求得則國家富，國家富則君樂豐。故督責
之術設，則所欲無不得矣。[33]

　　這一段話中的「明君獨斷」，「權不在臣」，「能明申、韓
之術，而脩商君之法」，「主嚴尊則獨責必」等言論是典型的法
家思想之施政政論，由這種「督責」理論所制定的政策，推行的
結果是「於是行督責益嚴，稅民深者為明吏」、「刑者相半於道，
而死人日成積於市，殺人眾者為忠臣。」[34]這是何等殘酷的政治，
何等恐怖的社會！當然這一位助桀為虐，殺人無數的高級劊子
手，終於也得到了嚴酷的報應。司馬遷說：

　　二世二年七月，具斯五刑，論腰斬咸陽市。斯出獄，與其
　　中子俱執，顧謂其中子曰：「吾欲與若復牽黃犬俱出上蔡
　　東門逐狡兔，豈可得乎？」遂父子相哭，而夷三族。[35]

　　這一位憑其聰明才智和剛毅行為而獲得功名富貴，盛極一時
的傳奇人物，最後竟然落得如此悲慘的下場，真是擅制法者終死
於嚴法之下的最好證明。司馬遷批評李斯。說：

　　斯知六藝之歸，不務明政以補主上之缺，持爵祿之重，阿
　　順苟合，嚴威酷刑……人皆以斯極忠而被五刑死，察其本，

33　《史記・李斯列傳》。
34　《史記・李斯列傳》。
35　《史記・李斯列傳》。

　　乃與俗議之異。[36]

　　這是說李斯受教於荀卿，明曉六經的義理歸趨，卻不力求修明政治以彌補主上的缺失，將爵祿看得過重，對上阿諛逢迎，對下動用酷刑。一般人認爲李斯對國家極其忠誠，卻被處以極刑，但仔細分析其源由，流俗的議論實在未作深入的探究。「嚴威酷刑」是推行刑名法術之學所造成的流弊，具五刑、論腰斬是酷刑之下的結果；李斯的受刑慘死和他所執行的嚴刑峻罰，原來是有因果關係的，這便是司馬遷提出「與俗議之異」的深入高明之處。

（七）晁　錯

　　晁錯是景帝時服膺刑名法術之思想的政治人物，司馬遷論述這一位運用法家思想以言治術的人物。說：

> 晁錯者，潁川人也。學申商刑名於軹張恢先所，與雒陽宋孟及劉禮同師。⋯錯為人陗直深刻。⋯⋯以其辯得幸太子，太子家號曰「智囊」。數上書孝文帝時，言削諸侯事，及法令可更定者。書數十上，孝文不聽，然奇其材。遷為中大夫。景帝及位，⋯⋯遷為御史大夫，請諸侯之罪過，削其地，收其枝郡。奏上，上令公卿列侯宗室集議，莫敢難，獨竇嬰爭之，由此與錯有郤。錯所更令三十章，諸侯皆諠譁疾晁錯。[37]

　　這一位「學申商刑名」，「爲人陗直深刻」的「智囊」，他向朝廷中央所提出對諸侯「削其地，收其枝郡」的強本弱枝之策署，原本在鞏固朝廷，集權中央，以削弱諸侯王，以防備他們乘機坐大，稱霸一方，抗拒朝廷。晁錯這種忠於朝廷的觀念和建言

36　《史記‧李斯列傳‧太史公曰》。
37　《史記‧袁盎晁錯傳》。

原本無可厚非，甚至可以說是見解獨到，膽識過人。但是卻因昧
於當時的客觀形勢，在削藩這一事上操之過急，執行太過極端，
終於引發了動盪天下，震撼京師的吳、膠西、膠東、淄川、濟南、
楚、趙七國之亂。景帝雖然認同鼂錯的建議，但是盱衡局勢，為
了安撫諸侯王，穩定天下，結果只好「令鼂錯衣朝衣，斬東市」。
這似乎是陗直深刻者常有的結局，因為「陗直」的人經常失之於
急切；「深刻」的人經常失之於涼薄。他們看事治事，只顧目前，
少想將來；只圖權變，不計常道。結果經常是謀未展而謗已現，
計未成而身已誅。司馬遷批評鼂錯。說：

> 漢興，孝文施大德，天下懷安。至孝景，不復憂異姓，而
> 鼂錯刻削諸侯，遂使七國俱起，合從而西鄉，以諸侯太盛，
> 而錯為之不以漸也。及主父偃言之，而諸侯以弱，卒以安。
> 安危之機，豈不以謀哉？[38]
> 鼂錯為家令時，數言事不用；後擅權，多所變更。諸侯發
> 難，不急匡救，欲報私讎，反以亡軀。語曰：『變古亂常，
> 不死則亡。』豈錯等謂邪！[39]

　　這是說景帝時諸侯的勢力還是很強大，鼂錯因過於陗直，沒
有採取逐步削減的辦法以致失敗。反觀深諳謀略的主父偃提出准
許諸侯王分封自己的子弟為侯的建議，諸侯王的勢力便逐漸減
弱，天下終於安定，關鍵在於「謀略」。所謂「為之不以漸」、
「變古亂常」，這本是服膺刑名法術者的特徵，任何人去奉行都
少有例外。從商鞅、韓非、李斯，一直到鼂錯，這些崇尚刑名法
術思想的人，幾乎都不得善終。從司馬遷對他們的批判中，我們
似乎可以領悟到一個道理，那就是：這些人認為以陗直深刻執法，

---

38 《史記・孝景本紀・太史公曰》。
39 《史記・袁盎鼂錯列傳・太史公曰》。

以慘礉少恩行政是治理天下的不二法門；他們除了讓許許多多的
臣子和人民慘死在酷法之下，至終可還是死在自己所迷信的現實
功利主義和苛政酷法之下，真可謂天道循環，作法自斃。司馬遷
又說：

> 孝景時，鼂錯以刻深，頗用術輔其資，而七國之亂，發怒
> 於錯，錯卒以被戮。其後有郅都、寧成之屬。[40]

這一段話是記載在《史記・酷吏列傳》之中，司馬遷等於將
鼂錯和西漢的酷吏們相提並論，並且相連結。

（八）酷　吏

　　將刑名法術的遺毒污染西漢政壇的罪魁禍首是酷吏，高后時
有侯封，景帝時有郅都。武帝即位後，表面上雖然倡行儒家之術，
但是他的人格特質中所展現的「冷酷」和「陰狠」的諸多作為，
使其行事卻頗近於法家。加上他好大喜功，除大量興建宮殿，廣
納天下美女，耗費無數國庫公帑之外，又因長期對外用兵，軍費
需索鉅大，稅賦繁重，人民不堪負荷，於是作姦犯科的事情日多，
刑獄的案件日繁，社會秩序有逐漸崩解的危機。於是漢武帝便任
用了那些一向崇尚刑名之學的法家為他整飭天下，維繫綱紀。流
弊所及，酷吏因而一批批地產生。如寧成、周陽由、趙禹、張湯、
義縱、王溫舒、尹齊、楊僕、減宣、杜周等人都是行事陰狠殘忍，
變本加厲的典型酷吏。

　　司馬遷便是生長在這麼一個酷吏盛行的時代，而且本人深受
其害。他對酷吏的心態和行徑，常感到有切膚之痛，所以描述他
們的生平行事，常極盡貶斥怒罵地加以譴責和諷刺。如他寫張湯

---

40 《史記・酷吏列傳》。

治理刑獄的情況。說：

> 湯雖文深意忌不專平……，及治淮南、衡山、江都反獄，
> 皆窮根治本。嚴助及伍被，上欲釋之。湯爭曰：「伍被本
> 畫反謀，而助親幸出入禁闥爪牙臣，乃交私諸侯如此，弗
> 誅，後不可治。」於是上可論之。其治獄所排大臣自為功，
> 多此類。[41]

> 張湯用峻文決理為廷尉，於事見知之法生，而廢格沮誹窮
> 治之獄用矣。其明年，淮南、衡山、江都王謀反迹見，而
> 公卿尋端治之，竟其黨與，而坐死者數萬人，長吏益慘急
> 而法令明察。[42]

這種慘急殘酷，動則連累數萬人喪生的行徑，只有酷吏纔作
的出來。最後，司馬遷乾脆為張湯蓋棺論定，說：「張湯死而民
不思」[43]比起司馬遷寫李廣的死，是「及死之日，天下知與不知，
皆為盡哀」[44]兩相對照，張湯身後的聲名簡直是一文不值。司馬
遷又論述了另一位酷吏杜周的為人及治獄的情形。說：

> 至周為廷尉，詔獄亦益多矣。二千石繫者新故相因，不減
> 百餘人。郡吏大府舉之廷尉，一歲之千餘章。章大者連逮
> 證案數百，小者數十人；遠者數千，近者數百里。會獄，
> 吏因責如章告劾，不服，以笞掠定之。於是聞有逮皆亡匿。
> 獄久者至更數赦十有餘歲而相告言，大抵盡詆以不道以
> 上。廷尉及中都官詔獄逮至六七萬人，吏所增加十萬餘
> 人。……天子以為盡力無私，遷為御史大夫。……其治暴

41　《史記・酷吏列傳》。
42　《史記・平準書》。
43　《史記・酷吏列傳》。
44　《史記・李將軍列傳・太史公曰》。

　　酷皆甚於王溫舒矣。[45]

　　這是說杜周擔任掌管司法審判的廷尉後，二千石級官員被拘
押的不下一百多人，審理郡太守及大府的案件每年一千多件，大
的案件涉及的有幾百人，接受朝廷交辦的案件被拘押的人有六七
萬人，有時增加到十多萬人。這位大肆逮人，「其治暴酷」，「天
子以爲盡力無私」的酷吏，其言論和行徑是：

　　　　杜周者，南陽杜衍人。……其治大放張湯而善候
　　伺。上所欲擠者，因而陷之；上所欲釋者，久繫待問而
　　微見其冤狀。客有讓周曰：「君為天子決平，不循三尺
　　法，專以人主意指為獄。獄者固如是乎？」周曰：「三
　　尺安出哉？前主所是著為律，後主所是疏為令，當時為
　　是，何古之法乎？」[46]

　　杜周回答門下客的話，意謂法令不是天生的，是由人訂定
的，以前的君主認可的就制定成法規，後來的君主所認可的，就
記錄爲律令，能適應社會發展和當前情況的就是正確的作爲，不
必事事學習古代的作法。所謂「當時爲是，何古之法」即是法家
「法後王」的思想，但是這種奉法家現實功利思想以立身的人，
卻常常會變成犧牲原則以自取其利的小人。杜周的「善候伺」而
使天子以爲盡力無私的表現，便是最好的證明。其實這一位以嚴
刻慘急爲治的酷吏是否真的「無私」呢？司馬遷有一段意味深長
的敘述。說：

　　　　杜周初為廷史，有一馬，且不全。及身久任事，至三公列，
　　子孫尊官，家貲累數巨萬矣。[47]

45　《史記・酷吏列傳》。
46　《史記・酷吏列傳》。
47　《史記・酷吏列傳》。

　　這巨萬的財產從哪裡來的？當然是貪墨枉法，欺壓敲詐得來的。一位標榜法家思想，公正無私以行事的官吏，他私下的行徑原來竟是如此貪婪，司馬遷雖僅用短短數語，即將這種酷吏的嘴臉，刻畫的既細膩又深刻。

　　當然，「十室之邑，必有忠信」，在眾多酷吏之中，行事為人也有少數清廉的，如郅都。

> 都為人勇，有氣力，公廉，不發私書，問遺無所受，請寄無所聽。常自稱曰：「已倍親而仕，身固當奉職死節官下，終不顧妻子矣。」……是時民朴，畏罪自重，而都獨先嚴酷，致行法不避貴戚，列侯宗室見都側目而視，號曰蒼鷹。[48]

　　不過，這一位「公廉，不發私書」、「行法不避貴戚」的「蒼鷹」，其嚴酷的嘴臉，在司馬遷的筆下還是顯得不太可愛。因為他的陰影所在之處，總是讓人感到「畏罪」和「側目而視。」

　　司馬遷生長在漢武帝時代，對有武帝支持的酷吏之治自然無法做正面的掊擊。他無法用義正辭嚴，口誅筆伐，痛快淋漓的筆法寫〈酷吏列傳〉以表達他內心的真正感受，只能用「民倍本多巧，姦軌弄法，善人不能化，唯一切嚴削為能齊之」[49]的堂皇理由加以文飾。他論述酷吏們的功過也只能說：

> 自郅都、杜周十人者，此皆以酷烈為聲，然郅都伉直，引是非，爭天下大體。張湯以知陰陽，人主與俱上下，時數辯當否，國家賴其便。趙禹時據法守正。杜周從諛，以少言為重。自張湯死後，網密，多詆嚴，官事寖以耗廢。九卿碌碌奉其官，救過不贍，何暇論繩墨之外乎！然此十人

48　《史記·酷吏列傳》。
49　《史記·自序》。

中，其廉者足以為儀表，其污者足以為戒，方略教導，禁
姦止邪，一切亦皆彬彬，質有其文武焉。雖慘酷，斯稱其
位矣。[50]

　　表面上看起來都是情、理、法兼顧，合乎中道的論述。但是
骨子裏，司馬遷對這些執行刑名法術思想而產生慘礉深刻之流弊
的酷吏們仍然是非常痛惡的。因為到底這種「以酷烈為聲」、「雖
慘酷，斯稱其位」的政治，在朝廷上所造成的現象是官員們整日
戰戰兢兢，但求無過尚且來不及，那裡還有多餘的心思去從事繩
墨以外的建樹和貢獻？至於民間所受的禍害，那就更不堪聞問
了。司馬遷曾很技巧地批評酷法說：

周秦之間，可謂文敝矣，反酷刑法，豈不謬乎？[51]

　　這是說周朝到秦朝之間，國家社會的弊端在於只過度強調禮
儀的重要，秦朝建政之後，理應先著手改變這種弊端纔對，竟反
而使刑法更加殘酷，這種作法是錯誤的。司馬遷這番話固然是事
實，也是指桑罵槐的說法。批評秦朝的酷法，也就是批評漢朝的
酷吏之治。他更進一步地分析說：

法令者治之具，而非制治清濁之源也。昔天下之網嘗密矣，
姦偽萌起；其極也，上下相循，至於不振。[52]

　　這等於是老子「法令滋章，盜賊多有」[53]的注解。因為在歷
史的發展上經常呈現了「嚴刑之下，能忍痛者不吐實，而不能忍
痛者吐不實」[54]的反常現象，證明了「刑訊不足考察真實，祇可
測驗堪忍」[55]的侷限性。因此，千古以來，不知造成了多少冤獄？

50　《史記・酷吏列傳・太史公曰》。
51　《史記・高祖本紀・太史公曰》。
52　《史記・酷吏列傳・太史公曰》。
53　《老子・五十七章》。
54　錢鍾書《管錐篇》第一冊，頁333。
55　錢鍾書《管錐篇》第一冊，頁333。

想到自己的身受，又看到漢武帝時代酷吏所造成的遺毒，司馬遷
毋寧還是嚮往漢朝初年那種與人民休養生息，無為而治的消散政
術。他說：

> 漢興，破觚而為圜，斲雕而為朴；網漏於吞舟之魚，而吏
> 治烝烝，不至於姦，黎民艾安。由是觀之，在彼不在此。[56]

這一段話是說漢朝建立的初年，對秦朝的法律作了很大的改
動，法律由嚴苛而變得寬厚，官吏的治績提升而良好，不會做出
奸邪的事情，百姓也都安居樂業，可見國家政治的良好，主要在
君主的寬厚，不在法律的嚴酷。這些話不但表達了司馬遷個人的
政治理念，同時對那些服膺刑名法術之學，執行酷吏之治的人，
也具有醍醐灌頂的作用。

三、結　語

法家的核心思想在維護公平，明辨是非，獎善懲惡，以建立
國家的秩序和社會的正義。主張要達到國家的強盛，君王必須有
絕對的權力，纔能實現其剛毅的意志；要能隱藏自己的好惡，纔
能控制臣下，不致被臣下窺伺和操弄；要勇於推翻落後的舊法規，
創建與時俱進的新體制，纔能使國家除舊佈新，由貧弱轉為富強；
要嚴守制度，不循私情，纔足以扭轉空泛的道德號召和遏止人性
的邪惡。為了富國強兵，君王不但要建立鐵的紀律，甚至可以不
擇手段。這種論點和十五世紀時意大利的政治人物馬基維利[57]的
理論頗為近似。馬基維利因鑑於當時意大利內有諸侯勾結外國，
爭相擴張自己的勢力，外有群雄並峙，虎視眈眈，欲將意國加以

56　《史記，酷吏列傳・序言》。
57　馬基維利（Niccolo Bernado Machiavelli, 1469-1527）著《君王論》（The
　　Prince）一書，主張以權謀霸術治國，對後世影響極大。

瓜分侵吞，內憂外患，交迭發生，政治情況混亂至極，國勢岌岌可危。於是用盡心思寫下《君王論》一書，極力主張君王的言行措施必須令人畏懼，纔足以展現其強烈的自我意志；爲了使國家團結及確保臣民的忠誠度，不必介意被批評爲冷酷無情；目的正確的冷酷政策，最終將被證明爲對國家有利，對人民有恩。這和商鞅、申不害、韓非、李斯、鼂錯等人的思想和作法頗有相近之處，可作對比分析研究。

　　司馬遷論管仲的優點是使齊國轉弱爲強，能建立良好的君臣關係；缺點則是眼光太短，格局太小。評論商鞅的優點是能以新思維改變秦國的舊法度，造成秦國國力強盛，治安良好；缺點則是天性刻薄，執法嚴酷，甚至作法自斃。評論申不害的優點是建議君王以權術控制臣下，使國力增強；缺點則是「任術」的局限是僅能使國家自保而已，無法稱霸天下。評論韓非的優點是洞悉人性，深諳歷史，思想體系綿密；缺點則是理論過於嚴峻急切，慘礉少恩。評論李斯的優點是絕對效忠君王，強制以法治國；缺點則是督責極嚴，被刑殺的人太多。評論鼂錯的優點是以「強本弱枝」的策畧削弱諸侯王，鞏固朝廷的威權；缺點則是擅權尋隙，阤直深刻。至於評論酷吏，基本上是痛恨和厭惡的。

　　總之，司馬遷對法家思想的探討是徹底的；對法家利弊的品騭是公正的。他對法家「不別親疏，不疏貴賤，一斷於法」以及「據法守正」、「禁姦止邪」的優點給予應有的肯定；但是對那些嚴刑酷烈、慘刻寡恩，違反人性，傷害人權的流弊和遺毒是絕對期期以爲不可的。

從漢字傳播看六書層次

趙　麗　明[1]

摘　要

　　研究漢字，六書是個回避不了的基本問題，乃至於形成了所謂六書之學。它不僅涉及六書名稱、次第，而且關係到造字之法、用字之法、造字之本、字例之條等六書性質問題。某種意義上甚至突破了《說文》的局限，成爲更深層次的文字學理論、漢字體系等理論問題的探討。特別是六書中的轉注和假借尤爲歷史難題。

　　筆者近些年來調查、收集、整理、研究了一些受漢字影響而創制的漢字式文字，如苗字、侗字、壯字、喃字以及方言字，還有一些受漢字影響創造的文種等。通過對漢字在周邊傳播現象的研究深深感到，如果我們換一個角度，跳出漢字圈子，從距離我們較近的借源漢字式文字的造字手段、構形方式、記錄語言的特點等考察六書，許多糾纏不清的問題便可瞭然。

關鍵詞：漢字　傳播　六書

　　本文討論的問題是老的不能再老的課題“六書”，但確是一個走不出，突不破，說不清的老問題。面臨網路資訊時代的用字

---

1 北京　清華大學。

現象，文字學家大都採取觀看、沉默的寬容。如何解釋，如何面對，如何處理，是職業脫不了的干係。例如徐冰現象，火星文現象、囧文化、槑字解。

本文的研究方法，用田野活態材料、出土考古材料、傳世文獻材料三重證據法。

筆者近些年來調查、收集、整理、研究了一些受漢字影響而創制的漢字式文字，如苗字、侗字、壯字、白字、喃字以及方言字，還有一些受漢字影響創造的文種等。通過對漢字在周邊傳播現象的研究深深感到，如果我們換一個角度，跳出漢字圈子，從距離我們較近的借源產生的漢字式文字的造字手段、構形方式、記錄語言的特點等考察六書，許多糾纏不清的問題便可瞭然。

今年暑假，筆者又去了廣西百色、雲南富寧剝隘坡芽、貢山的怒江獨龍江、西雙版納的傣族布朗族、大理白族、香格里拉（中甸白地）、瀘沽湖（甯蒗永寧、鹽源、木里），調查了諸多文字以及與文字相關的符號現象。新材料，帶來新角度、新思考。結合近些年來自己的一些想法，與同仁切磋。

二千多年以來，漢字不僅維繫造就了中華民族及其生生不息的文化，且因文化勢能流傳至周邊民族，促進了其他民族的文明發展。但是由於各自的民族語言特點、固有的文化、政治歷史背景、民族意識等諸因素，在借用、借源漢字創造本民族文字的過程中的途徑、手段方法的不同，形成了不同類型的、與漢字的距離參差不齊的、對漢字的變異錯落有致的廣義漢字大家族體系，或稱漢字系文字。其中又有“漢字式文字”和“准漢字式文字”之分。

漢字系文字中，“漢字式文字”迄今我們已經知道的有：日本漢字、朝鮮漢字、喃字、方塊蒙字、方塊壯字、方塊苗字、方

塊白字、方塊瑤字、方塊侗字、方塊布依字、方塊哈尼字、儸僳文等；"准漢字式文字"有日本假名、朝鮮諺文、西夏文、契丹文、女真文、八思巴字、彝文、水書、納西哥巴文、女書以及一些方言字等，共二十餘種，是一個異采紛呈的漢字大家族。在目前信息時代，在《CJK（中日韓）統一漢字編碼字符集》中，還有喃字、壯字等已經或正在進入漢字編碼體系。

這些漢字系文字是寶貴的資源，特別是研究漢字的發展演變、造字構型、記錄語言的功能等規律，爲我們提供了豐富的材料和旁證。

從漢字系文字系統來審視傳統六書理論，許多問題將清晰可解。

從漢字傳播角度來考察，六書的次序恰恰要倒過來，即假借、轉注、自創（形聲、會意、象形、指事）。這是因爲作爲借源文字，身邊有強勢文化現成的文字工具，先移植借用即可，先解決有無問題，再解決合適與否、如何調整問題。

一、假借 —— 借源文字必經手段、必經階段

許慎在《說文·敘》闡述爲"假借者，本無其字，依聲托事，令長是也。"對於"本無其字"的周邊民族和境內其他民族來說，假借是借源創造本民族文字的主要途徑和手段。二十幾個民族借用、借源漢字的歷史證明，漢字傳播到外民族的假借，分不同的歷史階段、不同的方法。

1.1　從傳播的次序、階段來說，分語文全借階段和借詞借音借義階段。

第一階段、最初形態是語文全借階段，即漢字漢語漢文，漢字傳播至非漢族最初是形音義全借，即用漢字記錄漢語，書寫的

文本是漢文，用漢語可讀得懂。漢字向周邊民族早期的輸出文本都是漢字漢文。

假借與前五書不同。在漢語文內部，從文字的創制過程來看，假借是經歷了初始階段之後出現的。當最初的象形、指事、會意及形聲等產生一定數量的文字後，以不造形立字，同/近音假借，不造新的字符，借用已有漢字形體標記其他詞。這時的漢字僅僅是標音符號，與原來字符取像所表意無關。可是對於使用非漢語的外民族來說，首先要學習掌握漢語漢字，即語言文字全借。

引進一種工具，首先要解決"有沒有"的問題。特別是旁邊相對先進的強勢文化，已經有了成熟的系統文字，並在社會管理、國家制度、科學技術、思想文化等形成體系。第一步是"拿來主義"，學習照搬。語、文全借，是周邊民族借源漢字的第一階段。具體做法是：

1.1.1 首先是引進教師，派出留學，培養精通漢語文人才。

朝鮮半島是中國大陸漢字、漢文化傳入日本列島的中轉站、文化橋。據中國史志文獻及朝鮮半島、日本的考古發現，日本人最早見到漢字大約是在彌生時代（公元前三世紀～公元三世紀）傳入的中國銅鏡、金印及鑄幣上。如王莽新政時期（9-23）的鑄有小篆體"貨泉"的貨幣，出土的"漢委（倭）奴國王"金印和《後漢書·東夷傳》文獻相印證。相傳西元三世紀，朝鮮半島的百濟漢文學者王仁攜織工，帶著《論語》、《千字文》到日本，教授王族漢語漢字，被稱為"史祖"。

唐以前，漢文化作為高位強勢文化被周邊所仰慕。周邊的民族和地區幾乎都是原原本本地將漢字與漢字所載的漢文化以及生產技術、商品貿易等，一股腦地引進、移植，全盤接受。並作為樣板和楷模，建立本民族本地區的行政管理、社會秩序等上層建

築，開發經濟，推進文明。

　　中國隋代，正值日本的中央集權統治也日趨完善的聖德太子、推古女王時代。短短 27 年內（581-618），日本多次派遣使節。607 年小野妹子爲使節攜帶寫有"日出處天子致書日沒處天子"的國書拜見隋煬帝。第二年隋派裴世清作爲國使回訪日本。小野妹子又作爲陪送使再度訪隋，並同時帶來留學生和學問僧。614 年聖德太子又遣使赴隋。至唐，中日兩國交往更加頻繁。據史籍記載，日本曾任命過 19 次遣唐使，實際成行 13 次。有時一次便派四船、五六百人。其中除了各種史官之外，還有大批留學生、學問僧及各種工匠等專業人員。唐朝也派使節、僧侶、商人和各種專家、工匠到日本。空前統一的、富強開放的盛唐，成爲東亞的中心。

　　在東南亞，漢字至晚于秦漢之間（公元前二世紀～公元二世紀）便傳入與中國山水毗連的越南半島。秦末，華北定州人趙佗率兵在南越自立爲王，並轄象郡、桂林之地。漢武帝元鼎六年（-111）設交趾郡，並"頗徙中國（中原）罪人雜居其間，稍使學書，粗知言語，使驛往來，觀見禮化"（《三國志·薛綜傳》）。中原人帶去了漢語漢字和漢文化。唐時（公元七世紀前後）設置安南都護府。從公元前後到十世紀末越南幾乎都在中國朝廷管轄之下。漢字始終是越南的官方文字，一直到十九世紀六十年代法國入侵越南之前。雖然于公元十世紀前後創造了仿漢字的喃字，但始終與漢字混用。

1.1.2 開設學堂，實行科舉，鼓勵選拔精通漢語文人才。

　　日本及統一了朝鮮半島的新羅，乃至東南亞的越南等都接受漢文化，並把漢字作爲本國官方唯一的正式文字。直接用漢文本做教材。在朝鮮半島，四世紀建立學習中文的中央儒教大學堂，

各道也建立了地方儒教私學，學習儒家經典，教化年輕人。日本的奈良時代（西元八世紀），把中國的《周易》、《尚書》、《周禮》、《儀禮》、《禮記》、《毛詩》、《春秋左氏傳》、《孝經》、《論語》（以上明經科）、《孫子》、《九章》、《周髀》等（以上算道科）、《史記》、《漢書》、《後漢書》（以上記傳科）及隋唐律令（明法科）等作爲中央直屬的大學寮的必修教材。而這些經過九年苦讀畢業的官僚貴族子弟要想步入仕途，就要通過秀才科、明經科、進士科、明法科等國家考試，必須用漢文撰寫兩篇論文，口試《文選》、《爾雅》等。優秀者方可授官階。而"漢方醫學"的必讀教材則是《素問》、《本草》、《脈經》等。

1.1.3 撰寫本民族歷史著作，制定法律文書，形成本民族典籍。

借用漢字，周邊民族開始撰寫自己最早的史書和其它文獻。如朝鮮半島的《三國史記》（1145）《三國遺事》（1285），越南的《大越史記》（1272）。日本的第一部史書《日本書紀》（720）、第一部鄉土志的《風土記》（713）、第一部漢詩集的《懷風藻》（八世紀後期）等，都是用漢字寫出的漢文，而不是日語、越南語、古朝鮮語的書面語。（見圖示·略）

就是在這種幾乎是全盤引進大陸漢文化的時風之下，周邊民族漢文學興盛。如日本平安時代出現了一大批漢詩文集，如《凌雲集》（敕撰漢詩集，814 年成書）、《文華秀麗集》（敕撰漢詩集，818 年成書）、《文鏡秘府論》（文學理論書，空海著，819-820 年間成書）、《經國集》（敕撰漢詩集、827 年成書）、《性靈集》（漢詩集，空海弟子真濟著，835 年成書）、《菅家文草》（漢詩文集，菅原道真著，900 年成書）等。正如一位韓國教授所說，漢字成爲東方文化共同的財富。

　　周邊地區照搬的不僅是漢字，連同漢字承載的政治制度，意識形態，價值觀念，具體包括國家體制、儒家思想、佛教科技等。大致在唐以前，形成了中國周邊地區的異語同文同化現象，也導致了雙語雙文或雙文混用等語言生活。

　　中國境內其他少數民族，直接借用漢字更是普遍。例如瑤族史詩《千家峒》手抄本、侗族的《侗款》等，都是漢文本。

　　1.2 **第二階段、第二種形態是漢字某語某文，**包括借詞（形音義）、借音、借義（音讀、訓讀）。形成了漢字某語某文的語文形態。

　　所謂漢字某語某文，是非漢族民族書面語的本土口語化，即借用直寫法，也就是把漢字作爲記音、示義或標識語法的符號，標記本民族語言。寫出來的文本，不是漢文，而是民族語文。對於懂漢語漢字的人來說，單個漢字都認識，但文句讀不懂。

　　漢字是記錄漢語的，適應漢語的語言特點。其他民族直接借用漢字之後都必然面臨如何適應本民族語言的問題，不僅語音、詞彙大不相同，漢語的語法和各民族也不同，特別是日語、朝鮮語等不同語系的語言。如何解決標記者（漢字）與被標記者（非漢語語言）的矛盾，即工具好用不好用就成爲突出的問題。因此一些借用漢字的民族，權宜地把漢字當做記音的音符字、示義的義符字和語法的識別字號（用音同音近的漢字音讀，或加以變異，或標加其它符號）。這是漢字記錄外族語的最簡便的方法。

　　借漢字標音，通篇音讀字，最早見於文獻的如春秋時代的《越人歌》,東漢時期的《白狼歌》。以及漢字日語日文、漢字蒙語蒙文、漢字朝鮮文、漢字壯文等。我們以漢字蒙語蒙文爲例：

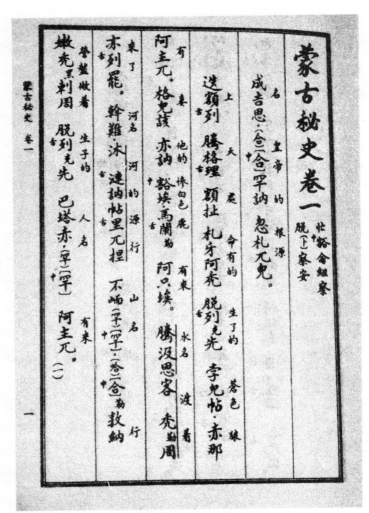

《蒙古秘史》又稱《元朝秘史》，[2]原著已佚，目前我們能看
到的只有明代洪武年間（1368-1398）四夷館用漢字音寫的蒙古語

2　與《蒙古黃金史》、《蒙古源流》並列被稱爲蒙古三大史書，均爲 17 世
　紀用回鶻式蒙古文寫成。（起初，1204 年成吉思汗開始用回鶻字母拼寫
　蒙古語，1269 年元世祖忽必烈頒佈主要依據藏文、梵文創制的 "蒙古新
　字" 即 "八思巴文"。元朝滅亡前後，回鶻式蒙古文又通行使用。）

原文、逐詞旁注漢譯並附有摘要總譯文的傳世本。（見附圖）。
這是校勘者根據《四部叢刊》嘉慶年間顧廣圻氏影印本，同時參
校《永樂大典》錢（大昕）十五卷本和葉（德輝）氏本整理而成
的，1981 年內蒙古人民出版社出版。

　　《蒙古秘史》用 563 個漢字作爲標音字母，拼寫蒙古語。記
述了從成吉思汗遠祖、誕生及一生征戰經歷/及蒙古民族的編年歷
史。例如：

　　迭額列　騰格理　額扯　劄牙阿禿　脫列先　孛兒帖・赤那
　　　　上　　　天　　處　命有的　　生了的　　蒼色　　狼
　　至今的可口可樂、沙發、託福之類，猶爲此法。

　　在日本，奈良時代（71-794）出現的"真假名（萬葉假名）"，
邁出了探索書面民族語文的第一步。大約完成於 771 年的日本第
一部詩歌總集《萬葉集》是力圖假借漢字來標記日語文的最早文
獻之一。日本稱原本漢字爲"真名"（名，即字。真名即本字）。
把以《萬葉集》爲代表的用整個字借來標記日文的用法的漢字被
稱作"假名"（假，即借。假名即借字），或"萬葉假名"。爲
了區別後來省減漢字創造的的字母假名，又稱這種整體借用的萬
葉假名爲"真假名"。雖仍借用漢字的形體，但書寫出來的已經
是日語日文，不是漢文。如

　　磐白乃　浜松之枝乎　引結　　真幸有者　　　亦換
　　見武（《有間皇子》）
　　（磐代の　浜松が枝を　引き結び　真幸くぁらば　亦か
へり見む）
　　（磐代海濱　松枝打結　三生有幸　歸途重看）
　　借漢字義（訓讀法），實際是譯讀法。利用漢字標義，書面
語是漢字漢文，閱讀時翻譯還原成的口語是民族語相應詞的語

音。一般用於標記實詞。而虛詞則用借音標記。人們習慣上把借用記音的漢字叫音讀字，借用示義的漢字叫訓讀字。不僅日語如此，而且帶有普遍性。

　　標記本民族語的語法是最重要的。借用標記語法的漢字可以稱作語法字（或語助字、語法符號、語助符號）了。不同的民族借用漢字標識語法的方法,則各不相同，除了用音讀字外，還有的用小字體音讀字，或標加其它符號。日本曾創造了用大小兩種字體寫的宣命書。古代天皇的詔書，純粹用漢文寫的叫做詔敕，用日文寫的叫做宣命書。宣命書用大字體漢字書寫實詞，用小字體漢字書寫助詞或詞尾。如 697 年文武天皇即位時的詔書：

　　　　“現禦神止大八島國所知天皇大命良麻止詔大命乎集侍皇子
　　　　等王臣百官人等天下公民　諸聞食止詔　高天原爾事始而
　　　　遠天皇祖禦世中今至麻氏爾……。”

　　這種方法是由於漢語和日語的語法結構特點不同所致。古朝鮮在吏讀文字使用過程中,也曾借用小字體漢字標記語法,如“孟子伊曰孩提之童伊無不知愛其親是彌及其長也為也隱無不知敬其兄也羅為時尼祿”。有的採用在漢字旁加點符號來提示音讀或訓讀。如日本有一種“乎古止點”（常用作標記助詞）訓讀法，即在漢字旁不同位置點上記號，來指示讀時要加上某一助詞。

　　音讀、訓讀混用是借用漢字記錄民族語普遍的方法。如《古事記》（712 年太安麻呂撰錄）就是音讀字、訓讀字日漢文混用。如

　　　　我者有愛故吊來耳　何吾比穢死人雲而拔所禦佩之十搤
　　　　劍切伏其喪屋以足蹶離遣　此者在美濃國藍見河之河上
　　　　喪山之者也　其持所切大刀名謂量　亦名謂神度劍（度字
　　　　以音）　其阿治志貴日子根神者忿而飛　去時　其伊呂妹

高比殼命思顯其禩名故歌曰　阿米流夜於登多那婆多能
宇那賀世流　多麻能美須麻流美　須麻　邇　阿那陀麻波
夜　美多邇　布多和多良須　阿治志貴多迦比古泥迦微
曾也　此歌者夷振也。（《古事記·代歌謠·天若日子の派遣》）

那麼，如果是本民族語言固有詞中所沒有的，所借漢字同時
既借音又借義，那常常就是引進的漢語借詞了。日本、朝鮮等民
族語文中有著大量的漢語借詞。無論哪種使用方法使用漢字，閱
讀時還原的有聲語言都是本民族語言了。

古代朝鮮也有類似日本"萬葉假名"的"吏讀"，相傳爲新
羅神文王（681-692）時的學者薛聰創造的用漢字記錄本民族語言
的一種書面語。其實，據平壤出土的三塊石碑,早在高句麗長壽王
（413-491）時就有了早期吏讀。真平王時代（579-632）和善德
女王時代（632-647）的新羅鄉歌《薯童謠》、《慧星歌》、《風
謠》等，就是早期吏讀的代表作。其特點主要有

1）語法上,組詞成句按朝鮮語序，如吏讀文"今至三年以後
忠道執持過失無誓"（1940年慶州郡金文里出土《壬申誓記
石》），漢文應是"誓今至三年以後忠道執持無過失"；

2）實詞訓讀，虛詞（語助詞）音讀。即實詞借漢字義，訓
讀朝鮮語音；加進表示朝鮮語法成分的語助詞僅借漢字音，音讀
朝鮮語音，如"本罪律乙依良施行爲齊"（1395年頒佈的《大明
律直解》）其中"本罪律""施行"是訓讀字，"乙依良""爲
齊"是音讀字。

附加的語法助詞，朝鮮語叫"吐〔t'o〕"，即"語助"（因
此"吏讀"又稱作"吏吐"、"吏道"等），如"期"表示謂語
體詞形；"乃"，謂語接續形，表轉折；"亦"表主格，"乙"表
賓格。後來還發展成所謂"口訣"字,即比較固定的語法符號字。

這樣，吏讀文本書面語都是漢字，讀成口語都是民族語朝鮮話。

這種漢字民族文中的音讀字具有隨意性，即標記一個語音的漢字不固定，如萬葉假名（真假名）：ぁ [a]阿安、ぃ[I]伊夷以異己藝、ぅ[u]于易宇有鳥羽雲禹、ぇ [e]亞衣依愛哀埃、ぉ[o] 意憶於淤應隱飫、か[ka]加架迦賀可哥珂訶甲汗香何閑智介河柯歌舸、し [si]之芝子此志思寺侍詩斯師四式此紫資時矢屍司伺嗣旨指死詞事使色新水進信茲試始施璽辭、に [ni]爾邇二仁人日尼耳而柔你貳、は[pa]波破八牟伴方芳播幡房薄盤倍婆簸泮絆巴。

朝鮮的“吏讀”也有同類現象，如：主格：是伊；屬格：矣衣（有情物）、叱（無情物），處格：崖 、於是、於伊、亦是、曳、余是、余伊。

這種用漢字書寫本地本民族語文的方法，是對標記者（借用文字符號）與被標記者（所記錄的語言）之間適應度的一種變通式的調適。是許多借用漢字的民族普遍使用方法和經歷過的階段。如日本的真假名記錄的《萬葉集》，古代朝鮮的“鄉剳”、“吏讀”以及中國境內的少數民族，都曾直接借用整個漢字來記音、示義、標語法，形成記錄本民族語言的漢字日語日文、漢字苗語苗文、漢字壯語壯文、漢字侗語侗文等文本。

漢字民族文，說明該民族的語言生活從照搬移植、削足適履的初始語文形態，開始進入自覺時期。努力克服口語與書面語的剝離，實現言文一致。

有了記錄本民族語的文本，這是語文生活的一大進步。其中又有兩方面的問題，一是民族語言的實際需要：標記本民族語言。二是不能完全脫離漢語。因為經歷了前一階段，大量漢語詞彙已經進入了民族語言，如韓語中的漢語借詞高達 70%。

1.3 上述的漢字的傳播中的第一、第二兩個階段、兩種形態，

均爲沒有文字的民族找到記錄語言的工具，給本民族詞語編碼書面符號，即本無其字的假借。其中分兩步、兩個階段，兩種形態：

其一，先是直接照搬"拿來"用，少數人學習掌握外語（漢語）直接用漢字寫的是漢語漢文。這種文本，中國人看得懂。

其二，由於語言類型不同（主要是語法差異、語音差異），就要進行初步協調，用漢字標本民族音（只借音的音讀），大量本民族沒有的詞彙要借（音義皆借的借詞），用漢字記錄固有詞（只借義不借音的訓讀），這個階段用的還都是漢字。這種文本中國人看不懂，因爲寫的是漢字外語。

由此我們可以看到：

一）本無其字的六書假借，是沒有文字的民族借源創制文字的最簡便的方法。

二）假借文字系統的結果是，同文同化，移植的不僅是語文，還有社會、制度、價值觀念體系；

三）假借文字系統的結果還形成大量借詞和漢字詞。事實證明，朝鮮半島、日本列島、中南半島及境內其他民族的語言中有大量漢語借詞，甚至高達 70%以上。漢字詞是外族用漢字合成的詞，不是漢語詞，如韓國的"定楚"，漢語詞爲"奠基"。

四）假借使漢字成爲區域性國際文字符號。

二、轉注仿造 —— 使無文字的民族有了自己的文字

漢字傳播第三階段、第三種形態是某族漢字，或某族方塊字，借漢字偏旁部件形聲、會意重組構型；即轉注造字。因此形成眾多的"漢字式文字"。

所謂"漢字式文字"指非漢族仿造的民族漢字，在文字形體符號上，完全借用漢字的零部件，並按照漢字的造字法，重新拚

形組裝構成方塊字，轉注標記民族語或方言。這類方塊民族字，或稱民族方塊字，由於使用的材料都是漢字構件、方法都是漢字的拚形組合，所以外形酷似漢字，符合漢字體制；但實質上不是記錄漢語的漢字，而是專門用於記錄本地語詞的民族文字。日本稱作"國字"、"倭字"，如凧、働、峠等；朝鮮稱作"國字"，如畓、乻、旕等；越南稱作"喃字"（漢字被稱作"儒字"）；在境內民族地區稱作"方塊苗字"、"方塊壯字"，如岜石山、迖逃等；"方块侗字"，如伓父、叭魚、僦愁等（在漢語方言區被稱作"方言字"）。他們又不約而同地被稱作"方字"，或者"土字"、"俗字"、"土俗字"。各地轉注仿造的漢字式文字，記錄的語言不同，但都是借源漢字的產物，是脫胎同一母體的同胞姊妹。有時甚至會雷同，異源同形。（見字樣。略）

這些就是"六書"轉注造的字。

對於六書中的轉注，歷來討論紛呈，莫衷一是，更是不了公案。唐賈公彥的左

右形轉說，和者有之³；南唐徐鍇類耦虛實之說，論者不乏⁴；宋
張有《復古編》中有依聲轉注說；其它還有會意轉注說、引申假
借轉注說云云。特別是明楊慎的“四象爲經，注借爲緯”說，被
孔廣居稱爲“不易之論”。戴震四體二用說，與之不無干係。而
且戴氏的體用說，經高足段玉裁的闡發，既成一家定說，影響甚
大⁵。後世提及六書即云四體二用，人云亦云，似乎成了公論。期
間雖有明趙宧光“轉注之體大在形聲”等論，亦被淹沒繁複雜論
之中。直至章太炎明之：“余以爲轉注假借，悉爲造字之則，凡
稱同訓者，在後人亦得名轉注，非六書之轉注也。同聲通用者，
在後人雖通號假借，非六書之假借也。”（《轉注假借字》）。
今考之漢字的傳播，更是雲開霧散。

　　轉注與前四書確有不同。許慎在《說文·敘》闡述爲“建類
一首，同意相受，考老是也”。如果說象形、指事、會意、形聲

3　唐賈公彥的左右形轉說《周禮疏》：“轉注者，考老之類是也。建類一
　首，文意相受，左右相注，故名轉注。”因此裴務齊《切韻》：“考字
　左回，考字右轉。”戴侗、周伯琦等承此說。
4　清光緒間蔡金台（字燕生）和龍學泰（字恕清）專著文《六書三耦說》，
　程或林（字少珊，貴州人，光緒己醜年翰林）亦著《六書次第說》論三
　耦說。
5　戴震《答江慎修先生論小學書》：“大致造字之始，無所憑依，宇宙間
　事與形兩大端而已。指其事之實曰指事，一、二、上、下是也；象其形
　之大體曰象形，日、月、水、火是也。文字既立，則聲寄於字，而字有
　可調之聲；意寄於字，而字有可通之意，是又文字之兩大端也。因而博
　衍之，取乎聲諧，曰諧聲；聲不諧而會合其意，曰會意。四者，書之體
　止於此矣。由是之於用，數字共一用者，如初、哉、首、基之皆爲始，
　卬、吾、台、予皆爲我，其義轉相爲注，曰轉注。一字具數用者，依於
　義以引申，依於聲而旁寄，假此以施於彼，曰假借，所以用文字者，斯
　其兩大端也。六書之次第出於自然，立法歸於簡易。”
　段玉裁《說文解字注》：“戴先生曰：‘指事、象形、形聲、會意四者，
　字之體也；轉注、假借二者，字之用也。’聖人複起，不易斯言也。”
　王筠也同樣認爲“六書”中存在“經”和“緯”，分別爲“造字之本”
　和“用字之本”。王筠《說文釋例》：“象形指事會意形聲四者爲經，
　造字之本也；轉注假借爲緯，用字之本也。”朱駿聲、桂馥等文字學家
　也持“四體二用”說。
　（近人沈兼士的“四級說”，以及唐蘭、陳夢家、劉又辛、裘錫圭等的
　“三書說”等多避談轉注。）

是標記詞語的文字符號"從無到有"造字的話，轉注是文字經過造字初始階段之後，或是古今語音的演變，或是地域方言的差別，或是原字標記的詞義有了變化，或是假借同音近音字來標音，爲了更準確標記詞語，根據原來已有的字再造新字，於是"據有生新"，即由已有文字孳乳再造新文字，因此轉注的特點是①指原有本字 A、孳生新造字 B 之間的關係，即 B 是 A 的轉注字；②二者在形體上部首相同；③意義上相同相近； ④語音上相同相近，或有對應關係。

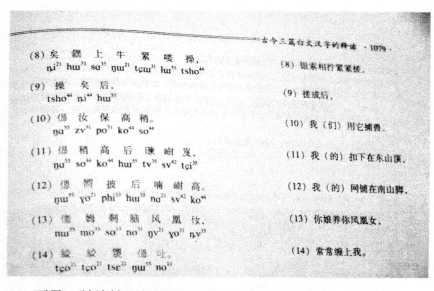

可見，討論轉注的關鍵：弄清本字 A 與仿造孳生字 B。即弄清標記"相授"的一組同（近）義詞的本字與新字。轉注關係到一組字，其中哪個是先有的字，哪個是後來因古今音變、方言不同而相轉重組造的字。漢字體系內往往很難分清何爲先有字（本字）、何爲後造字（仿造孳生字），即誰是本字、誰是新字；孰先孰後。這個問題有時表現爲正俗字、古今字。而把這個問題放

在漢字傳播中考察，外民族是如何借用漢字的偏旁部首（表意、標音構件），模仿漢字重新造字，以轉相標記本地本民族語詞，即後起造字。一目了然。其他地區爲了標記方言、語言，利用漢字已有構件"建類一首"，依照漢字的結構方式，仿漢字而造的漢字式文字，無疑是後造新字。比較清晰地顯示出新字與本字之間"同意相受"的轉注關係。（附表中的外族方塊字都是模仿漢字本字而轉相後造的孳生字 B 們·略。）

　　靜態上看最後造字構型結果，當然大多爲形聲（本地本族音）結構，亦或會意（合字會意新造本地本族字）結構。針對本地本民族來說，也是本無其字而造新字。

　　據《国字の字典》（菅原義三，2 東京堂，1999）日本漢字有 1551 個，《韓國固有漢字研究》（金鍾塤，集文堂，1992）韓國國字有 250 多個。而越南的喃字系統異常發達。筆者與河內漢喃研究院交流得知，他們總結出 15000 個喃字！創作了大量越語喃字作品，近代以來用喃字改寫的漢文文獻有 1000 多種。（見圖）

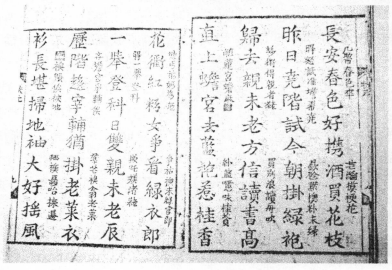

　　轉注仿造民族漢字形態的特點與價值：

　　一）由於漢字的構件就是音節符號或語義符號，即一字一音節一語素,所以轉注仿造漢字非常能產，特別適合標記單音節語詞。喃字、壯字、苗字等語言和漢語十分相似，都是單音節詞為主，聲調有區別意義等，因此民族漢字比較發達，數量多，成百上千。

　　二）提供了造字動態流程實例,有助於漢字理論研究。漢字式文字造字的方法，實際上是爭論了近兩千年的"六書"中的"轉注"造字法 —— 借漢字的部件、方法，造新漢字。這些實證有力地說明假借、轉注也是造字法，是動態的造字手段，造字過程，其結果是形聲、會意等靜態結構。漢字內部很難看出造字先後，哪個是早有的字，哪個是轉注仿造的，看民族方塊字就十分清楚了。從造字法的角度，各地轉注仿造方言字，也是同類現象。

　　三）驗證、豐富了漢字理論，不僅說明形聲、會意是能產的造字法，還有反切、雙聲、記號等。漢字中有旮旯、孑孓、虞唔等。朝鮮造的"國字"（朝鮮語吏讀漢字）中也有"六書"所不能概括的，如李晬光《芝峰類說》所說："我國用字以水田為□（上水下田），米谷未滿者為□（走之上加鬥字），柴束之大者為□（走之上加去字），皆意作也。"再如，另造"獷"字來表示朝鮮語的"貓"〔kuag〕、上"乃"下"末"〔amal〕，標記新羅的專有官職名、上"為"下"了"〔han〕的"為"表動詞"做"〔ha〕"了"表完成體〔n〕。方塊壯字有雙聲符字，如

　　山三　（白米）、來賴（倒）、　又誘（騙）、丁登　（打中）；反切字，如（荒草、忙）等。

　　四）專用於標記本民族語而轉注仿造新漢字，實際上是新造民族文字，標記民族語文。但是，轉注仿造的民族漢字不可能是

個完整體系，文字體系主體仍是漢字，轉注仿造的民族漢字僅僅是借用漢字的零散補充，局部調適。因此轉注仿造民族漢字（或民族方塊字/方塊民族字），只是文字改良。

三、創制本民族文字體系：文字改良到文字改革

漢字傳播的第四階段、第四形態 —— 創制本民族文字。這樣，就從前面的仿製改良，到文字改革了。

借源模仿漢字而創造的這些漢字系文字和漢字的關係遠近是分層次的，除了借用漢字部件、借用漢字造字法而造的漢字式民族漢字、方言字之外，還有借鑒漢字的筆劃、借鑒漢字的方塊組合、借鑒漢字的單音節字符單位，或將漢字體勢變異等創造的各種民族文字，在發生學上與漢字有著血緣關係。外觀上雖然已經面目全非，但有漢字的痕跡，即漢字的某種基因。有人將這種和漢字差距較大的叫做"准漢字式文字"（或稱"擬漢字式文字"），實際上是漢字的派生支系，漢字的非漢語社區變體。如日本的字母假名（音節字母文字）、朝鮮的諺文（音素字母文字）、西夏文、契丹文、女真文、蒙古八思巴文（音素字母文字），以及彝文、水書、納西哥巴文、傈僳音節文字、女書等。它們雖然源於漢字，卻從根本上改變了文字的性質，已經是創造性的文字改革了。

由於與漢文化關係、影響和變異情況不同，大致分爲三種情況：早期借漢字封建國家改創民族文字、中古自立王朝借鑒漢字始造民族文字、自製原始民族文字借鑒漢字。

3.1 早期借漢字封建國家改創民族文字

日本在平安時代（794-1192）產生了本民族文字假名字母（平假名、片假名）。片假名產生於傳授佛經的寺院，平假名出於宮

廷女手。片假名和平假名雖然都是對筆劃繁多的漢字在書寫上進行簡便性的變體改造，卻成爲專門記錄日語的本民族文字，並從根本上改變了漢字的表意性質而成爲純表音文字--音節字母文字。其間有個探索過程。

僧侶寫經創造了片假名。如奈良時代在日本流行的《金光明最勝王經》（平安初期西大寺傳本）的《序品》開頭："如是我聞"。"如"字右下有向右傾斜的"十"，據考證爲後來的片假名"キ"；"如"字左下有"乎古止點"上下排列的兩點。那麼這個"如"字就要訓讀爲"如キコトヲ"。"聞"字右下有上"て"下"十"的符號被認爲是後來片假名的"ヘキ"；"聞"左下有"乎古止點""一"。那麼，這個"聞"字就要訓讀爲"聞キタマヘキ"。這也許就是片假名產生最初時的情形。寺院的寫經生在抄寫佛經典籍或記錄講義時，爲了速記，便借鑒漢語佛經變文的俗用簡體字，有意減少書寫筆劃，僅僅寫偏旁，如：將"菩薩""灌頂""醍醐""琉璃""琵琶"寫成"サ サ""シ丁""酉酉""王王""比巴"，再如川（訓）、ソ（反）、穀（俗）等。更有甚者，還將省略後形體又合寫，如釗（金剛）、左亻右西 （西佛）、左亻右去汀 （傳法灌頂）等。爲速記簡便並有所區別，於是肢解漢字，略取某些漢字楷書的偏旁作爲標音字母，仍以音節爲單位，經過規範便成爲音節字母。如 阿[a] → ア、伊[i] → イ、宇[u] → ウ、加[ka] → カ、利[li] → リ等。

朝鮮也有類似的所謂"口訣"字，即比較固定的語法符號字。有的是漢字簡略，類似日本的片假名。如テ（"面"的簡體，表示"則"）、ソ個（"爲羅"的簡體，"做"的命令式）、ソ口（"爲古"的簡體，表示"做""並""而且"）。

平假名誕生的土壤是中國漢字書法影響下的書道時尚。書道

的發達促進平假名誕生。

在朝鮮半島，千餘年來漢文一直作為官方的正統的法定的書面語。漢字在朝鮮半島的影響比較深，西元七世紀新羅統一全國後直至十九世紀末，國家各種公文、外交文書、史書典籍、科舉考試、以至日用書信、地名稱謂都是使用漢字漢文。千餘年來漢文一直作為官方的正統的法定的書面語。朝鮮從李朝世宗 25 年 12 月（1444 年初）開始，世宗親自主持創制《訓民正音》，1446 年 9 月完成並頒佈，這是一部國家文字改革方案。開宗便闡明創制本民族文字的宗旨和必要性：“國之語音，異乎中國，與文字不相流通。故愚民有所欲言，而終不得伸其情者多矣。予為此憫然，新制二十八字，欲使人人易習，便於日用耳。”“訓民正音”又叫“諺文（諺，俗也）”。這種類似日本假名字母的簡便標記符號，最初只有 28 個字母，17 個子音（輔音），11 個母音（母音）。以音節為單位拼寫，組成一個個筆劃式方塊形的拼組字，是一種音節式音素拼音文字。李朝世宗 25 年 12 月（1444 年初）開始，世宗親自主持，設立專門機構“正音廳”（亦叫“諺文廳”），組織鄭麟趾等集賢殿優秀學者研究創制朝鮮文字。期間還多次與中國學者討論、商榷。1446 年 9 月完成並頒佈《世宗禦制訓民正音》一書，這是一部國家文字改革方案。

九世紀，日本完成了音節字母文字的改革創制；十五世紀中，朝鮮進行了音素字母文字的改革創制。至於中南半島，雖然 17 世紀歐州傳教士進入以後，特別是 19 世紀 40 年代法國殖民者入侵後，採用了拉丁字母；但漢字、喃字一直在用，乃至 20 世紀 50 年代。[6]

---

6 據李樂毅先生（國家語委研究員）介紹，1957 年他 20 歲從越南回國時，西貢中小學課本直接翻印中國教材。

這種形態文字的特點與價值：

一）自從漢字輾轉傳入之後，古朝鮮、日本、越南才有了記錄語言的借用工具，並由此產生了本民族的文字。如果從最早漢字進入日本（西元前一世紀）算起，到日本出現自己的假名字母文字（平安時代，西元九世紀），大約經歷了 1000 年。朝鮮半島到 1444 年李朝世宗創造 "訓民正音" 即諺文時，借用漢字漢文達 1500 年，如果到 20 世紀初真正全面推行本民族文字，則達 1900 年。可見漢字的影響及正統地位的穩固性。

二）由於接受漢字漢文化較早、較久，改創的民族文字與漢字有血緣關係，始終未能完全脫離漢字，同時與漢字相伴隨的漢文化也已經滲透於本民族文化之中，乃至形成今天的漢字文化圈。

三）民族文學的興盛與發展是民族文字誕生的沃土。漢文學愈壟斷文壇，它的移植文學的致命弱點也就愈暴露。由顯示學識，缺乏真情實感而日趨喪失文學本質和魅力。與此同時，日本民族詩歌 "和歌"、朝鮮 "鄉歌" 等應運復興，物語（小說）、日記、隨筆等能夠自然表達心聲的散文形式文學也蓬勃興起。民族文學促進了民族文字的改創。

四）遵循標音、簡便的實際需要，完成了借用表意文字符號→表音文字的體制改革。

3.2 中古自立王朝始造民族文字

唐末以後周邊其它民族建立的王朝，更是把創立民族文字作為建國大政之一。典型的是北方的西夏文、契丹文、女真文及蒙古八思巴文、滿文等。

唐末以後周邊其它民族建立的王朝，更是把創立民族文字作為建國大政之一。典型的是北方遼的契丹文、金的女真文、西夏文及蒙古八思巴文、滿文等。

　　契丹字分大字（920 年造）小字（924 年造），是唐末時遼太祖耶律阿寶機建立契丹王朝後,命人參照漢字相繼創造的，都是官方文字。“契丹本無文紀，唯刻木爲信。漢人之陷蕃者，以隸書之半加減，撰爲胡書。”（《五代會要》）兩套文字並行，遼滅亡後,曾被金女真人使用，直至 1191 年金章宗“詔罷”不用，行三百年。

　　契丹語屬阿勒泰語系蒙古語族。契丹大字是表詞文字，據說有幾千個，除了少量直接借漢字詞（皇帝、太后、太王等）外，基本上是利用筆劃，變異漢字的構件，重新拼組方塊字。契丹小字是表音。因大字不方便，又由耶律阿寶機的弟弟在大字典基礎上造了一套“小簡字”，即契丹小字。契丹小字標記音節或音素，基底字符“原字”有 378 個（見清格爾泰等人研究）。一個契丹語單詞要用幾個原字拼組疊成方塊字標記。（參見賈敬顏等文）

　　女真字是女真人（即後來的滿族）建立金朝後（1119），金太祖阿骨打命完顏希尹所創，“希尹乃依仿漢人楷字，因契丹字制度，合本國語，制女真字”（《金史‧完顏希尹傳》）也有大小字之分。女真小字是 1138 年由金熙宗創制頒行的。行五百年。女真語爲阿勒泰語系通古斯語族。

　　西夏文初稱蕃書、蕃文，是黨項族的首領元昊在建立西夏國（1038-1227）的前夕作爲政權制度之一而創制的。“元昊自製蕃書，命野利仁榮演繹之，字形體方整類八分，而畫頗重複。”（《宋史‧夏國傳》）“元昊既制蕃書,尊爲國字,凡國中藝文浩牒盡譯蕃書。”“特建蕃學，以野利仁榮主之，譯《孝經》、《爾雅》、《四言雜字》爲蕃語，寫以蕃書。”（《西夏書事》）“立蕃字、漢字二院，漢習正草，蕃兼篆隸，其秩與唐宋翰林等。”

　　西夏文是作爲獨立政權制度之一，有意區別漢字而爲，不用

漢字一個偏旁，卻用漢字的造字法，利用筆劃，重新拼組方塊字，基本上一個方塊字記錄一個詞，並採用漢字的書寫行款制度。西夏文是詞符文字，所記錄的西夏語（黨項語）屬漢藏語系藏緬語族。西夏文共有六千多字，現已識讀一半以上。西夏被元滅亡後，西夏文仍使用相當長一段時間，直至明中葉。行四百六十餘年。

　　西夏文留下大量文獻，包括文學、語言、法律、醫學、佛經以及官方文書等。其中有許多字典韻書,如著名的《文海》（1124～1131）、《五音切韻》（1173），西夏人骨勒茂才還編寫了漢夏雙解字典《蕃漢合時掌中書》（1190）等。並且翻譯了大量的漢文經典《孝經》《論語》《孟子》《列子》《左傳》《孫子兵法》等。西夏本民族作品如《西夏詩集》、故事集《新集慈考記》、勸世詩文《賢智集》等。20 世紀以來，中、俄、日等國學者研究西夏文獻，已蔚然形成國際性的西夏學。

　　八思巴文，曾先後叫作蒙古新字、蒙古字、國字、國書、八思巴蒙古字、八思巴字、方體字、蒙古方體字等。元世祖忽必烈入主中原之後，首先著手的一件大事，就是創制本朝國字，詔"我國家肇基朔方，俗尚簡樸，未惶製作；凡施用文字，因用漢楷及畏吾字以達本朝之言。考諸遼金以及遐方諸國，例各有字。今文治寖興，而字書有闕，於一代制度實為未備。故特命國師八思巴創為蒙古新字，譯寫一切文字，期於順言達到事而已。" "中統元年（1260），世祖繼位,尊為國師（八思巴），授以玉印，命制蒙古新字，字成上之。"（《元史‧釋老傳》）《元史‧世祖記》還明確記載，最遲於 1269 年正式頒佈使用。"詔以新蒙古新字頒行天下。"實際上，八思巴文是與民間回紇式蒙古文並行。其生命力即使用時間基本上與政權同期。八思巴文使用了 110 年，隨著元朝蒙古統治者退出歷史舞臺，而成了凝固在文獻上的死文字。

　　八思巴字母采諸梵文、藏文，大約有四五十個，基本上是音素字母，不僅記錄蒙古語，還可以“譯寫一切文字”，如史料所見的漢語、藏語、梵語、維吾爾語等。也就是說，八思巴文是一種音素字母拼音文字。但是，八思巴文以音節爲書寫單位，特別是體勢上有正體（楷體）與篆體，甚至被稱作方體字。其行序從右向左、字序從上至下的行款，字體仿漢字篆體，甚至成爲藏文轉寫符號，常見於喇嘛寺中。那元朝官印碑額上九曲十八彎的八思巴篆文，難道不是向漢文的趨同嗎？八思巴文在文字發生學上是混血兒，是漢字的遠裔。與之類似的還有滿文。

　　1616 年努爾哈赤統一女真各部，建立後金。1635 年定族名爲滿洲。明代中葉，廢止女真文，改借蒙古文。1599 年統一女真各部的努爾哈赤命額爾得尼等借用蒙古文字母創制了老滿文。三十多年後，清太宗皇太極命達海等改革完善了新滿文，爲 1644 年入主北京作了文化上的準備。儘管滿文借用的是蒙古字母，記錄的是滿語，又是滿族執政朝綱，然而卻向漢字趨同。清高宗乾隆 13 年（1748）以陪都盛京（今瀋陽）爲題禦制《盛京賦》中，有 32 體篆字，是直接借鑒了漢字篆字的特點。如金錯篆，雕蟲篆、飛白篆、龜書篆、奇字篆、玉筋篆、鸞鳳篆、鐘鼎篆、刻符篆等，外觀呈長方性。

　　另外，民間女書，是漢字系文字中，無論流行地區、使用人群、傳承方式、功能作用，還是記錄的語言、字形體勢、符號性質等，都十分奇特的一種文字。女書是普通農家婦女的專用文字，僅僅流傳在湖南江永縣、道縣、江華縣三縣交界之處的群山懷抱的瀟水流域，方圓不到一百里的漢族瑤族混居的地區。使用女書的人群的生活方式基本上是傳統的男耕女織，男婚女嫁，男尊女卑。女書老人幾乎都是纏足。經過調查研究，女書記錄的是當地

通用的漢語土話。因此女書是一種漢字。在當地，1949 年以前，男人使用"男字""男文"（方塊漢字），女人使用女書（又叫女字、女文）。一語二文。女書主要用於結交女友間的通信娛樂，自傳訴苦的唱讀寫本。因此女書是一種女性文字。外觀上,女書字體基本呈"多"字形，是方塊漢字的一種變體。女書是一種斜體漢字。但卻不是表意文字。女書利用假借的方法，一個字符標記一組同音或近音詞。經過清華大學師生對 22 萬字女書原件窮盡性統計，女書的基本字不到 400 個，就可以基本完整地記錄當地土話。因此女書是一種音符字單音節表音文字。

這種形態文字的特點與價值：

一）這類文字大多由朝廷授命制定，自上而下推行，是政治統治制度的有機部分。與民族及民族語言的命運相關，民族政權消亡了，官方文本不用了，民族文字也逐漸成死文字。

二）力求創新，借鑒漢字又儘量有別於漢字，以示民族政治、文化的自立。形體上近而不似。形成一套別具特色的文字符號系統。

西夏文、契丹文、女真文在始創之時,就明確是仿漢字而變異，或"以隸書之半加減"，或"仿漢人楷字，因契丹字制度"，或"字形體方整類八分,而畫頗重複"。蒙古八思巴文、滿文在文字制度上和漢字不同，是音素拼音文字，採用梵文、藏文或蒙古文字母，但以音節爲書寫單位，在體勢上努力仿漢字方體化、篆體化。這些北方王朝文字大多爲表音文字，這主要與適應語言特點有關。

三）多與漢字漢文並行,實行雙語文制度。"立蕃字、漢字二院，漢習正草，蕃兼篆隸，其秩與唐宋翰林等。"（《西夏書事》）公文、碑刻，並編寫雙語文字典、詞典等工具書。包括翻譯漢文

獻典籍、佛教經典、朝廷公文及各種實用書籍。

四）記錄了借字、造字之初的漢語面貌。由於數千年以來漢語沒有精確的記音符號，古代的語音面貌只能憑藉有限的材料推擬，八思巴文等作爲音素字母拼音文字所記錄下來的漢語資料十分珍貴。如八思巴文《蒙古字韻》證實了元代漢語深攝、咸攝確實有"-M"收尾．，與-P同類，被稱作"噝口"。還有一些方言詞，可以在八思巴文記錄的找到元代漢語中找到。

五）文字的性質大多變成了表音文字，音節表音文字如日本假名、女書，音素表音文字如朝鮮諺文、八思巴文等。

3.3 自製原始民族文字

彝文、水書、納西哥巴文、傈傈音節文字等西南民族文字，多具有濃厚的原始色彩，但都不同程度地借鑒了漢字。

彝文歷史上又被稱作爨文、韙書、倮倮文、夷經等，最早文獻爲明代刻石。有人上推元、唐乃至東漢。流傳于雲南、貴州、廣西、四川、廣西等地的彝語各方言地區，大同小異。是自成體系的民族文字。多由象形文字逐漸抽象化演變，少量借鑒漢字，是一種以獨體符號爲主的音節文字。記錄的不是詞或語素,也不是音素，而是彝語的音節。與漢字的關係，至少①符號形體採用漢

字篆隸體勢；②一些借字、借詞，如白、牛及數字。四川涼山彝文，七十年代經過規範，有819個單字。彝文有著大量文獻，如《西南彝志》等。前不久，清華大學圖書館將西南聯大

期間馬學良等先生在雲南武定、祿勸收集的 250 冊寫本及傳抄本、刻本，進行了整理。內容涉及經書，以及家譜、醫書、史書、唱本、天文曆算等。

　　水書是生活在貴州三都等地的水族巫師使用的民族宗教文字，主要用於占卜，大約有四百字左右。水書又叫水文、水字，也被稱作"反書"（相對漢字而言），可見與漢字的關係。除了象形（如⊠魚、↯踢）之外，主要是借源漢字而造。方法有①反體：Σ（子）、ㄈ（丁）、ㄓ（午），②倒體：ㄢ（年）、�（五），③變體：ㄊ（吉）、ㄇ（甲）、ㄥ（正）、ㄋ（寅），④古體：◁▷（卯）、ㄘ（酉）等。清華大學學生在 2008 年暑假，深入貴州三都、荔波等水族地區，和水書先生面對面請教翻譯解讀了清華館藏 10 本水書。（圖片。略）

　　納西族除了象形的東巴文之外，還有哥巴文。哥巴文被認為是在東巴象形字基礎上創造的音節文字，其中有的借源於漢字。"哥巴"是"弟子"的意思。根據明萬曆四十七年的漢、藏、哥巴三體崖刻，至少在 1619 年前後已經非常流行了。（圖片·略）

　　傈僳音節文字在雲南維西縣傈僳族中使用，是當地十枝鄉岩瓦洛村農民汪忍波（1900-1965）於二十年代仿漢字創造的，共1000 多個音節字，一個字一個音節，還編寫了推廣教材《傈僳語文課本》，木刻版印行。據說八十年代流行於附近四個鄉，一萬多人使用。這套傈僳族音節字，雖說不以任何現成文字為藍本，但其文字形體明顯呈筆劃式方塊型。（圖片·略）

　　以上這幾種自製文字的最重要的共同特點和價值是：

　　一）具有濃厚的原始色彩，文字體系不完善，不能完整記錄語言。

　　二）努力趨同漢字。由於有著血緣關係或耳濡目染的影響。

因此與漢字有著擺脫不掉的情結、牽連,或明或暗地有漢字的影子、痕跡。摻雜變體漢字,外觀總體上呈方塊形。

三)少數人掌握,有較強的地方性,多爲宗教的、非官方的,使用範圍有限。

對以上從漢字傳播看六書爲造字法的討論,歸納爲下面的表格,以做小結:

造字法 （發生學）	構型法 （符形學）	傳播階段、文字類型 （語文關係、字形體系）	實例
假　借	音義全借 （借詞字）	第一階段　漢字漢語漢文 記錄非本民族語	三國史記（韓） 三國遺事（韓）
	借音（音讀字） （標音音符字） （標記語法詞）	第二階段　漢字某語某文 記錄本民族語 調整語音、語法	古事記（日） 萬葉集（日） 蒙古秘史（蒙）
	借義（訓讀字）		
轉注（仿造） 漢字偏旁構件 重組造方塊字	形聲構型	第三階段　漢字式文字 方塊某字/方塊民族字 用漢字偏旁從某形 從本地本民族聲/會意 記錄本民族語	和字/倭字 喃字 朝鮮國字 古壯字
	會意構型 （合字會意）		
自創文字	借源借鑒漢字 筆劃組字 漢字變體	第四階段　准漢字式文字 創制本族本語文字體系 （異形、異質）	西夏文、假名、 契丹文、諺文、 女真文、女書
	自源文字	原始圖畫文字 象形文字 （與漢字無關,或受影響）	東巴文、彝文、 爾蘇沙巴文、 坡芽歌書
混合型	借用漢字 變異漢字 原始象形符號	混雜、體系不完整 借漢字、"反書"、象形 借其他字母（印度）	水書、哥巴文、 達巴文

可見,在漢字傳播過程中,六書的假借、轉注是必經階段、必由之路;形聲、會意充分展示了其強大的構型功能。至於六書中的象形、指事以及會意,在概念、定義上,似乎沒有太大問題。但與其相關的所謂圖畫文字、圖符文字、圖像文字,以及它們和象形文字關係等問題,還可以從中國境內其他民族文字的考察進

一步研究；因和漢字傳播關係不大，我們將另文討論。

五、盧山外觀盧山 —— 從漢字傳播現象討論六書的層次

　　許慎第一次總結了漢代文字研究成果，站在一個時代的高度，體現中國人對自己母語、文字的關注觀察和理解，逐字分析了萬餘字。有理論，有實踐。展示嚴密的邏輯。代表了 2000 年前一座的學術豐碑。其六書理論堪稱不易不朽之論。

　　綜合漢字傳播的不同階段、形態，考察六書層次，清單如下：

六書　層次	象形	指事	會意	形聲	轉注	假借	
字例之條	✓	✓	✓				
造字法（發生學）	✓	✓					
造字之本			✓		✓	✓	
構形法（符形學）	✓	✓分兩類： 1 象形加符 2 抽象符號	✓分兩類： 1 合形比類會意 2 合字合誼會意	✓	用形聲組字轉相標注	用象形指事會意形聲	
解字法（訓詁學）	✓	✓	✓	✓	✓	✓	
用字法社會用字本有其字							通假別字
類型學	✓	✓	✓		✓	✓	
文字本質屬性	表意文字			意音文字		標音文字	

　　通過對借源漢字式文字的考察，我們看到，六書是分層次的，動態的，並不在同一平面上。借源文字首先使用假借，爲了進行調適而轉注造字。其結構方式，會意、形聲（以及義音、聲聲、反切）等。都是利用原有漢字，進行再造字。後人的爭議也是從不同層次、不同角度的分析。即有造字層面和解字層面、文

字層面與訓詁層面、音韻層面、造字層面與構形層面。而班固的
"造字之本"與許慎的"字例之條"二者皆宜，確實高明。

　　綜合前人成果，可以將指事、象形、形聲、會意、轉注、假
借這六種"文字條例"，分為造字法（造字思維手段）、構形法
（符號的編碼構型）、解字法（識字、訓詁）三個層面；發生學、
類型學兩個角度。

　　至於用字法，則是通假字層面，本有其字，與造字法的六書
無關。

　　作為記錄語言的工具，文字的原則是要適應語言；作為文化
工具，文字的根本原則是服務於人類日益增長的生活品質需求和
日益複雜的社會交際需求。文字是人類文明的產物，和冶煉、國
家等一起，是人類進入文明社會的標誌；也必然伴隨文明而發展，
而傳播。因此，具有相對穩定的文字體制的同時，在使用與傳播
中，不斷進行調整，發生變異，並具有一些普遍規律。

　　5.1　一種文字的使用社群、傳播範圍、流行區域，是與該文
字所承載的文化勢能有關。具有先進的科學技術、發達的經濟實
力、成熟的意識形態（包括教育、學術思想體系、宗教）、定型
的政治模式的高位強勢文化的文字，必然向周邊地區、周邊民族
傳播。因此，在語言、地理、歷史、文化諸因素中，強勢文化是
文字傳播的第一動力。

　　5.2　文字的傳播即是文化的傳播，在某種意義上說，是對生
活方式的選擇與適應，是對社會價值觀、社會規範的認同與接受，
是文化的變遷。傳播與變遷的過程，既有涵變，也有突變，前者
是必要的積累；既有強權因素，也有自覺仰慕，常常是後者追求
進步的主動意識。

　　5.3　歷史證明，已經有了成熟的文字的地區的其他民族，大

多採取借用、借源的方法，方便，快捷。但由於語言特點的不同，特別是強烈的民族意識，最終要進行調整，即本土化。傳播的結果，必然是創制適應本民族語言的民族文字體系。

當前，資訊時代提出新的要求，經濟的全球化、文化的多元化與文字的標準化。漢字面臨新的"書同文"以及如何處理文字符號雜揉問題。漢字在周邊傳播中的變異規律將提供歷史的借鑒和發展的基礎。

主要參考資料：

《說文解字》（漢）許慎，中華書局，2003

《戴震全集》清華大學出版社，1994

《說文解字注》段玉裁，上海古籍出版社，1981

《清代說文史略》趙麗明，博士論文，1987

《漢語史稿》王力，中華書局，1980

《蒙古秘史》內蒙古人民出版社，1981

《安南志略》黎崱撰，武尚清點校，中華書局，1995

《段忠昆漢越喃三體三字經》〔越〕河內，1999

《中國民族古文字研究》中國民族古文字學會編，中國社會科學院出版社，1984

《中國民族古文字》中國民族古文字學會編，天津古籍出版社，1987

《方塊侗字與漢字侗文》趙麗明，《中國民族古文字研究》（三）天津古籍出版社，1991

《從越南版三字經初探喃字體系用字》趙麗明，《漢傳播與中越文化交流》，國際文化出版公司，2005

《中國女書合集》趙麗明，中華書局，2005

《湘西方塊苗文》趙麗明 劉自齊，《民族語文》1995 年第 4 期

《漢字的應用與傳播》趙麗明、黃國營主編，華語教學出版社
　　2000

《漢傳播與中越文化交流》趙麗明主編，國際文化出版公司，2005

《戴震四體二用說研究》江中柱，湖北大學學報 1993 年第 4 期

《新漢文化圈》〔法〕汪德邁著，陳彥譯，江西人民出版社，1999

《日本古典文學全集》〔日〕小學館，1973

《國字の字典》〔日〕菅原義三，東京堂，1990

《韓國固有漢字研究》〔韓〕金鍾塤，集文堂，1992

《朝鮮朝世宗實錄》〔韓〕成均館大學藏

《西夏書事校證》清吳廣成 龔世俊等校甘肅文化出版社，1995

《布羅陀經詩譯注》張聲震主編，廣西人民出版社，1991

《大理叢書·白語卷》大理白族自治州白族文化研究所編，徐琳主
編，雲南民族出版社，2008

上博（七）〈凡物流形〉前後文之
義理對應與「察一」哲學

陳 麗 桂[1]

一、前　言

　　上博七〈凡物流形〉自發表以來，學者討論的文章至少七、八十篇，內容大多圍繞在（1）簡序的編聯，尤其第 12、13、14 暨 17 以下各簡的列序先後；（2）文中幾個特殊字辭，諸如仿𩂣、𢧁、𢝺、箸、窒、𡋚、𦌪、膞；特殊語句，諸如「峃文」、「天咸」、「左右之情」、「其夬奚帝」、「三生母（四）」、「母（四）成結」等之確詁。真正涉及全篇之義理結構與思想探討者，只有曹峰、淺野裕一與王中江、顧史考等數人而已，卻都相當精采，有獨到見解。曹峰在其七篇論文中，除辨識「左右之情」與「四成結」之確詁外，更將〈凡物流形〉與《莊子・天運》、《逸周書・周祝辭》，尤其是《管子》的〈內業〉與〈心術〉上下徹底比對，由其密切之相應性，論其先後問題。[2]

---

1 國立臺灣師大國文系教授兼文學院長
2 曹峰對於〈凡物流形〉至少寫了七篇論文，分別是：〈〈凡物流形〉中的「左右之情」〉（清華簡帛研究網，2009 年 1 月 4 日）、〈〈凡物流形〉的「少徹」和『小成』——「心不勝心」章疏證〉（清華簡帛研究網，2009 年 1 月 9 日）、〈從《老子》的「不見而明」說〈凡物流形〉的一處編聯〉（清華簡帛研究網，2009 年 3 月 9 日）、〈從《逸周書・周祝辭》看〈凡物流形〉的思想結構〉（清華簡帛研究網，2009 年 3 月

　　李銳、淺野裕一和顧史考三人繼復旦大學簡帛研讀會之後，對於〈凡物流形〉全篇的釋文都有完整的整理與呈現，王中江則對於後半篇的釋文有完整的整理與呈現。唯淺野裕一視前後文爲兩篇完全不相干的文章，分別給予名稱，暫稱〈問物〉與〈識一〉；[3]顧史考除了簡序、韻讀、特殊字詞的考校討論之外，並近乎逐段逐句地爲全文作了語譯。[4]

　　王中江除了簡序的編聯之外，在其兩篇相關於「一」的討論中，對應著《管子》四篇、馬王堆黃老帛書、《尹文子》、《莊子·天地》、《淮南子·詮言》，甚至上博〈亙先〉中的相關載述，去辨析〈凡物流形〉後半篇內容之宇宙觀、自然觀、心性論與政治哲學。[5]在他和曹峰的討論下，〈凡物流形〉能被勾勒出來的思想價值，幾乎都做了相當徹底的討論。在他們的討論下，〈凡物流形〉前半以 43 個發問所表現的宇宙、自然哲學，與後半以 8-9 個「聞之曰」（「聞曰」）論述的政治哲學，透過「一」，被緊密繫連了起來，其義理解析之精闢透澈，是迄今所見義理討論中最爲緊密，系統性最好的。

---

9 日）、〈〈凡物流形〉中的「箸不與事」〉（清華簡帛研究網，2009年 5 月 19 日）、〈上博楚簡〈凡物流形〉「四成結」試解〉（清華簡帛研究網，2009 年 8 月 21 日）、〈上博楚簡〈凡物流形〉的文本結構與思想特徵〉（台灣師大簡帛研讀班的論文，2009 年 10 月 10 日）。

3 參見〈〈凡物流形〉的結構新解〉（武漢大學簡帛網，2009 年 2 月 2 日）、〈上博楚簡〈凡物流形〉の全體構成〉（《中國研究集刊》，麗號，平成二十一年六月（2009 年 6 月）頁 31-68）。

4 分別參見〈〈凡物流形〉釋文新編（稿）〉（簡帛網站 2009 年 1 月 2 日）、〈上博七〈凡物流形〉簡序及韻讀小補〉（武漢大學簡帛網，2009 年 2 月 23 日）、〈上博七〈凡物流形〉上半篇試探〉（復旦大學出土文獻與古文字研究網站，2009 年 8 月 23 日）、〈上博七〈凡物流形〉下半篇試探〉（同上，8 月 24 日）。

5 分別參見〈〈凡物流形〉編聯新見〉（武漢大學簡帛網 2009 年 3 月 3 日、簡帛研究網 2009 年 3 月 4 日）、〈〈凡物流形〉的宇宙觀、自然觀和政治哲學 —— 圍繞「一」而展開的探究並兼及學派歸屬〉（《哲學研究》2009 年 6 月，頁 1-12）、〈〈凡物流形〉的「貴君」、「貴心」和「貴一」〉（預計《清華學報》哲學社會科學版 2010 年第一期刊出）。

二、前後篇的對應問題

　　儘管如王中江所說，〈凡物流形〉前面 43 問與後面 6 個「聞之曰」可相應；然而，〈凡物流形〉全篇思想的嚴謹度與義理性，真的緊密無疏嗎？曹峰早已在其〈上博楚簡〈凡物流形〉「四成結」試解〉一文注中指稱其雖有基本主題，但結構鬆散；雖然每個「聞之曰」內部文意完整，但「聞之曰」彼此之間未必完全照應。其後在〈上博楚簡〈凡物流形〉的文本結構與思想特徵〉中又重複了這種觀點。[6]其實不只「聞之曰」彼此之間未必完全照應，後篇之答也未必能盡應前篇之問。

（一）前半不盡設問

　　誠如曹、王所說，〈凡物流形〉前半提問，後半作答。對於前半以「奚」為問式的 43 個提問，後半以「聞之曰」的表述形式作了回答。王中江說，全文上半所作的系列追問，最後是通過「一」來加以說明。[7]曹峰也說，後面六章顯然是在對前面三章的發問作出回答。[8]乍看之下，令人有茅塞頓開的豁然感；仔細辨識，其實沒有如此浪漫。因為八、九個「聞之曰」並不完全在後半部作答，其中至少有兩個「聞之曰」，一曰「聞」在前半，與「奚」、「孰」結合作問，而非在後半作答。辯者或亦可以辯稱，前半這三個「聞之曰」可以讀作備審「問」與「問之曰」，仍是設問；後半部六個「聞之曰」才讀作「聞之曰」，才是作答。但，前半三個「聞之

6　參見〈上博楚簡〈凡物流形〉的文本結構與思想特徵〉（台灣師大簡帛研讀會報告論文，2009 年 10 月 10 日）頁 1。
7　王說參見〈〈凡物流形〉的宇宙觀、自然觀和政治哲學 —— 圍繞「一」而展開的探究並兼及學派歸屬〉（《哲學研究》2009 年 6 月，頁 1-12）
8　曹說參見〈從《逸周書·周祝辭》看〈凡物流形〉的思想結構〉（簡帛研究網，2009 年 3 月 9 日）

曰」中，第二個的內容卻是：

> 升高從卑，至遠從邇。十回（圍）之木，其始生如蘗。足
> 將至千里，必從寸始。[9]

明是答式，而非結合「奚」、「孰」的問式。若依前述之區分邏
輯，應讀作「聞之曰」，而非「問之曰」。可見前半以「奚」設
問，後半以「聞之曰」作答的說法，並不能整全的統括全篇的狀
況。

（二）後半「察一」未必能盡應前半之問

其次，王、曹二人都說，全篇前半的系列追問，後半通過「一」
加以說明。這樣的說法，也使得前此許多學者對全文前後不論形
式、內容、性質皆極不協調、一致，不知為何合為一篇（淺野裕
一甚至判定其為兩篇不相干的文章誤抄為一[10]）的苦惱，有恍然
大悟的喜悅。然細細比對思索，卻又發現，作為後半核心思想的
「一」或「察一」，其實並不盡可以應答前半的 43 問。前半 43
問，至少有四分之一的「問」，無法用後半的「一」或「察一」
作答。比如：自第 4 簡末至第 7 簡前半，〈凡物流形〉說：

> 吾既長而或老，孰為薦奉？
>
> 鬼生於人，吾奚故神明？
>
> 骨肉之既靡，其智愈暲，其訣奚䧹？孰知其彊？
>
> 鬼生於人，吾奚故事之？
>
> 骨肉之既靡，身體不見，吾奚自飲食之？

9　此下〈凡物流形〉之引文，基本上依 2009 年 12 月 31 日上海復旦大學
　　出土文獻與古文字研究中心研究生讀書會所發表之釋文；其有不同，另
　　作注，標其出處。
10　參見〈上博楚簡〈凡物流形〉的全體構成〉（《中國研究集刊》，麗號
　　（總四十八號），平成二十一年六月（2009 年 6 月）），頁 44。

其來無度，吾奚時之？

奎祭員奚升？吾如之何使飽？

敬天之盟奚得？鬼之神奚食？

一連串相關於生死、鬼神、祭祀的 11 問，約佔上半 43 問的四分之一強，都很難用「一」或「察一」去勉強應答或貫串。

（三） 兩階論述的表現形式

曹峰說，〈凡物流形〉文首原應有「聞之曰」漏抄了。[11]姑不論文首是否真漏抄了三個字，大致以前 14 簡爲內容的前半篇，若以兩個「聞之曰」與一個「聞」爲區隔界線，可以區分爲四個小節。第一小節：

凡物流形，奚得而成？流形成體，奚得而不死？既成既生，奚顧而鳴？既本既根，奚後之奚先？陰陽之尻（序？）奚得而固？水火之和，奚得而不詭？

共發了六問，依次問物之生成、生死、先後、陰陽、水火等等，屬於自然的問題。

第二小節：

問之曰：民人流形，奚得而生？流形成體，奚失而死？有得而成，未知左右之情。天地立終立始：天降五度，吾奚衡奚縱？五氣並至，吾奚異奚同？五言在人，孰爲之公？九域出謀，孰爲之逢？吾既長而或老，孰爲箭（薦）奉？鬼生於人，吾奚故神盟？骨肉之既靡，其智愈暗，其訣奚適？孰知其疆（彊）？鬼生於人，吾奚故事之？骨肉之既靡，身體不見，吾奚自飲食之？其來無度，吾奚時之？奎祭

---

11 同見注 5，頁 2。

員奚升？吾如之何使飽？順天之道，吾奚以為首？吾欲得
百姓之和，吾奚事之？敬天之盟奚得？鬼之神奚食？先王
之智奚備？

共設了 21 問，依次問人之生成、生死、天地之五度、五氣、人之
五言、人死為鬼、鬼神祭祀、順天、敬天等人與天地、鬼神的相
關問題，卻夾雜了和百姓與先王之智等相關於政治的問題。

第三小節：

問之曰：升高從卑，至遠從邇。十圍之木，其始生如蘗。
足將至千里，必從寸始。日之有珥，將何聽？月之有暈，
將何征？水之東流，將何盈？日之始出，何故大而不熷
（炎）？其入中，奚故小雁暲敔？

這節先有積小成大六句哲學論述，然後續發五問，依次問日珥、
月暈、水、日出、日入的熱度與光亮問題。

第四節：

問：天孰高歟？地孰遠歟？孰為天？孰為地？孰為靁電？
孰為霆？土奚得而平？水奚得而清？草木奚得而生？禽獸
奚得而鳴？夫雨之至，孰雺□之？夫風之至，孰□而迸之？

本節共發十二問，依次兩問天地，續問雷電、霆、土、水、草木、
禽獸、雨、風等自然問題。

從上文面的歸納看來，第一節與第二節重複問人之生成與生
死問題；第二節除主問鬼神、祭祀相關問題，也問天地；第三節
既作哲學論述，又問日、月、水的相關問題；第四節主問雷電、
霆、土、水、草木、禽獸、雨、風等自然現象與生物的生成時，
又重複問天地高遠問題。全篇 43 問，時而問自然,時而問人文,還
夾雜政治與哲學論述，各節間的問題還不免相重複。如：第一、
二節前四、五句重複問物之生成與生死；第二、四節重複問天地，

其發問也看不出有什麼嚴謹的列序規劃。

　　不過，整體說來，前半講的大致是宇宙自然與鬼神祭祀問題（容有人事政治問題的小夾摻），後半雖也論及自然生成，焦點卻顯然在人事政治。類似這樣兩階段的表述方式和結構層次，並不始於〈凡物流形〉。從郭店楚簡到上博簡、馬王堆黃老帛書，舉凡與道家思想相關的出土文獻，諸如帛書〈道原〉、楚簡〈太一生水〉，和上帛〈互先〉，都或多或少呈現出這樣前後兩截，由宇宙自然而轉入人事政治的論述形態。

　　〈太一生水〉共 14 簡，前 8 簡述說以「水」為核心質素的歲時之生成；後 6 簡由天道貴弱補強轉入人事之理，其前後間思想議題的差異，也曾被李學勤、艾蘭、戴卡琳等學者判定為不相關的兩部分，後 6 簡甚至被歸入簡本《老子‧丙》中，視作其部分內容，[12]一如〈凡物流形〉被淺野裕一切分為〈問物〉與〈識一〉兩個篇章，認為是反覆轉抄時混接在一起一樣。郭店楚簡〈互先〉共 13 簡，也是前六 6 簡半鋪寫宇宙與自然之創生，第 7 簡後半至文末講「事」與「作」及人事名言的建置。所不同的，〈太一生水〉、〈互先〉、〈道原〉篇幅都較短小，文字較簡明，〈凡物流形〉則不論篇幅或所涉及議題都較龐雜。郭店、上博這些近於道家或黃老道家的出土楚簡文獻，很明顯有別於《老子》之重談本體，喜歡探討天地的來源，萬象的來歷，以迄宇宙創生等相關議題，《莊子‧天下》說：

> 南方有倚（畸）人焉，曰黃繚，問天地所以不墜不陷，風
> 雨雷霆之故。

---

12 參見李學勤〈太一生水的數術解釋〉（《道家文化研究》17 輯）頁 297、艾蘭〈太一、水、郭店老子〉（《郭店楚簡國際學術研討會論文集》）頁 526、戴卡琳〈太一生水初探〉，（《道家文化研究》17 輯）頁 340。

〈凡物流形〉前半篇所呈現的，正是這類議題。

三、「察一」的政治哲學

（一）後半篇的思想議題與焦點

　　〈凡物流形〉後半篇以 6 個「聞之曰」展開執道、察一的政治哲學，而呈現出與《逸周書・周祝辭》、《管子》四篇、馬王堆黃老帛書、《列子・說符》、《鶡冠子》等相應的理論內容與黃老色彩，尤其是《管子》四篇。有關〈凡物流形〉與上述典籍文獻的重應情況，王中江、曹峰的比對已夠詳細，此處僅論其重應最多，關係最爲密切的《管子》四篇與《老子》。

　　〈凡物流形〉說：

> 聞之曰察道，坐不下席，端冕，箸（圖、佇、舒）不與事，先知四海，達見百里。是故，聖人居於其所，邦家之危安存亡，盜賊之作，可先知。[13]

〈凡物流形〉所有「察」字本作「𧧗」，曹錦炎釋作「識」，復旦讀書會釋作「執」，何有祖、徐在國釋作「察」，在義理的理

---

13 本節復旦研讀班之簡序安排本爲第 14 簡下接 13A+12B+22 簡，做「揣文（14 簡）而知名，無耳而聞聲，草木得之以生，禽獸得之以鳴，遠之弋（？）（13A）天，近之薦人，是故（12A），執道，所以修身而治邦家。……」顧史考則於 14 簡後接 16+26 簡（〈上博七〈凡物流形〉簡序及韻讀小補〉，清華簡帛研究網，2009 年 2 月 23 日），卻從廖名春與李銳之說，讀「端文」爲「端冕」，李說見〈〈凡物流形〉釋文新編（稿）〉（清華簡帛研究網，2008 年 12 月 31 日），廖說見清華簡帛研究網同日所發〈〈凡物流形〉校讀零劄（二）〉，又讀「著」爲「國」，且下屬爲句，作「端冕，國不與事，先知四海，至聽千里，達見百里。是故，聖人處於其所，邦家之（16 簡）危安存亡，賊盜之作，可先知……（26 簡）」。唯「箸」字，各家所讀多有不同，顧史考讀作「圖」，曹峰讀作「佇」，王中江讀作「舒」，「箸（圖、佇、舒）不與事」，皆是「清靜無爲」，不親參與之意，因暫存諸說。曹說同見注 1，2009 年 5 月 19 日所發表者，王說同見注 4，2009 年 3 月 3 日所發表者。

解上並無太大衝突；「箸」字，各家所讀亦不相同，或讀作「圖」，或讀作「佇」，或讀作「舒」。不論讀作何者，「箸不與事」皆謂無爲而治，因並存其說。其實，不論兩字作那一種意解，全句皆謂能掌握「道」，便能有知遠先見的靈明智慧，可以無爲而治。

　　〈凡物流形〉又設第二聞說：

> 聞之曰：心不勝心，亂乃大作；心如能勝心，是謂少徹。人白爲察，奚以知其白？終身自若。能寡言乎？能一乎？夫此之謂「少成」。曰：百姓之所貴唯君，君之所貴唯心，心之所貴唯一。得而解之，上賓於天，下播於淵。坐而思之，滿於千里；起而用之，通[14]於四海。

這一「聞」，談的是爲官的領導統御心靈。爲官治天下，首在治心，亦即培養優越的領導統御心靈。優越的領導統御心靈要能體察「一」，掌握「道」，所謂「察一」，指「心」要能「白」、能「寡」，「心能勝心」，這些和《管子》四篇所說的靜因君術，基本上是一個道理，連文字表述都似同。《管子》有〈白心〉篇，講的便是人君如何去除主觀成見，虛無其心，卑弱戒滿，應物以治。〈內業〉也說，要體道，必須先「能摶氣」、「能一」。〈凡物流形〉所說的「人白爲察」、「能寡言」、能「一」的「白」，基本上同於〈白心〉的「白」，都是指的虛無清簡之意。

　　「心能勝心」之說，在《管子‧內業》和《心術上》有相應的論述。〈內業說〉：

---

14 「通於四海」之「通」，復旦研讀會本釋作「練」，讀作「陳」，李銳從「練」之釋，卻讀作「通」，於各家所讀中，較爲適切，顧史考從之，以爲「通於四海」乃先秦慣語。李說詳見〈〈凡物流行〉釋讀札記（三續）〉（清華簡帛研究網，2009 年 1 月 8 日）；顧說同見注 3，2009 年 8 月 24 日所發表者，今從之。

> 道滿天下，……一言之解，上察於天，下極於地，蟠滿九
> 州。何謂解之？在於心安。我心治，官乃治。我心安，官
> 乃安。治之者心也，安之者心也，心以藏心，心之中又有
> 心焉。……能專乎？能一乎？能無卜筮而知吉凶乎？

〈心術下〉說：

> 聖人裁物，不為物使。心安，是國安也，心治，是國治也。
> 治也者心也，安也者心也。治心在於中，治言出於口，治
> 事加於民，故功作而民從，則百姓治矣，心之中又有心。

「道」遍天遍地存在，需靠「心」去體悟，心能體道、悟道，便
能穩定，心能穩定；內則一切官能運作，外則發號施令，安邦治
民，無不順遂妥當。〈內業〉和〈心術下〉都特別強調，此能治
各官能，安邦理民的「心」，指的並非與五「官」相應的「心」
官，而是指更高、更深層的心官中的思維活動與意識，它才是主
宰一切官能活動的主體，才能察悟道而妥適處理萬物，這叫「心
中之心」。〈凡物流形〉所說「心能勝心」，指的正是這種能察
道、體道的思維意識，能有效掌控心官之本能欲求的狀態。能做
到這樣，便是小能通達。

第三聞，〈凡物流形〉說：

> 聞之曰：致情[15]而智，察智而神，察神而問，察問而僉，
> 察僉而困，察困而復。是故，陳為新，人死復為人，水復
> 於天咸，百物不死如月，出則或入，冬則或始，至則或反，
> 察此言，起於一端。

---

15 「致情」本作「至情」，李銳讀「致精」，廖名春讀「至靜」，顧史考
　讀「致情」。如今本著儘管保持原字、原文，並顧及下文「察知而神，
　察神而同，察……而……」之句法，「至」字同「察」，宜為動詞，因
　從顧史考說，作「致情」。李說見〈〈凡物流行〉釋讀札記（三續）〉
　（清華簡帛研究網，2009 年 1 月 8 日），廖說見〈〈凡物流形〉校讀零
　劄（二）〉（清華簡帛研究網，2009 年 1 月 2 日）。

本節「至情而智……察困而復」一節中的「情」、「智」、「神」、「同」、「僉」、「困」，李銳、廖名春、顧史考各家說法不同，總覺不夠愜理厭心，義理很難暢通，在沒有更好的說解之前，亦不強為說解。然從「是故」以下之論述看來，應是描述察道心靈之培成與運作，基本軌則正如自然萬物之循環往復一樣。能察此道理，處理事物便可如自然運行之循環往復一般，生生不已。而總結這一切，〈凡物流形〉說，凡事都根源於「一」（道）。

第四聞，〈凡物流形〉因此接著詳細敘述這「一」（道）之生成與其為萬物生存之根源，曰：

> 一生兩，兩生三，三生母（四），母（四）成結。是故，有一，天下亡不有；無一，天下亦亡一有。亡目而知名名，亡耳而聞聖，草木得之以生，禽獸得之以鳴，遠之弋（察）天，近之妖（薦）人，是故，察道所以修身而治邦家。

儘管「三生母（四），母（四）成結」各家說法不一，亦很難斷定孰是孰非，曹錦炎與復旦讀書會皆釋作「母」，李銳和曹峰釋作「四」，[16]但不管釋作「母」或「四」，全段旨在論述「一」（道）的生成，「一」是一切事物存在的根源，內以修身，外以治國。

第五聞，〈凡物流形〉因此接著鋪敘這個根源及其治事功能說：

> 能察一，則百物不失；如不能察一，則百物具失。如欲一，仰而視之，伏而望之，[17]毋遠求，度於身稽之，得一而箸

---

16 李說參見〈〈凡物流形〉釋文新編（稿）〉（簡帛研究網 2009 年 1 月 2 日），曹說參見〈上博楚簡〈凡物流形〉「四成結」試解〉（簡帛研究網，2009 年 8 月 21 日）〉。

17 這兩句曹錦炎釋作「丩而視之，任而伏之」，義不可知；復旦讀書會改釋前句為「仰而視之」，後句不變，義仍不可知；陳偉以為當釋作「伏而望之」，與「仰而視之」義明而相對，因從之。說見〈讀〈凡物流形〉

　　（圖）之，女并天下而憂（抯、助）之[18]；得一而思之，
　　若并天下而訣之，□一以為天地旨。是故，一，咀之有味，
　　嗅之有臭，鼓之有聲，近之可見，操之可操，握之則失，
　　敗之則槁，賊之則滅。執此言，起於一端。

這一節以「是故」爲界，分爲兩個層次：前半承上一聞，續述「一」
（道）爲事物成敗之核心與依據，且切身可察，並不遠人，能掌
握「一」（道），便能掌握全天下。「是故」以下論述「一」（道）
之質性，和《老子》所述大有不同。「一」（道）有味、有臭、
可聞、可見、可操，不若《老子》與一般黃老「道」之虛無、惘
惚，不可聞、見、搏，天下事物之成敗、槁滅、得失悉繫於此。
　　最末一聞，〈凡物流形〉歸結著說：

　　聞之曰：一言而終不窮，一言而有衆；一言而萬民之利，
　　一言而為天地旨；□之不盈□，敷之亡所容（？），大之
　　以知天下，小之以治邦。

本節迴環誦唸察「一」（道）之無窮妙用：利民、有眾，能大能
小，大治天下，小治邦。
　　總結這後半六「聞」看來，除了第三「聞」之外，每一「聞」
都正面提到「察一」的政治功能，這是各聞共同的旨趣。因此，
可以說，後半篇反覆說的，其實是「察一」的政治功能，亦即執
「道」以治的外王之論。但這其中仍可明顯看出它所表述的，至
少有幾個重點議題：（一）「一」（道）是天地一切事物存在的
根源與成敗關鍵。（二）「一」的性徵可感知，可掌握。其最大
篇幅，也是後半篇真正的核心宗旨所在，則在（三）治政貴君「心」

　　小札〉（武漢大學簡帛研究網，2009 年 1 月 2 日）〉。
18　此句「憂」字曹錦炎無特別解釋；復旦讀書會釋作「抯」，義仍不可知；
　　王中江從之，卻讀作「助」，義稍可解，今從之。說見〈〈凡物流形〉
　　編聯新見〉（武漢大學簡帛網 2009 年 3 月 4 日）。

能察「一」，君「心」能察「一」，則可以無為而治身治國。

（二）與《老子》、《管子》四篇的對應關係

李銳由後半篇「一」的論述綜觀全篇說：

> 由其論「一」，不難看出，這是在談論當時的「公言」；由其以「聞之曰」連綴全篇，可以看出，這是一篇取材廣泛的思想作品。於此反觀，則〈內業〉以及帛書〈經法〉諸篇，所論亦多為「公言」，其作者、流派，目前恐怕也不容易確定，本篇論日，和《列子・湯問》所記小兒辯日難孔子的故事，恐皆非本源，只是流衍。[19]

曹峰也說：

> 《逸周書・周祝解》、《莊子・天運》、馬王堆帛書〈十問〉都在追問，內容未必是作者的原創，但應有其本源。而就後六章看來，《老子》和《管子》四篇與之關係最為密切。〈凡物流形〉可以從《管子》四篇中汲取最重要、最根本的資源。[20]

從傳世的先秦文獻有如此多與之相似或一致的記載看來，說〈凡物流形〉取材廣泛，所述內容與傳世文獻有共同本源，是「公言」，作者殊難斷定……等等，應是恰當之論。但其中「察一」哲學充滿黃老情味，也是不爭的事實。然而說《管子》四篇所述也是「公言」，則有待商榷。曹鋒說，《老子》和《管子》四篇與之關係最為密切。從內容看來，的確如此。有關〈凡物流形〉與《管子》四篇可相對應或相關、相重的表述部份，王中江和曹峰所作比對已經相當徹底淨盡了，個人於此不想重複續貂，只是

---

19 同見注 15 李銳論文。
20 同見注 5，頁 10-14。

要強調,《管子》四篇的理論內容,有其較爲嚴謹集中的撰作宗旨,內容也較豐富。其較嚴謹豐富的原因倒不盡因《管子》是「專門的經典」之故(用曹峰之語)。因爲《管子》一書本身就不是結構緊嚴的鉅著,而是以數篇爲一思想區塊,合數個思想區塊爲一書,近似於思想論叢的稷下學術論集。因此四篇之義理勝出,主要因其本爲一體,屬同一思想區塊之故,其豐富當然與篇幅大小絕對相關;但更重要的是,《管子》四篇本有其以「氣」和「術」去詮釋、轉化《老子》的「道」與哲學,使成「精氣」的治身論,與靜因、執一的治國論之宗旨與思想脈絡。在《管子》四篇中,「精氣」的充養說與虛靜、執一的君術是相連相關的。因此,在四篇裏,以「心」爲共同的論述核心,連結著「氣」與「靜」,去修治成一顆體道、合道、執道的完美統御心靈。〈白心〉、〈心術〉上、下固然望題可知其主論「心」,即使〈內業〉的「內」,也依然是指的「心」,「內業」即是「內心之事」,也是「心術」之意。

　　根據四篇的說法,「道」需要靠「心」去體悟與掌握,〈內業〉說:

> 心靜氣理,道乃可止。……道滿天下,……何謂解之?在
> 於心安。我心治,官乃治;我心安,官乃安。治之者,心
> 也;安之者,心也。

而體道、執道之心,須經由虛靜中去充養精氣,因爲「精氣」是萬物,也是人一切形、神生命之本,〈內業〉說「氣」(精氣),「下生五穀,上爲列星,流於天地之間謂之鬼神,藏於胸中,謂之聖人」。精氣充旺,精神能清明,智慧才能源生,心才敏睿察辨,「道」才可得。而充旺精氣,首要安、靜,〈內業〉因此說:

> 摶氣如神,萬物備存。能摶乎?能一乎?能無卜筮而知吉

凶乎？……非鬼神之力也，精氣之極也……血氣既靜，一
意摶心，耳目不淫，雖遠若近。

〈心術下〉又大致重複出現同樣的語句：

人之所職者，精也；……靜則精，精則獨立矣，獨則明，
明則神矣。

要之，在《管子》四篇的黃老理論中，以「心」爲修治核心，
上充「氣」，下體道、執道，目的在修治好一顆成功的領導統御
心靈，完美成就一種以「刑名」爲督控方案的虛靜因任統御術。
因此，這個「心」，指的當然不是一般的「心」，而是領導統御
之心，爲君之心，〈心術下〉說：

心安，是國安也；心治，是國治也；治也者，心也；安也
者，心也。治心在於中，治言出於口，治事加於民，故功
作而民從，則百姓治矣。

而這個能使國治、國安的「道」，《管子》四篇承繼《老子》39
章「天得一以清，地得一以寧……」之說，稱之爲「一」，「執
道」便是稱做「執一」，〈心術下〉說：「執一而不失，能君萬
物，日月與之同光，天地與之同理。」〈白心〉也說：「內固之
一，可爲長久；論而用之，可以爲天下王。」「內固之一」即是
「內固之道」。在《管子》四篇中，相關於「一」與「執一」的
哲學理路是：

生化之元（道或氣、精氣）→虛靜充養（氣、精氣）→君
心治（執一）→政道（一）成

第一階段涉及宇宙論，第二階段涉及精氣的修養論，是內聖
之務，第三階段以下是靜因刑名的統御術，屬外王之務。

相較之下，〈凡物流形〉所論只涉及第一階段的宇宙論與第
三階段政道的外王問題，不涉第二階段的虛靜充養精氣問題，而

且從頭到尾，幾乎一律以「一」稱代「道」，絲毫不涉及「氣」或「精氣」。它所關切、關照的只是自然與政治問題，並不涉及修養問題，其哲學理序是：

　　生化之元（一）……君心治（察一）─政道成

　　因了前半 43 個天地、自然、鬼神、祭祀之雜問存在，令我們很難肯定地將〈凡物流形〉這後半「一」的自然論與「察一」的政治論，說成與《管子》四篇有直接的因承或節錄關係；但它們之間明顯存在著緊密的相似與相應關係。《管子》四篇詳贍，不只因為篇幅多而大的關係，事實上也存在哲學脈絡與理趣較為完整深密的問題。相形之下，〈凡物流形〉很有摘錄旨要的意味，而且很明顯，焦點集中在君心「察一」的政治功效。

（三）由「道」到「一」

　　在〈凡物流形〉前半的 43 問中，「道」只出現一次（第 7 簡「順天之道」），在後半的 6 節「聞之曰」中，「道」亦僅一見（第 22 簡「察道，所以修身而治邦家」），「一」字却 17 見，其中除了最後一節的「聞之曰」「一言而終不窮，一言而……」中，四個「一言」的「一」是數字外，其餘 13 個「一」皆指「道」，稱代「道」。換言之，〈凡物流形〉中已幾乎不用「道」字，而全用「一」字來稱代「道」。這和《管子》四篇的「道」、「一」、「氣」交迭並用，參差互見，視情況而調整，安排，有很大不同。

　　就《管子》四篇而言，前面已說過，大致上是宇宙論、修養論、政治論結合著表現。當指稱那最高的生化根源和理則時，用的是「道」；當論創生或修養時，用的是「氣」；當落實到政術與君道時，就「道」、「一」並用了；「一」是落實地用以稱代

治事、治政之「道」的，這在《管子》四篇是很清楚的用法。〈凡物流形〉後半篇可能因重在論述自然根源和政治功能，尤其是政治功能之故，故「道」僅一見，幾乎全以「一」爲說。這種以「一」稱代「道」的情況，自《老子》已然，却普見於戰國秦漢之際，尤其是強調外王功能的後期道家如黃老一系理論中。

　　《老子》中原本涉及「道」與「一」的論述有幾處：

　　　載營魄抱一，能無離乎？（10章）

　　　聖人抱一，爲天下式。（22章）

兩處「抱一」，義同「執一」、「察一」，都是指的「懷道」。

　　此外又有：

　　　昔之得一者，天得一以清，地得一以寧，神得一以寧，谷得一以盈，萬物得一以生，侯王得一以爲天下貞。（39章）

　　　道生一，一生二，二生三，三生萬物，萬物負陰而抱陽，沖氣以爲和。（42章）

此後道家學者以「一」論「道」者，大致都是從這39、42章兩個基本命題中去推衍或轉化。就《管子》四篇而言，他所推衍的是《老子》42章，和39章後半「萬物得之以生，侯王得之以爲天下貞」一系的觀點，完成其精氣創生、充養與「執一」的政論。就〈凡物流形〉而言，則是推衍了39章全章與42章前半章「道生一……生萬物」一系的觀點，故曰：

　　　百姓之所貴唯君，君之所貴唯一，得而解之，上賓於天，下播於淵。……是故，有一，天下無不有；無一，天下亦無一有。……是故察道，所以修身而治邦家。……能察一，則百物不失；如不能察一，則百物俱失。

　　　一生兩，兩生三，三生母（四），母（四）成結。

因此，與其如李銳所說，〈凡物流形〉論「一」，和帛書〈經法〉

及《管子・內業》一樣，都是在談論當時的「公言」，不如說它和《管子》四篇，甚至其他戰國黃老道家一樣，都是針對《老子》這兩章一系的章旨，作了取截不同的推衍、發揮或詮釋。其中某些部分因轉相傳誦或傳鈔，較爲普遍而流行，成了李銳所說的「公言」，而繁簡不一、輕重不等地重複出現於《文子》、《莊子》、《管子》四篇、馬王堆帛書〈經法〉、《呂氏春秋》乃甚至漢代的《淮南子》等典籍文獻中。這其中當然有本身思想體系頗完整，只是隨論證所及而徵引，如《管子》四篇、《呂氏春秋》、《淮南子》；但也有摘錄組合的意味較爲濃厚，如帛書〈經法〉者，〈凡物流形〉應屬這一類。

　　然而，爲什麼《老子》要以「一」稱代「道」？爲什麼自《老子》以下的道家相關理論，也都常以「一」稱代「道」？稱「一」與稱「道」究竟有什麼不同？這一點在其後西漢的《淮南子》與魏王弼的《老子》注裏有較爲清楚的說明。《淮南子・原道》說：

　　　　道者，一立而萬物生矣。……萬物之總，皆閱一孔；百事
　　　　之根，皆出一門。

「道」是無，萬物是有，虛無的「道」，要生化萬有，須通過「一」去執行，「一」是「道」進入有形世界之門皦，它溝通有、無兩界。換言之，「道」通過「一」，開始它在有形世界的一切運作。〈詮言〉說：「萬物同出於一」、「一也者，萬物之本也。」靜態的道體，從「一」開始生化、活絡起來，《老子》因而有「天得一以清，地得一以寧，……」的體悟，《莊子》因而發出「馮夷得之，以遊大川……」一系的讚嘆，到了漢代的《淮南子》，更鋪衍成「山以之高，淵以之深，獸以之走，鳥以之飛」之類謳歌，此其一。

　　其次，〈原道〉又說：

所謂一者，無匹合於天下者也，卓然獨立，塊然獨存。
之所以稱「道」爲「一」，以「一」代「道」，強調的是「道」
至高、絕對而非相對的質性，因其絕對無偶，故稱爲「一」。此
正如因「道」爲萬物本源、靈妙的生化之母，而稱道爲「天地根」、
「玄牝」一樣；亦正如既「強爲之名曰道」之外，還要特別叮嚀
其運作軌式與質性，「曰大」、「曰逝」、「曰遠」、「曰返」
一樣，此其二。

王弼注 42 章「道生一，一生二……」說：「一，數之始，
而物之極也。」「一」是萬數之始，「道」是萬物之宗，以萬數
之始，稱代萬物之宗，意謂：萬物雖繁富，推究至極，不過由至
精至簡的「一」衍生而來，此其三。

「一」既然是「道」在有形世界第一分身與代表，當然擁有
和「道」一樣尊貴的地位，《淮南子・齊俗》因此說：「一者至
貴，無敵於天下。」而它既然是「萬物之本」，掌握了「一」，
就掌握了萬物，〈齊俗〉因此說「聖人執一而勿失，萬物之情究
矣。」這「執一而勿失，萬物之情究矣」清楚向上說明了，前此
戰國黃老道家的理論中，爲什麼「執一」一直是其最高的政術。

總之，「一」不管是作爲生化之始，還是治事、治政之核心
依據，除了代表「道」的絕對與始源特質之外，主要重其在有形
世界的運作。也可能因此之故，在〈凡物流形〉的第五個「聞之
曰」（亦即第 19-20 簡）中，「一」便顯實成了可咀、嗅、鼓、
操之感官知覺對象，說：

是故一，咀之有味，嗅之有臭，鼓之有聲，近之可見，操
（握）之可操（握），掾之則失，敗之則槁，賊之則滅。

在《老子》裏，「道」原本是不可視、聽、聞、搏，非感官
知覺對象的虛無存在。從《老子》到〈凡物流形〉之間，「道」

（「一」）質性的兩極變化，我們約略可以在《管子》四篇一系論「道」的質性中，找到過渡的痕跡。

　　在《管子》四篇中，「道」雖然也「虛無無形」、「視則不見，聽則不聞，灑乎天下滿，不見其塞。」却是可以「集於顏色，知於肌膚」（〈白心〉）、「知於形容，見於膚色」（〈內業〉）的；換言之，是會顯現、可徵知、可具體察覺的。這當然係因《管子》四篇以「氣」詮釋、轉換「道」的必然結果。但循此再往下具體化，當「道」具化爲可「執」、可「察」的治事之「術」或政「術」時，這「一」被說成有味可咀、有臭可嗅、鼓能有聲、近之可見，甚至可操、可握，也就很自然了。

近十年來兩岸當代新詞及
流行語的比較分析

姚　榮　松[1]

一、當代漢語新詞語研究概況

　　兩岸新詞語的研究起源於 20 世紀八〇年代初期，隨著大陸
文革結束及改革開放所引起的社會變遷，一般學者稱為新時期的
新詞語研究，以別於中共建國初期前三十年（1949-1979）的封閉
社會的新詞語。前三十年由於鐵幕深垂，中國社會起了翻天覆地
的變革，奉行社會主義，所有政治、生活語詞，隨著社會制度改
革，充滿與台灣自由社會完全不同的意識型態語。這些變革隨著
文革之結束漸漸進入歷史的垃圾堆。八〇年代以來，隨著新詞新
義的大量湧現，新詞語的整理和研究，初見端倪，多以短篇形式
討論，如 1984 年呂叔湘有〈大家來關心新詞新義〉[2]一文，陳原
有〈關於新語條的出現及其社會意義〉[3]調查了北京某些廣告招
牌，提出 57 個新語條。可作為八〇年代初期研究的代表。進入八
〇年代後期，在《辭書研究》、《語文建設》等刊物上出現了不
少專欄；1987 年沈孟瓔編著《新詞、新語、新義》與閔家驥等編

---

1 台灣師範大學台灣文學及語言文學研究所。
2 辭書研究，1984 第一期。
3 語言研究，1984 第二期。

著的《漢語新詞詞典》的出版，揭開了新詞專書及詞典的序幕，
其後有王均熙、韓明安、李行健等人的新詞典相繼問世。同時也
出現了以社會語言學的觀點或從語言內部分析新詞新義的特點的
論述，新詞得以產生、成立的條件、用法規範及反映的社會心理
都被提出討論。這是九十年代以前的情況：研究視野拓寬，新詞
檔案大量呈現。到了九十年代，就呈現了新的研究的榮景，即新
詞語詞典如雨後春筍，不斷出現，原有詞典的規模大大擴充，動
輒上萬條，張小平（2008）[4]綜觀九十年代以來大陸出版的新詞語
詞典的類型主要有四種：

1. 綜合型詞典[5]：如閔家驥、韓敬体等編《漢語新詞新義詞
   典》（1991，中社科）、馬國泉等主編（1992）《新時
   期新名詞大詞典》北京：中國廣播電視出版。林倫倫等
   主編《現代漢語新詞語詞典》（花城出版社，2000）、
   夏中華主編《中國當代流行語全覽》（2007，學林出版
   社）等。

2. 編年體詞典：如于根元、劉一玲主編的《1991年漢語新
   詞語》到《1994年漢語新詞語》，及宋子然《漢語新詞
   新語年編》（1995-1996）等。

3. 專門性詞典：如劉一玲主編《當代漢語縮略語詞典》
   （1998，四川人民）劉涌泉主編的《字母詞詞典》（2001，
   上海辭書出版社）。

4. 對比性詞典：如黃麗麗等（1990）《港台詞詞典》、
   朱廣祁《當代港台用語詞典》（1994，上海辭書），北

---

4 張小平 2008《當代漢語詞匯發展變化研究》（濟南：齊魯書社），頁 5-6。
5 有關九十年代初期所出版的新詞語詞典清單，可參考拙作《海峽兩岸新
　詞的比較研究》（國文學報 21 期 1992.6）。

　　京語言大學、台北中華語文研習所（合編）《兩岸現代
漢語常用詞典》（2003，北京語言大學出版社）。

　　這類字典繁多，第一類所列幾本，僅爲列舉性質。

　　有關年度新詞的收錄，即上列編年體詞典，大陸自上世紀九
十年代即有年度收詞，最近的一本爲侯敏、周荐主編《2007漢語
新詞語》（商務）收詞420條。台灣地區自1997年起，教育部國
語會亦曾出版年度新詞[6]，但九十年代末已不再出版，近年有委託
淡江大學專案計畫補強分年語料庫，目前尚未開放外界使用。

　　有關兩岸新詞語的比較研究，單篇論文如過江之鯽，不勝列
舉，如中國社科院應用語言研究所蘇金智〈台港和大陸詞語差異
的原因、模式及其對策〉（《語言文字應用》，1994.4）、〈海
峽兩岸同形異義詞研究〉（《中國語文》，1995.2）、〈大陸與
港台詞語差異研究中的若干問題〉（《語文建設通訊》，1997.3）
三文最有系統，可以參考。到了2001年，復旦大學湯志祥教授花
了十年時間，並從1994年參加香港理工大學"兩岸三地漢語語料
庫"工作，完成了一部《當代漢語詞語的共時狀況及其嬗變 —— 九
〇年代中國大陸、香港、台灣漢語詞語現狀研究》一書（復旦大
學出版社），以近五百頁篇幅介紹並比較兩岸三地詞語的共時狀
況及發展，這是目前最具規模的代表作。在兩岸的對比詞典方面，
北京語言大學與（台北）中華語文研習所合編的《兩岸現代漢語
常用詞典》最有代表性，該書集合兩岸相關的學者[7]，也可視爲到

---

6 民國89年（2000年）教育部補印《新詞語料彙編2：87年1月-12月》
　共四冊（列爲"國語文教育叢書37"）基本詞目共2658頁，第四冊又兼
　收「英文詞目」「中英文夾雜詞目」「數目流行語」「節縮語資料」「方
　言語料」「大陸地區用語」六種另類的語料。新詞語料彙編1-2可能爲
　目前我國官方發布唯一的新詞語料檔（民86、87兩年）。
7 該書主編爲施光亨、李行健、李鍌三人，書前有《兩岸現代漢語常用詞
　典》編纂工作領導小組的成員清單，北京方面組長爲楊慶華，成員爲：
　崔永華、李行健、施光亨、楊慶華、趙金銘；台北方面組長爲何景賢，組員

目前爲止最具規模的一部兩岸共用詞典，全書收錄兩岸共同的特有的字和詞 45000 條，其中兩岸共用的條目 42700 條，大陸通用的條目 1300 條，台灣通用的條目 1000 條，另多義項條目中有大陸特有義項條目 550 條，有台灣特有義項的條目 370 條。單字收錄以大陸《現代漢語通用字表》（1988 年）和教育部《常用國字標準字體母稿》（1994 年）爲準。

二、近十年來兩岸當代新詞及流行語的收錄情況

要觀察近十年來兩岸新詞語及流行語的狀況，最好先回顧九十年代中國大陸新詞語的湧現，根據湯志祥（2001：123）「新詞內涵」舉例，主要體現在五個方面：

1. 政治社會改革，如：考幹、考級、下崗、待崗、明聘、面聘、反腐、唱廉、接權、挖權、變制、轉制、稅紀、薪點、壓貸挂鈎、第五產業……等。（原列 35 條，此取 16 條）

2. 經濟金融證券，如：國債、融資、拆借、景氣、監管、監測、監控、籌措、違規、投保、壽險、產險、匯市、匯率、股市、股民、牛市、熊市、宏觀調控、借殼上市……等。（原列 42 條，此取 20 條）

3. 高新科技產品，如：電卡、聲卡、微腦、光腦、冷巴、冷能、手機、機譯、聯網、上網、BP 機、電磁爐、對講機、因特網、大耳朵、電子錢包、智能大廈……等。（原列 37 條，此取 17 條）

4. 文化娛樂衛生，如：蹦迪、假唱、走穴、歌齡、教職、

有何景賢、黃沛榮、李鍌、姚榮松、張文彬、張孝裕。筆者親役其中。

逃考、考研、攻博、施考、愛療、舞民、選校生、資格
生、休閒課、電腦族、電影人、出屏率、健美操、希望
工程……等。（原列 47 條，此取 20 條）

5. 社會民間生活，如：老倒、三陪、托姐、空哥、拉票、
外勞、班爺、宴收、婚源、導姐、健胸、電紅娘、植樹
葬、上花班、鐘點工、獎吃金、社交姻、君子店……等。
（原列 47 條，此舉 18 條）

由於這些內容反映了大陸社會的變革，各種西方社會的新生
事物，大量在大陸流行，並成為生活之一部份，這與港、台長期
西化的社會愈來愈接近。有些詞是與台灣共有的，有些仍屬大陸
特有的事務，如：

1. 轉制：轉變體制或機制。〈例〉：企業轉制，在所難免
（沈孟瓔 2005：327）（按：相當於台灣的「轉型」）

2. 熊市：比喻證券市場行情持續下跌，成交額下降，低迷
期走勢較長，前景不妙的股市。（沈 2005：287）

3. 智能大廈：在建築設計過程當中，完全考慮了現代電信
技術、微電子技術、計算機技術和軟件技術的應用，合
理布置通信、消防、安全、自動控制系統等所需的線路
和接口的現代建築物。（新華新詞詞典；商務，2003 版，
頁 419）

4. 選校生：亦作「擇校生」，不就近入學而自行選擇學校
就讀的學生。（沈 2005：312）

5. 希望工程：中國青少年發展基金會于 1989 年發起的，救
助貧困地區失學兒童重返校園的活動。（夏中華 2007：
465）

因近年來中國經濟崛起，在全球化經濟之佈局下，兩岸三地

之生活已無多大差異，因此反映現代生活的流行語如雨後春筍，有些幾乎已分不清是港、台、大陸何方先有的概念，從而出現許多三地共有的新詞或流行語。長期以來「流行語」「是指某一段時間或特定區域內廣爲人們傳播的語言，它具有驟生速朽的特點，流行語多模擬口語及俗語、慣用語、新詞語的形式，語言生動形象，與百姓市民心聲極爲貼近。」[8]有關流行語的小冊子在九十年代末已紛紛上市。2007 年底夏中華主編的《中國當代流行語全覽》則收錄 1978-2006 年出現的流行語 3300 多條，這是中國國家語言文字 "十五" 科研規劃項目 "流行語跟踪研究"（YB105-63C）的階段性成果之一。本書凡例一、「收錄範圍」指出：主要在選取在某一時間段內反映社會生活的新事物、新現象、新觀念的詞語。原則上以「語」爲主，適當選取一些確爲流行的詞和句；既收錄在社會廣泛流行、爲多數人熟知的詞語，也收錄在某一集群、某一行業中流行，一些人並不熟悉的詞語；既包括流行的新詞新語，也包括舊詞的流行新義；既收錄流行一段時間就隱退的詞語；也收錄流行後基本固化到漢語詞匯中的詞語；既收錄漢字記錄的流行語，也收錄字母流行語[9]。

　　這個《全覽》融合「新詞詞典」與「流行語詞典」於一爐的作法，打破了過去的慣例，頗見創意，這個做法也獲得周荐教授的肯定[10]。周氏也指出：

　　　　流行語與新詞語是存在著交叉之處的。在《國家語言文字 "十五"科研規劃及項目指南》中，新詞語、流行語跟踪研究"便是其中一個重要的研究項目。寬泛些說，流行詞語和

8　陳芳等編《當代流行語》序言及封底頁，中國社會出版社，1999 年。
9　夏中華主編《中國當代流行語全覽》學林出版社，2007 年，頁 5，凡例。
10　同注 8，周荐序，頁 3-4。

新詞語確可歸為一大類進行研究。這樣的看法不僅出現在《國家語言文字"十五"科研規劃及項目指南》中，國外的一些研究也為這種看法的成立提供了支持，如日本從 1984 年開始，每年的 12 月公布當年度的"新語流行語"，還要頒發"新語流行語"的"年間大賞"。然而，嚴格地將新詞語和流行詞語區別開來，我以為還是有必要的，從技術層面上看也是完全可以做得到的。[11]

　　只要瀏覽一下本書的音序索引，即可看到「流行語」的句數不拘，口語程度甚濃，用字夾雜英文等特點，確實風格特異，例如下列各條：

1. 百事可樂，萬事芬達，天天娃哈哈，月月樂百事，年年高樂高，心情似雪碧，永遠都醒目（頁 11）
2. 不管白貓黑貓，抓住老鼠就是好貓（頁 26）
3. 大不流，大不流，坑你點 COM（頁 64）
4. 點頭 yes 搖頭 no，來是 come 去是 go（頁 86）
5. 躲在遠處向人扔炸彈，不知是武器更先進了，還是人類更膽怯了（頁 103）
6. 即使互相傷害，我們也不會分開，只要兩人在一起，盡管有時會受傷，傷口總會癒合的，因為我聽得見他的聲音（頁 187）
7. 檢查團未到，驚天動地。檢查團來時，鋪天蓋地。檢查團來後，花天酒地。檢查團走後，威信掃地（頁 196）
8. 我愛你可是我不敢說，我怕我說了馬上就會死去，我不怕死，我怕我死了再沒有人像我一樣愛你（444）

---

11 同注 8，頁 2-3。

　　這類流行語，確實包羅萬象，其來源多樣，包括廣告、影片對白、網路語言、手機簡訊以及順口溜。本書第一條的解說是：「手機短信祝福語，2002 年春節期間開始流行。」（短信即簡訊。）第三條解說是「www.com 的諧音。」第八條的解說是：「愛情表白，在網路、手機短信及年輕人中流行。」

　　無獨有偶，由 "文匯新民聯合報業新聞信息中心" 出版發布的《中國流行語 2005 發布榜》（文匯出版社 2005.5，上海）不但詳實記錄了中國 2004 年度流通度最高的十大流行語及中國 2004 年度流行語中的十大人名。該書並以「中國 2004 年度各類別流行語會演」，分十五幕，每一幕介紹一類流行語，各 10 個條目，15 幕共有 150 條。現將這十五類名稱，每類的第一目及入選該年十大流行語的條目，列舉於下：

　　（一）時政類：科學發展觀（1）、執政能力（2）、行政許可（7）、三農（8）

　　（二）國際類：印度洋海嘯（10）

　　（三）財經類：加強和改善宏觀調控

　　（四）交通類：超載

　　（五）職場類：清欠

　　（六）房產類：豪宅

　　（七）汽車類：SUV

　　（八）健康類：禽流感（4）

　　（九）出版類：小平百年

　　（十）教育類：未成年人思想道德教育

　　（十一）旅遊類：歐洲遊

　　（十二）體育類：雅典奧運（3）、中超（5）、劉翔（6）、F1（9）

（十三）科技類："勇氣"號

（十四）網絡通訊類：MSN

（十五）演藝類：《十面埋伏》

上列標有（1）至（10）者爲入選綜合類十大流行語，可見 2004 年十大流行語的評選結果主要集中在「時政類」和「體育類」，各佔四條，其餘兩條分別爲國際類的「印度洋海嘯」及健康類的「禽流感」。括弧內數字爲十大流行語的排行榜，（一）、（二）、（八）、（十二）的第一個詞均屬該類流行語之榜首。

爲探究這十個流行語，爲何集中在以上四類的原因，勢需進行各年度十大流行語的比較，我們搜尋到了自 2000-2008 年中國官方或主流媒體公布的十大流行語的清單，有如下表[12]：

---

12 這個表格是由幾個不同來源的「十大流行語」湊出來的，各年度出處或發布單位如下：2000 年、2001 年見於《中國流行語 2005 發布榜》（文匯新民聯合報新聞信息中心公發布）一書的附錄。2002 年根據《中國青年報》陳娉婷「2002 年主流報紙十大流行語評出」一文（2003.1.8），2003 年主流報紙十大流行語發布，由應用語言學研究所提供（2004.1.8），2004 年主流報紙十大流行語見上述「中國流行語 2005 發布榜」一書，又見於德州新聞網（2009.4.29），內容有五條相同（執政能力、科學發展觀、雅典奧運、劉翔、海嘯），另五條不相同，本文以文匯新民聯合報信息中心爲據。2005 年中國主流報紙十大流行語，由北京大學、中國新聞技術工作者聯合會、中國中文信息學會、國家語言資源監測與研究中心平面媒體分析中心聯合發布（2006.1.12），本年聯合發布的單位有四個，包括「國家語言資源監測與研究中心」這個官方代表，可謂慎重其事，但在 2006 年以前發布的均稱「中國主流報紙」的用語，2007 年 1 月 12 日發布擴大爲「2006 年中國報紙、廣播、電視十大流行語」，發布單位由國家資源監測與研究中心領銜，聯合發布單位增加共五個，「中國傳媒大學」。2008 年 1 月 14 日發布新聞稿改稱「2007 年度中國傳媒十大流行語」，發布單位六個（新增華中師範大學，餘如舊）。2009 年 2 月 11 日發布了「2008 年度中國主流媒體十大流行語」，發布單位相同，「傳媒」改爲「主流媒體」。從 2006 年起，聯合發布的地點均在北京語言大學，聯合發布的單位由 4 個增至去年的 6 個。相形之下，國內每年也由各平面或非平面媒體，各自挑選年度十大新聞，均在十二月下旬公布，但並沒有形成「流行語」的聯合發布，有些不足。

年度	十　大　流　行　語
2000	21 世紀、電子商務、新千年、西部大開發、平台、信息技術、WTO、信息化、彩票
2001	三個代表、APEC、入世、申奧、知識產權、恐怖主義、園區、研發、邪教、創意
2002	十六大、世界杯、短信、降息、三個代表、反恐、數字影像、姚明、車市、CDMA
2003	非典、神舟五號、伊拉克戰爭、全面建設小康社會、十六屆三中全會、三峽工程、社保基金、奧運公園、六方會談、新一屆中央領導團
2004	科學發展觀、執政能力、雅典奧運、禽流感、中超、劉翔、行政許可、三農、F1、印度洋海嘯
2005	保持共產黨員先進性教育、十一五規劃、神舟六號（神六）、節約型社會、 和平發展、一籃子貨幣、油價上漲、同一個世界同一個夢想、連宋大陸行、取消農業稅
2006	和諧社會、社會主義新農村、青藏鐵路、自主創新、社會主義榮辱觀（八榮八恥）、中非合作論壇、消費稅、長征精神、非物質文化遺產、倒扁
2007	十七大、嫦娥一號、民生、香港回歸十周年、CPI（居民消費價格指數）上漲、廉租房、奧運火炬手、基民、中日關係、全球氣候變化
2008	北京奧運、金融危機、志願者、汶川大地震、神七、改革開放 30 周年、三聚氰胺、降息、擴大內需、糧食安全

　　如果我們粗略以「流行語」的表面伴隨的褒、貶義及中性義
作三分法，那麼各年的十大流行語可以用「加值」、「貶值」及
「平盤作收」三類計點，假定每條流行語具正面加值義得一分，
為負面意義者得負一分，中性者未增減分。略加統計，可以得到
各年流行語的「所得淨額」評分如下：

年度	正值積分	負值積分	中性語詞（不增減分）	淨值
2000	7	0	0（21 世紀、平台）	7
2001	7	-2（恐怖主義、邪教）	0（APEC）	5
2002	8	-1（反恐）	0（短信）	7
2003	8	-2（非典、伊拉克戰爭）	0	6
2004	6	-4（禽流感、中超、三農、印度洋海嘯）	0	2

2005	8	-1（油價上漲）	0（一籃子貨幣）	7
2006	9	-1（倒扁）	0	8
2007	8	-2（CPI 上漲、全球氣候變化）	0	6
2008	7	-3（金融危機、汶川大地震、三聚氰胺）	0	4

　　我們先回過頭看上面 2000-2008 年度「十大流行語」一覽表，代表以傳媒為主的新聞界及追蹤新詞的學界每年最關懷的新聞「關鍵語彙」，但是不包括一些「發燒語句」或「酷酷語」，這些冠冕堂皇的十大流行語，最能反映中國現代社會生活、經濟生活及政治生活三個方面，如三個代表（2001-2002）、十六大（2002），全面建設小康社會、十六屆三中全會、新一屆中央領導團（以上 2003）、執政能力、行政許可（2004）、保持共產黨員先進教育、和平發展、連宋大陸行（2005）、社會主義新農村、社會主義榮辱觀（2006）、倒扁、香港回歸十周年、十七大、中日關係（2007）、改革開放十周年（2008）。其中有連續出現兩年的「三個代表」這個江澤民提出的中共指導思想（立黨之本，執政之基）從兩岸關係看起來，這是個新教條，另有兩條屬兩岸關係的熱新聞，即 2005 年「連宋大陸行」及 2006 年「倒扁」，這兩條關於台灣領導人或過去領導層與大陸的互動，由此可見台灣政治的風吹草動，也逐步受對岸媒體的「關愛」。在經濟方面，進入大陸的十大流行語也都是台灣人耳熟能詳的，例如：電子商務、信息技術、信息化（即資訊化）、彩票（2000）、知識產權（即智慧財產權）、園區、研發、創意（2001）、降息（2002.2008）、油價上漲（2005）、消費稅（2006）、上漲（2007）、金融危機、擴大內需（2008），由此看來兩岸互動的平台，就是建立在這些共有的觀念和制度了。

　　其次，個人試圖利用這個被眾機關評選出來最流通「流行語」

的典型性，從語義伴隨的褒貶義，去衡量十條流行語詞，是否偏向報喜不報憂，分年分析其憂減值、喜加值相抵的結果得到的語義淨值，從而看出中國傳媒「報喜」與「報憂」的比例，大約是七三開，歷年十大流行語的正負淨在七分到兩分，平均爲六分。說明十大流行語基本反應中國近十年來政經建設的輝煌成果與國際體育外交的成果，及努力爲善之一個指標，至於負分多由大環境所帶來，如：恐怖主義、非典、禽流感、印度洋海嘯、油價上漲、CPI 上漲、全球氣候變化、金融危機、汶川大地震等，而最讓十幾億中國人揚眉吐氣的包括入世、申奧、世界杯、姚明、神舟五號、奧運公園、雅典奧運、神六、嫦娥一號、奧運火炬手、神七、北京奧運、改革開放三十年。我們發現從 2001 年申奧成功到 2008 京奧之間，奧運及體育的相關事件入選流行語的比率偏高。

　　關於當代新詞語及流行語詞典出版狀況如下所示：

書　　名	收羅年份	條數	出版社
中國當代流行語全覽	1978-2006	3300	學林出版社
五十年流行詞語	1949-1999	470	山東教育出版社
最新流行語小辭典	1978-2001	1000	上海辭書出版社
2005 發布榜中國流行語	2005	170	文匯出版社
新詞新語辭典	1978-2004	5640	四川辭書出版社
新華新詞語詞典	1990-2001	2200	四川人民出版社
漢語新詞新語年編	1997-2000	700	四川人民出版社
漢語新詞新語年編	2001-2002	600	四川人民出版社
漢語新詞新語年編	2003-2005	700	四川人民出版社
新世紀漢語新詞辭典	2000-2006	5000	漢語大辭典出版社
2006 漢語新詞語	2006	171	商務印書館
2007 漢語新詞語	2007	420	商務印書館
21 世紀華語新詞語辭典	2000-2006	1500	復旦大學出版社
大陸用語檢索手冊	1997	2221	行政院大陸委員會
大陸常用辭語彙編	2009	1607	秀威資訊科技公司（台北市）

　　以上均為 2000 年以後出版有關新詞語的詞典、年編、手冊、彙編，其中僅有陸委會的《大陸用語檢索手冊》出版於 1997 年；收詞並未超過《手冊》而性質相近的《彙編》，則 2009 年最新出爐，編者為「大陸常用辭語編輯委員會」，書前又有陸委會主委賴幸媛的序，這兩書均為方便台灣民眾使用，收詞範圍則略有區隔。《手冊》為黃沛榮等四位語文教授所編，著眼於民眾赴大陸探親、觀光、經商等需求，收詞集中在改革開放以來的一般詞語（不收專門術語）並有注音及漢語拼音對照。《彙編》則承襲「大陸研究」學者編撰《中共詞彙》之精神，以中共文獻出現的詞彙為主，較多中共術語，內容詳實，兩書有互補之功，因前一書出版已超十年，故後書更能反映近十年出現的新詞。

　　其餘皆大陸學者所編撰，流行語列了四本對照；新詞新語的編纂，則分兩類，一類為詞典類，一類為編年的年度新詞，有些則合二年，或三年為一本；因此並無完全的分年記錄，僅 2006、2007 兩年是完全的編年，其他各本均有重疊，個人已將它們建立一個分年對照的「音序語料庫」，將來可進行全面的斷代追蹤，可以看出新詞在不同時間的存活記錄。

　　新詞語辭典中只有一本橫跨 30 年（1978-2004），收詞 5640，作者沈孟瓔（四川辭書出版），與此書可相媲美的是王均熙主編的《新世紀漢語新詞辭典》共收 2000-2006 年七年內新詞 5000，平均每年為 700 詞。由鄒嘉彥與游汝杰合編的《21 世紀華語新詞語》，建立在香港城市大學的《中文各地共時語料庫》（LIVAC）的基礎上，語料包括港、澳、台、新加坡及上海、北京六地，因此更為客觀。詞典收詞僅 1500 多，但例句時而兼收香港、台灣、上海、北京四地者，以「點擊」一詞為例：

　　點擊　diǎnjī/dim2gikji/ㄉㄧㄢˇ　ㄐㄧ[動]將電腦上的指針移向目標，然後敲擊鼠標控制鍵。（原書頁61）

　　　　例句：如果你仍未註冊，請點擊註冊鍵接註冊成爲本站會員。（香港）

　　◇點擊此處觀看更多圖片。（台灣）◇在您點擊"訂閱"後，請檢查您的信箱。（北京）◇其排列結果，單次點擊出價最高的企業將被排在第一位。（上海）

　　背景知識[英：click]點擊是在電腦操作時，將鼠標指針移動指向操作目標，用手指敲擊鼠標上的鍵並立即放開，以實現特定的操作功能。通常分單擊和雙擊兩種。點擊率是評價網站受歡迎程度的一個重要指標，網站的點擊率越高，表明受網民閱讀的程度越高。

　　地區差異　各地廣泛使用

　　以下兩個詞則分別只用於中國內地與台灣。前者是「點擊書」，後者是「典試長」，分釋如下：

　　點擊書——[名]互動多媒體網絡出版發行平台。（同上，頁61）

　　　　例句：點擊書實際上就是一個多媒體書。（北京）◇"點擊書"閱讀圖文的體驗與手捧實體印刷品的感覺幾乎一樣。（上海）◇讀者只要再花五毛錢就可以買一本點擊書。（北京）

　　背景知識　[英 digibook]（下略）

　　地方差異　多用於中國內地。

　　典試長——[名]台灣負責考試事務的官員。（同上，頁61）

　　　　例句：議案引發部分考試委員的強烈反對，並有意要撤換典試長。（台灣）◇這次高考典試長應辭去考試委

員一職以示負責。（台灣）◇典試長負責出題、考
試的任務。（台灣）

背景知識　典試長是擬定命題標準、閱卷標準和考試成績
的官員，須具備相應的資格才能成爲“台灣考
試院”的典試長。地區差異多用於台灣。

這本辭典一卷在手，或者網上查詢，均可獲知兩岸四地的詞
彙異同概況、詞條標音以漢拼、粵語與注音符號對照，有利兩岸
四地的讀者。依靠城市大學 LIVAC 語料庫，「我們可以瞭解每
一個新詞在各地區產生發展和演變的過程」，例如“手機”
（mobile phone）1995 年以來在各地共有 10 種說法，即流動電話、
手提電話、、行動電話、大哥大、手機、手持電話、攜帶電話。
這十種詞彙互相競爭的結果，是“手機”取得明顯的優勢。鄒氏
等調查不同年份各地的最常用與次常用說法，將香港、澳門、台
灣、新加坡、上海、北京六地兩類用法擅遞做成表格 1，最後（2002
年）才被“手機”所勝出（佔絕對優勢）。

我們以 A 代表最常用，B 代表次常用，摘錄台灣的演變如下：
（字典前言頁 3）

95-96	A：行動電話	B：大哥大
96-97	A：行動電話	B：大哥大
97-98	A：大哥大/行動電話	B：流動電話
98-99	A：行動電話	B：大哥大
99-00	A：行動電話	B：手機
00-01	A：手機	B：行動電話
01-02	A：手機	B：行動電話

令人困惑的是 internet 台灣始終堅持以四個字的「網際網路」
爲最常用名稱，「互聯網」只能屈居次常用。（迄 2002）京、滬、
澳門皆是 A 互聯網 B 因特網，而香港僅有 A 無 B，只剩台灣與眾

不同，成爲求同存異的一個典型例子。

上列十五本相關辭書、手冊，除以音序排列中文詞條外，還有一類純字母詞或夾用字母的詞，早期各本新詞辭典，多半在中文詞目之後，直接列這些「字母詞」。這些詞本爲英文借詞，但多屬於字母的縮寫直接借用（一般皆作大寫字母），例如：ADSL、APEC、ATM、CDMA（碼分多址，一種數字通信技術）、F1（第一方程式賽車）、CPI（居民消費價格指數）等。有的辭典，字母詞放在中文詞條後，標示爲「其他」（如：王均熙 2006），或作「字母開頭新詞新語」（如沈孟瓔 2005），或直接作「字母詞」（如亢世勇等 2002），後來乾脆獨立編成「字母詞詞典」，以下是兩本相關辭典：

1.《字母詞辭典》，劉涌泉編著，上海詞書出版社，2001.7，共收 2000 餘條。

2.《實用字母詞詞典》，沈孟瓔主編，漢語大辭典出版社（世紀集團）2002.2，共收 1300 餘條。

三、從新詞素或類詞綴的比較看兩岸新詞的發展

兩岸新詞語的發展帶來具體的變化，是新詞素的誕生。這本是詞彙發展的常態，不過，量的驟增與詞素的多樣化，卻是「新時期」詞素繁衍的一大特色，本文不擬全面比較各種類型的新詞素，但對於新詞素的分類，可略作討論，張小平（2008：84）從不同角度作了以下的分類：

1.單音詞素和多音詞素。如：大巴、打的、掏空族、脫口秀中的巴、的、族、秀皆爲單音語素，而迷你、納米、跑道、列車、檔案也都成了新的雙音詞素。

2.漢字型詞素和字母型詞素：前者如：秀、卡、民、族、中

心等詞素，後者如：T恤、IP卡、AA制、e化、cc族中的T、IP、AA、e、cc都該算是新的字母詞素。

3.可成詞詞素和非詞詞素。前者如時裝秀、IT產業中的 "秀、IT" 皆可成詞。非成詞詞素如：A咖、E-mail（或伊妹兒）、D大調、D日中的 "A、E（或伊）、D" 等皆是不成詞詞素。

4.單純詞素和合成詞素。前者指內部結構不可再分析者，如：歐佩克、沙啦、IQ、EQ（情商）等，合成詞素如：上舉之跑道、列車、檔案、中心等是。

5.漢語固有詞素和外來詞素。前者是漢語詞素的主要構成體，從單音節到多音節，俯拾可得，後者如：電腦是用漢語固有詞素構成的意譯外來詞，但它又作爲新詞「電腦盲、電腦熱、電腦化、電腦迷」等的外來詞素。

6.詞根詞素和附加詞素。前者如：服裝秀、迪廳（迪斯可舞廳）、車模中的 "秀、迪、模" 都是詞根詞素（而非詞綴），明顯的附加詞素爲「性、化」之類。

7.能產詞素和非能產詞素。依構詞能力的強弱來分，具有較高能產度者，大多是單音詞素，像「的、吧、卡、秀、e、K、模、啤、秀、派、迪、巴」等，例如：

　　的：的哥、的姐、打的、的票、的爺、板的、殘的、飛的、黑的、火的、貨的、摩的、泡的、野的。

　　吧：吧台、吧凳、吧費、吧姐、吧客、吧娘、吧女、吧廳、冰吧、餐吧、茶吧、串吧、迪吧、話吧、畫吧、陶吧、球吧、書吧、網吧、影吧、咖啡吧。

　　秀：政治秀、雙人秀、時裝秀、模仿秀、脫口秀、走秀、作秀、談話秀。

　　e：e化、e時代、e族、e社區、e人類、e產品、e服務、e

　　校園、e 生活。

巴：大巴、中巴、小巴、冷巴、空巴、雙層巴。

在能產詞素中，也有少數為雙音詞，如：

納米：納米技術、納米科學、納米材料、納米陶瓷、納米衛
　　　星、納米武器、納米生物。

克隆：克隆羊、克隆猴、克隆虎、克隆兔、克隆人、克隆風、
　　　克隆病、克隆板、克隆技術。

迷你：迷你裙、迷你型、迷你風、迷你電影、迷你花園、迷
　　　你汽車、迷你音響。

艾滋：艾滋村、艾滋病、艾滋女、艾滋症、艾滋孤兒、艾滋
　　　疫苗、艾滋遺孤、艾滋患兒。

CD：CD 盤、CD 業、CD 機、CD 盒、車載 CD、音樂 CD。

IT：IT 業、IT 技術、IT 園、IT 服務、IT 人才。

　　非能產詞素是指構詞能力較弱，甚至是只能構成一個詞的詞素。像 "卡拉 OK、蹦級跳、桑拿浴、AA 制（一起消費後均攤費用或各自付款的辦法）" 中的卡拉、OK、蹦級、桑拿、AA 等都是這種情況。

　　關於新詞中的能產詞素，上面的說法代表張小平（2008）的意見，依個人觀察，中國大陸上個世紀自九十年代以後，大量高能產的單音節詞素並不限於舉例中的音譯詞（如的、巴、卡、秀），也發生在固有的單音詞素上，例如：

房：房吧、房博會、房補、房貸、房檢、房交會、房模、房
　　企、房情、房市、房委會、房型、房展、房照。

球：球哥、球后、球籍、球姐、球盲、球癌、球評家、球權、
　　球市、球連、球探、球王、球友、球運、球庄。

導：導鞭、導廁、導吃、導儲、導路、導拍、導生、導食、

　　導筒、導學、導爺、導掌（引導觀眾鼓掌）。

黑：黑裁、黑彩、黑導（非法導遊）、黑電、黑洞、黑工、
　　黑孩、黑孩子、黑金、黑卡、黑客、黑心奶粉、黑條子、
　　黑領、黑貓、黑哨（同黑裁）、黑台、黑實、黑兄、黑
　　庄、黑嘴。

　　以上四組據王均熙（2003）詞典所收，王均熙（2006）的《新
世紀漢語新詞詞典》收詞與 2003 不重複，這四個詞根下，又增加
了不少新詞，即：

房：房姊、房嫂、房托、房協、房照

球：球吧、球霸、球彩、球童、球托

導：導博、導廁員、導車、導乘、導腐、導覽、導視、導醫、
　　導郵、導展

黑：黑差、黑檔、黑的（dī）、黑點、黑函（匿名信）、黑
　　話、黑腳、黑客、黑面、黑摩、黑首、黑訓、黑獄、黑
　　葬、黑槍

　　如果我們扣除「房」的二次重複，把王氏兩本詞典所收四個
單音詞素下的新詞量相加，共得收詞量統計如下表：

	2003 年版	2006 年版	合計
房	14	3	17
球	15	5	20
導	12	10	22
黑	21	15	37

　　四個詞根合計 96 個新詞，由此可見固有詞素在新詞的成長
過程中，仍居主導地位，但是像「黑」這樣的固有詞素孳乳量大，
語意恐已虛化，因此，也許應該視爲「類前綴」。

　　除單音詞素外，固有的雙音詞素在新詞新語中，也有長足的

發展，它一方面與單音詞素結合爲三音詞，主要形成 2+1 的音節
形式，一般注意的是第三個音節是否詞綴化，並不留意一個類詞
綴前的雙音詞素其實有廣泛的增長，也不去考慮該詞素出現的頻
率，以侯敏、周荐（2008）的《2007 漢語新詞語》（編年）爲例，
在相關詞目下附列同一語素的「詞族」一欄，以＿族、＿奴、＿
門、＿客四族爲例：（各族末數字爲列詞與本書收詞比率）

　　＿族：*愛邦族、*幫幫族、*畢婚族、*標題族、*CC 族、*
　　　　　蹭飯族、*炒鳥族、*城際族、*代排族、*動網族、*
　　　　　怪字族、*軌交族、*哈租族、*海蒂族、*會睡族、*
　　　　　甲客族、*拒電族、*老碗族、*辣奢族、*懶婚族、*
　　　　　難民族、*閃跳族、*試客族、*雙租族、*掏空族、*
　　　　　淘券族、*替課族、*養基族、*月老族、*轉存族、*
　　　　　低碳一族、*畢業逃債族、*已婚單身族（33 全部*）

　　＿奴：白奴、*病奴、*彩奴、車奴、房奴、*股奴、*基奴、
　　　　　節奴、卡奴、*考奴、壟奴、貓奴、墓奴、錢奴、*權
　　　　　奴、*血奴、*窯奴、*藥奴、*醫奴、證奴、*租奴（21：
　　　　　11）

　　＿門：電話門、*翻新門、*虎照門、監控門、解脫門、骷髏
　　　　　門、*濾油門、*女友門、歧視門、*僞虎門、*撲殺門、
　　　　　*絕女門、質量門（13：7）

　　＿客：播客、車客、換客、極客、掘客、*綠客、拼客、晒
　　　　　客、*試客、*淘客、維客、印客、*賑客、*職客、*
　　　　　群租客、*刷書客、*悠樂客、心理黑客（18：9）

　　作爲三音詞的前項詞素，若分固有與新造兩類，顯然固有雙
音詞素相對少，以「＿族」爲例：

A.固有詞素：標題、難民、掏空、月光、畢業、逃債、已婚、
　　　　　　　單身、轉存（9）

B.非固有詞素：愛邦、幫幫、畢婚、CC、蹭飯、炒鳥、城際、
　　　　　　　代排、動網、怪字、軌交、哈租、海蒂、會
　　　　　　　睡、甲客、拒電、考碗、辣奢、懶婚、閃跳、
　　　　　　　試客、雙租、淘夯、替課、養基、低碳、一
　　　　　　　族（27）

　　果然這些帶「族」字的三音詞中，複音的直接成分（暫名詞素），固有詞與非固有詞的的比例是 9 比 27，看來張小平（2008）的觀察是正確的，作爲「新詞」中的雙音節詞素臨時搭配者居多，這些雙音節詞素則僅有少數是單純詞素，如幫幫、ce、海蒂、辣奢等，至於「一族」算不算一個詞素也有待探討。

　　再從__門、__客兩族中找固有詞素，也還可以確定幾個：翻新、監控、解脫、骷髏、濾油、女友、歧視、誤殺、質量、心理等 10 個。非固有詞素如：虎照、僞虎、絕女、群租、刷書、悠樂、黑客等 7 個。數量相若，但比起「__族」字族的 9 比 27，可以推論，在 2007 年新語年編 600 條新詞語中，固有的雙音詞素顯然不會超過非固有詞素，否則就缺乏新鮮感了。雙音詞素成族收爲2007 年編「相關詞條」者，少得可憐，其例如下：

限批：*限批令、行業限批、*區域限批（p.101）

保姆：豬保姆、就業保姆、留學保姆、蜜月保姆、雙拼保母（p.121）

去……化：*去核化、去本土化、去城市化、去地方化、去官僚化（p.127）

跑道：魔術跑道、*數字跑道（p.149）

手機：*3G 手機、*光能手機（p.12）

太空：太空葬、*太空貨幣、*太空籬笆、太空育種、*太空
旅遊機（p.154-155）

由此可見，雙音的非固有詞素，在新詞創造過程中，早已達到飽和。目前只見限量方式增加，不像單音節的外來詞綴，增加速度驚人，本文所據仍以大陸新詞為主，台灣的部分，只能容後再做比較了。

四、2009 年十大國內新聞、馬英九「殺很大」

本文撰述過程中，首先根據夏中華《中國當代流行語全覽》為基礎，接著切入 2000-2008 年大陸每年發布的主流媒體十大流行語，一直以為台灣迄今缺乏年度流行語的發布，顯然是一種缺失，為了彌補這個缺憾，我即根據中央社每年發行「世界年鑑」去追蹤近十年的國內外十大新聞，從而找出若干流行語。根據中央社《2009 世界年鑑》所載 2008 年國內十大新聞，我改寫為以下十條摘要：

1. 特偵組偵查前陳總統國務機要費及前第一家族洗錢案，11/12 日陳水扁遭聲押。
2. 2008 立委和總統選舉，馬蕭當選正副總統，台灣二次政黨輪替。
3. 兩岸六月恢復制度協商，11 月舉行江陳二會。
4. 前總統陳水扁坦承妻子匯出餘款到海外，向國人道歉，特偵組收押前政府要員包括邱義仁、葉盛茂等人。
5. 受國際金融風暴影響，台灣股市 5/20 以後在 4300 點附近築底反彈。
6. 中國乳製品含三聚氰胺，衛生署要求全面下架，大陸透過兩會機制表達道歉，定協助台灣方面求償。

7. 5/20 馬蕭就任中華民國第十二屆正副總統，由於立法院藍
　　委過半，國民黨完全執政。

8. 國民年金與勞保年金完成立法，並分別自 2008 年 10 月及
　　2009 年元旦實施。

9. 扁政府期間發生外交掮客侵吞款項 2980 萬美元，行政院
　　副院長邱義仁、外交部長馬志芳等官員引咎辭職。

10.國民黨主席吳伯雄五月下旬率團訪問大陸，與中共總書記
　　胡錦濤舉行「吳胡會」，是兩黨 1949 年以後首次的主席
　　會談。

　　從新聞要點中，我們至少可以提煉出若干流行語：如「前第
一家庭洗錢案」、「第二次政黨輪替」、「兩會恢復制度協商」、
「江陳會」、「台股探底」、「中國黑心奶粉事件」、「國民黨
完全執政」、「外交掮客」、「國民年金」、「勞保年金」、「吳
胡會」。

　　回顧 2009 年的台灣，國內外大環境仍在風雨飄搖中，安然
到了年終歲幕，雖然距離年底發布 2009 年十大新聞的時間還有二
十天，不過個人正好可以進行國內十大新聞的預測，由於過去一
年，筆者爲了搜集平面媒體的新聞標題暨新詞新語，幾乎每天要
瀏覽三份以上的主要報紙。由於時間倉促，未暇完成語料之建檔
及篩選，我暫時虛擬出個人腦海底層的十大國內新聞事件如下：

1.瑤瑤童顏巨乳，廣告「殺很大」

2.A 擱發（ECFA）協議兩黨攻防戰

3.陳菊爲高雄世運大陸破冰行

4.救災慢半拍，大官鬥嘴鼓

5.水災咎責，吳敦義掌政院，劉揆引咎總辭

6. H1N1 疫情引發停課風波

7.高世運北聽奧，台灣世界聽到

8.高鐵變天，殷琪下歐晉德上

9.雙英對決，宜蘭藍天換綠地，馬英九殺很大

10.尋找一九四九，龍應台苦澀之旅

　　我們把靜態的「五四運動九十年周年祭」、「我不能沒有你，戴立忍金馬大贏家」或攻防中的「美國帶骨牛肉開放進口公投連署」放在一邊，而以「瑤瑤廣告風波」做為藝文新聞的頭條，原因是它刷新了廣告語言，真的「殺很大」。爲了追蹤或還原「殺很大」的新聞，我們找到了若干條後續的流行語大制作，並歸納爲以下的發展模式：

「殺很大」→「Ｖ很大」→「Ｘ很大」

　　並分爲三期：

（1）創詞期＿殺很大

（2）蔓延期＿Ｖ很大

（3）定型期＿Ｘ很大

　　這是目前台灣流行語的一枝奇葩，所有「Ｘ很大」的語料也可以看作一個「同族詞群」。下面我們先追蹤這個廣告的來頭。

　　今年二、三月間的電玩廣告，突然出現這句「殺很大」的台詞，根據報導這個廣告的代言者，是標榜「童顏巨乳」的瑤瑤，也許動作太誇張，引起輿論的注意，更有趣的是廣告所訴求的「殺很大」，原始的本義應該是指在遊戲中玩家可以盡情掠殺敵人，主要還是強調玩家彼此殺戮、對抗的特性。但是用來表現訴求的「殺很大」卻引起網路的討論，成爲媒體記者翻新標題的寵物，立委質疑線上遊戲廣告中美眉抖動胸部，言語充滿性暗示，並有物化女性嫌疑，NCC 主委彭芸芸低頭露出尷尬的笑容（見中國時報 98.4.3A10 版）這則報導的標題是：

NCC 舉鍘割巨乳　網友笑「管很大」

我們發現用「管」代替「殺」，不過換個動詞，同樣是「Ｖ很大」，但新聞內容已經進入嚴肅的議題。現在就把數月來零星湊合一些關於「Ｘ很大」的報紙標題，歸納如下：

（一）殺很大

1.殺很大，尊龍北↔中 60 元搶客。（98.3.24 中時 A8）

2.五星級飯店殺很大，999 元請客入住。（98.4 自由時報）

（這則新聞提到：振興住房率，不少飯店 4 月起殺 3 折。還有一晚 999 元限量搶購活動，是低於三折的優惠。）

3.合併殺很大（數百民代將失業）（98.4.6 蘋果日報 A4）

（報導中說：《地制法》打算先規劃台中縣市合併升格引起台北縣、高雄縣的不滿，連台南縣市都有合併升格的呼聲。但藍、綠都有擔憂「殺很大」之處。合併後好幾百名地方代表將失業，縣的負擔遠高於市，可能成為市的負擔。……）

4.中國客、殺很大。（98.4.3 自由廣場）

（本文提出中國安麗團來台旅遊，不論在何處似乎都殺價「殺很大」，是否其有利於台灣的觀光業？）

5.遊戲殺很大，家長請當心。（98.4.6 中時 "時論廣場"）

6.搶攻優惠房貸，土洋銀行殺很大。（98.4.16 自由時報 C1）

7.早鳥促銷不靈，暑假出國，晚鳥優惠殺很大。（98.6.20 聯合 C7）

8.飛車行搶殺很大，字投羅網。（98.6.24 自由時報 B2）

（21 歲的酒店少爺，行搶時都穿著前面寫「殺很大」，後面寫「不要走」的黑色短袖 T 恤，行徑相當囂張。）

9.二手教科書價，殺很大，買氣旺。（98.7.11 自由時報 B5）

10.市民廣場周末擺攤，旅遊殺很大。（98.7.16 自由時報 B7）

11.電腦應用展殺很大,優惠滿檔,機不可失。(98.7.30 聯合報 C6)

12.百貨耶誕驚喜,獨家促銷殺很大。(98.12.7 自由時報 D6)

以上十二條可視為創詞期,1-2 指出折價戰,並出示價目,降價是其本義。屬於這類的還有 6、7、9、10、11、12,第 4 則指的也是「殺價」,不過是買方出價。第 5 則暗示警方懷疑台中計程車司機遭五名年輕人冷血殺害,可能跟少年沉迷遊戲有關。引申比較遠的是第 3 則「合併殺很大」,「殺」指的是不良後果,相當於「傷害很大」之意。所以進入「V 很大」的動詞蔓延期,乾脆就直接找適切的「V」來填補。以下是實例:

1.自由時報 98.4.9(D7)作「修很大」→步姊笑露雙下巴,寫真集挨轟修很大。(日本天后「步姐」濱崎步為紀念出道 10 周年推出寫真集,火辣泳裝照,被虧「修很大」,當然就寫而不真了。)

2.自由時報 98.6.11(D7)作「降很大」→房貸利率「降很大」,要注意綁約期。

3.聯合報 98.7.15(A5)作「傷很大」→糊塗立法傷很大 ──「協商版宗教團體法草案」說分明。

4.中國時報 98.8.8(A12)作「玩很大」→科技老闆玩很大,投資拍片不手軟。(報導國內科技業大老闆跨足投資電影,包括郭台銘等,砸鉅資,大卡司、大場面,令人咋舌。)

5.自由時報 98.10.9(B2)作「送很大」→西門町購物節,周末送很大。

6.聯合報 98.6.6(C1)作「吃很大」→還沒刷牙洗臉,就先來一口檳榔,可見真的「吃很大」。(按:菸癮、毒癮都可用之)

7.聯合報 98.6.22(C2)作「哭很大」→在家勤練唱歌開嗓,

連愛犬都投以異樣眼光，讓她「哭很大」。

　　8.中國時報 98.4.14（A14）作「輸很大」→台灣「X 很大」，最後「輸很大」！（南方朔觀點）

　　9.自由時報 98.12.9（A14）作「撈很大」→康師傅撈很大，投資人縮手。（消息說：證交所昨公佈康師傅投資人公開申購筆數一共 27 萬張，TDR 從台股席捲基金……光一檔康師傅就海撈 152 億。）

　　10.聯合晚報 98.9.27（A4）作「亂很大」等→兒盟調查也發現，線上遊戲出現了花很大、亂很大、騙很大以及差很大等光怪陸離的現象和陷阱。

　　這九條用法，讓讀者有了明確的規範，「殺很大」這個固定語已開始鬆動，原來換個動詞（V）來填空，就成了「V 很大」的詞族，意義則各從其動詞，這個動詞是能產的，但意義也會轉化，如 4 的「玩很大」是投資，6 的「吃很大」是上癮，7 的「哭很大」是心情沮喪。

　　我把這個「V 很大」定位為蔓延期，是固定語由單一動詞蔓延成各種動詞，可以滿足仿擬者的創意。但當它從「V 很大」轉換出更大的空間，我們可以把 V 換成 A（形容詞或副詞），但實例卻不多。例如：

　　1.悶很大→將官買官等負面新聞，以及全球性的景氣衰退及金融風暴，著實讓台灣人民「悶很大」。（98.4.19 聯合報 A11）

　　2.亂很大→兒盟調查也發現，線上遊戲出現了花很大、亂很大、騙很大以及差很大等光怪陸離的現象和陷阱。（98.9.27 聯合晚報 A4）

　　3.差很大→兒盟調查也發現，線上遊戲出現了花很大、亂很大、騙很大以及差很大等光怪陸離的現象和陷阱。（98.9.27 聯

合晚報 A4）

4.花很大→兒盟調查也發現，線上遊戲出現了花很大、亂很大、騙很大以及差很大等光怪陸離的現象和陷阱。　（98.9.27 聯合晚報 A4）

5.X 很大→台灣「X 很大」，最後「輸很大」！（98.4.14 中國時報 A14 南方朔觀照）

「悶很大」告別了「V 很大」的模式，建立了「X 很大」的公式，因為這「X」已不受詞性的限制，創作與表達更加自由，這組固定語的解構已完成。我們不妨聽兩位名家的意見。詩人陳黎就讚賞它很有新意，他說：

> 打亂固有的語言模式，又創造「陌生化」的效果，好比詩的口水，不斷向人群飛濺。（台灣光華雜誌 98.6.22）

而文化評論家南方朔則認為：

> 當某個語言或符號能被發明並流行，它一定投射並反映了該社會的某些氣氛，因而該語言象徵遂可以自己一路發展下去，於是由「X 很大」，遂有了後來的「醜很大」、「博很大」、「貪很大」，以及軍中弊案的將官星星「賣很大」等等。近年來每到年底都會選出代表該年度特性的關鍵詞，現在距年底還未走到一半，但我們已可鐵口直斷，「X 很大」必屬二〇〇九年的關鍵詞，因為它已把當今那種每件事情一定會搞到誇張離譜之極致的搞法具體而微的顯露了出來。（中國時報 98.4.14）

南方朔的結論是：台灣各種「X 很大」仍持續在出現，許多事只在第三世界出現過，此刻已成為我們的常態，再這樣下去，最後的結果不就是「輸很大」嗎？

南方朔的筆力萬鈞，藉此語式，碱貶時政，深得我心，但有

幾人聽得進去？果不其然，內閣改組後的第一次縣市長三合一選舉，馬政府輸得很難看，套進這個公式，就是「馬英九殺很大」，這個「殺」就是多義詞了。

筆者預期，這個流行語，目前只繁衍到第二期「Ｖ很大」，許多寫手仍停留在第一期，所以第三期的「Ｘ很大」，語料少得可以，試見聯合晚報（98.9.27）A4 版的「兒盟調查也發現，線上遊戲出現了花很大、亂很大、騙很大以及差很大等光怪陸離的現象和陷阱。」一口氣連用四個「Ｘ很大」（花很大、亂很大、騙很大、差很大），可謂獨得神髓，因為「亂很大」正是跨出了最後一步。我們相信這個流行語還會繼續流行下去。我們把閩南語容許的語法結構列于下：

1.殺很大→刣真濟（thai^5 tshin tse^7）

　　　如：這價數會用刣真濟。（這種價格有很大的殺價空間）

2.吃很大→食很大（thiah^8 tshin tua^7）

　　　如：伊菸有影食真大。（他菸抽得很兇）

3.賭很大→跋真大（pha^4 tshin tua^7）

　　　如：伊筊跋真大。（他賭得很凶）

　　　如：恁兩個人性地差真濟。（他們兩人個性差很多）

個人結論是：台灣地區的流行語，不能沒有閩客語的滲透與融合，「殺很大」不過是這種語言接觸的體現。

五、結　語

本文以近十年為題，是考慮針對兩岸新詞新語的轉型，進行分年的比較，同時注意到流行語的研究近年有逐漸增溫之趨勢，因此，就選定夏中華主編《中國當代流行語全覽》的 3300 條為基本語料庫，並逐條建構，按音序與現有編年體（1997-2007）的詞

目進行分析，由於建檔費時，加上台灣近十年有關新詞語的研究，除了「火星文」一度被炒熱外，教育部國語會九十年代以前之「新詞語料彙編」並未持續進行，本文想要進行分年微觀的比較並未落實。本文先描述相關研究之概況及語料出版情況，尤其對 2000年以來，大陸每年公布的主流媒體十大流行語多所探討，並以台灣地區今年最夯的流行語「殺很大」的語料進行初步剖析，結論或可供有志者進一步分析之基石。撰寫本文最大的心得仍是期待國內新詞新語的年度編選應由語文研究者及主流媒體共同參與並定期公告，似是當前面對兩岸新形勢最為刻不容緩的大事。

　　　1992 年筆者參加世界華文協進會（今改世界華文教育學會）主辦的第三屆世界華語教學研討會，宣讀〈海峽兩岸新詞語的比較分析〉一文，這是個人研究當代漢語詞彙的初試啼聲之作，受到與會學者的肯定，這是九十年代初期，兩岸研究的學者並不很多。隨後在世華會的鼓勵之下，又參加第五屆及第六屆的相關研討，個人總是趁機撰寫兩岸新詞語的相關論文應命，並數度以相關題材參加紐西蘭（1994）、巴黎（1995）、漢堡（2001）舉辦國際漢語教學研討會，也參與了陸委會主編的《大陸用語檢索手冊》（1996，黃沛榮教授主持專案）及由李鍌師共同主編的《兩岸現代漢語常用詞典》（2003 北京，2006 台北）的編纂工作，由第一篇論文發表迄今，匆匆十七年。這些工作都在景伊師謝世後開展的，因此並沒有機會把成果面呈先生評審，因而決定在先師百歲冥誕的研討會上撰寫本文，以檢討個人研究成果，並追念景伊師當年耳提面命之情。

主要參考書目

工具書類：

大陸常用辭語編輯委員會（2009）：《大陸常用辭語彙編》，台北：秀威資訊科技股份有限公司。

于根元　主編（1992）：《1991 漢語新詞語》，北京：北京語言學院出版社。

于根元　主編（1993）：《1992 漢語新詞語》，北京：北京語言學院出版社。

亢世勇　等編（2002）：《最新流行語小辭典》，上海：上海辭書出版社。

王均熙（2003）：《當代漢語新詞詞典》，上海：商務印書館。

王均熙（2006）：《新世紀漢語新詞詞典》，上海：上海世紀出版股份有限公司。

王翠華（2008）：《普通話 VS.國語》，台北：五南圖書出版股份有限公司。

朱廣祁（1994）：《當代港台用語辭典》，上海：上海辭書出版社。

行政院大陸委員會（1996）：《大陸用語檢索手冊》，台北：行政院大陸委員會。

李行健、曹聰孫、云景魁　主編（1993）：《新詞新語詞典》，北京：語文出版社出版。

李剛（2008）：《兩岸三通，用語也要通》，台北縣新店市：好

　　的文化。

宋子然　主編（2002）：《漢語新詞新語年編：1997-2000》，成
　　都：四川人民出版社。

宋子然　主編（2004）：《漢語新詞新語年編：2001-2002》，成
　　都：四川人民出版社。

宋子然、楊小平　主編（2006）：《漢語新詞新語年編：2003-2005》，
　　成都：巴蜀書社。

沈孟瓔　主編（2002）：《實用字母詞詞典》，上海：漢語大辭
　　典出版社。

沈孟瓔　主編（2005）：《新詞新語詞典》，成都：四川辭書出
　　版社。

林倫倫、朱永鍇、顧向欣（2000）：《現代漢語新詞語詞典：
　　1978-2000》，廣州：花城出版社。

周勇闖　主編（2005）：《中國流行語 2005 發佈榜》，上海：文
　　匯出版社。

施光亨、李行健、李鍙　主編（2003）：《兩岸現代漢語常用詞
　　典》，北京：北京語言大學出版社。

施光亨、李行健、李鍙　主編（2006）：《兩岸現代漢語常用詞
　　典》，台北：中華語文出版社。

侯敏、周荐　主編（2007）：《2006 漢語新詞語》，北京：商務
　　印書館。

侯敏、周荐　主編（2008）：《2007 漢語新詞語》，北京：商務
　　印書館。

徐奕琳、柴立青（2004）：《新新人類流行語》，長沙：湖南人
　　民出版社。

夏中華　主編（2007）：《中國當代流行語全覽》，上海：上海

世紀出版股份有限公司。

香港中國與文學會　主編（2001）：《近現代漢語新詞詞源詞典》，
　　　上海：漢語大詞典出版社。

袁暉、阮顯忠　主編（2002）：《現代漢語縮略語詞典》，北京：
　　　語文出版社出版。

郭大松、陳海宏　主編（1999）：《五十年流行詞語：1949-1999》，
　　　濟南：山東教育出版社。

郭貴龍（2008）：《當代漢語騷語研究與英譯》，上海：上海世
　　　紀出版股份有限公司。

陳芳、熊忠武、馮皓（1999）：《當代流行語》，北京：中國社
　　　會出版社。

黃麗麗、周樹民、錢蓮琴（1990）：《港台語詞詞典》，合肥：
　　　黃山書社。

商務印書館辭書研究中心（2003）：《新華新詞語詞典》，北京：
　　　商務印書館。

教育部國語推行委員會（2000）：《新詞語料彙編 2》，台北：
　　　教育部。

鄒嘉彥、游汝杰（2007）：《21 世紀華語新詞語詞典》，上海：
　　　復旦大學出版社。

劉涌泉（2001）：《字母詞詞典》，上海：上海辭書出版社。

劉一玲　主編（1994）：《1993 漢語新詞語》，北京：北京語言
　　　學院出版社。

劉一玲　主編（1996）：《1994 漢語新詞語》，北京：北京語言
　　　學院出版社。

歐陽因（1999）：《中國流行新詞語》，香港：朗文出版社。

錢乃榮　主編（2001）：《酷語 2000》，上海：上海教育出版社。

顧曉鳴、李敘（2001）：《網界詞典》，上海：上海三聯書店。

相關研究：

刁晏斌（2000）：《差異與融合 — 海峽兩岸語言應用對比》，
　　南昌：江西教育出版社。

林金珠（2003）：《雲林縣國中校園流行新詞之調查研究》，國
　　立中正大學中國文學系碩士論文。

周光慶、劉瑋（1996）：《漢語與中國新文化啓蒙》，台北：東
　　大圖書股份有限公司。

竺家寧（1999）：《漢語詞彙學》，台北：五南圖書出版有限公
　　司。

宗守云（2007）：《新詞語的立體透視：理論研究與個案分析》，
　　桂林：廣西師範大學出版社。

姚榮松　1992《台灣現行外來語的問題》，師大學報，37 期，頁
　　329-362。

姚榮松　1996A《從兩岸三地新詞的滋生類型看當代漢語的創新與
　　互動》，法國首屆國際漢語教學學術研討會論文集，頁 87-99。
　　法國漢語教師協會主編，八哩，鳳凰書店。

姚榮松　1996B《海峽兩岸縮略詞語比較初論》，華文世界，81 期，
　　頁 37-48，世界華文教育協進會。

姚榮松　1997《論兩岸詞彙差異中的反向拉力》，第五屆世界華語
　　文教學研討會，世界華語文教育協進會主辦，1997.12 月 27-30
　　日，台北劍潭。

姚榮松　1998《台灣新詞新語 1997-98 引論》，華文世界，88 期，
　　頁 1-5。

姚榮松　2000A《析當代流行語中的成語解構現象》，第六屆世界

　　華語文教學研討論文集第二冊，頁 394-406，世界華語文教育學會。2000 年 12 月。

姚榮松 2000B《論現代漢語方言進入國與（普通話）的過程 —— 以台灣國語新詞爲例》，第二屆國際漢語教學討論會論文選集，北京大學出版社。（並收於伯元師 65 歲榮退紀念集）

張小平（2008）：《當代漢語詞匯發展變化研究》，濟南：齊魯書社。

郭伏良（2001）：《新中國成立以來漢語詞匯發展變化研究》，保定：河北大學出版社。

陸曉文、呂樂（2006）：《中國主流媒體的詞語變化與社會變遷（1986-1995）》，哈爾濱：黑龍江人民出版社。

陳光磊 主編（2008）：《改革開放中漢語詞匯的發展》，上海：上海人民出版社。

賀國偉（2003）：《漢語詞語的產生與定型》，上海：上海辭書出版社。

湯志祥（2001）：《當代漢語詞語的共時狀況及其嬗變：90 年代中國大陸、香港、台灣漢語現狀研究》，南昌：江西教育出版社。

楊華（2002）：《漢語新詞語研究》，哈爾濱：黑龍江教育出版社。

中國大陸近五十年（1949-2000）「《文心雕龍》學」研究概觀
—— 以戚良德著的《文心雕龍學分類索引》為依據

王更生[1]

摘　要

　　自十九世紀中葉，李詳、黃侃、劉永濟、章太炎、劉師培等，上承黃叔琳《文心雕龍》的餘波，去蕪存菁，各呈異采，接著是南開大學范文瀾捃摭英華，大其規模，成《文心雕龍注》。他們都為近現代的「《文心雕龍》學」，奠定了根深柢固，發榮滋長的基礎。迨 1949 年，中共建政後，歷經改革開放的激盪，與有心人士對西方文學理論、學說、樣式、派別、方法的大量引進；茲不但豐富了中國古代文學理論的園地，同時也掀起了研究劉勰及其《文心雕龍》的狂熱。根據戚良德編著的《文心雕龍學分類索引》中的記載，特別是在近五十年（1949-2000），其「單篇論文」之富，「專門著作」之多，參與「學者」之眾，研究「風氣」之普及，盛況之空前，可謂一千五百多年來，中國「龍學」研究史上所僅見！這種現象的發生，絕對不是學術上的奇蹟。而是其來也有自。所以本文的寫作，就旨在掘發其蓬勃繁榮的原因和真象，

---

1 國立台灣師範大學國文學系退休教授，目前為世新大學中文系兼任教授。

並藉此所得，提供同道先進作爲新世紀繼往開來的參考。

關鍵詞：中國大陸　文心雕龍　近五十年　分類索引

一、前　言

　　近來兩岸基於血濃於水的民族情感，終於突破政治的枷鎖，以探親、旅遊、開會、訪友爲名，從事通商、通航、通郵、通滙和學術文化的通流工作；且由民間到官方，於日加密[2]。以往視之如形同水火者，今在不可抗拒的歷史因素下，大有分久必合的趨勢，時運如此，纔給本文的撰寫，留下可能的空間。

二、背景述要

　　回溯兩岸關係未解禁前，台灣從事教育、學術、文化研究的學者們，想要閱讀 1949 年（民國三十八年）前大陸學者們的論著，必須冒著通敵賣國的罪名，和繫獄坐牢的危險；甚或在論文中稱引大陸早期學者的著述時，如措詞或書名、人名、引書、引說、引文方面，稍有不慎，極有可能被攛上思想偏左，與敵同路的紅帽子，不但自己遭殃，還可能禍連親友；至於現當代學者的作品，更如同洪水猛獸，令人不敢聞問[3]。

---

2 1988 年蔣經國正式宣佈，開放台灣人民赴大陸探親，改變了兩岸四〇年老死不相往來的形勢。2008 年 5 月 20 日國民黨重新執政，馬英九總統根據「九二共識」和「一中各表」的協議，重新啓動了兩岸問題與手法的思維，兩岸三通立即出現新局面，且由官方到民間，彼此通流，於日交密。
3 所謂現當代作品如魯迅、巴金、茅盾、郁達夫、錢玄同、劉半農、鄭振鐸、顧頡剛、郭沫若、章行嚴、沈雁冰、成仿吾等一些假整理國故，倡導寫實的社會文學、平民文學、革命文學，凡不滿意於舊道德，從事新文化運動的學者、作家的作品、著述，均在查禁，嚴禁閱讀之列。

　　個中或有一二人士，因其特殊身分和特殊背景，運用特殊手段，通過特殊管道，獲致大陸方面少量的特殊出版品，有與台灣某些學科研究相關者，好事之徒，即立刻奔相走告，以爲驪珠在握，不輕易示人；一旦輾轉得見，則立即通過手鈔、影印等各種有效途徑，以滿足當時求知若渴的需求[4]。

　　像劉勰《文心雕龍》—— 這種在各大學本科開設的中國古代文學理論中的寶典，當時學生們上課，除了照抄授課教師的口述筆記，板書注釋，以及閱讀黃《疏》[5]，紀《評》[6]，黃《札》[7]，范《注》[8]，和劉永濟於 1948 年在重慶出版的《校釋》[9]外，幾乎別無他書可資參考的情況下。此時，想要從事深入研究，撰寫一篇專業性的學術論文，只可以拿坐困書城，一籌莫展來形容。更何況《文心雕龍》本身就是一部經典性作品，書中典故之多，文字的古奧，涉事的深遠，術語的抽象，其詰曲聱牙的程度，早已被讀者視同「有字天書」[10]。讀者能疏通文義已感不易，如果手邊再無其他可資佐證的參考資料，便很難取精用弘，得其神髓了！

　　自一九八八年台灣蔣經國先生通令解除書禁、文禁之同時，恰逢中國大陸十年浩劫結束，實行改革開放之際。茲後，大陸學

4　凡當時的學界名流，國際馳名的教授、政府要員而與高層有密切關係，
　　往往藉出訪、旅遊、外交等種種活動，經港、澳、日本等或通過親友特
　　殊管道，避過海關檢查，獲致中國大陸現當代出版的書刊。
5　黃《疏》：指清代乾隆年間刻印的黃叔琳《文心雕龍輯注》。在台灣 1970
　　年台灣中華書局印行的平裝本。
6　紀《評》：指清代紀昀《文心雕龍評》，台灣經文書局有發行。
7　黃《札》：指黃侃《文心雕龍札記》，在台灣當時可以買到，1962 年由
　　香港新亞書院中文系印行的本子。
8　范《注》：指范文瀾《文心雕龍注》，在台灣有開明書店於 1958 年發
　　行的本子。
9　劉永濟《校釋》：指劉永濟《文心雕龍校釋》，在台灣有正中書局於 1968
　　年出版的本子。
10　《文心雕龍》：被讀者視爲「有字天書」，強調其詞深文隱，不易了解，
　　見王更生 1974 年 3 月《中華文化復興月刊》七卷三期刊載的〈近六〇
　　年來《文心雕龍》研究總結〉一文中稱引。

者們的舊著新作，便如潮似水般地湧向台灣書肆。很多往日斷難取得的資料，如今只要讀者付出適當代價，即唾手可得。至於口說手寫，再也不必受往日文網法禁的局限，而動輒得咎了。

中國大陸自 1949 年以來，在「《文心雕龍》學」的研究方面，投入的學者之眾，作品產量之富，普及速度之快，以及作品樣式的多采多姿[11]；這其間，尤其從 1983 年 8 月，成立專門研究《文心雕龍》的全國性學會，正式出版了「《文心雕龍學刊》」和「《文心雕龍研究》」[12]，並在國際間開展了《文心雕龍》學術交流活動之後，「《文心雕龍》學」的研究益加蓬勃，研究的領域更跨越國界，向域外延伸了他的觸角，成果較前益加顯著。並引起了世界各國漢學家的關注[13]。

我很早就想以身在台灣，關懷大陸的立場，將自己多年來從事閱讀和與各方面同道接觸，體認所得的結果，寫一篇關於大陸學術界「《文心雕龍》學」研究實況的文章，但隔於當時兩岸的緊張局勢，一直有願未遂。現在以往的顧慮，既因時過境遷而雲淡風輕，我個人也因為在台灣師範大學退休後，三餘多暇，於是重拾舊緒，整紛理殘；又目睹大陸在「龍學」方面，呈現了百花吐秀的勝景，雀躍之餘，為了便於階段性的說明，和突顯大陸中共建政後「龍學」研發的真相，遂決定以 1949 年為上限，2000 年新世紀開端的前一年為下限，檢視這五十年之間，中華大地上的「《文心雕龍》學」研究，到底浮現了些什甚樣的奇葩異卉。

11　此處所指中國大陸研究《文心雕龍》作品樣式之多采多姿，可參看山東大學教授戚良德編著的《文心雕龍學分類索引》中所錄的「論」「著」。

12　《文心雕龍學刊》和《文心雕龍研究》兩分雜誌，前者由齊魯書社承社，後者由北京大學出版社承印，皆由中國《文心雕龍》學會編。

13　「《文心雕龍》學」的研究引起世界各地漢學家的關注，見由張少康、汪春泓、陳允鋒、陶禮天等合著，由北京大學出版社，於 2001 年 9 月發行的《文心雕龍研究史》第 298-322 頁〈國外的《文心雕龍》翻譯和研究〉一文。

今姑且以山東大學戚良德的《文心雕龍學分類索引》爲依據，用「概觀」作本文的命題，祈同道先進指教。

三、撰寫原則

目前中國大陸「《文心雕龍》學」的研究，既已邁向新世紀，回顧過去，展望未來，對近五十年來的研究成果，作一個系統性的整理，不但藉此可以在本學科研究走過的往路上，做些清理、沈澱與反思的工作；同時，也爲今後的健康發展，本乎「懲前毖後」的認知，也可以提供重要參考。爲此，以下先將撰寫本文的基本原則陳述於後：

（一）在時代斷限方面：

本文所謂的「近五十年」，係指由 1949 年，中共正式建政之年起算，到 2000 年新世紀開始的前一年爲止。因爲從 1912 到 1949 年的「民國時期」，筆者已在 2005 年 4 月，日本福岡大學舉辦的「文心雕龍國際學術研討會」上，曾以「民國時期的文心雕龍學」爲題，將此三十八年的「龍學」，在國家內憂外患，風雨飄搖中的研發情形，著成專文，做了清楚的交代[14]。爲免重複：自應在此避而不談。至於 2001 年之後，爲新世紀的開端,當此繼往開來的重要時刻，以往「龍學」研究的成果，適可做今後待時而動的參考，故亦應另當別論。此其一。

（二）在作品屬性方面：

詳觀近代之學術研究，爲求專精，往往隨學科畫分而分工合

14　〈民國時期的文心雕龍學〉一文,刊載於文史哲出版社 2007 年 3 月出版的,由日本福岡大學承辦《文心雕龍國際學術研討會論文集》383-396 頁。

作；因此從事研究者，也往往嚴守分際，不相踰越，以免張冠李戴，混而不分。今本文既以劉勰及其《文心雕龍》的研究爲主，但在相關或相近著作中，如中國文學批評史，中國文學理論史，中國文學批評理論史，中國美學史、中國文學史等。書中間或旁涉劉勰及其《文心雕龍》者，文雖相近，但學科領域各有專屬，爲此理應加以迴避。此其二。

（三）在資料處理方面：

本文的撰寫，得力於各家的「索引」，惟自 1949 年到 2000 年，這五十年來，「中國大陸」單篇論文量高達 4247 篇，以每篇五千字作合理計算，就有二千一百二十三萬五千字，再加上專門著作 126 種，如每種以十萬字爲準，就有一千二百六十萬言，「論」、「著」兩者合計，就有三千三百八十三萬五千言之多。至於參加的學者，約略統計更不會少於 2400 人次。以這樣一個龐大驚人的數量，想要在最短時間內對各家生平行事以及「論」、「著」內容，進行考察、研究後，再提筆爲文，相信即令窮畢生之力，也難期有成。所以爲了呈現中國大陸近五十年來「龍學」研發真相，筆者在資料的處理上，只提供一般性的觀察所得，不作深入的分析與說明。此其三。

（四）在學者稱謂方面：

本文於撰寫過程中，涉及的「龍學」專家和從事這方面研究的學者，爲數甚多，於行文措詞時，爲了尊重其在此單一學科上的貢獻，理應尊稱其爲「先生」、「教授」或沿用傳統方式，以「字」、「號」、「筆名」等稱之。現在爲了方便通讀起見，概以作者發表「論」、「著」時的署名爲準。類似上述俗套，一概

省略。此其四。

（五）在列表比較方面：

自 1907 年到 2005 年，百年以來的劉勰及其《文心雕龍》的研究內容，真可謂「篇章雜沓，質文交加」[15]。尤其從 1949 年，中共建政後，至 2000 年，這半個世紀的「論」、「著」，更是作家爲林，著述如雨，其空前未有的勝況，令人爲之咋舌。居今如欲知此半個世紀的研發成果，和其在前後百年間全部作品中佔有的比例，究竟如何？則必須借用表列方式進行比較。此其五。

四、資料的選取

人之爲文，首先必須對資料作嚴格的甄選，然後從事寫作才能左右逢源，得心應用。因此我把手邊獲致的資料，在此先作列舉式的說明：

> 首先，是早期大陸學者，山東大學教授牟世金著〈龍學七十年概觀〉[16]後，又指導研究生編寫《文心雕龍研究論文集》[17]；書末附錄了他搜得的由 1907 年到 1985 年，這七十八年之間的資料，成《文心雕龍研究論著索引》[18]，雖然當時作始也簡，但已爲後之學者奠定了堅實的基礎。

繼而在 1995 年，上海書店出版社發行了《文心雕龍學綜覽》[19]，當時山東大學戚良德，即根據書中的「論文摘編」和「索引」

---

15 此處引文見《文心雕龍・知音》篇。
16 此文見於由「中國文心雕龍學會選編」，1990 年由北京人民文學出版社印行的《文心雕龍研究論文集》第 1-60 頁。
17 《文心雕龍研究論文集》見於戚良德編《文心雕龍學分類索引》一書的〈前言〉稱引。
18 《文心雕龍研究論著索引》（1907-1985）共 1600 條。見於戚良德編《文心雕龍學分類索引》一書的〈前言〉稱引。
19 《文心雕龍學綜覽》，見於 1995 年，由上海書店發行，楊明照主編的

兩部分[20]，再加上他自己的「拾遺補闕」，又從 1907 年擴增到 1992 年。較牟著多出七年，他將此八十五年之間的「龍學」研究成果，彙爲一編，成《文心雕龍研究論著目錄索引》[21]。

2001 年 6 月，雲南大學出版社印行了張文勛精研積思十年之久的大著《文心雕龍研究史》[22]。此後類似的著述。而規模宏偉，內容周備的當推 2001 年 9 月，北京大學張少康和他得力的青年同好們，如汪春泓、陳允鋒、陶禮天等，用最經濟的時間，下最深耕的工夫，分工合作，成《文心雕龍研究史》一書[23]。書末附錄了〈二十世紀文心雕龍〉研究論著目錄〉，爲 1907 年至 2000 年的「龍學」研究，做出總結性的貢獻。

接踵而來的是山東莒縣文獻學家朱文民[24]，編著《山東省志·諸名家志》中之〈劉勰志〉，書後附載〈劉勰研究論著目錄〉，〈錄〉中涵蓋了自 1907 年，到 2002 年間的論著。

2005 年 12 月，經上海古籍出版社，發行了山東大學戚良德編輯的《文心雕龍學分類索引》。依照他在〈前言〉上的說法，這個《索引》的成書，是在原《文心雕龍學綜覽》索引的基礎上，歸併張少康、朱文民兩位《索引》的部分資料，同時，再廣爲搜羅，大幅擴充，最後得總條目 6517 條。至於論著發表地區，囊括了中國大陸、臺灣、香港和國外四大領域，還包括了少量的西文

一部大型著述，書中共有六個專欄，一個附錄，爲「國際性學術資料讀物」。
20 〈論文摘編〉和〈索引〉，見於《文心雕龍學綜覽》中第四個專欄第 311-296 頁，和第六個專欄第 333-466 頁。
21 戚良德編的《文心雕龍研究論著目錄索引》一書，於戚著《文心雕龍學分類索引》〈前言〉中稱引。
22 張文勛《文心雕龍研究史》於 2001 年 6 月，經雲南大學出版社印行，全書共 278 頁。
23 張少康、汪春泓、陳允鋒、陶禮天等合著的《文心雕龍研究史》，於 2001 年 9 月，經北京大學出版社出版，全書共 597 頁。
24 朱文民，1948 年生，山東莒縣人，著有《劉勰傳》、《山東省志·諸子名家志，劉勰志》等。

作品[25]。

　　戚著是當前最晚出、搜羅最完備，分類最詳密的「索引」。他從 1907 年起，到 2005 年止，爲時長達九十八個年頭，比較最早的牟著多出二十年，較《綜覽》多出一二年，較張〈錄〉多出五年，比朱「目」多出三年。所以他這部《索引》所得，是當前最貼近「龍學」研究眞象的一部作品。以上筆者就拿這部《索引》作藍本，來看一看中國大陸近五十年「龍學」研究實況。

五、戚氏《文心雕龍學分類索引》簡介

　　戚著《索引》既是集前此各家的大成，又爲本文深入考察中國大陸近五十年（1949-2000）「龍學」研發的依據；則其敘寫方式及其在「單篇論文」和「專門著作」兩方面分門別類的情形，自有先加介紹的必要。一方面可以讓讀者藉此了解該《索引》的內容和體例。另一方面更爲下文預作比較分析的準備。

（一）體例方面：

　　作者書中收錄了近百年來有關「龍學」方面的論文、注釋、序跋、書評、通訊、索引等單篇論文和專著，鑒於各地區出版、發行體制的差異，和便利讀者查閱方便起見，特以發表地區爲準，分「中國大陸」、「台灣」、「香港」和「國外」四部分，另將少量的「西文論著」不分地區，作統一「附錄」。至於台灣、香港及國外的論著，已經發表、轉載、譯載，出版於中國大陸者，他分別編入中國大陸論著之中。但台灣、香港及國外部分目錄，仍按原文發表時間全部編錄。大陸部分如爲台灣、香港所轉出的

25　戚良德《文心雕龍學分類索引》總條目共有 5617 條，其中「論文」6143 條，「專著」348 條，少量的西文論著共 26 條，見該書的第 597-599 頁。

論著，亦列入台、港論著之中。

（二）分門別類方面：

　　因爲作者收錄了近百年來的「龍學」論著，計有 6517 條，其中單篇論文 6143 條，專門著作 348 種，西文論著 26 種，爲了將此一龐大的智慧財公諸同好，並爲方便讀者檢索計，不得不作分門別類的工作。根據戚著《索引》的〈編例〉，他將「單篇論文」按內容分爲八大類。在每一大類下，依照論題的不同，又分爲若干小目，「專門著作」的編排，按照內容只分四類，不分細目。各類作品均依出版或發表先後爲序。

　　以下筆者按照「單篇論文」在前，「專門著作」在後的方式，先出大類，後出子目，分別加以轉錄：

　　「單篇論文」的類目：

　　1. 劉勰生平和著作類：其中分爲八個子目。計有：

　　　　（1）生平（2）思想（3）卒年（4）故居（5）成書年代（6）篇次原貌（7）序志（8）滅惑論（9）附錄：《劉子》

　　2. 《文心雕龍》綜論類：其中分二一個子目，計有：

　　　　（1）概論（2）簡介（3）書名（4）性質（5）指導思想（6）理論體系（7）研究方法（8）民族特點（9）儒家思想（10）道家思想（11）周易影響（12）玄學影響（13）佛學影響（14）與中國文化（15）與《文賦》（16）與《詩品》（17）與《文選》（18）與《史通》（19）與中國文論（20）札記隨筆（21）資料選輯

　　3. 《文心雕龍》樞紐論：其中分六個子目，計有：

　　　　（1）概論（2）原道（3）徵聖（4）宗經（5）正緯（6）辨騷

4. 《文心雕龍》文體論：其中分二一個子目，計有：

   （1）概論（2）明詩（3）樂府（4）詮賦（5）頌讚（6）祝盟（7）銘箴（8）誄碑（9）哀弔（10）雜文（11）諧讔（12）史傳（13）諸子（14）論說（15）詔策（16）檄移（17）封禪（18）章表（19）奏啟（20）議對（21）書記

5. 《文心雕龍》創作論：其中分二十個子目，計有：

   （1）概論（2）神思（3）體性（4）風骨（5）通變（6）定勢（7）情采（8）鎔裁（9）聲律（10）章句（11）麗辭（12）比興（13）夸飾（14）事類（15）練字（16）隱秀（17）指瑕（18）養氣（19）附會（20）總術

6. 《文心雕龍》批評論：其中分六個子目，計有：

   （1）概論（2）時序（3）物色（4）才略（5）知音（6）程器

7. 「理論專題」研究：其中分二一個子目，計有：

   （1）美學（2）藝術辨證法（3）文藝心理學（4）形象思維（5）創作方法（6）自然觀（7）真實論（8）奇正論（9）虛靜說（10）靈感論（11）意象論（12）情志論（13）文質論（14）文氣論（15）滋味論（16）修辭論（17）語言學（18）術語釋義（19）文學史論（20）民間文學論（21）中外比較

8. 「學科綜述」方面：其中分二三個子目，計有：

   （1）「龍學」方法論（2）「龍學」史論（3）「龍學」人物（4）明清「龍學」（5）紀昀與「龍學」（6）魯迅與「龍學」（7）黃侃與「龍學」（8）范文瀾與「龍學」（9）楊明照與「龍學」（10）周振甫與「龍學」（11）張光年與「龍學」（12）詹鍈與「龍學」（13）王元化與「龍學」

（14）王運熙與「龍學」（15）牟世金與「龍學」（16）
林杉與「龍學」（17）版本校注（18）論著序跋（19）論
著評介（20）學會資訊（21）出版信息（22）論著提要（23）
目錄索引

「專門著作」部分，因量少易知，只分大類，不析子目。其
四類名稱是：

1. 校注今譯類
2. 理論研究類
3. 學科綜述類
4. 附錄：《劉子》類

綜理上述，於「單篇論文」部分有八大類一二七個子目，「專
門著作」部分有四大類，不分子目，根據這個類目統計的結果，
再招頭去尾，將前 1907 年至 1948 年，和後 2001 年至 2005 年之
間的條目分別剝離，然後再單就 1949 年到 2000 年，這五十年裡
頭的作品條目，揀挑出來，兩兩對比後，則中國大陸近五十年來
「龍學」研發的真象，便如鏡照形，清楚可見了。以下根據這個
構思，採圖表形式加以說明。

六、中國大陸近五十年，「《文心雕龍》學」研究實況比較分析表

根據本文前節所述，中國大陸「《文心雕龍》學」的研究，
從 1907 年到 2005 年，百年以來，無論是「單篇論文」或「專門
著作」，均呈直線上升趨勢；尤其中間的五十年，更是發展迅猛，
成就輝煌。今筆者按照上文所述的類目，本「論」、「著」兩分
的原則，拿它和 1907 年到 2005 年的總篇數，列表統計比較。並
對特別現象的發生，作簡單分析。閱讀時請按「表一」、「表二」、

「表三」、「表四」、「表五」、「表六」、「表七」、「表八」、「表九」的順序，自右而左，依次閱讀。

（表一）單篇論文部分

	子　目		比較篇數		特殊現象分析
	序　數	名　稱	1907-2005 總篇數	1949-2000 實際篇數	
第一類：劉勰生平和著作	1	生　平	189	146	1.近五十年的篇數，佔總篇數的77.5%。
	2	思　想	41	39	
	3	卒　年	11	7	
	4	故　居	42	26	2.近五十年超過百篇以上的有「生平」146篇，最少的是「篇次原貌」6篇。
	5	成書年代	24	18	
	6	篇次原貌	6	6	
	7	序　志	24	16	
	8	滅惑論	12	9	
	9	附錄劉子	43	37	
	總　計		392	304	

（表二）單篇論文部分

	子　目		比較篇數		特殊現象分析
	序　數	名　稱	1907-2005 總篇數	1949-2000 實際篇數	
第二類：《文心雕龍》綜論	1	概　論	233	175	1.近五十年的篇數，佔總篇數的77.7%。
	2	簡　介	106	91	
	3	書　名	20	17	
	4	性　質	31	24	2.近五十年中超過百篇以上的有「概論」175篇，最少的是「與史通」僅6篇。
	5	指導思想	19	19	
	6	理論體系	65	50	
	7	研究方法	39	32	
	8	民族特點	30	23	
	9	儒家思想	13	10	
	10	道家思想	11	10	
	11	周易影響	26	18	
	12	玄學影響	33	25	
	13	佛學影響	20	15	
	14	與中國文化	35	27	

15	與《文賦》	13	11	
16	與《詩品》	21	19	
17	與《文選》	24	16	
18	與《史通》	9	6	
19	與中國文論	47	28	
20	札記隨卓	45	36	
21	資料選輯	10	8	
總　　計		850	660	

（表三）單篇論文部分

	子　目		比較篇數		特殊現象分析
	序　數	名　稱	1907-2005總篇數	1949-2000數篇際實	
第三類：《文心雕龍》樞紐論	1	概　論	39	31	1.近五十年的篇數，佔總篇數的75.79%。
	2	原　道	173	134	
	3	徵　聖	32	23	2.近五十年超過百篇以上的有「原道」134篇，最少的是「正緯」17篇。
	4	宗　經	44	27	
	5	正　緯	24	17	
	6	辨　騷	116	92	
	總　　計		428	324	

（表四）單篇論文部分

	子　目		比較篇數		特殊現象分析
	序　數	名　稱	1907-2005總篇數	1949-2000數篇際實	
第四類：《文心雕龍》文體論	1	概　論	131	99	1.近五十年的實際篇數，佔總篇數的63.7%。
	2	明　詩	59	37	
	3	樂　府	20	12	2.近五十年文體論方面的論文，超過百篇以上的根本沒有，最少的如「哀弔」、「檄移」、「封禪」、
	4	詮　賦	40	25	
	5	頌　讚	6	2	
	6	祝　盟	4	2	
	7	銘　箴	4	2	
	8	誄　碑	7	2	
	9	哀　弔	3	0	
	10	雜　文	8	5	

11	諧 讔	14	12	
12	史 傳	36	23	
13	諸 子	9	5	
14	論 說	24	16	
15	詔 策	4	1	
16	檄 移	2	0	
17	封 禪	2	0	
18	章 表	3	1	
19	奏 啓	2	0	
20	議 對	6	2	
21	書 記	5	2	
總 計		389	248	

（表五）單篇論文部分

| 子　目 | | 比較篇數 | | 特殊現象 |
序　數	名　稱	1907-2005 總篇數	1949-2000 數篇際實	分　析
1	概 論	70	62	1.近五十年的實
2	神 思	250	208	際篇數，佔總篇
3	體 性	159	134	數的81.5%。
4	風 骨	210	167	2.近五十年創作
5	通 變	98	84	論方面的論文
6	定 勢	47	38	超過百篇以上
7	情 采	116	93	的有「神思」208
8	鎔 裁	50	43	篇，「體性」134
9	聲 律	36	29	篇，「風骨」167
10	章 句	21	16	篇，最少的是
11	麗 辭	14	9	「練字」僅 7
12	比 興	77	62	篇，「麗辭」、
13	夸 飾	39	32	「指瑕」各僅 8
14	事 類	14	12	篇。
15	練 字	9	7	
16	隱 秀	61	47	
17	指 瑕	11	9	
18	養 氣	31	21	
19	附 會	26	20	
20	總 術	23	18	
總 計		1362	1111	

第五類：《文心雕龍》創作論

（表六）單篇論文部分

第六類：《文心雕龍》批評論	子目		比較篇數		特殊現象分析
	序數	名稱	1907-2005 總篇數	1949-2000 實際篇數	
	1	概　論	61	51	1.近五十年的實際篇數，佔總篇數的80.9%。 2.近五十年批評論方面的論文，超過百篇的為「知音118篇」，最少的「才略」僅5篇。
	2	時　序	49	41	
	3	物　色	100	81	
	4	才　略	10	5	
	5	知　音	140	118	
	6	程　器	17	9	
	總　計		377	305	

（表七）單篇論文部分

第七類：理論專題	子目		比較篇數		特殊現象分析
	序數	名稱	1907-2005 總篇數	1949-2000 實際篇數	
	1	美　學	99	88	1.近五十年的實際篇數，佔總篇數的80.4%。 2.近五十年理論專題方面的論文，超過百篇的沒有，他如「真實論」、「滋味說」、「語言學」，也只有6篇、8篇的微量。
	2	藝術辨證法	13	12	
	3	文藝心理學	26	22	
	4	形象思維	28	26	
	5	創作方法	17	17	
	6	自然觀	23	20	
	7	真　實　論	6	6	
	8	奇　正　說	14	10	
	9	虛　靜　說	34	26	
	10	靈　感　論	9	9	
	11	意　象　論	53	38	
	12	情　志　論	39	32	
	13	文　質　論	23	19	
	14	文　氣　論	52	41	
	15	滋　味　說	12	8	
	16	修　辭　論	25	16	
	17	語　言　學	9	8	
	18	術　語　釋　義	25	19	

19	文 學 史 論	82	60	
20	民間文學論	19	15	
21	中 外 比 較	82	63	
總　　　計		690	555	

（表八）單篇論文部分

子　　目			比較篇數		特殊現象 分　　析
序　　數		名　　稱	1907-2005 總篇數	1949-2000 數篇際實	
第八類：學科綜述	1	龍 學 方 法 論	72	57	1.近五十年的實際篇數，佔總篇數的 78.8%。 2.近五十年「學科綜述」方面的論文，超過百篇的，計有「論著提要」154篇，他如「張光年與龍學」、「紀昀與龍學」，或0或3，篇數極少。
	2	龍 學 史 論	90	80	
	3	龍 學 人 物	35	29	
	4	明 清 龍 學	26	12	
	5	紀 昀 與 龍 學	5	3	
	6	魯 邃 與 龍 學	5	4	
	7	黃 侃 與 龍 學	23	22	
	8	范文瀾與龍學	35	20	
	9	楊明照與龍學	22	17	
	10	周振甫與龍學	18	18	
	11	張光年與龍學	13	0	
	12	詹 鍈 與 龍 學	13	13	
	13	王元化與龍學	27	21	
	14	王運熙與龍學	14	13	
	15	牟世金與龍學	42	40	
	16	林 杉 與 龍 學	14	6	
	17	版 本 校 注	47	31	
	18	論 著 序 跋	72	49	
	19	論 著 評 介	44	33	
	20	學 會 資 訊	123	74	
	21	出 版 信 息	28	26	
	22	論 著 提 要	154	154	
	23	目 錄 索 引	37	34	
總　　　計			959	756	

（表九）專門著作部分

第六類：《文心雕龍》批評論	子　　目		比較篇數		特殊現象分析
	序　數	名　　稱	1907-2005總篇數	1949-2000數篇際實	1.近五十年的實際作數，佔總篇數的 60.6%。
	1	校注今譯	73	40	
	2	理論研究	133	84	
	3	學科綜述	12	9	
	4	附錄《劉子》	8	4	
	總　　計		226	137	

七、比較分析後的說明與商榷

從「《文心雕龍》學」研發的實況中，發現了一些現象。不但可以用來反思因為時異代變，當前「龍學」研究面臨的困境；同時，也可以作為判定今後重新出發的進路。現在分別敘述如下：

（一）說明部分：

1.根據上列各表的統計比較：

近五十年的「龍學」研究成果，在「八大類」的「論文」部分，其中作品產量最多，最受學者矚目的是第五類「文心雕龍創作論」的 1111 篇。其次是第八類「學科綜述」。最被學者忽略的冷門類目是第四類的「《文心雕龍》文體論」，只有 248 篇。至於各類子目中最吸引學者注目而競相研究的，為「《文心雕龍》創作論」的「神思」、「體性」、「風骨」三個子目，可說是各領風騷。尤其「神思」一目，五十年來的論文累積量，高達 208 篇。最令人感到寂寞而乏人問津的是「《文心雕龍》文體論」中

的「哀弔」、「祝盟」、「銘箴」、「誄碑」、「議對」、「書記」等，只各有兩篇而已。這和「《文心雕龍》創作論」的熱門類目相較，簡直形同天壤。回想一千五百年前，劉勰當時在《文心雕龍·宗經》篇盛讚《五經》和「文學體裁」的關係時說：

> 窮高以樹表，極遠以啟疆；所以百家騰躍，終入環內。

的話，想不到如今因為時異勢變，「創作論」各篇目大放異采，而「文體論」20 篇卻淪入微不足道的環節了。

2.在「專著」方面：

第一類「校注今譯」，從 1907 年到 2005 年的總著作量 73 種，1949 年到 2005 年，近五十年實得 40 種。第二類「理論研究」，從 1907 年到 2005 年的總著作量 133 種，1907 年到 2005 年，近五十年實得 84 種，第三類「學科綜述」，從 1907 年到 2005 年的總著作量 12 種，1907 年到 2000 年，近五十年實得 9 種。第四類「附錄：《劉子》」，從 1907 年到 2005 年總著作量 8 種，1907 年到 2000 年，近五十年實得 4 種，總計從 1907 年到 2000 年，近五十年在「專著」方面「龍學」研究的成果，其作品產量實得 137 種。

蓋「專著」編輯之不易，尤甚於「論文」的搜輯。其主要原因，在於分類原則的認定與掌握，戚氏《索引》在此值得商榷的地方，譬如既以「專門著作」名書，假使不是「專門著作」，自當在排斥之列。可是，在第一類「校注今譯」裡，便有一書二名兩出者；如 6163 條，王利器《文心雕龍校證》，和同屬此類的 6157 條《文心雕龍新書》，亦王利器著。二書名異而內容實同，此為自相矛盾的顯例。

又有二書合刊，不以「校注今譯」為名，卻列為「專著」者，如 6176 條「《文心雕龍·詩品》劉勰、鍾嶸」。6182 條《元刊

本文心雕龍》劉勰、6188 條《紀曉嵐評文心雕龍》、6189 條《文心雕龍》劉樂賢編著、6191 條《文心雕龍》劉勰、6193 條《文心雕龍》劉勰、6195 條《文心雕龍》劉勰、6196 條《文心雕龍》劉勰等，實屬原著新刊，根本不以「校注今譯」為名，自和此處設科分類的主旨不合。

在第二類「理論研究」中，6232 條《日本研究文心雕龍論文集》，王元化編選。6237 條《興膳宏文心雕龍論文集》，日本興膳宏著、彭恩華編譯。皆日本學者作品。本欄目既以中國大陸學者的「專門著作」為名，則將此等翻譯外國學者的作品收入，似乎有值得商榷的地方。

又書名與內容性質不醇者，也在第二類「理論研究」中。如6235 條張少康的《中國古代文學創作論》、6254 條李澤厚、劉綱紀合著的《中國美學史第二卷劉勰的文心雕龍》、6261 條王運熙、楊明合著的《魏晉南北朝文學批評史》、6295 條王運熙、楊明合著的《中國文學批評史 ── 魏晉南北朝卷，劉勰文心雕龍》、6297條卓支中《中國古代文論探研》、6299 條羅宗強《魏晉南北朝文學思想史，劉勰的文學思想》、6303 條詹福瑞的《中古文學理論範疇》、6318 條劉文忠的《中古文學與文論研究》等，這些著作既不以《文心雕龍》名書，而《文心雕龍》只是各該書中的一個章、節，又何可稱其為「專門著作」？又何可收入《文心雕龍學分類索引》之中呢？

還有書名和劉勰《文心雕龍》無關的作品，由於不明的原因，被誤入第二類「理論研究」中者，如 6267 條蔡潤田著的《泥絮集》，便是顯例。

又有一種古籍新刊的書，也收入本欄目，誤作「專門著作」者，這種情形，在第四類「附錄：《劉子》」中，特別嚴重。如

6362 條、6363 條、6366 條、6369 條等，均其例。

　　以上所引各類各條，如果純粹從「《文心雕龍》學」研究的專業上衡量，和戚氏所謂的「《文心雕龍》學分類索引」編輯主旨似欠胳合。再則，戚氏於書首「編例」中，對此「有規則，必有例外」的現象，也缺少比較詳盡，或令人折服地說明。這不能說不是遺憾！

　　3.在作者方面：

　　作者是作品的靈魂，沒有作者，則一切學術研究形同虛設。現在根據戚氏《索引》書末所附的「作者索引」，得知中國大陸自 1907 年到 2005 年之間，在「龍學」研究方面，有「論文」5502 篇，「專著」226 種。在這樣一個龐大的作品資料庫中，其參與的作者群又是如何？很值得注意。現在我根據戚氏《索引》的體例，先將「外籍」和「台」、「港」籍的學者刪除：如日籍 5 位、美籍 1 位、韓籍 2 位、捷克籍 1 位、台籍 47 位、港籍 4 位，共 60 位不計外，純粹中國大陸籍的學者，從 1907 年到 2005 年，98 年之間，投入龍學研究的學者，多達 2410 人次。以下按照「二○」作為等差級距配當的比例，由 100 至 20 之間，進行篩選；不及 20 篇的作者，不入計算之列，茲分條核計如下：

　　（1）「論」「著」合計後，發表的作品，超過百篇以上的學者 2 人。即牟世金的 111 篇，王運熙的 118 篇。

　　（2）「論」「著」合計後，發表的作品，超過 80 至 99 篇的學者 2 人，即穆克宏的 92 篇，周振甫的 83 篇。

　　（3）「論」、「著」合計後，發表的作品，超過 60 至 79 篇的學者 4 人。即彭會資的 67 篇，王元化的 67 篇，張少康的 76 篇，鍾子翔的 62 篇。

　　（4）「論」、「著」合計後，發表的作品，超過 40 至 59

篇的學者 10 人。即畢萬忱的 46 篇、郭紹虞的 45 篇、韓湖初的 42 篇、李福田的 47 篇、林其錟的 41 篇、陸侃如的 49 篇、馬良春的 46 篇、戚良德的 52 篇、楊明照的 52 篇、張連第的 56 篇。

（5）「論」、「著」合計後，發表的作品，超過 20 至 39 篇的學者 25 人。即陳良運的 30 篇、陳志春的 2i 篇、傅璇琮的 27 篇、黃侃的 22 篇、賈樹新的 23 篇、蔣祖怡的 36 篇、李淼的 21 篇、李樹蘭的 28 篇、樂昌大的 23 篇、羅宗強的 32 篇、繆俊傑的 39 篇、石家宜的 32 篇、孫蓉蓉的 30 篇、譚令仰的 38 篇、涂光社的 32 篇、汪春泓的 22 篇、王惠的 23 篇、吳小平的 24 篇、于忠善的 24 篇、詹福瑞的 26 篇、詹鍈的 27 篇、張燈的 33 篇、張文勛的 32 篇、趙則誠的 35 篇、祖保泉的 28 篇。

（二）商榷部分：

因為作品量多事雜，編者不得已，於大類之下，又細分子目。其實作品之所以分類，除量多事雜不得不分外，其最重要的意義，是在藉此來突顯「《文心雕龍》學」研發的內容特質；並從中看到《文心雕龍》和其他學科間的關聯性；甚而更可體悟過去、現在和未來的走向。但在分類的過程中，編者往往因為遷就現實，不得不在去取之間有所勉強；甚或因為文體繁雜，給分類帶來模楞，以下選取三事，向編者進行商榷。

1.「論文」部分的分類，將《劉子》一書納入劉勰著述，是否適當的問題：

八類中的第一類〈劉勰生平和著作〉子目 9，「附錄：《劉子》」及「專著」部分四類之中的第四項：「附錄：《劉子》」，

編者將《劉子》和〈滅惑論〉共同列入「劉勰生平著作」。〈滅惑論〉之爲劉勰著作，見於《弘明集》卷八，久與《文心雕龍》並行，一千五百多年來舉無疑義，至於《劉子》一書的作者，唐宋以下，學術界多持兩可之論。我友林其錟、陳鳳金賢伉儷著書立說，以爲必劉勰作品無疑。而四川大學已故教授楊明照著《劉子校注》，書中專設〈再論劉子的作者〉一文，針對其錟賢伉儷《劉子集校》附錄二的〈劉子作者攷辨〉中的各項觀點，力駁其說之非是。雙方爭執甚烈，孰是孰非，學術界迄今尙無定論。當此是非兩可之際，戚氏《索引》驟然以「附錄」方式將之與〈滅惑論〉《文心雕龍》並列爲劉勰生平著作之林，是否適當？此爲商榷的第一點。

2.「論文」部分，將《周易》與「儒家思想」並列，混淆彼此關係問題：

子目 11 中，「周易影響」條。按：《周易》與《文心雕龍》關係之密切，受其影響之大，凡讀《文心》者，人所共知。唯《周易》在歷代史志著錄與公私書目中，均列「儒家」經典之首；前面子目 9，既有「儒家影響」在先，現在又出現「《周易》影響」於後，很容易讓人誤解「儒家思想」和「《周易》」兩者之間的關係。所以爲了尊重「經學」傳統，作者如仍想突顯「《周易》」對《文心雕龍》之影響，又必須單獨立目時，似可改用「與《周易》」作子目的標題，和「與〈文賦〉」、「與《詩品》」並列，似乎較可緩解「共名」與「別名」一經兩分之嫌。此爲商榷的第二點。

3.「論文」部分中的條文內容，有些與主標題欠合問題：

如第一類「劉勰生平和著作」中的第 0114 條〈劉勰是個什麼家？〉台灣王更生作，見於 1996 年《北京大學學報》第二期。

該文內容重點，在依據《文心雕龍》本文，論證劉勰的思想歸屬；到底他是位思想家？文學家？文學批評家？文學理論家？這和本欄目標示專門以研究「劉勰生平和著作」為主旨的條目大相逕庭。

又第三類「《文心雕龍》樞紐論」的第三個子目「徵聖 1466條「聖體浮輕」一文，見於 1985 年，由「文化藝術出版社」發行，于忠善編選的《歷代文人論文學》一書。事實上「聖體浮輕」這句話，見於《文心雕龍・指瑕》篇，根本和「樞紐論」中的〈徵聖〉篇毫無關係。再檢戚氏《索引》第 304 頁 17 目「指瑕」所錄的 11 中，也不見有「聖體浮輕」的文句。正見因手民誤植或望文生訓，以致發生張冠李戴的失誤。

戚氏為《索引》，分類甄採，編輯成書，載錄了 6517 條的龐大內容，供讀者參考。對學術研究者已是絕大貢獻；上述各點，只是本著責賢求備的態度，供編者作改進的參考。

八、中國大陸近五十年「《文心雕龍》學」突飛猛進的原因

從表列內容和統計數字上看，1907 年到 2005 年中國大陸研究「龍學」所得的總篇數，計「單篇論文」5447 篇，「專門著作」226 種。其中 1907 年到 2000 年所謂「近五十年」中的實際篇數，「單篇論文」4263 篇，「專門著作」137 種，兩相對比，則「近五十年」的實際篇數，是全部總篇數的 78.2%，專門著作 60.6%，而「近五十年」在時間上只是 1907 年到 2005 年的二分之一。可是在「龍學」的研究成果上，它卻有 77.6%的高成長率，因此，我們不禁要問，「近五十年」「龍學」研究之所以突飛猛進的原因何在？想要回答這個問題，我認為至少可以從以下四方面，找到答案的端倪。

（一）從劉勰《文心雕龍》本身來看：

中國大陸「近五十年」的《文心雕龍》研究，所以突飛猛進，其原因蓋由於《文心雕龍》本身具有博大精深的學術價值。因此居今想要知道在《文心雕龍》之前的三千年中國文學理論的精華，和《文心雕龍》問世後的一千五百多年來，它對中國文學理論滲透的程度，以及今後中國文學理論的走向究竟如何？這一切的一切，恐怕都還需要站在劉勰寬厚的肩膀上，來參考他這部「歲久彌光」的著作，下深探力求工夫。

回想當《文心雕龍》書成，勰自重其文，負書以干沈約，約取讀後，盛讚其「深得文理」[26]。自此以下，於晚唐孫光憲，在《白蓮集·序》裡，把劉勰比之於「孔聖之刪」、「卜商之序」，說他「窮詩源流，權衡辭義，曲盡商榷，則成格言；後之品評，不復過此。」[27]清初章學誠著《文史通義》，於〈詩話篇〉更認為他「體大慮周」、「籠罩群言」，又在《校讎通義·宗劉篇》裡，推尊「《文心雕龍》有評無點，自出心裁，發揮道妙，信其能成一家之言。」[28]黃叔琳著《文心雕龍輯注》，其於書前序文裡，開宗明義就說：「劉舍人《文心雕龍》一書，蓋藝苑之秘寶也。視其苞羅群籍，多所折衷；凡於文章利病，抉摘靡遺。綴文之士，苟欲希風前秀，未有可舍此而別求津逮者。」[29]時間邁入二十一世紀，它更跨過國家界域，活躍於東西方學術著作之林，

---

26 沈約盛讚劉勰《文心雕龍》「深得文理」之說，見唐姚思廉《梁書·文學傳·劉勰傳》（洪氏出版社印行第 710-713 頁），唐李延壽《南史·文學傳·劉勰傳》（洪氏出版社印行第 1781-1782 頁）。
27 此處引唐孫光憲之說，轉引之楊明照《增訂文心雕龍校注，附錄品評第二》（中華書局出版，第 645 頁）。
28 此處引章學誠之說，轉引自楊明照《增訂文心雕龍校注·附錄品評第二》（中華書局出版，第 651 頁）。
29 黃叔琳說，見其所著《文心雕龍輯注·序》，台灣中華書局 1970 年 6 月出版。

新文學家魯迅在《詩論題記》裡曾說：「篇章既富，評騭自生。東則有劉彥和之《文心》，西則有亞里多得之《詩學》，解析神質，包舉洪纖，開源發流，為世楷模。」[30]足證劉勰《文心雕龍》之所以成為中國大陸近五十年來研究的「熱點」，自當歸功於他本身具有譽多毀少的崇高地位，和博大精深的學術價值。王更生2007 年 5 月著《文心雕龍管窺》[31]，其中有〈文心雕龍的學術價值〉一文，開宗明義就說：「《文心雕龍》的學術價值，蓋取決於《文心雕龍》自己的博大精深。他不但在駢文方面，是中國第一流的文學作品，如果從宏觀的角度檢視，他除了有系統完備的體系，放之四海而皆準的理論，歷久彌光的適應性，鉤深窮高的學術基礎外，他還開文章寫作理論的先河，啟後世文話的新運，創中國分體文學史的成規；以及文學批評的典範。」因此，其在學術上的永恆價值，引起了研究古代文論學者們的關注。所以中國大陸近五十年來有不少類似這方面的論著，為《文心雕龍》的研發增枝添葉。如戚氏《索引》二、〈文心雕龍綜論〉。522 號鍾優民的〈體大慮周的文論巨著〉、0549 號張少康的〈劉勰及其不朽巨著《文心雕龍》〉、6296 號由遼寧古籍出版社於 1995 年印行，左健著的《體大思精的文心雕龍》，皆屬顯例。

（二）從外來思想文化的交流來看：

從思想文化的角度觀察，一部中國文學理論史，和外來思想文化的交流，有密不可分的關係。其間關於中古時期印度佛學的

---

30 此處引近人魯迅《詩論題記》的說法，轉引自楊明照《增訂文心雕龍校注·附錄品評第二》（中華書局出版，第 664 頁）。
31 《文心雕龍管窺》一書，王更生著，2007 年 5 月，由文史哲出版社發行，說見該書第 23-44 頁。

內來[32]，明、清兩代基督教文化的東傳[33]，以及中英鴉片戰後，嚴復、李石曾、王國維等對歐西思想名著的引進等[34]，在此均略而不論，論由與《文心雕龍》發展最有直接關係的二十世紀開始。

二十世紀外來思想文化對中國文論的交流，可分中共建政之前，和十年浩劫以後，兩個階段。以下擇要言之：

> 初，梁啟超以《新民叢報》體，用常帶感情的筆觸，高唱「小說革命」和「詩學革命」之際[35]，孫中山則博採西方文化之所長，擷取中國學術之菁華，益以個人的獨創發明，宣傳革命救國的言論，並以民族、民權、民生的《三民主義》和《孫文學說》，作為喚醒國魂的主張[36]。但當「國民革命」形勢急轉直下的同時[37]，胡適則以「八不主義」[38]，

---

32 印度佛學之傳入中國，根據羅香林編著，由正中書局印行的《中國通史》上冊，第二十七章〈佛教與道教〉的說法：「中國之知有佛教，蓋自東漢平帝永平一○年時，博士秦景憲口授佛經於大月氏使者始。」（見該書 147 頁）。

33 明清兩代基督教文化的東傳，根據陳登源《中國文化史》下冊，卷 4，近代卷，第二章〈西教與西學之萌芽〉引印光任《澳門紀略》言：「明萬曆九年」（1981）意人利瑪竇（Macerata）始泛海九萬里抵廣州之香山澳，漸行天主教，至萬曆 29 年入京師，獻方物，自稱大西洋人。」清代基督教，自鴉片戰爭後，基督教歐美各地差會，其派教士至中國傳教者，風起雲湧，迄英法聯軍之役，締結《天津條約》後，清廷始盡撤禁教命令，新舊教派，傳播益盛。

34 嚴、李、王三家對歐西思想名著的引進，見郭湛波著，《近代中國思想史》一書中之第 2 篇、第 10 篇、和第 21 篇，其中對外來思想的介紹中，首先是嚴復，他譯述偏向英國，如赫胥黎的《天演論》、斯賓塞的《群學肄言》、亞丹斯的《原富》、甄克思的《社會通詮》、穆勒的《名學》、《群己權界論》、孟德斯鳩的《法意》、耶芳斯《名學淺說》等。李石曾介紹法國學者克魯泡特金的《互助論》。王國維介紹德國叔本華之《虛無悲觀思想》和尼采的《道德系統論》等（詳見該書 476-489 頁）。

35 梁啟超之高唱「小說革命」，見於梁氏《飲冰室文集》〈譯印政治小說序〉，又有〈論小說與群治之關係〉，至於梁氏的文學主張，詳見吳文祺著，台灣崇文書店於 1974 年 4 月印行的《近百年來的中國文藝思潮》，書中第 23-32 頁〈梁啟超的新文體〉。

36 內容詳見王更生著的《中國國民黨與中華文化》第八章〈革命建國的最高指導原則〉。此書於 1984 年 11 月，由中央文物供應社發行（197-223 頁）。

37 清廷傾覆，傅儀退位，時各省革命軍民多派代表集中南京，籌組臨時政

主張用「白話」取代「文言」；提倡「國語的文學，文學
的國語」[39]，使中國傳統文學理論起了空前變調。隨後，
顧頡剛、錢玄同輩又揭櫫「疑古」的大纛[40]，一時之間，
凡中國的古史、古書，甚而古聖先哲的至理名言，都被他
們掀天覆地的狂想，一股腦地拋向歷史垃圾堆中，成了無
人聞問的殘渣賸羹！[41]

正當中國傳統文化慘遭重創，發生劇烈震盪的時刻，思想文
化界又發生所謂「孔教問題」、「國體問題」、「文白問題」、
「玄學與科學問題」、「東西方文化問題」、「中國本位文化建
設問題」等[42]，整個思想文化界完全陷入難分難解，是非莫辨的

府，票選孫中山爲中華民國臨時大總統，繼而又推舉袁世凱爲臨時大總
統，民國二年四月八月國會開幕於北京，同年十月，袁氏遂劫持國會而
被選爲中華民國大總統，黎元洪爲副總統，後因袁氏反對約法，朝野志
士起而反對，遂有二次革命之發生，所謂「國民革命」形勢急轉直下，
以上事件詳見羅香林《中國通史》下冊，此書於 1954 年 3 月由正中書
局發行（195-202 頁）。

38 民國六年，胡適發表〈文學改良芻議〉於《新青年》雜誌，他主張改良
文學要從八事入手，這八事：「一曰須言之有物。二曰不摹仿古人。三
曰須講求文法。四曰不作無病之呻吟。五曰務去爛調套語。六曰不用典。
七曰不講對仗。八曰不避俗字俗語。」這就是所謂的「八不主義」，內
容詳見吳文祺《近百年來的中國文藝思潮》。書爲台灣崇文書店 1974
年 4 月發行（書中第（六）〈五四運動與文學革命〉67-78 頁）。

39 胡適繼〈文學改良芻議〉所述的「八不主義」後，又在〈建設的文學革
命論〉中提出「國語的文學，文學的國語」，作爲文體改革的原則。（詳
見尹雪曼編《中華民國文藝史》，正中書局印行，1975 年 6 月，295-296
頁）

40 顧頡剛、錢玄同以打破傳統意識爲務，造成懷疑古史之思潮，以爲世傳
古史，多可懷疑，凡前人所傳寫之古史，皆屬層纍地造成之物，正如民
間傳說，愈傳播，愈放大，其最上一層，往往反爲較後時間而增加，非
另求實證，不足以明示古史系統。其所編著有《古史辨》五冊，影響於
青年思想者頗鉅。事見羅香林編著，由正中書局，於 1954 年 3 月印行
的《中國通史》下冊 335-336 頁。

41 參見羅香林編著，由正中書局，於 1954 年 3 月印行的《中國通史》下
冊 342 頁〈結論〉第 114 章〈我國民族發展之回顧〉，到 348 頁止。

42 民國初年，思想文化界迭次發生論戰，詳情參閱郭湛波著的《近代中國
思想史》第 20 篇〈關於思想的論戰〉（第 450-475 頁）。

論戰中[43]，馬克斯、恩格斯的「共產主義」思想、「唯物史觀」
理論、「剩餘價值」學說，和「資本論」[44]等，便被陳獨秀、李
大釗、陳啓修、李達等趁此亂局，作了有系統地引進[45]；並逐漸
俘獲人心，佔據了思想界的主導地位。伴隨而來的，是馬克斯思
想中的「階級鬥爭」和「無產階級專政」的意識形態[46]，更滲透
到「文學與人生」、「文學與社會」、「文學與生活」、「文學
與時代」、「文學與科學」、「文學與傳統」以及「文學與階級」
等各個層面。當中共建政的五、六十年代，爲了達成「全面蘇化」
的目的，教育主管當局，爲了徹底掃除思想文化的障礙，特別強
調向蘇聯老大哥學習，並且還延聘所謂「蘇聯文學理論大師」，
號稱「蘇聯文論楷模」的季莫菲耶夫的高足，莫斯科大學畢業，
原任烏克蘭大學副教授的畢達可夫，專門來北京大學開辦了一個
講習班，講授文學理論課程。並由政府通令全國各高等院校選派
教師參加學習，當時大家奉其講授內容如金科玉律，凡所教學或
研究無不以其馬首是瞻[47]。這種「全面蘇化」的結果，可以說是
從思想文化的最底層，把中國傳統文學理論的原貌，連根拔除，
當然《文心雕龍》的研究，也就在所難免地受到嚴重波及。

　　文革後的七十年代末，當時的《文心雕龍》研究，正面臨著

---

43 關於是非莫辨的思想文化論戰情形，參閱註 41 的內容。
44 「共產主義」思想的介紹，是當 1927 年中國社會科學風起雲湧，則辯
　　證唯物論的思想也大有一日千里之勢，情形見郭湛波著《近代中國思想
　　史》第 21 篇〈外來思想的介紹〉（七）第 496-501 頁。
45 參閱前註 43 的內容。
46 此處請參閱由李·何林編輯，由香港中文大學近代史料出版組印行的《中
　　國近代文學研究參考資料》第二編〈大革命前後的革命文學問題〉第二
　　章〈創造社的革命文學主張〉（第 115-168 頁）。
47 事見 2006 年 2 月發行的《社會科學論壇·學術對話欄》，由南京大學
　　中文系教授周勛初撰寫的〈西學東漸下中國古代文學研究的艱難處境〉
　　（由 98-100 頁）。

難以爲繼的「思想飢渴」和「文化脫水」的乾癟困境[48]，於是一些有心挽狂扶傾的人士，本乎置之死地而後生的決心，毫無選擇地向海外大規模地汲取養分[49]，就在以後的十多年裡，他們幾乎移植了西方近百年來發生過或提倡過的各種各樣的文學思想，文學形式和文學理論[50]。像是屬於自然科學或工業技術方面的研究方法，所謂的「系統論」、「控制論」、「信息論」等，有屬於文學派別方面的，所謂「古典主義」、「浪漫主義」、「寫實主義」、「自然主義」、「印象主義」、「象徵主義」、「頹廢派」、「唯美派」、「現代主義」、「後現代主義」、「存在主義」、「結構主義」，現在又有所謂的「詮釋學」、「接受學」、「新批評」[51]等，可說是五花八門，指不勝屈。這些多元化的理論、說法，經過橫向移植後，無一不對古代文論研究者產生衝擊，1987年，齊魯書社還爲此出版了由華東師範大學文學研究所編選的《中國古代文論研究方法論文集》[52]，整個文學理論界，又在原本根深柢固的馬克思共產主義思想烘托下，成了相互交流滲透的舞臺。於是劉勰《文心雕龍》也成爲古代文論家開拓視野，深化研究的實驗場，例如戚氏《索引》二、《文心雕龍》綜觀〉0427 號，丁捷的〈一部爲反動階級專政服務的「文理」── 評劉勰的《文心雕龍》〉、0428 號洋浩的〈一套維護大地主階級專政的文藝理論 ──《文心雕龍》辨批之一〉。0437 號趙盛德的〈文心雕龍 ── 不容否定 ── 駁斥「四人幫」刊《學習與批判》上的一篇文

---

48 以上所述的「文化飢渴」情形，參見張海明著的《回顧與反思－古代文論研究七○年》第一章〈古代文論研究的歷史與現狀〉三節〈新時期以來的古代文論研究〉（北京師範大學出版社發行：1997 年 5 月，33-37頁）。
49 內容參閱前註 47。
50 內容參閱前註 47。
51 內容參閱前註 47。
52 內容參閱前註 47。

章〉、0784 號張啓成的〈談劉勰《文心雕龍》的唯心主義本質〉等，從以上這些論文的標題上，來判斷它的內容思想，也可以清楚地看出當時《文心雕龍》學的研究，受外來思想文化的影響，所突顯的意識形態爲如何了！

（三）從改革開放的影響來看：

1979 年到 1999 年，這二十年是中國大陸《文心雕龍》研究的高峰期。也是中國大陸局勢，由所謂的「十年浩劫」後，邁入「改革開放」重大變革的階段。中國古代文學理論研究，經過「全盤蘇化」和大量引進西方各種理論、式樣、方法之後，使封閉已久的禁錮心態，受到強烈影響，爲中國傳統文學理論，帶來蓬勃生機。就在這個百花將放，萬象待新的轉折時刻，回顧過去，展望未來，大家都期望能建立一種多樣化而又具有「中國特色」的文學理論。

當時所謂「中國特色」的文學理論，其涵藏的意義大致可歸納爲下列四點[53]：一、是經中國人自己的目光、觀點與理解，來闡釋中國文學現象。二、是必須連接六、七〇年代，因「全盤蘇化」和「全面西化」而忽視甚或中斷的中國古代文學理論，並希望從古代文論中攝取其具有生命力的觀念，和經過歷史沈澱後而歷久不朽的文論精髓；三、是與當代中外文學理論結合，用以闡釋當前文學發展的新現象；並取其精華，去其糟粕。四、是「中國特色」的文學理論應多種多樣，不拘一格。於是在美學、文學理論，古代文學等方面獲得鼓勵，大大促進了《文心雕龍》的研

---

53 所謂「中國特色」或稱「民族化」的實質內容，見於張海明著的《回顧與反思 —— 古代文論研究七〇年》，第四章〈古代文論和現代文論〉一節〈從民族化到中國特色〉（北京師範大學出版社發行，1997 年 5 月，96-103 頁）。

究發展。

　　首先，在《文心雕龍》校注與今譯方面，出現了不少精審的專門著述，其中如王利器的《文心雕龍新書》[54]，他運用「對校法」、「本校法」、「他校法」和「理校法」，對「字形相似而誤的」、「字音相近而誤的」、「一字誤爲兩字的」、「上下文偏旁相涉而誤的」、「俗書形近而誤的」、「壞文形近而誤的」、「顛倒的」、「脫漏的」、「增衍的」等均一一刊正，至於分章斷句方面，也都承前賢今人的緒業，細心勾勒，成《文心雕龍新書》、書末更附錄了〈著錄〉、〈序跋〉、〈雜纂〉、〈原校姓氏〉、〈王惟儉訓故本校勘記〉、〈楊明照梁書劉勰傳箋注〉等六種資料。對初學或意欲從事《文心雕龍》研究工作者之解決疑難，極具參考價值。

　　其次，是楊明照的《文心雕龍校注拾遺》[55]，楊氏本「客觀的態度」、「完備的方法」、「學而不已的精神」、「知難而進的毅力」、「腳踏實地的工夫」，運用「文獻學證據法」和「二重證據法」[56]，從目錄、版本、校勘、訓詁、聲韻、辨僞、考據，並配合小心觀察，合理懷疑，大膽假設，周詳搜證，最後作出判斷，發明了劉勰行文的各種條例，精審綿密，資料周詳[57]。確乎是繼黃《注》、李《補》、范《注》之後、又一組織千秋的鉅著。書末所附「著錄」、「品評」、「采撝」、「因習」、「引證」、

54 《文心雕龍新書》，王利器校箋，爲「巴黎大學北京漢學研究所通檢叢刊之十五」1951 年 7 月由香港龍門書店初版，1977 年 10 月 1 日作者又替本書改名爲《文心雕龍校證》。
55 楊明照《文心雕龍校注拾遺》，2000 年 8 月，中華書局出版，全二冊。
56 二重證據法：即近人王國維在 1925 年於《古史新證・總論》中提到的「史學研究法」。此法是以「地下之新材料」與「紙上之材料」互證之法。
57 此處言楊明照《校注》方面的成就，見王更生著《歲久彌光的「龍學」家》，2000 年 11 月文史哲出版社發行（第 56-63 頁）。

「考訂」、「序跋」、「版本」、「別著」等九種資料，更是旁
推交通，廣大悉備，對後學及研究者沾溉無窮。

此外，還有周振甫《文心雕龍注釋》[58]、詹鍈《文心雕龍義
證》[59]、林其錟、陳鳳金《敦煌遺書文心雕龍殘卷集校》[60]等。至
於結合注釋，今譯、賞析、論評四者，鎔一爐而冶之的，像陸侃
如、牟世金的《文心雕龍譯注》[61]，郭晉稀的《文心雕龍注譯》[62]、
祖保泉的《文心雕龍解說》[63]等皆一時之選，對當時「龍學」研
究，有不可估計的影響力。

另外，還有許多學者更結合經學、史學、子學、玄學、佛學、
道學和西方各種文學理論，各種流派學說，作系統性的研究與梳
理；並發爲高論宏裁，加以闡揚的專門著作和單篇論文，更是多
不勝計。至於從劉勰的生平事跡，寫作經過到《文心雕龍》上下
篇之間的關係，大家均以謹嚴的態度，著爲文章，爲《文心雕龍》
的園地注入了新的生命力。

經過「改革開放」後二十年的努力，《文心雕龍》研究，不
但贏得了「龍學」的雅號，而從事研究的學者們，更被學術界尊
之爲「龍學家」。不僅如此，它更和當前所謂的「甲骨學」、「敦
煌學」、「紅學」同時榮登世界「顯學」的殿堂。受到國際漢學

---

58 周振甫《文心雕龍注釋》1984 年 5 月 20 日，由台灣里仁書局發行，全
　書 915 頁。
59 詹鍈《文心雕龍義證》，1989 年 8 月，由上海古籍出版社出版，全書分
　上中下三冊，1940 頁。
60 林其錟、陳鳳金合著的《敦煌遺書文心雕龍殘卷集校》，1991 年 10 月，
　由上海書店出版，全書共 118 頁。
61 牟世金《文心雕龍譯注》上下冊，此爲陸侃如、牟世金合著，1981 年出
　版上冊，1982 年出版下冊，均由齊魯書社印行。
62 郭晉稀的《文心雕龍注譯》，1982 年 3 月，由甘肅人民出版社出版，全
　書 588 頁。
63 祖保泉的《文心雕龍解說》，1993 年 5 月，由安徽教育出版社出版，全
　書共 1306 頁。

家的重視[64]。

（四）從「中國《文心雕龍》學會」的成立來看：

學術研究的成效，除了個人鍥而不捨的努力外，總離不開志同道合的學者們相互切磋；所以成立一個有組織、有計劃、有進程，有共同信守的宗旨，然後群策群力，是學術研究成功的重要保證。中國大陸於「改革開放」的年代，有志之士在 1983 年，即以民間學術研究社團名義，正式成立了「中國《文心雕龍》學會」[65]。這對以後《文心雕龍》研究的促進與推動，起了重要作用。

1983 年至 2000 年，在這歷時十八年的漫長歲月內，「中國《文心雕龍》學會」在大陸共舉辦過六次國內性的學術研討會；又於 1984 年復旦大學、1988 年暨南大學、1995 年北京大學、2000 年江蘇鎮江，舉辦過四次國際性學術研討會。每次學術研討會結束後，均將與會學者發表的論文集結成書，定名曰《文心雕龍學刊》或《文心雕龍研究》，期能廣泛流傳。如 1982 年 10 月在山東濟南召開第一次「《文心雕龍》學術研討會」，會後 1983 年 1 月出版了由馬白、王達津、杜黎均、孫耀煜、牟世金、王運熙、李淼、蔡鍾翔等 31 位學者們的論文。1983 年 8 月於山東青島召開「《文心雕龍》成立大會」後，次年六月出版了「《文心雕龍》學會成立大會專輯」。書中除去各方「講話」、「賀信」、「賀電」和「學會章程」外，還附印了牟世金、吳調公、劉凌、蕭華榮、王元化、詹鍈等 20 篇論文，1984 年 11 月，於上海復旦大學

64　《文心雕龍》研究，受到國際漢學家的重視，請參看本文前注十二的內容。

65　中國《文心雕龍》學會，成立於 1983 年 8 月，成立時並通過章程，領導名單，和各屆理事名單，詳見 1995 年 6 月，由上海書店出版社出版的《文心雕龍綜覽》第 467-486 頁。

邀請召開的「中日學者《文心雕龍》學術研討會」，會後發行了
《文心雕龍學刊》第四輯，刊印了王元化、李慶甲、王運熙、寇
效信、張少康、畢萬忱、陳謙豫等 31 位學者們的論文。1986 年 4
月於安徽省屯溪市召開的「《文心雕龍》學會第二屆年會」，會
後，發行了《文心雕龍學刊》第五輯，印行了張光第、張少康、
石家宜、黃河、孫敏強、滕福海等 24 位學者們的論文。1988 年
11 月由暨南大學在廣州珠島召開「《文心雕龍》國際學術研討
會」，會後，由饒芃子主編，經上海書店承印，發行了《文心雕
龍研究薈萃》，除〈序言〉、〈開幕詞〉外，內有王元化、牟世
金、王更生、楊明照、詹鍈、郭晉稀、日本岡村繁、日本興膳宏
等 30 位學者們的論文；會中並發起「編輯出版《文心雕龍》年鑑
的設想」，同時成立了「《文心雕龍年鑑》編委會」。1990 年 11
月在廣東汕頭大學舉行第三屆「年會」，會後，發行《文心雕龍
學刊》第七輯，刊載了劉凌、施惟達、張辰、王志明、李平、石
家宜、張天來等 22 位學者們的論文，1994 年 5 月在山東棗莊，
召開《文心雕龍》學會第四屆「年會」，會後，發行《文心雕龍
研究》第一輯，其中刊印了張少康、王運熙、王更生、羅宗強、
郁沅、王景禔、韓湖初、朱迎平等 20 位學者們的論文。1995 年
在北京大學召開「《文心雕龍》國際學術研討會」，會後，發行
《文心雕龍研究》第二輯，書中搜輯了楊明照、王更生、日本興
膳宏、于維杰、韓國金慶國、日本門脇廣文、洪順隆、蔡宗陽等
29 位學者們的論文。1996 年 10 月於山東省日照市召開第五屆
「年會」，會後，連同 1995 年在北京「《文心雕龍》國際學術
研討」國內與會學者們的論文，出版了第三輯《文心雕龍研究》，
共刊載了香港羅思美、邱世友、美國孫康宜、王景禔、澳門鄧國
光、劉凌、劉文忠、韓湖初等 22 位學者們的論文。1998 年 8 月

於湖南省懷化召開第六屆「年會」後，出版了《文心雕龍研究》第四輯，其中刊印了蔣凡、朱思信、李建中、韓湖初、盧永璘、石家宜、許玫芳、張開焱、王毓紅、林中明等 20 位學者們的論文。2000 年 4 月在江蘇省鎮江市召開的「《文心雕龍》國際學術研討會」，參加海內外專家學者多達百位以上。會中經「中國《文心雕龍》學會」將論文編輯成冊，名《論劉勰及其文心雕龍》。集中印行了 44 位學者們的論文，如果外加經上海書店出版，由「中國《文心雕龍》學會」編委會於 1995 年發行的大型著作《文心雕龍綜覽》，以及有時爲慶賀個別學會會員如楊明照老先生的八十壽辰，發行的《文心同雕集》[66]，和九十華誕發行的《歲久彌光》「國際學術研討會論文集」[67]，以及會員與非會員之間，因聲氣投合，相互薰染的影響，全國各高校的學報，各平面媒體的藝文版，各學術性雜誌，各地方性的研究機構，必有更多「龍學」方面的論文。因爲其名不彰又散處各地，難作有效統計而不免掛漏的，一定不在少數。「中國《文心雕龍》學會」不僅在中國大陸活動頻繁。同時，他們爲了打開《文心雕龍》研究的新局面，1983年 9 月，中國社科院的學者們，又率團訪問日本的九州和京都兩所大學[68]。企圖藉著學術交流，以厚植「龍學」研究的根基，足見中國大陸「《文心雕龍》學會」成立後，在主事者的領導下，由於學風醇正，會員團結，又以「面向世界，弘揚龍學」爲努力目標，目前正以穩健的步伐向前邁進。

66　《文心同雕集》是慶賀楊明照教授八十壽辰，由成都出版社於 1990 年 6月發行。集中輯有楊明照、日本戶田浩曉、吳調公、意大利珊德拉、周振甫、張文勛、台灣潘重規等 18 位學者的作品。
67　《歲久彌光》是爲慶賀「楊明照教授九十華誕」暨「中國古典文獻學國際學術研討會」論文集，集中輯有曹順慶、楊明照、王更生、蔡鍾翔、饒宗頤等二三篇作品。
68　訪問日本九州和京都兩所大學事，見 1995 年 6 月，由上海書店出版社印行的《文心雕龍綜覽》第 3 頁的兩幀照片可知。

九、結　論

　　我慶幸於台灣師範大學退休後，還能以殘年餘力，整理舊藏，參考各方面的相關著述，並在時空尚能容許的情況下，成此〈中國大陸近五十年（1949-2000）「文心雕龍學」研究概觀〉，不但使我多年積壓的心願得紓解於一朝，同時在聚材敘寫的過程中，對大陸學者研發的「龍學」的真象，也有了更深層次的瞭解。但因海峽兩岸相隔半個多世紀，無可諱言的，在思想上、看法上、語言上、文字表達的方式上，材料的取捨上，相信必有或多或少的差距。尚祈同道先進諒我不及。

　　　　　　　　　　　　　王更生完稿於 2008 年 7 月 28 日
　　　　　　　　　　　　　鳳凰颱風來襲之日

參考文獻

1. 《文心雕龍輯注》 黃叔琳 台灣中華書局 1970 年 6 月

2. 《文心雕龍札記》 黃侃 新亞書院中文系 1962 年 12 月

3. 《文心雕龍校釋》 劉永濟 正中書局 1968 年 5 月台 4 版

4. 《文心雕龍注》 范文瀾 開明書店印行 1963 年 3 月台 3 版

5. 《文心雕龍校注拾遺》 楊明照 上海中華書局印行 2000 年 8 月第 1 版

6. 《文心雕龍讀本》 梁‧劉勰著 王更生注譯 文史哲出版社 1985 年 3 月

7. 《文心雕龍研究》 牟世金著 人民文學出版社 1995 年北京

8. 《文心雕龍校證》 王利器校箋 明文書局出版 1985 年 10 月 2 版

9. 《文心雕龍新書》 王利器校箋 龍門書局 1962 年 7 月初版

10. 《文心雕龍注譯》 郭晉稀注譯 甘肅人民出版社 1982 年 3 月 1 版

11. 《文心雕龍注釋》附今譯 周振甫注 里仁書局 1984 年 5 月

12. 《文心雕龍義證》上中下三冊 詹鍈義證 上海古籍出版社 1989 年 8 月

13. 《文心雕龍解說》 祖保泉解說 安徽教育出版社 1993 年 9 月

14. 《紀曉嵐評文心雕龍》 紀曉嵐 江蘇廣陵古籍刻印社 1997 年 7 月

15. 《文心雕龍研究史》　張文勛著　雲南大學出版社　2001 年 9
　　月
16. 《文心雕龍研究史》　張少康等四位合著　北京大學出版社
　　2001 年 9 月
17. 《文心雕龍學刊》共七輯　山東齊魯書社　1983 年至 1992 年
　　10 月
18. 《文心雕龍研究》共四輯　北京大學出版社　1995 年 7 月至
　　2000 年 3 月
19. 《文心雕龍研究薈萃》　饒芃子主編　上海書店　1992 年 6
　　月
20. 《文心雕龍綜覽》　楊明照主編　上海書店出版社　1995 年 6
　　月
21. 《文心同雕集》　戶田浩曉等著　曹順慶編　成都出版社
　　1990 年 6 月
22. 《歲久彌光》　項楚主編　曹順慶主編　巴蜀書社出版　2001
　　年 1 月
23. 《論劉勰及其文心雕龍》　中國文心雕龍學會編　學苑出版社
　　2000 年 2 月
24. 《文心雕龍校注拾遺補正》　楊明照著　江蘇古籍出版社
　　2001 年 6 月
25. 《文心雕龍學分類索引》　戚良德編　上海古籍出版社　2005
　　年 12 月
26. 《四書集注》　朱熹集注　台灣世界書局　1962 年 5 月
27. 《玄學、文化、佛教》　湯錫予著　育民出版社　1980 年 1
　　月
28. 《量守廬學記》（一名黃侃的生平和學術）　三聯書店出版

1985 年 6 月

29.《中國通史》　羅香林編著　正中書局　1955 年 12 月台 1 版

30.《文國文化史》上下冊　陳登源編著　台灣世界書局　1960年 3 月

31.《中國學術發展史》　楊東尊著（不著出版書局及發行時間）

32.《近代中國思想史》　郭湛波著（不著出版書局及發行時間）

33.《中國近三百年學術史》　梁啓超著　台灣中華書局　1962年 1 月

34.《中國學術思想變遷之大勢》　梁啓超著　台灣中華書局　1971 年 10 月台 5 版

35.清末民初的文學思潮　陳燕著　華正書局出版　1993 年 9 月

36.《中華民國文藝史》　君雪曼總編纂　正中書局　1975 年 6月

37.《現代中國文學史》（增訂本）　錢基博著　明倫出版社　1972年 8 月

38.《中國新文學運動史資料》　張若英編著　香港中文大學近代料出版組出版　1978 年 3 月

39.《中國新文學研究參考資料》　李‧何林編著　泰順書局　1972年 10 月

40.《新文學史話》（中國新文學史續編）　司馬長風著　南山書屋出版　1980 年 1 月

41.《最新增訂本中國文學批評史》　劉大杰著　文匯堂（不著出版時間）

42.《近百年來的中國文藝思潮》　吳文祺著　台灣崇文書店　1974 年 4 月

43.《中華文化問題之探索》　高明著　正中書局　1987 年 12 月

44.《文學概論》 劉萍著 華正書局 1978 年 10 月

45.《文學史》 吳調公主編 百花文藝出版 1987 年 7 月

46.《中國文學史》（增訂中國文學年表）（不著編著者姓名） 新
欣出版社 1970 年 9 月

47.《文藝學的民族傳統》 張少康著 華中師範大學出版社
2000 年

48.《九〇年代反思錄》 王元化著 上海古籍出版社 2000 年
12 月

49.《二〇世紀中古文學研究》 吳雲編著 天津古籍出版社
2004 年 6 月

50.《回顧與反思（古代文研究七〇年）》 張海明著 北京師範
大學出版社 1997 年 5 月

51.《百年學科沈思錄》（二十世紀古代文學研究回顧與前瞻）《文
學遺產》編輯部編 1998 年 9 月

52.《古代文學研究導論》（理論與方法的思考） 潘樹廣、黃鎮
偉、包禮祥合著 安徽文藝出版社 1998 年 6 月

老莊與南朝麗辭

陳 松 雄

提 要

　　載籍浩瀚，書辭沉深，群言斟酌之區，眾士取資之府。古文典則，後士楷模。或沿襲以增華，或激揚而變體。老莊奧妙，善喻博文，既成顯學之宗，復啓後生之慮，才穎之士，刻意學文，故瞻仰步趨，擬爲典範。

　　南朝承運，沐浴最深，藝文飛軒，造乎絕詣：一曰老莊用偶，溉沾麗辭最深；二曰老莊寓言，衣被典事最大；三曰老莊自由虛靜，激重文崇藝之思潮；四曰老莊離經論道，啓南士遺理存異之筆調。

　　南朝麗體，郁哉稱奇，文藝之價無疆，學術之基有本。後進之士，欲美其辭，不能不沉酣於聖哲之書，尤不能不寢饋乎老莊之作也。

關鍵詞：老莊、南朝麗辭

一、前 言

　　吾才不佞，心好典文，幸側林師之門，預聞莊老之說。記誦柱下之言，意猶恍惚；吟哦漆園之旨，心實渺茫。吾師勤教無隱，

告諸「多聞闕疑」；善道弗牽，申以靜慮強識。反覆之際，或可神隨機通；沉酣之中，庶能心以理應。而麗辭之作，假寵尤深，因其文而造辭，用其事而成典。汝當再三循讀，入耳箸心，深探謀篇之端，洞明運筆之術。則文思泉湧，詞采雪霏，萬態踸踔於行間，五音鏗鏘於字裡。經典雅奧，允成文學之宗；莊老輕盈，更樹書辭之範。況駢辭偶句，間廁篇翰之中；故事寓言，流連簡編之上乎？初蒙鴻教，喜在疑似之間；後遵誨言，樂歸「獵獲」之實。善哉！吾師睿訓，功庸無窮，言雖簡而義賅，喻實淺而寄遠。今逢其百歲冥誕，是用撰文以追思，遠惟叮嚀之至情，亟慕指畫之洪德。典型在昔，仰範但依乎羹牆；教喻傳今，感恩屢託於夢寐。沉吟之際，髣髴如聞箴言；述作之中，依稀猶見教範者焉！

夫諸子顯學，文章所宗，儒術謹嚴以敷辭，道流芒忽以騁論。謹嚴博辯，芒忽多恣，博辯成經國之篇，多恣展屬詞之技。蓋古以老莊之旨，發爲麗駢之辭；浪漫之風，成就美術之體。故老莊之作，雖以「立意」爲宗；情采所關，則成「能文」之本。麗體捷足，用能先登，鎔其詞以作駢，鑄其事以成典，「既非得意，正可忘言。[1]」「寄言上德，託意玄珠。[2]」此鎔其詞以作駢也。「披莊子之七篇，逍遙物外；玩老氏之兩卷，恍惚懷中。[3]」「學遁東魯，習隱南郭。[4]」此援其事以成典也。澤膏瀰漫，麗辭取注之源；典事縱橫，駢士依傍之本。他如思想啓發，精神感召，逍

1 蕭統〈錦帶書十二月啓・林鍾六月〉：「…既非得意，正可忘言。…」
2 沈約《宋書・謝靈運傳論》：「…雖比響聯辭，波屬雲委，莫不寄言上德，託意玄珠。…」
3 蕭統〈錦帶書十二月啓・林鍾六月〉：「披莊子之七篇，逍遙物外；玩老氏之兩卷，恍惚懷中。…」
4 孔稚珪〈北山移文〉：「…然而學遁東魯，習隱南郭，偶吹草堂，濫巾北岳。…」

遙於重江之關，馳騁乎四會之衢。詞如鵬運，文無檢而八通[5]；思似泉流，心暢遊而九達。詞章軒翥，庶與泰恆比高；文藝奮飛，幾同鷹隼程速。蓋以虛靜凝慮，乃陶鈞之正途；自由結詞，實杼軸之彝準。蔑棄禮法，隨興雕章；優遊山林，緣情摛翰。而南士約簡，得其英華，麗典與新聲並馳，名章共迴句齊發。則莊老恍惚，蓄逸思於篇中；道流逍遙，竄麗藻於簡上。開疆拓土，實雕章之沃壤；決汝排淮[6]，乃滋「麗」之活水。南朝學者，以爲「耕耨」之善區；駢體摛家，當作「漁田」之靈所。東周南代，時序懸乎千年；莊老麗辭，質文出自一體。譬諸椎輪大輅，寧非起於同源；積水層冰，豈是別爲二物哉？物理如此，文章亦然，固酌古篇則其業新，參莊老則其端肆也。

一、老莊用偶，溉沾麗辭最深

老莊之學，總稱道家，恍惚物象之中，逍遙凡塵之外。或理精辭簡，闡上德之崇深；或思遠意幽，探玄珠之茫昧。仰觀宇宙，不知始終；俯察人間，莫辨生死。文非發憤，常隨性而儻來；事本荒唐，輒假想而鬱起。儻來之作，無務雕詞之工；鬱起之文，不勞排偶之縟。而發微抉奧，多假駢儷之詞；辯道窮言，每依複雙之藻。然後道明義盡，理愜情周，豈好爲繁詞，徒事麗製哉？是知偶思間構，非有意於鋪張；麗句時聞，本無情於刻畫。南朝之士，善於摹擬，體偶思而成駢，依麗句而拓宇。並施杼軸，但以蹠事而增華，同鑄模型，徒因趨時而入麗。故柱下馳論，已成麗辭之端；漆園辯雕，遂造駢偶之體。春秋戰國，特論道德之旨

5　劉勰《文心・夸飾贊》：「…文豈循檢，言必鵬運。…」
6　《孟子・滕文公》：「…禹疏九河，瀹濟漯而注諸海，決汝漢，排淮泗而之江。…」

歸；魏晉南朝，惟談藝文之餘事。立意雖異，益時則同，或原道以敷章，或翫華而騁術。原道則散文竆麗，自然天成；翫華則麗體雕詞，人力自致。豈非時序百世，散駢既出同源，文思萬千，古今遂成異體哉？

（一）老　子

老子論道，疾偽求真，而述理析情，多據事義。事兩體植，骨勁氣充之徵；義雙理周，筆酣墨飽之象。蓋為論一證不足，再舉而成，隻言未該，雙詞可盡。故五千精妙，麗藻盈篇，皆屬自然之章，非為強力所致也。

單句對

　　　飄風不終朝，

　　　驟雨不終日。　　（二十三章）

　　　大器晚成，

　　　大音希聲。　　（四十一章）

　　　嚴霜慘節，

　　　悲風斷肌。　　（鮑照〈登大雷岸與妹書〉）

　　　坐視帶長，

　　　轉看腰細。　　（梁元帝〈蕩婦秋思賦〉）

疊字對

　　　俗人昭昭，我獨察察。

　　　俗人察察，我獨悶悶。　　（十二章）

　　　琭琭如玉，

　　　落落如石。　　（三十九章）

　　　日黯黯而將暮，

　　　風騷騷而渡河。　　（梁元帝〈蕩婦秋思婦〉）

風騷騷而樹急，

天慘慘而雲低。　（庾信〈小園賦〉）

同類對

以正治國，

以奇用兵。　（五十七章）

既以為人己愈有，

既以與人己愈多。　（八十一章）

才過吞鳥之聲，

德邁懷蛟之智。　（蕭統〈錦帶書十二月啓‧無射九月〉）

傳鼓瑟於楊家，

得吹簫於秦女。　（徐陵〈玉臺新詠序〉）

迴文對

知者不言，

言者不知。　（五十六章）

信言不美，

美言不信。　（八十一章）

秋何月而不清，

月何秋而不明。　（梁元帝〈蕩婦秋思婦〉）

春草暮兮秋風驚，

秋風罷兮春草生。　（江淹〈恨賦〉）

　　亦有偶語潤簡，和聲成歌，駢對全章，曼聲累帙。南士才氣，依傍而鑄偉辭；辭家睿情，捃摭而成麗製。

五色令人目盲，五音令人耳聾，五味令人口爽，馳騁田獵

令人心發狂，難得之貨令人行妨。　（十二章）

天得一以清，地得一以寧，神得一以靈，谷得一以盈，萬

物得一以生，侯王得一以為天下貞。……天無以清將恐裂，

地無以寧將發，神無以靈將恐歇，谷無以盈將恐竭，萬物
無以生將恐滅，侯王無以貴將恐蹶。　　（三十九章）

（二）莊　子

莊子悟道，瀟灑出塵，感宇宙之無窮，識盈虛之有數。方術
宗旨，芴漠無形，芒然不知所歸，忽乎莫識所往。謬悠之說，語
意難明；荒唐之言，旨歸易隱。欲鉤深致遠[7]，詞以麗雙爲歸；發
蘊疏壅，語依駢偶爲主。是以麗句盈簡，腴詞錯編，南人饜飫之
淵泉，麗體規模之典範也。

隔句對

鷦鷯巢林，不過一枝；
偃鼠飲河，不過滿腹。　　（〈逍遙遊〉）
六合之外，聖人存而不論；
六合之內，聖人論而不議。　　（〈齊物論〉）
姜姜萱草，忘憂之言不實；
團團輕扇，合歡之用為虛。　　（何遜〈爲衡山侯與婦書〉）
陶匏異器，並為入耳之娛；
黼黻不同，俱為悅目之翫。　　（蕭統〈文選序〉）

單句對

朝菌不知晦朔，
蟪蛄不知春秋。　　（〈逍遙遊〉）
天地與我並生，
萬物與我為一。　　（〈齊物論〉）
正體毓德於少陽，

7　《易·繫辭上》：「探賾索隱，鉤深致遠，以定天下之吉凶，成天下之
　亹亹者。莫大乎蓍龜。」

王宰宣哲於元輔。　（顏延之〈三月三日曲水詩序〉）

聞鳳吹於洛浦，

值薪歌於延瀨。　（孔稚珪〈北山移文〉）

迴文對

方生方死，

方死方生。　（〈齊物論〉）

因是因非，

因非因是。　（〈齊物論〉）

道沿聖以垂文，

聖因文而明道。　（劉勰《文心雕龍‧原道》）

周宣王之母弟，俾侯於鄭；

鄭莊公之重世，卿士於周。　（庾信〈周安昌夫人鄭氏墓誌銘〉）

異類對

一盛一衰，文武倫經；

一清一濁，陰陽調和。　（〈天運〉）

山林自寇也，

膏火自煎也。　（〈人間世〉）

謹憑黃耳之傳，

佇望白雲之信。　（蕭統〈錦帶書十二月啓‧太簇正月〉）

虹入漢而藏形，

鶴臨橋而送語。　（蕭統〈錦帶書十二月啓‧黃鐘九月〉）

　　他如偶辭連簡，動人觀瞻，剖抽幽渺之思，探討隱微之義。博聞廣識，道藝兼通，遺玄珠而悟方，排儷藻以明道。

〈逍遙遊〉

　　……小知不及大知，小年不及大年。……楚之南有冥靈者，以五百歲為春，五百歲為秋。上古有大椿者，以八千歲為

春，八千歲為秋。……舉世而譽之而不加勸，舉世而非之
而不加沮，定乎內外之分，辯乎榮辱之竟。……乘天地之
正，而御六氣之辯。……鷦鷯巢林，不過一枝；偃鼠飲河，
不過滿腹。……瞽者無以與乎文章之觀，聾者無以與乎鐘
鼓之聲。……其大本擁腫而不中繩墨，其小枝卷曲而不中
規矩。

〈齊物論〉

大知閑閑，小知閒閒；大言炎炎，小言詹詹。……小恐惴
惴，大恐縵縵。……道惡乎往而不存，言惡乎存而不可，
道隱於小成，言隱於榮華。……方生方死，方死方生。……
因是因非，因非因是。……天地與我並生，萬物與我為
一。……六合之外，聖人存而不論；六合之內，聖人論而
不議。……大道不稱，大辯不言，大仁不仁，大廉不嗛。……

　　老子疾偽，論道妙而意深；莊生尚玄，陳詞隱而語詭。疾偽
崇樸，不求藻飾之詞；尚玄貴奇，但務精通之理。是以聯詞結采，
唯「道」是從；擬地置心，以「真」為務。而言在諧美，籠罩柱
下之篇；義呈辯雕，飛騰漆園之作。乃以麗詞依諸本性，綺思自
飛；駢句兆乎常情，偶義天鑄。老莊論道，本無意於騁辭；南士
摛文，實有心於排偶。無意騁辭，自然吐露之對；有心排偶，人
事經營之駢。自然人事，暨合德而增華；無意有心，若交歡而加
麗。則老莊鋪藻，偶詞間聞，既扇江左之駢風，復開南人之麗則。

二、老莊寓言，衣被典事為大

　　寓言之義，寄託比擬，老氏創作於前，莊生唱喁於後。前後
體製，大相逕庭，老援義以比擬，莊述事以寄託。比擬定論，宗
旨可知；寄託該情，幾神無隱。雨露後士，潤霑詞壇，如甘霖之

滋秀苗，陽日之暴萌櫱。而南朝之士，好援古以入篇；麗體之辭，多用典以徵實。布浩瀚之事類，勁其骨髓；摛沉深之寓言，美其章義。故議論連簡，全以立意爲宗；書辭累編，盡關摛文之術。積學儲寶之士，乞靈而高[8]；懷鉛摛文之徒，假寵而貴[9]。譬典型在昔，瞻仰者擁其神髓；規矩當前，步趨者得其體貌。況南人簡約，常鎔前言以成篇；駢製光華，每依麗典而表義者哉？

（一）老氏論道，常援義以比擬

老子論道，剖析毫端，設辭比擬於前，結論歸納於後。設辭似典，比擬如珠，典珠成文，麗體雛構。夫老氏之論，條理分明，先設煙波，後呈旨義。一簡之內，起合成章，乍明德以通玄，或達幽而抉妙。似若珠體，歷歷可觀，常援事而徵言，必假喻以達旨。五千精術，豈止演義之深；二德妙方[10]，寧無雕章之巧也夫！先秦以降，閱載數千，研術者多，練辭者少。余才不佞，研練再三，此祕獨窺，信無先覺[11]。茫茫學海，其從吾聞，如曰不然，請待來哲。老道誠玄，實乃眾妙之所出；麗辭致美，絕非一時之儻來。故麗辭之作，必緣老道而精；老道之弘，有待麗辭而盡焉。

1. 設辭似典，比擬如珠，典珠成文，麗體雛構。

甲、先設定理，有如煙波，再提正題，以爲結論：

> 重爲輕根，靜爲躁君。是以聖人終日不離輕重，雖有榮觀，燕處超然。奈何以萬乘之主而以身輕天下，輕則失本，躁則失君。　（第二十六章）

8　乞靈而高：因得老莊之靈氣而崇高。
9　假寵而貴：因假老莊之寵恩而珍貴。
10　妙方：方，術也。即奇妙之方術也。
11　信無先覺：即或有之，亦屬所謂：「雖杼軸於余懷，怵他人之我先」之類也。

> 不出戶，知天下；不闚牖，見天道。其出彌遠，其知彌少。
> 是以聖人不行而知，不見而名，不為而成。　（第四十七章）

乙、先定一理，引入正題，復援事以申明，再述論以作結：

> 天下皆知美之為美，斯惡已；皆知善之為善，斯不善已。
> 故有無相生，難易相成，長短相較，高下相傾，音聲相和，
> 前後相隨。是以聖人處無為之事，行不言之教，萬物作焉
> 而不辭，生而不有，為而不恃，功成而不居。夫唯弗居，
> 是以不去。　（第二章）

> 江海所以能為百谷王者，以其善下之，故能為百谷王。是
> 以欲上民，必以言下之；欲先民，必以身後之。是以聖人
> 處上而民不重，處前而民不害。是以天下樂推而不厭。以
> 其不爭，故天下莫能與之爭。　（第六十六章）

　　故知老子論道，文呈二端，先設理以寓言，後申論而歸結。連珠之作，隱然成形。殆以麗辭未達精工，體制未臻詳備耳。蓋東京之際，珠體初成[12]，魏晉之時，演連大作[13]。南朝承運，沿波追風，士因摹擬而見高，文以雕縟而成體。究理原道，雖踵漢魏之途；探本溯源，實追守藏之史。又五千精妙，文皆綺華，陳理道以敷章，保虛柔以應世。或澤膏積簡，沾溉群言之區；或故實彌章，徘徊南士之筆。鑄鎔為典，用古雅而有徵；採掇成辭，位言穩而無玷。

2. 鑄鎔為典，用古雅而有徵；採掇成辭，位言穩而無玷。

　　甲、鑄鎔為典，用古雅而有徵：

> 〈宋書謝靈運傳論〉：「……為學窮於柱下，博物止乎七

12　傅玄〈連珠序〉：「所謂連珠者，興於漢章帝之世，班固、賈逵、傅毅三子受詔作之，而蔡邕、張華之徒又廣焉。」
13　陸機作〈演連珠〉五十首。

篇。…莫不寄言上德，託意玄珠。……」

按：老子曾爲殷之柱下史，又曾云：「上德不德，是以有德。」故沈約用柱下之典以喻老子，又採「上德」二字以入文，至顯雅而有徵。

　　王襃〈與周弘讓書〉：「上經說道，屢聽玄牝之談。」

　　《老子・第六章》：「谷神不死，是謂元牝，玄牝之門，是謂天地根。緜緜若存，用之不勤。」

按：老子《道德經》，上篇爲《道經》，下篇爲《德經》。《道經・第六章》：「谷神不死，是謂元牝。」故王襃用《道德經》之典，又採「玄牝」二字而謂：「上經說道，屢聽玄牝之談。」文意明確，言辭有據。

　　乙、採掇成辭，位言隱而無砧：

　　蕭統〈錦帶書十二月啟・林鍾六月〉：「玩老氏之兩卷，恍惚懷中。」

　　《老子・第二十一章》：「孔德之容，惟道是從。道之爲物，惟恍惟惚，惚兮恍兮，其中有象；恍兮惚兮，其中有物。……」

按：蕭統用老子《道德》二經爲卷之典，又採掇「恍惚」二字入文，故云。

　　蕭統〈錦帶書十二月啟・應鍾十月〉：「終朝息爨，若孔子之爲貧。……」何遜〈爲衡山侯與婦書〉：「……思等流波，終朝不息。……」

　　《老子・第二十二章》：「希言自然，故飄風不終朝，驟雨不終日。」

按：蕭統、何遜各採掇《老子》「終朝」一詞入文，令人讀之，倍覺典雅。

顏延之〈陶徵士誄〉：「同塵往世。」

《老子‧第四章》：「……和其光，同其塵。」

按：顏延之鎔化「同其塵」而爲「同塵」，配合往世而爲「同塵往世」。

（二）莊生寓言，必述事以寄託

莊生寓言，絕俗離塵，蛻乎穢濁之中，遊乎汙垢之外。難說之妙，假寓言以洞明；致虛之真，因傍託而詳悉。「前言」積簡，滋味橫生；成語連篇，巧思直構。汪洋恣肆，謬悠荒唐，趣聞鋪摛於前，宏議歸結於後。文踶事而起伏，震慴心弦；事因文而昭明，益增智慧。文事映帶[14]，辭情交融，觀者暢心而樂飢，詠者移晷而忘倦。載籍立意，富哉不足爲多；篇章雕辭，美乎難程其巧也。

南士好古，積典成章，常援事以誇才，每寓言而達意。博聞廣識，擷浩瀚之群書；多採善鎔，鑄精工之麗典。使夫眾美輻輳[15]，前言鋪陳，成辭穩當而安，故實精通而覈。爲文佳惡，定之毫端，初非「摛術[16]」之妍媚，實乃「隸工[17]」之雅俗也。蓋營麗之道[18]，用典爲高，藉先典以表情，鎔舊事以達意。彌篇故實，如抒昔人之懷；累簡英華，直取先士之語。南人愛道，世士慕莊，麗典鎔自寓言，腴辭取乎成語。明理徵義，旨豐而工；設情裁文，辭約而雅。

1. 麗典鎔自寓言

---

14 文事映帶：謂文與事相互關聯襯託。
15 眾美輻輳：《文心雕龍‧事類》：「眾美輻輳，表裏發揮。」
16 摛術：謂摛文之術也。
17 隸工：謂隸事之工也。
18 營麗之道：謂營造麗辭之方也。

　　孔稚珪〈北山移文〉：「學遁東魯，習隱南郭。」

　　《莊子‧讓王》：「魯君聞顏闔得道之人也，使人以幣先焉。顏闔守陋閭，苴布之衣而自飯牛。魯君之使者至，顏闔自對之。使者曰：『此顏闔之家與？』顏闔對曰：『此闔之家也。』使者致幣，顏闔對曰：『恐聽謬而遺使者罪，不若審之。』使者還，反審之，復來求之，則不得已。故若顏闔者，真惡富貴也。」《莊子‧齊物論》：「南郭子綦隱几而坐，仰天而噓，荅焉似喪其耦。顏成子游立侍乎前，曰：『何居乎？形固可使如槁木，而心固可使如死灰乎？』」

　　按：孔氏〈北山移文〉「學遁東魯，習隱南郭」二典即鎔自《莊子》〈讓王〉、〈齊物論〉二寓言故實而成。文約意贍，偶對精工，修辭綺妍，譬喻貼切。

　　孔稚珪〈北山移文〉：「雖情殷於魏闕，或假步於山扃。」

　　《莊子‧讓王》：「身在江海之上，心居魏闕之下。」

　　按：孔氏乃化用莊生之典，措辭雖殊，而寓意則一也。

　　徐陵〈與李那書〉：「木雁可嗤。」

　　《莊子‧山木》：「莊子行於山中，見大木，枝葉盛茂。伐木者止其旁而不取也。問其故，曰：『無所可用。』莊子曰：『此木以不材得終其天年。』夫子出於山，舍於故人之家。故人喜，命豎子殺雁而烹之。豎子請曰：「其一能鳴，其一不能鳴，請奚殺？」主人曰：『殺不能鳴者。』明日，弟子問於莊子曰：『昨日山中之木，以不材得終其天年；今主人之雁，以不材死。先生將何處？』莊子笑曰：『周將處夫材與不材之間。似之而非也，故未免乎累。』」

　　按：徐陵用莊生之寓言，而鑄此偉詞，以喻好惡莫辨。言約

旨豐，練詞術方，莫精於此。

　　庾信〈小園賦序〉：「蝸角蚊睫，又足相容者也。」

　　《莊子‧則陽》：「有國於蝸之左角者曰觸氏，有國於蝸
　　之右角者曰蠻氏，相與爭地而戰，伏尸數萬。」

　　按：庾信「蝸角蚊睫」之蝸角乃取義於《莊子》「蝸之左角、
蝸之右角」寓言而來，以喻其小。據物表義，尺樞運關，以見南
人愛莊生之寓言，鎔故實以成藻也。

　　庾信〈小園賦〉：「鳥何事而逐酒，魚何情而聽琴。」

　　《莊子‧則陽》：「昔者海鳥止於魯郊，魯侯御而觴之於
　　廟，奏九韶以為樂，具太牢以為膳，鳥乃眩視憂悲，不敢
　　食一臠，不敢飲一杯，三日而死。」

　　按：庾信此言乃鎔鑄《莊子》「海鳥不敢魯侯之酒」而成，
再益以《韓詩外傳》「昔伯牙鼓琴而淵魚出聽」而鎔成「魚何情
而聽琴」。兩言互對，既精工於聲辭，；二事交輝，復雅麗於典
實。

　　庾信〈謝滕王集序啟〉：「匠石迴顧，朽木變於雕梁。」

　　《莊子‧逍遙遊》：「惠子謂莊子曰：『吾有大樹，人謂
　　之樗，其大本擁腫而不中繩墨，其小枝卷曲而不中規矩，
　　立之塗，匠者不顧。』」《莊子‧人間世》：「匠石之齊，
　　至於曲轅，見櫟社樹。其大蔽數千牛，絜之百圍，其高臨
　　山，十仞而后有枝，⋯⋯觀者如市，匠伯不顧，遂行不
　　輟。⋯⋯匠石曰：『自吾執斧斤以隨夫子，未嘗見材如此
　　其美也。先生不肯視，行而不輟，何邪？』匠石曰：『此
　　散木也。以為舟則沉，以為棺槨則速腐，以為器則速毀，
　　以為門戶則液樠，以為柱則蠹。是不材之木也，無所可用，
　　故能若是之壽。』匠石歸，櫟社見夢曰：『⋯⋯而幾死之

散人,又烏知散木。』」

按:庾信用《莊子》二寓言之意,鎔鑄名句:「匠石迴顧,朽木變於雕梁。」文詞簡潔,意義宏深,用典術方,登乎絕詣。

2. 腴辭取乎成語

顏延之〈陶徵士誄序〉:「纖絢緯蕭,以充糧粒之費。」

《莊子·列禦寇》:「河上有家貧持緯蕭而食者。」

按:《春秋穀梁傳》:「纖絢邯鄲。」顏氏既取「纖絢」一詞,配合《莊子》「緯蕭」而成「纖絢緯蕭」以喻女子營生之小技。

顏延之〈陶徵士誄序〉:「……殆所謂國爵屏貴,家人忘貧者歟!」

《莊子·天運》:「……至貴,國爵屏焉;至富,國財屏焉!是以道不渝。」又〈則陽〉:「故聖人其窮也,使家人忘其貧;其達也,使王公忘爵祿而化卑。」

按:身忘顯貴,國爵何言?家安貧窮,陋居不苦。《莊子》二典,理至昭明,顏延擇而增華,鎔而轉綺。

謝朓〈拜中運記室辭隨王箋〉:「去德滋永,思德滋深。」

《莊子·徐無鬼》:「……徐無鬼謂女商曰:『子不聞夫越之流人乎?去國數日,見其所知而喜;去國旬月,見所嘗見於國中者喜;及期年也,見似人者而喜矣。不亦去人滋久,思人滋深乎?』」

按:《莊子》謂:「去人滋久,思人滋深。」而顏延則曰:「去德滋永,思德滋深。」略易數字,句型猶存,手法精工,至為奇妙。而知《莊子》善寓,寄去國之思情;謝朓工擬,表離君之苦狀也。

蕭統〈錦帶書十二月啟·夾鐘二月〉:「走野馬於桃源。」

　　《莊子‧逍遙遊》：「鵬之徙於南冥也，水擊三千里，摶
　　扶搖而上者九萬里，野馬也，塵埃也，生物以息相吹也。」
　　按：陽春開運，遊氣飛揚，如野馬之奔馳，似埃塵之散逸。
昭明二月之啓，皇祇發生[19]；《莊子》鳥鵬之飛，陽氣馳騁。野
馬爲喻，時節相符，捃摭[20]陳詞，自然妥適。

　　庾信〈哀江南賦序〉：「魯酒無忘憂之用。」
　　《莊子‧胠篋》：「魯酒薄而邯鄲危。」
　　按：獻酒於楚，魯薄趙醇，吏使詐而易瓶，王因怒而伐趙。
魯酒既薄，雖飲不醺，故難消庾信之憂，不免邯鄲之厄。前後所
用，意皆相同，採掇陳言，益覺穩當。

　　庾信〈哀江南賦〉：「況乃少微真人，天山逸民。」
　　《莊子‧天下》：「……關尹老聃乎！古之博大真人哉！」
　　按：真人一語，古來罕聞，莊子尊老聃之稱，道家奉仙人之
號。庾信旅北，情切鄉關，緬懷祖德之清高，比況真人之淡薄，
以今方昔，必假前言，寓詞而書，優乎獨創。

　　南人隸事，據援多方，或陶鎔經史之書，或捃摭老莊之作。
經史典雅，陳義正而詞嚴；老莊荒唐，拓思恢而旨隱。論述理道，
則鎔經史以暢通；鋪摛文章，則取老莊以夸飾。好奇愛詭，盡態
極妍，詞呈輕綺之風，篇競靡華之貌。故道旨高妙，學者取資之
區；寓言隱幽，辭家隸事之府。況南士之雕詞務奇，遺理存異者
乎？

三、老莊自由虛靜，激重文崇藝之思潮

　　摛文以清靜爲法，發慮取自由之方，清靜致虛，自由招廣。

19　皇祇發生：皇，天也。祇，地也。《爾雅‧釋天》：「春爲發生。」
20　捃摭：謂採集也。《文心‧事類》：「捃摭經史，華實布濩。」

蓋虛則能受，措萬物於筆端；廣則善容，籠乾坤於形內。才之多少，隨江山而並驅；思之敏遲，共氣物而齊競。自昔墨客，咸皆知茲，而南朝辭人，體會尤篤。蓋南朝時當魏晉之後，虛微猶存；士競雕龍之風，禮法尚缺。是以構思凝慮，務自由而不拘；鋪采摛文，守清靜而無擾。故筆端飛越，蛟鳳起乾坤之間；心緒動搖，芬芳盈宇宙之內。猶鴻雁起陸，巨鵬圖南，必假清靜之虛，用騰自由之志。騖八極而遊萬仞，陸機眇焉沉思[21]；瀹五臟而澡精神，劉勰寂然凝慮[22]。二家文論，百世宗師，皆以心、境相得為歸，神理周浹為務。非夫自由虛靜，庸能致功，所以處戶牖而得天倪，用璇璣以運大象[23]者也。

　　故自由致想象之大，物無藏形；虛靜使凝思之深，事靡隱貌。談方載道，既窮理而飛文；記事言情，亦秉心而盡致。惟常人茫昧，不知疏通，阻自由之樞機，塞虛靜之關鍵。故思緒難發，若隔山河之遙；蓬心易填，如嬰蠡管之圍。是乃臨篇綴慮，恆感苦思，理翳而鴻道難伸，辭窮而至情不顯。愈抽愈伏，萬緒紛紜於胸中；彌取彌深，千言蘊結於齒際。心欲書而手不逮，志往神留；情多阻而道無窮，意萌辭滯。廣開自由之路，萬塗交通；拓啓清靜之虛，百慮會注。山情水意，畢吐露而不遺；雲態風姿，全形容以盡致。構思結慮，何患奇想不來？搦筆為文，胡憂睿篇不至？然則修養之術，惟資神思，自由以啓文疆，虛靜以儲翰藻。老莊之學，最富文思，去來自由之塗，奔放虛靜之域。所以啓發南士，澡雪精神之無窮；沾溉麗辭，沉思翰藻之不盡。蓋為文之術，要

21　陸機〈文賦〉：「…其始也，皆收視反聽，耽心傍訊，精騖八極，心遊萬仞。…」
22　劉勰《文心‧神思》：「故寂然凝慮…疏瀹五臟，澡雪精神。…」
23　黃季剛《文心雕龍札記‧神思》：「故璇璣以運大象，處戶牖而得天倪，唯虛與靜之故也。」

在治心，通塞之間，成敗關鍵。老莊之道，守靜致虛，既是處世之方，復爲摛文之術。尤其南朝麗體，崇藝貴妍，更重自由以開遠疆，虛靜以蓄鴻藻者乎？

（一）自　由

自由無礙，筆端飛軒，言在眉睫之前，思飛雲霄之外。物沿耳目，心赴景觀，登山則情溢於山，觀水則意盈於水。爲文之術，心境交融，譬無厚入有間，致庖丁之滿志也。

《老子‧第十三章》：「……吾所以有大患者，為吾有身，及吾無身，吾有何患？故貴以身為天下，若可寄天下；愛以身為天下，若可託天下。」

《老子‧第二十章》：「絕學無憂，唯之與阿，想去幾何？善之與惡，相去若何？人之所畏，不可不畏。荒兮其未央哉！眾人熙熙，如享太牢，如春登台，我獨泊兮其未兆，如嬰兒之未孩，儽儽若無所歸。眾人皆有餘，而我獨若遺。我愚人之心也哉！沌沌兮俗人昭昭，我獨昏昏；俗人察察，我獨悶悶。澹兮其若海，飂兮若無止。眾人皆有以，而我獨頑似鄙。我獨異於人而貴食母。」

按：眾人有志，我獨無為，有志則有所拘，無為則無所羈。老子之道，無所羈拘，淡然情無可觀瞻，心無所繫執。學者仰自由之路，騁千里而不勞；發自由之思，成百章而不亂也。

《莊子‧逍遙遊》：「鵬之背，不知其幾千里也；怒而飛，其翼若垂天之雲。是鳥也，海運則將徙於南冥。……水擊三千里，摶扶搖而上者九萬里……子有大樹，患其無用，何不樹之於無何有之鄉，廣莫之野，彷徨乎無為其側，逍遙乎寢臥其下。不夭斤斧，物無害者，無所可用，安所困

苦哉？」。

《莊子・養生主》：「澤雉十步一啄，百步一飲，不蘄畜
乎樊中。神雖王，不善也。……適來，夫子時也；適去，
夫子順也。安時而處順，哀樂不能入也。古者謂是帝之縣
解。」

按：鵬怒而翔，意欲圖南，舒翼戾天，志可萬里。

廣莫之野，無何之鄉，彷徨逍遙，無所困滯。

澤雉在外，無所束拘，不期樊籠，去來自適。

安時處順，哀樂無懷，帝既解懸，何所拘囿。

觀其自由閒適，隨遇而安，心無掛牽，情必通達，百憂無擾
乎心，萬事不侵乎體。待人應世，訢合天地之融；搆慮綴思，滾
流原泉之出。南朝辭士，假寵乞靈，方能發滾滾之藻思，吐娟娟
之綺語也。

南人文非發憤，意出自然，依情而書，盡興而止。不受羈束，
窮力發揮，情來則大塊文章，興至則彌篇錦繡。自由發慮，情興
無窮，率爾操觚，書辭不盡。老莊自由之筆，陶融至深；曠達之
思，沾溉爲大也。謝莊詠月之賦，發抒深情；稚珪北山之移，譏
刺俗士。或假人立局，或借物諷人，皆妙趣橫生，淋漓盡致。倘
非乞靈自由之路，假寵老莊之思，烏能創此奇觀，臻斯絕詣哉？

謝莊〈月賦〉

陳王初喪應、劉，端憂多暇。綠苔生閣，芳塵凝榭。悄焉
疚懷，不怡中夜。乃清蘭路，肅桂苑，騰吹寒山，弭蓋秋
阪。臨浚壑而怨遙，登崇岫而傷遠。於時斜漢左界，北陸
南躔；白露曖空，素月流天，沉吟齊章，殷勤陳篇。抽豪
進牘，以命仲宣。仲宣跪而稱曰：臣東鄙幽介，長自丘樊，
昧道懵學，孤奉明恩。臣聞沉潛既義，高明既經，日以陽

德，月以陰靈。擅扶光於東沼，嗣若英於西冥。引玄兔於帝台，集素娥於後庭。胸朓警闕，朏魄示沖。順辰通燭，從星澤風。增華台室，揚采軒宮。委照而吳業昌，淪精而漢道融。若夫氣霽地表，雲斂天末，洞庭始波，木葉微脫。菊散芳於山椒，雁流哀於江瀨；升清質之悠悠，降澄輝之靄靄。列宿掩縟，長河韜映。柔祗雪凝，圓靈水鏡。連觀霜縞，周除冰淨。君王乃厭晨歡，樂宵宴；收妙舞，馳清縣；去燭房，即月殿；芳酒登，鳴琴薦。若乃涼夜自淒，風篁成韻，親懿莫從，羈孤遞進。聆皋禽之夕聞，聽朔管之秋引。於是弦桐練響，音容選和。徘徊《房露》，惆悵《陽阿》，聲林虛籟，淪池滅波。情紆軫其何托？訴皓月而長歌。歌曰：「美人邁兮音塵闕，隔千裡兮共明月。臨風嘆兮將焉歇？川路長兮不可越。」歌響未終，余景就畢。滿堂變容，回徨如失。　又稱歌曰：「月既沒兮露欲晞，歲方晏兮無與歸。佳期可以還，微霜沾人衣！」陳王曰：「善。」乃命執事，獻壽羞璧。敬佩玉音，復之無斁。

孔稚珪〈北山移文〉

……使我高霞孤映，明月獨舉。青松落蔭，白雲誰侶？澗戶摧絕無與歸，石徑荒涼徒延佇。至於還飆入幕，寫霧出楹，蕙帳空兮夜鶴怨，山人去兮曉猿驚。昔聞投簪逸海岸，今見解蘭縛塵纓。於是南嶽獻嘲，北隴騰笑，列壑爭譏，攢峰竦誚。慨游子之我欺，悲無人以赴弔。故其林慚無盡，澗愧不歇，秋桂遣風，春蘿罷月。騁西山之逸議，馳東皋之素謁。今又促裝下邑，浪栧上京，雖情投於魏闕，或假步於山扃。豈可使芳杜厚顏，薜荔蒙恥，碧嶺再辱，丹崖重滓，塵游躅於蕙路，汙淥池以洗耳？宜扃岫幌，掩雲關，

斂輕霧，藏鳴湍，截來轅於谷口，杜妄轡於郊端。於是叢條瞋膽，疊穎怒魄。或飛柯以折輪，乍低枝而掃跡。請迴俗士駕，為君謝逋客。

按：二文奇妙，比擬縱橫，來去無蹤，上下無外。富於想像，工於織詞，自由馳思，神韻綿邈。雖曰才多詞贍，會心必書，豈非釆烈興高，揮霍不盡者乎！

（二）虛　靜

虛靜一語，來自老莊，始作養性之方，後成摛文之術。蓋以心、境二體，訢合交融，天巧物情，庶乎有主。篇章之作，質文並生，蓄素以實乎中，雕詞而彪乎外。蓄素歸於學問，雕辭本乎才華，兩者兼資，文采必霸。而才之練擇，學之涵容，繆巧非他，惟在虛靜耳。陸機「課虛無以責有，叩寂寞以求音。涵緜邈於尺素，吐滂沛乎寸心。[24]」劉勰「寂然凝慮，思接千載……是以陶鈞文思，貴在虛靜。[25]」陸、劉文論，異口同聲，責有以虛，凝思以靜。創作典範，仰之彌高，固百家指南之針，萬世取則之準也。

《老子・第四章》：「道沖而用之或不盈，淵兮似萬物之宗。挫其銳，解其紛，和其光，同其塵，湛兮似或存。吾不知誰之子，象帝之先。」

《老子・第五章》：「天地不仁，以萬物為芻狗；聖人不仁，以百姓為芻狗。天地之間，其猶橐籥乎？虛而不屈，動而愈出。多言數窮，不如守中。」

《老子・第十一章》：「三十輻，共一轂，當其無，有車

24 見〈文賦〉。
25 見《文心雕龍・神思》。

之用。埏埴以為器,當其無,有器之用。鑿戶牖以為室,
當其無,有室之用。故有之以為利,無之以為用。」

《老子·第十六章》:「致虛極,守靜篤,萬物並作,吾以
觀復。……」

按:道沖而用,其用不窮,滿實而居,其居必溢。

虛而不屈,故能無窮,橐籥常空,故可荷任。

先無後有,物類之常,有必依無,利始可用。

致虛守靜,萬有以生,百物歸根,然後有命。

《莊子·人間世》:「仲尼曰:『若一志,無聽之以耳,
而聽之以心,無聽之以心,而聽之以氣。聽止於耳,心止
於符,氣也者,虛而待物者也。唯道集虛,虛者,心齋也。』」

《莊子·德充符》:「仲尼曰:『人莫鑑於流水而鑑於止
水,唯止能止眾止。……』」

按:虛能容物,萬流不遺,靜以待人,百事不忤。

止以致鑑,方能有明,靜以居人,始可止眾。

故知老莊之學,守靜致虛,廓其有容,淵而能納,致虛應物,
返璞還真,守靜待人,歸根復命。以言處世,則善牧而多容;以
論摛文,則覃思而博發。

南人小品,水淨風清,空谷長煙,得乎虛靜。譬如友朋往返,
小簡短章,寄情山水之中,高志塵埃之外。揮灑無礙,抽旋不拘,
既潔淨以清虛,復空明而壑達。吳均之與宋元思,宏景之答謝中
書,皆此類也。

吳均〈與宋元思書〉

風煙俱淨,天山共色,從流飄蕩,任意東西。自富陽至桐
廬,一百許里,奇山異水,天下獨絕。水皆縹碧,千丈見
底,游魚細石,直視無礙,急湍甚箭,猛浪若奔。夾岸高

山，皆生寒樹，負勢競上，互相軒邈，爭高直指，千百成峰。泉水激石，泠泠作響，好鳥相鳴，嚶嚶成韻；蟬則千轉不窮，猿則百叫無絕。鳶飛戾天者，望峰息心；經綸世務者，窺谷忘返。橫柯上蔽，在晝猶昏，疏條交映，有時見日。

陶宏景〈答謝中書書〉

山川之美，古來共談。高峰入雲，清流見底，兩岸石壁，五色交暉，青林翠竹，四時俱備，曉霧將歇，猿鳥亂鳴，夕日欲頹，沈鱗競躍，實是欲界之仙都，自康樂以來，未復有能與其奇者。

四、老莊離經論道，啟南士遺理存異之筆調

老莊立說，恍惚成文，棄義絕仁，離經論道，察乎得失之故，洞始達終；明乎興衰之由，瞻前知後。殆以或體道知本，作論以挺其慧心；聞風識微，纂編以宏其才智。老耽世故，以退為進之方；莊樂逍遙，將「無」作「宗」之術[26]。故忽芒無主，芴漠無形，說離經而謬悠，事悖俗而詭異。然固本守道，責實於虛；浚源通流，追終於始。常人務表，未得厥中；士子翫辭，不詳其旨。但知無為之說，荒唐之言，不悟有為所藏，寓言所託也。

南人得其表相，遺其精髓，既瞻鋪藻之方，更察構思之祕。亹亹不倦，翫藝逐文，不惟尚虛而貴華，又復遺理而存異。尚虛棄實，飾華藻以見工；遺理修詞，雕詭章以呈異。故文風丕變，辭體逐遷，趨時者視為奇葩，守古者譏為淺體。趨時守古，觀念

26　先師林景伊先生《中國學術史大綱》論道莊子之思想云：「…然其要旨，則原於《老子》，而更精密明晰，但其偏向於玄虛之道，以無用為處世之良方，以無為為守宗之大本。」

各殊，而滋長發展，未嘗稍止。離經遊藝，不重儒術之尊；遺理尚奇，多崇道家之誕。風教漸落，文華日興，以荒唐爲清虛，視樸質爲古拙。齊梁以降，異象更形，詩競吐音之奇，文爭用典之巧。連篇累簡，唯見月露之形，積案盈箱，不離風雲之狀。

　　用知麗辭體製，玄風催化而成；南士情靈，老道激揚而出。南朝筆調，異乎昔時，矯健之風不存，空靈之氣丕扇。遺理存異，貴奇尚玄，儒效摒棄於篇章，詭辭奔騰於翰墨。詩書禮易，比諸鴻毛之輕；蟲藝聲辭，視若鼎鼐之重。爭妍逐韻，以誑誕爲新奇；畫羽飾華，以典文爲古奧。文運轉變，固爲時序所趨；士心遷移，自是老莊所教。

>　　李諤〈上書正文體〉：「五教六行，爲訓人之本；詩書禮易，爲道義之門。故能家復孝慈，人知禮讓，正俗調風，莫大於此。其有上書獻賦，制誅鐫銘，皆以褒德序賢，明勳證理。苟非懲勸，義不徒然。降及後代，風教漸落。魏之三祖，更尚文詞，忽君人之大道，好雕蟲之小藝。下之從上，有同影響，競騁文華，遂成風俗。江左齊梁，其弊彌甚，貴賤賢愚，唯務吟詠。遂復遺理存異，尋虛逐微，競一韻之奇，爭一字之巧。連篇累牘，不出月露之形；積案盈箱，唯是風雲之狀。世俗以此相高，朝廷據茲擢士。祿利之路既開，愛尚之情愈篤。於是閭里童昏，貴遊總卯，未窺六甲，先制五言。……以傲誕爲清虛，以緣情爲勳績，指儒素爲古拙，用詞賦爲君子。故文筆日繁，其政日亂，良由棄大聖之軌模，構無用以爲用也。」

>　　《老子・第十九章》：「絕聖棄智，民利百倍；絕仁棄義，民復孝慈；絕巧棄利，盜賊無有。……」

　　按：經傳所載司徒之職，典樂之官，所以勵俗敦風，尊賢啓

知。而老氏絕聖棄智，蔑義輕仁，徒見違離常經，道其所道耳。

《老子・五十七章》：「以正治國，以奇用兵，以無事取天下。吾何以知其然哉以此。天下多忌諱，而民彌貧，民多利器，國家滋昏，人多伎巧，奇物滋起，法令滋彰，盜賊多有。故聖人云：『我無為而民自化，我好靜而民自正，我無事而民自富，我無欲而民自樸。』」

按：上古政簡，故可無為，後世緯國經邦，當內聖外王。

《老子・第六十三章》：「為無為，事無事，大小多少，報怨以德。……」

按：報怨以德，有違常經，孔子主「以直報怨，以德報德」。

《老子・第八十章》：「小國寡民。使有什伯之器而不用，使民重死而不遠徙。雖有舟輿，無所乘之，雖有甲兵，無所陳之。使人復結繩而用之，甘其食，美其服，安其居，樂其俗。鄰國相望，雞犬之聲相聞，民至老死，不相往來。」

按：老子離經論政，悖乎時宜，小國寡民，豈合實際？未若孔子之為政以德，修身經邦，己立立人，方屬正道。

《莊子・天下》云：「芴漠無形，變化無常，死與生與，天地並與，神明往與，芒乎何之，忽乎何適，萬物畢羅，莫足以歸。古之道術有在於是者，莊周聞其風而悅之。以謬悠之說，荒唐之言，無端崖之辭，時恣縱而不儻，不以觭見之也。」

按：載籍以經為正，謹嚴不隨；莊生論道集虛，荒誕無實。謹嚴敬業，乃成事之坦塗；荒誕拓思，實馭文之首術。

《莊子・讓王》：「堯以天下讓許由，許由不受。又讓於子州支父，子州之父曰：『以我為天子，猶之可也。雖然，我適有幽憂之病，方且治之，未暇治天下也。』夫天下至

> 重也，而不以害其生，又況他物乎！唯無以天下為者，可
> 以托天下也。　舜讓天下於子州之伯，子州之伯曰：『予適
> 有幽憂之病，方且治之，未暇治天下也。』故天下大器也，
> 而不以易生。此有道者之所以異乎俗者也。　舜以天下讓善
> 卷，善卷曰：『余立於宇宙之中，冬日衣皮毛，夏日衣葛
> 絺；春耕種，形足以勞動；秋收斂，身足以休食；日出而
> 作，日入而息，逍遙於天地之間而心意自得。吾何以天下
> 為哉！悲夫，子之不知余也。』遂不受。於是去而入深山，
> 莫知其處。　舜以天下讓其友石戶之農。石戶之農曰：『卷
> 卷乎後之為人，葆力之士也。』以舜之德為未至也。於是
> 夫負妻戴，攜子以入於海，終身不反也。」

按：天下神器，歷數歸乎賢君；唐虞聖朝，心傳定其大統。
百史頌贊，美盛德之形容；群經對揚，推高風於禪讓。而莊子所
述，浮說荒唐，既違經典之言，更悖史家之筆。

　　老莊層層論道，事事離經，詭譎其言，荒唐其說。南人厭飫
道術，鋪摛麗篇，好雕辭以索奇，常遺理而存異。

江淹〈恨賦〉

> 試望平原，蔓草縈骨，拱木斂魂。人生到此，天道寧論！
> 於是僕本恨人，心驚不已。直念古者，伏恨而死。至如秦
> 帝按劍，諸侯西馳，削乎天下，同文共規，華山為城，紫
> 淵為池。雄圖既溢，武力未畢。方架黿鼉以為梁，巡海右
> 以送日。一旦魂斷，宮車晚出。……若乃騎疊迹，車屯軌。
> 黃塵帀地，歌吹四起。無不煙斷火絕，閉骨泉裏。已矣哉！
> 春草暮兮秋風驚，秋風罷兮春草生。綺羅畢兮池館盡，琴
> 瑟滅兮邱隴平。自古皆有死，莫不飲恨而吞聲。

按：江淹心無怨恨，文有哀傷，但見搜細探奇，古意盡失。

蓋緣老道奧祕，而逐奧祕之懷；漆園玄虛，乃搜玄虛之事耳。

庾信〈春賦〉

> 宜春苑中春已歸，披香殿裏作春衣。新年鳥聲千種囀，二月楊花滿路飛。河陽一縣併是花，金谷從來滿園樹。一叢香草足礙人，數尺遊絲即橫路。開上林而競入，擁河橋而爭渡。出麗華之金屋，下飛燕之蘭宮。釵朵多而訝重，髻鬟高而畏風。眉將柳而爭綠，面共桃而競紅。影來池裏，花落衫中。苔始綠而藏魚，麥纔青而覆雉。吹簫弄玉之臺，鳴珮淩波之水。移戚里而家富，入新豐而酒美。石榴聊泛，蒲桃醱醅。芙蓉玉碗，蓮子金杯。新芽竹笋，細核楊梅。綠珠捧琴至，文君送酒來。玉管初調，鳴絃暫撫。陽春淥水之曲，對鳳迴鸞之舞。更炙笙簧，還移箏柱。月入歌扇，花承節鼓。協律都尉，射雉中郎。停車小苑，連騎長楊。金鞍始被，柘弓新張。拂塵看馬將，分明入射堂。馬是天池之龍種，帶乃荊山之玉梁。豔錦安天鹿，新綾織鳳皇。三日曲水向河津，日晚河邊多解神。樹下流杯客，沙頭度水人。縷薄窄衫袖，穿珠帖領巾。百丈山頭日欲斜，三晡未醉莫還家。池中水影懸勝鏡，屋裏衣香不如花。

　　按：本文既非體物，又異論思，但見詩賦雜陳，寓言百出。長於想像，謬悠荒唐，乃以老莊之思，發爲駢麗之作也。

　　老莊離經論道，屢興玄牝之談；遺世乖時，常出謬悠之說。顯學未墜，啓文則以靡窮；惠心無疆，構藻思而不盡。歷代學子，咸承恩於道玄；南朝辭家，獨沐澤於文術。蓋南朝之士，風流多資，辭尚雕而多妍，篇崇藝而寡實。遺理存異，逐奇競新，好詭巧而悖常，追華艷而成習。然清綺不如魏晉，滿目鉛華；貞剛遜乎北朝，瀰篇月露。宮商發越，和若球鍠；熠燿飛騰，炫如錦繡。

千年文運，極擁藝術之工；百世作家，獨領風騷之美。殆將工侔造化，縟如雕師，苟有情靈，孰不心醉？況乎沉酣吟賞，累月窮年；發憤鋪摛，焚膏繼晷者乎？

結　語

　　古昔述造，皆爲創作之篇；聖賢書辭，率屬文章之範。士能積學儲寶，鍊辭富才，發爲言談，文采始霸。吟詠物象，必出金玉之聲；鋪摛胸情，難藏炳輝之采。安有丈夫博學，而乏「能文」之工；士子多聞，而遺「散采」之巧者乎？

　　老莊隱逸，術成顯學之宗；道理荒唐，篇啓才思之府。蓋其恍惚有象[27]，謬悠無端，實以立意爲宗，華歸修辭之務。道德奧旨，文質附乎性靈；玄珠[28]妙言，華侈溢乎篇籍。寄情道旨，藻工而情自生；託意玄言，言縟而意自顯。李老述道，義歸精妙之辭；蒙莊窮言，事出綺華之藻。後人研術繹理，鍊辭摛文，或得「道言」之廣崇，或增詞藻之工麗。道言奧妙，魏晉明其術方；詞藻華妍，南人飫其膏澤。是以玄風熾扇，如羽化而登仙；錦繡鋪陳，若鳳鳴而展翼。學子鋪藻，術在因書立功；老莊述方，貴能列腴饗士也。時序代變，詞風有殊，各取所需之長，獨呈一代之勝。劉勰《文心》謂：「五千精妙，文非棄美。[29]」莊周亦云：「辯雕萬物。[30]」不其然乎？

　　南風不競，士氣飛軒，藝文蒸騰，麗體蔚起。鋪辭欲綺，營麗至工，構思盡奇，用事尙雅。志合老道，吸其粹而吮其精；心

27　恍惚有象：《老子・第二十一章》：「道之爲物，惟恍惟惚，恍兮惚兮，有中有象。」
28　玄珠：玄妙之道也。《莊子・天地》：「黃帝遊乎赤水之上，登乎崑崙之丘，而南望還歸，遺其玄珠。」郭象注：「此明得道之由。」
29　見《文心・情采》。
30　見《莊子・天道》。

吞寓言，鎔其意而鑄其藻。面瞻麗句，踵事增華；心構奇思，鉤深取極[31]。古今一揆，前後同模，語其關連，約可四則。一曰：老莊用偶，溉沾麗辭最深。二曰：老莊寓言，衣被典事最大。三曰：老莊虛靜自由，激重文崇藝之思潮。四曰：老莊離經論道，啓南士遺理存異之筆調。

是知先哲樹範，後人循規，但見大輅基於椎輪，層冰厲乎積水[32]。習文之士，務本尋根，欲吐錦繡於毫端，必吞詩書於腹裡。老莊博物，辭義淵深，辭啓南朝藻思，義開魏晉玄學。後進之士，研術鍊辭，安可不棲遲於漆園，遊憩於柱下乎？

---

31 鉤深取極：鉤考深妙之處，以窮其極致也。《文心·論說》：「原夫論之爲體，所以辨正然否，窮于有數，追于無形，迹堅求通，鉤深取極。」
32 大輅椎輪，層冰積水：蕭統《文選·序》：「椎輪爲大輅之始，大輅寧有椎輪之質；層冰爲積水所成，積水曾微層冰之凜。何哉？蓋踵其事而增華，變其本而加厲。物既有之，文亦宜然，隨時改變，難可詳悉。」

從漢-韓比較看幾個上古
漢語複聲母問題

吳 世 畯[1]

論文提要

　　雖所屬語系不同，然上古漢語和韓語固有詞之間存在音義上的對應關係。值得注意的是這些關係詞在聲系裏大量且成系統地對應。這些對應詞不管是借詞或所謂“準同源詞”，不能否認的是二者之間存在的音義對應。

　　本文則利用這些“漢-韓對應”材料證明了一些相關複聲母問題。先以《說文》諧聲爲架構，試圖找出客觀的“漢-韓對應”材料，並探討了“上古漢語四等韻字[l]介音說”、“上古清母字[*khsl-]來源問題”以及“上古喻三[*gwrj-]的來源”問題等。

關鍵詞:上古、漢語、韓語、同源、複聲母、阿爾泰、說文、四等、喻三、諧聲、借詞、介音

---

1 韓國 韓瑞大學校 中國學科 教授。

凡　例

<Ⅰ>標題及符號說明舉例：

1. "挂(古賣切)[*kruɐ]/[*kwrigs](AC-畫、懸、礙):[kïri-](MK-畫)、[karï-](K-分、劈)"："挂"的《廣韻》反切為"古賣切"，其陳師新雄(1999)的漢語上古音(AC)為[*kruɐ]，龔煌城先生的上古音為[*kwrigs]，"挂"的詞義為"畫、懸、礙"，跟它對應的是[kïri-](MK:中世韓語-詞義為'畫')、[karï-](K:現代韓語-詞義為'分、劈')。

2. "[KVR-]/{圍、轉}漢-阿爾泰準同源詞組"："音韻條件為[KVR-](K 代表任何舌根音，V 代表任何元音，R 代表任何流音)，其義項條件(中心義)為{圍、轉}的"漢－阿爾泰語準同源詞組"。

3. 同源詞組"韋(圍)[*Gwɯl](圍):[*kul](>*xul>hul>ul)(PK-圍)、[huɾi-kïmul](MK-圍網)、[horiyalaho](<*kVr-)(蒙-圍):

第一，"韋"的鄭張尚芳(2003)上古音為[*Gwɯl](詞義為"圍")。

第二，"韋(圍)"和原始韓語[*kul](PK)(>*xul>hul>ul)(詞義為"圍")同源，又和"圍網"義的中世韓語(MK)[huɾi-kïmul]同源，又和"圍"義的蒙古語[horiyalaho](<*kVr-)同源。這四者同屬"漢-阿爾泰語準同源詞組"

4. { }:代表能系聯同源詞的"中心義"。

5. 擬音:上古漢語擬音根據陳師新雄(1999)、鄭張尚芳(2003)、龔煌城(1994,1997,2000,2001)上古音 。古代韓語擬音根據許雄(1965)，現代韓語擬音根據崔鶴根(1977)。運用他人擬音時另外 注出。

6. 爲輸入及印刷方便，送氣符號［'］一律表記爲[h]。

7.《說文》:大徐本參考湯可敬(1997)，小徐本參考權少文(1987)及黎明本《說文解字注》。

8.《廣韻》:參考黎明本《新校正切廣韻》(1984)、沈兼士《廣韻聲系》(1945)。

9. 討論諧聲字基本上限於《說文》諧聲及《爾雅》《方言》等西漢以前典籍所收字。

<Ⅱ>簡稱及其它説明:

AC　　　Archaic Chinese (上古漢語):

PK　　　Proto-Koreanic (韓國語 祖語):李男德(1985)、金東昭(1981)等構擬的韓國語祖語。

PKT　　Proto-Koreo-Tungusic (韓、通古斯共同祖語):金東昭(1981)構擬音。

AK　　　Ancient Korean(古代韓語):新羅、高句麗文獻語。

PT　　　Proto-Tungusic(通古斯祖語):金東昭(1981)構擬音。

MK　　　Middle Korean(中世韓語):14C 初-17C 末，京畿韓語方言、文獻語、南廣祐《古語辭典》收錄音。擬音根據許雄(1965:358-359)。

K　　　　Korean(20C 現代 韓國 標準語):《韓國方言辭典》(崔鶴根 1977)，《標準國語大辭典》(DUSAN 東亞 1999)等收錄音。擬音根據崔鶴根(1977)。

K-dial　　Korean dialect(20C 現代韓語方言):《韓國方言辭典》(崔鶴根 1977)、《標準國語大辭典》(DUSAN 東亞 1999)等收錄音。擬音根據崔鶴根(19 77)。

MOW　　Written Mongolian(蒙古文語):金東昭(1981)構擬音。

滿　　　滿洲語

蒙　　　蒙古語

日　　　日語

土　　　土耳其語

BU　　　Buriat 語

SO　　　Solon 語

EV　　　Evenki 語

一、緒　論

　　眾所周知，漢語和韓語是所屬語系不同的語言。但因爲地理上的接近，經過幾前年的語言接觸產生了豐富的借詞。特別是，韓語擁有多達百分之 70 左右的漢語借詞。但二者之間又有一种特殊的對應關係詞:如，"風[*plum](AC)"和[param](K-風)的對應[2]，器[*khrɯds][3]和[kɯrɯt](K-器皿)。

　　根據本人的研究(2004、2005、2007、2008)，這些 "漢-韓(包括阿爾泰諸語)對應詞" 在諧聲系統中的對應，不僅大量存在，而且是成系統地對應。從這些 "漢-韓對應關係詞" 甚至還可以系聯出所謂 "漢–韓準同源詞"。

　　本論文則試圖利用這些 "漢–韓對應材料" 探討上古漢語的一些複聲母問題。比如，上古四等[l]介音問題、部分 "精系" 字的上古[*Ksl-]的來源問題以及喻三的上古音值問題等。

　　上古時期的對應關係，最好的材料是 "AC(上古漢語):PK(韓國語祖語)" 的對應。但能夠構成對應關係的原始韓語材料並不

---

2 《鷄林類事》："風曰孛纜。"(引自 陳師泰夏 1974:883)。
3 鄭張尚芳(2003:439)上古音。

多，因此爲了彌補這個缺憾，本文引證了其它阿爾泰諸語的部分例證。關於韓語是否屬於阿爾泰系語言，衆説紛紜。雖然多數學者對此持懷疑的態度，但又不能否認韓語跟阿爾泰諸語之間的親密關係。如，金東昭(2005:10)云："有些學者將韓語看成阿爾泰語系語言,但此說還有待商榷。……但不能否認韓語在一萬多種世界各語言中，一方面和阿爾泰諸語最接近，另一方面和日語最親近。"

上古時期的漢-韓比較，最大的問題是能否避開對比材料的偶然性、研究者的主觀隨意臆測。本文爲了確保客觀性及系統性，主要採取了運用"諧聲"架構的方式。

二、從漢韓比較看"上古漢語四等介音[l]說"

Schüssler(1976)主張"上古漢語四等介音[l]說"後，本人(1998)也曾經從諧聲現象探討過該說。我們認爲"漢–韓對應"材料也正好支持該說。以下是其對應材料及討論:

(一)"圭聲"系漢–韓對應例所見的證據[4]

根據本人研究(2004)，《說文》多數"圭聲"系字集體地對應[K-R-]類韓語固有詞。下面是跟上古漢語四等韻相關的"圭聲"系"漢–韓(包括阿爾泰諸語)對應"的主要內容:

1. 挂(古賣切)[*kruɐ][5]/[*kwrigs][6](AC-畫、懸、礙):[kɪ̈ri-](MK-畫)、[karï-](K-分、劈)、[kəl-](MK-掛)、[kəlli-](MK-掛住、拘)。

---

4 本章節對應材料主要引自吳世畯(2004)〈也談上古漢語的音節結構与构擬〉。
5 陳師新雄(1999)上古擬音。以下同。
6 龔煌城(1994,1997,2000,2001)上古擬音。以下同。

7

(1)挂[*kruɐ]/[*kwrigs](AC-畫、分別畫出):[kïri-](MK-畫)、[karï-](K-分、劈)。

《說文》:"挂,畫也。"段玉裁注:"古本多作畫者,此等皆有分別畫出之意。"

(2)挂[*kruɐ]/[*kwrigs](AC-懸、礙):[kəl-](MK-掛)、[kəlli-](MK-掛住、拘)、[goholom bi](滿-鉤着)、[goholamui](蒙-鉤着)[8]。

《儀禮、少牢饋食禮》:"實于左袂,挂于季指。[9]"《廣雅、釋詁三》:"挂,止也。"《集韻、卦韻》:"絓,礙也。或從网,亦作挂。"

2. 絓(古賣、胡卦切)[*kruɐ][*ɣruɐ]/[*kwrigs][*gwrigs](AC-誤、礙):[kïɾʌ-](MK-錯)、[kïrï-](K-誤)、[kəlli-](MK-掛住、拘)。

《說文》:"絓,誤也。"又《廣韻》:"絓(古賣切),誤也;絓(胡卦切),礙也。"

3. 絓(苦緺、胡卦切)[*khruɐ][*ɣruɐ]/[khwrig][*gwrigs](AC-絆住):[kəlli-](MK-掛住、拘)。

《說文》:"絓,繭滓絓頭也。"段玉裁注:"謂繰時繭絲成結,有所絓礙,工女蠶工畢後,別理之爲用也。"《玉篇》:"絓,止也,有行礙也。"又《廣韻》:"絓(苦緺切),惡絲;絓(胡卦切),絲結。"

4.畦(戶圭切)[*ɣiuɐ]/[*gwig](AC-田間劃分的小區):[kʌlp-phi](MK-區域)、[kuro](日-畦)。

---

7 本文所引[kïri-](MK-畫)等"MK(中世韓語)"材料主要引自《古語辭典》(南廣祐 1960)。以下同。

8 見 金炯秀(1995:360)。本文所引蒙古、滿洲語材料主要引自《滿洲語、蒙古語比較語彙辭典》(金炯秀 1995)。

9 引自 王力(2000:362)。

　　"畦"除了《說文》的"畦,田五十畝曰畦"義以外又有"田間劃分的小區"義。如,《玉篇》:"畦,韋昭云:犹隴也。"《廣韻》:"畦,菜畦。"《莊子、天地》:"(子貢)見一丈人方將為圃。""畦"是四等韻字,應為"[*ɣluɐ]/[*gwlig]"等。這種音可以和"[kʌlp-phi](MK-區域)"等對應。

　　5.桂(古攜切)[*kiuɐ]/[*kwig](AC-田器):[kïlk-tʃeŋi](K-田器)、[gelberi](土-Iron rake for a fire)、[kartuk](Large rake)[10]、[karkambi](滿-刮)[11]。

　　《說文》:"桂,冊又可以劃麥,河內用之。"段玉裁注:"即今俗用麥杷也。"《玉篇》:"桂,田器也。""桂"是四等韻字,應為"[*kluɐ]/[*kwlig]"等。這種音可以和"[kïlk-tʃeŋi](K-田器)、[kartuk](土-Large rake)"等對應。

　　6.刲(苦圭切)[*khiuɐ]/[*khwig](AC-刺、割):[karʌ-](MK-分、劈)、[kercimbi](滿-刺骨縫)、[garjambi](破裂)、[qari](蒙)、Goldi語[xari], Ulcha語[kari](a sort, a kind)[12]。

　　《說文》:"刲,刺也。"《廣韻》:"刲,割。""刲"是四等韻字,應為"[*khluɐ]/[*khwlig]"等。這種音可以和"[karʌ-](MK-分、劈)、[qari](蒙)"等對應。

　　7.奎(苦圭切)[*khiuɐ]/[*khwig](AC-兩髀之間):[karəi](MK-叉兒)、[karʌl](MK-叉兒)[13]、[karaŋi][karɛ](K-叉兒)。

　　《說文》:"奎,兩髀之間。""奎"是四等韻字,應為"[*khluɐ]/[*khwlig]等。這種音可以和"[karəi](MK)、[karʌl](MK)"等對應。

10 見 A. D. Alderson(1959:110)。
11 引自 金炯秀(1995:554)。
12 見 李男德(1985:1:209)。
13 "[karəi]、[karʌl]",見 南廣祐(1960:6,7)。

8.骺(苦圭切)[*khiuɐ]/[*khwig](AC-六畜頭中骨):[(tʌi)gori][(tʌi)gor](MK-顱)。

《說文》不收"骺"字。《廣韻》:"骺,肩骨"。《玉篇》:"骺,六畜頭中骨也"。"骺"是四等韻字,應為"[*khluɐ]/[*khwlig]"等。這種音可以和"[tʌigori][tʌig or][tɛgari](MK-顱)"等對應。

9.蚩(苦圭切)[*khiuɐ]/[*khwig](AC-毒蟲.奎.蛙):[kul][kult](MK-蠣)、[karʌl][karəi](MK-叉兒)、[(kai)kuri](MK-蛙)。

《說文》:"蚩,蠚也。"《史記》:"北至于奎,奎者,主毒螫殺萬物也。"南朝宋裴駰、集解引徐廣曰:"(奎)一作蚩。"[14]《古今韻會舉要》:"蛙,本作蚩。""蚩"是四等韻字,應為"[*khluɐ]/[*khwlig]"等。這種音可以和[kul](MK-蠣)、[(kai)kuri](MK-蛙)等對應。

10.街(古膎切)[*krɐ]/[*krig](AC-街):[*kal->kəri](PK>MK-街)、[jegeli](蒙-街)[15]。

《說文》:"街,四通道也。"李男德(1985:1:243)主張:[kəri](街)來自古韓語[*kal-]([karï-]-分歧),和其它韓語派生詞[karï](分、劃分)、[kal](刀)、[karʌl](脚)、[karaŋi](脚)、[karak](條)、[karɛ](楸)、[kallɛ](支脈)等同源。

11.褂(古攜切)[*kiuɐ]/[*kwig](AC-婦人上服):[(tsjə)gori](MK-婦女上衣)、[gahari](滿-衫儿)、[degelei](蒙-衫儿)[16]。

《釋名》:"褂,婦人上服曰褂"。"褂"是四等韻字,應為"[*kluɐ]/[*kwlig]"等。這種音可以和"[(tsjə)gori](MK-婦女上

---

14 引自《漢語大字典》(4:2847)。
15 引自 金炯秀(1995:352)。
16 引自 金炯秀(1995:319)。

衣)、[degelei](蒙-衫儿)”等對應。

12.蛙(烏媧切)[*ʔruɐ][*ʔwrig](AC-蛙):[(kai)kuri][(mə)guri](MK-蛙)、[juwali](滿-蛙)[17]、[kurbağa](土-蛙)[18]。

13.佳(古膎切)[*krɐ]/[*krig](AC-善):[kəl-](MK-濃、稠)、[kərïm](K-肥料)、[gübre](土-Dung, manure)、[kariha](土-Fertile mind)[19]。

《說文》:“佳，善也。”《廣韻》:“佳，善也，好也，大也。”

14.崖(古佳切)[*ŋrɐ]/[*ŋrig](AC):[gūlakū](滿-峭崖)、[gūlathal](蒙-峭崖)[20]。

從以上十四個對應例中可知，《說文》“圭聲”系的很多字有系統地對應于[K-R-]類韓語固有詞(包括阿爾泰諸語)。“圭聲”系是二等韻字和四等韻字的諧聲關係:即“[Kr-](二等)和[Ki-](四等)”。根據目前的上古音學說，“[Kr-](二等)和[Ki-](四等)”之間的諧聲是可以的。但根據“漢-韓對應例”，就露出些問題來。比如，二等的[Kr-](二等)類字很自然地和[K-R-]類韓語詞對應，但四等韻[Ki-]等字和[K-R-]類韓語詞的對應則不夠理想。如果上古漢語四等韻字真的讀過[ki-]等，那很難理解爲何跟它們對應的韓語詞一律是[K-R-]？

若根據“漢-韓對應”材料，有必要將四等韻字改擬爲[Kl-]類。本“圭聲”系中的“畦[*gwig]、桂[*kwig]、刲[*khwig]、奎[*khwig]、觟[*khwig]、袿[*khwig]、袿[*kwig]”等七個字就是與[K-R-]類韓語固有詞對應。如果這七個字在上古真的讀過不帶流

17 引自 金炯秀(1995:540)。
18 見 A. D. Alderson(1959:203)。
19 見 A. D. Alderson(1959:118,176)。
20 引自 金炯秀(1995:378)。

音的[*kiuɐ](絓)(或[*kwig])等的話，那麼我們就無法解釋爲什麼這些字如此集體地對應于[K-R-]類韓語固有詞的現象。

漢語內部的同源關係也支持"上古四等韻字帶介音[l]說"。如，劉鈞杰(1999b:63)認爲四等韻字"絓"和二等韻字"劃"是同源字。就是説，帶[r]的"劃"跟帶[l]的"絓"同源是很自然的。如果不承認"上古四等韻字帶介音[l]說"，勢必它們之間的關係變成"絓[kiuɐ]:劃[ɤ ruɐk]^{21}"或"絓[kwee]:劃[qhwreeg]^{22}"。這種同源關係當然遠不如"絓[kluɐ]:劃[ɤ ruɐk]"或"絓[kwlee]:劃[qhwreeg]^{23}"。

其實，根據本人的研究(2004:58)，這七個四等韻字中有四個字根本是個"漢-阿准同源詞 組"。如："畦 [kʌlp-phi]--奎[karaŋi][kar ʌ l]-- 刲 [karï-]-- 絓 [kal-]"等字和"畫 [kïri-]--劃[kïri-][karï-]-- 挂 [kïri-][karï-]-- 街 [kəri]"等構成"[KR-]/{分歧}漢-阿准同源詞組"。

根據以上討論，我們有必要將"圭聲"系的四等韻字改擬爲帶[l]介音的複聲母。改擬以後，整個"圭聲"系字的"漢-韓(包括阿爾泰諸語)"對應變得很整齊，如：

挂[*kruɐ]^{24}(2 等)　　　　　　　:[kïri-][karï-][kəl-][kəlli-]

詿[*kruɐ](2 等)　　　　　　　　:[kïɾʌ-][kïrï-][kəlli-]

絓[*ɤ ruɐ](2 等)　　　　　　　:[kəlli-]

畦[*ɤ iuɐ](4 等)→[*ɤ luɐ]^{25}:[kʌlp-phi][kuro]

絓[*kiuɐ](4 等)→[*kluɐ]　　:[kïlk-tʃeŋi][gelberi][kartuk]

21　陳師新雄(1999)擬音。
22　鄭張尚芳(2003)擬音。
23　本文修改擬音。
24　陳師新雄(1999)擬音。
25　本文修改擬音。以下同。

[karkambi]

刲[*khiuɐ](4 等)→[*khluɐ] :[karʌ-][kercimbi][qari][xari][kari]

奎[*khiuɐ](4 等)→[*khluɐ]:[karʌl][karaŋi][kar ɛ]

䏠[*khiuɐ](4 等)→[*khluɐ] :[(tʌi)gori][(tʌi)gor]

畫[*khiuɐ](4 等)→[*khluɐ] :[kul][kult][karʌl][karəi][(kai)kuri]

街[*krɐ](2 等)　　　　: [kəri][jegeli]

袿[*kiuɐ](4 等) →[*kluɐ]　:[(tsjə)gori][gahari][degelei]

蛙[*ʔruɐ](2 等)　　　　: [(kai)kuri][(mə)guri][juwali]

[kurbağa]

佳[*krɐ](2 等)　　　　: [kəl-][kərïm][gübre][kariha]

崖[*ŋrɐ](2 等)　　　　: [gūlakū][gūlathal]

(二)"解聲"系相關"漢-阿準同源詞" 所見的證據

我們認爲《說文》"解聲"系裏也有相關"漢-韓(包括阿爾泰諸語)對應例"。其對應例如下:

1. 解(佳買切)[*krɐks][26]/[*kreeʔ][27](AC):[*görö-](PK-解)、[görä-](PT-解)[28]、[kïɾï-][kïl-o-](MK-解)、[ʔkïrï-](K-解)、[keïrï-](K-懈)。

2. 懈(古隘切)[*krɐks]/[*krees](AC):[kəjïɾï-da](MK-懈)[29]、[keïrï-](K-懈)。

3. 檞(佳買切)[*krɐks]/[*kreeʔ](AC):[kal-](MK-檞)[30]。

---

26 陳師新雄(1999)上古擬音。以下同。
27 鄭張尙芳(2003)擬音。
28 "PK、PT"等資料引自 金東昭(1981:76)。
29 見 南廣祐(1960:73)。
30 見 南廣祐(1960:27)。

4. 澥、𤃟(胡買切)[*ɣrɐks]/[*greeʔ](AC):

①[kai](<*KarV-)(MK-溪、河、海)[31]、[kəl](MK-渠)、[kɛ](K-海)[32]、[kɛ][kəl][kol] [kɛul](K-dial-溪)、[*golo](PT-河床)、[golo](SO-河、川)、[golo](滿-河身)、[ɣool](MOW-河、溪谷)、[gol](蒙-河、溪谷)[33];

②[*golo](PKT-谷)、[*gɯl](PK-谷)、[kol](MK-谷)、[kolʔt ʃagi](K)、[holo](滿-山谷)[34]。

5.蟹(胡買切)[*ɣrɐks]/[*greeʔ](AC):[kəj](<*kəl-i-<*kəl<*kət) (MK-蟹)[35]、[ke](K-蟹)、[kani](日-蟹)、[katuri](滿-蟹)[36]。

從這些對應材料當中可以系聯出若干所謂"漢-韓準同源詞組"。其中,值得注意的是"[kVR-]/{水}漢-阿爾泰準同源詞組"。關於此,金東昭先生(1981:74-75)曾經系聯過相關"韓-通古斯同源詞組",如:

PK[*gɯl](谷) : PT [*golo](谷)

SO	[golo] (<[Mo])	'河、川、基底'
MA	[golo], [xolo]	'①河床, ②水路, 谷, 溪谷, ③州, 地方'
PT	[*golo]	'河床'
MOW	[ɣool~ɣoul]	'河, 溪谷'
MO	[gol]	id
BU	[gol]	id

31 見 南廣祐(1960:42)。
32 見 崔鶴根(1977:119)。
33 以上阿爾泰諸語資料引自 金東昭(1981:74-75)。
34 以上資料引自 金東昭(1981:74-75)。
35 關於[kəj](MK-蟹),可參考南廣祐(1960:70)。 筆者根據徐廷範(2000:43)將[kəj](MK-蟹)的演變變律定為[kəj<*kəl-i-<*kəl<*kət](MK<PK-蟹)。
36 見 李男德(1986:Ⅳ:538,540)、徐廷範(2000:43)。

這個"韓-通古斯同源詞組"和上面的"解聲"系相關的漢韓對應材料相結合，我們可以系聯出較大的"[kVR-]/{水}漢-阿爾泰準同源詞組"，如：

AC	[*ɣrɐks]/[*greeʔ](澥)	'海之別-灣)'
	[*ɣrɐks]/[*greeʔ](嶰)	'小谿'
	[*khlɐ]/[*khlee][37](谿)(>[*khiɐ]/[*khee][38])	
		'溪'
	[*gaal](河)	'河'
PK	[*KarV-](>[kai]>[kɛ])	'{水}(溪、河、海)'
MK	[kəl]	'渠'
	[*kai](<[*KarV-])	'浦、潊、港、汊'
K	[kɛul]	'溪'
K-dial	[kɛ](<[kai]<[*KarV-])	'海、溪'
	[kəl]	'溪、川'
	[kol]	'溪'
	[koraŋ]	'溪'
SO	[golo]	'河、川、基底'
滿	[golo],[xolo]	'河床，水路，溪谷，州'
PT	[*golo]	'河床'
MOW	[ɣool]～[ɣoul]	'河，溪谷'
蒙	[gol]	'河，溪谷'
BU	[gol]	'河，溪谷'
土	[göl]	'湖、池沼'

37 "谿"為四等韻字。其"[*khlɐ]/[*khlee](谿)"是根據陳師新雄(1999)、鄭張尚芳(2003)上古音以及"上古漢語四等韻字帶介音[l]語"，本文修改的擬音。
38 陳師新雄(1999)、鄭張尚芳(2003)上古音。

　　從以上表中可知，上古漢語的　"澥[*ɤrɐks]/[*gree ʔ]-海之別"　等和帶[l]介音的四等韻字　"谿[*khlɐ]/[*khlee][39]-溪"　可以構成同源詞。四等韻字　"谿"　如果在上古讀過單純的　"[*khiɐ]/[*khee][40]"，就不大容易與　"[*ɤrɐks]/[*gree ʔ](澥、𤄷)"　等構成同源關係。這樣我們可以將四等韻字　"谿"　擬爲　"[*khlɐ]/[*khlee]"　等。

　　四等韻字　"谿"　帶[l]介音的可能性又可證實于　"奚聲"　系的　"漢-韓比較"　中。"奚聲"　系也是四等韻字和二等韻字的諧聲。關於　"奚聲"　系的討論，可參考下一節。

(三)"奚聲"系漢-韓對應例所見的證據

　　上一節探討過四等韻字　"谿"　帶流音[l]介音事實。"谿"　爲從奚得聲的字。這　"奚聲"　系主要是二等字和四等字的聲系。而這聲系裏的很多四等韻字也跟[K-R-]類韓語固有詞對應。值得注意的是　"奚聲"　系和　"圭聲"　系的密切來往。比如："𪓷"　和　"蛙"　同源[41]，"鞵"　同　"鞋"[42]，"䳈"　和　"䶲"　同源[43]。這些現象都有助於構擬　"上古漢語四等韻字帶介音[l]說"。舉其對應例及說明如下：

　　1. 𪓷(胡雞切)[*ɤiɐ][44]/[*gee][45](AC)：[(kai)kuri][(mə)guri](MK-蛙)、[juwali](滿-蛙)、[kurbaɣa](土-蛙)[46]。

　　《說文》："𪓷，水蟲也。"　《正字通、黽部》："𪓷，黿

---

39 本文構擬音。
40 陳師新雄(1999)、鄭張尙芳(2003)上古音。
41 見下文。
42 見《廣韻》。
43 見下文。
44 陳師新雄(1999)上古音。以下同。
45 鄭張尙芳(2003)上古音。以下同。
46 見 A. D. Alderson(1959:203)。

類……俗呼水雞、田雞。"[47]

"蠅"爲四等韻字,上古音應爲帶[l]介音的[*ɣlɐ](或[*glee])等。這樣,"蠅"先和上一節的"蛙[*ʔruɐ]/[*ʔwrig][48]"構成同源詞,跟阿爾泰諸語的"[(kai)kuri][(mə)guri](MK-蛙)、[juwali](滿-蛙)、[kurbaǧa](土-蛙)"等構成"漢-阿準同源詞組"。

2.雞(古奚切)[*kiɐ]/[*kee]:[kot-kori](MK-鶯)、[wɛ:gari](鶺鴒)、[ʔtaktaguri](啄木鳥)、[piəŋmaguri](胡燕)、[malʔtoŋgari](Buteo buteo)[49]。

"雞"也是四等韻字,其上古音很可能是"[*klɐ]/[*klee]"等。這樣可以和"[kot-kori](鶯)"等對應。根據徐廷範(2000:50,117)[50],以上韓語詞的詞尾[-kori][-gari][-guri]等正好代表"鳥義"的同源詞。

3. 谿[*khiɐ]/[*khee]:[kəl](MK-渠)、[kəl][kol][kɛul](K-dial-溪)、[*golo](PT-河床)、[ʁool](MOW-河、溪谷)、[gol](蒙-河、溪谷)[51]。

這個"谿"也是四等韻字,上古音很可能是"[*khlɐ]/[*khlee]"等。這樣,如前所述,可以和大量的阿爾泰諸語"[kəl](MK-渠)、[kəl][kol][kɛul](K-dial-溪)、[*golo](PT-河床)、[ʁool](MOW-河、溪谷)、[gol](蒙-河、溪谷)"等構成"漢-阿準同源詞組"。

3.谿(呼雞切)[*xiɐ]/[*qhee]:[karʌ-nuɾuk](黃子)[52]、[koɾa-mʌ

---

47 引自《漢語大字典》(7:4770)。
48 [*ʔruɐ]是陳師新雄(1999)上古音,[*ʔwrig]是龔煌城(1994,1997,2000,2001)上古音。
49 以上和"雞"相關的韓語詞引自于徐廷範(2000:50,117)。
50 引自 徐廷範(2000:50,117)。
51 引自 金東昭(1981:74-75)。
52 引自 南廣祐(1960:75)。

l](土黃馬)、「[koɾʌ-mʌl](黃馬)、[khonggoro](滿-黃馬)、[gonggormori](蒙-黃馬)」[53]

　　四等韻字"鼆(黃病色也)"在上古很可能讀過帶[l]的"[*xlɐ]/[*qhlee]"等。這種音就可以和[koɾa-mʌl](土黃馬)等對應。徐廷範(2000:50)主張韓語的[koɾʌ]就有"黃義"。

　　《廣韻》："鼆，黃病色也。"《玉篇》，"鼆"同"絸"。《玉篇》："絸，黃病色。"[54]這四等韻字"鼆、絸"與"圭聲"系的二、四等字"鞋(胡卦、胡瓦、戶圭切)"構成同源無疑。《說文》："鞋，鮮明黃也。"

　　5.系[*ɣiɐks]/[*geegs]:[skuɾi](MK-紡、績、線軸、纓兒)[55]、[ʔkuri-](K-綫團、捆)

　　根據古文字研究，"奚"不是"从系得聲"。据了解，"系(繇)"是"象手持絲形"，而"奚"是"象以手牽捪罪隸髮辮之形"[56]。但我們也不能因此否認"系"和"奚"之間存在的音近關係。因爲不是音近關係，《說文》不可能說成："奚，…从大，繇省聲"。

　　"系"也是四等韻字。其上古音很可能是帶[l]介音的"[*ɣlɐks]/[*gleegs]"等。這種音可以和[skuɾi](MK-紡)相對。

三、從漢—韓比較看上古清母字[*khsl-]的來源[57]

(一)"秋聲"系的漢-韓對應

53　引自 徐廷範(2000:50)。
54　引自《漢語大字典》(5:3072)。
55　引自 南廣祐(1960:959)。
56　見 徐中舒(1989:1178,1406)。
57　本章節的主要内容引自〈部分諧聲系所見的"漢-韓準同源詞"〉(2009.5.23."第 11 屆國際暨第 27 屆全國聲韻學學術研討會〈中華民國聲韻學學會、輔仁大學〉宣讀論文)。

大部分的《說文》"秋聲"系字是清母字，而它們卻很整齊地和[K-R-]類韓語固有詞對應。根據這些對應材料，我們有必要將部分清母字構擬為[*khsl-]類複聲母。其對應材料如下：

1.秋(七由切)[*khslɯw>*shɯw]:[kʌzʌl][kʌʌl](MK-秋)[58]、[kaïl][ka:l][ka:rɛ][kasil] [kaol][kïïl](K-dial-秋)[59]、[kïsïl-ida](MK-燎了)。

甲骨"秋"寫成",𪚩、𪚩"。目前多數學者[60]主張"秋"為"蝗蟲"和"火"相結合的"火燒蝗蟲之形"。這個"秋{火燒}"和"[kïsïl-ida](MK-燎了)、[kəsïrin-da][kəsillin-da][kəllin-da][kïsïrin-da][ʔkasillïn-ida](K-表面燒焦)、[hosori](滿-炕洞煙釉)、[Küs](Oi-秋天)、[küz](維-秋天)、[kər](Ch-秋天)"等構成"漢-阿準同源詞組"。

2.鞦(七由切)[*khslɯw>*shɯw]:[kïɾïi][kïɾi](MK)。

《說文》不收此字。同"鰌"。《玉篇》："鞦，車鞦也。"

鞦[*shɯw]亦同"鰌"。古韓語文獻中將"鞦韆"訓釋為[kïɾïi][kïɾi](南 1960:171)。

3.鰍(七由切)[*khslɯw>*shɯw]:[mïi-skuɾi][mïit-kuɾi][mïit-kïɾi](MK)。

《說文》不收此字。《廣韻》："鰍，魚屬。""鰍"的上古音應擬為[*khslɯw]等。

劉鈞杰(1999a:47)主張"鰍"同"鰌"。這樣,鄭張尚芳(2003)的二字上古音距未免太遠:如"鰍[*shɯw]:鰌[*sglu]"。

"鰍(鰌[*sglu])"對應[mïi-skuɾi][mïit-kuɾi][mïit-kïɾi](MK-

---

58 見　南廣祐（1960:228,230）。
59 見　崔鶴根（1977:170）。
60 于省吾、溫少峰、袁庭棟、郭若愚、胡澱咸等人如此主張(見于省吾《甲骨文字詁林》2 冊:1830-1831)。

鰍)[61][mik'uradʒi][mik'uri](K)中的[-skuɾi][-kuɾi][-kïɾi][-k'uri]。根據徐廷範(2000:274)，[mïit-kuɾi]是[mïit](水)和[kuɾi-](蟲)的複合詞。他(2000:33)還舉了[kai-koɾi][kʌi-kuɾi](MK-蛙)、[mə-kuɾi](MK-黽、蛙、蝍、蟆)[malt'oŋ-kuri](K-屎克螂)等例證。

4.楸(七由切) [*khslɯw>*shɯw]:[karai][kʌiɾai][kʌɾai](MK)，[kʌɾai-ol](MK-楸洞)。

《說文》："楸，梓也。" "楸[*shɯw]"對應[karai][kʌiɾai][kʌɾai](MK-楸)[62]。多數朝鮮漢韓字典將"楸"直接訓釋爲[kʌɾai]等。

5.篍(七由切) [*khslɯw>*shɯw]:[kul-da](MK)。

《說文》："篍，吹箭也。" 朝鮮漢字詞"噓"對應[kul-da](MK-口吹)。

6.鍫(七遙切)[*khslew>*shew]:[karai][kaɾəi](MK)、[karɛ](K)。

"鍫"同"鍬"。《玉篇》："鍫，臿也。"《說文》不收"鍫"，而郝懿行《爾雅》義疏云："《文選‧祭古冢文》注引《爾雅》作'鍫謂之鍤'矣。鍫蓋俗字，鍤亦借聲。"

"鍫[*shɯw]"對應[kaɾa](MK-鍫)[63]及現代韓語的[karɛ]。韓語中的[karɛ]指"長把兒鐵鍬"，和《玉篇》所說"鍫，臿也"同類。

7.湫(七由切)[*khslɯw>*shɯw]:[kol](MK)。

《廣韻》："湫(七由切)[*shɯw]，水池名。" 又 "湫(在久切)[*zɯwʔ]，洩水瀆也。" 可說同源異形詞，其中心義爲"洞"。跟"洞"相對的中世韓語及現代韓語訓釋詞是[kol]。

---

61 見 南廣祐(1960:609,610)。
62 見 南廣祐(1960:5,245,222)。
63 見 南廣祐(1960:5)。

(二)"秋聲"系清母字的複聲母問題

如上所論，很多"秋聲"系字和[KVR-]類韓語詞對應。

關於"精系"字的上古音，多數學者一般構擬爲單純的塞擦音(或擦音)，不將它們擬爲帶流音的音。如，鄭張尙芳(2003)各"秋聲"系字擬爲："秋[*shɯw]、鞦[*shɯw]、鰍[*shɯw]、楸[*shɯw]、篍[*shɯw]、鍪[*shew]"。

我們認爲"秋聲"系字雖然聲系裏沒有來母或喻四母，但有必要將它們擬爲帶流音的音，如[KsR-]或[*sKR-]類。其理由有二：

第一、大量的"秋聲"系字很整齊的和[KVR-]類韓語詞對應。如果要固守各"秋聲"系字上古聲母擬爲擦音或塞擦音(如，鞦[*shɯw])的觀點，那就得説明爲何那麼多的"秋聲"系字如此平衡的和[KVR-]類韓語詞對應？如果要將它們看成偶然巧合，也得解釋爲何對應現象如此多、如此整齊？

第二、"秋聲"系字經常和"酉聲"系字構成同源詞，而"酉聲('酉'爲喻四字)"系字上古多帶[l]音。這點支持"秋聲"系的上古音[-l-]。如，"鞦"同"鞧"，"鞦"同"緧"，"鰍"同"鰌"，"摰"同"遒"。

"秋、鰍"的上古音是[*khslɯw]還是[*skhlɯw]？本人擬爲是[*khslɯw]。我們也許可以參考鄭張尙芳(2003:153)系統裏的"精、莊組[sCr-]式"：如，"稷[*sklɯg]、傫[*skhlam]"等。但和"秋"對應的[kïsïl-ida](MK-燒焦)、[kʌzʌl](MK-秋)、[kasil](MOK-秋)等對應韓語詞支持[*khslɯw]的[KsR-]式。我們認爲[*khslɯw]比[*skhlɯw]更有效的變爲後來的精系塞擦音。

這樣，鄭張尙芳(2003)先生的"鰌(同鰍)[*sglu]也可以改擬爲[*gslu]。

四、從漢-韓比較看上古喻三[*gwrj]的來源

龔煌城(1994)先生曾經利用漢藏語的比較將"喻三"的上古聲母擬爲[*gwrj-]。這個假設可以從"漢-韓比較"得以證實。

根據本人的研究(2009)，"韋聲"系也有大量的"漢-韓(包括阿爾泰諸語)對應例"。大部分的"韋聲"系字是"喻三"字。而這些字又和[K-R-]類韓語固有詞對應。舉其"韋聲"系字的"漢-韓對應例"如下[64]：

1.韋(雨非切)[*Gwɯl][65]/[*gwrjəd][66]:[ul](MOK-籬)，[uri](K-籠、家畜舍)，[ulthari](K-籬笆)，[huɾi-kïmul](MK-圍網)，[halhalalho](蒙-圍繞)，[kuran](滿-大隊伍)，[wori](日-檻)，[kurē](EV-圍上籬笆)。

"韋"是"圍"之初文。李孝定、湯可敬(1997)如此主張。李氏云："許云从舛，而契文从二止。舛象一人之兩足，二止則象二人或象多人，其義有別。韋實即古圍字也。"

另外，原始韓語[*kul]是參考李男德(1985:2:150)演變律的。如:[*kul>*xul>hul>ul](籬)。

2. 圍(雨非切)[*Gwɯl]/[*gwrjəd]:[*kul](PK)、[ul][ulthari][huthari] [əri](MOK)、[kurē](通)、[halhalai](蒙)。

3. 鍏(雨非切)[*Gwɯl]/[*gwrjəd]:[kaɾaj][kaɾəj](MK)。

《廣韻》"鍏"有二音，實指同物。如，雨非切[*Gwɯl](方言云:宋魏呼耒也)，于鬼切[*Gwɯlʔ](方言云:耜,宋魏之間或謂之鍏)。這個"鍏"對應中世韓語[kaɾaj][kaɾəj](枚、鍬)(南 1960:6)。

---

64 所舉"韋聲"系漢韓對應材料大部分引自 吳世畯(2009)。
65 鄭張尚芳(2003)擬音。以下同。
66 龔煌城(1994,1997,2000,2001)擬音。以下同。

4. 違(雨非切)[*Gwɯl]/[*gwrjəd]:[kəsïl-][kəsïli-][kəsïl-pči-]
[kəsïlp-tsï-ta](MK)(南 1960:53,54)。

《說文》:"違,離也。"《廣韻》:"違,背也。"

5. 煒(于鬼切)[*Gwɯlʔ]/[*gwrjədx]:[kirameku](日)、[gal](蒙)。

6. 韡(于鬼切)[*Gwɯlʔ]/[*gwrjədx]:[kirameku](日-光貌)、[kira
-kira](日-光貌)、[gilbaga](蒙-日光)、[gerel](蒙-光線)、[gal](蒙-
火)、[gurgi](滿-火炎)。

《說文》:"韡,盛也。"大徐本《說文》:"煒,盛赤也。"
小徐本《說文》:"煒,盛明皃也。《廣韻》:"煒,光煒。"。
劉鈞杰(1999a)主張"煒"和"韡"是同源字。

7. 偉(于鬼切)[*Gwɯlʔ]/[*gwrjədx]:[kəɾik][kəɾok-hʌda](MK-
神聖、偉大)、[kəɾïki][kəɾïki][kəɾʌki](MK-十分,宏偉,相當)[67]、
[kəruk] [kəruk-hada](K-神聖、偉大)。

《說文》:"偉,奇也。"《廣韻》:"偉,大也。"

8. 葦(于鬼切)[*Gwɯlʔ]/[*gwrjədx]:[kal](MK-葦)、[ka:l][kal-d
ɛ] (MOK-葦)。

9.潿(雨非切)[*Gwɯl]/[*gwrjəd]:[*kur-](PK)、[kuïl-da](MK)、
[korori](日)。

《說文》:"潿,回也。"張舜徽(1983:4:2898)云:"潿之言口
也。口象回帀之形,謂水流回轉如圜也。"

10. 緯(于貴切)[*Gwɯls]/[*gwrjəds]:[kaɾu][kʌɾo][kʌɾï](MK-
橫)、[karo-](K-橫)。

小徐本《說文》:"緯,織衡絲也。"

11. 褘(於離切)[*qral]/[*ʔrjar]:[koɾʌi-sil](MK-肥田)、

[kəl-da](K-肥沃、豐盛)、[kərïm](K-肥料)、[kəl-tsjuk-hada](K-稠濃)、[gübre](土-Dung,manure)、[kariha](土-Fertile mind)[68]。

《說文》不收"禕",而《爾雅‧釋詁下》云:"禕,美也。"《玉篇‧示部》:"禕,美皃。"

12.媁(于鬼切)[*Gwɯlʔ]/[*gwrjədx]:[kol](K-怒)、[kol-nɛda](K-怒)[koroda-](EV-發怒)、[qoro-](滿-傷心)、 [haralaho](蒙-憎惡)、[haram](蒙-嫉妒)、[harasanaho](蒙-埋怨)、 [hiliŋto](蒙-發怒)、[horodaho](蒙-怒)、[horosho](蒙 -憂慮)[69]。

媁(於非切)[*qwɯl]/[*ʔwjəd]:[kəl-da](MK-肥沃)。

《說文》:"媁,不說皃。恣也。"《玉篇》:"媁,美也。"

13.諱(許貴切)[*qhwɯls]/[*hwjəds]:[skəɾi-da](MK- 忌、憚、嫌)、[k'əri-da](K-諱)。

《說文》、《廣韻》均云:"諱,誋也。"

以上的音韻關係顯示:

第一,鄭張尚芳(2003)的"韋聲"系"喻三"字和韓語的大概對應關係如下:

[*Gwɯl](圍、鍏):[*KVR](PK)、[KVRV](通)、[KVRV-](MK)

[*Gwɯlʔ](煒):[KVRV-(日)、[KVRVK](MK)、[KVR](蒙)

第二,龔煌城(1994,1997,2000,2001)的"喻三"字和韓語的大概對應關係如下:

[*gwrjəd](圍、鍏):[*KVR](PK)、[KVRV](通)、[KVRV-](MK)

[*gwrjədx](煒):[KVRV-(日)、[KVRVK](MK)、[KVR](蒙)

由此可見,二位的上古音系統都可以解釋"漢-韓對應"現

---

68 引自 A.D.Alderson(1959:118,176)。
69 以上材料引自 CHO-YONG-HEN(2004:43)。

象。鄭張尚芳(2003)系統雖然沒有特別爲 "喻三" 構擬[KR-]類複聲母，但系統中的韻尾[-l]，可以解釋。

但值得參考以下兩個 "漢-韓對應例"。如:

第一，雲(王分切)[*Gun]/[*gwrjən][70]:[kuɾǐm](MK-雲)[71]

第二，曰(王伐切)[*Gwad]/[*gwrjat]:[kʌl](MK-曰)[72]、[kʌɾʌ](MK-曰)[73]、[kaɾotʌi](MK-曰)[74]

如果這二例的對應關係不誤的話，從第一例可知， "[*gwrjən](AC-雲):[kuɾǐm](MK-雲)" 關係比 "[*Gun](AC-雲):[kuɾǐm](MK-雲)" 關係圓滿多。這點支持 "喻三" 的上古聲母爲[*gwrj-]。但，遺憾的是還找不到更多的相關對應例證。

五、結　論

經過以上探討得出如下幾點結論。

(一)上古四等介音[l]說:

在第二章用 "圭、解、奚" 三個聲系字的 "漢-韓比較" 探討了所謂 "上古漢語四等介音l說"。其大概的內容如下:

1. "圭聲" 系:

上面共舉過十四個 "圭聲" 系 "漢-韓對應例"。《說文》 "圭聲" 系的很多字成系統地對應于[K-R-]類韓語固有詞(包括阿爾泰諸語)。舉其最具代表性的對應例如下:

---

70 [*Gun] 爲 鄭 張 尚 芳 (2003) 上 古 音 ， [*gwrjən] 爲 龔 煌 城 (1994,1997,2000,2001)上古音。
71 引自 南廣祐(1960:139)。
72 引自 南廣祐(1960:236)。
73 引自 南廣祐(1960:224)。
74 引自 南廣祐(1960:222)。

挂(古賣切)[*kruɐ]⁷⁵/[*kwrigs]⁷⁶(AC-畫、懸、礙):[kïri-](MK-畫)、[karï-](K-分、劈)、[kǝl-](MK-掛)、[kǝlli-](MK-掛住、拘)

"圭聲"系是二等韻字和四等韻字的諧聲關係:即"[Kr-](二等)和[Ki-](四等)"。"圭聲"系的二等韻字因為它們具有二等介音[r],所以很自然地跟[K-R-]類韓語固有詞對應。問題是聲系中的七個四等韻字(如,"畦[*gwi g]、桂[*kwig]、刲[*khwig]、奎[*khwig]、鮭[*khwig]、畫[*khwig]、袿[*kwig])和[K-R-]類韓語詞的對應關係。如:

刲[*khiuɐ](4 等):[karʌ-][kercimbi][qari][xari][kari]

從此可知,它們之間的音韻關係不夠親密,不能對應。但,如果這些四等韻字在上古帶過[l]介音,則它們之間的對應關係變得很和諧。如:

刲[*khluɐ] :[karʌ-][kercimbi][qari][xari][kari]

由此我們主張"畦[*gwi g]、桂[*kwig]、刲[*khwig]、奎[*khwig]、鮭[*khwig]、畫[*khwig]、袿[*kwig]"等七個四等韻字的上古介音是[l]。

2. "解聲"系:

"从解得聲"的"解、懈、檞、澥、觶、蟹"等六個字和[K-R-]類韓語固有詞對應。如:

解(佳買切)[*krɐks]⁷⁷/[*kree ʔ]⁷⁸(AC):[*görö-](PK-解)、[görä-](PT-解)、[kïɾï-][kïl-o-](MK-解)、[ʔkïrï-](K-解)、[keïrï-](K-懈)。

---

75 陳師新雄(1999)上古擬音。以下同。
76 龔煌城(1994,1997,2000,2001)上古擬音。以下同。
77 陳師新雄(1999)上古擬音。以下同。
78 鄭張尚芳(2003)擬音。

　　這些甚至能構成"漢-韓準同源詞"。比如，"澥[*ɣʀɐks]/[*greeʔ](AC-海之別)"、"嶰[*ɣʀɐks]/[*greeʔ](AC-小谿)"兩個字和大量的"[*KarV-](PK-{水})、[kəl](MK-渠)、[golo](SO-河)、[*golo](PT-河床)、[gol](蒙-溪谷)"等構成"[kVR-]/{水}漢-阿爾泰準同源詞組"。

　　問題是跟它們同源的"谿[*khiɐ]/[*khee][79]"就是四等韻字，如果它是帶[l]介音的"[*khlɐ]/[*khlee][80]"等，那它們就很自然地跟那些韓語詞對應。

　　3. "奚聲"系:

　　"奚聲"系的"鼷、雞、谿、豀(包括'系')"等字都是四等韻字。而這些字全都和[K-R-]類韓語詞對應。如:

　　　　雞(古奚切)[*kiɐ]/[*kee]:[kot-kori](MK-鶯)、[wɛ:gari](鶬鶊)、[ʔtaktaguri](啄木鳥)、[piəŋmaguri](胡燕)、[malʔtoŋgari](Buteo buteo)[81]。

　　如果它們在上古帶過[l]介音，那它們的對應關係變得很自然。如:

　　　　雞(古奚切)[*klɐ]/[*klee]:[kot-kori](MK-鶯)、[wɛ:gari](鶬鶊)、[ʔtaktaguri](啄木鳥)、[piəŋmaguri](胡燕)、[malʔtoŋgari](Buteo but eo)。

　　由此可知，上古四等字很可能帶過[l]介音。

(二)上古清母字[*khsl-]的來源

79　陳師新雄(1999)、鄭張尙芳(2003)上古音。
80　"谿"為四等韻字。其"[*khlɐ]/[*khlee](谿)"是根據陳師新雄(1999)、鄭張尙芳(2003)上古音以及"上古漢語四等韻字帶介音[l]語"，本文修改的擬音。
81　以上和"雞"相關的韓語詞引自于徐廷範(2000:50,117)。

　　《說文》"秋聲"系的"鞦、鰍、楸、篍、鏊、湫"等字都和[K-R-]類韓語固有詞對應，有的甚至構成"漢-阿準同源詞組"。比如：

　　　　秋(七由切)[*shɯw]:[kʌzʌl][kʌʌl](MK-秋)[82]、[kaïl][ka:l][ka:rɛ] [kasil] [kaol][kïïl](K-dial-秋)[83]、[kïsïl-ida](MK-燎了)

　　問題是不帶任何流音的它們的上古音不容易和各韓語詞對應。因爲一般上古音學傢將"清母"字擬爲不帶流音的[*shɯw][84]等，而這種音和那些韓語詞有相當大的音距。基於此，我們主張將它們搆擬爲[*khsl-]類複聲母。這樣"漢-韓對應"變得很和諧。如：

　　　　秋(七由切)[*khslɯw]:[kʌzʌl][kʌʌl](MK-秋)、[kaïl][ka:l][ka:rɛ] [kasil] [kaol][kïïl](K-dial-秋)[85]、[kïsïl-ida](MK-燎了)

(三)上古喻三[*gwrj-]的來源

　　"韋聲"系的"漢-韓對應例"以及"雲""曰"兩個喻三字的"漢-韓對應"支持龔煌城先生(1994)的"上古喻三[*gwrj-]說"。其例證如下：

　　第一，圍(雨非切)[*Gwɯl]/[*gwrjəd]:[*kul](PK)、[kurē](通)。

　　第二，雲(王分切)[*Gun]/[*gwrjən][86]:[kuɾïm](MK-雲)

　　在第二例可知，"[*gwrjən](AC-雲):[kuɾïm](MK-雲)"比"[*Gun](AC-雲):[kuɾïm](MK-雲)"和諧多。這點支持"上古喻三[*gwrj-]說"。

82　見　南廣祐(1960:228,230)。
83　見　崔鶴根(1977:170)。
84　鄭張尚芳(2003)上古音。
85　見　崔鶴根(1977:170)。
86　[*Gun]爲鄭張尙芳(2003)上古音，[*gwrjən]爲龔煌城(1994,1997,2000,2001)上古音。

引用參考資料

于省吾，1996，《甲骨文字詁林》1-4 冊，北京:中華書局(1999 重
　　　　印本)。

王　力，2000，《王力古漢語字典》，北京:中華書局。

吳世畯，1998，<《說文》諧聲으로 본"上古　漢語四等帶流音 l
　　　　說">,《中國文學研究》第 16 輯。

―――，2004，<也談上古漢語的音節結構與構擬>,《中語中文
　　　　學》　第 35 輯。

―――，2005，<論"漢-阿爾泰語準同源詞">,《中語中文學》第
　　　　36 輯。

―――，2007，<從韓語固有詞看上古　漢語重紐脣音三等字>《中
　　　　國語文論叢》第 34 輯。

―――，2008，<與重紐三等牙喉音字相關的"漢-韓準同源詞">,
　　　　《中國語文論叢》第 38 輯。

―――，2009，<部分諧聲系所見的"漢-韓準同源詞">,"第十一
　　　　屆國際暨第二十七屆全國聲韻學學術研討會
　　　　(200 9.5.23.中華民國聲韻學學會、輔仁大學)"宣
　　　　讀論文。

李男德，1985-1986，《韓國語語源研究》(ⅠⅡⅢⅣ)，首爾:梨花
　　　　女子大學校出版部。

沈兼士，1945，《廣韻聲系》，北京:中華書局(1985 版)。

金東昭，1981，《韓國語와 TUNGUS 語의 音韻比較研究》，
　　　　大邱: 曉星女子大學校 出版部。

―――，2005，《韓國語特質論》，大邱:正林社。

金炯秀，1995，《滿洲語、蒙古語比較語彙辭典》，首爾:螢雪出版

　　　　　　　　　　社。

南廣祐，1960，《古語辭典》(2002 增補版，首爾:教學社)。

徐中舒，1989，《甲骨文字典》，四川:四川辭書出版社(1995　四　　版)。

徐廷範，2000，《國語語源詞典》，首爾:寶庫社(2001　第 2 版)。

國立國語研究院，1999，《標準國語大辭典》，首爾:TUSAN 東亞。

崔鶴根，1977，《韓國方言辭典》，首爾:明文堂(1990 增補版)。

許　雄，1965，《国語音韻學》，首爾:正音社(1973 第二版)。

許慎(東漢)著、段玉裁(清)注，清，《說文解字注》，臺北:黎明，　　1978 年　第四版。

陳師泰夏，1974，《鷄林類事研究》，首爾:明知大學校　出版部(1987　　年　三版)。

陳師新雄，1999，《古音研究》，臺北:五南圖書出版公司。

陳彭年等，宋，《廣韻》(1984，林尹　校訂，《新校正切宋本廣韻》，　　臺北:黎明　第六版)。

湯可敬，1997，《說文解字今釋》，長沙:岳麓書社。

漢語大字典編輯委員會，1986-1990，《漢語大字典》(1-8 冊)，湖　　北辭書出版社等。

劉鈞杰，1999a，《同源字典補》，北京:商務印書館。

―――，1999b，《同源字典再補》，北京:語文出版社。

鄭張尚芳，2003，《上古音系》，上海:上海教育出版社。

顧野王，543，《大廣益會玉篇》(北京:中華書局 1987 澤存堂本　影　　印)。

權少文，1987，《說文古均二十八部聲系》，蘭州:甘肅人民出版社。

龔煌城，1994，<從漢藏語的比較看上古漢語若干聲母的擬測>，　　《聲韻論叢》1 輯，臺北:學生書局。

———，1997，<從漢藏語的比較看重紐問題>，《聲韻論叢》6 輯，
　　　　　臺北:學生書局。

———，2000，<從漢藏語的比較看上古 漢語的詞頭問題>，《聲
　　　　　韻論叢》9 輯，臺北:學生書局。

———，2001，<上古漢語與原始漢藏語帶 r 與 l 複聲母的構擬>，
　　　　　《臺大文史哲學報》54 期。

Cho-Yong-Hen，2004，《韓國語語源辭典》，釜山:曉星文化社。

A. D. Alderson，1959，《The Concise Oxford Turkish Dictionary》，
　　　　　(1968 Reprinted Lithograp Hically in Great Britain
　　　　　at the University Press, Oxford)。

Schüssler, Axel，1976，《Affixes in Proto-Chinese》，Münchener
　　　　　ostasiatische Studien ; Bd. 18. Wiesbaden :
　　　　　Steiner。

作者簡介:

　　吳世畯　韓國韓瑞大學校中國學科教授。1962 年韓國大田市
出生。1995 年臺灣私立東吳大學中文研究所博士班畢業(文學博
士)。博士論文題目爲《說文聲訓所見的複聲母》(陳新雄、林炯
楊指導)。

　　論著有<也談上古漢語的音節結構與構擬>等 20 餘篇論文。
最近注重研究"上古漢語和韓語固有詞的比較研究"，從此試圖
窺見上古漢語複聲母問題及漢-韓語言交流的原始模式。

中華文化的雙層、雙重結構

許 世 旭

一、前　言

　　迎來了 21 世紀的今天，隨著政治的解嚴與意識的開放，我們重新對中國文化的觀察與體驗的結果同很久以來在學界已經形成共識的理解，出現了脫節的現象，我們乃苦悶,我們乃糾紛。

　　開始就意味著結束，結束就意味著開始，從這時間的本質來看，傳統和現代是不可分割的。只是有現象的程度，常有若干的差異。筆者想通過中國文化結構中存在的外型上的雙層現象和內容上的雙重現象，來闡明中國的現實是集中國傳統的繼承和再現。

　　所謂雙層結構是指身份上的君子和小人、統治者和被統治者；經濟上的貧和富；社會上的主和僕；民族上的漢和胡，也就是華夏和蠻夷；文化上的語和文等階層上的區分。並且雙重結構是指本質和現象的不同，同時所有重疊、兩面作用的現象。

　　不可否認人類是政治動物。生活總是在矛盾和糾紛的交替過程中生存，任何社會，任何個人都存在雙層、雙重現象中生活。在長期的文化歷史和幅員遼闊的領土上，自發產生的中國文化的特徵更會彰顯了這種現象。

二、文化史的背景和雙層、雙重結構

　　形成中國文化的決定性要素，應該是：地理、民族、政治、社會、經濟、思想、語文等七種。

　　地理上，從帕米爾高原和喜馬拉雅等世界高峰到經過華中平原的黃河，形成西高東低的地形，以及從頻頻流溢，擁有瘠薄沙土的黃河到擁有豐富水源和肥沃土地的長江，形成北黃南黑的地質，促進了半封閉文化的貧富糾紛。在那裏，絕大多數漢族的中央佔有和絕少數胡人的邊防分佈，充分的證明了華夏天下的形成就是漢族本土產生發展說。

　　並且，春秋時代在北方，有孔子的出生和他遊說時，南方有老子的出生和他的說道，漸趨了"儒道"並行的中華思想的基礎，其結果是，使得中國社會集團和個人，現實主義和浪漫主義，倫理和無為思想的互相融合。

　　以農業為主的經濟開闢了中國文化的現世性，實用性，質樸性的特徵，使作為中國社會基礎的家族、氏族、部落、國家得以發展。這種引導農業為中心的氏族社會發展的宗法、禮俗的力量使得日後的廟堂文化、倫理文化、城牆文化得以形成。

　　從殷周時代開始的專制政權和封建社會，自不必說存在統治權的權威化和君子、小人的二分構圖；愚民政治、集權統一和個人輕視等問題還培養了尊王攘夷、移孝作忠的觀念，最終觸發了官逼民反的事例。同時，雖然從象形、指示發展而來的漢字和語言擁有精煉性、簡潔性、繪畫性、音樂性、構詞性等優點，但是因為品詞的模糊性和語法的不確定性，語和文的不一致，學習難等缺點，對人格的形成產生了相當的影響。

　　生物學上生命的三要素是土壤‧營養‧光線；而如果將文化

視如生命的話，文化的七要素，也含生命之三要素。文化的土壤，應是地、人和語言、文字，營養才是生產穀物的農業，光線即是思想・政治・社會。五千年來華人在中原溫厚的土壤，種下了現實主義的根，同時透過勤勉耐勞的農耕，以享受物質，同時還以儒家・道家及佛家思想充滿精神，互補互助，這是中國文化的主要光線。

總之，中國文化雖然表面上是農業和禮俗社會的構架，但是內部並沒有完全擺脫新、舊封建社會，還在儒家行動和道家思想的融合當中，有時沉浸於個人主義的自足，有時形成集團主義的和解。

雖然在現象上存在高低、大小和內外等差異，但是文化運用在重疊變動和獨自發揮的過程中呈現大小、虛實的影響可以使你看到相互轉換的現象。

三、雙層、雙重結構的現象

《論語》有 70 餘處對君子和小人的區別進行了論述。君子和小人的意思大體上是修身人和非修身人，以及統治者和被統治者，能人異士和匹夫鼠輩，知識份子和無知識的人來區分的。但是，從整體綜合的角度看，即使是爲了鼓勵人行善而使用對照法，在人格上、身份上還是存在上下階層之分。君子和小人，及上下的雙層區別是從封建體制的二元構圖中發源而來的。在中國文學理論中的"美刺"，事實上是從對統治者的歌頌和諷刺開始的。中國文學上被稱爲傑作的現實主義作品是實際上對官權的諷刺和對官民反抗的雙層構造的證據。

這樣的階層間的差別也對經濟和文化產生了影響。在漢代已經存在富者田連阡陌，貧者賣身爲奴；在南北朝時期，又有地主

的豪族陰戶；從隋唐時期到兩宋時期，繼續存在的莊園和佃戶，這些差別形成了貧富階層。文學的國度裡也存在了文言文和白話文的區別。到現在爲止，詩、詞賦、駢文、散文等古典的山林士大夫的貴族文學和小說、戲劇、唱歌等現實的社會小市民的平民文學，運用了各自不同的文言和白話的工具，以形成各自不同的階層。

漢胡，即華夷的區別到今天，雖然緩和得多，但是在封建時期，天子和郡縣的體制形成了十分嚴重的階級對立。這樣的階級對立到近代以後，原則上被瓦解，但是在今天還是可以看到它的影子。今天在大陸所謂的領導、暴發戶、個體戶不僅是對新官僚、新富豪的諷刺和指責，也是實質上在暗地裏見階層的殘存。

雙重結構因爲存在於兩種以上不同的本質和現象，雖然在當初有先後的差別，而同時相互作用，也意味著調協、折中的兩面現象。那樣的例子很多。在思想上，儒家和道家，根據情況的不同，儒、道、佛家的思想進行雙重甚至三重的作用。談到中國民族性的時候，便如魯迅的《阿Q正傳》中阿Q一樣，功利主義和名分主義，自大與自卑的意識共存，同時追求空理空談和實事求是。

雖然藝術上，雅俗並行發展，但是雅的衰落在俗中更新，俗的頹落因雅而升格。乃有普遍性與藝術性並存的「雅俗共賞」，和人爲融合的「天人合一」，同時收用唯心與唯物的「道器並存」等，都是雙重現象。在語言、文字上是把文言處分"死語"，已經是90多年前的事了，「迂腐」的文言在白話中被繼續收用，可以看出白話文學從古典文學中吸取營養的複合性質。

雙重現象比較明顯的是文學。如果一個具備古典思想的作家，他的背景是融合了儒家、道家、佛家思想，同時進行詩、散

文、評論、詞、賦等多樣體裁創作，甚至是跨越所有體裁的全能作家也是存在的。文學風格上，詩以言志的抒情主義和文以載道的說理主義交叉融合；在文學技巧上，現實主義和浪漫主義、復古主義和革新主義、形式主義和內容主義等，大體上同時發展，才是全人的，也是有機的。

另外在建築中，雖然我們常常可以看到像萬里長城、紫禁城等雄偉的大型建築，但是也可以看到像莫高窟、龍門石窟等精巧細工的石窟文化。在工藝上，雖然立即聯想到銅、鐵、石制的鐘、鼎等，但在博物館裏用顯微鏡才能著到的像牙雕、玉雕、木雕等細緻的藝術。從此可以發現兩面的潛在收容。

從民俗方面來看，節日在街頭和廣場可以同時看到舞獅和舞龍。獅子是象徵百姓的力量，龍是象徵帝王的權威。從這裏我們也可以看到它的雙重性。中國的民族性也可以發現同樣的現象。雖然《論語》中所說的君子的人格 —— 文質彬彬，是外觀和內心的融合。我們通常談起華人時吐口而說其「大陸性」，以為華人習慣地擺上優越意識與誇大的習慣，但是仔細一著，就發現謙卑意識，自重意識和縮小的觀念是並存的。即使由於經濟上的貧困和政治上的壓制，迫使功利、實用主義普遍存在，但同時也重視追求“面子臉”的虛名意識。

接受傳統教育的士大夫也是一樣的，他們的生活是“耕”與“讀”的反復；他們持身是“隱”與“顯”的兩面。因而，他們集獨善其身的利己主義和謙濟的利他主義於一身。

今天的中國也很容易的發現雙重結構，即使社會主義國家主張平等，但是也存在階級，計劃經濟體制下，並有市場化的現象；即使主張集團主義，但也容許個體經濟。政府在中國特色的社會主義的藉口下，過渡的收容資本主義；在中體西用的政策下，西

方在湧入，正可以看到雙重結構的再起趨勢。

四、雙重、雙層結構的趨勢

　　中國文化，表面上顯著官民、貧富、主僕、華夷、語文等上下階層的差別，而蘊藏著仁與道、情與理、自大與自卑、空論與實辯、自然與人為、雅與俗、現實與浪漫、築城與鑿掘、擴大與縮小、功利與革命、利己與利他、唯心與唯物等異物共存，可以看出雙重現象。

　　從階層的視角來看，雖然今天的中國，脫離封建，脫離禮俗，脫離宗法已經很久了，但是半封閉的地形和華夷糾紛等宿命的條件之外，仍然把農業主義作為主要經濟體制時，官民、貧富、華夷的階層中，仍然不可推翻文化品質間的差距。

　　內在的雙重結構有時是並行的。雖然經過發展取得了各自的領域，但是他們互相變通，找到了新的出路。變通之中，儒家的僵硬被道家的柔軟性融化，雅的重壓被俗的新鮮救贖，唯心的空洞被唯物的實體填滿，未成熟的現代被成熟的古典喚醒等，顯現了緩和相互極端的變化。

　　中國的歷史是一條永遠返復的分、合的規律，文化形態也以保守和穩健而自足，但是與通過革新和激情擺脫危機的對立形態相比，調和形態將會長時間的存在下去，這一點是毋庸置疑的。總之，中華文化在將來，以雙重結構的特點發展，雙重結構失去均衡的時候，反而當作變通的契機，會發生新的變化，但在不久的將來，會看到再度合滙的現象。

韓國　高麗大學　中文系　榮休教授

現任　韓國外語大學　中文研究所　特聘教授

談琉球官話課本中的"替"字

瀨戶口律子

引　言

　　琉球王國（自 1879 年改爲沖繩縣）和中國之間，自明朝起就有了正式的外交關係。琉球國通過和明朝的交往，不只是得到了經濟上的利益，也受到了不少文化上的影響。[1]另外，琉球國永樂 2 年（1404 年）武寧王時接受了明朝皇帝的冊封，一直到清朝同治 5 年（1866 年）最後的國王尙泰爲止，大約有 5 百年之久。這可以證明琉球國和中國之間，除了在經濟上、文化上的影響以外，在政治上也有了密切的關係。

　　進入 18 世紀，隨著兩國之間通商貿易擴大，赴中國的琉球人也逐漸多起來，有使臣、留學生、水手等。留學生有"官派"和"自費"之別。官派的稱爲"官生"[2]，自費的稱爲"勤學（或勤學人）"。留學生出國前，必須得學習漢語。他們所學習的漢語，當時叫做"官話"，使用的教材稱爲"官話課本"，琉球人學習漢語時所使用的教材稱爲"琉球官話課本"。因此，我們所

---

1 1392 年（洪武 25 年）明太祖爲朝貢之便，派遣"閩人三十六姓"移住琉球。他們定住在久米村（那霸市久米町一帶，靠近那霸港口），他們向琉球人民傳授了中國的先進技術和儒家、道家思想等，因此，對琉球文化的構成帶來了很大的影響。"三十六姓"，並不是三十六個姓，它表示多姓的意思。
2 明清兩朝期間，官生共派遣過 24 次，共計人數約有 100 人（徐恭生〈琉球國在華留學生〉福建師範大學學報 1987 年）

說的“琉球官話”並不是指“琉球話”而是指琉球人學習的漢語。從琉球和中國的交流以及留學生的往來推測，當時編寫不少漢語課本。但是這些課本大部分失傳，流傳至今的只有幾種手抄本。其中較爲完善的是日本天理大學附屬圖書館收藏的手抄本。天理大學圖書館的分類爲：

第一冊《廣應官話》、第二冊《白姓官話》、第三冊《學官話》、第四冊《官話問答便語》、第五冊《尊駕白文》（第三冊《學官話》和第五冊《尊駕白文》是一樣的）《琉球官話集》一冊，共計六本。

第二冊《白姓官話》、第三冊《學官話》、第四冊《官話問答便語》都是會話課本，第一冊《廣應官話》和《琉球官話集》是分類詞彙集的課本。

本論是以會話課本《白姓官話》（天理大學圖書館的手抄本）爲研究材料，從它的語言的角度進行分析整理，指明與“替”字有關的一些問題。

一、《白姓官話》的內容和成書時期

《白姓官話》是琉球官話課本中被發見最多的一本。小川英子先生在論文〈琉球官話の由來とその性質〉（東北學院人間・言語・情報　第 114 號　1996 年）一文中，總結：關於《白姓官話》的抄本，指出除了天理大學的手抄本外，還有①八重山博物館所藏　新本家文書九《白姓》、②八重山博物館藏　武島家文書八《白姓官話》、③京都大學文學部博物館《白姓》支那人琉球來航譚　印「池宮城記」、④京都大學文學部文學科閱覽室藏《白姓》印「敦厚堂」、⑤沖繩縣立博物館《白姓》，共有六種。

除了小川先生上述的手抄本，還有關西大學圖書館收藏（長

澤文庫）的《百姓話》（我本人看過這本手抄本，雖然書中有天理大學的手抄本不同的一些文字及脫落等，但是從內容、形式上來看，它是和《白姓官話》大致相同的），現在能看到的手抄本共有七種。

關於《白姓官話》的成書時期，我和中山大學中文系李煒教授合寫過一篇題為〈琉球官話課本編寫年代考證〉的論文。該論文發表在雜誌《中國語文》上。我們主要採用了歷史學的考證方法并結合歷時語法的研究琉球官話課本的編寫年代進行了考證。其結論是《官話問答便語》應成書于 1703 年或 1705 年，《白姓官話》成書于 1750 年，《學官話》成書于 1797 年，《廣應官話》成書于 1797 年到 1820 年之間。

天理大學附屬圖書館的手抄本《白姓官話》每半頁 8 行、每行 20 字、共 57 頁。課本的主要內容敘述了山東省登州府萊陽縣商人白世薹（字瑞臨）僱船往江南地區賣豆子，不幸途中遭遇颱風，漂到大島之後，經過奇界島，到了運天港，最後在泊村生活。白氏和船員一行受到琉球國王、地方官吏和琉球通事們的熱情照顧和接待，一年後乘坐貢船返回福州。這本書是一本富于故事性的會話課本。

這本書利用問答形式（琉球人和中國人的對話）來介紹琉球國的政治、法律制度、傳統節日、風俗習慣以及琉球和中國之間的交流往來等情況。這本書雖然有問答部分（後半沒有記載問答），但是并沒有段落。按照對話的內容來分析，可以分十一個段落。下面簡單地介紹課本的內容。

第一段落：通事鄭氏訪問白氏一行的宿舍。（p1ℓ-p8ℓ15）

第二段落：通事鄭氏再訪問白氏一行的宿舍。（p8ℓ16-p15ℓ1）

第三段落：阮先生（通事蔡氏的親戚，稱呼他先生，和其他

通事不同，可以看出他是個有學問的人）（p15ℓ
1-p19ℓ5）

第四段落：通事鄭氏訪問白氏一行的宿舍。（p19ℓ6-p22ℓ2）

第五段落：通事林氏訪問白氏一行的宿舍。（p22ℓ2-p31ℓ7）

第六段落：阮先生和蔡通事訪問白氏一行的宿舍（p31ℓ7-p37
ℓ1）

第七段落：通事鄭氏訪問白氏一行的宿舍。（p37ℓ1-p43ℓ2）

第八段落：通事鄭氏訪問白氏一行的宿舍。（p43ℓ2-p47ℓ8）

第九段落：到了中秋節，白氏一行和琉球朋友們一起過節賞
月。（p47ℓ8～p50ℓ14）

第十段落：通事梁氏訪問白氏一行的宿舍。（p50ℓ14-p54ℓ2）

第十一段落：描寫白氏一行回國前一天的情況（p54ℓ3-p57）

通過全書的內容，我們可以看出琉球通事們和白氏一行的情
深意厚的交流情況。

二、《白姓官話》中的“替”字

通過課本的內容以及林氏[3]的序文內容來判斷，這本書是山東
商人白世蕓編寫的，再說書名稱為《白姓官話》也是一個旁證。
這本書是在白氏編寫的基礎上，又經閩人學者林氏的增補校正而
成的。因此課本中有一些閩語成分的詞彙和語法現象。但是總體
來說，《白姓官話》和其他琉球官話課本《官話問答便語》《學
官話》比較，它受到閩語詞語的還是極小的。

課本中的“替”字除了動詞的用法以外，有特殊的用法。替

---

3 序文（天理大學所藏的手抄本沒有序文，其他的抄本都有）後記有“山
東登州府萊陽縣商人白世蕓臨氏彙纂，福建府閩縣老儒林啓陞守超氏較
正”的記載。

字用法《官話問答便語》《學官話》只採用了兩三個例子。全文用 "替" 字一共 86 個。下面將其分析、整理如下：

a 相當於介詞 "跟"（和）

- 偏偏接貢船，又放洋開去了，不得同去，也不知道幾時繞得回家替父母妻子相見。（p6ℓ2）
- 你們所託的事，我替老爺講過了。（p22ℓ2）
- 兄們替他講，既然有病，要把心放寬些，就會快好。（p12ℓ6）
- 我替他講，剛繞回去問他，他說，都不想甚麼東西喫。（p16ℓ2）
- 這樣看來，替中國的龍船，差不多一樣。（p18ℓ3）
- 還有一件事情，要替通事商量，不知道使得使不得。（p18ℓ8）
- 病人朱三官有一句話叫我替通事講。（p49ℓ1）
- 等他回來，我替他商議（p50ℓ4）
- 他們陪你出來的人要回去，我替他一起回去也好。（p60ℓ1）
- 煩勞兄台，替令姐夫說一聲，弟所點的，差錯處狠多。（p60 ℓ4）
- 我們國王送給你們喫的，就是替你們的都一樣。（p68ℓ4）
  除了以上 11 個例子外，書中還有 23 個例子，其數量並不少。課本中介詞 "和" 的用法，只有一例。
- 大家相約，備點薄酒來這裡，和兄們大家解些愁悶，也好賞月玩耍（p93ℓ2）

b 相當於連詞 "和"（跟）

課本中當連詞用的例子，和其他介詞 "和" "爲" 的用法極少。

- 你們替他都認得麼（p35ℓ5）
- 今天蔡先生替鄭先生兩位，是繞到這裡的，那有不送的理。

（p36ℓ3）

- 我們替通事，纔相熟了，通事又要回府，叫我們怎麼捨得。
（p38ℓ6）
- 弟替兄們住處，雖是天各一方，即到敝國，弟做通事，傳兩邊的話，時刻來往，就像一家人了。（p49ℓ4）
- 阮先生替各位先生請進。（p60ℓ7）
- 凡有中國漂來的船，替那到中國進貢的船，都是久米府的人做通事。（p82ℓ1）
- 你替我自然是好相與了。（p96ℓ2）
- 求通事替老爺醫生大家商量商量。（p50ℓ2）

關於 ab 的用法，北京官話不用。它在明代白話小說中也有例子。比如：

- 一院中的人沒一個不替他相好，說得來的。（《初刻拍案驚奇》27 卷）
- 我是替你說過了，方住在此的。（《初刻拍案驚奇》26 卷）
- 二哥，你不曉的。天下多少"斯文"，若論起院子裡來，正替你我一般哩。（《西遊記》93 回）
- 就是築得通，我替你兩個人連夜不歇工，從小通到白，還不知可通得一半哩。（《後西遊記》93 回）

c 相當於介詞"為"、"給"

北京官話也有這種用法，但一般多用"為"、"給"，很少使用"替"。課本中"替"字相當於"為"的很多，一共 27 個。

在此舉 11 個例子，如：

- 弟們舊年在大島，蒙地方老爺，賞下木料等項人工，替你們修理船隻，此恩此德，怎生報答得了。（p3ℓ2）
- 若是通權，把這幾擔豆子替我們賣去，有多少的好處。（p20ℓ8）

- 只是他們也是<u>替</u>國王辦事，應該這樣的。（p38ℓ2）
- 回家住一個月，又來<u>替</u>你們做通事了。（p38ℓ8）
- 要用甚麼東西，都對他說，他自然<u>替</u>你們料理。（p39ℓ2）
- 弟這裡還有<u>替</u>通事點的書，今日帶去不帶去呢。（p40ℓ3）
- 通事纔來就這樣<u>替</u>我們勞心，感謝不盡。（p46ℓ6）
- 天天在這裡<u>替</u>他看病的那兩位醫生，那位年輕的，是這裡的，那一位年老的，是首里府國王差來的。（p52ℓ1）
- 蒙這裡老爺，怎麼樣請醫生<u>替</u>他調治，總不見效。（p85ℓ2）
- 我們<u>替</u>他備辦，你們不必心焦。（p87ℓ1）
- 有不着處，<u>替</u>弟改一改。（p108ℓ1）

　　課本中採用了不少同樣用法。這種用法，現代漢語書面語中也使用。明・清白話小說中也有用例。

- 似你這個重色輕生，見利忘義的<u>饢糟</u>不識好歹，<u>替</u>人家哄了招女揹，綁在樹上哩！（《西遊記》80 回）
- 你就家去纔好呢，我還<u>替</u>你留着好東西呢。（《紅樓夢》19 回）
- 可是咱們<u>替</u>她出火車費。（老舍：《二馬》）

三、小　結

　　共有 89 個 "替" 字，當介詞 "跟"（和）用的 23 個，當介詞 "爲"（給）用的 27 個，當連詞 "跟"（和）用的 8 個。其他當動詞用的。

　　對於 ab 的用法，太田辰夫先生曾經在他的著作《中國語歷史文法》中提出過，它在清代已出現過，可能是方言的一種現象，但是他沒有具體地指出哪種方言。因此至今尚無統一的看法。關於 "替" 字 abc 的用法，很可能和吳語的 "搭" 字有關。吳語的 "搭" 字有介詞 "跟"（和）、有連詞 "和"、有介詞 "給"（替）

的用法。（出現在《明清吳語詞典》）。這點需要進一步的調查和研究。

參考書目

《中國語史通考》　太田辰夫　白帝社　1988 年

《閩語研究》陳章太・李如龍　語文出版社　1991 年

《白姓官話全訳》　瀨戶口律子　明治書院　1994 年

〈明清時期日本琉球的漢語教學〉　瀨戶口律子　大東文化大學
　　大學院外國語學研究科第 3 號　2002 年

〈琉球官話課本編寫年代考證〉（共著者：李煒）　中國語文　2004
　　年第一期

《明清吳語辭典》　石汝杰・宮田一郎主編　上海辭書出版社
　　2005 年

《宮田一郎中國學論集》　宮田一郎　好文出版　2005 年

袁枚續詩品析論

司　仲　敖

提　要

晚唐司空圖論詩名著《詩品》，以摹神取象表現詩之不同風格境界，在中國文學批評史上別樹一幟，影響後代詩論極大，論詩者代受其影響。後有顧翰作《補詩品》，曾紀澤作《演司空表聖詩品二十四首》，二者皆亦步亦趨模擬司空圖《詩品》之風格論，因之價值有限。而足與司空圖《詩品》相頡頏者，乃清乾嘉年間論詩大家袁枚。袁枚論詩主性靈，爲歷代談性靈之集大成。袁枚性靈說之理論成熟則見於乾隆三十二年袁枚五十二歲時所著〈續詩品三十二首〉。乃仿司空圖詩品，標其所作詩三十二首，自「崇意」以至於「滅跡」，名爲〈續詩品〉。欲承表聖祇標妙境之後，而加以發揮，以明詩家成詩時之苦心，以盡「隨手之變」，成爲最有系統言詩之作。惟內容畢竟受形式和容量之限制，難以暢所欲言，常有言不盡意之憾。故由袁枚之詩、文、筆記、詩話之中，尋求理證，而瞭解其詩論之全貌。

關鍵詞：袁枚，續詩品，性靈說

一、前　言

　　有清一代，詩學昌隆，諸賢迭起，各領風騷。既能鎔裁舊說，衍前賢之續論，復能別創新義，開後人之心眼。袁枚詩論，其立論不僅求性靈之流露，凡神韻格調諸派所重視之主張亦莫不兼顧，此其詩論所以超越前代主性靈者之主要原因，亦其詩論所以見重之所在。錢泳《履園譚詩》：「自宗伯三種別裁集出，詩人日漸日少；自太史《隨園詩話》出，詩人日漸日多。」[1]其性靈詩論，《隨園詩話》所揭櫫者固聳動當時，影響後世。惟《隨園詩話》卷帙雖豐，但論述不夠系統完整。而貫穿其間的基本宗旨即是性靈說。〈續詩品〉則為其性靈說理論之成熟。

　　蓋袁枚性靈論雖也不無可議之處，但就其大處言，卻是最少偏見和罅漏。是以其雖尊唐音，而不廢宋法；雖不喜蘇、黃、七子和鍾、譚，而仍有取乎其詩與其言。某些論據，雖然未曾探本窮源，甚或張冠李戴，且不乏拾人牙慧，耳食而來。然其卻能集思廣益，集前代神韻、格調、性靈諸說之長，截長補短，擇善而從，成一家之論，為歷代談性靈之集大成。乾隆十年袁枚三十歲所作〈答曾南村論詩〉：

　　　　提筆先須問性情，風裁休劃宋元明。八音分列宮商韻，一
　　　　代都存雅頌聲。
　　　　秋月氣清千處好，化工才大百花生。憐予官退詩偏進，雖
　　　　不能軍好論兵。[2]

　　首句提出性情為詩歌創作之主觀條件，此性情即真情，是性靈說真情論之主要內涵。次句則提出創作不可囿於古人之格調，

1　《履園譚詩・總論》。《清詩話》，明倫出版社，頁 8871。
2　《小倉山房詩集》卷四，廣文書局，頁 6。

要獨抒性情，是其性靈說思想之萌芽。乾隆十四年袁枚三十四歲所寫〈示香亭〉云：「對景生天機，隨心發匠巧」[3]，標舉天機與匠巧之靈感與詩才作用。同年所寫，〈讀書二首〉其二云：

> 我道古人文，宜讀不宜仿。讀則將彼來，仿乃以我往。
>
> 面異斯為人，心異斯為文。橫空一赤幟，始足張吾軍。[4]

此詩明確反映性靈說之個性論思想，即主張詩歌抒寫感情要富創造性，自樹一幟，表現出詩人獨特之藝術個性。顯示出性靈說內涵之又一領域。而其性靈說之理論成熟則見於乾隆三十二年五十二歲所寫〈續詩品三十二首〉[5]，袁枚之〈續詩品〉，涉及頗多，非專為闡明彰顯其性靈論而發，故前人鮮少互相援引以資勘驗而發明其義蘊者，然其由體生用，由原理出方法，〈續詩品三十二首〉自必與其詩論不相違背，今就〈續詩品〉鉤稽而析論之。

二、袁枚與〈續詩品〉

晚唐司空圖論詩名著《詩品》，以摹神取象表現詩之不同風格境界，《四庫全書總目》評曰：「深解詩理，凡分二十四品：曰雄渾，曰沖淡，曰纖穠……各以韻語十二句體貌之」[6]，在中國文學批評史上別樹一幟，有許其總結全唐之詩，有推其啟導後世之論，影響後代詩論極大。楊深秀傚元遺山論詩絕句五十首，論山右詩人云：

> 墜笏朝堂為失儀，吟成廿四品尤奇。王官谷裏唐遺老，總結唐家一代詩。[7]

3 《小倉山房詩集》卷六，廣文書局，頁3。
4 《小倉山房詩集》卷六，廣文書局，頁2。
5 《小倉山房詩集》卷二十，廣文書局，頁8-11。
6 《四庫全書總目》第七冊，卷195，藝文印書館，頁4081。
7 《近代詩鈔‧傚元遺山論詩絕句五十首，專論山右詩人》第十八冊。

　　所謂「總結唐家一代詩」，非爲有唐一代詩評章作家、論定作品，而定其地位成就、優劣品第。係謂有唐各家之意境、風格，悉不出二十四詩品之牢籠。故許以坤戲爲絕句譽之云：「司空拈出無多語，百態牢籠萬古新」。[8]論詩者代受其影響。後有顧翰作《補詩品》，曾紀澤作《演司空表聖詩品二十四首》，二者皆亦步亦趨模擬司空圖《詩品》之風格論，因之價值有限。而足與司空圖《詩品》相頡頏者，乃清乾嘉年間論詩大家袁枚。

　　袁枚〈續詩品〉，乃乾隆三十二年袁枚五十二歲時，仿司空圖詩品，標其所作詩三十二首，自「崇意」以至於「滅跡」，名爲〈續詩品〉，其名曰續，以其每首采取司空表聖《詩品》四言十二句之形式，而內容則獨出心裁，言簡意賅，頗便記誦，丁福保收入清《詩話》中。楊復吉跋袁枚〈續詩品〉云：

　　　　簡齋先生之詩，梨棗久登，傳布未廣。今讀〈三十二品〉，而《小倉山房全集》可概見矣。駕鷔繡出，甘苦自知，直足補表聖所未及，續云乎哉？[9]

　　楊復吉以袁枚〈續詩品〉足補司空圖《詩品》之價值，絕非其他效顰之作可擬也。王飛鶚序袁枚〈續詩品〉亦云：

　　　　先生說詩之旨，薛橫山謂一見于〈答歸愚宗伯書〉，再見于〈續詩品〉三十二首。今觀此作，化表聖之奧意深文爲軒豁呈露。直使學者有規矩可循，其所云：「寥寥千載，此妙誰傳」者，自道語亦自負語也。

　　稱許〈續詩品〉化表聖之奧意深文爲軒豁呈露之通俗實用特點，且在袁枚詩論中不容忽視之地位。〈續詩品〉之作意，其序已闡明。袁枚云：

8　《兩浙輶軒錄・戲爲絕句八首之一》卷三十二。
9　《清詩話》，明倫出版社，頁 1037。

　　余愛司空表聖詩品，而惜其袛標妙境，未寫苦心，為若干
　　首續之。[10]

　袁枚欲承表聖袛標妙境之後，而加以發揮，以明詩家成詩時
之苦心。梁章鉅以不可不讀，乃真學詩之準繩譽之云：

　　司空表聖《詩品》，但以雋詞標舉興象，而於詩家之利病，
　　實無所發明。於作者之心思，亦無所觸發。近袁簡齋作〈續
　　詩品〉三十二首，乃真學詩之準繩，不可不讀。…蓋非深
　　于詩者不能為也。[11]

　而葉廷琯《鷗陂漁話》以袁枚〈續詩品〉乃論用功作詩之法，
作詩利害之所由，實非詩品，更不必襲表聖詩品舊名云：

　　隨園所續，皆論用功作詩之法，但可謂之詩法，不當謂之
　　詩品。且所作亦殊足成一子，何必定襲表聖舊名耶？[12]

　而錢鍾書《管錐篇》則直指司空表聖《詩品》所言乃詩心，
而其屬詞雖仿司空表聖，然謀篇命意卻出於陸機《文賦》云：

　　說者病其與司空圖原作旨意逕庭，實者袁之屬詞雖仿司
　　空，而謀篇命意出於陸機《文賦》及《文心雕龍》之神思、
　　定勢、鎔裁等篇。[13]

　袁枚引陸士龍之言可見〈續詩品〉之作。袁枚云：

　　陸士龍云：雖隨手之妙，良難以詞論，要所能言者，盡於
　　是耳。[14]

　蓋陸士龍係陸士衡之誤，所引係《文賦》序中語，而亦有誤
記處。《文賦》乃論作文利害之所由，而袁枚〈續詩品〉則論作

10　《小倉山房詩集・續詩品三十二首序》卷二十，廣文書局，頁 9。
11　《退庵隨筆・學詩二》《清代筆記叢刊》，卷二十一，齊魯出版社，頁
　　2072。
12　《清代筆記叢刊》，卷五，隨園續詩品條，齊魯出版社，頁 2752。
13　第三冊，書林出版有限公司，頁 1184。
14　《小倉山房詩集》卷二十，廣文書局，頁 8。

詩利害之所由，至於成詩時隨手之變，既同《文賦》之「難以詞逮」，自在不能究論之例。而苦心之意，則非隨手之變而可論之也。袁枚於司空表聖之《詩品》，有褒無貶，惜其「未寫苦心，」故繼其厥美，續二十四詩品，在寫「苦心」，以盡「隨手之變」，成為最有系統言詩之作。

三、〈續詩品〉析論

袁枚之性靈論，性謂之性情，乃論詩之本，靈為靈妙、靈動，乃成詩之用。以性情論詩，其主張在〈續詩品〉「崇意」中則有論及云：

> 虞舜教夔，曰：「詩言志」。何今之人，多辭寡意。意似主人，辭如奴婢。主弱奴強，呼之不至。穿貫無繩，散錢委地。開千隻花，一本所繫。[15]

在闡明詩歌之內容，「意」之主導地位。意具體表現在詩中，即是詩人之志。袁枚引用尚書堯典「詩言志」之古訓，用於「崇意」之首，從性靈說主情以立論。蓋謂詩之「崇意」—確定主題，必源本於性情也。《隨園詩話》所云可以為證：

> 千古善言詩者，莫如虞舜教夔典樂曰：「詩言志」言詩之必本乎性情者也，曰：「歌永言」言歌之不離乎本旨也。曰：「聲依永」言聲韻之貴悠長也。曰：「律和聲」言音之貴均調也。知此四者，於詩之道盡之矣。[16]

意似主人，辭如奴婢。從內容與形式之主從關係，強調詩情第一，詞采第二，詞采為內容而服務之論旨，因之指斥當時之詩人，犯有多辭寡意之失，而主張詩人應知立意之重要，不可輕主

15　《小倉山房詩集》卷二十，廣文書局，頁 8。
16　《隨園詩話》卷三，江蘇古籍出版社，頁 86。

題而重辭采，導致奴強主弱不聽驅遣之病，影響詩情之表現。復言有辭采而無主題，則如委地之散錢，因無繩索爲之貫穿故也。此論猶如王夫之《薑齋詩話》所論，意猶帥，無帥之兵乃烏合之衆。王夫之云：

> 無論詩歌與長行文字，俱以意爲主。意猶帥也，無帥之兵謂之烏合。李、杜所以稱大家者，無意之詩十不得一二也。
> 17

故袁枚以三百篇頌不如雅，雅不如風。風者，皆勞人、思婦、靜女、狡童矢口而成者也。《隨園詩話》申言之云：

> 常寧歐永孝序江賓谷之詩曰：「三百篇，頌不如雅，雅不如風，何也？雅、頌，人籟也，地籟也，多后王、君公、大夫修飾之詞。至十五國風，則皆勞人、思婦、靜女、狡童矢口而成者也。尚書曰：『詩言志。』史記曰：『詩以達意。』若國風者，真可謂之言志而能達矣。」賓谷自序其詩曰：「予非存予之詩也；譬之而然，予雖不能如城北徐公之面美，然予寧無面乎？何必作闥觀焉？」18

是知袁枚之「崇意」除確定一詩之主題外，而此主題必由性情流出。《詩話補遺》云：

> 浦柳愚山長云：「詩生於心而成於手，然以心運手則可，以手代心則不可。今之描詩者，東拉西扯，左支右撐，都從故紙堆來，不從性情流出，是以手代心也。」吳西林處士云：「詩以意爲主，以詞爲奴婢，若意少詞多便是主弱奴強，呼喚不動矣。」二說皆妙。19

---

17 《薑齋詩話》卷下，二《清詩話》，明倫出版社，頁 8。
18 《隨園詩話》卷三，江蘇古籍出版社，，頁 73。
19 《隨園詩話補遺》卷四，江蘇古籍出版社，頁 631。

又於《隨園詩話》卷六云：

> 吳西林云：「詩以意為主，以辭采為奴婢，苟無意思作主，則主弱奴強，雖僮指千人，喚之不動。古人所謂詩言志、情生文、文生韻，此一定之理。今人好用典，是無志而言詩；好疊韻，是因韻而生文；好和韻，是因文而生情。兒童鬪草，雖多亦奚以為！」[20]

是明揭主題必由詩人之性情中流出，而不可由故紙堆中來。由故紙堆中來，必非性情之真，更無感情可言。其「著我」更係性情論詩之發揮。〈續詩品〉「著我」云：

> 不學古人，法無一可。竟似古人，何處著我？字字古有，言言古無。吐故吸新，其庶幾乎？孟學孔子，孔學周公。三人文章，頗不相同。[21]

詩之創作，主體乃個別之詩人，作品之內容與風格意境，均與作者密不可分，雖然，任何一位詩人，不可能不學古師人，但是，學古師人不能流於邯鄲學步，竟似古人而失去自己之風神面目。故云：「竟似古人，何處著我」。著我之妙訣，在不似古人，謂能變化古人而為我用。袁枚之論歐陽文忠公云：

> 歐公學韓文，而所作文全不似韓文，此八家中所以獨樹一幟也。公學韓詩，而所作詩頗似韓，此宋詩中所以不能獨成一家也。[22]

是謂歐陽文忠公，文能善學韓文公而變化之，有我之風神面貌，故能獨樹一幟。詩則頗似韓文公，未「著我」而隨人之後，故不能戛戛獨造。著我之法，自在張皇我之性情際遇。而詩中方

20　《隨園詩話》卷六，江蘇古籍出版社，頁 179。
21　《小倉山房詩集》卷二十，廣文書局，頁 10。
22　《隨園詩話》卷六，江蘇古籍出版社，頁 171。

有我真實之感受，免於從故紙堆中來。袁枚云：

> 然格律莫備於古，學者宗師自有淵源。至於性情遭際，人
> 人有我在焉，不可貌古人而襲之，畏古人而拘之。今之鶯
> 花，豈古之鶯花乎？然而不得謂今無鶯花也。今之絲竹，
> 豈古之絲竹乎？然而不得謂今無絲竹也。天籟一日不斷，
> 則人籟一日不絕。孟子曰：「今之樂，猶古之樂。」樂即
> 詩也。[23]

　　詩人之性情各異，創作時，斷不可棄己從人。應發揮一己之
性情，以形成其獨特，此「著我」之道也。

　　故針對當時之人作詩，盡往詩裏堆積書籍典故，而不錘煉深
思取其中之精妙，好比是拿市場上的東西來大宴賓客，如此。何
有新意？《詩話》云：

> 酒肴百貨，都存行肆中。一旦請客，不謀之行肆，而謀之
> 廚人，何也？以味非廚人不能為也。今人作詩，好填書籍，
> 而不假爐錘，別取真味，是以行肆之物享大賓矣。[24]

　　《詩話》又以祭肉出三日則不食之矣，強調作詩意新之重
要。袁枚云：

> 司空表聖論詩，貴得味外味。余謂今之作詩者，味內味尚
> 不能得，況味外味乎！要之以出新意，去陳言為第一著。
> 鄉黨云：「祭肉不出三日，出三日則不食之矣。」能詩者，
> 其勿為三日後之祭肉乎！[25]

　　袁枚之論「崇意」，今日視之，似亦老生常談，別無新意。
但處袁枚之世，抱杜尊韓者有之，鬥巧爭奇者有之，專倡格調者

23　《小倉山房文集・答沈大宗伯論詩書》卷十七，頁 283。
24　《小倉山房文集・答沈大宗伯論詩書》卷十七，頁 198。
25　《小倉山房文集・答沈大宗伯論詩書》卷十七，頁 178-179。

有之，刻意藻飾者有之，刺刺不休為唐宋之爭者有之，袁枚獨標崇意言志，以正本清源，可謂慧眼獨具，迥出凡庸。朱自清推其為合「詩言志」與「詩緣情」為一之第一人。[26]袁枚〈續詩品三十二首〉之成，欲以繼表聖之後，抉發為詩之「苦心」，絕非鑿空強作，乃其平素論詩之見，陶冶凝聚而成，故《詩話》之論與之若合符節。

袁枚以詩情有真、偽，作詩之際不可失此真我，以彰顯詩人之「本來面目」，〈續詩品〉又提出「葆真」即張皇此意云：

> 貌有不足，敷粉施朱。才有不足，徵典求書。古人文章俱非得已，偽笑佯哀，吾其優矣。畫美無寵，繪蘭無香，揆厥所由，君形者亡。[27]

標舉詩意、詩情之真，而貶斥其假。以女性之容貌為喻，敷粉施朱，主在貌色不美、不足，而掩飾遮醜，或增妍取憐，以方詩人之徵典求書，乃係作者才有不足，不得不乞靈於古人。此猶如女之貌色不美，而求助於脂粉朱黛，自有失真之虞。是袁枚之用典，不過是美人敷粉施朱，以補其貌之不足，非恃之以為美也。《詩話補遺》卷六云：

> 余以為詩文之作意用筆，如美人之髮膚巧笑，先天也；詩文之徵文用典，如美之衣裳首飾，後天也。[28]

視「徵文用典」為詩人技窮力竭之餘，無可奈何之法，乃美人求美之後天手段，以濟先天之窮而已。袁枚不廢「徵文用典」之意可以明矣。然在無可奈何而用典之時，亦求不露痕跡。袁枚

26　《詩言志辨·作詩言志》《朱志清古典文學論文集》，源流出版社，頁228。
27　《小倉山房詩集》卷二十，廣文書局，頁9。
28　《隨園詩話補遺》卷六，江蘇古籍出版社，頁690。

云：「用典如水中著鹽，但知鹽味不見鹽質」[29]用典能達渾然天成如斯地步，無傷表達時之靈妙、靈巧，甚至有裨益，又何必摒棄？詩人爲詩，應自肺腑而出，真摯、坦誠、不矯飾、不隱遮，表顯其性情之真，所謂「心爲人籟，誠中形外」，使人聲聲見心。葉燮云：「詩是心聲，不可違心而出，也不能違心而出」，袁枚正是強調此點。並引王陽明、顧寧人之說，而言詩文不能達到極至之原因，乃虛矯僞飾，裝腔作勢，掩失本色。袁枚云：

> 王陽明先生云：「人之詩文，先取真意；譬如童子垂髫肅揖，自有佳致。帶假面，傴僂而裝鬚髯，便令人生憎。」
> 顧寧人與某書曰云：「足下詩文非不佳，奈下筆時，胸中總有一杜一韓放不過去，此詩文之所以不至也。」[30]

袁枚於「葆真」標舉詩意、詩情之真，而貶斥其假。其〈答戢園論詩書〉更灼然可見：

> 足下之意，以為我輩成名必如濂、洛、關、閩而後可耳，然鄙意以為得僞千百濂、洛、關、閩，不如得一二真白傅、樊川。以千金之珠，易魚之一目，而魚不樂者，何也？目雖賤而真，珠雖貴而僞故也。[31]

袁枚又云：

> 熊掌、豹胎，食之至珍貴者也；生吞活剝，不如一蔬一筍矣。牡丹、芍藥，花之至富麗者也；剪綵為之，不如野蓼、山葵矣。味欲其鮮，趣欲其真，人必如此，而後可與論詩。[32]

其源於詩人之性情，而存葆其真意，灼然大明。蓋謂趣欲其

29　《隨園詩話》卷七，江蘇古籍出版社，頁 227。
30　《隨園詩話》卷三，江蘇古籍出版社，頁 67。
31　《小倉山房文集》，卷三十，廣文書局，頁 1。
32　《隨園詩話》卷一，江蘇古籍出版社，頁 20。

真，否則熊掌、豹胎，不如一蔬一筍。剪綵成之牡丹、芍藥，不如野蓼、山葵。意欲其真，童子垂髫肅揖，自有佳致，裝鬚髯，則令人生憎。詩人之成爲詩人，基於其性情，如不能爲濂、洛、關、閩之道學家，而勉強傚效，則必成爲僞假之濂、洛、關、閩。故詩不如就其本性之真，成爲真正白傅、樊川。何況依其成就而論，真詩人必勝於僞道學，其「葆真」之意如此。因之袁枚不喜矜風雅顯才學之唱和詩，《詩話》云：

> 余作詩雅不喜疊韻、和韻及用古人韻，以為詩寫性情，惟吾所適；一韻中有千百字，憑吾所選，尚有用定後不愜意而別改者，何得以一二韻約束為之？既約束，則不得不湊拍；既湊拍，安得有性情哉！莊子曰：「忘足，履之適也」。余亦曰：「忘韻，詩之適也」。[33]

蓋袁枚以爲「文以情生，未有無情而有文者。韻因詩押，未有無詩而先有韻者。」[34]疊韻、和韻，常言不由衷，無中生有，〈續詩品〉「擇韻」則批判云：

> 醢百二甕，帝豈盡甘？韻八千字，人何亂探。次韻自繫，疊韻無味。鬥險貪多，偶然遊戲。勿瓦缶撞，而銅山鳴。食雞取跖，烹魚去丁。[35]

韻之擇在唯其所宜，唯我所適耳。不得以韻傷性、矯情。凡次韻、疊韻、鬥韻以詩交際應酬者，常乃自繫手腳，無中生有，言不由衷，不足爲常法。是離性而爲韻作詩，非就韻而成吟。如此，何能葆其真？袁枚自題詩云：

> 不矜風格守唐風，不和人詩鬥韻工。隨意閒吟沒家數，被

---

33 《隨園詩話》卷一，江蘇古籍出版社，頁3。
34 《隨園詩話補遺》卷七，江蘇古籍出版社，頁720。
35 《小倉山房詩集》卷二十，廣文書局，頁9。

人強派樂天翁。[36]

　　正係此一主張之證明。其拒絕賡和雲坡大司寇之圍獵扈從詩更可知其意：

　　　　命枚和作則斷不敢，何也？蟲吟鳥鳴，本不足以答遙嚮于
　　　　鈞天。而況目之所未瞻，身之所未到，勉強為之，有如茅
　　　　簷曝背，高話金鑾。雖溺愛如公，有不笑其牙牙學語，婢
　　　　作夫人者乎？[37]

　　因之袁枚尤為反對代人悼亡之作，《詩話補遺》卷十云：

　　　　代人悼亡最難落筆，然古人有亡於禮者之禮，則自有亡於
　　　　情者之情。[38]

　　以其非真情故最難落筆，認識到詩情惟真，方能引人共鳴，感人肺腑。古來有後人好補作古人已亡之作，卒不能佳，即因無性情故也。《詩話》卷二云：

　　　　凡古人已亡之作，後人補作，卒不能佳，因無性情故也。
　　　　束皙補由庚，元次山補咸英九淵，皮日休補九夏，裴光庭
　　　　補新宮茅鴟，其詞雖在，後人讀之則寡矣。[39]

　　詩之聲韻不能以韻譜限制之，「結響」之說即申此意：

　　　　金先於石，餘響較多。竹不如肉，為其音和。詩本樂章，
　　　　按節當歌。將斷必續，如往復過。蕭來天霜，琴生海波。
　　　　三日繞梁，我思韓娥。[40]

　　「結響」者，音之極詣，聲文之入妙者也。是故「結響」縱涉乎音而與「擇韻」之限於音仍有異焉。[41]「結響」之云響，則

36　《小倉山房詩集》卷二十六，廣文書局，頁 9。
37　《小倉山房尺牘·雲坡大司寇》卷四，廣文書局，頁 3。
38　《隨園詩話補遺》卷十，江蘇古籍出版社，頁 801。
39　《隨園詩話》卷一，江蘇古籍出版社，頁 33。
40　《小倉山房詩集》卷二十，廣文書局，頁 9。
41　劉衍文、劉永翔《袁枚續詩品詳注》，上海書店，1993，頁 85。

重在篇、句暨詞之聲情；要響亮動聽自成音節，引發共鳴。而「詩本樂章，按節當歌」揭示詩與音樂性之密切關係，離開音樂性也就不成其爲詩。聲韻悠長，不特使詩易於傳誦，而且又有「繞梁不絕」之妙。故袁枚於詩主性情外，於聲韻求其自然協律，不必過嚴；過嚴，反桎梏內性之靈感，自限手腳，無以伸展。而寬亦並非是不講聲韻。袁枚云：

> 同一樂器，瑟曰鼓，琴曰操。同一著述，文曰作，詩曰吟。
> 可知音節之不可講。[42]

袁枚論詩之重聲韻可見矣。惟袁枚注重詩之音節聲律，與沈德潛之格調說有本質上之不同。沈氏云：「樂府之妙，全在繁音促節。」[43]視音律爲詩之本質所在。袁枚則以爲詩之格律並無固定模式，乃從屬性情，性情爲本，格律爲末。「有性情便有格律，格律不在性情之外。」[44]袁枚云：「天籟最妙」[45]。音節既是自然，故不能以韻譜限制之。

然詩之佳否，不難在知其佳，而難在辨其何以佳。非知音鑑賞之難，而難在知是知非，不爲似是而非之理念所惑，故非「辨微」不足以知之。袁枚云：

> 是新非纖，是淡非枯。是朴非拙，是健非麤。急宜判分，
> 毫釐千里。勿混淄、澠，勿眩朱紫。戒之戒之！賢智之過。
> 老手頹唐，才人膽大。[46]

前人論詩或偏於門戶，或脅於大家，或囿於識見，故多似是而非模糊之談，袁枚論之云：

42　《隨園詩話補遺》卷一，江蘇古籍出版社，頁 547。
43　《說詩晬語 上》《清詩話》，明倫出版社，頁 529。
44　《隨園詩話》卷一，江蘇古籍出版社，頁 2。
45　《隨園詩話補遺》卷五，江蘇古籍出版社，頁 666。
46　《小倉山房詩集》卷二十，廣文書局，頁 10。

> 作詩不可不辨者：淡之於枯，薪之於纖，樸之於拙，健之
> 於粗，華之於浮，清之於薄，厚重之於笨滯也，縱橫之於
> 雜亂也，亦似是而非。差之毫釐，失以千里。[47]

足以見「辨微」之意。詩人能在觀念上有所辨正，革除似是
而非之弊，自能去枯窮而成淡雅，由纖細以生新巧，離笨拙以就
樸質，革粗豪而歸健雄，卻浮虛而得華麗，除薄尖而臻清新，棄
笨滯而達厚重。故「辨微」是原則，「拔萃」是目標。

性靈詩之主要特色即在抒寫真情實感，故袁枚最愛周櫟園之
論詩曰：

> 詩以言我之情也，故我欲為則為之，我不欲為則不為，原
> 未嘗有人勉強之，督責之，而使之必為詩也。是以三百篇，
> 稱心而言，不著姓名，無意於詩之傳，並無意於後人傳我
> 之詩。嘻！此其所以為至歟？今之人欲借此以見博學，競
> 聲名，則誤矣！[48]

詩乃言我之情，未嘗有人勉強之，使之必為詩。「我欲為則
為之，我不欲為則不為。」詩人作詩而有垂傳後世之心，又存「見
博學，競聲名」之念，則必捨己以從人，趨時求合，徵書逞博，
自不能稱情而出。三百篇之所以可愛，劉勰曾指其「志思蓄憤」，
即抒發內心真實強烈之感情，亦即內心情感之自然流露。故袁枚
讚譽杜少陵、白香山創為新樂府，以自寫性情，此三唐之詩之所
以盛也。[49]

惟《〈續詩品〉》雖重視詩作之內容為「主人」，但不否定
形式「奴婢」之語言，若無賦予詩情內容以語言藝術之形式，則

47　《隨園詩話》卷二，江蘇古籍出版社，頁48。
48　《隨園詩話》卷三，江蘇古籍出版社，頁70。
49　《隨園詩話補遺》卷九，江蘇古籍出版社，頁791。

詩亦不復存在。「振采」正是強調以華采增益自然之美，使詩之
語言修飾得宜，整潔工妙，如美人之薰香嚴妝方能倍顯其豔美也，
是乃辭之極詣，亦「靈」之顯於形文者。故〈續詩品〉「振采」
云：

> 明珠非白，精金非黃。美人當前，爛如朝陽。雖抱仙骨，
> 亦由嚴妝。匪沐何潔？非薰何香？西施蓬髮，終竟不臧。
> 若非華羽，曷別鳳凰。[50]

　　徒黃、白不足以成金、珠，但非黃、白亦不成其爲金、珠也。
若投明珠于糞土，委精金於泥沙，金玉之光何由顯耀？是西施蓬
髮之謂，難顯麗質，魅力減色。必經過詩人沐而薰之嚴妝般的語
言形式加工，方能產生仙骨美人般的佳篇。西施蓬髮，可能不掩
其豔色，但終傷累其佳美，此鳳凰之貴有華麗之羽毛也。故求表
達之入微生動，必不惜字彙之求巧，苟率性而作，衝口而成，必
流淺易庸鄙。逞奇鬥豔，必流纖巧冶豔而無蘊藉。袁枚進一步論
述詩文之注重奇巧云：

> 人莫不有五官百體，而何以男誇宋朝，女稱西施。昌黎答
> 劉正夫云：「足下家中百物，皆賴而用也，然其所珍愛者，
> 必非常物。」皇甫持正亦云「虎豹之文必炳，珠玉之光必
> 耀。」故知色采貴華也。聖如堯舜，有山龍藻火之章；淡
> 如仙佛，有瓊樓玉宇之號。彼擊瓦缶、披短褐者，終非名
> 家。[51]

　　夫千古之詩，皆傳巧不傳拙，猶人莫不有五官百體，而男以
潘安爲勝，女稱西施爲美，其理一也。故詩文必加巧飾，字句必
待錘鍊也。詩文之道，總以出色爲主，切忌人云亦云之語。蓋人

---

50 《小倉山房詩集》卷二十，廣文書局，頁 9。
51 《隨園詩話》，卷七，江蘇古籍出版社，頁 228。

性好奇異，亦悅美巧，詩文亦如之，弗美巧者不傳，故曰：

> 惟其言之工妙，所以能使人感發而興起，倘直率庸腐之言，能興者其誰耶？[52]

細研之，奇巧乃表現主題之技巧。袁枚云：

> 劉知幾云：「有才無學，如巧匠無木不能運斤；有學無才，如愚賈操金不能屯貨。」余以為詩文之作意用筆，如美人之髮膚巧笑，先天也；詩文之徵文用典，如美人之衣裳首飾，後天也。至於腔調塗澤，則又是美人之裹足穿耳，其功更後矣。[53]

是明言分作意用筆二種功夫。用筆功夫在求奇巧，徵書引典、用字押韻、潤飾修辭，均在其內。《詩話》云：

> 有人以某巨公之詩，求選入《詩話》，余攬之倦而思臥，因告之曰：「詩甚清老，頗有工夫；然而非之無可非也，刺之無可刺也，選之無可選也，摘之無可摘也。孫興公笑曹光祿「輔佐文如白地明光錦，裁為負版袴；非無文采，絕少剪裁」是也。或曰：「其題皆莊語故耳。」余曰「不然，筆性靈，則寫忠孝節義，俱有生氣；筆性笨，雖咏閨房兒女，亦少風情。」[54]

詩之不佳，不在立意之不佳，而在立意之不新，表現之不巧，故無詩趣。

《詩話》又云：

> 說者曰：黃河之水，泥沙俱下，才大者無訾焉。不知所以然者，正黃河之才小耳。獨不見夫江海乎？清瀾浮天，纖

---

52 《隨園詩話補遺》，卷六，江蘇古籍出版社，頁 546。
53 《隨園詩話補遺》卷六，江蘇古籍出版社，頁 690。
54 《隨園詩話補遺》卷二，江蘇古籍出版社，頁 601。

> 塵不飛，所有者萬怪百靈，珊瑚木難，黃金銀為宮闕而已。
> 焉睹所謂泥沙者哉？善學詩者，當學江海勿學黃河。[55]

是言詩人之才大者，不可不注重表現之技巧，黃河之水，泥沙俱下，是乃粗才，若去其泥沙，所謂「清瀾浮天，纖塵不飛」方乃極至。是以前人論詩多貴厚而賤薄，而枚貴妙，妙亦奇巧之意也。袁枚云：

> 今人論詩，動言貴厚而賤薄，此亦耳食之言。不知宜厚宜薄，惟以妙為主。以兩物論，狐貉貴厚，鮫綃貴薄。以一物論，刀背貴厚，刀鋒貴薄。安見厚者定貴，薄者定賤耶？古人之詩，少陵似厚，太白似薄；義山似厚，飛卿似薄；俱為名家。猶之論交，謂深人難交，不知淺人亦正難交。[56]

惟求奇巧，亦需注意文辭之典雅，「安雅」云：

> 雖真不雅，庸奴叱詫。悖矣曾規，野哉孔罵。君子不然，芳花當齒。言必先王，左圖右史。沈夸微栗，劉怯題糕。想見古人，射古為招。[57]

所謂「雖真不雅，庸奴叱詫」對粗鄙言詞袁枚是極反對。依袁枚之詩論，一詩之成，立意、主題是一段工程，文字表達係一段工程，故自文字表達，宜求美求雅，使文采豔發，則表現方能出類拔萃，他人不可企及。〈續詩品〉「拔萃」云：

> 同鏘玉珮，獨姣宋朝。同歌苕花，獨美孟姚。拔乎其萃，神理超超。布帛菽粟，終遜瓊瑤。〈折楊〉、〈皇荂〉，敢望〈鈞韶〉。請披采衣，飛下丹霄。[58]

蓋精意孤懷，必待辭采以發，儷藻以成之，如仙人披采衣而

55　《小倉山房文集・答蘭垞第二書》卷十七，廣文書局，頁 5。
56　《隨園詩話》卷四，江蘇古籍出版社，頁 113。
57　《小倉山房詩集》卷二十，廣文書局，頁 10。
58　《小倉山房詩集》卷二十，廣文書局，頁 11。

下丹霄，「請披采衣，飛下丹霄」，謂奇巧方能瑰麗動人，方能驚眾而傳遠。此乃共見共識，枚故不以平正為滿足，蓋平正只是入手工夫之一：

> 胡稚威云：「詩有來得、去得、存得之分。來得者，下筆便有也；去得者，平正穩妥也；存得者，新鮮出色也。」[59]

此正足以說明「請披采衣，飛下丹霄」之意。惟苦心烹煉而又泯除雕琢之迹，使人籟而合於天籟，即「人巧極而天工錯也」。故袁枚云：

> 法時帆學士造詩龕云：「情有不容己，語有不自知，天籟與人籟，感召而成詩。」予讀之，以為深得詩家上乘之旨。[60]

何法而達此地步？最直接而有效之法即係「勇改」，袁枚云：

> 千招不來，倉猝忽至。十年矜寵，一朝捐棄。人貴知足，惟學不然。人功不竭，天巧不傳。知一重非，進一重境。亦有生金，一鑄而定。[61]

從古詩人不廢苦思改易，一方面去其缺失疵累，一方面增其妍麗整雅，「澄滓」即是要掃除陳詞濫調之缺失疵累，而以「獨出新裁」代「老生常談」，否則「寧可不吟」。「澄滓」云：

> 描詩者多，作詩者少。其故云何？渣滓不少。糟去酒清，肉去泪饋。寧可不吟，不可附會。大官筵饌，何必橫陳？老生常談，嚼蠟難聞。

《詩話》又發揮此意云：

> 唐子西云：「詩初成時，未見可訾處，姑置之，明日取讀

則瑕疵百出，乃反復改正之。隔數日取閱，疵累又出，又改正之。如此數四，方敢示人。」此數言可謂知其難，而深造之者也。然有天機一到，斷不可改者。余〈續詩品〉有云：「知一重非，進一重境；亦有生金，一鑄而定。」[62]

觀此可見「勇改」理論之形成，受宋人唐子西之影響甚大。又可見〈續詩品〉與其《詩話》之表裏通貫。「勇改」尤有棄舊而添增新妍，故袁枚曰：「十年矜寵，一朝捐棄。」其所以捐棄，是詩人知昨日之非，因而割捨，乃詩人大有進境。故曰：「知一重非，進一重境」。是以其〈遣興〉詩云：

愛好由來落筆難，一詩千改心始安。阿婆還是初笄女，頭未梳成不許看。[63]

其用力之處則在竭其才力，費盡功夫，以求完美。千改之後，詩作奇巧而新鮮出色，方呈現於人前。袁枚之「勇改」有「人巧極而天工錯」之意，謂由人巧至極之「勇改」，以達「妙手偶得」之佳境，其準則在使詩作「天衣無縫」之自然渾成境界。故曰：「亦有生金，一鑄而定。」而《詩話》亦可見其意。《詩話》云：

詩不可不改，不可多改，不改則心浮，多改則機窒。要像初摘黃庭，剛到恰好處。孔子曰：「中庸不可能也。」此境最難。[64]

合此方足見袁枚「勇改」之意。

至於「求友」，實亦修改之一途。「勇改」爲成文後自我之改，「求友」，則求人爲改耳。袁枚云：

游山先問，參禪貴印。閉門自高，吾斯未信。聖求童蒙，

62　《隨園詩話》卷三，江蘇古籍出版社，頁 64。
63　《小倉山房詩集》卷三十三，廣文書局，頁 2。
64　《隨園詩話》卷三，江蘇古籍出版社，頁 79。

而況於我？低棋偶然，一著頗可。臨池正領，倚鏡裝花。笑倩傍人，是耶非耶？[65]

「求友」之友，乃廣義之師友；求者，望其有所啓迪。求友之道，原欲得旁觀之清，以生發我心之靈。袁枚以少陵「多師是我師」，不敢薄古人，即便村童牧豎，一言一笑，皆可爲吾師，袁枚云：

> 少陵云：「多師是我師」，非止可師之人而師之也。村童牧豎，一言一笑，皆吾之師，善取之皆成佳句。[66]
> 以故僕論詩，豈特不敢薄古人哉，即足下有一篇之善、一句之佳，僕必師之，而終身不敢忘也。……即後生小子女流末學有一言之善、一句之佳，僕必師之，而亦終身不敢忘也。[67]

因之袁枚於〈答祝芷塘太史〉再申其意云：

> 師豈有一定哉！堯問路於牧童，則牧童即堯之師；孔子愛童子滄浪之歌，則童子即孔子之師。此聖人之所以為大也。[68]

袁枚於詩得一字之師，則樂不可言，而以「紅爐點雪」喻之。故於〈續詩品〉「知難」論詩之難作，流傳千古，尤非易易。「知難」云：

> 趙括小兒，兵乃易用。充國晚年，愈加持重。問所由然，知與不知。知味難食，知脈難醫。如此千秋，萬手齊抗。談何容易？著墨紙上。[69]

65　《小倉山房詩集》卷二十，廣文書局，頁11。
66　《隨園詩話》卷二，江蘇古籍出版社，頁33。
67　《小倉山房尺牘・再答李少鶴》卷十，江蘇古籍出版社，頁209。
68　《小倉山房尺牘》卷十，江蘇古籍出版社，頁204。
69　《小倉山房詩集》卷二十，廣文書局，頁9。

　　夫用兵，乃危事也，而趙括易言之，此其所以敗也，以之言詩難事也。其於〈從弟驤齋詩序〉說明此意：

> 道無難，精之者至焉；道無易，習之者忽焉。羿之射，秋之弈，蘭子之舞劍……彼皆知其難而精之者也。人知其精，不知其難。…而傳者無聞。詩亦然，聖如仲尼歌「彼婦」而已；清如伯夷歎「命衰」而已。無多作也。今庸走下士紛紛為詩，詩若是易乎？不數年漸滅淹消，百無一存，詩若是難乎？[70]

　　故詩宜貴質而不貴量，求博極而約。袁枚之「矜嚴」即論為詩，一則嚴于篇幅，蓋不片面以多文為富，馳騁為才也。二則嚴于用語，不以敷詞為是，且以濃抹為非。「矜嚴」云：

> 貴人舉止，咳唾生風。優曇花開，半刻而終。我飲仙露，何必千鍾？寸鐵殺人，寧非英雄？博極而約，淡蘊於濃。若徒縶騖，非浮邱翁[71]

　　揭示詩貴凝煉之特點，寸鐵正是千錘百鍊的產物，卻有制人於死命之殺傷力。其〈答祝芷塘太史〉云：

> 閣下才豪氣猛，同唱和者，又才出公下，所到披靡。因之易於語言，動輒刺刺，使人讀之，惟恐其不了。語多必湊，此一定之勢也。據鄙見宜加烹鍊，直者曲之，來者拒之，易者難之，淺者深之，伉爽者蘊藉之。如陳年之酒，一石僅存數升；百鍊之鋼，千爐才鑄一劍；自然神光照耀，意味深長。精兵三千，勝羸師十萬，此宜留意者二也。[72]

　　片言可以明百意，克臻此境，首在命意組合之濃縮。惟此與

「澄滓」之道仍有不同；「澄滓」者謂作詩不當以多爭勝，評詩亦不當以多爲貴。所欲澄而去之者乃其窒性之諸滓。夫「澄滓」與「矜嚴」同爲改也。乃下筆前與下筆時之改。蓋「澄滓」乃就消極言之。「澄滓」之要在捨，當審其何者爲滓者而去之。「矜嚴」則從積極著想。矜嚴之要在取，當嚴其選而用之。

　　惟詩之奇巧而應求其至於泯除用新用奇之迹，如雕琢成器而無斧鑿痕，非炫奇逞異，乃使表達臻於靈妙靈巧，即求詩成後之渾成自然，〈續詩品〉「滅迹」論此境界云：

　　　　織錦有跡，豈曰蕙娘？修月無痕，乃號吳剛。白傅改詩，
　　　　不留一字。今讀其詩，平平無異。意深詞淺，思苦言甘。
　　　　寥寥千年，此妙誰探？[73]

　　「意深詞淺」，巧於意者也。「思苦言甘」，奇於言者也。大巧若拙，非不巧，由巧返拙也。此乃渾成滅迹之最上境界。作品如此，至矣盡矣，無以復加矣，舉白居易之詩有以證之，《詩話》云：

　　　　周元公云：「白香山詩似平易；間觀所存遺稿，塗改甚多，
　　　　竟有終篇不留一字者。」余讀公詩云：「舊句時時改，無
　　　　妨悅性情。」然則元公之言信矣。[74]

　　白詩多改之結果，袁枚謂其「平平無異」者，不以雕琢見跡也。前人論詩非不知表現技巧之重要，乃着意求之古人，古人已死，於是求其法。古人文成法立，於是師其詩文而師其法，袁枚反對此一主張：

　　　　宋史：嘉祐間，朝廷頒陣圖以賜邊將。王德用諫曰：『兵
　　　　機無常，而陣圖一定；若泥古法，以用今兵，慮有僨事者。』」

73　《小倉山房詩集》卷二十，廣文書局，頁 11。
74　《隨園詩話》卷六，江蘇古籍出版社，頁 186。

技術傳：『錢乙善醫，不守古方，時時度越之，而卒兩法
會。』此二條皆可悟作詩文之道。[75]

是袁枚不主張有定法以求得表現之技巧，而主張由無定法以
得之，其續二十四詩品在寫苦心以盡「隨手之變」，而其所言者，
乃在詩理，非標詩法，其理在此。然則何由可得此表現奇巧之技？
又在於博習。〈續詩品〉「博習」，言詩之必根於學。其云：

萬卷山積，一篇吟成。詩之與書，有情無情。鐘鼓非樂，
捨之何鳴？易牙善烹，先羞百牲。不從糟粕，安得精英？
曰『不關學』，終非正聲。[76]

博習之義甚廣，博習之道重在積學以助才，以書而言，則讀
破萬卷。明言詩人通過讀書萬卷，可以獲得大量知識，有利於創
作出有深度之作品。《詩話》數則申其意：

李玉洲先生曰：「凡多讀書，為詩家最要事。所以必胸有
萬卷者，欲其助我神氣耳。其隸事不隸事，作詩者不自知，
讀書者亦不知，方可謂之真詩。若有心矜炫淹博，便落下
乘。」[77]

人能取諸家之精華，而吐其糟粕，則諸弊盡捐。[78]

余嘗謂魚門云：「世人所以不如古人者，為其胸中書太
少」……何以少陵有「讀破萬卷」之說？不知「破」字與
「有神」三字，全是教人讀書作文之法。蓋破其卷取其神，
非團團用其糟粕也。蠶食桑而所吐者絲，非桑也；蜂采花
而所釀者蜜，非花也。讀書如吃飯善吃者長精神，不善吃

75　《隨園詩話》卷五，江蘇古籍出版社，頁 159。
76　《小倉山房詩集》卷二十，廣文書局，頁 8。
77　《隨園詩話補遺》卷一，江蘇古籍出版社，頁 546。
78　《隨園詩話》卷四，江蘇古籍出版社，頁 99。

者生痰瘤。[79]

以人而言，則有取各家。如易牙善烹，先羞百姓，由是而自得其理法，以得奇巧之表現技巧。《詩話》云：

> 詩雖小技……書曰：「德無常師，主善為師。」子貢曰：「夫子焉不學，而亦何常師之有？」此作詩之要也。[80]

〈再答李少鶴〉書更明言獵取名家詩精華云：

> 自古名家詩，俱可誦讀，獵取精華，譬如黃蜂造蜜，聚百卉以成甘，不可節女守貞，抱一夫而不嫁。[81]

若博習之不當，積而成壅，執而成泥，則失其道矣。因之基於性情之真而就其行性之所近，以之善學古人，善學唐宋而不致姝姝於一先生之言，偏激而成門戶之見，〈續詩品〉「戒偏」云：

> 抱杜尊韓，托足權門。苦守陶韋，貧賤驕人。偏則成魔，分唐界宋。霹靂一聲，鄒魯不關。江海雖大，豈無瀟、湘？突夏自幽，亦須廟堂。[82]

緣袁枚之意，總論前人論詩之失，因主體之好惡，一則尊杜尊韓，形成門戶之見，一則分唐界宋，形成意氣之爭，徒重名家大家，如泰山喬岳，菲薄其他詩人，不知瀟湘武夷之風光，皆係偏見，無以見天地之美，古今之純，而失其公道。袁枚云：

> 前明門戶之習，不止朝廷也，于詩亦然。當其盛時，高、楊、張、徐，各自成家，毫無門戶。一傳而為七子，再傳而為鍾、譚，為公安；又再傳而為虞山，率皆攻排詆呵，自樹一幟，殊可笑也。凡人各有得力處，各有乖謬處，總

---

79 《隨園詩話》卷十三，江蘇古籍出版社，頁 445。
80 《隨園詩話》卷四，江蘇古籍出版社，頁 118。
81 《小倉山房尺牘》卷十，江蘇古籍出版社，頁 209。
82 《小倉山房詩集》卷二十，廣文書局，頁 11。

要平心靜氣，存其是而去其非。[83]

與〈洪稚存論詩書〉云：

> 文學韓，詩學杜，猶之游山者必登岱，觀水者必觀海也。
> 然使游山觀水之人，終身抱一岱一海以自足，而不復知有
> 匡盧、武夷之奇，瀟湘、鏡湖之妙，則亦泰山上之一樵夫，
> 海船上之舵工而已矣。學者當以博覽為工[84]

詩文有名家大家，爲創作時所欲躋攀之境地，然天下之詩文
非只此也，縱然韓杜係泰山喬嶽，一峰獨峙，高不可攀，但其他
家皆各有獨造之成就，如匡盧、武夷之奇，瀟湘、鏡湖之勝，亦
何能鄙棄摒除？苟存此獨尊一人之見，實爲一偏。而與「戒偏」
雖似相反而實相成者爲「藏拙」，袁枚之所謂「藏拙」：

> 畫嬴宵縮，天不兩隆。如何弱手，好彎強弓。因謇徐言，
> 因跛緩步。善藏其拙，巧乃益露。右師取敗，敵必當王。
> 霍王無短，是以無長。[85]

任何詩人皆有其長，也有其短，應揚長避短，用巧藏拙。即
當藏其學而未能、或能而未善之拙也。於〈再答李少鶴〉可見藏
拙之意：

> 雖人性不齊，才力不等，原不必求全責備，但須善藏其短，
> 而不訾人之長則可，若自護其短，而反毀人之長則不可。[86]

袁枚舉李白少用排律，杜甫極少寫絕句，韓愈罕寫近體詩，
皆善於藏自己的短處，因此長處才能顯現出來。袁枚云：

> 鄭夾漈極誇杜征南之註左傳、顏師古之註漢書，妙在不強
> 不知以為知。……余謂作詩亦然，青蓮少排律，少陵少絕

---

83 《隨園詩話》卷一，江蘇古籍出版社，頁 2。
84 《小倉山房文集續集》卷三十一，廣文書局，頁 10。
85 《小倉山房詩集》卷二十，廣文書局，頁 10。
86 《小倉山房尺牘》卷十，江蘇古籍出版社，頁 209。

　　句，昌黎少近體，善藏其短，而長乃愈見[87]
其言甚是。藏拙之宗旨大明，發人深思。

　　與博習相關者為「尚識」。袁枚云：

　　　　學如弓弩，才如箭鏃。識以領之，方能中鵠。善學邯鄲，
　　　　莫失故步。善求仙方，不為藥誤。我有禪燈，獨照獨知。
　　　　不取亦取，雖師勿師。[88]

　　袁枚尚識之論雖本於劉子玄，惟與子玄之說實不相同，〈劉
子玄傳〉云：

　　　　史有三長，才、學、識，世罕兼之，故史才少。夫有學無
　　　　才，猶愚賈操金，不能殖貨；有才無學，猶巧匠無梗枏斧
　　　　斤，弗能成室。[89]

　　袁枚之所謂識者，乃謂詩文能力避平熟庸腐，且具有真知灼
見，意新而思穎，為意之極詣，亦即具有靈氣之志。其〈答蘭垞
第二書〉云：

　　　　作史者，才、學、識缺一不可，而識為尤，其道如射然，
　　　　弓矢，學也。運弓矢者，才也。有以領之，使至乎當中之
　　　　鵠，而不病於旁穿側出者，識也。作詩有識，則不徇人，
　　　　不矜己，不受古欺，不為習囿，杜稱多師為師，書稱主善
　　　　為師，自唐、虞以來，百千名家，皆同源異流，一以貫之
　　　　者也。[90]

　　識者識度智慧之謂，有識方足以見古人之是非，明今人之得
失，故詩云：「兩眼自將秋水況，一生不受古人欺」即此之意。
就創作而言，有識方不致人云亦云，滯習俗之凡見，而能見人之

87　《隨園詩話》卷五，江蘇古籍出版社，頁157-158。
88　《小倉山房詩集》卷二十，廣文書局，頁11。
89　《新唐書》卷一百三十二。
90　《小倉山房文集·答蘭垞第二書》卷十七，廣文書局，頁5。

所不能見，故諺云：「死碁腹中有仙著」[91]，於是而能立意翻新矣。從詩人如何發揮才能，如何學習古人，詩作如何立意等言之，當以識爲先。以識運才，以思成識，方可掃除凡俗，使一詩之立意與主題出人意表。

故臨題之際，以識引領才學，「我有禪燈，獨照獨知」，識之謂也。識藉後天，才乃天賦，有識無才不成爲詩人，然有才無識亦不足爲好詩人。是立意以識爲主，識高矣，知立意矣。而詩仍近粗鄙者，不精思之故也。詩人作詩，有天工，有人巧。天工者，待靈感之來，如風行水上，水到渠成。人巧者，精思熟慮，苦心締構而後成也。袁枚云：

> 蕭子顯自稱：「凡有著作，特寡思功，須其自來，不以力構。」此即陸放翁所謂：「文章本天然，妙手偶得之」也。薛道衡登吟榻構思，聞人聲則怒。陳后山作詩，家人為之逐去貓犬，嬰兒都寄別家，此即少陵所謂：「語不驚人死不休」也。二者不可偏廢。蓋詩有從天籟來者，有從人巧得者，不可執一以求[92]

然天工不可得而常有，故需人巧之精思以濟。「精思」云：

> 疾行善步，兩不能全。暴長之物，其亡忽焉。文不加點，興到語耳。孔明天才，思十反矣。惟思之精，屈曲超邁。人居屋中。我來天外。[93]

精思之效果可達「惟思之精，屈曲超邁。人居屋中。我來天外。」古人之詩所以超超玄遠，常在「精思」二字。袁枚又云：

> 陸鈇曰：「凡人作詩，一題到手，必有一種供給應付之語；

91　《隨園詩話》卷三，江蘇古籍出版社，頁 84。
92　《隨園詩話》卷四，江蘇古籍出版社，頁 122。
93　《小倉山房詩集》卷二十，廣文書局，頁 8。

老生常談，不召自來。若作家，必如謝絕泛交，盡行麾去，然心精獨運，自出新裁。及其成後，又必渾成精當，無釜鑿痕，方稱合作。」余見史稱孟浩然苦吟，眉毫脫盡；王維構思，走入醋甕，可謂難矣。今讀其詩，從容和雅，如天衣無縫，深入淺出，方臻此境。唐人有句云：「苦吟僧入定，得句將成功。」[94]

是精思之後，不但脫棄凡近鄙俗而可精心獨運自出新裁，且可渾成精當，無釜鑿痕。精思包括許多環節，在構思下筆前，亦需對素材進行割棄與吸取之過程。「割忍」云：

葉多花蔽，詞多語費，割之為佳，非忍不濟。驪龍選珠，顆顆明麗。深夜九淵，一取萬棄。知熟必避，知生必避。入人意中，出人頭地。[95]

以花之呈現而言，詩人欲表現之形象，在構思時就應思考如何刪去蔽花之葉，「一取萬棄」，乃提煉概括，使作品達到「入人意中，出人頭地」的藝術境界。

〈續詩品〉既重在抒發苦心，其關涉推求詩之如何靈動靈妙尤不可忽視。如「相題」云：

古人詩易，門戶獨開。今人詩難，群題紛來。專習一家，硜硜小哉！宜善相之，多師為佳。地殊景光，人各身分。天女量衣，不差尺寸。[96]

「古人詩易，門戶獨開。今人詩難，群題紛來。」指詩人作詩，必相題行事，以求切題，而其先決條件，在擇佳題，袁枚云：

陸魯望過張承吉丹陽故居言：「祐善題目佳境，言不可刊

---

94 《隨園詩話》卷七，江蘇古籍出版社，頁236。
95 《小倉山房詩集》卷二十，廣文書局，頁10。
96 《小倉山房詩集》卷二十，廣文書局，頁10。

置別處，此為才子之最也。」余深愛此言，自古文章所以流傳至今者，皆即情即景，如化工肖物，著手成春，故能取不盡而用不竭。不然一切語古人都已說盡，何以唐宋元明，才子輩出，能各自成家，而光景常新耶？即如一客之招，一夕之宴，開口便有一定分寸，貼切此人此事，絲毫不容假借，方是題目佳境。若今日所詠明日亦可詠之，此人可贈他人亦可贈之，便是空腔虛套，陳腐不堪矣。[97]

切題人皆知其重要，擇佳題則人罕言之，袁枚作此主張，雖有所承，但深入闡明，頗有獨到之處。「相題」又云：「地殊景光，人各身分。天女量衣，不差尺寸。」證以上述所引《詩話》，因對象之不同，既使同為交際應酬，內容即已不同，何可雷同一響？即使同在一地，景物全同，然今日之所感，固與昨日之所感有異，具有性情感受之真，在就題表答，相題行事之時，必「天女量衣，不差尺寸。」而期其貼切之至，則無流走浮華之失，而可成佳詩矣。相題作詩，如畫圖築屋，故必「布格」。所謂：

造屋先畫，點兵先派。詩雖百家，各有疆界。我用何格？如盤走丸。橫斜操縱，不出於盤。消息機關，按之甚細。一律末調，八風掃地。[98]

造屋必先畫圖，派兵必先遣將，在相題成詩之時，方不失規劃，如珠之走盤，隨盤滾轉，不出盤外，苟有機關消息，亦在計劃之中。「布格」係相題後之宜為，非僅指結構一途，亦非僅體裁詩品或韻律之謂，實乃合而論之。格無由定，定格而不知變，則非布格之道。根據抒情寫貌而隨心所欲不逾矩，故曰：「橫斜操縱，不出於盤。」出於盤則不成其格，而昧於「橫斜操縱」，

---

97 《隨園詩話》卷一，江蘇古籍出版社，頁 19。
98 《小倉山房詩集》卷二十，廣文書局，頁 9。

則成死格矣。故由相題而布局，可云規矩已定。繼之者則為選材用字，「選材」云：

> 用一僻典，如請生客。如何選材，而可不擇？古香時豔，
> 各有攸宜。所宜之中，且爭毫釐。錦非不佳，不可為帽。
> 金貂滿堂，狗來必笑。[99]

袁枚之「選材」，實即論用事用典，依其主張反對用僻典：

> 唐人近體詩，不用生典：稱公卿，不過皋、夔、蕭、曹；
> 稱隱士，不過梅福、君平；敘風景，不過夕陽、芳草；用
> 字面，不過月露風雲：一經調度，便日月嶄新。猶之易牙
> 治味，不過雞豬魚肉；華陀用藥，不過青粘漆葉：其勝人
> 處，不求之海外異國也。[100]

所云包含取材之內涵，用典之外，尚含夕陽、芳草之景，月露風雲淺暢之字面，均不尚奇重僻冷，而以人所共見習知為原則。尤必用之得當。《詩話》云：

> 博士賣驢，書券三紙，不見驢字，此古人笑好用典者之語。
> 余以為：用典如陳設古玩，各有攸宜：或宜堂，或宜室，
> 或宜書舍，或宜山齋；竟有明窗淨几，以無一物為佳者，
> 孔子所謂繪事後素也。[101]

典不宜多用，要用之得當，甚至不必用。是其取材之意，所見極為通達而造微矣。選材既定，當繼之以表答，即練句用字之範圍，袁枚以「用筆」當之。「用筆」云：

> 思苦而晦，絲不成繩。書多而壅，膏乃滅燈。焚香再拜，
> 拜筆一枝。筆豈能然？惟悟所用。[102]

99　《小倉山房詩集》卷二十，廣文書局，頁9。
100　《隨園詩話》卷六，江蘇古籍出版社，頁180。
101　《隨園詩話》卷六，江蘇古籍出版社，頁178。
102　《小倉山房詩集》卷二十，廣文書局，頁9。

　　袁枚超絕之處，謂用筆不以造句修辭為尚，而以筆力所及之神奇為著眼，「星月驅使，華岳奔馳。能剛能柔，忽斂忽縱。」不但是用筆之效應，更是詩能靈動靈妙之根本。筆力神奇者，一在筆力萬鈞，所謂巨刃摩天者。一則揉磨入細，無幽不顯。《詩話》云：

> 詩雖奇偉，而不能揉磨入細，未免粗材。詩雖幽俊，而不能展拓開展，終窘篇幅。有作用人，放之則彌六合，收之則斂方寸，巨刃摩天，金針刺繡，一以貫之者也。諸葛躬耕草廬，忽然統師六出；薪王中興首將，竟能跨驢西湖。聖人用行舍藏，可伸可屈，於詩亦可一貫。書家北海如象，不及右軍如龍，亦此意耳。余嘗規蔣心餘云：「子氣壓九州矣，然能大而不能小，能放而不能斂，能剛而不能柔。」心餘折服曰：「吾今日始得真師。」其虛心如此。[103]

　　此正用筆能剛能柔，忽斂忽縱之最佳說明。揉磨入細，如金針刺繡，能斂能柔之謂也。於是方有入細顯微之能力，不但引人入勝，而且可免膚廓無當之弊。至於巨刃摩天，則係能剛能縱之謂也。於是形成籠天地於形內，挫萬物於筆端，有極強之概括力。而能奇偉開張，不受羈勒，不致窘於篇幅，二者形成截然不同之表達形態。

　　袁枚對於藝術表現之具體途徑，〈續詩品〉所述仍多，如「取徑」：

> 揉直使曲，疊單使複，山愛武夷，為遊不足。擾擾闤闠，紛紛人行。一覽而竟，倦心齊生。幽徑鷺叢，是誰開創？千秋過者，猶祀其像。[104]

103　《隨園詩話》卷三，江蘇古籍出版社，頁 80。
104　《小倉山房詩集》卷二十，廣文書局，頁 9。

曲即含蓄的表現，袁枚云：

> 凡作人貴直，而作詩文貴曲。孔子曰：「情欲信，詞欲巧。」
> 孟子曰：「智譬則巧，聖譬則力。」巧即曲之謂。[105]

袁枚認爲作詩文貴曲，通過生動鮮明的藝術形象，來象徵、暗示、寄託作者的情志。無曲不足以達物，無曲不足以敍事，無曲不足以傳情，無曲亦不足以致靈也。《尺牘・與韓紹真》云：

> 貴直者，人也；貴曲者，文也。天上有文曲星，無文直星。
> 木之直者無文，木之拳曲盤紆者有文；水之靜者無文，水
> 之被風撓激者有文。孔子曰：「情欲信，詞欲巧。」巧即
> 曲之謂。[106]

然曲不宜矯揉造作，必達「其妙處總在旁見側出，吸取題神，不是此詩，恰是此詩。」[107]之境地。不是此詩，不落實境之謂；恰是此詩，得其神髓之意，其法在旁見側出，不直接道破，而能傳神得妙。

袁枚認爲詩之靈動靈妙全在於空行，「空行」云：

> 鐘厚必啞，耳塞必聾。萬古不壞，其惟虛空。詩人之筆，
> 列子之風。離之愈遠，即之彌工。儀神黜貌，借西搖東。
> 不階尺水，斯名應龍。[108]

由「空行」以用筆，不落實境而呆板。《詩話》云：

> 嚴冬友曰：「凡詩文妙處，全在於空。譬如一室內，人之
> 所游焉息焉者，皆空處也。若窒而塞之，雖金玉滿堂，而
> 無安放此身處，又安見富貴之樂耶？鐘不空則啞矣，耳不
> 空則聾矣。」范景文對床錄云：「李義山人日詩，填砌太

105　《隨園詩話》卷四，江蘇古籍出版社，頁 107。
106　《小倉山房尺牘》卷六，江蘇古籍出版社，頁 113。
107　《隨園詩話》卷七，江蘇古籍出版社，頁 223。
108　《小倉山房詩集》卷二十，廣文書局，頁 10。

> 多，嚼蠟無味。若其他懷古諸作，排空融化，自出精神。
> 一可以為戒，一可以為法。」[109]

　　觀此，可知袁枚「空行」理論之由來。室空者，以就人之藏息之處也。鐘空耳空者，以成其振盪鳴聲也。然文之空何指？謂不用典以窒塞詩之靈動靈妙，然仍未足盡其理，苟如此僅係用不用典，或用之當否耳。詩之「空行」者，謂不落實境，「不是此詩，恰是此詩。」方見「空行」之妙。然「空行」者過於求空求靈則必生輕浮飄蕩之失，故當「固存」以鎮之。袁枚「固存」云：

> 酒薄易酸，棟撓易動。固而存之，骨欲其重。視民不佻，
> 沉沉為王。八十萬人，九鼎始扛。重而能行，乘百斛舟。
> 重而不行，猴騎土牛。[110]

「離之愈遠，即之彌工」是空行之神髓。「重而能行，乘百斛舟」是固存之妙喻也。「空行」仍須「即」而始「工」，「空」不離「即」，此「即」即是「固存」之伏藏。雖「固存」也，「重」仍須「行」；此「行」即是靈氣之通透處。[111]「空行」則放之縱之，「固存」則凝之重之，兩者各救一偏之失，用以相濟者也。

　　袁枚詩論之核心性靈說，係強調詩人之主觀因素，而〈續詩品〉之闡發，又是對性靈有所補充。如「齋心」云：

> 詩如鼓琴，聲聲見心。心為人籟，誠中形外。我心清妥，
> 語無煙火。我心纏綿，讀者泫然。禪偈非佛，理障非儒。
> 心之孔嘉，其言藹如。[112]

論及作者主觀修養的高低，與詩意之深淺，有因果關係。認為詩人創作關鍵在於「誠中」，誠者，真誠之謂也。倘詩人胸境超脫，

109　《隨園詩話》卷十三，江蘇古籍出版社，頁446。
110　《小倉山房詩集》卷二十，廣文書局，頁10。
111　劉衍文、劉永翔合注《袁枚續詩品詳注》，上海書店出版社，頁132。
112　《小倉山房詩集》卷二十，廣文書局，頁10。

心地真誠，心之能齋，則能不以俗慮爲念，不作高論違心，則具備詩人最起碼之條件。

其次爲「理氣」，氣有剛陽者如湯湯來潮，有陰柔者如縷縷騰煙，此皆爲詩人進行創作的主觀因素或必要前提，詩人內心充滿氣，才可使作品富于勃勃生氣，故詩人應加強理氣。「理氣」云：

> 吹氣不同，油然浩然。要其盤旋，總在筆先。湯湯來潮，縷縷騰煙。有餘於物，物自浮焉。如其客氣，冉猛必顛。無萬里風，莫乘海船。[113]

詩人作詩，詩成之後加以論評，有形迹可求者爲格調法則，有內容可觀者爲事理情味。而超乎形體之上，予人以感受領會者，爲意境風格，即古人所謂之神韻也。此與王士禛之神韻有貌同而心異之處：

> 足下論詩，講體格二字固佳；僕意神韻二字尤爲要緊，體格是後天空架子，可仿而能；神韻是先天真性情，不可強而至。[114]

神韻之意，即風格意境，有時亦以神悟爲言。〈續詩品〉「神悟」云：

> 鳥啼花落，皆與神通。人不能悟，付之飄風。惟我詩人，眾妙扶智。但見性情，不著文字。宣尼偶過，童歌「滄浪」。聞之欣然，示我周行。[115]

惟詩人能將「鳥啼花落，皆與神通。」納入篇章，他人則「付之飄風」，蓋神悟之作方有神韻。《詩話》云：

---

113 《小倉山房詩集》卷二十，廣文書局，頁 10。
114 《小倉山房尺牘・再答李少鶴書》卷十，江蘇古籍出版社，頁 208。
115 《小倉山房詩集》卷二十，廣文書局，頁 10。

　　　揚州方立堂孝廉之父覩樓居士有言詩一首云：「情至不能
　　　已氤氳化作詩屈原初放日蔡女未歸時得句鬼神泣苦吟天地
　　　知此中難索解解者即吾師」數言恰有神悟。[116]

此即言神悟之作用，而神韻則詩成後予人之感受。各大家各有其
風格神韻，各有所宜，亦各有所不宜。袁枚以性情平易，見識圓
通，特喜自然靈活：

　　　無題之詩，天籟也；有題之詩，人籟也。天籟易工，人籟
　　　難工。三百篇、古詩十九首，皆無題之作，後人取其詩中
　　　首面之一二字為題，遂獨絕千古。漢、魏以下，有題方有
　　　詩，性情漸漓。[117]

　　袁枚之論神韻，乃詩成後之風格意境，凡有妨害者，皆在反
對之例。惟其反對，非廢棄，乃去泰去甚耳。袁枚云：

　　　詩有幹無華，是枯木也。有肉無骨，是夏蟲也。有人無我，
　　　是傀儡也。有聲無韻，是瓦缶也。有直無曲，是漏巵也。
　　　有格無趣，是土牛也。[118]

　　袁枚以神悟論詩貴心悟，以之通神。繼之以「即景」論靈感
之來，即景成趣，隨物賦形之妙用。「即景」云：

　　　混元運物，流而不注。迎之未來，攬之已去。詩如化工，
　　　即景成趣。逝者如斯，有新無故。因物賦形，隨影換步。
　　　彼膠柱者，將朝認暮。[119]

　　可見其論詩，乃多方取用，其見識多突破前人。語其大者，
不外此，以之旁往暗通，則系統有在矣。

116　《隨園詩話補遺》卷九，江蘇古籍出版社，頁 772。
117　《隨園詩話》卷七，江蘇古籍出版社，頁 220。
118　《隨園詩話》卷七，江蘇古籍出版社，頁 214。
119　《小倉山房詩集》卷二十，廣文書局，頁 10。

四、結　語

　　袁枚〈續詩品〉以「崇意」始，由「精思」以達立意之妙，練句之美，超邁古人。以「博習」為取徑之資，正申所係。以「相題」克盡多師之功能，各如人之身分。以「選材」求用典之克當，各體之表現得宜。以「用筆」能剛柔互用，能斂縱得妙為歸依。以「理氣」論詩之氣勢，使之沉鬱頓挫。以「布格」論詩之結構布局，全篇布置適理適律。以「擇韻」使詩合於抑揚飛動，不疊韻和韻。批判次韻詩之自縛手腳，疊韻之乏味，險韻之不足為常法。以「尚識」驅遣學問，自知優劣，清楚闡述才學識之合作關係。「振采」則論以華采增益自然之美，使詩之修飾得宜，整潔工妙。以「結響」論詩之合樂，使詩有餘音繞梁三日不絕之妙。以「取徑」論詩之風格多般，各有擅勝，以曲折複疊為二大門徑。以「知難」論詩之難作，流傳千古，尤非易易。以「葆真」論詩實質之重要，有諸內方能形諸外。以「安雅」見詩之不能流於俚俗粗豪，不可率真由情而不雅，與「拔萃」相呼應。以「空行」論詩之不可拘泥，如天馬行空，有神無迹。以「固存」論詩宜穩重而能圓滑。以「辨微」論詩之優劣在於毫釐之間，工拙應辨析入微。以「澄滓」論詩之去取，求去蕪存菁，要作詩不要描詩，力去老生常談，寧缺勿濫。以「齋心」論詩之情文如一，誠於中而形於外。以「矜嚴」論詩之貴質而不貴量，求博極而約。以「藏拙」論詩人宜善用所長，避藏所短。以「神悟」論詩貴心悟，以之通神。以「即景」論靈感之來，即景成趣，隨物賦形之妙用。以「勇改」論人巧極而天工錯，意境益進之法。由「著我」論學古而不蔽於古，建立我之風神面貌之重要。以「戒偏」論詩人不可苦守一家，姝姝於一先生之言，與「相題」相呼應。以「割忍」

論去冗語庸言，避熟俗避生僻之要。以「求友」論詩貴得人指點正邪得失，以免師心自用。以「拔萃」論詩之求神理超超，美如瓊瑤。以「滅迹」求詩成後之渾成自然，語淺而意深。故袁枚〈續詩品〉內容，非只論作詩之法，實則論及詩歌內容與形式之特點，詩人應具備之創作態度及主觀條件，以及詩人創作構思之規律與藝術表現之途徑，更兼及詩歌鑑賞等美學理論。即包含原理論、方法論、批評論等。以四言六韻比興手法，簡潔明快，不雜蕪冗之言，較《詩話》有系統，惟內容畢竟受形式和容量之限制，有時難免大視而細不明，難以暢所欲言，常有言不盡意之憾。又其數典徵書，時有冷僻難讀之弊，須詳加詮釋。由袁枚之詩、文、筆記、《詩話》之中，尋求理證，以證袁枚之性靈論，而瞭解其詩論之全貌，並得充實明確之內涵，一得之見，有以發前人之所未發者，以窘於篇幅，未能細入發揮為憾耳。

作者簡介：

　　司仲敖，民國六十七年入學中國文化大學中國文學研究所，民國七十三年以《錢大昕之生平及其經學》論文取得博士學位，指導教授為林尹教授、陳新雄教授。民國七十五年考取教育部公費博士後留學日本國立京都大學，民國九十三年獲日本交流協會之助，赴日本東京大學、橫濱大學研究。曾任國立臺北大學人文學院院長、教務長、副校長等職，現任中國文學系教授

修辭學與中國文學的對話

黃　慶　萱

提　要

本文共分四節。首節〈修辭學與文學的風采〉，先說修辭學的風姿；再分由文學歷史的觀察、文學現象的歸納、學科理論的辨析，而探索文學之神采：皆義界之說明也。次節〈中國文學對修辭學的呼喚〉，歷述先秦時期《尚書》、《詩經》暨孔、孟、荀，魏晉南北朝時期曹丕、陸機、沈約、劉勰、鍾嶸，宋明清時期張炎、王驥德、金聖歎，諸文學作品與文學大師對修辭學的召喚與叮嚀。三節〈修辭學在中國文學裡的詠歎〉，在表意方法的調整方面，提出感嘆、設問、仿擬、譬喻、轉化、象徵等二十種方法；在優美形式的設計方面，則舉類疊、對偶、排比、錯綜等十項手段：舉例說明其在中國文學中傑出的表現。末節則指出當修辭學遇見了中國文學，熱烈對話中自成〈生動的交響樂〉。

關鍵字：修辭學　中國文學

一、修辭學與文學的風采

　　修辭學是一位言辭滔滔的雄辯家，時而激越，時而輕柔；偶或謹嚴，偶或疏放；簡約與繁豐，恬淡與絢爛，隨時變化著。文

學更是具有千種面相，萬種風姿的女神。要精確生動地描繪出他們的情態，談何容易？落實在「定義」層次，也只能略略想像他們的神采！

（一）修辭學的風姿

先說修辭學，我曾下了這樣的定義：修辭學是研究不同的語境下，如何調整語文表意的方法，設計語文優美的形式，使精確而生動地表達出說者或作者的意象，期能引起聽者或讀者共鳴的一種藝術。

分析地說：

修辭的本質內容，乃是作者的意象。所謂作者，包括寫作者和說話者。所謂意象，指作者主觀意識將客觀形相加以選擇、組合，因而產生一種心物合一的心意現象。

修辭的媒介符號，包括語辭和文辭。語辭和文辭都是傳情達意的符號。修辭不但要修飾文辭，使文章寫得優美；也要修飾語辭，使話說得得體。

修辭的方式，包括調整和設計。像感歎、設問、仿擬、引用、轉品、夸飾、譬喻、映襯、象徵……等等，屬於表意方法的調整；《大不列顛百科全書》「修辭學」條稱之為「運用轉義效果的修辭手段」。像類疊、對偶、回文、排比、層遞、鑲嵌、錯綜、倒裝……等等，屬於優美形式的設計；《大不列顛百科全書》稱之為「運用結構原理的修辭手段」。

修辭的原則，要求精確而生動。大致上說，科學的說明或記述僅僅要求精確。以平實地傳達客觀的真實為目的，力避主觀的色彩。而文學的語言以藝術地表現直覺的感受為目的，除精確描述自己的感受之外，更要求生動。

修辭的目的，要引起別人的共鳴。當修辭的媒介是語辭的時候，它以說服別人為目的；當修辭的媒介是文辭的時候，它以感動別人為目的。其實都是要引起別人的共鳴。

修辭的性質，屬於價值學科藝術類中的一種。關於學術，通常可分下列六種層次：一、形式科學，如數學、邏輯等；二、物理科學，如物理、化學等；三、生物科學，如動物學、生理學等；四、行為科學，如政治學、語言學等；五、價值學科，如美學、倫理學等；六、哲學，乃對宇宙人生各種問題，作全盤性的深入研究，窮究其基本原因，並企圖作徹底解決，因而成立系統的理論。在這六種層次裏，修辭學的雙腳踩立在行為科學中的語言文字學的基礎之上；它的理想要求修辭立誠，讓頭腦伸入哲學的領空；而其本身，是價值學科的一種，是一種追求文辭語辭之美的藝術。

（二）文學的神采

再說文學的義界。

要對一門學科下個精確的定義，劃出明白的界線，似乎不是一件容易的事。關於「文學」，尤其如此。古今中外許多大師們說的，有廣義，有狹義，固然是言人人殊。而無論就現象上作歸納，或就理論上作分析，也時常不免遺漏一些應包括進來的部門，與誤攔入一些應排除出去的項目，以及一些析論欠密之處。加以時遷世異，從前所說的文學，如群經諸史，今天大部分早已成為獨立學科，不屬文學領域；而當年並不視為文學的作品，如子部小說類，今天卻成為文學主要部門。誰能保證今天認定為文學的某些文類，如戲劇，明天不會獨立於文學之外，或歸併於別種學科中？而今天仍徘徊於文學門外的，明天不會登堂入室，成為文

學的一支？文學現象的改變，恆影響到文學本質的認知，千秋不易的文學定義事實上是不存在的。但是這種種困難與限制，並不能阻撓我們對文學義界的探索；相反地，警惕我們在探索過程中要更加自制、謹慎和謙虛。到底研究一門學科，總得先對這門學科的定義和範疇，有個清晰周延的認識。而在歷史累積下，文化交流中，此時此地文學曾如此界定，是我們探索的目標。「飛鳥之影，未嘗動也。」把目標鎖定在文學軌迹之一點，一個未嘗動也之影，而非與時俱進的太陽，這或許能使我們免於夸父式的悲劇。

　　以下，我想分別由三方面措手：文學歷史的觀察，文學現象的歸納，學科理論的探討。然後歸結出個人對此時此地文學義界的初步認識，提供學者專家作進一步研究的參考。

1.文學歷史的觀察

　　就文學歷史觀察，先秦時代所謂「文學」，指的是人文學養，由博學於文而獲致。孔子於「文學」之外，另有「言語」一科，以《詩經》為教材，注重語言藝術；墨子卻總把「文學」、「言談」合在一起說。西漢仍以五經、律令、軍法、章程、禮儀為「文學」；而把屈原、賈誼、司馬相如寫的作品名為「辭賦」。東漢班固《漢書・藝文志》有〈六藝略〉，有〈諸子略〉，有〈詩賦略〉，「儒」「學」「文」逐漸分途，鼎足而三。魏晉時純文學觀念漸萌，南朝梁蕭統編纂《文選》，排除經史子部，把「文」限定於「事出於沉思，義歸於翰藻」「娛耳悅目」之作。其時「文」「筆」之辨興，導致文、筆、儒、學之四分。文近純文學，筆近雜文學，儒重通其理，學重識其事。隋唐「古文運動」起，於是文筆之分復淆；北宋「文以載道」說興，於是文藝與學術又混。自此以後，以至民國，舊學商量，新知培養，其意仍多本於古人。

章炳麟之釋文學，固依古文字義；周作人之文學定義，亦不出蕭統之意。

2.文學現象的歸納

就文學現象作歸納，大學中文系課程，無論臺灣、香港、大陸，也無論文學組或文藝組，都可包括在：語文學科，文藝學術通盤介紹，經史子集專著研讀，各體文學，這四大類中。說明了文學以語言爲媒介，必須具備語文學養；文藝與學術間有密切關係；傳統的經史子集是現代文學的根柢；中文系學生必須熟習歷代各體文選。文學界編著的書刊，有仍以國學爲文學的，如臺灣師大《國文研究所集刊》；有以詩歌、散文、小說、戲劇之創作與研究，及文學史、文學理論、比較文學、其他漢學研究、電影等爲文學的，如臺灣大學《中外文學》；大陸所編《文學大系》包括雜文學、報告文學；《百科全書》注意到文學團體、文學運動等。圖書館學界，臺灣把寫作翻譯演講之研究，函牘日記楹聯之創作劃歸文學；大陸則把雜文、報告文學、民間文學、兒童文學，列爲文學之大類。

3.學科理論的探討

就學科理論作探討，論理學上的定義方式，不能如預期般給人一個圓滿充足的文學定義。因此，必須從文學要素、及要素間關係與功能作分析。圓足的文學定義，要以作品爲中心，旁涉作品與作者、宇宙、讀者、研究者的互動關係，以及作者、宇宙、讀者、研究者間的互動關係，從而顯示文學的：指涉、線路、抒情、審美、感染、後設各項功能。而文學之所以不同於科學，在於文學表達的是美感經驗，作者內心世界和外在世界的融合。所描寫的典型人物可能具有永恆性和普遍性。文學使用形象鮮明的藝術語言，注意文體的格律與積極修辭，常以永久的趣味訴之於

讀者的感官與想像。能陶冶性情，啓迪智慧。文學之不同於倫理學，在於文學注重想像、創造、與欣賞，藝術性強，以達美爲目標，對人類行爲止於暗示與啓發。文學與其他藝術之區別，在於文學以語言文字爲媒介，所傳達的藝術形象是間接的，所受時空限制最少。文學與哲學之不同，在於文學以形象語言爲事實塑造典型，作爲生命與宇宙現象的縮影，落實於現象界中。

4.文學的義界

　　總之，文學在歷史上曾經是人文學養的意思，指一切刻畫於甲骨，鑄勒於金石，書寫於簡牘帛紙，印刷於紙張上的文獻，以及對這些文獻的研究。此定義即使在現代，仍爲部分人士所接受。但更通行的定義則是語言的藝術及其研究。作家觀察宇宙、人生各種現象，並通過個人的思考與想像，對外在的與內心的世界，有了某種程度的感應，因而情境交融，意象興發，藉由語言文字作媒介，加以描述、抒寫，精心營構而成藝術作品，並能與讀者交通，產生美感，使之對宇宙人生，有所觸發，感受永久之趣味者，謂之「文學創作」；而通過對「文學創作」的研究，明瞭其歷史、理論，或作比較、批評者，謂之「文學研究」。綜合「文學創作」和「文學研究」，也許才是比較圓足的「文學」義界。

二、中國文學對修辭學的呼喚

　　對於文學女神，不可固執今天的尺度去丈量，譬如：三十六、二十四、三十六之類。假使連這些數字到底是公分、市尺、英吋，或自何處量，都不甚了了，那就更爲可笑了！關於中國文學，亦復如此。必須尊重歷史上曾經存在的義界，注視文學的演變、發展，在每一成長歷程中，傾聽她對修辭學的呼喚。茲分：先秦、魏晉南北朝、宋明清三個時期略作敘述。

（一）先秦時期

　　先秦經典，已對修辭投以關愛的眼神；孔子曾說到修辭，孟子、荀子都有所發揮。

1.《尚書》與《詩經》

　　中國最古的散文作品《尚書》和韻文作品《詩經》，對修辭都曾關注。

　　《尚書》在〈舜典〉提到「詩言志，歌永言；聲依永，律和聲。」注意到情志、語言、詩歌、聲律間的緊密關係。〈畢命〉有「辭尚體要，不惟好異。」的修辭主張。

　　《詩經》對修辭宣洩、諷刺等效用，多所涉及。如〈魏風·園有桃〉：「心之憂矣，我歌且謠。」又〈葛屨〉：「維是褊心（心胸狹小而性急），是以為刺。」注意到言辭的組織、語氣，對聽者產生的心理反應。如〈小雅·都人士〉：「出言有意，……萬民所望。」〈大雅·板〉：「辭之輯（和也）矣，民之洽（合也）矣；辭之繹（悅也）矣，民之莫（慕也）矣。」並且論及詩歌的壯美風格，〈大雅·崧高〉：「吉甫作誦，其詩孔碩，其風肆好，以贈申伯。」

2.孔　子

　　最初呼喚「修辭」名字而親切叮嚀的，是孔子。《周易·文言傳·乾九三》：「子曰：『君子進德修業。忠信，所以進德也；脩辭立其誠，所以居業也。』」分析地說，修是方法，辭為內容，誠是原則，居業是效用。《文言傳》短短一句話，居然把修辭的方法、內容、原則、效用，全顧到了。

　　《周易·繫辭傳下》也記載：「子曰：『夫《易》，其稱名也小；其取類也大。其旨遠；其辭文；其言曲而中。』」稱名取

類，略近修辭之普遍象徵；辭文言曲，講究文學（書面的與口頭的）的藝術性及曲折委婉。

《周易》之外，其他儒學經典亦曾記錄孔子對修辭之一些要求。如《禮記‧表記》：「情欲信；辭欲巧。」信實的內容和巧妙的言說原是相得益彰的。《左傳‧襄公二十五年》：「仲尼曰：『志有之：「言以足志；文以足言。」不言，誰知其志？言之無文，行而不遠。』」語言文學所以能傳之久遠，憑藉的正是美妙的修辭技巧。

《論語‧衛靈公》：「辭達而已矣！」這個達，一方面指言辭文辭要能信實表達情意；另一方面更能正確地傳達到對方而達成言說的目標。

3.孟　子

孟子特別強調要從聽眾或讀者的立場來了解語言，提出了「知言」說與「以意逆志」說。關於「知言」，孟子指出：偏執的言辭，要知道它蒙蔽的所在；放蕩的言辭，要知道它沉迷的所在；邪僻的言辭，要探究它背離了什麼；閃爍的言辭，知道它理屈辭窮了！原文見：《孟子‧公孫丑上》：「詖辭知其所蔽；淫辭知其所陷；邪辭知其所離，遁辭知其所窮。」至於以意逆志說，見《孟子‧萬章上》：「說《詩》者，不以文害辭，不以辭害志；以意逆志，是爲得之。如以辭而已矣，《雲漢》之詩曰：『周餘黎民，靡有孑遺。』信斯言也，是周無遺民也。」教導讀者要透過修辭還原爲語言，再透過語言來呈現作者的心思。

4.荀　子

荀子在修辭學上最值得稱道的是他的「正名」說。其思想源頭，當然要上推孔子「必也正名乎」（《論語‧子路》）。《荀子‧正名》：「辭也者，兼異實之名論一意也。辨說者，不異實名以喻

動靜之道也。期命也者，辨說之用也。辨說也者，心之象道也。心也者，道之主宰也。道也者，治之經理也。」指明：辭句是組織不同事物的稱謂來說明一個意思的。辨說是在名實相符的原則下來說明進退行止的道理的。命名遣詞是供辨說時使用的。辨明解說是心對道的一種反映。心是道的主宰。道是治國的正常道理。把「辭」、「辨說」、「期命」、「心」、「道」有機連繫起來，形成修辭學的形上兼實用的理論體系。

　　荀子特別提出「類」的概念。這非但見於〈正名〉下文：「辨異而不過，推類而不悖；聽則合文，辨則盡故。」〈儒效〉則將「其言有類，其行有理。」相提並論；〈子道〉亦說；「志以理安，言以類使。」〈非相〉更云：「以人度人，以情度情，以類度類，以說度功，以道觀盡。」〈王制〉有：「有法者以法行，無法者以類舉，聽之盡也。……聽斷以類。……以類行雜，以一行萬，始則終，終則始，若環之無端也。」荀子的「類」概念，綜合了事物的歸類和類比推理，作為使用語言和聽斷語言的重要手段。其修辭理論已兼顧到發話人和受話人雙重立場。

　　此外，《荀子·非相》曾說到「談話之術」。荀子講究「言語之美」（〈大略〉），要求「言有節」（〈成相〉），「言而當」（〈非十二子〉）。其文亦博喻雄辯而深具陽剛之美。

（二）魏晉南北朝時期

　　純文學觀念的興起與發展，是在魏晉南北朝時代。曹丕、陸機、沈約、劉勰、鍾嶸，尤具代表性。且聽他們與修辭學間的情語綿綿。

1.曹　丕

　　曹丕的《典論・論文》是我國第一篇專門討論文學的文章。在這篇文章中，他提出了「本同末異」的文體論：「夫文本同而末異。蓋奏議宜雅，書論宜理，銘誄尚實，詩賦欲麗。」本，指一切文章的共同性；末，指不同文體的特殊性。於是他給四科文體定下「雅」、「理」、「實」、「麗」四項原則。代表著不同文體對不同修辭風格的呼喚。對後來的陸機、劉勰，都有影響。

2.陸　機

　　陸機〈文賦〉以「意稱物，文逮意」爲主腦，貫串全篇。文中繼承曹丕「本同末異」之說，並進一步區分文體「四科」爲「十目」：「詩緣情而綺靡。賦體物而瀏亮。碑披文以相質。誄纏綿而悽愴。銘博約而溫潤。箴頓挫而清壯。頌優遊而彬蔚。論精微而朗暢。奏平徹以閑雅。說煒曄而譎誑。」下開劉勰《文心雕龍・定勢》的文體風格論。

　　特別要強調的是：〈文賦〉非但從意辭關係上主張意巧言妍，更涉及文章中聲氣關係，留意語言修辭：「其爲物也多姿，其爲體也屢遷。其會意也尚巧，其遣言也貴妍。暨音聲之迭代，若五色之相宜。雖逝止之無常，固崎錡而難便。苟達變而識次，猶開流以納泉。如失機而後會，恆操末以續顛，謬玄黃之秩序，故淟涊而不鮮。」對沈約《宋書・謝靈運傳・論》中的「聲律論」和《文心雕龍・聲律》，有一定的影響。

3.沈　約

　　二十五史中《晉書》、《宋書》皆沈約撰，《宋書・謝靈運傳・論》中，沈約說：「夫五色相宜，八音協暢，由乎玄黃律呂，各適物宜。欲使宮羽相變，低昂互節，若前有浮聲，則後須切響。一簡之內，音韻盡殊；兩句之中，輕重悉異；妙達此旨，始可言文。」文中所謂「宮羽」、「浮切」、「輕重」，實際上都指「平

仄」。特別要點明的是，引文最後八個字：「妙達此旨，始可言文。」簡直把聲律當作「文」之創作與欣賞的必要條件了。

4.劉　勰

劉勰所著《文心雕龍》是我國古代文學研究的權威之作。內容包括文學本體論、文學現象論、文學方法論、文學批評理論及實際批評、文學史總說及各種文體發展史。而修辭說則融合在整個體系之中。

《文心雕龍》修辭說具體的原則見於〈宗經〉：「一則情深而不詭；二則風清而不雜；三則事信而不誕；四則義貞而不固；五則體約而不蕪；六則文麗而不淫。」及〈辨騷〉：「酌奇而不失其貞，翫華而不墜其實。」

《文心雕龍》有關篇章修辭法，〈章句〉、〈鎔裁〉均有所論及。〈章句〉云：「夫人之立言，因字而生句，積句而成章，積章而成篇。篇之彪炳，章無疵也；章之明靡，句無玷也；句之清英，字不妄也；振本而末從，知一而萬畢矣。」從字、句、章、篇的結構關係說到消極修辭要點。〈鎔裁〉指出鎔意裁辭三條準則：「草創鴻筆，先標三準：履端於始，則設情以位體；舉正於中，則酌事以取類；歸餘於終，則撮辭以舉要。」確立內容主幹，取材要與內容主幹密切結合，用辭要凸顯此內容主幹。這是篇章修辭的三準則。

在辭格方面，〈物色〉關乎摹況；〈事類〉關乎引用；〈夸飾〉即是誇飾；〈比興〉相當於譬喻、象徵；〈麗辭〉即是對偶；〈諧讔〉涉及雙關；〈神思〉涉及示現。《文心雕龍》對許多辭格的論述，至今仍具有權威性的影響。

〈聲律〉之詳言語音修辭，前述沈約修辭說之影響，已略及之。

　　關於文體風格方面，〈體性〉更歸納出文體八種不同風格：
「若總其歸塗，則數窮八體：一曰典雅；二曰遠奧；三曰精約；
四曰顯附；五曰繁縟；六曰壯麗；七曰新奇；八曰輕靡。」並一
一加以闡釋。

　　《文心雕龍》雖然不是專說「修辭」的，但對修辭學各方面
的問題，卻都有精采深入的論述。

5.鍾　嶸

　　鍾嶸《詩品》於修辭，有破有立。反對用典，反聲律，此為
破；主風力、丹彩、滋味，此為立。

　　《詩品·序》主張「直尋」「即目」「所見」，反對援用「經
史」「故實」，是反對修辭學上的「引用」法。又認為：古代詩
頌，皆被之金竹，非調五音無以諧會；今既不被管絃，只須諷讀，
但令清濁通流，口吻調利足矣。最擔心的是過分講究四聲八病，
「使文多拘忌，傷其真美。」所以反對過份講求「聲律」。這與
他尋求「自然英旨」而反用事的理由是一致的。

　　鍾嶸以為「比興」和「賦」都不宜專用，須「酌而用之」，
於是提出了「風力」、「丹彩」、「滋味」說。

　　「風力」一詞，不能挑出來單獨地看，必須跟上文「幹之以」
連起來看，並且和〈序〉中另一句「建安風力盡矣」及〈中品評
陶潛〉「又協左思風力」合起來看。所謂「幹之以風力」指以細
緻（詳）恰當（切）的文辭呈現情性中感發而出的動人力量，使
它成為詩之主體。職是之故，他對永嘉時「理過其辭，淡乎寡味」，
江表諸公「平典似道德論」，不禁感歎「建安風力盡矣」；而對
陶潛「篤意真古，辭興婉愜」，以類似左思那種宛轉恰當的語言
流露出篤實、真切、古樸的感興，就贊歎其「又協左思風力」了。

　　再說「潤之以丹彩」。「潤之」和「幹之」一外一內相對，

所以「丹彩」是外飾的而非內在的，意指語言文字之修飾。顯示
鍾嶸對於詞采聲音之美的重現，如其評古詩謂其「文溫以麗」，
評曹植詩謂其「詞采華茂」，評陸機詩謂其「才高詞贍，舉體華
美」，評潘岳詩謂其「翩翩然如翔禽之有羽毛，衣服之有綃縠」、
「爛若舒錦」，評張協詩謂其「詞采蔥菁，音韻鏗鏘」，評謝靈
運詩謂其「麗典新聲，絡繹奔會」。從評謝靈運語來看，鍾嶸之
「反用事」、「反聲律」不是絕對的。又評劉楨謂其「雕潤恨少」，
但由於「真骨凌霜，高風跨俗」，而仍列於「上品」，可見「丹
彩」亦非品評最高標準，它是次於「風力」的。

　　最後說「滋味」。《論語‧述而》嘗記：「子在齊聞〈韶〉，
三月不知肉味。」已把音樂的欣賞和肉味連在一起。東漢王充《論
衡‧自紀》：「文必麗以好，言必辯以巧。言瞭於耳，則事味於
心；文察於目，則篇留於手。」「味」便與文學欣賞有了關係。
《詩品‧序》說五言「是眾作之有滋味者也」，此「滋味」是一
名詞，指的是五言詩此一文體最能「搖蕩性情」的感人素質。〈序〉
又說：「使味之者無極。」又〈上品評張協〉：「風流調達，實
曠代之高手。詞采蔥菁，音韻鏗鏘，使人味之，亹亹不倦。」此
「味」則為動詞，指通過風力與丹彩，帶給讀者美的宴饗。後來
柳宗元〈讀韓愈所著毛穎傳後題〉說韓文「盡天下之奇味」，歐
陽修《六一詩話》說：「近詩尤古硬，咀嚼苦難嗋，又如食橄欖，
真味久愈在。」蘇軾〈送參寥師〉：「鹹酸雜眾好，中有至味永。」
以滋味品詩文，似受鍾嶸《詩品》很大影響。

　　風力有關於修辭風格，丹彩有關於修辭方法，滋味有關於修
辭效果。

（三）宋明清時期

　　跳過隋唐，直說宋、明、清。在宋詞，明戲曲，清小說的長河大江中，我們聽見了眾聲喧嘩；而最賞心悅耳的，當推宋張炎《詞源》、明王驥德《曲律》、清金聖嘆的《評點第五才子書水滸傳》。

1.張　炎

　　張炎《詞源》分二卷。卷上專論樂律，凡十四節。壓卷為〈謳曲指要〉，於歌唱文學的語音修辭方面，可說是集行家經驗結晶之大成。可惜一些古代樂曲術語，必須音樂史學者才能正確解讀。卷下主要討論作詞的原則，每舉前人詞作為例，其中多關於詞之修辭。〈製曲〉可看作修辭綱領，對擇曲、命意、起頭結尾　選韻、述曲、上下承接、句意、字面、修改、鍛鍊等等修辭手段有概括論述。其下各節，就句法、字面、虛字、清空、意趣、用事、詠物、賦情及離情，作更詳細的闡釋。或關鍛句鍊字，或涉風格意趣，或論用典摹寫，或述情景融會，都扣緊詞作而發。在詞之修辭說中，《詞源》是內容豐富又較具系統的論著。

2.王驥德

　　明代戲劇，有吳江、臨川兩派。吳江派以沈璟為領袖，注重南曲的調律譜法；臨川派以湯顯祖為宗師，注重情節、人物描繪、和詞藻。王驥德與沈璟嫡傳弟子呂天成交誼甚深，並得沈璟賞識；又師事徐渭，接受湯顯祖影響。所作《曲律》，兼容兩派精粹，並有所闡發。

　　以下就《曲律》中有關修辭者，特別提出說說。

　　《曲律》論曲，最能緊扣「曲」之文體而作議論，以與詩、詞區隔。戲曲雖以語言技巧為主，但技巧當為主題服務。王氏說：

「不關風化，縱好徒然。」論章法套數之營構，《曲律》主張：起、接、開闔、敷衍、收煞，要先分段數，定下間架，求其增減顛倒不得。南戲由多人唱，尤宜遵守格律，既要創新，又要合情合理。論句法字法之鍛鍊，句法方面，先說九宜九不宜，總以宜自然而不宜生造。造語宜新，倒換宜奇。又要新語如舊，生曲易歌，毋有敗筆，毋令欺嗓。字法方面，新與舊、奇與穩、虛與實，要融合襯綴。務頭宜響，押韻要貼，重出應換。少用閉口音字，襯字不可多，應與音樂相配。《曲律》於〈論對偶〉、〈論用事〉、〈論巧體〉等節，說到一些積極修辭。〈論曲禁〉四十條，在戲曲語言的音樂性和傳達功能方面，提出一些禁忌，屬消極修辭。《曲律》之〈論家數〉、〈論過曲〉、〈論賓白〉，討論到語言風格。

3.金聖歎

　　金聖歎，本姓張，名采，字若采。後改姓金，名喟，字聖歎，可能是取《莊子‧讓王》：「孔子推琴喟然而歎」意。曾以天下才子書凡六：一《莊》、二《騷》、三《史記》、四《杜律》、五《水滸》、六《西廂》。著有《評點第五才子書水滸傳》。〈序〉中曾說：「天下之文章，無有出《水滸》右者；天下之格物君子，無有出施耐庵先生右者。」在〈讀第五才子書法〉中，提到「文法」十五種，名目是：倒插法、夾敘法、草蛇灰線法、大落墨法、綿針泥刺法、背面鋪粉法、弄引法、獺尾法、正犯法、略犯法、極不省法、極省法、欲合故縱法、橫雲斷山法、鸞膠續弦法。在內文總評和批語中，還提要：字法、隱語、頂針、回環兜鎖、閑中點綴、忽然一閃、瘧疾文字、水窮雲起、移雲接月、順月斜渡，十種法門。近人葉朗《中國小說美學》，第三章專論〈金聖歎小說美學〉，事實可看作金聖歎小說修辭學。

三、修辭學在中國文學裡的詠歎

（一）表意方法的調整

　　說到表意方法的調整，方式可多了！唐松波、黃建霖主編，中國國際廣播出版社出版的《漢語修辭格大辭典》（一九八九）分辭格爲：語義類、布置類、辭趣類、文學類，計四大類一百五十六格，其中除布置類四十七格外，其餘一百零九格全屬表意方法的調整。這兒擇要只說修辭方法，也就是辭格二十種，取其易學易記而已！

　　我個人有一個想法：辭格的排列應該考慮到文化演進、邏輯結構、學習心理諸方面，方能作合理安排。包括語言在內，人類所有的文化乃淵源於對事物的驚歎，所以列「感歎」爲第一，而「感歎」也正是最原始的修辭法！如果僅僅只在感歎，解決不了問題。子入太廟，不是每事問嗎？故列「設問」爲第二。因感又歎又問，於是了解事物，因而方能摹寫事物的狀況，乃有「摹況」第三。儘管春去秋來，秦月漢關，這個地球還是這個地球；歷經生老病死，離合悲歡，我們人類還是人類。客體與主體在變中有不變者在。今天發生的狀況，千百年前可能發生過了。當你描述時，參考一下古人所寫的如何？你甚至可以整句抄寫下來，來支持你自己所寫的：因而有「仿擬」第四，「引用」第五。假使你全句照抄不好意思，抄半句也行，其中還含玄機妙用呢，此之謂「藏詞」第六。至於故意說句方言俚語，寫個錯別字，亦有一種趣味在，這是「飛白」第七。摹況演變到此，峰迴路轉，再就文字語法上講求變化，於是有「析字」第八，「轉品」第九。由字、詞而造句，你可以把語句講得委婉曲折些，也可以把語句講得誇

張些。於是有「婉曲」第十，「夸飾」第十一。你更可以把實際上不聞不見的事說得如見如聞，於是有「示現」第十二。以上大致屬單一意念之表出。單一意念之外，還有複合意念。有以甲喻乙的，是「譬喻」第十三；有借甲代乙的，是「借代」第十四；有視甲爲乙的，是「轉化」第十五；有甲乙相對照的，是「映襯」第十六；有說甲意兼指與甲音義相關的乙的，是「雙關」第十七；有說甲，意卻指與甲意思相反的乙的，是「倒反」第十八；有說甲暗示乙的，是「象徵」第十九。至於「呼告」第二十，中有帶示現性質、譬喻性質與轉化性質的，就學習心理而言，必須在「示現」、「譬喻」、「轉化」之後才可以討論，所以放在此節之末，與首目「感歎」，正好構成呼應的關係。以下就從這二十目舉例說明如後。

1.感　歎

當一個人遇到可喜、可怒、可哀、可樂之事物，常會以表露情感之呼聲，來強調內心的驚訝或贊歎、傷感或痛惜、歡笑或譏嘲、憤怒或鄙斥、希冀或需要。這種以呼聲表露情感的修辭法，就叫「感歎」。

感歎格的成立，有其客觀與主觀上的條件。客觀的條件是可驚可愕的宇宙與人生；主觀條件是人類善感的心靈。人類對宇宙人生之感歎，可說是人類一切精神文化的源泉。語言、詩歌、音樂、舞蹈、以及宗教、哲學、科學，莫不濫觴於此。語言即起源於人類對自然界的刺激所發的本能的歎聲，這便是有名的語言起於歎聲說。語言伴隨著歎聲的反覆節奏，於是產生詩歌。舞蹈也一樣，每一個比較強烈的感情的興奮，都由身體的節奏動作表現出來。正如《詩經‧大序》所說：「情動於中，而形於言。言之不足，故嗟歎之；嗟歎之不足，故永歌之；永歌之不足，不知手

之舞之足之蹈之也。」便指明「嗟歎」是「永歌」與「舞蹈」的起源。至於宗教起源於對自然現象的恐懼和好奇，而歸於超自然力的神祇；科學家則化好奇心爲求知心，企圖了解自然現象的因果與真相；哲學家更進一步探索宇宙、人生的整體概念與規律；也無一不與對生存環境的感歎有關。

感歎句大致上由添加歎詞及語氣助詞構成。茲從中國文學中，舉例如下。

《尚書·堯典》：「咨！汝羲暨和，朞三百有六旬有六日，以閏月定四時成歲。」添加歎詞「咨」構成。司馬遷《報任少卿書》：「嗟乎！嗟乎！如僕，尚何言哉！尚何言哉！」重疊使用歎詞「嗟乎」，語氣助詞「哉」構成。

錢鍾書《圍城》：「蘇小姐聲音含著驚怕嫌惡道：『啊喲！你的手帕那麼髒！真虧你 ── 噲！這東西擦不得嘴，拿我的去，拿去，別推，我最不喜歡推。』」添加歎詞「啊喲」、「噲」構成。

2.設　問

講話行文，不採通常直述方式，而刻意用詢問的語氣，藉以凸顯論點，引起注意，甚或啓發思考，而使話語、文章激起波瀾的修辭法，叫做「設問」。

宇宙之深邃複雜，人事之變幻莫測，非個人所能盡知。屈原〈天問〉：「遂古之初，誰傳道之？上下未形，何由考之？冥昭瞢闇，誰能極之？馮翼惟像，何以識之？……？」全篇對宇宙起源、自然現象、歷史政績、宗教信仰等等等等，發出種種問題。簡媜〈水問〉：「那年的杜鵑已化成次年的春泥，爲何，爲何你的湖水碧綠依然如今？那年的人事已散成凡間的風塵，爲何，爲何你的春閨依舊年年年輕？是不是柳煙太濃密，你尋不著春日的

門扉？是不是欄杆太縱橫，你潛不出涕泣的沼澤？是不是湖中無堤無橋，你泅不到芳香的草岸？……」則在心靈與天地的對應中充滿種種疑惑。兩者都是內心確有疑問的設問。說者或作者特地把問題懸示出來，希望聽者或讀者共同思考，尋覓答案。這類疑問稱爲「懸問」。

有疑而發問，因問而釋疑。這是設問的第一種效用；卻非設問的唯一效用。進一步的，我們必須設法挑起別人心中的疑惑，然後尋求疑惑的解決。這就靠「內心已有定見的設問」了。方式有二：

其一，爲激發本意而發問，叫作激問。激問的答案必定在問題的反面；因此也可稱作「反問」。例如屈原〈離騷〉：「眾不可戶說兮，孰云察余之中情？世並舉而好朋兮，夫何煢獨而不予聽？」這是屈原的姊姊女嬃告訴屈原的話，包括兩個問題。第一個問題是肯定的，答案卻是否定的：誰都不會明白我們的內心！第二個問題是否定的，答案卻是肯定：你應該聽我的勸告。再舉一例：謝冰瑩《愛晚亭》：「凡是到過長沙的，誰不知道有座嶽麓山？遊過嶽麓山的，誰不記愛晚亭呢？」請你自己分析。

其二，爲提起下文而發問，叫作提問。所以提問之後，一定附有答案。例如杜甫〈蜀相〉詩首聯：「丞相祠堂何處尋？錦官城外柏森森。」第二句便是第一句的答案。魯迅〈生命的路〉：「甚麼是路？就是從沒有路的地方踏出來的，從祇有荊棘的地方開闢出來的。」你覺得魯迅說的是不是很正確？

3.摹　況

對自己感受到的各種境況和情況，特別是其中的聲音、色彩、形狀、氣味、觸感等，恰如其實地加以形容描述，叫作「摹況」。在陳望道的《修辭學發凡》裡，這本名爲「摹狀」。我個

人感到「摹狀」一詞，易使讀者誤會僅爲視覺所得各種形狀色彩的摹繪。其實摹寫的對象，不僅爲視覺印象，同時也包括聽覺、嗅覺、味覺、觸覺等等的感受，所以改稱爲「摹況」。是摹寫各種境況、情況的意思。

《文心雕龍·物色》對「摹況」曾有所論列：「詩人感物，聯類不窮。流連萬象之際；沉吟視聽之區。寫氣圖貌，既隨物以宛轉；屬采附聲，亦與心而徘徊。故「灼灼」狀桃花之鮮；「依依」盡楊柳之貌；「杲杲」爲出日之容；「瀌瀌」擬雨雪之狀；「喈喈」逐黃鳥之聲；「喓喓」學草蟲之韻。皎日嘒星，一言窮理；參差沃若，兩字窮形。並以少總多，情貌無遺矣。」

這一段文字說明了：詩人受物質環境的刺激，便會產生規則的聯想作用，而形成一道意識流。首先，詩人必須於「流連萬象之際」，對客觀境況細加觀察；然後「沉吟視聽之區」，運用其感官對外物加以選擇和組織。在觀察、選擇、組織之後，方能：「寫氣圖貌，既隨物以宛轉」，表明在描寫聲氣，圖畫形貌方面，必須宛轉地表現出客觀境況。而且：「屬采附聲，亦與心而徘徊」，表明通過文采語聲的媒介之時，此客觀境況卻已受主觀情況的左右。〈神思〉云「神與物遊」，也正是這種意思。於是劉彥和從《詩經》中，歷舉〈周南·桃夭〉「桃之夭夭，灼灼其華」，〈小雅·采薇〉「昔我往矣，楊柳依依」，〈衛風·伯兮〉「其雨其雨，杲杲出日」，〈小雅·角弓〉「雨雪瀌瀌」，〈周南·葛覃〉「其鳴喈喈」，〈召南·草蟲〉「喓喓草蟲」，〈王風·大車〉「有如皎日」，〈召南·小星〉「嘒彼小星」，〈周南·關雎〉「參差荇菜」，〈衛風·氓〉「其葉沃若」爲例，指出它們都能以少數的詞彙，綜合複雜的情境，使主觀意識觀照之下的客觀形貌，毫無遺失的再現出來。

　　南北朝梁時吳均〈與宋元思書〉，描寫自浙江富陽至桐廬一百許里奇山異水的風景。先描繪所見：「水皆縹碧，千丈見底；游魚細石，直視無礙。急湍甚箭，猛浪若奔。夾岸高山，皆生寒樹。負勢競上，互相軒邈，爭高直指，千百成峰。」再摹寫其所聞：「泉水激石，泠泠作響。好鳥相鳴，嚶嚶成韻。蟬則千轉不窮，猿則百叫無絕。」在遊記文學中，是摹況佳例。

　　黃永武《山居功課》中的〈飲食悟讀書〉一段文字：「西瓜的滋味，在未切時用手指彈一彈，卜卜飽裂的回響已教人等不及，切時刀割一寸皮裂三寸的脆響，隨之噴薄出特殊爽鼻的甜香，然後濃黃的、血紅的、色度濃的甜度也高，一塊塊啃咬到翠皮白肉邊緣齒痕深深的饞吻，滋味才完整。」在這一段動態的描寫中，有觸覺，有聽覺，有嗅覺，有視覺，有味覺，更有「教人等不及」、「爽鼻」、「啃咬」、「饞吻」等顯示主體情態的具體反應摹繪，卻又看似白描，情、境交融，了無斧痕。

4.仿　擬

　　刻意模仿前人作品的語句形式，甚至篇章格調，藉由原作在讀者心中早已存在的熟悉印象，引發出新的特殊的旨趣，有時更帶有嘲弄諷刺意味的，叫做「仿擬」。

　　仿擬可分廣義、狹義兩種。廣義的仿擬指單純對前人作品的模仿，可稱「仿效」；狹義的仿擬指模仿前人作品而意含諷刺，可稱「仿諷」。茲分述如下：

　　廣義的仿擬 —— 仿效。試看劉大白〈西湖秋泛〉上片：「蘇隄橫亙白隄縱：橫一長虹，縱一長虹。跨虹橋畔月朦朧：橋樣如弓，月樣如弓。青山雙影落橋東：南有高峰，北有高峰。雙峰秋色去來中：去也西風，來也西風。」這不是詞牌〈一翦梅〉的革新版嗎？以蔣捷〈一翦梅：舟過吳江〉為證：「一片春愁待酒澆。

江上舟搖，樓上帘招。秋娘渡與泰娘橋。風又飄飄，雨又瀟瀟。何日歸家洗客袍？銀字笙調，心字香燒。流光容易把人拋。紅了櫻桃，綠了芭蕉。」新詩原有縱的繼承、橫的移植等等說法，此屬縱的繼承。

　　狹義的仿擬 —— 仿諷。吳魯芹《數字人生》：「東坡居士若是生在今朝，有幸住在工業先進地區，恐怕會把那首〈臨江仙〉的下半闋改爲『長恨此身非我有，一堆數字爲憑，夜闌風靜氣難平，湖海污染盡，何處寄餘生？』」蘇軾〈臨江仙〉下片原文是：「長恨此身非我有，何時忘卻營營？夜闌風靜縠紋平，小舟從此逝，江海寄餘生。」

5.引　用

　　語文中引用別人的話或詩詞、成語、俗語等等，來印證、補充、對照作者的本意，藉以增加文章或說話的說服力和感染力的，叫作「引用」。

　　引用是一種訴之於權威或訴之於大眾的修辭法，利用一般人對權威的崇拜及對大眾意見的尊重，以加強自己言論的說服力。小孩子和小孩子談論事情，常常喜歡引用「媽媽說」、「老師說」；信教的人，也愛引用「佛說」、「耶穌說」；我們日常說話也免不了「孔子說」、「亞里士多德說」：這些都是訴之於權威。有時，人們也會說：「大家都這麼說」，這是訴之於大眾。

　　引用的起源很早。《尚書·湯誓》有：「夏王率遏眾力，率割夏邑。有眾率怠弗協，曰：『時日曷喪？予及汝皆亡！』」湯便曾引夏人民大眾的話來支持自己伐桀的主張！

　　《論語·季氏》：「孔子曰：『求！周任有言曰：「陳力就列，不能者止。」危而不持，顛而不扶，則將焉用彼相矣？且爾言過矣！虎兕出於柙，龜玉毀於櫝中，是誰之過歟？』」周任是

「古之良史」，孔子引他的話來支持自己對冉有的責備。

又如劉長卿〈過賈誼宅〉：「秋草獨尋人去後，寒林空見日斜時。」二句暗用賈誼〈鵬鳥賦〉原句而有所省略，原句是：「庚子日斜兮，鵬集予舍；野鳥入室兮，主人將去。」劉長卿被貶長沙，經過賈誼古宅，觸景生情，悼賈誼正是悼自己。這是情境相合而引用的例子。

抗日戰爭時期，昆明西南聯大〈防空洞聯〉：「見機而作，入土為安。」此「機」指敵人的飛機；「土」指泥土中挖成的防空洞。這是引用成語，意有別指的例子。

6.藏　詞

要用的詞已見於熟悉的成語或俗語中，便把本詞藏了，只講成語俗語中另一部分以代替本詞的，叫作「藏詞」。如以「知命之年」代替「五十歲」，以「鬍子上貼膏藥」代替「毛病多多」，都是。藝術的最大的秘訣是隱藏藝術。文學有時需要跟讀者捉迷藏，讓讀者尋找作者的用心，享受發現作者真意的喜悅。藏詞把成語俗語藏了一半，露出一半。露出的一半只是讀者藉以尋找的線索；藏住的一半才是作者要讀者尋覓的對象。一旦真相大白，於是兩相歡喜。

在內容上，藏詞以「成語」和「俗語」為基礎。在方法上，藏詞以「隱藏」為能事。細分又有「藏頭」、「藏腰」、「藏尾」三種。

像一九七○年前後，臺灣《聯合報》有「三寶殿」專欄，刊登讀者投書，意用俗語「無事不登三寶殿」，實指「無事不登」。又臺北市中山北路上有一家皮鞋店，店名「奇緣」，是據童話《仙履奇緣》，藏住「仙履」的意思：這些都是「藏頭」法。

我一位知己，有顆閒章，篆曰：「古來寂寞」，意取李白〈將

進酒〉詩「古來聖賢皆寂寞」句而藏住「聖賢」。再如俗語「一、二、五、六、七」，意指「丟三忘四」：這些都是「藏腰」法。

據說紀曉嵐曾以酒瓶裝水贈和珅，並附一聯：「醉翁之意不在；君子之交淡如。」上聯藏「酒」字；下聯藏「水」字。又臺灣有「欣欣」企業集團，是「退除役官兵（榮民）輔導處」經營的，取「欣欣向榮」成語而藏住「向榮」：這些就是「藏尾」了。

再舉二例：據說有一破落戶，過年時湊熱鬧，也貼大紅門聯和橫披。上聯是「二三四五」，下聯是「六七八九」，橫披「南北」。客官！什麼意思？有一間店，店名「雲想」；旁邊一間，店名「花想」。你說是什麼店呢？

7. 飛　白

爲了存真或逗趣，刻意把語言中的方言、俚語、吃澀、錯別、以至行話、黑話，加以記錄或援用的，叫作「飛白」。所謂「白」，就是白字，也就是別字。所以，飛白又可稱爲「非別」。

《史記‧張丞相列傳》：「帝欲廢太子，而立戚姬子如意爲太子。大臣固爭之，莫能得。上以留侯策即止。而周昌廷爭之彊。上問其說。昌爲人吃，又盛怒，曰：『臣口不能言，然臣期期知其不可；陛下雖欲廢太子，臣期期不奉詔。』上欣然而笑。」張守節《正義》：「昌以口吃，每語故重言期期也。」這是口吃的記錄，使周昌盛怒強諫的樣子躍然紙上。

杜甫〈飲中八仙歌〉：「李白斗酒詩百篇，長安市上酒家眠；天子呼來不上船，自稱臣是酒中仙。」案：「不上船」爲俚語，意思是「不扣衣鈕」。釋惠洪《冷齋夜話》：「句法欲老健有英氣，當間用方俗言爲妙，如奇男子行人群中，自然有脫穎不可干之韻。老杜〈八仙〉詩序李白曰：『天子呼來不上船。』方俗言也。所謂襟扭是也。」這是刻意使用俚語的例子。

　　張愛玲〈年輕的時候〉：「沁西亞道：『不，因為她還沒有。在上海，有很少的好俄國人。英國人、美國人也少。現在沒有了。德國人就只能結婚德國人。』」「有很少的好俄國人」為「好俄國人很少」的錯誤敘述；最後一句為「德國人只能跟德國人結婚」的錯誤敘述。

　　張錦弘〈兩岸流行語被網路統一〉：「前一陣子，很多『英英美代子』的『菜籃族』聽了總統的信心喊話投入股市，誰知道大盤從此一洩千里，買的股票都變成『水餃股』，害大家都住進『總統大套房』，直到昨天股市大漲三百多點，大家才和『鬱卒』的心情說聲『886』。」「英英美代子」是臺語「閑閑沒代誌」的諧音，刻意仿擬日本女子名字的形式。「菜籃族」是利用「借代」方式創造的流行語，指家庭主婦。「水餃股」是價格低得像一個水餃的股票。「總統大套房」，意為聽了總統信心喊話，買進股票，卻被套牢，賣不出去。「鬱卒」是臺語，憂鬱的意思。「886」是「拜拜囉」的諧音，由 God be with ye →goodbye→bye-bye 演變成。本意「上帝與你同在」，今已變為「再見」的意思。

8.析　字

　　文字是表達心意，記錄語言的圖形符號。因為它是表達心意的，所以文字必須有意義；因為它是記錄語言的，所以文字必須有聲音；因為它是圖形符號，所以文字必須有形體。在講話行文時，刻意就文字的形體、聲音、意義加以分析，由此而創造出修辭的方式來，叫作析字。

　　劉一止《苕溪集》：「日月明朝昏，山風嵐自起。石皮破仍堅，古木枯不死。可人何當來，意若重千里。永言詠黃鶴，志士心未已。」日月合為明，山風合為嵐。這是化形析字中的離合。吳文英〈唐多令〉：「何處合成愁？離人心上秋。」手法同此。

　　《紅樓夢》第二十一回：「寶玉道：『正經叫「晦氣」也罷了，又「蕙香」咧！你姐兒幾個？』蕙香道：『四個。』寶玉道：『你第幾？』蕙香道：『第四。』寶玉道：『明日就叫「四兒」，不必什麼蕙香蘭氣的了。』」由「蕙」諧音「晦」，是諧音析字；由「蕙香」牽附爲「蘭氣」，是衍義析字。

　　錢鍾書《圍城》：「又有人叫她『真理』，因爲據說『真理是赤裸裸的』。鮑小姐並未一絲不掛，所以他們修正爲『局部的真理』。」這是衍義析字中的演化法。

　　鍾曉陽《停車暫借問》：「珠簾乍響，卻是爾珍，這才恍然記起請她吃小荳包的事，她壓根兒忘得乾乾淨淨的了，心裡抱歉，嘴上調笑道：『喲，給個棒錘當個針，果然來了，我還把這事忘了呢……』」借「給個棒錘當個針」的「針」音，而作「真」解。是諧音析字，視爲語音雙關也可。

9.轉　品

　　一個詞彙，改變其原來詞品而在語文中出現，使含意更新穎豐富，意義表達得更靈活生動，叫作「轉品」。「品」指的就是文法上所說的詞的品類。「轉品」，有些文法學家，如王力，稱之爲「變性」。所著《中國文法學初探》就說：「詞有本性、有準性、有變性。所謂本性，是指不靠其他各詞的影響而能有此詞性的；所謂準性，是爲析句的便利起見，姑且準定爲此詞性的。所謂變性，是因位置關係，受他詞之影響，而變化其原有的詞性的。」修辭學所說的「轉品」，實際上就是文法學所說的「變性」。不過文法學家所說的「變性」是漢語語法自然現象；修辭學家所說的「轉品」卻是作文者刻意爲之。

　　轉品古已有之，方式又多，姑舉四例。《左傳·襄公二十二年》：「吾見申叔，夫子所謂生死而肉骨也。」「生」由普通動

詞轉變爲使動動詞;「肉」由名詞轉變爲使動動詞。韓愈〈原道〉:
「周道衰,孔子沒。火於秦,黃老於漢,佛於魏晉梁隋之間。」
「火」、「黃老」、「佛」都變成動詞。我的祖、父輩口中已有
「此人十分猶太」說法,余光中名言「天空非常希臘」。專有名
詞「猶太」、「希臘」都變爲形容詞了。

10.婉　曲

　　說話或作文時,不直講本意,只用委婉閃爍的言詞,曲折地
烘托或暗示出本意來,叫作「婉曲」。細分包括曲折、微辭、含
蓄。

　　一件東西隱藏得愈嚴密,人們愈有興趣去尋覓發掘。所以措
辭愈委婉曲折,便愈能引起對方的注意和研究的興趣。而看出一
組文字表面上所沒有的意義,正是讀者快樂的來源,「婉曲」辭
格的心理基礎在此。何況,在效果方面,婉曲的言辭比直接的訴
說更容易感動人心,而不致傷害別人的感情呢。由於婉曲在理論
和實用上雙方面的堅強基礎和卓越效果,我們就應該細心去分析
研究它了。

　　先說曲折。如《詩經·鄭風·叔于田》:「叔于田,巷若無
人,豈無人居,不如叔也,洵美且仁。」曲折說出沒人比得上叔
之既美且仁。

　　再說微辭。如張愛玲〈傾城之戀〉:「炸死了你,我的故事
就該完了;炸死了我,你的故事還長著呢!」這是白流蘇對范柳
原說的話,暗示對方用情不專。

　　最後說含蓄。王鼎鈞〈瞳孔裏的古城〉:「我並沒有失去我
的故鄉,當年離家時,我把那塊根生土長的地方藏在瞳孔裏,走
到天涯,帶來天涯。」意指眼中永遠留有故鄉的印象,於此可以
發現什麼是文學語言。

11.夸　飾

　　言文中誇張鋪飾超過了客觀事實，使其所表達的形象益發凸顯，情意更爲鮮明，藉以加深讀者或聽衆的印象的，叫作「夸飾」。

　　歷史上最擅長夸飾的，應該是莊子。在《莊子・逍遙游》：「北冥有魚，其名爲鯤，鯤之大不知其幾千里也。化而爲鳥，其名爲鵬，鵬之背不知其幾千里也。怒而飛，其翼若垂天之雲。」把鯤、鵬說得如此大。在《莊子・則陽》：「有國於蝸之左角者曰觸氏，有國於蝸之右角者曰蠻氏；時相與爭地而戰，伏尸數萬，逐北旬有五日而後返。」卻把國土說得那麼小。真是夸飾高手！

　　錢鍾書《圍城》：「柔喜雖然比不上法國劇人貝恩哈脫（Sarah Bernhardt），腰身纖細得一粒奎寧丸吞到肚子裏就像懷孕，但瘦削是不能否認的。」令人印象深刻。

　　鍾鼎文〈仰泳者〉：「廣闊的額是大陸，從歐羅巴到亞細亞；聳起的鼻是高原，從帕米爾到喜馬拉雅；兩頰一明一暗，是亞美利加與阿非利加……。」把整個地球上浮在大洋中的陸地看作「仰泳者」。不禁叫我想起李賀〈夢天〉詩：「遙望齊州九點煙，一泓海水杯中瀉。」把中國九州看作九點煙，而海洋也不過杯中之水而已。

12.示　現

　　人類的想像力，真是一種奇妙的機能，甚至比「光」更快速，更曲折，更神奇。它可以不受時間限制，超越過去、現在及未來；可以不受空間的限制，把遠方的情景播映在眼前。語文中利用人類的想像力，把實際上不聞不見的事物，說得如見如聞的修辭方法，就叫作示現。

　　對於示現，《文心雕龍・神思》曾加以生動的描述：

　　　　古人云：「形在江海之上，心存魏闕之下。」神思之謂也。

> 文之思也，其神遠矣。故寂然凝慮，思接千載；悄焉動容，
> 視通萬里；吟詠之間，吐納珠玉之聲；眉睫之前，卷舒風
> 雲之色：其思理之致乎！

　　劉勰首先暗用《莊子・讓王》「身在江海之上，心居乎魏闕之下」的話，指明一個人的身體，雖然受到物質條件的約束，局限於某一種環境之中；但想像力卻能突破時空的限制，到達自己希望到達的領域。從而劉彥和贊歎著文思此一精神作用的神奇，可以無遠弗屆。於是進一步對神思之功能加以分析：「寂然凝慮，思接千載」是說明神思在時間方面的超越能力；「悄焉動容，視通萬里」是說明神思在空間方面的超越功能。基於神思在時間、空間雙方面的超越功能，所以文學工作者就可以在「吟詠之間，吐納珠玉之聲」，使現實生活中不實際存在的聲響呈現於語言文字；也可以在「眉睫之前，卷舒風雲之色」，使現實生活不實際存在的景象放映在讀者的眼前。而這正是「神思」的效用啊！

　　李商隱〈夜雨寄北〉：「君問歸期未有期，巴山夜雨漲秋池。何當共翦西窗燭，卻話巴山夜雨時。」這是作者寄給妻子的一首詩。首句一問一答，顯示了詩人歸期未定的無奈。次句寫當時當地景，隱隱約約透露夜雨惱人，愁緒漲滿。三四兩句由眼前情景跳脫出來，書寫對未來歡聚的憧憬：今夜的愁苦正是未來剪燭夜話的材料。這是預言式的示現。

　　徐志摩〈我所知道的康橋〉：「在初夏陽光漸煖時你去買一支小船，划去橋邊蔭下躺著，念你的書或是做你的夢，槐花香在水面上飄浮，魚群的唼喋聲在你耳邊挑逗。」讀者讀此，不可能人人都在康橋。但作者卻要「你」去買一支小船，去康橋躺著，念「你」的書，做「你」的夢，鼻子去聞槐花香，耳朵去聽魚群唼喋聲。其實只是作者追述自己的經驗罷了。這是「觸覺」、「視

覺」、「嗅覺」、「聽覺」多方面的示現。

13.譬　喻

　　譬喻是一種「借彼喻此」的修辭法，凡二件或二件以上的事物中有類似之點，說話、作文時運用「那」有類似點的事物來比方說明「這」件事物的，就叫「譬喻」。它的理論架構，是建立在心理學「類化作用」（Apperception）的基礎上 —— 利用舊經驗引起新經驗。通常是以易知說明難知；以具體說明抽象。使人在恍然大悟中驚佩作者設喻之巧妙，從而產生滿足與信服的快感。

　　古今佳喻太多，聊舉二例於下。

　　蘇軾〈記承天寺夜遊〉：「庭中如積水空明，水中藻荇交橫，蓋竹柏影也。」短短十來個字包括了兩個譬喻。第一個譬喻是「庭中如積水空明」。本體「庭中」在前，喻體「積水空明」在後，中間用「如」字連繫，爲「明喻」。第二個譬喻是「水中藻荇交橫，蓋竹柏影也」。喻體「水中藻荇交橫」提前了，本體「竹柏影也」反而在後，中間用「蓋」字連繫，爲「隱喻」，而且是倒裝的。所以兩個譬喻，非但一正一反，語次不同，而且一明一隱，方式也不同。「庭中」的月色是實在的、真的；「如積水空明」是幻覺的、假的；「水中藻荇交橫」也是假的，只是幻象；最後點出「蓋竹柏影也」，是對真相的頓悟。這樣，視覺印象由「視非」到「而是」，又具有「懸疑」的效果，而給人一種「真相大白」後的意外喜悅。真是了不起的好譬喻！

　　劉鶚《老殘遊記》第二回描寫在明湖居聽王小玉唱歌：「唱了十數句之後，漸漸的越唱越高，忽然拔了一個尖兒，像一線鋼絲，拋入天際，不禁暗暗叫絕。那知他於那極高的地方，尚能迴環轉折；幾轉之後，又高一層，接連有三、四疊，節節高起。恍如由傲來峰西面攀登泰山的景象：初看傲來峰削壁千仞，以爲上

與天通；及至翻到傲來峰頂，纔見扇子崖更在傲來峰上；及至翻到扇子崖，又見南天門更在扇子崖上；愈翻愈險，愈險愈奇。那王小玉唱到極高三、四疊後，陡然一落，又極力騁其千迴百折的精神，如一條飛蛇在黃山三十六峰半中腰裏盤旋穿插，頃刻之間，周匝數遍。」先用一線鋼絲拋入天際形容聲音突然拔尖；再用登泰山的景象形容聲音節節高起；最後用黃山飛蛇形容聲音的盤旋周匝，把虛無飄緲的歌聲，形容得何等具體！

14. 借　代

　　白先勇寫過這麼一篇小說：是用第一人稱主角觀點，訴說一位不被人了解的高中男生內心的寂寞。題目就叫作《寂寞的十七歲》。後來白景瑞導了一部影片，敘述一位高中女生暗戀他的表哥的故事。雖然內容跟白先勇的小說毫無關係，片名卻也叫作「寂寞的十七歲」。自此以後，報紙社會新聞版常有「血腥的十七歲」、「荒謬的十七歲」等標題出現。為什麼白先勇不說「年輕人」或「高中生」，偏說「十七歲」？為什麼白景瑞跟一些編輯先生也突然鍾情起「十七歲」這個名詞來？

　　以「修辭學」的觀點來回答這些問題，答案是：為了「借代」。所謂「借代」，就是指在談話或行文中，放棄通常使用的本名或語句不用，而另找其他與本名密切相關的名稱或語句來代替。除了使文辭新奇有趣之外，還可以凸顯事物的特徵，使要表達的命意更為適切、細膩、深刻。

　　李白〈贈孟浩然〉詩中有：「紅顏棄軒冕，白首臥松雲。」二句十字，「紅顏」、「軒冕」、「白首」、「松雲」八字四詞都屬於「借代」。

　　文訊雜誌社〈臺灣文學出版研討會邀請卡題辭〉：「拔掉太陽旗之後，我們在二二八的數字中驚魂。在一九四九年的震撼中，

傾聽海峽的哭泣。文學就這麼長成一棵大樹，見證著變遷的港灣，以開放之心擁抱蔚藍海洋。而在風中，我們以滔滔雄辯，昂首迎向二十一世紀璀璨的陽光。」文中哪些詞為借代？代什麼？我把發現答案的樂趣留給讀者您了！

15.轉　化

描述一件事物時，轉變其原來性質，化成另一種本質截然不同的事物，而加以形容敘述的，叫作「轉化」。在早期的修辭學書籍論文中，「轉化」或稱為「比擬」，或稱為「假擬」，都容易與「譬喻」混淆。所以這兒採用于在春創造的名詞：「轉化」。

轉化的第一種是「人生化」。《莊子‧秋水》：「莊子曰：『儵魚出遊從容，是魚樂也。』」莊子把自己「出遊從容」的「樂」趣，投射到魚的身上，他的心靈是與天地萬物並生合一的，所以他能肯定了「魚之樂」，可以說代表一種哲思與文學精神。所謂「人性化」就是把人類的心情投射於外物，把外物都看成人類一樣，而加以描述。例如賴和〈前進〉：「在這樣黑暗之下，所有一切，盡懾伏在死一般的寂滅裏，只有風先生的慇懃、雨太太的好意，特別為他倆合奏著進行曲。」用「先生」來稱「風」，用「太太」來稱「雨」，就把「風」、「雨」人性化了。

轉化的第二種是「物性化」。仍先從《莊子‧齊物論》中摘出二句話：「昔者莊周夢為蝴蝶，栩栩然蝴蝶也。自喻適志與，不知周也。」莊子說自己前些日子夢中變成了蝴蝶，活潑潑地就是隻蝴蝶，自己好愉快（「喻」假借為「愉」，從王叔岷先生說），達到自己志願了！不曉得自己是莊周了！並且下文還有結論：「此之謂物化。」李煜〈相見歡〉：「剪不斷，理還亂，是離愁。」楊喚〈島上夜〉：「不是失眠，我是在透明的夢裏醒著。」人之離愁與夢，已物性化了。

　　轉化的第三種是「形象化」。「人性化」是「擬物爲人」；「物性化」是「擬人爲物」。形象化則是「擬虛爲實」，使抽象的觀念具體化。它與「人性化」、「物性化」之不同在於：「擬人爲人，擬物爲物」，例如張先〈天仙子〉：「水調數聲持酒聽，午醉醒來愁未醒。」「醉」、「愁」能「醒」或「未醒」，擬人爲人，很形象化。又如余光中〈滿月下〉：「那就折一張闊些的荷葉　包一片月光回去　回去夾在唐詩裏　扁扁地，像壓過的相思」，「月光」可「包」可「夾」，擬物爲物，是形象化；「相思」可「壓」，擬人爲物，是物性化。月光像相思，則爲譬喻。

　　轉化有時比譬喻更動人。你看「眉黛有如萱草色，裙紅好似石榴花。」改爲「眉黛奪將萱草色，裙紅妒煞石榴花。」是否更生動些？

16.映　襯

　　在語文中，把兩種不同的，特別是相反的觀念或事實，貫串或對列起來，兩相比較，互爲襯托，從而使語氣增強，使意義明顯的修辭方法，叫作「映襯」。

　　在客觀上，人性跟宇宙都存在著許多矛盾；而主觀上，人類的感覺作用又足以辨認這些矛盾。那麼，作爲反映人類對宇宙人生之感覺的文學作品，把這些矛盾排列在一起，使其映襯成趣，實在是很自然的事。因此，我國文學作品，很早就曾大量使用這種映襯修辭法。例如《詩經・小雅・采薇》有：「昔我往矣，楊柳依依；今我來思，雨雪霏霏。」四句十六字中，季節的變遷、空間的轉移、人事的倥傯，藉映襯的文字，作冷靜的對比，於是征人久役於外的寂寞悲傷，也就從此相反情境的對照下，鮮明地表現出來了。

　　映襯細分，又有對襯、雙襯、反襯。

　　陳之藩〈古瓶〉：「這兩個老大學，似乎把學生當成生物，讓生物生長；別的大學，似乎把學生當成礦物，讓礦物定型。」把牛津、劍橋和其他大學作對比，是對襯。

　　張愛玲〈茉莉香片〉：「香港是一個華美的但是悲哀的城。」用「華美」、「悲哀」，一褒一貶，來形容同一城市，是雙襯。

　　徐志摩〈沙揚娜拉 —— 贈日本女郎〉：「那一聲珍重裡有蜜甜的憂愁 —— 沙揚娜拉！」用「蜜甜」去形容「憂愁」，是反襯。

17.雙　關

　　在沒有說明什麼是雙關之前，先介紹三則小幽默：

　　第一則，見於《傳記文學》：

> 　　中央研究院院士淩鴻勳的姓是三點的淩，不是兩點的凌。許多人問他，你和凌某某是不是一家？他總以詼諧的口吻回答說：「我們差一點。」有些朋友知道他是姓三點的淩以後，常向他道歉說：「真對不起，我以前寫信給你，總是把你的信寫作兩點的凌。」他就回答說不要緊，「我不在乎這一點」。

　　第二個是一首竹枝詞，作者據說是劉禹錫：

> 　　楊柳青青江水平，聞郎江上唱歌聲；東邊日出西邊雨，道是無晴還有晴。

　　第三個又是一則故事，見於《三國演義》第四十九回〈七星壇諸葛祭風，三江口周瑜縱火〉：

> 　　孔明曰：「連日不晤君顏，何期貴體不安！」瑜曰：「『人有旦夕禍福』，豈能自保？」孔明笑曰：「『天有不測風雲』，人又豈能料乎？」瑜聞失色，乃作呻吟之聲。孔明曰：「都督心中似覺煩積否？」瑜曰：「然。」孔明曰：「必須用涼藥以解之。」瑜曰：「已服涼藥，全然無效。」

　　孔明曰：「須先理其氣；氣若順，則呼吸之間，自然痊可。」
瑜料孔明必知其意，乃以言挑之曰：「欲得順氣，當服何
藥？」孔明笑曰：「亮有一方，便教都督氣順。」瑜曰：
「願先生賜教。」孔明索紙筆，屏退左右，密書十六字曰：
「欲破曹公，宜用火攻；萬事俱備，只欠東風！」

　　第一則故事中，「差一點」、「不在乎這一點」的「點」字，
除當單位量詞解外，還兼指文字筆劃上的「點」。這是字義的雙
關。

　　第二則竹枝詞中：「晴」字除指「日出」外，還雙關到感情
的「情」。這是字音的雙關。

　　第三則故事中，表面上談的是周瑜的病情，實際上暗示著天
氣的可能變化。這是語意的雙關。

　　像這樣一語同時關顧到兩種事物的修辭方式，包括字義的兼
指，字音的諧聲，語意的暗示，都叫作「雙關」，常富有言在此
而意在彼的趣味效果。

18.倒　反

　　「倒反」是言辭表面的意義和作者內心真意相反的修辭法。
表面讚賞，其實責罵；表面責罵，其實讚賞。就表面看來，跟「修
辭立其誠」似乎有所違背。但是事實上，恰當地使用倒反辭，並
不會抹殺「真意」，只是設法促使對方進一步去反省，去尋找這
個隱藏在文字反面的「真意」，並且享受發現後的愉悅與痛苦罷
了。倒反辭格所以成為一種可行的修辭方法，其道德哲學上的基
礎在此。

　　「倒反」可分倒辭與反語兩種。

　　倒辭是把正面的意思倒過來說，中間不太含有諷刺別人的意
思。如《紅樓夢》第十九回：「黛玉聽了，睜開眼起身，笑道：

『真真你就是我命中的「魔星」，請枕這一個。』說著，將自己的枕推給寶玉，又起身將自己的再拿了一個來枕上。二人對著臉兒躺下。」「魔星」是倒辭，不含諷刺成分。

　　反語非但把正面意思反過來說，而且其中含有諷刺的意思。如張愛玲〈傾城之戀〉：「流蘇氣到了極點，反倒放聲笑了起來道：『好，好，都是我的不是，你們窮了，是我把你們吃窮了。你們虧了本，是我帶累了你們。你們死了兒子，也是我害了你們傷了陰騭！』」白流蘇的話，諷刺意味十足，是反語。

19.象　徵

　　任何一種抽象的觀感、情感、與看不見的事物，不直接予以指明，而由於理性的關聯、社會的約定，從而透過某種具體形象作媒介，間接加以陳述的表達方式，名之為「象徵」。

　　詳細點說：

　　象徵的對象大致上是抽象的觀念、情感、與看不見的事物。例如：在暴風雨中飛行的海燕象徵英勇，英勇就屬於一種「觀念」；以熊熊烈火象徵男女間的情愛，情愛更屬於一種「情感」；以花朵的凋零象徵死亡，死亡便屬於一種事實。上文所舉：英勇、情愛、死亡都是抽象的，或看不見整體的。

　　象徵的媒介是某種具體的形象，例如前述飛行在暴風雨中的海燕、熊熊燃燒的烈火、花朵之凋零，都為具體的，或看得見的。

　　象徵的構成必須出於理性的關聯，社會的約定。例如：以獅子象徵勇敢屬理性的關聯；以十字架象徵基督教屬社會的約定。

　　象徵的表達方式必須是間接陳述而非直接指明。象徵主義大師馬拉梅（Stéphane Mallarmé）曾說過：「指明一物件，便剝奪了一首詩的最大樂趣；因為詩的樂趣在逐漸流露。」後人把這兩句話簡約為：「說出是破壞，暗示才是創造。」成為象徵主義的

名言。這一點也正是象徵與譬喻不同之所在。譬喻所含的意念，容易尋找，也容易確定；但象徵卻表現出高度的曖昧。

象徵是文學創作中非常重要的手法，茲舉二例。

李煜〈清平樂〉：「砌下落梅如雪亂，拂了一身還滿。」以「雪」喻「梅」是譬喻，但「拂了一身還滿」暗示離恨揮之不去，卻是象徵。

莫那能〈百步蛇死了〉首段是：「百步蛇死了　裝在透明的大藥瓶裡　瓶邊立著『壯陽補腎』的字牌　逗引著在煙花巷口徘徊的男人」，末段是：「站在綠燈戶門口迎接他的　竟是百步蛇的後裔 —— 一個排灣族少女」在排灣族詩人這首詩中，百步蛇已成為排灣祖靈的象徵。牠死了，被裝到透明的大藥瓶裡（令人想起玻璃櫥窗中的女人），逗引尋芳客虛壯的雄威，暗示著在不公平的社會中，排灣族人精神和肉體一起被出賣，被禁錮，以至死亡。

20.呼　告

說話或作文中，先呼叫對方，以引起對方的注意，再告訴他要說的事情；甚至突然撇開聽眾或讀者，直接對所敘的人或事物，呼名傾訴，以表達更為強烈的情感：都稱為「呼告」。

呼告通常是呼告面前的人。如項羽〈垓下歌〉：「力拔山兮氣蓋世，時不利兮騅不逝，騅不逝兮可奈何！虞兮、虞兮，奈若何！」項羽唱這首歌時，虞姬正在身旁，所以《史記·項羽本紀》記載項羽「悲歌忼慨」之後，說「美人和之。」

呼告也可以呼不在面前的人，如徐志摩〈愛眉小札〉：「這過的是什麼日子！我這心上壓得多重呀！眉，我的眉，怎麼好呢！霎那間有千百件事在方寸間起伏，是憂，是瞻前，是顧後，這筆上那能寫出？」寫信時，陸小曼並不在徐志摩面前。

　　呼告對象可以是物。海明威《老人與海》中有：「『來來。』老人自言自語：『再兜一個圈子。你聞聞看，這沙丁魚可愛不可愛？好好地吃他們吧！不時還可以吃吃那條鮪魚。硬硬的，冷冷的，可愛的。魚！別怕難為情。吃吧！』這是「人與魚語」。

　　甚至抽象的也可以呼告。如莎士比亞《西撒》中安東尼那場有名的演講中有「判斷力啊！你跑到畜牲群裏去了！」法國革命家羅蘭夫人上斷頭台時語：「自由！自由！多少罪惡假汝名而行！」判斷力、自由都是抽象的。

（二）優美形式的設計

　　《老子》四十二章有這麼幾句話：「道生一，一生二，二生三，三生萬物。萬物負陰而抱陽，沖氣以為和。」假如把「優美形式的設計」視為一種「道」，首先產生的是「整齊純一」，此之謂「道生一」。然後一分為二，於是有「對稱均衡」、「對比調和」、「迴環往復」，此之謂「一生二」。然後「三」出現了，這時有「比例得宜」、「節奏韻律」的講究，此之謂「二生三」。我們所設計的各種優美形式大抵由此而生，此之謂「三生萬物」。但是各種優美形式，無論如何變化，多麼複雜，卻總是由相對立的因素：大小、高低、長短、方圓、曲直，剛柔、強弱、輕重、榮枯、動靜、聚散、仰揚、進退，等等有機地呈現在某一具體的藝術作品上，形成和諧之美。此之謂「萬物負陰而抱陽，沖氣以為和」。

　　以這種觀點來看修辭學中優美形式的設計，「類疊」是同一語言成分，隔離或連接著使用。由於是同一語言成分，所以它是「純一」的；由於有秩序地隔離或重疊接連地出現，又具整齊之美。這種「整齊純一」正是「道生一」，故列為第一章。「對偶」，

或基於「對稱均衡」，或基於「對比調和」；「回文」，則基於「迴環往復」：這是「一生二」的兩種修辭形式，故列為二、三兩章。「排比」、「層遞」都必須由三個或三個以上語言成分組成。不過，「排比」注重的是它們之間形式的相同與近似；「層遞」注重的是它們之間層次遞接；「頂真」有兩句的，也有兩句以上的，與「層遞」頗有類似處，重點在要求在上遞下接之間，有一個相同的詞語作關鍵。它們或講究「節奏韻律」，或講究「比例得宜」，都是「二生三」的成果，故列為四、五、六章。由齊一、勻稱、對比、往復、比例、韻律，趨向變化、複雜，首先要說「鑲嵌」，這是在詞語中刻意穿插配增，使形式有所變化；「錯綜」，更進一步追求語句形式的參差，詞彙的別異；「倒裝」，則特意顛倒了句子的語法順序；「跳脫」，使句子出現突接、岔斷、插語、脫略等情況：這四種修辭格，是「三生萬物」的代表作。總的說來，此十種修辭格，前六種重「齊一」、「勻稱」，後四種重「變化」、「複雜」。

　　當然，優美形式的設計，不會僅僅只有這十種，前面我已說過：《漢語修辭格大辭典》中，「布置類」有四十七格。這四十七格都屬優美形式的設計，值得進一步去探討。而且，人類文明的日新，社會多元的發展，審美經驗越來愈豐富，「三生萬物」，修辭學上優美形式的發掘、創造、整理，有的是無限遼闊的空間呢！

1.類　疊

　　同一個字、詞、語、句，或連接，或隔離，重複地使用著，以加強語氣，使講話行文具有節奏感的修辭法，叫作「類疊」。文學上的類疊源於宇宙人生現象的類疊；而類疊在心理學上，乃基於「練習律」的學習定律；在美學上，又符合「數大便是美」

的原理。在優美形式的設計中，是最原始也簡單的方法。細分又有四種：

　　疊字：字詞連接的類疊。如喬吉〈天淨沙〉：「鶯鶯燕燕春春，花花柳柳真真。事事風風韻韻，嬌嬌嫩嫩，停停當當人人。」又如託名盧狀元的《勸世歌》：「有有無無且耐煩，勞勞碌碌幾時閒？古古今今多改變，貧貧富富有循環！人心曲曲彎彎水，世世重重疊疊山。將將就就隨時過，苦苦樂樂皆一般。」

　　類字：字詞隔離的類疊。如寶島鐘錶行的廣告：「上班要準時，吃飯要定時，趕車要及時，約會要守時：這是成功的一半！」前四句中「要」、「時」皆屬類字。

　　疊句：語句連接的類疊。如《論語‧雍也》：「伯牛有疾。子問之，自牖執其手，曰：『亡之！命矣乎？斯人也，而有斯疾也！斯人也，而有斯疾也！』」

　　類句：語句隔離的類疊。如《周易‧文言傳‧乾上九》：「其唯聖人乎？知進退存亡而不失其正者，其唯聖人乎？」

2.對　偶

　　把字數相等，語法相似，意義相關的兩個句組、單句或語詞，一前一後，成雙成對地排列在一起，就叫「對偶」。嚴格的「對偶」，更講究上下兩語言成分平仄相對，而且避用同字。人事和物情有許多是自然成對的，而人心理方面的聯想作用能把這些成對的現象聯結起來；生理方面的肌肉活動也因辨認這些成對的現象而獲平衡、安和而快樂。所以對偶，在客觀上，源於自然界的對稱；在主觀上，源於心理學上的「聯想作用」，和美學上「對稱」的原理。而漢語的孤立與平仄之特性，又恰好能滿足這種客觀現象與主觀作用之表達。中國文學在語言形式方面，最重視對偶，原因在此。

　　對偶從句型上分類，不外乎句中對、單句對、隔句對、長對。

　　句中對又稱當句對。如范仲淹〈岳陽樓記〉：「岸芷汀蘭，郁郁青青。」句中「汀蘭」對「岸芷」，「青青」對「郁郁」。

　　上下兩句對偶的，就叫「單句對」。如陶淵明〈桃花源記〉：「芳草鮮美；落英繽紛。」

　　隔句對又叫扇對，是第一與第三句對，第二與第四句對。如鄭谷〈寄裴晤員外詩〉：「昔年共照松溪影，松折碑荒僧已無；今日還思錦城事，雪銷花謝夢何如？」

　　三對六句以上，叫長對。下例孫髯翁〈昆明大觀樓聯〉共一百八十字，有「天下第一長聯」之稱。

> 五百里滇池奔來眼底，披襟岸幘，喜茫茫空闊無邊！看東驤神駿，西翥靈儀，北走蜿蜒，南翔縞素；高人韻士，何妨選勝登臨，趁蟹嶼螺洲，梳裹就風鬟霧鬢，更蘋天葦地，點綴些翠羽丹霞，莫孤負四圍香稻，萬頃晴沙，九夏芙蓉，三春楊柳。

> 數千年往事注到心頭，把酒凌虛，嘆滾滾英雄誰在？想漢習樓船，唐標鐵柱，宋揮玉斧，元跨革囊；偉烈豐功，費盡移山心力，儘珠簾畫棟，卷不及暮雨朝雲，便斷碣殘碑，都付與蒼烟落照，只贏得幾杵疏鐘，半江漁火，兩行秋雁，一枕清霜！

3.回　文

　　上下兩句或句組，詞彙部分相同，而詞序大致相反的辭格，叫作「回文」，也稱「迴文」或「迴環」。

　　自然與人生，有時是周而復始，循環不息的。日月的麗天，星辰的運行，晝夜的交替，四時的來往，人事的滄桑，情緒的週期：都是很好的例子。有時又是兩兩相關，互為因果的。先有雞

蛋，還是先有雞，這是一個頗難解決的問題。而宇宙人生的循環、相關、因果等等現象，也就形成語文上「回文」辭格的淵源。

　　回文與圓形頗有相似之處，圓是平面上對於一定點有等距離之各點所環成的「軌跡」。就美學觀點而論，圓形被認為具有純粹簡單之美，以及連續不斷之妙。由於純粹簡單，所以能節省注意力；由於連續不斷，所以有圓滿的感覺。這種情緒上的性質，又成為回文在美學上的基礎。

　　以下是些回文例子。《老子·五十六章》：「知者不言，言者不知。」又〈八十一章〉：「信言不美，美言不信。」蘇軾《東坡題跋·書摩詰藍田煙雨圖》：「味摩詰之詩，詩中有畫；觀摩詰之畫，畫中有詩。」辛棄疾〈賀新郎〉：「我見青山多嫵媚，料青山見我應如是。……不恨古人吾不見，恨古人不見吾狂耳！」詹冰〈插秧〉上片：「水田是鏡子　映照著藍天　映照著白雲　映照著青山　映照著綠樹」下片：「農夫在插秧　插在綠樹上　插在青山上　插在白雲上　插在藍天上」

4.排　比

　　用三個或三個以上結構相似、語氣一致、字數大致相等的語句，表達出同範圍同性質的意象，叫做「排比」。排比和對偶，同質性很高，最易弄混。因此必須先給二者劃一簡明的界線：字數相同，結構相同或相近，上下相連的兩個語句，無論上下句有無同字，也無論意同意反，都算對偶。三個或三個以上的語句，結構相同或相近，都算排比。

　　《周易·說卦傳》：「立天之道曰陰與陽；立地之道曰柔與剛；立人之道曰仁與義。」此三句排比。

　　杜牧〈阿房宮賦〉：「明星熒熒，開粧鏡也；綠雲擾擾，梳曉鬟也；渭流漲膩，棄脂水也；煙斜霧橫，焚椒蘭也；雷霆乍驚，

宮車過也。」此五句排比。

　　喬吉〈揚州夢〉：「天有情，天亦老；春有意，春須瘦；雲無心，雲也生愁。」趙顯宏〈殿前歡〉：「胡尋些東與西，拚了個醒而醉，不管他天和地。」元曲中多三句排比，又名「鼎足對」。

　　《紅樓夢》第七十八回：「其為質則金玉不足喻其貴；其為體則冰雪不足喻其潔；其為神則星日不足喻其精；其為貌則花月不足喻其色。」此四句排比。

　　陳之藩〈失根的蘭花〉：「在沁涼如水的夏夜中，有牛郎織女的故事，才顯得星光晶亮；在群山萬壑中，有竹籬茅舍，才顯得詩意盎然；在晨曦的原野中，有拙重的老牛，才顯得純樸可愛。」陳君擅長對偶句與排比句。

　　簡媜《只緣身在此山中‧月牙》：「月如鉤嗎？鉤不鉤得起沉睡的盛唐？月如牙嗎？吟不吟得出李白低頭思故鄉？月如鎌嗎？割不割得斷人間癡愛情腸？」此例在意念表出方面屬設問；在形式設計方面屬排比。

5.層　遞

　　凡要說的有三件或三件以上的事物，這些事物又有大小輕重等比例，於是說話行文時，依序層層遞進的，叫「層遞」。有單式層遞和複式層遞兩種。

　　如《論語‧子罕》：「苗而不秀者，有矣夫；秀而不實者，有矣夫！」由長苗、開花、結實，層層遞進。孫如陵（仲父）〈蓄積詞彙〉：「詞因豐富而有選擇，因選擇而見恰切，因恰切而見巧妙，因巧妙而見工夫。」步步向前。張秀亞〈持燈者〉：「做不成天空的星子，就做山上的燎火吧！做不成山上的燎火，就做屋中的一盞燈吧！」卻步步後退。這三例，都是單式的。

　　又如《禮記‧大學》：「古之欲明明德於天下者，先治其國；

欲治其國者，先齊其家；欲齊其家者，先修其身；欲修其身者，先正其心；欲正其心者，先誠其意；欲誠其意者，先致其知；致知在格物。物格而后知至，知至而后意誠，意誠而后心正，心正而后身修，身修而后家齊，家齊而后國治，國治而后天下平。」由「明明德於天下」到「致知在格物」是後退的；由「物格而后知至」到「天下平」是前進的，一退一進，是複式中的反復式。梁實秋《雅舍小品·客》：「問題的癥結全在於客的素質，如果素質好，則未來時想他來，既來了想他不走，既走想他再來。如果素質不好，未來時怕他來，既來了怕他不走，既走怕他再來。」是複式中的並立式。

6.頂　真

在《西遊記》第六十四回〈荊棘嶺悟能努力，木仙菴三藏談詩〉中有這麼一段：

> 十八公道：「好個『吟懷瀟洒滿腔春！』」孤直公道：「勁節，你深知詩味，所以只管咀嚼。何不再起一篇？」十八公亦慨然不辭道：「我卻是頂針字起：春不榮華冬不枯，雲來霧往只如無。」凌空子道：「我亦體前頂針二句：無風搖曳婆娑影，有客欣憐福壽圖。」拂雲叟亦頂針道：「圖似西山堅節老，清如南國沒心夫。」孤直公亦頂針道：「夫因側葉稱梁棟，臺為橫柯作憲烏。」

這一段話中，四次提到「頂針」。什麼是「頂針」？原來是古代婦女縫紉時套在手指上的金屬環，環上滿布小凹點，用來推針穿布。後來詩文中用上一句的結尾詞語，頂下一句的起頭詞語，如前引《西遊記》詩中用「春」頂出「春」，用「無頂出「無」，用「圖」頂出「圖」，用「夫」頂出「夫」，就像用「頂針」把針線頂出來一樣，也就叫「頂針」了。偏偏有人覺得吟詩作文何

等風雅，怎可比作女紅用的小玩意？於是改稱「頂真」。語文本就是約定俗成的，現在大家用慣了「頂真」，也就不必改回「頂針」了。總之，用上一句結尾的辭彙，作下一句的起頭，使鄰接的句子頭尾藉同一詞彙的蟬聯而有上遞下接趣味的修辭法，稱為「頂真」。茲再舉柳宗元《始得西山宴遊記》：「幽泉怪石，無遠不到。到則披草而坐，傾壺而醉。醉則更相枕以臥。臥而夢，意有所極，夢亦同趣。覺而起，起而歸。」請指出何處頂真？

7.鑲　　嵌

在本節開場白中，我曾提到「優美形式的設計」，有注重齊一勻稱的，有注重變化複雜的。前者最簡單的方式是「類疊」；後者最原始的方式，則為「鑲嵌」。因此討論齊一勻稱，以「類疊」為首；而討論變化複雜，以「鑲嵌」居先。

什麼叫做「鑲嵌」呢？鑲，指外邊上的配襯；嵌，指中間的填塞：都是裝飾的方法。修辭學中，凡是在語句的頭尾或中間，故意插入虛字、數目字、特定字、同義或異義字，來拉長文句，使語義更鮮明，語趣更豐富的修辭方法，就叫「鑲嵌」。如：「一乾二淨」，是在「乾淨」一詞中插入數目字；「冤哉枉也」，是在「冤枉」一詞中插入虛字；〈木蘭辭〉中有「東市買駿馬，西市買鞍韉，南市買轡頭，北市買長鞭。」嵌著東西南北四個方位特定字；諸葛亮〈出師表〉：「先帝創業未半，而中道崩殂。」「崩」下增加了同義字「殂」；「宮中府中，俱為一體；陟罰臧否，不宜異同。」「異」下配上異義字「同」。這些都是「鑲嵌」。

楊喚在〈夏夜〉描寫夜空，不是說：「撒了滿天的珍珠和一枚又大又亮的銀幣。」天際原是鑲星嵌月著呀！

秦牧在《土地》中描述祖國的山河：「沙漠開始出現了綠洲，不毛之地長出了莊稼，濯濯童山披上了錦裳，水庫和運河像閃亮

的鏡子和一條條衣帶一樣綴滿山谷和原野。有一次我從凌空直上
的飛機的窗艙裡俯瞰珠江三角洲,當時蒼穹明淨,我望了下去,
真禁不住喝采。珠江三角洲壯觀秀麗得幾乎難以形容:水網和湖
泊熠熠發光,大地竟像是一幅碧綠的天鵝絨,公路好似刀切一樣
的筆直,一丘丘的田野又賽似棋盤般整齊。嘿!千百年前的人們,
以為天上有什麼神仙奇蹟,其實真正的奇蹟卻在今天的大地上。」
大地正是錦繡鑲嵌而成的。

　　而人生於兩間,正如劉勰在《文心雕龍·原道》所說的「日
月疊璧,以垂麗天之象;山川煥綺,以鋪理地之形。……惟人參
之,性靈所鍾,是謂三才。為五行之秀,實天地之心。」「人」,
鑲嵌在天、地間,才成為「三才」呀!文心原道,鑲嵌修辭法,
也原於天、人、地三才自然之道!

8.錯　綜

　　凡把形式整齊的辭格,如類疊、對偶、排比、層遞等,故意
抽換詞彙、交蹉語次、調整語法、伸縮文句,變化句式,使其形
式參差,詞彙別異,叫做「錯綜」。簡單說明如下。

　　以同義的詞語取代形式整齊的句子中的某些詞語,叫作抽換
詞面。例如:《詩經·小雅·蓼莪》:「南山烈烈,飄風發發。民
莫不穀,我獨何害!　南山律律,飄風弗弗。民莫不穀,我獨不
卒!」「律律」猶「烈烈」也;「弗弗」猶「發發」也。此為抽
換詞面而成「錯綜」。

　　把詞、語、句等語言成分的次序,安排得前後不同,叫作交
蹉語次。如《孟子·梁惠王上》:「王何必曰利,亦有仁義而已矣。……
王亦曰仁義而已矣,何必曰利?」

　　把原本結構相近的語句,刻意更改其結構形態,使語法參差
別異,叫作調整語法。以賀鑄〈青玉案〉為例:「試看閑愁都幾

許?一川煙草,滿城風絮,梅子黃時雨。」「一川煙草」、「滿城風絮」都是「二、二」音節的形名結構;但「梅子黃時雨」在音節上是「四、一」,語法上,主謂結構「梅子黃」作名詞「時」的定語,「梅子黃時」又作名詞「雨」字的定語。如是迴避了排比,而形成錯綜。

把原本形態相同、字數相等的句子,故意伸縮變化字數,使長短不齊,叫作伸縮文身。如白萩〈流浪者〉:

> 望著遠方的雲的一株絲杉
> 　望著雲的一株絲杉
> 　　　一株絲杉
> 　　　　絲杉

四行字,一行比一行短,視覺上遠近之感自在其中。

把肯定句和否定句,直述句和詢問句,駢式句和散式句等等,穿插使用,叫作變化句式。徐志摩〈我所知道的康橋〉:「啊,那是新來的畫眉在那邊凋不盡的青枝上試它的新聲!啊,這是第一朵小雪球花挣出了半凍的地面。啊,這不是新來的潮潤沾上了寂寞的柳條?」由遠指的「那是」,到近指的「這是」,再到否定詞「這不是」;前二句是直述句,後一句是詢問句。如此穿插變化,使初春的氣象鮮活呈現出來。

9.倒　裝

語文中特意顛倒複詞詞素、句子成分、或複句的通常次序,而語法形態或關係卻未改變的,叫作「倒裝」。

就漢語來說,組成多音節合成詞彙的詞素有習慣次序,如「牛羊」,要是說成「羊牛」,便是倒裝。又句子成分大致是主語在前,謂語在後。例如:「這個學生很用功。」要是改成:「很用功,這個學生。」結構次序改變了,但主謂關係並沒有改變,就

成為倒裝句。又狀語在前，中心語在後。例如：「很認真地寫著。」倒裝便成：「寫著，很認真地。」不過，定語和中心語顛倒一般會改變語法結構，如：「紅花」是形名結構，定語「紅」在前，中心語「花」在後。要是顛倒成「花紅」，便為「表態句」，語法關係改變，不得稱之為「倒裝」。至於複句中有主從關係的，一般是從句在前，主句在後。倒裝也是有的，如：「我實在不想重寫《修辭學》，如果不是讀友們殷切的需求。」特別要說明的是：在語言習慣上已經固定的特殊結構，不可視為倒裝。像被動句的「反賓為主」，用「把」、「對」等提賓介詞把賓語提前，都非倒裝句。

　　由於異於尋常，「倒裝」能使語感新鮮。而且倒裝句或把賓語、謂語提前，或把形容詞、副詞挪後，獨立成一句讀，長句短化，也使得句子活潑。試比較：

　　　吾久不復夢見周公矣。── 敘事句。

　　　吾不復夢見周公久矣。── 表態句。

　　　久矣！吾不復夢見周公。── 倒裝的表態句。

　　我們可以發現表態句要比敘事句有力，而倒裝的表態句又比表態句鮮活。

　　近代文學家中，朱自清最擅此法。如：〈春〉「小草偷偷地從土裏鑽出來，嫩嫩的，綠綠的。園子裏，田野裏，瞧去，一大片一大片滿是的。」遠比「瞧園子裏田野裏去一大片一大片滿是偷偷地從土裏鑽出來的嫩嫩的綠綠的小草。」為鮮活。

10.跳　脫

　　由於心念的急轉，事象的突出，語文半路斷了語路的，叫作「跳脫」。語路中斷的情況有四：從甲突然跳到乙，叫作「突接」；

甲被乙打斷，叫作「岔斷」。把乙插入甲中，叫作「插語」。只說甲，省略乙，叫作「脫略」。前三者使語文「跳動」；第四種使語文「脫略」。所以合稱爲「跳脫」。

「突接」是這一件事尙未說完，突然接以另一件事。如于墨〈沙江夜〉:「幸好我今天在家，不然你老遠趕來，咦，你，你的身子濕濕的，怎麼了，摔下湖?」「咦」下突接上文。

「岔斷」是由於其他事象橫闖進來，因而使思慮、言語，行爲中斷。如水晶〈沒有臉的人〉:「發瘋似地在背街小巷裏瞎走。觸目皆是傷心的顏色。忘不了貓咪的影子，就是忘不了。走了以後才發覺。設法遺忘是一件痛苦的事。 ── 羅兄，原來在這裏。校長要我來找你。」小說男主角羅亦強是台北某中學英文教師。昔年在重慶讀大學時的戀人祈綏音（貓咪）留美有成，受邀返國巡迴演講，正好要到羅任教學校。羅苦惱中回想過去，卻被尋他去聽演講的同仁打斷了思路。

「插語」是在必須的語言之外，插進一些詞語。如朱自清〈哀韋杰三君〉：「我們只談了一會兒，而且並沒有什麼重要的話；── 我現在已全忘記 ── 但我覺得已懂得他了，我相信他是一個可愛的人。」其中「我現在已全忘記」是插語。

「脫略」是爲了表達情境的急迫，要求文氣的緊湊，故意省略一些語句。如《紅樓夢》九十八回：「探春、紫鵑正哭著，叫人端水來給黛玉擦洗，李紈趕忙進來了。三個人纔見了，不及說話，剛擦著，猛聽黛玉直聲叫道：『寶玉！寶玉！你好 ──』說到『好』字，便渾身冷汗，不作聲了。紫鵑等急忙扶住，那汗愈出，身子便漸漸的冷了。」「你好」之下，留有無限詮釋空間。

四、生動的交響曲

上文，我先由修辭的內容本質、媒介符號、方式、原則、目的、及學科性質，略窺修辭學的風姿。又從文學歷史上觀察一些大師們如何看待文學；從文學現象：如文學系所開的課程、文學書刊涉及的內容，以及圖書館認定屬於文學的書籍，了解文學的範疇；由論理學上定義之方式、文學要素間關係之分析、暨文學與非文學界線之釐清，探討文學的義界。企圖在歷史、現象、理論的整合中，認識文學的全貌和神采。

於是接著我從文學史的長河大流中，傾聽對修辭的叮嚀與呼喚。先秦時代，《尚書》、《詩經》和孔子、孟子、荀子的修辭說；魏晉南北朝時代，曹丕、陸機、沈約、劉勰、鍾嶸，在修辭方面的卓見；宋明清時代，張炎《詞源》、王驥德《曲律》、金聖歎《評點第五才子書水滸傳》，對詞、曲、小說的修辭專論：是我記錄的重點。

轉到修辭學的立場，諦聆她徜徉在文學山水時發出各種方式的詠歎。其中屬於表意方法的調整有二十種；屬於優美形式的設計有十種。定義、理論、實例，作出即興式的鳴奏。

文學最簡明的定義應該是語言的藝術；修辭學從事的正是創造美妙精闢的語言。當修辭學遇見了文學，熱烈對話中自成生動的交響樂。

作者簡介：

黃慶萱，生於 1932 年。臺灣師範大學國文所文學博士。畢業後留校任教，間曾出任香港中文大學、韓國外國語大學等校客座。著有：《史記漢書儒林傳疏證》、《魏晉南北朝易學書考佚》、《修辭學》、《中國文學鑑賞舉隅》、《學林尋幽》、《與君細論文》、《周易縱橫談》、《乾坤經傳通釋》等。

「為……所」句型解
—— 從沈復「二蟲盡為所吞」句說起

張 文 彬

提　要

　　本文探討「為……所」句型的結構及其表達之概念。全文凡分八節：首節「前言」說明撰文緣起。第二節點出各本教科書「為……所」句注釋可議所在。第三、四兩節，分別歸納重要字辭典對「為」、「所」二字之注音及釋義，以為後文詮釋之基礎。第五、六節為筆者提出「為……所」句中，「為」、「所」字的音讀、詞性及詞義的看法。第七節提出「為……所」句的正解。此節中談及「書面語與口語」之間的關係、「被動句的動詞方向」及「文白對譯」等相關問題，尤以「動詞方向」一小節為前人所未曾道及。末節「結語」歸納上文，定「為」為動詞當繫語，「所」為代詞性助詞，與其下之動詞組合成名語作為斷語，並說明文白對譯產生之誤解與誤讀，為今後治理文字、語法者所宜留意。

關鍵詞：底層結構、代詞性助詞、名語、被動句、動詞方向、文白套譯

一、前　言

　　清 沈復（字三白）所著《浮生六記・閒情記趣》之首段，有記敘作者童年生活情趣之一段文字，常被節選爲國中國文課文，另加文題〈兒時記趣〉，文中有「舌一吐而二蟲盡為所吞」句，茲將相關之一小段原文，摘錄如下：

　　　　一日，見二蟲鬥草間，觀之，興正濃，忽有龐然大物拔山倒樹而來，蓋一癩蝦蟆也。舌一吐而二蟲盡為所吞。余年幼，方出神，不覺呀然驚恐。神定，捉蝦蟆，鞭數十，驅之別院。

　　「舌一吐而二蟲盡為所吞」句，承上文而有所省略，茲將省略成分補足如下：

　　　　（癩蝦蟆）舌一吐而二蟲盡為（癩蝦蟆）所吞。

　　省略後之「二蟲盡為所吞」句，一般理解成被動句，也大都譯成「二隻蟲全部被癩蝦蟆吞食」。在語譯上似無問題，但在注釋上，就頗有參差和可議之處。

二、可議之注釋

　　現在且拿各家之「盡為所吞」一語之注釋做個比較：

　　一、全部被（癩蝦蟆）吞食。盡，完全。為，音ㄨㄟˋ，被。（國編本、翰林本）

　　二、全部被（癩蝦蟆）吞食了。盡，完全。為，音ㄨㄟˋ，被。（南一本）

　　三、全部被（癩蝦蟆）吞食了。為，音ㄨㄟˋ，被。（康軒本）

　　國編本是一綱一本時的權威課本，開放一綱多本後，翰林、

南一、康軒為牛耳商家，就四家所注，大體可說，後出三家幾乎承國編本之舊，有關詞義析譯的差異，可說微乎其微。或許後三家也知道如此注釋容有商榷之地，但涉於更動不易為已深受權威國編本影響的教師們接受，因而率由舊章[1]。

其實，這種注釋是可議的，最大可議處在：

一、「為」的音讀與詞義。

二、「所」的詞性與詞義。

三、諸本字辭典「為」字音義

各家字辭典[2]於「為」字，大都分有「ㄨㄟˊ」、「ㄨㄟˋ」二音，二音下各有義釋及例證，唯其義釋或例證多寡詳略皆有不同，茲統合釋例較為一致者，扼要說明之[3]：

（一）「ㄨㄟˊ」

1.母猴（即「獼猴」）。見《說文解字・爪部》

2.作為。如「有為有守。」

3.做。如《詩・小雅・北山》：「或出入風議，或靡事不為。」

---

1 臺灣國中國文課文，向由國立編譯館編印，九十一學年度後，始開放一綱多本，由於沈復《兒時記趣》一文，無論一綱一本或多本，率被選用，教師們已習於國編本注釋，新出的多本，大多率由舊章，不敢變改。

2 本文參考的主要字辭典為：
中文大辭典 — 中國文化研究所，1968
漢語大字典 — 湖北辭書出版社，1990
漢語大詞典 — 漢語大詞典出版社，1994
新修康熙字典 — 啟業書局，1981
文史辭源 — 天成出版社，1984
辭海 — 中華書局，1980
大辭典 — 三民書局，1985
說文解字注 — 蘭臺書局，1977

3 各家字辭典之標音釋義，同一義而文詞有同有異，每一單字之訓義，有詳略差異，義項也有多寡不同，至於同一義項之音讀，也是同異互見，本文列舉義項所使用詞語，乃選取較為合適及多本共通者。

4.施與。如《老子・第八十一章》：「既以為人己愈有，既以與人己愈多。」

5.治理。如《論語・里仁》：「能以禮讓為國乎?」「為學不倦。」

6.擔任。如《論語・雍也》：「<u>子游</u>為<u>武城</u>宰。」

7.製作。如<u>魏學洢</u>〈核舟記〉：「能以徑寸之木，為宮室、器皿……」

8.製成。如《荀子・勸學》：「冰，水為之。」

9.變成。如《詩・小雅・十月之交》：「高岸為谷，深谷為陵。」

10.種植。如《戰國策・東周》：「<u>東周</u>欲為稻，<u>西周</u>不下水，<u>東周</u>患之。」

11.收成。如《淮南子・本經訓》：「五穀不為。」

12.設置。如《商君書・君臣》：「民眾而姦邪生，故立法制，為度量以禁之。」

13.謀求。如《孟子・盡心上》：「雞鳴而起，孳孳為利者，<u>跖</u>之徒也。」

14.撰作。如《書・金縢》：「公乃為詩以貽王。」

15.辦理。如《左傳・隱公元年》：「公攝位而欲求好於<u>邾</u>，故為<u>蔑</u>之盟。」

16.演奏。如《漢書・楊敞傳附楊惲》：「家本<u>秦</u>也，能為<u>秦</u>聲。」

17.姓。

18.是。如：《論語・微子》：「子為誰?」

19.有。如：《孟子・滕文公》：「夫<u>滕</u>，壤地褊小，將為君子焉，將為偉人焉。」

20.而。如《史記・信陵君傳》：「乃裝為去。」

21.則。如《莊子・寓言》：「同於己為是之，異於己為非之。」

22.於。如《國語・晉語》：「稱為前世，義為諸侯。」

23.如。如《韓非・內儲說》：「王甚喜掩人之口也，為見王，必掩口。」

24.當。如：《論衡・說日》：「驗之人物，為以何喻？」

以上廿四義，《說文解字》以「母猴」為本義，唯此本義今已不用。考甲文此字「从又役象」會意，當以「作為」為其本義，上列諸義除假借義外，大多為「作為」之引申義。這些義項，諸本字辭書凡有述及者皆音「ㄨㄟˊ」，無異音。

（二）「ㄨㄟˋ」

1.因，為了。如《孟子・萬章》：「仕非為貧也，而有時乎為貧。」李白〈登金陵鳳凰臺〉：「總為浮雲能蔽日，長安不見使人愁。」

2.替。如《論語・學而》：「為人謀而不忠乎？」

3.謀。如《論語・憲問》：「古之學者為己，今之學者為人。」

4.助。如：《詩・大雅・鳧鷖》：「福祿來為。」《論語・述而》：「夫子為衛君乎?」

以上四義，各家字辭典音「ㄨㄟˋ」，無異音。

（三）「ㄨㄟˊ」、「ㄨㄟˋ」混音不一

1.使。如：《易・井》：「為我心惻。」阮籍〈詠懷〉詩：「忠為百世榮，義使令名彰。」

按：此義各本音「ㄨㄟˊ」，《中文大辭典》音「ㄨㄟˋ」。

2.與。如《論語・衛靈公》：「道不同不相為謀。」

　　按：此義各本音「ㄨㄟˊ」，《中文大辭典》音「ㄨㄟˋ」。

　　3.假作，通「偽」。如《禮記·檀公》：「夫子為弗聞也而過之。」

　　按：此義《中文大辭典》、《辭海》音「ㄨㄟˊ」，《辭源》、《漢語大字典》、《漢語大詞典》音「ㄨㄟˋ」。

　　4.通「謂」。如：

　　（1）《穀梁傳·宣公二年》：「趙盾曰：『天乎！天乎！予無罪。孰為盾而忍弒其君者乎？』」

　　按：此義《中文大辭典》、《漢語大詞典》音「ㄨㄟˋ」，《漢語大字典》音「ㄨㄟˊ」。

　　（2）《孟子·公孫丑》：「子為我願之乎？」

　　按：此義《辭海》音「ㄨㄟˊ」，《漢語大詞典》、《文史辭源》音「ㄨㄟˋ」。

　　以上訓「為」為「使」、「與」、「假作」、「通『謂』之音」，均宜作「ㄨㄟˊ」，此非本文申論主題，不贅。

四、訓「為」為「被」諸本音讀

　　1.被。如《論語·子罕》：「出則事公卿，入則事父兄，喪事不敢不勉，不為酒困，仍有於我哉？」

　　按：此義《辭海》、《漢語大字典》音「ㄨㄟˊ」，《中文大辭典》音「ㄨㄟˋ」。另《漢語大詞典》舉《左傳·襄公十年》「戰而不克，為諸侯笑」之例，訓「為」為「被」，音「ㄨㄟˊ」。

　　2.被。如《漢書·高帝紀》：「趙王武臣為其將所殺。」

　　按：此義《文史辭源》音「ㄨㄟˊ」，《中文大辭典》音「ㄨㄟˋ」。又《漢語大字典》舉毛澤東〈紀念白求恩〉「沒有一個不為他的精神所感動」之例，訓「為」為「被」，音「ㄨㄟˊ」。

　　以上二義，原本無異，然以句型中，有的有「所」、有的無「所」搭配，因而有分條訓釋，也有合條訓釋者。本文「為……所」句型之「為」究為何音何義，下文再行析論。

四、諸本字辭典「所」字音讀

　　各家字辭典於「所」字，均只有一音「ㄙㄨㄛˇ」，而字義訓釋則紛歧不一，歸納之，約有下列數項：

　　1.伐木聲。《說文解字・斤部》：「所，伐木聲也。从斤戶聲。」

　　2.處所。如《史記・周本紀》：「（<u>武王</u>）遂入，至<u>紂</u>死所。」

　　3.道理。如《禮記・哀公問》：「求得當欲，不以其所。」

　　4.適宜。如各得其所。

　　5.機構或建制名。如：派出所、招待所。

　　6.猶「時」。如《墨子・節用上》：「其欲蚤處家者，有所二十年處家。」

　　7.情態。如《漢書・董賢傳》：「上有酒所，從容視賢笑。」

　　8.一切。如《警世通言・金明池吳清逢愛愛》：「那女兒所事熟滑。」

　　9.可以。如《史記・淮陰侯列傳》：「必欲爭天下，非<u>信</u>無所與計事者。」

　　10.不定數，猶「許」。

　　（1）表時間。如《漢書・原涉傳》：「<u>涉</u>居谷口半歲所。」

　　（2）表空間。如《漢書・張良傳》：「父去里所復還。」

　　11.量詞。

　　（1）地點、位置。如《史記・扁鵲倉公列傳》：「刺足陽明脈，左右各三所，病旋已。」

（2）建築物。如漢 班固〈西都賦〉：「離宮別館，三十六所。」

（3）其他物件。如北魏 酈道元《水經注・河水四》：「岸上並有廟祠，祠前有石碑三所。」

12.連詞。

（1）表假設，猶「如果」。如《論語・雍也》：「予所否者，天厭之！天厭之！」

（2）表承接，猶「而」。如漢 王充：《論衡・說日》：「日月星辰麗乎天……麗者附也，附天所行。」

13.代詞。

（1）表近指，猶「此」。如《呂氏春秋・審應》：「齊亡地而王加膳，所非兼愛之心也。」

（2）表疑問，猶「何」。如《漢語・燕剌王旦傳》：「問帝崩所病？」

14.助詞。

（1）表結構

甲、與動詞組合成名詞性詞組。如： 白居易〈與元九書〉：「時之所重，僕之所輕。」

乙、表被動。如《史記・高祖紀》：「所殺蛇，白帝之子，殺者赤帝之子。」

丙、與「為」組合成被動句。如《漢書・高帝紀》：「趙王武臣為其將所殺。」

（2）表語氣

甲、用於前置賓語後，多與「唯」配合使用，相當於「是」。如《國語・晉語四》：「除君之惡，唯力所及。」

乙、純湊音節。如《左傳・成公二年》：「能進不能退，君

無所辱命。」

　　15.姓。

　　以上十五義，《說文解字》以「伐木聲」釋義，然此義後多不用，要以「處所」之義應用最廣，除「伐木聲」外，其餘大多為「處所」義之引申，就連連詞、代詞、助詞或多或少都能窺見其引申痕迹。

五、「為……所」句中，「為」字之音、義及詞性

（一）「為」字之音

　　上文臚列諸本字辭典「為」字音義，其中，於「為……所」句中之「為」音，「ㄨㄟˊ」、「ㄨㄟˋ」混淆，然則讀為何音方為合理，先引名家之說以為探討：

　　1．王力《古漢語通論‧敘述句》云：

　　有時候用『為』（wéi）（按：即ㄨㄟˊ）字表示被動：

　　父母宗族，皆為戮沒。《戰國策‧燕策》

　　卒為天下笑。《戰國策‧趙策》

　　不為酒困。《論語‧子罕》

　　後來又有『為……所』式：

　　嬴聞如姬父為人所殺。《史記‧魏公子列傳》

　　先即制人，後則為人所制。《史記‧項羽本紀》

　　這種結構形式，在古書中最為常見，並且一直沿用到現代漢語的書面語裡。[4]

　　2．許世瑛師《中國文法講話‧敘述簡句（一）》云：

　　文言裡除了上面所說的兩種表被動句型外，另有一種句式，

見王力《古代漢語（修訂本）》第一冊 P.254，中華書局，1962。

也是表被動之意的。它是運用止詞 —— 為 —— 起詞 —— 所 —— 述詞的句型（按：「止詞」、「起詞」為《馬氏文通》一書用語，「止詞」指受事者，「起詞」指施事者，「述詞」即動詞。）這裡的「為」要讀（陽平），是相當於白話判斷句所用的『是』字，它夾在主語和謂語之間做繫詞用。……「月支為匈奴所敗」，……「為」要做關係詞看，用來介繫起詞「匈奴」，置於止詞「月支」之下，述詞「所敗」——「所」是詞頭，置於動詞之上，我們把它看做一個帶詞頭的衍聲複詞。[5]

以上兩位大師均注明了「為」要讀「ㄨㄟˊ」，筆者也認為當讀為「ㄨㄟˊ」。其他少數諸家也有注明為「ㄨㄟˋ」的，因與筆者主張不同，不予引列。

（二）「為」字之義及詞性

馬建忠《文通‧實字‧受動字四之二‧外動前之「為……所」兩字》條云：「《漢‧霍光傳》：『衛太子為江充所敗。』——『敗』，外動也，『江充』其起詞。『所』字指『衛太子』，而為『敗』之止詞。故『江充所敗』實為一讀，今蒙『為』字以為斷，猶云『衛太子為江充所敗之人』，意與『衛太子敗於江充』無異。如此，『江充所敗』乃『為』之表詞耳」。

按：《文通》一書之術語，於今語法學通用者略異，分別說明如下：

受動字，即今被動性動詞。

起詞，即今施事者。

止詞，即今受事者。

---

5 見許世瑛《中國文法講話》p.87，臺灣開明書局，1969 修訂三版。

讀，即今詞組、短語或語段。

表詞，即今表語或謂語。

明乎此，則「<u>江充所敗</u>」為「為」之謂語，則「為」為動詞或繫詞至為明顯，較之上文<u>許世瑛</u>師之分析，二人意實相合。<u>許</u>師云：「『為』是相當於白話判斷句所用的『是』字，它夾在主語和謂語之間做繫詞用。」因此，「為」字相當於<u>英</u>文之「be」動詞，在<u>中</u>文語法中，一般用作「繫語」，詞性為「動詞」。

六、「為……所」句中，「所」字之音、義及詞性

「所」字諸本字辭典中為單音「ㄙㄨㄛˇ」。

在「為……所」句中，「所」字的意義，諸本字辭典或云為：

1.表結構助詞。

2.表被動助詞。

3.與「為」字組合成被動句的助詞。

上列三種義釋，雖略有說著處，唯未全合文句原意。要了解句中「所」字意義，要先看「所＋動詞」結構中，「所」字的意義。

（一）「所＋動詞」結構

文言文中，常有「所＋動詞」的結構，如「所愛」、「所想」、「所見」……。這種結構的特性是「動詞」一般為及物動詞，例如上舉三例中，「愛」、「想」、「見」都是及物動詞，由「愛花」、「想人」、「見山」諸語，就可證明它們是及物動詞。至於「所」是什麼意思呢？「所」字可用作名詞，表示人、物、事、位置、方向、對象等，例如「鄉公所」、「處所」、「在於王所者，皆<u>薛居州</u>也」（《<u>孟子</u>》），這些「所」字，都是名詞。「所

＋動詞」的「所」是不是也是名詞呢？就拿「所愛」來說吧！

通常使用「所＋動詞」結構時，它都有上下文，例如：

1.「所愛」無他，唯卿一人。

如果照字面的意義，原句還原成：

愛之所無他（所），唯（為）卿一人。

根據上下文，再把「所」字替換，就成為：

愛之人無他人，唯為卿一人。

如果把這句話翻譯成白話，原句就成為：

愛的人沒有別人，只是妳一個人。

經過這樣的說明，「所愛」可以理解成「愛之人」，「所」理解成為「人」，那是由於下文「一人」的「人」而得到的。可見「所」有代詞的作用。

2.「所愛」無他，在手一杯。

這個句中的「所」，到底代了什麼詞呢？那就要看「在手一杯」如何解釋啦！如果把「在手一杯」理解成「喝酒」，那就是指「事」而言；如果把「在手一杯」理解成「酒」，那就是指「物」而言，如此說來，原句就可還原成：

（1）指「事」：

愛之事無他（事），（為）在手一杯＝喝酒。

（2）指「物」：

愛之物無他（物），（為）在手一杯＝酒。

（二）「所」字詞性

由以上的分析，「所愛」可以理解成「愛之所」，而「所想」、「所見」都可以理解成「想之所」、「見之所」。至於「所」字所代為何，則要看上下文來決定。「所」既有代詞的作用，但它

又不固定代替何物，而且必須和下面連接的動詞合在一起，才能產生這種意義和功能，所以現在一般語法學家，都把「所＋動詞」的「所」字定為「代詞性助詞」。它的代詞性，是從名詞義引申而來的，可以代人、代事、代物、處所、對象……，說它為助詞，是因為他必須和動詞構成「所＋動詞」結構，才能產生代詞的功能，而且如果沒有上下文，我們又不能知道它所代為何，所以才被定為助詞。

七、「為……所」句正解

「為……所」依詞性代號表出，成為「N1 為 N2 所 V」句式，N1 為受事者，N2 為施事者，V 為動詞[6]。

如果上文（或下文）已出現施事者，則 N2 往往可以省略，成為「N1 為所 V」句式，「二蟲盡為所吞」即為省略 N2（施事者）的句式。

依照上文之分析，「為」為繫語，「所」為代詞性助詞，「所 V」為名語[7]，它的意義為「V 之所」，則「N1 為 N2 所 V」句型，其底層結構的意義為「N1 是 N2V 之所」，如是，則「二蟲盡為所吞」的底層結構意義當理解為「二蟲都是（癩蛤蟆）吞掉的蟲」，但是一般人會把它翻譯成「兩隻蟲全部被（癩蛤蟆）吞食了」，這種譯法，與底層結構相去甚遠，何以如此，先要說明下面幾項問題：

（一）書面語與口語

---

6 「N」本指名詞，但「N1」、「N2」與「V」之關係，產生了施受關係，「受事者」又稱「受動者」，「施事者」又稱「施動者」。
7 凡詞組（短語）於句中，作為一個成分使用，而具有名詞性質者，稱為名語。

　　書面語與口語相對，它指語言存在的書面形式，標準語是由
書面語形式中定型的。口語指語言存在的口頭形式，它比書面語
變化快，創新成分較多，而書面語對口語起著相當大的延緩變化
作用，但日積月累，書面語與口語，無論語法結構或概念表達等
方面，都產生了相當大的差異。最明顯的有下列三端：

　　1.詞彙：口語的詞彙，如「壓根兒」、「打哈哈」、「矇矇
亮」等，一般不用於文言書面語。又如書面語的詞彙「嘻」、「噫」、
「吁嗟」、「然」、「諾」、「乎」、「矣」、「哉」、「焉」
等，一般不用於現今口語。

　　2.語法結構：例如「王賜<u>晏子</u>以酒」、「王以酒賜<u>晏子</u>」、
「王賜酒於<u>晏子</u>」三種句式，都可能為書面語常用結構，在口語
中其結構大都只用「大王賜酒給晏子」一式。

　　3.概念表達：《史記・封禪書》中有「飲馬於河」一句，口
語一般說成「讓馬在河邊喝水」，口語的「讓馬喝水」，在書面
語中，只用一個使動性動詞「飲」字，句法完全不同。又如《論
語・子罕》有「吾誰欺」句，口語的結構是「我欺騙誰呀」；《墨
子・公輸》有「<u>宋</u>何罪之有」句，口語依然說成「<u>宋</u>有甚麼罪呢」，
凡此，都說明了書面語和口語在語義表達上，其句法結構有某種
程度的差異。

（二）被動句與動詞方向

　　被動句的表述，文言與白話也有著很大的差異，常用的文言
句法有下列數式：

　　1.N+V[8]。如：朽木不折[9]。

---

8 「N」代表名詞，「V」代表動詞，然此句式中之「N」指的是受事者。
9 所引句例均屬習見或上文已見，不一一注明出處。

2.N1+V+於+N2。如：兵破於<u>陳涉</u>。

3.N1+見+V。如：<u>盆成括</u>見殺。

4.N1+見+V+於 N2。如：<u>彌子瑕</u>見愛於<u>衛君</u>。

5.N1+被（受、讓）+V+於+N2。如：<u>燕</u>以萬乘之國被圍於<u>趙</u>。

6.N1+為+N2+所+V。如：<u>衛太子</u>為<u>江充</u>所殺。

以上六式是較常用的文言句型。第 1 句可說是零記號[10]的被動句，其他句型則有「於」、「見」、「被」、「受」、「讓」、「為……所」等字詞之記號，可藉以判斷是否為被動句型。

這六句的底層結構是不相同的。在分析其底層結構前，得先了解動詞的方向。動詞的方向，如為及物動詞[11]，它的方向有順向和逆向兩類。所謂動詞方向，指的是動詞和受事詞的語序方向，凡受事詞在動詞之後，動詞即為順向動詞，如受事詞在動詞之前，則成逆向動詞。漢語的敘述句，一般形態為「N1+V+N2」，N1 為施事者，N2 為受事者，N2 在 V 之後，V 即為順向（→）動詞，如改為被動式，則成為「N2+V+於+N1」，此時受事者列於句首成為主語，動詞方向即轉為逆向（←），因此被動句型最根本的條件似乎在動詞的方向為逆向，凡句中有逆向動詞者，幾可認為是被動句。

以上述標準來檢查上列六個句型：

第 1 句「N+V」，其動詞方向為「N+←V」，「朽木」是「折」的受事者。

---

10 被動句中，常有固定字詞出現於固定語序中，如「勞心者治人，勞力者治於人」兩句，前一句為主動句，後一句為被動句，而「於」字即為其記號。

11 動詞表示動作，一個動作如施動和受動為不同之人物，此動詞即為及物動詞，如「牛吃草」中之吃即是。如施受同體，即為不及物動詞，如「鳥飛」的「飛」，其動作為「鳥」發出，亦停止於「鳥」，故「飛」為不及物動詞。

　　第 2 句「N1+V+於+N2」，N1 與 V 的關係仍如第 1 句，「兵」仍為動詞「破」的受事者，其動詞方向仍為逆向。

　　第 3 句以所舉「盆成括見殺」為例，則「盆成括」為「殺」的對象，施事者為「齊王」，以受事者在 V 之前，動詞的方向依然為「←V」。若改以李密〈陳情表〉之「慈父見背」為例，則「慈父」的施事者，非受事者，故其動詞為順向，成為「V→」，而非「←V」，因此為主動句，而非被動句。所以動詞的方向，才是理解為主動句或被動句之主要依據。有人說，此句「見」字為被動句記號，然「盆成括見殺」、「慈父見背」二句，結構形式相同，句中皆有「見」字，卻一為主動句，一為被動句，足見「見」字非為表被動的必要條件，筆者以為「見＋V」為述賓結構，「見」字為使動性動詞，請參見拙著〈「見」字不具指代作用說〉一文[12]，「盆成括見殺」句，就底層結構說，當理解成「盆成括使殺（於齊王）之事見」，至於翻譯，則可依現代語法被動形式表達，譯成「盆成括被齊王殺了」，甚或譯為「齊王殺了盆成括」，「盆成括」為受事者，動詞「殺」字在受事者後，故其方向仍為逆向，句中有逆向動詞，方構成被動句。

　　第 4 句只是就第 3 句加上「於+N2」，「N2」為施事者，「於」是介詞，「見+V+於+N2」仍應理解成述賓結構，「見」為使動性動詞擔任「述語」，「V 於 N2」為正補結構擔任賓語，「V」仍為逆向的被動性動詞。

　　第 5 句的「被」、「受」、「讓」諸詞，因其後跟著動詞，一般人解為表被動的助詞，這是受西洋語法的影響，認為一個句子中，只能有一個當主要動詞。試看「燕以萬乘之國被圍於趙」

<hr />

12 拙著〈「見」字不具指代作用說〉一文，收於國立臺灣師範大學《國文學報》第十八期。

一句，將「被」字改為「見」，意義不變，但用「見」的句子，表被動在「見」字下的逆向動詞（被動性動詞），則使用「被」字句的被動意義，理當在其後緊跟的動詞，此句的「圍」字，仍是逆向（被動性）動詞，表被動的必要條件在這個逆向動詞上，既如此，「被」、「受」、「遭」的意義又是如何呢？筆者以為宜當「遭受」解，試看「被困」、「受困」、「遭困」三語，其義相同，則「被」、「受」、「遭」三詞義同，「<u>燕</u>被圍於<u>趙</u>」依其底層結構，原意宜理解成「<u>燕</u>遭受了圍於<u>趙</u>」，而被動義是由「圍於<u>趙</u>」產生的，因此「被」、「受」、「遭」三詞，是否解為表被動的助詞，大有疑義。

　　第 6 句「N1＋為＋N2＋所＋V」其實是個判斷句，「N1」為受事者擔任主語，「為」為動詞擔任述語，「N2」為施事者，「N2 所 V」為名語，擔任斷語，整句的意思，照底層結構來說，當是「N1 是 N2V 之所」，例句當理解成「<u>衛太子</u>是<u>江充</u>殺的人」。這句話的主要動詞落在「為」字，但另一動詞「殺」與受動者（N1）的位置，仍可看出它是逆向的，所以可以視為被動句。

　　至於白話，其常用的被動句句型為：

　　N1＋被＋N2＋V。如：虎被犬欺。

　　這種句型是由文言蛻變而來，N1 是受事者，N2 是施事者，如果將例句改為「虎被欺於犬」就成為文言了。這句中的「被」字，其後不跟 V，無法理解為助詞或助動詞，且其後跟著 N2，只好說它是個介詞，介進施動者，這種分析法顯然是望文生義，其實「被」字仍是「遭受」之義，其底層結構當理解成「N1 遭受N2V」，就例句來說，就是「虎遭受犬欺」，而白話將「遭受」用「被」字替代，就成了「虎被犬欺」，如果再用白話詞彙表達，就說成「老虎被狗欺負了」，因此筆者仍認為「被」字是句中主

要動詞。而另一個動詞「欺」字，與受動者（虎）的語序而言，「欺」字仍是逆向的。

從文言到白話，被動句型的受事者一律在句首，而動詞必爲及物動詞，其方向必爲逆向，這就是構成被動句型的要件。

白話另一種被動句型，一如文言零記號的句式，成爲「Ｎ＋Ｖ」，如：「雞不吃了」一句，可表二義，一爲「雞不吃飼料了」，一爲「雞肉不吃了」，後一義即爲無記號之被動句式，這「吃」字的方向爲逆向。

（三）文白對譯

文言與白話之間，有同處，有異處，造成它們的同異，有三個要素，一爲語音，二爲詞彙，三爲語法。語音有古今音變或古今未變情況；詞彙之異同，上文已然提及；而語法之差異，爲數甚夥，無法詳列。

白話翻譯文言時，也要注意到上列三要素，使文言句子，能符合白話的語音、詞彙、語法表述出來，如「吾誰欺」一語，翻成白話，就要說成「我欺騙誰啊」。

文言譯成白話的方式，大致又有直譯與意譯兩式，直譯式係就文言句式，逐詞逐語對譯出來，這種譯法有個先決條件，那就是文白的語法結構相同；而意譯大部分用於語法結構不完全相同者。就被動句型而言，除零記號者外，其餘文言的五種句式多與白話的常用被動句式不同，因此對譯時，常用白話的句式套譯文言句式，舉例說明之：

1.<u>盆成括</u>見殺。→<u>盆成括</u>被殺。

2.<u>彌子瑕</u>見愛於<u>衛君</u>。→<u>衛君</u>器重<u>彌子瑕</u>。

　　　　　　　　→<u>彌子瑕</u>被<u>衛君</u>器重。

3.燕被圍於趙。→趙軍包圍了燕軍。

　　　　　　　→燕軍被趙軍包圍了。

4.衛太子為江充所殺。→江充殺了衛太子。

　　　　　　　　　　→衛太子被江充殺了。

　　以上四句文言，譯成白話多牛要使用意譯方式，以白話被動句式多用「N1＋被＋N2＋V」結構，所以文白對譯時就產生了套譯現象，一用套譯結果，文言中的「見」、「被」、「為」均對譯成白話的「被」，其實此三詞的意義本不相同，「見」為「使……見」義，「被」、「受」、「遭」、「讓」均為「遭受」義，「為」為「是」義，這種訓詁之異，由於套譯的結果就誤解為同義，且「為」字本不訓為「被」，為滿足它訓為「被」，竟又改本應讀的「ㄨㄟˊ」為「ㄨㄟˋ」，這可謂因誤而再誤的現象。

八、結　語

　　經過上述探討，沈復「二蟲盡為（癩蛤蟆）所吞」一句，就語法結構分析而言，全句為判斷句，「二蟲」為主語，「為」為繫語，「（癩蛤蟆）所吞」為斷語，以受事者（二蟲）居於句首，因此為被動句式。

　　就詞語與詞性分析，「為」用為繫語，音為ㄨㄟˊ，義為白話的「是」，「所」為代詞性助詞，「所吞」為附助結構，為一名語，義為「吞之所」，「所」字代替「蟲」（物或對象）。

　　就全句表達的概念分析，全句的底層結構是「二蟲盡為癩蛤蟆吞食之對象」，這種被動的概念，用白話意譯就可說成「二隻蟲全部被癩蛤蟆吞食了」。

　　文白對譯時，因文言的「為」與白話的「被」字，語序相對應，有些人就直說「為」字義為「被」，因為要訓為「被」，於

是改音為「ㄨㄟˋ」，這是指鹿為馬，一誤再誤的結果。

　　解析語法，不能脫離文字、訓詁、聲韻、修辭等內涵，尤其是中文，有實詞、虛詞之別，實詞有實體詞義，虛詞則患虛緲，更有處於其間的半實半虛之詞，尤難訓解。但詮釋詞義，縱為虛詞，亦必兼顧該詞之本義。再者，語法有文白古今之同異，詮釋文言，若硬以文白對譯，甚或套譯方式，直以翻譯當語法，硬將某詞曲解為他義，實為現階段常見之現象，久而習非為是，這是今後語法研究、詞義訓釋，字音訂定及字辭典編纂等方面，最需留意的課題。

作者簡介：

　　張文彬，宜蘭縣人，民國廿六年生。曾就讀學校為：宜蘭順安國小、羅東中學、臺北師範學校及國立臺灣師範大學（學士、碩士及國家文學博士）。曾任小學教師三年，國中教師一年，臺師大教職三十六年，兼任中央大學、文化大學、淡江大學、中央警官、國北教大及空大教職多年。民國六十八年起擔任教育部國語會委員二十餘年，協助編纂審訂《國語文教育叢書》十餘種。重要著述有《說文無聲字衍聲考》、《高郵王氏父子學述》及學術論文數十篇。

通行本《老子》訛誤舉證

陳錫勇[1]

提　要

　　今通行之王弼注本《老子》，並非王弼注本原貌，乃四庫館臣以《永樂大典》校改明張之象本，其中有正文與注文不相應者，有正文與宋范應元所見王本相異者，有注文殘缺或妄改者，並有王弼誤注歧解者，而世人據此以說《老子》，焉能無謬誤哉！

　　段玉裁曰：「不先正底本，則多誣古人；不斷其立說之是非，則多誤今人。」今以郭店簡三編、帛書甲、乙本《老子》校理通行本，以明通行本之訛誤衍奪，如通行本《老子》第九章「金玉滿堂」，當作「金玉盈室」，「堂」乃「室」之訛；第十章「滌除玄覽」，當作「滌除玄鑒」，「覽」乃「鑒」之誤。如第二十四章「企者不立」下衍「跨者不行」；第十八章「大道廢，安有仁義」，奪「安」字。至於王弼誤注歧解者，亦所在多有，如第二十六章「重爲輕根」，不知「重」乃「重車」，「輕」乃「輕車」之謂；如第三十八章「上德不德」，不知「上德」即「尙德」，「不德」即「不得」之借，至於以鬼神解「其鬼不神」者，妄矣！蓋緣詞生訓，以訛傳謬，故歧解不免也。

　　今略舉通行本《老子》正文訛誤衍奪者、誤注歧解者，論證

---

1 中國文化大學中國文學系教授。

《老子》原文本義當如是也。或是或非，但求其真，管窺蠡測，
或有不足，尚祈大雅先進不吝賜正也。

關鍵字：《老子》、郭店《老子》、帛書《老子》、通行本《老子》

一、前　言

　　今所見通行本《老子》題曰「王弼注」，實非王弼注本原貌，
其正文有與范應元所見王本相異者，如第二章「萬物作焉而不
辭」，范曰：「王弼、楊孚作『萬物作焉而不為始』。」是南宋
時作「不為始」而今通行本訛作「不辭」。有正文與注文不相應
者，如第一章「無名天地之始」，王弼注：「凡有皆始於無，未
形、無名之時，則為萬物之始。」據注是王本正文作「萬物」，
與帛書本同，而通行本訛作「天地」。有注文殘缺者，有注文為
後人妄改者，如第三十一章，通章無注；如第二十一章，「自今
及古，其名不去」，范應元所見正文，道藏集注本注文所引並如
此，而今通行本正文、注文妄改作「自古及今，其名不去」。是
知通行本《老子》非王弼注本原貌，而世人信之不疑，以為《老
子》如是而傳謬者，亦所在多有。至如王弼注亦有緣詞生訓者，
如第十章「營魄」，注曰「人之常居處也」，此歧解也；如第六
十章「其鬼不神」，注以「鬼」、「神」解之，亦歧解也。又有
正文謬誤者，如第九章「金玉滿堂」，「堂」當作「室」；第六
十四章「九層之臺」，「層」當作「成」。此皆通行本《老子》
訛誤者，今據郭店楚簡《老子》，馬王堆帛書《老子》及古典文
獻校理《老子》，以求《老子》本真，略舉二十例，以明通行本
之訛誤，略舉六例以明王弼注之歧解，以為本論文也。

二、舉　證

（一）正文訛誤者

1.第 1 章：無名天地之始。

　　案：王注：「凡有皆始於無，故未形、無名之時，則爲萬物之始。……言道以無形、無名始成萬物。」注文兩句並作「萬物」，且帛書本《老子》、《史記・日者列傳》引文並同作「萬物」，而《老子》第二十一章王注：「以無名說萬物始也。」是證今通行本作「天地」者，訛誤也。

2.第 2 章：有無相生，難易相成，長短相較，高下相傾，音聲相和，
　前後相隨。

　　案：郭店楚簡甲編作「有無之相生也，難易之相成也，長短之相形也，高下之相盈也，音聲之相和也，先後之相隨也」，帛書本並如此，而「長短之相形」之「形」，范應元本如此，是王本正文當作「形」，作「較」者，訛誤也。「先後之相隨」之「先後」，蔣錫昌《校詁》曰：「《老子》本書，『先後』連言，不應於此獨異。如十七章『是以聖人後其身而身先。』……應從本書之例作『先』。」郭店簡、帛書本、嚴遵注、成玄英疏並作「先後」，王本亦當如是，蔣說是也，今通行本作「前後」者，訛誤也。又此六句並當有「之」字，是通行本訛奪也。

3.第 3 章：不見可欲，使民心不亂。

　　案：帛書本作「不見可欲，使民不亂」，與上文「使民不爭」、「使民不爲盜」一律，並作「使民」，是王本亦當如此，而王注：「故可欲不見，則心無所亂也。」是王本「民」已改作「心」，正文改作「使心不亂」，紀昀又據上文例及《永樂大典》本衍補

「民」字，以成今通行本之「使民心不亂」。據帛書本及上文例，王本正文及注當作「民」，凡衍「心」者及注作「心」者，並訛誤也。

4.第9章：揣而梲之，不可長保。金玉滿堂，莫之能守。

案：王注：「既揣之令尖，又銳之令利，勢必摧衂故不可長保也。」據注，王本當作「揣而銳之」，今通行本「銳」訛作「梲」。唯郭店楚簡甲編作「群」，帛書乙本作「允」，「群」之借也，是《老子》原文當作「揣而群之」。

「金玉盈室」，范應元曰：「室字，嚴遵、楊孚、王弼同古本。」陳景元曰：「嚴君平、王弼作金玉滿室。」據此，是證王本正文作「金玉滿室」，今通行本「室」訛作「堂」。

5.第13章：故貴以身為天下，若可寄天下；愛以身為天下，若可託天下。

案：王注：「無以易其身，故曰貴也，如此乃可以託天下也；……如此乃可以寄天下也。」據注，當是「託天下」在「寄天下」前，與郭店楚簡乙編、帛書本及《莊子·在宥》、范應元本、陳景元所見王本同。今通行本正文乃紀昀據《永樂大典》所改者。

6.第14章：視之不見名曰夷，……搏之不得名曰微。

案：范應元曰：「『幾』字，王弼、孫登同古本。」陳景元曰：「『夷』《老子》古本作『幾』，『幾』者，幽無象也。」帛書本作「視之而弗見名之曰微」，「微」、「幾」義同，故王弼本作「幾」，形近而訛作「夷」，通行本乃妄將末句作「微」。王本自作「幾」，而末句當作「夷」，與帛書本同。是「幾」、「微」故視之不見；是平「夷」故撫之不得也。通行本「夷」、「微」二字誤移。

7.第 15 章：儼兮其若容。

　　案：帛書本「容」作「客」，日本宇惠本、岡田本並同作「客」。畢沅曰：「王弼作『儼兮其若容』非是。」是王本作「客」而通行本形訛作「容」也。

8.第 21 章：道之為物，惟恍惟惚。

　　案：帛書本作「道之物，惟恍惟惚」，「恍惚」指「道」往「物」，所謂「道生一，一生二，二生三，三生萬物」之「一」、「二」、「三」，實有而視之不見、聽之不聞、撫之不得，故曰「惚恍」，是道生物之間，是道之動也，今通行本衍「為」字。

9.第 22 章：不自矜故長。

　　案：帛書本圖版「矜」作「矝」，整理小組誤釋作「矜」，第 24 章、第 30 章並如此，王弼本當作「矝」，是唐以來始訛作「矜」。

10.第 23 章：孰為此者？天地。

　　案：帛書本無「者天地」三字，此云政令如飄風、驟雨，不終朝、不終日，不能長久，何為此政令。是人為者不得自然，何如尚德順自然也。今通行本衍三字。

11.第 25 章：寂兮寥兮，獨立而不改，周行而不殆。

　　案：范應元曰：「『莫』字，王弼與古本同。河上公作『寥』。」而《經典釋文》收「寞」字，是王弼本作「寞」、河上公本作「寥」，而日本宇惠本王弼注猶作「寂寞，無形體也」，是通行本正文、注文並訛改「寞」作「寥」。

　　「獨立而不改，周行而不殆」，郭店簡及帛書本並無「周行而不殆」句，而「獨立而不改」之「改」作「亥」或「絯」，當為「垓」之借，謂無所界限也。是王弼本已衍上句而「垓」訛作「改」也。

12.第30章:「師之所處,荊棘生焉」;「大軍之後,必有凶年」。

案:郭店簡無上所列句,帛書本無「大軍之後,必有凶年」句,而劉安所見本亦僅有上句,如帛書本者。且《老子相爾注》、龍興觀碑亦無此句。又,王注僅及於上句,是或王本亦無此下句。據郭店簡則上下二句並為後人所衍者,是注「不欲以兵強於天下,其事好長」句,蓋以兵強取則戰亂生,而楚棘生焉,唯以正之邦,不以兵強,則其事可長保也。「其事好長」,據郭店簡補,帛書本殘,整理小組據通行本誤補作「還」,此帛書本次第錯亂,後來各本並同,而後來各本「果而不得已居」句奪一「居」字,故訛作「其事好還」也。

13.第31章:夫佳兵者,不祥之器。

案:帛書本作「夫兵者,不祥之器也」,王弼於本章通章無注,蓋本章正文非王本原文,是宋以來王注已脫落,故晁說之於書末強曰:「弼知『佳兵者不祥之器』至於『戰勝以喪禮處之』非老子之言。」說者,謬甚,今帛書本、郭店簡並有本章,而文字略異,蓋傳抄致誤也,「佳」字當刪,「也」字當補。

14.第35章:道之出口,淡乎其無味。

案:王弼注:「道之出言,淡然無味。」而第二十三章注引作「道之出言」,是證王本作「言」,與帛書甲本同,且范應元曰:「『出言』,王弼同古本。」是證王本作「言」,今通行本作「口」者「言」之「壞」字。

又「言」乃「焉」之借,蓋「道」何嘗有言,「道之出焉」猶「道之動焉」,視之不見,聽之不聞,撫之不得,不可究竟,故淡乎其無味也。

15.第38章:上德無為而無以為,下德為之而有以為。

案:《韓非子·解老》作「上德無為而無不為也」,而王弼

注:「不德其德,無執無用,故能有德而無不爲,不求而得,不爲而成。」據注,王本正文當如〈解老〉,且范應元本作「無不爲」曰:「王弼同古本。」是宋時王本猶作「上德無爲而無不爲」。又,第四十八章「損之又損,以至於無爲,無爲而無不爲」,王注:「有爲則有所失,故無爲乃無所不爲也。」是證王本當作「無不爲」與〈解老〉同。帛書本則「不」訛作「以」,與通行本同訛。緣此訛,故帛書以後各本衍「下德爲之而有以爲」句,蓋「無以爲」、「有以爲」相對,故妄衍也,此句帛書本無,而〈解老〉未引,是本無此句,增衍者,謬矣。

16.第 39 章:萬物得一以生,⋯⋯萬物無以生,將恐滅。⋯⋯致數輿無輿。

　　案:「萬物得一以生」、「萬物無以生將恐滅」,帛書本無此二句,河上公注誠五事,是謂「天」、「地」、「神巫」、「谷水」、「侯王」五事,亦無「萬物」,而王注於「萬物」二句無注,此乃通行本據《永樂大典》妄補,當刪。

　　「數輿無輿」,「輿」乃「譽」之訛,范應元曰:「譽,稱羨也,王弼同古本。河上公作數車无車。」作「輿」者,紀昀據誤本《釋文》改,通志堂本《釋文》作「譽」,不誤。帛書本作「與」,「譽」之借也。

17.第 40 章:天下萬物生於有。

　　案:王注:「天下之物皆以有爲生。」據注王本正文當作「天下之物」,與郭店簡同,且范應元本亦如此。今通行本與今河上本同訛作「天下萬物」,當據郭店簡改。

18.第 41 章:道隱無名。夫唯道善貸且成。

　　案:王弼注:「物以之成而不見其成形,故隱而無名也。」是王本作「道隱無名」,而帛書乙本作「道襃無名」,謂道盛大

而無名也，是王弼時已有訛改，猶「大器免成」之訛作「大器晚成」也。

　　王弼注：「貸之非唯供其乏而已，一貸之則足以永終其德，故曰善貸也。成之不如機匠之裁，無物而不濟其形，故曰善成。」據注，王本作「善貸且善成」，而范應元曰：「嚴遵、王弼同古本。河上公作善貸且成。」是今通行本正文乃以河上公本補者，非王本正文，王本自作「夫唯道善貸且善成」。唯帛書乙本「貸」作「始」，當據帛書本改，是音借而緣詞生訓也。

19. 第 46 章：禍莫大於不知足，咎莫大於欲得。故知足之足常足矣。

　　案：郭店簡、《韓非子·喻老》、帛書本、范應元本及河上公本並有「罪莫大於可欲」句，今通行本此節無注，疑浙江書局刻版奪一句而致誤。

　　又三句次第錯亂，當據郭店簡作「罪莫厚乎甚欲；咎莫憯乎欲得。禍莫大乎不知足」，此謂甚欲名之罪，欲得貨之咎，在不知足也，不知足故禍生也，故下文曰「知足之為足，此恒足矣」，然則，句次當如是也，而《韓非子》節引，句次不足據，帛書本句次已錯亂。至於文字略異，是口誦傳抄之異文也，當據郭店簡改正。

20. 第 48 章：為學日益，為道日損。

　　案：第二十章王弼注：「下篇『為學者日益，為道者日損』。」是知王本與郭店簡、《莊子·知北遊》引、帛書乙本、范應元本同，並有二「者」字，是通行本妄刪。又，據注，王本原本當為上下篇，是猶太史公所云上下篇也。

（二）注文誤釋者

1. 第 6 章：谷神不死，是謂玄牝。注：「谷神，谷中央無者也，無

形無影，無逆無違，處卑不動，守靜不衰，物以之成而不見其形，物之至也。」

案：帛書本「谷」作「浴」，《經典釋文》：「谷，古本反，中央無者也。河上公本作浴，浴者養也。」是河上公本「谷」作「浴」，與〈老子銘〉同，唯河上公注誤耳。此謂谷水之延申不絕，注之江海，是猶道之生萬物，生生不已者也。王弼不知「谷」之作「浴」，與水相涉。「神」乃「申」之借，而以「鬼神」之「神」釋之，此猶第六十章「其鬼不神」之誤釋也。

2. 第 10 章：載營魄抱一，能無離乎？注：「載，猶處也。營魄，人之常居處也。一，人之真也。言人能處常居之宅，抱一清神，能常無離乎，則萬物自賓矣。」

案：載，設詞，揚雄《法言·先知》：「或問曰：載使子草律。曰：吾不如弘恭。」李軌注：「載，設也。草，創也。」說者是，此設問句，本章六句皆設問句，以此一「載」字提領下六句三類，謂設使有人欲救魄養身以圖安逸，又欲抱一合乎自然，能無罹憂乎？下句云：搏氣致於骨弱筋柔，能如嬰兒之厚德乎？王弼不解章旨，故緣詞生訓而誤釋矣。「營」者，救也。「一」者，第三十九章「昔之得一者」之「一」，「道生一，一生二，二生三」之「一」、「二」、「三」，道之動也。「抱一」，謂合乎「道之動」，合乎自然也。王弼注誤，不足據也。

3. 第 18 章：悠兮其貴言。注：「自然，其端兆不可得而見也，其意趣不可得而覩也，無物可以易其言，言必有應，故曰悠兮其貴言也。」

案：緣「百姓曰我自然也」，故王弼注以「自然」，而不知「言」者，政令。凡《老子》「言」字多作「政令」解，蔣錫昌《校詁》有說。若「希言」、「不言之教」、「三言以爲文」、

「知之者不言，言之者不知」等，以及本章「貴言」之「言」並作「政令」解，而王弼以「言語」之「言」解之，是歧解也。此謂為政者當尚德無為，不以政令為教，猶乎，慎其政令之為，唯遵道順自然而成事遂功也，故百官成事而不居其功，是以曰「我自然也」。

4.第19章：此三者，以為文不足，故令有所屬。注：「聖智，才之善也。仁義，行之善也。巧利，用之善也。而直云絕，文甚不足，不令之有所屬，無以見其指，故曰此三者以為文而未足，故令人有所屬。」

　　案：據注，王本正文「不足」當作「未足」，與帛書本同，注中引文「而」字疑衍。范應元曰：「王弼同古本，『三者以為文不足也』。」是宋時王本已改「未足」為「不足」，與郭店簡同。而王本實當同帛書本，今通行本乃後人所改者。三者，郭店簡、帛書本並作「三言」，指「絕棄」之三項政令也，是敗德者以「絕智棄辨」、「絕仁棄義」、「絕巧棄利」三項政令以惑民，不足，乃命令之、附囑之，蓋信不足安有不信也，不能尚德以從事，乃以政令為之，為之者敗之也，故誡之曰「視素保樸，少私寡欲」也。王弼不明其旨，以訛傳謬，不知「文」乃「斑」之省，郭店簡之「辯」也，所謂「美言不信」之「美言」，文飾之政令也。

5.第26章：重為輕根，靜為躁君。注：「凡物輕不能載重，小不能鎮大，不行者使行，不動者制動，是以重必為輕根，靜必為躁君也。」

　　案：王弼《易・恒卦》注：「夫靜為躁君，安為動主，故安者上之所處也，靜者可久之道也。」此援《老子》以說《易》，唯《老子》本句是謂重車為輕車之根本，主帥當靜，為兵卒走動

之主，故下云君子用兵不離其輜重，雖有休兵燕居之時，靜思而昭然。是「重」指輜重車。「輕」指輕車，兵車也。主帥靜而兵卒動，輜重之供給乃作戰之根本也。王注歧解，而今人或以「穩重爲輕浮之根本」解之，謬之甚也。本章通行本錯亂，「君子終日行」、「君子」訛作「聖人」；「雖有還館」，「還館」訛作「榮觀」；「燕處則昭若」，「昭若」訛作「超然」，而「萬乘之王」訛作「萬乘之主」。蓋文本訛誤，故注家不免歧解，「王」之訛作「主」，故梁任公以爲《老子》爲戰國時所作也。

6.第 56 章：塞其兌，閉其門；挫其銳，解其分；和其光，同其塵。

　注：「含守質也，除爭原也，無所特顯則物無所偏爭也，無所特賤則物無所偏恥也。」

　　案：「塞其兌」，「兌」乃「垗」之壞字，穴也，當據郭店簡作「穴」。「挫其銳，解其分」，「分」當作「紛」，此謂禮文之紛雜，當據郭店簡、帛書本作「紛」，且據郭店簡、帛書本先後句次第，本句當在「和其光，同其塵」前，今通行本誤移。「塞其穴、閉其門」，是謂去生理、心理之私，無私則能玄同於德，是去其親疏之私也。「和其光，同其塵」，是謂調和自是之誼，同於塵俗之素樸，素樸則能玄同於德，是去其利害之宜也。「挫其銳，解其紛」，是謂減省其法物之供養，減少其禮文之紛雜，儉嗇則能玄同於德，是挫其貴賤之別也。唯復歸於尚德，是能自然而不拘於親疏、利害、貴賤也，故「德」爲天下貴。王弼不明其細，故緣詞生訓而歧解不免也。

三、結　語

　　通行本《老子》乃浙江書局翻刻武英殿校本，非明張之象本原貌，與宋范應元所見王本有所差異，而世人多惑於「王弼注」

而以爲此乃「王弼原本」，故流通於今，或以爲教本，雖有馬敍倫、蔣錫昌、蒙文通、島邦男、波多野太郎、樓宇烈諸先進加以校理，然拘於文獻不足，故瑕疵不免。今既得見帛書本、郭店簡《老子》，是能校正《老子》，以明《老子》底本當如此；釋義當如此也。段玉裁曰：「不先正底本，則多誣古人；不斷其立說之是非，則多誤今人。」郭店簡甲編簡一「民復季子」，「季」乃「孝」之訛、「子」乃「慈」之借；「絕智棄攴」，「攴」當釋作「辨」，是天下以「仁」、「義」、「禮」而分「親疏」、「利害」、「貴賤」也，然郭店簡釋文誤作「辯」。是知古典文獻亦不免抄誤、釋誤也。而帛書本「絕聖棄智」，是從《莊子》來，〈胠篋〉、〈在宥〉如此，而後人從《莊子》改《老子》也；帛書本第二十二章、二十四章、三十章諸「矜」字，圖版如此，而整理小組誤釋作「矜」，此亦古典文獻之訛改、釋誤也。蓋正底本不易，不求甚解更難，今就所知，管窺蠡測以爲此文，尙祈大雅先進不吝賜正也。

中國陶淵明與日本大伴旅人的詩學

張　娣　明[1]

一、前　言

　　文學史家稱魏晉南北朝（220-589A.D.），是文學的自覺時代，一個從醞釀新變到繁榮發展的階段，也是一個詩歌創作趨於個性化、詩人獨特的情性與風格，得以充分展現的階段。魏晉南北朝詩風，爲中國多姿多彩的詩風，開啓燦爛的一章，並深刻地影響著魏晉南北朝，乃至於後世的詩歌發展。詩學是詩歌、哲學與歷史的結合，魏晉南北朝詩人們，努力創作詩歌各種風格，體現自

1　張娣明，國立臺灣師範大學國文研究所學士、碩士、博士班皆爲第一名畢業。現任開南大學華語文教學研究所專任助理教授。曾任國立臺灣師範大學、日本東京大學、日本大東文化大學、國立海洋大學、國立臺北商業技術學院、國立空中大學人文學系、國立體育學院講師、日臺交流協會歷史研究者前往東京大學（協助教授：東京大學若林正丈教授）、中國廣播公司節目主持人、臺北市立明倫高中國文科專任教師、大學城參考書編輯。
　　曾以〈兒歌的修辭藝術與教育功能：以臺灣七零年代流行國語兒歌爲例〉獲第六屆臺灣人文研究學術獎文化類第一名。著有《仰看明月詩當枕》、《三國時代戰爭詩研究》、〈元好問主壯美的詩學觀〉（第五屆中國修辭學國際學術研討會）、〈追憶臺灣歌謠年華：三〇年代到六〇年代臺灣與日本流行歌謠共通之題材論析〉（臺日研究生臺灣文學學術研討會）、《臺灣文化事典》部分詞條（國立臺灣師範大學人文教育研究中心）、〈探索實用中文通識教育在 e 世代的延伸與發展〉（銘傳大學掌握學術新趨勢、接軌國際化教育國際學術研討會）、〈海內存知己，天涯若比鄰：析早期臺灣與日本流行歌謠的歷史交流〉（世界華文文學新世界研討會）、〈古今之間的擺蕩：劉勰〈知音〉與張大春〈作指引？還是作知音〉探析〉（第九屆國立臺灣師大研究生學術論文研討會）、〈鄭氏對《儀禮·士昏禮》的闡釋〉（人文及社會學科教學通訊）、學位論文「三國時代戰爭詩研究」、「魏晉南北朝詩學研究」……等五十多篇論文與著作七種。

覺的詩學意識，也展示魏晉南北朝詩人的主體意識。

　　如果要向世界的人說明日本詩學在本質上的特徵，應該先說明以下兩件事。一是日本文學的美千錘百鍊。二是日本詩學美深深地與清澈的悲哀交錯。以馳名世界的《源氏物語》為首，以至川端康成的文學，都有此傾向。

　　這兩個傾向的泉源是《萬葉集》。《萬葉集》是日本文學脫離黎明期的八世紀，燦然光輝的誕生。在這以前，《古事紀》、《日本書紀》等，也記載零星的古代歌謠，但這些與《萬葉集》卻有很大的距離。古代歌謠具有樸素的民謠性，其創作並非個人的文學活動。反此，《萬葉集》包括不知作者、創作的和歌，全部都是個人心聲，而且都是以覺醒的創作意識，唱出的優秀詩歌。

　　但是幫助萬葉人創作意識覺醒的是什麼呢？當然有很多的因素，但吉田とよ子《萬葉集與六朝詩》認為：

> 在這裡我願意指出兩種影響力。一個是中國人文學的影響，尤其是以《文選》、《玉臺新詠》等為代表的六朝詩的影響；另一個是佛教思想的影響[2]。

　　前者不僅給予詩歌應該詠「什麼」這種主題上的智慧，同時也傳授「如何」美麗地歌詠的技巧上智慧。《文選》對於日本詩學的影響，同時呈現在內容與形式兩方面。而後者則教日本人活在這個世界的悲哀，同時日本人以永遠的美超越這個世界的悲苦，這個極大的力量促使日本人逐漸形成「悲哀」和「風流」的觀念。

　　萬葉集詩人喜愛悲哀的《文選》與唯美的《玉臺新詠》，是意義深長的。他們因中國的先例而得到啓發，受佛教人生觀與世

---

2 吉田とよ子：《萬葉集與六朝詩》（台北：致良出版社有限公司），2006年，頁4。

界觀的薰陶，進而形成日本文學中心的「悲哀」與「風流」觀念。「悲哀」與「風流」的觀念形成，萬葉詩人在這上面傾注大量時間與精力，例如聖德太子、額田王、柿本人麻呂、山部赤人、大伴旅人和大伴家持等詩人。這些詩人的漢學基礎極深，因此對於「悲哀」與「風流」觀念的形成，非常重要。他們所學的中國文學，或許不只是《文選》與《玉臺新詠》，也包括各自喜歡的詩人「子集」。譬如大伴旅人，也許看過陶淵明詩文集與阮嗣宗集；大伴家持可能讀過庾信集。雖然沒有證實這些專著在他們的時代已經傳到日本，但至少在平安中期藤原佐世所撰《日本國見在書目錄》裡已有這些書名。《昭明文選》與《玉臺新詠》為詩文總集，若要更仔細比對魏晉南北朝詩學與日本詩學的交流，則宜從個別詩人作品對照。所以本文將從陶淵明詩作與日本詩學交流作一探析，並觀察陶淵明與大伴旅人對飲酒描寫的組詩，如何使用泛具法促使主旨脈絡清晰。

二、「酒」象徵共感

東漢和帝之後，外戚宦官輪流專權，接連兩次黨禍，使得朝政日非，之後爆發黃巾之亂，接著三國鼎立、八王之亂、五胡亂華，天災人禍互相侵擾。永嘉之亂後，西晉滅亡，東晉雖然暫時維持偏安局面，然而戰禍仍然頻仍，肥水之戰、孫恩之亂、桓玄之亂、劉裕北伐、盧循之亂等等，就在這樣一個兵連禍結、家國殘破、民生凋弊的混亂時代，孕育了陶淵明這位偉大的詩人。他創造了「桃花源」，成為眾人的庇蔭所，也成為現代人悠然神往的理想。

義熙元年十一月，陶淵明擔任彭澤令而自表解職，從此歸隱田園未再出仕。鍾嶸稱他是「隱逸詩人之宗」，表示了其在文學

上的成就，首開平淡詩風，同時是隱逸詩與田園詩之祖，影響深遠。而陶詩之版本，主要依照《陶淵明集校箋》[3]，旁參《陶淵明詩箋證稿》[4]、《陶潛詩箋註校證論評》[5]等等。

　　東坡曾評陶詩：「質而實綺，癯而實腴」，道出陶詩的精妙之處，此一評語兼及內容與形式兩方面，從其文辭筆法上來看，陶詩樸素而平淡，彷彿一位不施脂粉的村姑，這就是東坡所謂的「質」與「癯」，甚至宋丘龍認為是「極枯澹」[6]；然而仔細品味之後，卻是典麗而豐厚的，正如一位樸素卻唇紅膚白、深具內涵的姑娘一般，耐人尋味，讓人初不覺驚豔，但卻幽香裊裊，這正是東坡所云的「綺」與「腴」。東坡也曾評韓柳詩云：「所貴乎枯澹者，為其外枯而中膏，似澹而實美，淵明、子厚之流也。」這裡再一次為「質而實綺，癯而實腴」做一註解，認為只是文字外表看似瘦枯，然而實為膏澤，彷彿平淡卻是豐美。東坡又評曰：「初視若散緩不收，反覆不已，乃識其奇趣。」更說明了陶詩需要用心去反覆玩味，乍看之下雖不起眼，但在餘音裊裊中，卻能愈發體會他的奇趣，感受他的美感。陶詩能夠不露出刻意安排的斧鑿痕跡，初看以為其散亂無章，然而分析之下，卻發現並非全無章法，而是渾然天成，將形式詞藻之美蘊含在詩作中，使絢爛飽藏於平淡之中。正如東坡所說：「凡文字，少小時須令氣象崢嶸，采色絢爛，漸老漸熟，乃造語平淡。其實不是平淡，絢爛之極也。」陶淵明到了隱逸期，也是「漸老漸熟」，才會「造語平淡」，然而其實文字功力愈發熟練，而將最絢爛的部分蘊藏於平淡之中，所以能成為「隱逸詩人之宗」，塑造出真率恬淡的人格

3　楊勇：《陶淵明集校箋》（台北：正文書局），1979 年。
4　王叔岷：《陶淵明詩箋證稿》，（台北：藝文印書館），1975 年初版。
5　方祖燊：《陶潛詩箋註校證論評》，（台北：蘭臺），1971 年十月初版。
6　宋丘龍：《陶淵明詩說》序，（台北：文史哲出版社），1984 年，頁 1。

典型與文學風格。基於此，此文試圖以受到陶淵明〈飲酒〉組詩影響的大伴旅人〈讚酒歌〉組詩，重新體會在陶詩質樸、平淡、散緩的文字掩蓋下的生動修辭技巧與豐富美感意涵。

陳師滿銘在〈談詞章的兩種作法 —— 泛寫與具寫〉中說：

> 詞章是用以表情達意的，通常為了要加強表情達意的效果，以觸生更大的感染力或說服力，則非借助於具體的情事、景物或特殊的狀況不可。而專事描述具體的情事、景物或特殊狀況的，我們特稱為具寫法；至於泛泛地敘寫抽象情意或一般狀況的，則稱作泛寫法。[7]

詩歌篇章表達情感，所在多有，中國陶淵明與日本大伴旅人，同時選擇「酒」作為表現情感的素材，他們借助具體的「酒」，以及飲酒的狀況與心情，產生詩歌篇章出神入化的渲染力，令讀者拍案叫絕。這些詩作中，有使用具寫法的部分，專門書寫具體的「酒」以及飲酒狀況，也有使用泛寫法，以「酒」象徵記敘抽象情意或一般狀況的部分。

萬葉早期詩人柿本人麻呂與山部赤人，雖受中國文學的影響，卻並不欲將自己作品寫成擁有中國味道。可是在時代稍微往後的和歌作者之中，卻有有意積極地將中國文學知識表達於其作品的和歌歌人。大伴旅人（665-732）與山上憶良（生卒年不詳）正是如此。

旅人與憶良在九州太宰府是上司與部屬的關係，在文學上時有交流。但他們兩人性格不同，詩歌風格也不同，憶良認真謹嚴，具儒士傳統，而旅人奔放真摯，傾向道家思想。憶良務實，和歌主題多與社會生活有關，旅人則浪漫多姿，和歌主題多離開現實，

---

7 收錄於《國文教學論叢續編》，頁 445。

富於幻想。他們兩個人詩歌性質的迥然不同，表現在並列於《萬葉集》的和歌。憶良似不喜歡宴會，於是他這樣寫著：

> 我憶良現在要退席，家裡的小孩可能在哭，小孩的母親也似乎在等著我回去[8]。

他以家中妻孥爲藉口，希望避開應酬，表現他個人不喜歡交際的情志。而大伴旅人，創作十三首〈讚酒歌〉，時間晚於陶淵明二十首〈飲酒〉，精神上極爲近似。專指描寫具體的情事、景物或特殊狀況的，稱爲具寫法；至於泛泛地敘寫抽象情意或一般狀況的，則稱爲泛寫法。乍看之下，這似乎與詳寫，略寫頗有類似之處。泛具法是針對同一事物（景、情、理）兼用泛、具寫法者而言；詳略法則是只在文章中某些事（景、情、理）用詳寫，其他的某事物（景、情、理）又用略寫，以此區分泛具法與詳略法，陶淵明與大伴旅人皆是針對「酒」兼用泛寫與具寫。大伴旅人〈讚酒歌〉第一首云：

> 與其思考無濟於事的想法，不如飲一杯酌酒[9]。

認爲終日思考對生命無所助益，暢飲酌酒反而適意安樂。陶淵明早在〈飲酒〉第一首寫出此般心聲：

> 其一：衰榮無定在，彼此更共之。邵生瓜田中，寧似東陵時。寒暑有代謝，人道每如茲。達人解其會，逝將不復疑。忽與一觴酒，日夕歡相持[10]。

陶淵明喜好喝酒，他曾在〈五柳先生傳〉中自謂：「性嗜酒，家貧不能常得。」陶淵明詩中提到「酒」的作品，數量頗多，如：〈還舊居〉、〈蜡日〉、〈諸人共遊周家墓柏下〉、〈酬丁柴桑〉、

8　憶良らは今は罷らむ子泣くらむそれ彼の母も吾を待つらむぞ（三・三三七）。
9　験な物を思はずは一坏の濁れる酒を飲むべくあるらし（三・三三八）。
10　楊勇：《陶淵明集校箋》（台北：正文書局），1979年，頁138。

〈歲暮和張常侍〉、〈己酉歲九月九日〉、〈歸鳥〉之五、〈形影神〉之三、〈止酒〉、〈雜詩〉其一、二、四、八、〈飲酒〉二十首……等等。其中令人矚目的便是共有二十首的〈飲酒〉，這一組詩作質量俱豐，是陶淵明在酒後的抒懷之作，此二十首內容或言飲酒，或與飲酒無關，可以說是陶詩中對酒之概念陳述的代表作，陶淵明對「酒」一物使用的象徵筆法，十分引人入勝。

　　「衰榮無定在，彼此更共之」，道出衰榮無定，世事無常，為組詩總綱。下文引人事申論，據《史記·蕭相國世家》記載秦東陵侯邵平，秦亡後淪為平民，家貧栽種瓜，因瓜美稱名，時人稱東陵瓜。之前聲勢顯赫，其後辛勤種瓜，對比出天壤之別。陶淵明藉此感慨自己的曾祖陶侃貴為大司馬，祖父與父親也做過太守，然而到他這一代卻已一落千丈，陶淵明的夢想：「大濟於蒼生」（〈感士不遇賦〉），以及〈桃花源〉的期望：

> 嬴氏亂天紀，賢者避其世。黃綺之商山，伊人亦云逝。往跡浸復湮，來逕遂蕪廢。相命肆農耕，日入從所憩。桑竹垂餘蔭，菽稷隨時藝。春蠶收長絲，秋熟靡王稅[11]。

　　陶淵明引用儒道兩家共同思想，認為亂世時賢者避世，孔子曾說「賢者避世」（《論語·憲問》）。其後描述陶淵明嚮往的生活，暗用〈擊壤歌〉：「日出而作，日入而息，鑿井而飲，耕田而食，帝力於我何有哉？[12]」揭示理想世界的文化特質，沒有君王的橫徵暴斂與繁重徭役，也無戰亂頻仍的痛苦。陶淵明汲取《禮記·禮運》的精神：「天下為公」，認為「人不獨親其親，不獨子其子，使老有所終，壯有所用，幼有所長」[13]。並且採用

---

11 楊勇：《陶淵明集校箋》（台北：正文書局），1979年，頁275。
12 逯欽立輯校：《先秦漢魏晉南北朝詩（上）》（台北：學海出版社），1991年，頁1。
13 《十三經注疏：5禮記》（台北：藝文印書館），頁412。

《老子》思想:「小國寡民,雖有什伯之器而不用」,期待能「甘其食,美其服,安其居,樂其俗」。想法與魏晉以來阮籍、嵇康,到鮑敬言等人提出無君觀點,不謀而合。仇小屏《篇章結構類型論》曾說:

> 泛具法應該是文學作品中「因景而明理」、「因事而生情」者,所自然形成的一種章法;而且「事、景、情、理」在單寫時,也可能會出現泛寫;具寫合用的情形[14]。

陶淵明與大伴旅人在此處用泛寫法描述飲酒,使讀者自然的體會到他們對飲酒的看法,因自然成理,反較一般議論文,易於輕鬆接受,的確是自然形成的張法。而他們對「酒」象徵處理時,有時運用泛寫,有時則會泛具合用。

陶淵明盼望建立美好社會,然而已經無法實現,所以借酒排遣,並非酗酒之徒,大伴旅人則吸取此種想法,大伴旅人〈讚酒歌〉第二首則說:

> 取酒名為「聖」的古代偉大聖賢,命名真貼切[15]。

表達自己對酒的崇高敬意,並且誇讚古代稱酒為「聖」的聖人。從此詩中人與物互動交流[16],加以分析時,能擁有更精準的角度,大伴旅人一方面借「酒」抒情,另一方面也借酒而闡明道理。李白〈月下獨酌〉第二首也有相同意義:

> 天若不愛酒,酒星不在天;地若不愛酒,地應無酒泉。天地既愛酒,愛酒不愧天,已聞清比聖,復道濁如賢。聖賢既已飲,何必求神仙?三盃通大道,一斗合自然。但得酒

---

14 仇小屏:《篇章結構類型論》(臺北市:萬卷樓圖書有限公司),2000年,頁290。
15 酒の名を聖とおほせしいにしへの大聖の言のよろし(三・三三九)。
16 另一「人—物」互動的主流是「即事以明理」,落實到詞章中,會形成「論敘」法。

中趣，勿為醒者傳[17]。

此首詩吸收陶淵明〈飲酒〉第三首的精神：

> 道喪向千載，人人惜其情。有酒不肯飲，但顧世間名。所
> 以貴我身，豈不在一生。一生復能幾，倏如流電驚。鼎鼎
> 百年內，持此欲何成[18]。

陶淵明對「酒」的其中一種概念為：「酒」是超脫於世俗之外的，如此詩所言，世人多半只顧及世間名，而不肯飲酒，於是飲酒與「名」的概念便對立起來，但是陶淵明認為「一生復能幾，倏如流電驚」，一生石火電光，「鼎鼎百年內，持此欲何成」，成敗乃未定之天；元‧楊載《詩法家數》中有一段話：「寫意，要意中帶景，議論發明。」[19]陶淵明藉著「酒」，抒發自身意念，此意念中含著飲酒情景，藉以闡發他的理念。景與議論發明有密切關聯，而陶淵明及大伴旅人的「酒」象徵，皆蘊含著他們自身的人生哲理。再如第十三首：

> 有客常同止，趣舍邈異境。一士長獨醉，一夫終年醒。醒
> 醉還相笑，發言各不領。規規一何愚，兀傲差若穎。寄言
> 酣中客，日沒燭當秉[20]。

用一長醉者與一長醒者做一對照，而陶淵明則認為凡是規規然的清醒者是愚笨的，而另一種迷醉者，雖似無知，卻實為聰明，與屈原「眾人皆醉我獨醒」的概念截然兩分，這一方面表現魏晉士人認為「以酒避禍」是保全己身的明智之道外，也可見陶淵明將「酒」對立於儒家入世傳統之情況。此處描寫清晰，使用具寫

---

17 安旗等主編：《新版李白全集編年注釋》卷二十二（成都市：巴蜀書社），2000 年 4 月。

18 楊勇：《陶淵明集校箋》（台北：正文書局），1979 年，頁 142。

19 收於《詩學指南》，頁 29。

20 楊勇：《陶淵明集校箋》（台北：正文書局），1979 年，頁 157。

法來書寫人與酒之間的互動，詩中借景物發論的情況確實存在，然而這並不適合強行歸入情景法中，因為歸入的話，會使得情景法駁雜不純，也就失去將它獨自成為一個章法的意義；從陶淵明的詩作觀察，的確與以情景交融描述飲酒的詩作，有著別徑殊途的相異情調，所以，最佳的處理方式是讓它留在泛具法之中。另如〈雜詩〉其四：

> 丈夫志四海，我願不知老。親戚共一處，子孫還相保。觴
> 絃肆朝日，樽中酒不燥。緩帶盡歡娛，起晚眠常早。孰若
> 當世時，冰炭滿懷抱。百年歸丘壟，用此空名道。[21]

也是認為有酒則人生歡愉，而相較於其他世間的俗士爭名奪利，即使得到成就與空名，死後又有什麼用處？「丈夫志四海，我願不知老」借用《論語·述而》語：「樂以忘憂，不知老之將至云爾」，以下六句展開抒寫人生種種樂事。「親戚共一處，子孫還相保」，表現與〈歸去來辭〉中「悅親戚之情話」情感一致。關於飲酒，此詩提出「觴絃肆朝日，樽中酒不燥」，清代陶澍注云：「燥，乾也。與孔文舉『樽中久不空』意同。」杯酒弦歌，千載一時。「緩帶盡歡娛，起晚眠常早」，可依據蕭統《陶淵明傳》所記，理解陶淵明不願為瑣碎政事傷神，不為五斗米折腰，期盼能自在豁達度日。泛具法可大致分為兩個範圍，第一個範圍是「因景而明理」與「因事而生情」。因為「理」、「情」是抽象的，「景」、「事」是具象的，所以兩者結合起來，「一虛一實」的特性與「一條分一總括」是截然不同的；因此，就算「景」、「事」的部分可以條分成目，也不宜理解為凡目法。此種情形在詩歌創作中，較為明顯，中國詩歌往往虛實共生，虛中有實，實

---

21 楊勇：《陶淵明集校箋》（台北：正文書局），1979 年，頁 203。

中有虛，較難用條分與總括來條分縷析。

　　陶淵明〈歸園田居〉：「晨興理荒穢，戴月荷鋤歸」，勤勞如此，所以「起晚眠常早」僅為表達悠然態度而已。結尾一段「熟若當世時，冰炭滿懷抱。百年歸丘壟，用此空名道。」直刺時事，陶澍注《靖節先生集》附錄引朱熹語曾說：「晉宋人物，雖曰尚清高，然個個要官職。這邊一面清談，那邊一面招權納貨。[22]」諷刺裡外不一。《文心雕龍·情采》也描述此現象：「志深軒冕，而泛詠皋壤；心纏機務，而虛述人外。[23]」陶淵明更提出「百年歸丘壟，用此空名道。」，明代何孟春注云：「謝靈運〈弔盧陵王〉詩『一隨往化滅，安用空名揚』，意同。」兩者意見相同，人生應追求自由獨立，不需追逐空名，否則將喪失真我。所以大伴旅人〈讚酒歌〉第三首說：

　　　　古昔七賢人所喜歡的似乎是酒。[24]

　　古代賢人並非單純嗜酒，所以旅人用語為「所喜歡的似乎是酒」。古賢人在意的是背後代表意義，酒代表單純真率的自我，與豁達超然於世俗之外，直情徑行的快意泰然。而大伴旅人藉由此詩說明此現象。大伴旅人對「酒」的敘寫，有些用泛寫法，「泛泛地敘寫」，有些則是用具寫法，「加強地描述」，如此處；旅人更直接在〈讚酒歌〉第三首寫著：

　　　　裝賢人說話不如喝酒酒醉哭來得好。[25]

　　表現不拘小節的態度，甚至認為與其假扮賢能人士，講些冠冕堂皇大道理，還不如真心誠意地喝酒，甚至酒醉痛哭都比虛假

22 楊家駱：《陶靖節集注 鮑參軍詩注》（台北：世界書局），1963年，頁136。
23 黃淑琳：《文心雕龍校注》（台北：中華書局），頁415。
24 古の七の賢し人どもも欲りせしものは酒にしあるらし（三・三四〇）。
25 と物（いふよりは酒飲みて泣するしまりいるらし（三・三四一）。

假裝高尙好。陶淵明很早就認爲飲酒是快樂與有趣的泉源，並富含深刻道理，如〈飲酒〉其九，「壺漿遠見候，疑我與時乖。……且共歡此飲，吾駕不可回」，描述與朋友歡暢喝酒，醉而忘返的情景；其十四則直接言：「酒中有深味」，說明酒中含有深刻含意與趣味；而其十八「子雲性嗜酒，家貧無由得。……有時不肯言，豈不在伐國。仁者用其心，何嘗失顯默。」甚至點明揚雄與他人相飲，拒談征戰之事，豈是守默，而是真正的仁者，以揚雄自比，說明酒中含有「仁」之真意。陶淵明表達此意見的詩作甚多，除以上〈飲酒〉各首外，諸如〈還舊居〉：「常恐大化盡，氣力不及衰。撥置且莫念，一觴聊可揮。」；〈蜡日〉：「我唱爾言得，酒中適何多。未能明多少，章山有奇歌。」，〈諸人共遊周家墓柏下〉：「清歌散新聲，綠酒開芳顏。未知明日事，余襟良已殫。」；〈酬丁柴桑〉：「放歡一遇，既醉還休。實欣心期，方從我遊。」；〈歲暮和張常侍〉：「屢闋清酤至，無以樂當年。……」；〈己酉歲九月九日〉：「何以稱我情，濁酒且自陶。千載非所知，聊以永今朝。」；〈歸園田居〉之五：「漉我新熟酒，隻雞招近局。日入室中闇，荊薪代明燭。歡來苦夕短，已復至天旭。」；〈止酒〉：「平生不止酒，止酒情無喜。暮止不安寢，晨止不能起。……」；〈雜詩〉其一：「得歡當作樂，斗酒聚比鄰。……」；以上各首詩，呈現陶淵明將「酒」視爲快樂源頭，飽含趣味與豐富哲理，藉酒可以消憂，使心情舒暢，與曹操〈短歌行〉：「何以解憂？唯有杜康。」意見一致。大伴旅人〈讚酒歌〉第五首甚至說：

不知該怎麼說怎麼做時，最寶貴似乎是酒[26]。

---

26 言はむすべせむすべ知らず極まりて貴ものは酒にしあるらし（三・三四二）。

　　日本詩人大伴旅人直接將酒當作，不知如何處世與言談的排遣手段。吳士鑑以爲陶淵明「**好酒與安貧，不能相提並論，我覺得安貧是他達觀的表現，而好酒則是他內心憂鬱的符號**」[27]「酒」在陶詩中具有鮮明生動的形象，魏晉的時代環境，造成許多文人內心苦悶，面對政治紊亂、戰爭頻繁與生民塗炭，文人雖憤慨塡膺，但卻力不從心，於是如陶淵明者，便以酒來忘卻憂愁，尋求暫時麻醉，所以吳士鑑言：「好酒則是他內心憂鬱的符號」，而從筆者歸納之前述兩種陶淵明對「酒」的看法，便是一體之兩面：「酒」在陶詩中既是消憂解悶之良藥，而且也是超脫於世俗之外的，這正表現出陶淵明內心對於世俗之事的憂鬱煩愁。筆者在此要進一步補充的是，吳先生之所以會感到「好酒則是他內心憂鬱的符號」，這正是因爲陶淵明在詩作中以象徵筆法，使「酒」成爲前述兩種看法之化身，也成爲內心憂鬱的符號。

三、陶淵明與大伴旅人對「酒」的泛寫與具寫

　　在陶淵明詩作中，「酒」字屢見不鮮，在陶淵明現存的作品中，多所出現，陳怡良對此曾做一統計，認爲在陶淵明一百二十六首詩中，與飲酒有關的文字包括：「酒、醪、酤、醉、醇、飲、斟、酌、餞、酖、壺、觴、杯、罍」等，其中單「酒」一字，即出現三十二個，而其標題與之相關者，有〈連雨獨飲〉、〈飲酒〉二十首、〈述酒〉、〈止酒〉，約佔全集五分之一[28]。可見「酒」對陶淵明影響之大，也從此可知，在解讀陶詩時，對於「酒」此一象徵的理解之不可或缺性。在陶淵明詩作中有些泛泛地說明他

---

27 吳士鑑：《晉書斠注》卷二十四，（台北市：藝文印書館），頁 553。
28 陳怡良：《陶淵明之人品與詩品》，（台北市：文津出版社），1993
　　年 3 月初版 ，頁 154。

藉酒抒情的狀況，如「常恐大化盡，氣力不及衰。撥置且莫念，一觴聊可揮」；「放歡一遇，既醉還休。實欣心期，方從我遊」。有些則具體地敘寫飲酒情狀與不喝酒的痛苦，如「漉我新熟酒，隻雞招近局。日入室中闇，荊薪代明燭」；「平生不止酒，止酒情無喜。暮止不安寢，晨止不能起」。泛寫與具寫，在陶淵明書寫「酒」的詩作中，交互配合，使得這些詩作產生撼動人心的強大力量，讀者若將這些作品一起欣賞，可以領略到更多陶淵明對「酒」的內心想法。

　　日本詩人大伴旅人是很風流的人，他在九州太宰府官舍，以舉辦風流的梅花宴馳名，此外曾開過不少宴會。日本人原本就是喜歡喝酒的民族。在《古事記》、《日本書記》的時代（八世紀初），日本人就愛喝酒，以喝酒為好事。酒為在常世的酒神少名御神所發明，別名叫做「無事酒」與「笑酒」。神所造的酒也有祝福含意，飲酒會去除病災，使心情愉快與歡笑。因此，在人神共樂的古代「豐樂」宴會，酒不可缺少。

　　旅人尤其喜歡喝酒。可是觀察他的十三首〈讚酒歌〉，並沒有古代日本人的歡笑。頻頻出現的卻是「喝醉哭」。他說「喝醉愛哭」是「閒遊之道」的快樂。古代日本人如果是喝酒愛笑的人，旅人則是喝酒愛哭的人。喝酒的目的遂由「笑」轉變到「淚」。而且喝酒方法也這樣轉變。尋求笑的古代日本人，在「宴會」與其他人喝酒。「宴」這個字，日本人認為原為拍兩隻手歌唱歡樂的意思，日本古代人就是這樣邊歌舞邊喝酒。可是在旅人十三首和歌中，有不具有「宴會」的氣氛的。其他人的存在幾乎看不見。也就是說，旅人不僅在宴會，而且在當時的日本人絕少看到的常常「獨飲」與「孤飲」。

　　為什麼大伴旅人會有與眾不同的喝酒方法呢？這或許是由

於受到中國飲酒詩人，尤其是陶淵明詩歌精神影響。陶淵明也是大酒豪，有許多關於酒的詩文，代表作有〈飲酒〉、〈止酒〉、〈述酒〉、〈連雨獨飲〉等等，尤其是〈飲酒〉二十首的連作，促成旅人的十三首連作，可能為模仿陶淵明所作。

從表面上看，「酒」似乎是陶淵明之興奮劑，是其終生知己，但在更進一步探析此象徵的深層意涵，則又可見陶淵明之另有所託，蕭統云：「有疑陶淵明之詩，篇篇有酒；吾視其意不在酒，亦寄酒為跡也」[29]則直接認為陶淵明志不在酒，而是有所寄託。陶淵明詩作對「酒」一象徵的意涵，在前面已述，現不贅述，然「酒」在陶詩中具有深遠意味與象徵，可再輔以〈飲酒〉之五觀之：「結廬在人境，而無車馬喧。問君何能爾，心遠地自偏。採菊東籬下，悠然見南山。山氣日夕佳，飛鳥相與還。此還有真意，欲辨已忘言。」全詩內容中完全未提「飲酒」，然題目為「飲酒」，內容中讀來意趣高遠，表現出雖在人境，卻無喧囂的真善美之境界，使人悠然神往，羨慕其自得其樂之心境，陶淵明深厚豐茂、靈秀奇妙的語言藝術便由此而生，從題目可知，此逍遙佳趣便是由「飲酒」而來，「酒」便是忘言真意的象徵。溫汝能曰：「淵明詩類多高曠，此首尤為興會獨絕，……則愈真愈遠，語有盡而意無窮，所以為佳。」筆者以為正因陶淵明象徵手法用得自然渾融，讓人感到言盡而意無窮，神在象外，不落言詮，所以能得詞淡意遠，富有理趣而不同凡響之妙。日本大伴旅人〈讚酒歌〉第六首曾發此妙語：

　　作人不如作酒壺，因為可以盛酒[30]。

---

29 《宋書》卷一百，列傳第六十，（台北市：藝文印書館），頁1190。
30 なかなかに人とあらは酒壺に成りにてしかも酒に染みなむ（三・三四三）。

　　日本詩人大伴旅人可能極嚮往陶淵明「獨飲」與「孤飲」，並讚賞陶淵明對「酒」象徵的意涵，所以也在詩中極力讚許「酒」。在「讚酒歌」第一首與第八首，大伴旅人使用「一杯濁酒」這句話。並非他喜歡濁酒或喝這樣的酒，而是尊敬因貧窮只能喝這種酒的陶淵明，酒，不管清酒或濁酒，只要是酒，在陶淵明與大伴旅人詩中，便具有很大的力量。陶淵明與大伴旅人寫酒的詩作多是因事而生情才寫成的，是為情造文，所以有時會形成「先事後情」（也就是先具後泛），有些則是先情後事（也就是先泛後具）的結構。無論何種結構，用泛具的手法來描述「酒」與其他事物，使「酒」更加形象化，更易令人一唱三嘆；而由「酒」產生的詩情，也才不會空泛無實。陶淵明在「己酉歲九月九日」也這樣寫著：

> 萬化相尋繹，人生豈不勞。從古皆有沒，念之中心焦。何以稱我情，濁酒且自陶。千載非所知，聊以永今朝。

　　陶淵明對「酒」描寫，使其成為象徵，此一象徵非前述之約定俗成的象徵，而是創造性的象徵，經由陶淵明大量與「酒」有關之作品，營造出富於創造性的象徵，拓寬象徵藝術的河床，甚至使後世人約定俗成地把「酒」當作是超脫世俗羈絆、澆心中塊壘的良方。〈飲酒〉其十四：「故人賞我趣，挈壺相與至。班荊坐松下，數斟已復醉。父老雜亂言，觴酌失行次。不覺知有我，安知物為貴。悠悠迷所留，酒中有深味。」從此首詩可以想見老友帶酒來，與陶淵明一同在松樹下相聚暢飲，而後喝醉忘情的情形，在詩中，陶淵明經由飲酒而連自我都遺忘了，更別提人世間的萬事萬物、熙熙攘攘的生死名利，使人感到彷彿了無罣礙。其實未必人人在飲酒之後皆能達到如此境況，否則何來「借酒澆愁愁更愁」之說？然而透過前述一連串陶淵明與「酒」相關之作品，

讀者經過其描寫之情景，便易於聯想到陶淵明飲酒時的歡樂與超然，只要一讀到類似情況詩作，就不由自主地可以預知筆者前述所提之兩種概念，陶淵明在刻畫飲酒時十分實在與明顯，也就是形象非常生動鮮明，但其展現所象徵之意涵時卻是十分隱晦，亦即寬泛與多義，如此的有機結合，便體現出陶淵明獨闢蹊徑的匠心，表示其善於從他人想像不到之處尋找象徵物的藝術勇氣，故能成就優秀的詩篇，創造出成功的象徵，對後世影響深遠，被後人沿用。《詩歌修辭學》認為：

> 如何才能達到『永無止境』的藝術境界？關鍵就在於所象徵的『觀念』永遠『在形象裡』即在具有獨立審美價值的『象徵物』裡活動著，散發著非語言所能表現的藝術魅力。[31]

陶淵明隱逸期詩作中的「酒」象徵，正是將所象徵的觀念依附於「酒」之中，使其在擁有獨立審美價值的「酒」裡活活潑潑地運轉著，而讀者藉由「酒」便享受著其觀念散發出非語言所能表現的藝術魅力之甘醇美味與旨趣深遠之幽雅厚實。日本大伴旅人因為能體會陶淵明「酒」的美好，還因此嘲諷無法體會的人：

> 長的夠醜，看來滿像一回事不喝酒的人，就像隻猴子[32]

認為不喝酒的人，無法明白飲酒真意，面目可憎，彷彿尖嘴猴腮。

三、結　語

《中國美學史》言：

---

[31] 古遠清、孫光萱：《詩歌修辭學》，（台北市：五南圖書出版有限公司（台灣版），1997年6月初版，頁285。

[32] あな醜かしらをすと酒飲まぬ人をよく見れば猿にかも似る（三・三四四）。

在對人生解脫問題的探求上，陶淵明找到了他自己所特有
的歸宿，並且以完美的藝術形式表現出來，確立了一種過
去所未見的新的審美理想，對後世產生了深遠影響。[33]

陶淵明確實有其獨特的解脫之道，然而《中國美學史》一書，
對於陶淵明如何以完美的藝術形式表現出來的問題，著墨不多，
僅將歷來對於陶淵明藝術境界的探討列出，似乎還有可討論之空
間，是故本文觀察日本詩人大伴旅人作品，對於陶淵明詩作做一
探析。

陶淵明多使用以形寫神與象徵，他運用摹寫描繪出自然種種
不同的面貌，經過其剪裁後，呈現出他的自然觀；《周易·繫辭》：
「仰則觀象於天，俯則觀法於地。」師法自然是中國古人創造文
化的法則，同樣也是藝術創造的法則，陶淵明的摹寫筆法也是基
於這個法則，對自然界的萬事萬物進行描寫。亞里斯多德認為，
模仿不是忠實地複製現實，而是自由地處理現實，藝術家可以用
自己的方式顯示現實。陶淵明的「摹寫」正是如此，並非完完全
全複製自然，而是根據他的意志，經由藝術的心靈重新摹寫自然，
創造出具有美感與「陶淵明式」的自然境界，其摹寫的自然，不
僅僅是形式上的自然環境，還在形式之上，加諸屬於陶淵明的精
神性境界，如此，就具有更深邃豐富的形象。也就是說，陶淵明
的「摹寫」，已經超脫了依照自己眼睛所見一五一十描繪的手法，
而是進一步掌握飲酒精神，表現飲酒精神，已非全然是實體與形
式的。日本大伴旅人洞燭幽微，所以在〈讚酒歌〉第八首寫：

無價之寶，亦不如一杯濁酒[34]。

---

33 李澤厚、劉綱紀主編：《中國美學史（第二卷）：魏晉南北朝美學思想》，
　　（新店市：谷風出版社，原著作初版日期：1987 年 7 月，1987 年 12 月
　　台一版），頁 439。
34 あたひ無寶といふとも一壞の濁れる酒にあにまぬやも（三·三四五）。

　　並非一杯濁酒爲無價之寶，而是詩人飲酒的不拘成法精神超越世間物質價值。焦燥焚其心，悲情不知出口。此時，一杯濁酒解救心情的力量。酒味或許是叛逆舌頭的苦味。但又如何呢？一時的陶然境界由之而出現。大伴旅人不是非喝便宜酒的窮人，但對於「解救的愁」與陶淵明有同感。因爲從「驗なきもの念はずは」、「言はむすべ知らに」等話判斷，他的心情有時也非常焦躁，充滿顰眉蹙頞的憂傷。昂貴的酒如果不能消滅焦躁之火，化解抑鬱寡歡，那又有什麼用？解救陶淵明的一杯濁酒，如果有這種解救之酒的話，大伴旅人願意以一切寶貝來交換，因此〈讚酒歌〉第九首言：「連夜明珠這個寶貝，也比不上喝酒一掃心中的憂慮[35]」。〈讚酒歌〉第十首總結：「世上消遣之道最快樂的似乎莫過於酒醉而哭[36]」喝此種酒酒醉而哭，就他而言，是最快樂的閒遊消遣之道。陶淵明與大伴旅人的詩歌中，描述「酒」的作品，有時會出現「因事而生情」、「因景而明理」的情形，可以參考張紅雨《寫作美學》中的一段說法：「敘事詩裡寫作主體不僅情入，有時也身入，這就是抒情詩和敘事詩常常難以分開的道理。」[37]一首詩內有敘事的成分，也有抒情的成分，那麼就可能出現「事－情」的結構；而「因景而明理」的情況也應作如是觀，泛具結構也就由此產生。因爲美感情緒的波動湧現並無法做一截然的規範，它有「通常如此」的規律性，但也有「偶然如此」靈活性。正因陶淵明與大伴旅人運用泛具法，既有靈活性也有規律性，所以才能更貼切表達自身對酒的看法與情感。

　　其次觀察可發現陶淵明詩作由於象徵的使用，促使其作品豐

---

35 夜光る玉といふとも酒飲みて情をやるにあにしかぬやも（三・三四六）
36 世のなかの遊びの道にすずしくは　醉ひ泣するにあるべくあるらし
　　（三・三四七）。
37 見《寫作美學》頁 157-158。

富深刻，境界悠遠。童慶炳曾言：

> 語言作為一種符號，給人們以很大的助益，但他的侷限性
> 也是明顯的，他不能表達人們所想的一切。[38]

　　誠然如此，言語能幫助人們表達思想，但實質上也有其侷限性，人們所想表達出的特殊以及個別之處，未必能完整表示出來。而陶淵明詩作卻利用酒的象徵來使得言語更精緻，更能使讀者去品味其中奧妙，他往往將形象描繪得栩栩如生、歷歷在目，使人得到具體的形象與情景，而這些形象中飽含陶淵明率真坦白的情感，使人的心靈受到強烈震盪，在經過咀嚼反思這些作品之後，會發現其含意模糊或朦朧，可有許多意涵，適用於多種場合，彷彿可言有彷彿不可言，似乎可解有似乎不可解，使人感到意味無窮，然而這些象徵自身具有完整形象以及投射功能，可以將文字上不完整的組織利用引導，使讀者藉由思考促使其完整，將空白填為充實，如此一來，讀者從此得來的審美體驗，便十分曲折微妙，難以捉摸，不僅陶詩的「象徵」是其個人的創作，也成為讀者的再創造。敘寫「事、景、情、理」時泛寫具寫合用的情形，可以解釋為「抽象」與「具象」關係，它們會分別形成抽象美與具象美，也會互相適應而達成調和美感，陶淵明與大伴旅人對「酒」的描述，就交叉呈現抽象美與具象美，並達成和諧，使情韻廻盪。陶詩酒的象徵使得作品自然渾圓，確實是一種完美的藝術形式，如此便確立一種前所未有的審美理想，對後世與影響久遠。

　　限於篇幅，對於陶淵明詩歌其他眾多影響無法詳述，陶淵明詩作的語言藝術仍有極大的探討空間，遺珠之憾只有等待他日再續。

---

38 童慶炳：《中國古代心理詩學與美學》，（台北市：萬卷樓圖書有限公司），1994 年 8 月初版，頁 87。

另闢蹊徑，獨創異境
—— 蘇軾〈昆陽城賦〉考論

廖 志 超[1]

摘　要

賦者，淵遠流長，是文學史上重要的文體之一。蘇軾是宋代文學集大成者，他的辭賦創作兼備眾體，題材豐富。〈昆陽城賦〉是他早期的作品，這篇賦按題名看，是一篇都邑賦；就體式看，則是一篇駢賦。古老的都邑主題和悠久的駢賦體式，在宋代這位文學新星的手中，呈現出另一種藝術風貌。研究顯示〈昆陽城賦〉不論在題材內容的選擇或藝術創造，都能另闢蹊徑，不循舊章，求新求變，而獨創異境，因此得到後人極高的評價。

關鍵詞：蘇軾、賦、昆陽城賦、駢賦、都邑賦

一、前　言

賦，「亦詩亦文」又「非詩非文」，是文學史上獨特且重要的文學體式。淵源於先秦，繁盛於兩漢，變化於魏晉，延續於唐

---

1 廖志超，台灣雲林人，國立台灣師範大學國文研究所碩、博士。從陳師伯元習東坡詩詞，撰有《蘇軾、蘇轍兄弟唱和詩研究》（1997 年碩士論文）、《蘇軾辭賦理論及其創作之研究》（2004 年博士論文）。現為吳鳳技術學院通識中心專任助理教授兼董事會秘書。

宋元明清迄今。在文學殿堂中，賦是可以與詩媲美的藝術瑰寶。

蘇軾（1036-1101），宋代文學集大成者，詩、詞、文、賦、書、畫，無不精曉，是宋代文學藝術史上閃耀的巨星。就辭賦創作來說，蘇軾現存辭賦作品二十九篇[2]，體式多樣，兼備了騷體辭賦、駢賦、律賦、文賦等各體；題材豐富，包含了天象、地理、都邑、治道、器用、音樂、飲食、覽古、鳥獸、曠達等。〈昆陽城賦〉是蘇軾較早期的作品，嘉祐五年（1060），蘇軾時年二十五歲，行經昆陽，憑弔劉秀與王莽之古戰場，因作此賦。〈昆陽城賦〉按題名看是一篇都邑賦，都邑賦是賦體文學的重要題材之一，都邑賦以都城的政治、歷史、社會和文化生活為描寫對象，自漢至宋綿延不絕；而〈昆陽城賦〉就體式看則是一篇駢賦，駢賦的特色在於其句式整齊，聲韻和諧，駢偶對仗和用典使事。這古老的都邑主題和悠久的駢賦體式，在宋代這位文學新星的手中，會有何種精神風貌呈現？此乃為本文所欲探究者。

蘇軾的辭賦創作，標誌著宋代辭賦的最高成就，[3]其於辭賦史之價值，乃在於他開創賦體新局面、藝術新成就，標志了賦體文學發展的新方向。拙著《蘇軾辭賦理論及創作之研究》，嘗試全面廣泛地探究蘇軾的辭賦理論及其辭賦作品，在此研究基礎之上，本文試圖將焦點集中在〈昆陽城賦〉，企圖用更深入的視角來探究蘇軾的單篇辭賦作品。本文嘗試從辭賦發展的角度切入，來探討古代藝術瑰寶中的辭賦，在宋代文學巨星的妙筆中，都邑主題會呈現出怎樣的精神特色？駢賦體式又會有怎樣的藝術風

---

2 從各種相關資料考查得知蘇軾尚有〈民監賦〉、〈龍團賦〉二首，然今已無其辭而僅存其目。詳見廖志超，《蘇軾辭賦理論及創作之研究·蘇軾辭賦數量與繫年考論》，台北縣：花木蘭文化出版社，2007年，頁 39-51。

3 馬積高《賦史》云：「蘇軾是北宋詩、詞、文集大成的作家，也是宋、元賦最有代表性的作家。」見馬積高撰，《賦史》，上海：上海古籍出版社，1998年，頁 423。

貌？

二、〈昆陽城賦〉繫年考證

　　歷來學者對蘇軾〈昆陽城賦〉的繫年，存在著許多不同的意見，或主張作於嘉祐五年、或主張作於元豐二年、或主張作於元豐六年，眾說紛紜，莫衷一是。筆者在《蘇軾辭賦理論及創作之研究》中，搜羅北宋迄今之相關編年見解，考查其得失，輔以蘇軾詩文集、年譜、紀年錄、歷史地圖及賦文之內容等，詳細考論〈昆陽城賦〉之寫作時間、地點，以釐清〈昆陽城賦〉寫作時地糾葛不清之研究現況。茲將考查的結果濃縮整理於下，以方便讀者掌握〈昆陽城賦〉的寫作時空背景，繁複的相關考證，不再贅述重出。

　　嘉祐四年（1059），蘇軾母喪期滿，蘇洵亦接獲朝廷詔命，三蘇父子舉家遷往京城。他們先是舟行至荊州，在荊州渡歲。嘉祐五年正月，再由荊州陸行至汴京，沿途行經宜城、襄州、鄧州、唐州、汝州、許州、尉氏等地，經過一個多月的陸行，在二月中旬抵達汴京。三蘇父子此次回京舟行有《南行前集》，陸行則有《南行後集》[4]，皆為回京途中，沿途遊歷，見「山川之秀美，風俗之樸陋，賢人君子之遺跡，與凡耳目之所接者，雜然有觸於中，而發於詠歎。」[5]昆陽，古縣名，即今河南葉縣一帶。〈昆陽城賦〉便是蘇軾此次陸路經過葉縣古戰場有感而作。[6]

4　三蘇父子集舟行適楚途中所為詩賦一百篇為《南行集》（即《南行前集》），
　　又名《江行唱和集》，蘇軾並為之作敘，現存詩文可考者共八十三首；
　　自江陵至京師，父子三人途中所為詩文又七十三篇，為《南行後集》，
　　蘇轍有《南行後集引》，引已久佚，現存詩文可考者共五十二首。詳參
　　孔凡禮撰，《蘇轍年譜》，北京：學苑出版社，2001年，頁25、30。
5　見宋·蘇軾撰，孔凡禮點校，《蘇軾文集·南行前集敘》，北京：中華
　　書局，1996年，冊1，頁323。
6　參廖志超，《蘇軾辭賦理論及創作之研究·蘇軾辭賦數量與繫年考論》，

三、昆陽之戰史實概述

　　昆陽是西漢末年，漢光武帝劉秀以少勝多，戰敗王莽的古戰場。在昆陽之戰中，劉秀以數千士卒，力挽狂瀾，在昆陽擊潰號稱百萬之眾的王莽大軍。這一場扭轉乾坤的戰役，影響深遠，王莽政權的喪鐘，由此而敲響。蘇軾熟讀經史，在〈昆陽城賦〉中精要生動地紀錄了這場戰役，從《漢書》、《後漢書》中可以看到更詳實完整的記載，以下茲將該戰役的史實作一概述。

　　西漢末，外戚王莽篡漢建立新朝，由於法令更張頻繁，民不聊生，起義四起。其中，綠林軍推漢室後裔劉玄為天子，以「滅新復漢」為號召。劉玄以王鳳為主將，率領劉秀、王常等人，迅速攻下昆陽（今河南葉縣）。[7]王莽大懼，派遣大司空王邑、大司徒王尋，調集百萬大軍，企圖一舉殲滅漢軍。王莽軍隊逼近，昆陽漢軍僅有八、九千人，劉秀說服諸將固守昆陽，並趁夜間出城調兵回來援助昆陽。

　　此時，納言將軍嚴尤向王邑建議：「昆陽城小而堅，今假號者在宛，亟進大兵，彼必奔走。宛敗，昆陽自服。」[8]然而王邑恃眾而驕，不採嚴尤之計策，將大軍重重包圍昆陽，並發動攻擊。漢軍曾一度乞降求和，然而卻未獲同意。漢軍因別無退路，人人奮力堅守城池。嚴尤見昆陽城屢攻不克，再次向王邑建議：「圍城必須網開一面，使城中守軍逃出一部份到宛城，去散佈恐怖情緒，以動搖敵軍的軍心，瓦解敵軍的士氣。」[9]王邑依然未能採納。

頁 56-59。
7 參南朝宋・范曄撰，楊家駱主編，《新校本後漢書・卷一上・光武帝紀第一上》，台北：鼎文書局，1979 年，頁 2-5。
8 同上註，頁 7。
9 昆陽時已降漢，漢兵守之。嚴尤、陳茂與二公會，二公縱兵圍昆陽。嚴尤曰：「稱尊號者在宛下，宜亟進。彼破，諸城自定矣。」邑曰：「百

不久，劉秀援軍抵達昆陽，王邑軍隊因久戰疲憊，銳氣喪失殆盡。在昆陽城前，劉秀身先士卒，親領千餘精銳猛攻莽軍，斬殺王莽軍千餘人，漢軍士氣大振，無不以一當百。昆陽城內守軍，見城外連戰皆捷，乘勢而出，裡應外合。王莽軍隊，內外受敵，紛紛奪路逃命，莽軍涉水逃亡被淹死者，數以萬計。王邑、嚴尤趁亂踐踏死人，落荒而逃。

劉秀以昆陽守軍鉗制強敵，再以精幹數千援軍搗敵要害，大破王邑主力。他亦因此戰役，威震寰宇，不數年之後，遂成中興漢室之光武皇帝。昆陽之戰與三國赤壁之戰、東晉淝水之戰，並列為中國歷史上以少勝多，決定歷史走向的著名戰役。

四、求新求變的〈昆陽城賦〉

蘇軾一生政治遭遇，幾起幾落，最主要的原因就是他不隨流俗，堅持自我，所以既不見容於元豐，亦不得志於元祐；在文學藝術方面，反對與人雷同，強調「自成一家」，是以詩、詞、文、賦、書法、繪畫，在其手中皆能開創新局。王許林先生在〈論蘇軾的辭賦創作〉一文云：

> 在中國辭賦發展史上，蘇軾的辭賦創作不論在題材內容的選擇或藝術創造，都代表了北宋賦風求新求變的精神。[10]

求新求變的精神特色，在年輕蘇軾的這篇〈昆陽城賦〉中就已充分展現出來，以下茲分「另闢蹊徑的都邑賦」、「獨闢異境的駢

萬之師，所過當滅，今屠此城，喋血而進，前歌後舞，顧不快邪！」遂圍城數十重。城中請降，不許。嚴尤又曰：「『歸師勿遏，圍城為之闕』，可如兵法，使得逸出，以怖宛下。」邑又不聽。見漢・班固撰，楊家駱主編，《新校本漢書・卷九十九下・王莽傳第六十九下》，台北：鼎文書局，1991 年，頁 4183。

10 參王許林，〈論蘇軾的辭賦創作〉，《中國第十三屆蘇軾學術研討會論文集》，中國蘇軾研究學會編，四川：南方印務有限公司，2002 年，頁428。

體賦」來析論〈昆陽城賦〉的內容主題與藝術特色。由於本篇是篇幅極短的駢賦，茲將全文錄於下，以便讀者參閱：

> 淡平野之靄靄，忽孤城之如塊。風吹沙以蒼莽，悵樓櫓之安在。橫門豁以四達，故道宛其未改。彼野人之何知，方傴僂而畦菜。嗟夫，昆陽之戰，屠百萬於斯須，曠千古而一快。想尋、邑之來陣，兀若驅雲而擁海。猛士扶輪以蒙茸，虎豹雜沓而橫潰。罄天下於一戰，謂此舉之不再。方其乞降而未獲，固已變色而驚悔。忽千騎之獨出，犯初鋒於未艾。始憑軾而大笑，旋棄鼓而投械。紛紛籍籍死於溝壑者，不知其何人，或金章而玉佩。彼狂童之僭竊，蓋已旋踵而將敗。豈豪傑之能得，盡市井之無賴。貢符獻瑞一朝而成群兮，紛就死之何怪。獨悲傷於嚴生，懷長才而自浼，豈不知其必喪，獨徘徊其安待。過故城而一弔，增志士之永慨。[11]

（一）另闢蹊徑的都邑賦

京都大賦起於漢代。先有揚雄〈蜀都賦〉，繼有班固〈兩都賦〉樹立典範。嗣後，張衡作〈二京賦〉；晉・左思歷時三十餘年，寫成上萬言之〈三都賦〉，成為賦中巨制。凡瀏覽過京都賦作品，皆知都邑賦體製宏偉，鋪張揚厲，正如劉勰《文心雕龍・詮賦》曰：「賦者鋪也，鋪采摛文」，亦如劉熙載《賦概》云：「千態萬狀，層見疊出」，極盡鋪敘描寫之能事，以表現京城的壯麗，誇耀帝國的聲威，歌頌君主的功德。

蘇軾〈昆陽城賦〉按題名來看是一篇都邑賦。和動輒數萬言

---

11 見宋・蘇軾撰，孔凡禮點校，《蘇軾文集・昆陽城賦》，冊 1，頁 3。

的京都大賦相比，〈昆陽城賦〉卻是篇幅極短的小賦，全篇只用了精簡的 240 字。蘇軾捨宏幅巨製之長篇而改用精巧靈動的小賦來寫都邑，他不循舊章，並未對昆陽城從局部到總體作詳盡的描繪，而是另闢蹊徑，即事睹景，懷古思舊，從而引出後半篇的議論。

　　蘇軾來到漢光武帝劉秀擊潰王莽百萬大軍的古戰場，有感人事變化，心中惆悵，情不能已，於是為賦弔之。賦文一開始，蘇軾用長鏡頭拉出矗在靄靄平野上的昆陽孤城，門垣古道，風沙蒼莽；接著鏡頭拉近，出現了田間老農彎腰種菜的特寫鏡頭，畫面呈現出靜謐平和的景象。賦文開篇云：「淡平野之靄靄，忽孤城之如塊。風吹沙以蒼莽，悵樓櫓之安在。橫門豁以四達，故道宛其未改。彼野人之何知，方傴僂而畦菜。」這寧靜祥和的古城和昔日驚天地、泣鬼神的戰役，形成了強烈的對比，作者心中一種古老而荒涼的歷史愁緒，油然而生。這樣的開篇，為蘇軾博得「最工」的美譽，宋・吳子良《荊溪林下偶語》稱讚此賦云：

> 詞人即事睹景，懷古思舊，感慨悲吟，情不能已。今舉其最工者，如……東坡〈昆陽城賦〉：「橫門豁以四達，故道宛其未改。彼野人之何知，方傴僂而畦菜。」……蓋人已逝而跡猶存，跡雖存而景隨變。〈古今詞〉云，語言百出，究其意趣，大概不越諸此。而近世傚傚尤多，遂成塵腐，亦不足貴矣。[12]

　　接下來蘇軾因地及史，鏡頭立刻切換到漢光武帝當年力挽狂瀾，在昆陽城擊潰王莽百萬大軍，扭轉乾坤的戰役：「嗟夫，昆陽之戰，屠百萬於斯須，曠千古而一快。」蘇軾對劉秀孤軍奮戰、

---

12 見宋・吳子良，《荊溪林下偶語》，台北：新興書局，1988 年，頁 1519。

以少勝多的壯烈場面作了生動描寫，賦文雖簡煉，亦精要地描繪了壯烈的昆陽之戰，歌頌了劉秀的智勇，劉壎《隱居通議》卷五：「東坡先生有〈昆陽城賦〉，殊俊健痛快。」[13]即是謂此。

漢大賦最為人所關注的藝術手法是長於「體物」，在鋪陳敘寫事物時，面面俱到，窮形盡相，如〈子虛賦〉寫雲夢大澤，就從上下左右、東南西北等各個角度作淋漓盡致的描繪。蘇軾〈昆陽城賦〉的藝術特色則是長於「議論」，雖然蘇軾也大半篇幅描繪了昆陽之戰的驚人場面，然而他真正關切的卻是敗軍中的王莽和嚴尤。這篇賦前半篇的寫景、記事、敘史，完全是圍繞後半篇的議論發展，所有的描寫都是在為後半篇的議論作鋪墊。蘇軾熟讀經史，對古人古事進行直接的議論和評價，他在賦的後半議論王莽慘敗的原因，除了鞭笞了王莽集團的腐朽無能，在文章的末了，更對嚴尤的明才暗投，落得身敗名裂的下場，寄以無限感慨[14]。嚴尤是王莽的納言將軍，他精通兵法，擅於審時度勢，是王莽最重要的軍事參謀，他曾提出許多精要的建言，然均不為剛愎自用的王邑採納，否則，當時戰情的演變，可能就不是如此了。因此蘇軾賦文特別提及嚴尤云：「獨悲傷於嚴生，懷長才而自涗，豈不知其必喪，獨徘徊其安待。」在〈昆陽城賦〉中，蘇軾通過憑弔古戰場，揭示任人不當，驕兵必敗的道理，議論風生。

（二）獨創異境的駢體賦

〈昆陽城賦〉是一篇駢賦，關於駢賦的藝術特色，主要是要

---

13 見曾棗莊、曾濤編，《蘇文彙評》，台北：文史哲出版社，1998 年，頁 267。

14 《讀書齋叢書》本元‧劉壎《隱居通議》錄此賦全文，末句有註云：「嚴尤最曉兵法，為莽謀主，昆陽之敗，乘輕騎，踐死人而逃。」疑為蘇軾自註。以上見曾棗莊、劉琳審編，《全宋文》，四川：巴蜀書社，1994 年，卷 1849，頁 461。

有整齊的句式、和諧的音韻，強調駢偶對仗、用典用事。在句式方面，駢賦又稱俳賦，句式基本上兩兩相對。在〈昆陽城賦〉中所使用的句式，大抵以「六，六」句法構篇，整體看起來規則而整齊，然而在賦中也可以看出，蘇軾刻意突破偶對的寫法，企圖矯正板滯凝重的用心。如：「嗟夫，昆陽之戰，屠百萬於斯須，曠千古而一快……紛紛籍籍死於溝壑者，不知其何人，或金章而玉佩。」變化的句式呈現出蘇軾運轉自如，頓挫有致的特色，使板滯的句式頓覺風生靈動。

在對偶方面，駢賦對句的對法，不論單對、短隔對、長隔對，皆主修辭工麗，講究字面、字義的相對。〈昆陽城賦〉多使用極為基本的單句對和當句對，並不刻意去使用較為複雜變化的隔句對和長隔對。蘇軾以古文之氣勢行於駢偶之句子，故其對偶看似「率然對爾」，並無牽強勞苦之態，所以讀來頗覺流轉自然。

在音韻方面，駢賦除了要求「同聲相應」，即諧韻之外，更強調「異音相從」，要求平仄對仗。〈昆陽城賦〉的用韻，全篇以「兩句一韻」為最常見，亦有「一句一韻」、「四句一韻」、「三句一韻」者，可見其用韻，整齊而有變化[15]。至於〈昆陽城賦〉的平仄對仗，並無一例符合前後兩句「平仄相對」者，可見蘇軾行文不斤斤於平仄對仗之間，但求文氣流暢，不見用力對仗之跡。

在用典方面，駢賦多好用典使事、捃摭經史，而有艱澀生僻之病。〈昆陽城賦〉一改舊格，不用典故而白戰成文，偶有徵引，亦人所熟知者。全篇敘事顯白，讀來「俊健痛快」，無奧塞艱難之感。

---

15 關於〈昆陽城賦〉更詳細深入的用韻考察，可以詳參廖志超，《蘇軾辭賦理論及創作之研究》，頁 218。

　　蘇軾的駢賦作品依創作先後有：〈昆陽城賦〉、〈酒隱賦〉、〈洞庭春色賦〉、〈菜羹賦〉、〈老饕賦〉等五篇[16]。〈昆陽城賦〉是現存的第一篇駢賦創作，從上述的析論可見〈昆陽城賦〉無論是在句式、音韻、對仗、用典上，都可看出年輕的蘇軾在駢賦的創作上，汲取古典卻不囿於舊章，不斷求新求變的用心，是以古老的駢賦體式，一經蘇軾之手，又能開闢新境，呈現出不同的風貌[17]。清‧孫梅《四六叢話》所評：「東坡四六，工麗絕倫中，筆力矯變，有意擺落隋唐五季蹊徑。以四六觀之，則獨闢異境。」[18]用孫評來作為蘇軾在改造駢賦體式的用心與成就，也是很貼切的。

五、結　語

　　蘇軾是一位承先啓後的文學巨匠，其各體文類皆卓犖成家，自成一格，其真正價值乃在創新而非承繼，在於開拓而非固守。此時的蘇軾，尚是一個初出茅廬的新科進士，然而〈昆陽城賦〉的作品中，可以看出不論在題材內容的選擇或藝術創造，都能不循舊章，而另闢蹊徑；皆能求新求變，而獨創異境，也因此得到後人的推崇，而給予極高的評價。

　　蘇軾非常珍愛自己的辭賦作品，現存的蘇軾真跡中，不少作品都是辭賦作品的手書。如〈赤壁賦〉、〈後赤壁賦〉、〈歸去來兮辭〉、〈洞庭春色賦〉、〈中山松醪賦〉等，這些手跡大部分都被珍藏至今。二十五歲的少作〈昆陽城賦〉亦是蘇軾自負自愛的作品，在他創作二十幾年之後，四十八歲的東坡在黃州就曾

---

16 同上註，頁 214。
17 關於蘇軾駢賦整體的研究，可以詳參拙著《蘇軾辭賦理論及創作之研究‧蘇軾辭賦分體析論》乙文，因〈昆陽城賦〉寫作時間是五篇駢賦之首，今特別從中捻出以彰其首創之功。
18 清‧孫梅撰，王雲五主編，《四六叢話‧卷三十三》，上海：商務印書館，1937 年，頁 615。

書寫〈昆陽城賦〉呈錄張夢得[19]，或許正因為珍愛自己創作的辭賦作品，經常傳抄錄呈友人，而其友人亦珍愛其墨寶手書，是以九百多年後的今日，吾輩尚得一睹蘇軾〈昆陽城賦〉手跡，誦讀其賦，賞玩其字，其樂無比也。敬附其真跡影本於文末，與讀者同樂。

附　　圖

附圖：蘇軾書〈昆陽城賦〉墨跡[20]

19　宋・傅藻《東坡紀年錄》，元豐六年條下云：「公在黃州……十一月十二日，為張夢得書〈昆陽城賦〉。」見四川大學中文系唐宋文學研究室編，《蘇軾資料彙編・下編》，北京：中華書局，1994 年，頁 1756。
20　見宋・蘇軾書，《蘇東坡書昆陽城賦》，台北：華正書局，未著出版年月，頁 1。

參考文獻

（依引用先後為序）

1. 廖志超，《蘇軾辭賦理論及創作之研究》，台北縣：花木蘭文化出版社，2007 年。
2. 馬積高撰，《賦史》，上海：上海古籍出版社，1998 年。
3. 孔凡禮撰，《蘇轍年譜》，北京：學苑出版社，2001 年。
4. 宋・蘇軾撰，孔凡禮點校，《蘇軾文集》，北京：中華書局，1996 年。
5. 南朝宋・范曄撰，楊家駱主編，《新校本後漢書》，台北：鼎文書局，1979 年。
6. 漢・班固撰，楊家駱主編，《新校本漢書》，台北：鼎文書局，1991 年。
7. 王許林，〈論蘇軾的辭賦創作〉，《中國第十三屆蘇軾學術研討會論文集》，中國蘇軾研究學會編，四川：南方印務有限公司，2002 年。
8. 宋・吳子良，《荊溪林下偶語》，台北：新興書局，1988 年。
9. 曾棗莊、曾濤編，《蘇文彙評》，台北：文史哲出版社，1998 年。
10. 曾棗莊、劉琳審編，《全宋文》，四川：巴蜀書社，1994 年。
11. 清・孫梅撰，王雲五主編，《四六叢話》，上海：商務印書館，1937 年。
12. 四川大學中文系唐宋文學研究室編，《蘇軾資料彙編》，北京：中華書局，1994 年。
13. 宋・蘇軾書，《蘇東坡書昆陽城賦》，台北：華正書局，未著出版年月。

《詩經‧周南‧螽斯》「振振」詞探析

康 世 統

摘　要

　　由於擔任「經學專題研討」課程，翻檢《詩經》，發現〈周南‧螽斯〉篇「振振」一詞，歷來幾位《詩經》注釋者所注解的，出入極大，頗覺困擾；因此想透過文字、文法、章法結構等幾個面向來探討，希望能釐清一些頭緒，有助於初學，謹就教於大家。

　　關鍵詞：詩經、周南、螽斯、振振

一、動　機

　　邇來擔任「經學專題研討」課程，翻檢《詩經‧周南》，發現〈螽斯〉篇「振振」一詞，歷來幾位《詩經》注釋者所注解的，出入極大，頗覺困擾；今年三月，有機會拜讀同門（就聲韻陳老師伯元門下而言）李添富兄〈振振仁厚說〉，有感而發，因思稍加董理探究，以便初學。

　　為便於探討，茲錄〈螽斯〉詩於下：

　　　　螽斯羽詵詵兮，宜爾子孫振振兮；
　　　　螽斯羽薨薨兮，宜爾子孫繩繩兮；
　　　　螽斯羽揖揖兮，宜爾子孫蟄蟄兮。

　　「振振」一詞，毛《傳》云：「振振，仁厚也。」鄭玄《箋》云：「后妃之德，寬容不嫉妒，則宜女之子孫，使其無不仁厚。」唐孔穎達《正義》曰：「螽斯之蟲不妒忌，故諸蚣蝑皆共交接，各各受氣而生子，故螽斯之羽詵詵然眾多，以興后妃之身不妒忌，故今眾妾皆共進御，各得受氣而生子，故后妃子孫亦眾多也。非直子多，則又宜汝之子孫，使之振振兮，無不仁厚也。此以螽斯之多，喻后妃之子，而言羽者，螽斯羽蟲，故舉羽以言多也。」[1]

　　宋朱熹《詩集傳》則云：「振振，盛貌。」[2]其後嚴粲《詩緝》：「振振，盛也。」馬瑞辰《毛詩傳箋通釋》：「振振，謂眾盛也。」戴震《毛鄭詩考正》：「振振，儀容之盛也。」今人王師靜芝（本人博士論文口考老師）《詩經通釋》：「振振，眾盛貌。」屈萬里《詩經釋義》：「振振，眾盛兒。」余培林先生《詩經正詁》上：從《詩集傳》解作：「盛貌」。大多從朱熹「盛貌」推衍解說。

　　到底《詩經.周南.螽斯》：「振振」一詞，解作「仁厚也」為是，或作「盛貌」為是？或兩者皆非是，另有他解？其理由為何？這就是我想探討的。

二、「振振」詞試析

　　茲就下列幾個面向，試探「振振」一詞的意義：

（一）就文字的面向來說

　　首先就字形來談：

　　振：說文：「舉救也。从手，辰聲，一曰：奮也」。[3]段玉裁

1　引見《重刊宋本毛詩注疏》，十三經注疏 2 詩經，藝文印書館，頁 36。
2　見朱熹《詩集傳》卷一，頁 4。台灣中華書局，民國 58 年 5 月，台一版。
3　引見《說文解字詁林》冊九，頁 1273。鼎文書局，民國 72 年 4 月，二版。

注：「諸史籍所云：振給、振貸，是其義也。凡振濟當作此字。俗作賑，非也。」又云：「此意與震略同，〈采芑〉傳曰：入曰振旅。〈振鷺〉傳曰：振振，群飛兒。〈七月〉傳曰：沙雞羽成，而振訊之。皆此義。〈麟止〉、〈殷其雷〉傳曰：振振，信厚也。則此義之引申。蓋未有不信厚而能奮者。」[4]

振字解作「舉救」，於此意不可通；解作「一曰：奮也」，義與震略同，《詩經·周頌·振鷺》：「振鷺于飛」，傳曰：「振振，群飛貌」。[5]此義相近。

振字从辰得声。

辰：《說文》：「辰，震也。三月易氣動，雷電振，民農時也，物皆生。」吳紹瑄〈釋辰〉有云：「顧鐵僧教授曰：⋯⋯辰即蜃之本字，⋯⋯蓋像蜃肉伸出蜃殼外，作運動之狀者。顧說甚精，人類最初食蜃，為今日治進化學說者所公認，故中國已進農業國，而蓑農字猶俱从辰，則吾族之原始社會生活，不難想見也。推之辰，甲形傾削，故轉以名山邊水涯，唇甲（文）兩合人口似之，故脣、敒、唇从辰得声義，⋯⋯辰能運動，則趂、振、震字从之，辰又能伏而不動，則辰辱字从之；辰肉藏甲中，如人有孕，則娠韻字从之；辰為貝類，賑富字从之。是舉凡從得形声之字，輾轉推求，而愈可明辰即蜃之古文也。」[6]

辰為蜃之本字，其甲骨文蓋象蜃肉伸出蜃殼外，作運動之狀；振字从之，因有動意。吳楚《釋辰》亦云：「辰之為言多也。諸从辰者，震云：劈歷振物者，易曰：震為雷、為動是也；振振舉救也。一曰奮也。舉救與奮皆動也；趂云動也，謂足動也；娠

---

4 引段注，見同註 3。
5 見《十五經古注易讀》毛詩卷十九，冊二，頁 138。永康出版社影印。
6 吳紹瑄《釋辰》，見《說文解字詁林》冊十一，頁 757。鼎文書局。

云：女娠身動也；唇云：驚也，口驚則動也；唇云：口唱也，口
唱常動者也……賑云：富也。富者之財運動不窮也。啟云：指而
笑也。高誘注《淮南》曰：動而笑也。凡此諸象，無一不取義於
動。」[7]凡从辰構字，皆有「動」意。

振字从辰得声，說文釋「舉救也」，「一曰奮也」，都有「動」
之意，「振振」重疊使用，則是有群聚蠕動「群行兒」[8]，這是宋
歐陽修《詩本義》的注解；「群飛之兒」，此《周頌.振鷺》篇毛
傳之所注；引申之，則有萬頭蠕動，群飛眾盛之貌，此朱熹、馬
瑞辰、王師靜芝、屈萬里等之所解說。

次就字音來說：

「振」字與「詵」字押韻，兩字同見陳師伯元上古韻部第九
部「諄」[9]；振字从辰声，詵字从先得声，辰、先兩字同見於曾運
乾晶攝第十二。[10]兩字上古韻部相同。

（二）就文法的面向來說

〈周南·螽斯〉：

> 螽斯羽詵詵兮，宜爾子孫振振兮；
> 螽斯羽薨薨兮，宜爾子孫繩繩兮；
> 螽斯羽揖揖兮，宜爾子孫蟄蟄兮。

毛傳於詩後標示「螽斯三章，章四句」，朱熹《詩集傳》亦
同。在這裡，對「章」、「句」的意思，宜先釐清：所謂「章」，

7　吳楚《釋辰》，見《說文解字詁林》冊十一，頁 758-759。鼎文書局。
8　見歐陽修《詩本義》卷一，《通志堂經解》冊十六，頁 9211。漢京文化
　　公司。
9　見陳師伯元《古音研究》，頁 350。五南圖書公司，民國 88 年 4 月初版
　　一刷。
10　曾運乾古音三十攝，見於《說文解字注》，黎明公司。民國 74 年 9 月
　　增訂一版。附錄，頁 88。

相當於今日我們所謂之「首」，三章，即謂三首詩。所謂「句」，或指語意完整之句子，或指語氣之停頓而言。因爲「螽斯羽」，是講「螽斯」的「羽」毛，「螽斯」是「羽」字的限制詞，用來作「羽」的形容詞。「詵詵兮」是表「羽」之狀。螽斯羽，是表態句的主語；「詵詵兮」是表態句的謂語。

「宜爾子孫振振兮」，宜是連詞，爾字是指稱詞，指前句之「螽斯」，「爾子孫」是指螽斯的子孫；「振振兮」是形容螽斯群行、群飛眾盛之貌。朱熹《詩集傳》即謂「爾，指螽斯也。」[11]

（三）就筆法、章法而言

詩有六義：賦、比、興、風、雅、頌。賦、比、興是作法，風、雅、頌是內容。本篇作法，是比，或是興？

清許謙《詩集傳名物鈔》中，談詩的比、興：他說：「語錄：〈關雎〉、〈麟趾〉，皆是興，而兼比，然雖近比，其體卻只是興。且如：關關雎鳩，本是興起，到得下面說窈窕淑女，方是入題說實事。蓋興是以一篇物事，貼一箇物事說。上文興而起，下文便接說實事。如麟之趾，下文便接說振振公子。一箇對一箇說。……比則卻不入題，如比那一物說，便是說實事，如螽斯羽詵詵兮，宜爾子孫振振兮。螽斯羽一句，便是說那人了，下面宜爾子孫依舊是就螽斯羽上說，更不用說實事，此所以謂之比。又曰：比，是以一物比一物，而所指之事，常在言外；興是借彼一物以引起此事，而其事常在下句。」[12]

〈螽斯〉首章兩句，談的都是「螽斯」，其詩意在言外，這

---

11 見朱熹《詩集傳》卷一，頁 4。台灣中華書局，民國 58 年 5 月，台一版。
12 見許謙《詩集傳名物鈔》卷一，《通志堂經解》冊十八，頁 10489。漢京文化公司。

種筆法就是比。王師靜芝云：「此章由首至尾，皆言螽斯，並未言及於人。是藉物以比人，所以爲比之作法也。」[13]王師之說是也。

要談三章之章法前，應先處理三章各句中之關鍵詞：

首章「詵詵」：毛傳：「詵詵，眾多也」；朱熹《詩集傳》云：「詵詵，和集貌」；馬瑞辰《毛詩傳箋通釋》：「詵詵，爲眾多皃，猶說文駪訓爲馬眾多皃也，詵通作莘、侁、駪等字。猶小雅駪駪征夫，說文引作莘莘，伊尹耕於有莘之野，有莘或作有侁也。」[14]王師靜芝《詩經通釋》：「詵詵，羽聲也，言羽聲之眾多。」[15]屈萬里《詩經釋義》引馬瑞辰云：「詵詵、薨薨、揖揖，皆形容羽聲之盛多。」〈案：馬瑞辰《毛詩傳箋通釋》在總論〈螽斯〉題文時，云「詵詵、薨薨、揖揖，皆形容羽聲之眾多耳。」〉余培林先生《詩經正詁》上冊：從毛傳，解作：「眾多也」。

詵，說文：「致言也。从言，从先，先亦声」。「致言」於此，義不可通。此爲「侁」之假借，清姚文田曰：「〈螽斯〉釋文：詵，引說文作侁，蓋六朝舊本作：讀若詩曰：螽斯羽侁 侁兮，今多部脫侁篆。」[16]清嚴章福說：「螽斯，釋文詵，說文作侁，蓋謂許正字作侁，經典通用詵。」[17]段玉裁注：「此引〈周南〉說假借也，毛曰：詵詵，眾多也。按：以眾多釋詵詵，謂即侁 侁之

---

13 見王師靜芝《詩經通釋》頁 44。（民國 57 年 7 月初版）民國 67 年 11 月七版。輔仁大學文學院叢書。
14 見馬瑞辰《毛詩傳箋通釋》，《皇清經解續編》冊四，頁 2325，漢京文化公司。
15 見王靜芝《詩經通釋》，頁 44，民國六十七年十一月七版，輔仁大學文學院叢書。
16 引清・姚文田、嚴可均著《說文校議》、《說文解字詁林》冊三，頁 474。鼎文書局。
17 引清・嚴章福《說文校議》、《說文解字詁林》冊三，頁 474。鼎文書局。

假借。陸氏詩音義云：詵，說文作駪，陸所據多部有駪字，引詩螽斯羽駪 駪兮，蓋三家詩，此引毛詩，或作：駪駪、莘莘、侁侁，皆同。」[18]桂馥曰：「致言也者，廣韻：詵，眾人言也。……傳云：詵詵，眾多也。釋文云：說文作駪。……玉篇：駪，多也。」[19]清柳榮宗說：「先、辛古通用，小雅駪 駪征夫，周語引作莘莘征夫，孟子：有莘之野，呂氏春秋則云：有侁氏以伊尹媵女，是其證也。故毛詩古文假詵爲駪」[20]

詵，解爲眾多，乃駪之假借。詵字从先得声，先爲上古音「諄」部、齒音；駪字从辛得声，辛爲上古音「真」部齒音。先、辛同爲齒音，「真」、「諄」兩部音近，可得通假。詵詵疊用，爲眾多之皃。

次章有兩個關鍵詞：「薨薨」、「繩繩」。

首先談「薨薨」：毛〈傳〉：「眾多也。」；朱熹《詩集傳》解作「群飛聲」，馬瑞辰云：「羽薨薨兮：傳：薨薨，眾多也。瑞辰按：薨與翃聲近而義同。爾雅：薨薨，眾也。釋文，舍人本薨薨作雄雄，雄即翃之假借。廣雅：翃翃，飛也。玉篇：翃：蟲飛也。又做䨉䨉，廣雅：䨉䨉飛也。」[21]王師靜芝《詩經通釋》：「薨薨，羽聲眾多皃。」

今考《說文》：「薨，公侯𣧩卒也，从死，瞢省聲。」清徐灝《說文解字注箋》：「釋名云：薨，壞之聲也。借其聲爲眾多之義。釋詁曰：薨薨增增，眾也。周南‧螽斯篇：螽斯羽薨薨兮，齊風雞鳴篇：蟲飛薨薨；大雅縣篇：度度薨薨，皆眾聲。」[22]　薨，

18 引說文段玉裁注，《說文解字詁林》冊三，頁 474。鼎文書局。
19 清‧桂馥《說文義證》（見同註 16.冊三，頁 474。）
20 見清‧柳榮宗《說文引經考異》（見同註 16.冊三，頁 474。）
21 見馬瑞辰《毛詩傳箋通釋》，《皇清經解續編》冊四，頁 2325，漢京文化公司。
22 徐灝《說文解字注箋》，見《說文解字詁林》冊四，頁 630，鼎文書局。

爲壞之聲，是狀聲之詞；薨薨疊言，形容羽聲眾多之貌。

　　次談「繩繩」：毛〈傳〉：「戒愼也」；朱熹《詩集傳》：「不絕貌」；馬瑞辰《毛詩傳箋通釋》云：「瑞辰按，傳本《爾雅》：繩繩，戒也爲訓，但以詩義求之，亦爲眾盛。抑詩：子孫繩繩，韓詩外傳引作承承，謂相繼之盛也。」[23]王師靜芝《詩經通釋》：「繩繩，不絕貌。」余培林先生《詩經正詁》注同朱熹，另引嚴粲《詩緝》：「如繩之牽連不絕。」[24]

　　繩，說文：「索也，從系，蠅省聲。」清段玉裁注：「繩可以縣，可以束，可以爲閑，故釋訓曰：兢兢繩繩，戒也。〈周南〉傳曰：繩繩，戒愼也。」朱駿聲云：「爾雅釋訓：繩繩，戒也。釋文或作憴，詩抑：子孫繩繩，箋：戒也。韓詩作：承承。螽斯，繩繩兮，傳：戒愼也。漢書禮樂志：繩繩音變，孟康曰：眾多也。應邵曰：謹敬更正意也。老子：繩繩不可名，注：動行無窮極也。簡文注：無涯際之貌。」[25]今人陳鼓應《老子今註今譯》十四章，「繩繩兮不可名」，註：「繩繩兮，形容紛芸不絕。」[26]

　　繩字原爲繩索，名詞，以其可以縣、可以束，引申有戒愼之意，由繩索之牽連不絕，引申有連綿不絕之意。繩繩疊用，形容眾多、不絕之貌。

　　螽斯第二章「薨」、「繩」同爲上古音陳師伯元「蒸」部[27]，兩字韻同相押。

---

23 馬瑞辰《毛詩傳箋通釋》，見《皇清經解續編》冊四，頁 2325，漢京文化公司。

24 余培林先生《詩經正詁》上冊，頁 19，三民書局，民國八十二年十月初版。

25 段注說文，朱駿聲《說文通訓定聲》，同見於《說文解字詁林》冊十，頁 693，鼎文書局。

26 陳鼓應《老子今註今譯》頁 102，台灣商務，1997 年 1 月二次修訂，一刷。

27 見陳師伯元《古音研究》，頁 365，五南出版社，民國八十八年四月初版一刷。

　　第三章也有兩個關鍵詞:「揖揖」、「蟄蟄」。

　　首先談「揖揖」:毛〈傳〉:「會聚也」;朱熹同毛〈傳〉;馬瑞辰云:「羽揖揖兮,傳:揖揖,會聚也。瑞辰按,揖蓋集之假借。詩、辭之輯矣,新序引作集;說文:咠,詞之集也。又曰:雧,群鳥在木上也,或省作集。是集本爲鳥群聚,引伸爲凡聚之稱。重言之,則曰:集集,廣雅‧釋訓:集集,眾也。」[28]王師靜芝《詩經通釋》:「揖揖,羽聲盛多貌。」余培林先生《詩經正詁》(上冊)作:「形容羽聲之盛多。」

　　揖,說文:「攘也。从手,咠聲,一曰:手箸胸曰揖。」「鄉飲酒禮:賓厭介,注云:推手曰揖,引手曰厭。周禮司儀:土揖庶姓,時揖異姓,天揖同姓。注云:土揖,推手小下之也;時揖,平推手也;天揖,推手小舉之。」[29]攘,揖,或引手、或推手,此不足以解詩。「集韻別出揖字,音戢,聚也。詩螽斯揖揖兮,毛傳:會聚也。案:尙書輯五瑞,和書郊祀志,作揖五瑞;又史紀秦始皇紀:普天之下,搏心揖志,此與詩之揖,皆當爲輯之假借。」[30]

　　輯,說文:「車輿也,从車,咠聲。」,段玉裁云:「輿之中,無所不居,無所不載,因引申爲斂義。喪大記檀弓之輯杖、輯屨是也。又爲和義。爾雅:輯,和也。版詩、毛傳同公劉,傳曰:和睦也。引申義行,本義遂廢。」[31]桂馥云:「今按:詩螽斯,傳:揖揖,會聚也,即輯輯之假借。會聚與斂,其義同也。

28 馬瑞辰《毛詩傳箋通釋》,見《皇清經解續編》冊四,頁 2325,漢京文化公司。
29 見清‧桂馥《說文解字義證》、《說文解字詁林》冊九,頁 1135,鼎文書局。
30 見清‧朱王存《說文解字義證》、《說文解字詁林》冊九,頁 1136,鼎文書局。
31 段玉裁注說文,見《說文解字詁林》冊十一,頁 319,鼎文書局。

輯又通集，義亦爲斂。」[32]

　　揖，爲輯之假借，兩字同爲上古音「緝」部[33]，爲和睦聚斂之意。揖揖疊用，則爲和睦群聚之貌。

　　其次談「蟄蟄」：毛〈傳〉：「和集也」；朱熹《詩集傳》：「蟄蟄，亦多意。」；馬瑞辰云：「蟄蟄兮，傳：蟄蟄，和集也。瑞辰按：說文：甚十 甚十 盛也。音義與蟄蟄同。爾雅：蟄，靜也。」[34]王師靜芝：「蟄蟄，和集也，亦盛多之貌。」[35]余培林先生《詩經正詁》注同毛〈傳〉。

　　蟄，說文：「藏也，从虫，執聲。」清沈濤《說文古本考》云：「濤案：一切經音義卷十三、卷十九，引蟄，藏也。虫至多即蟄藏不出也。獸有淺毛，亦蟄，熊羆等是也。」[36]段玉裁云：「臧者善也。善必自隱，故別無藏字，凡蟲之伏爲蟄。周南曰：螽斯羽蟄蟄兮，傳曰：和集也。其引伸之義也。」[37]朱駿聲曰：「爾雅釋詁：蟄，靜也；呂覽・孟春：蟄蟲始振蘇，注：讀如什；易繫辭傳：龍蛇之蟄，虞注：潛藏也。周禮穴氏掌攻蟄獸，注熊羆之屬，多藏者也。」[38]

　　蟄字，上古韻部屬陳師伯元上古韻三十二部之「緝」部，與揖字相同，兩字押韻。

　　蟄，从虫，執聲，謂蟲至寒多，則靜藏不出，引伸有和靜聚

32　清・桂馥《說文段注鈔案》，《說文解字詁林》冊十一，頁 319，鼎文書局。

33　見陳師伯元《古音研究》，頁 365，五南出版社，民國八十八年四月初版一刷。

34　馬瑞辰《毛詩傳箋通釋》，《皇清經解續編》冊四，頁 2325，漢京文化公司。

35　見王靜芝《詩經通釋》，頁 44，民國六十七年十一月七版，輔仁大學文學院叢書。

36　清沈濤《說文古本考》、《說文解字詁林》冊十，頁 935，鼎文書局。

37　段玉裁注說文，見《說文解字詁林》冊十，頁 936，鼎文書局。（亦見於《說文解字》，頁 678，萬卷樓。民國九十一年八月再版。）

38　朱駿聲《說文通訓定聲》，見同註 37，冊十，頁 936。

藏之意。蟄蟄，重疊言之，謂和靜聚藏之貌。

綜上，

首章言：螽斯的羽翼是那麼的盛多啊！它的子孫應該會群行群飛吧！

次章言：螽斯鼓翅而飛的聲音薨薨響啊！它的子孫應該會繁盛不絕吧！

三章言：螽斯的羽翼那麼的和睦相處啊！它的子孫自然會寧靜群聚吧！

自古以來，天候對萬物的影響極大，中華民族三千多年來，每年四季的變化，對古往來今的生物影響深遠。忖度詩意，咀嚼其用詞：首章，春日降臨大地，螽斯展翅，群行群飛，萬頭蠕動之情形；此就視覺來描述。二章，夏日暑熱，螽斯群飛，嗡嗡作響不絕於耳之情狀；此就聽覺來描寫。三章，冬日降臨，螽斯斂羽，群相蟄伏，以便度過寒冬；這裡也是就視覺描摹。首章、三章雖都是就視覺描繪，然兩章也微有不同。首章是就視覺描寫動感之情狀，三章則是就視覺描繪寒冬靜伏的情形。三章排列，有季節先後的關係。

就押韻而言，首、二兩章，分別押上古音「諄」韻、「蒸」韻，兩韻都是陽聲韻，陽聲韻帶鼻音，餘音裊裊，可以呈現螽斯展翼暖身、群行群飛，鼓翅飛翔、連綿不絕之盛況；三章則押入聲「緝」韻，入聲字音至為短促，跟描寫的寒冬蟄伏、冬夜瑟縮而斂藏的情形相應。

三、結　語

　　古人所處的自然環境，與今日吾人所居之田野，相去不遠；天候的冷暖，百千年來相似，它給予萬物的影響萬古如一。夫子之道，一言以貫之，曰：「恕」，恕就是「如心」。吾人將心比心，觀察大自然：蝗蟲、蟋蟀、蜜蜂、蜻蜓等等的四季作息，今日，我們閱讀數千年前先人的作品，慶幸在同種、同語文中，並沒有隔閡的情形；千古詩心，應該可以相映，這是我們深感欣慰的。謹就教於大家。

附錄　本文主要參考書目

十三經注疏 2《重刊宋本毛詩注疏 附校勘記》　藝文印書館

十五經古注易讀（二）　　永康出版社影印　民國五十八年六月初版

唐成伯瑜《毛詩指說》

宋歐陽脩《詩本義》

李迂仲、黃實夫《毛詩李黃集解》（以上並見《通志堂經解》冊十六　漢京文化公司印）

逸齋《詩補傳》（見《通志堂經解》冊十七　漢京文化公司印）

朱熹《詩集傳》台灣中華書局　民國五十八年五月一版

許謙《詩集傳名物鈔》（見《通志堂經解》冊十八　漢京文化公司印）

戴震《毛鄭詩考正》

段玉裁《毛詩故訓傳》

焦循《毛詩補疏》（以上見《皇清經解》冊六　漢京文化公司印）

陳啓源《毛詩稽古編》（見《皇清經解》冊七　漢京文化公司印）

馬瑞辰《毛詩傳箋通釋》（見《皇清經解續編》冊四　漢京文化
　　公司印）

胡承珙《毛詩後箋》（見《皇清經解續編》冊四、冊五　漢京文
　　化公司印）

陳奐《詩毛氏傳疏》（見《皇清經解續編》冊五　漢京文化公司
　　印）

陳奐《毛詩說》

魏源《詩古微》

陳喬樅《魯詩遺說考》《齊詩遺說考》（以上見《皇清經解續編》
　　冊六　漢京文化公司印）

李富孫《詩經異文釋》（見《皇清經解續編》冊八　漢京文化公
　　司印）

屈萬里《詩經釋義》華岡出版部　民國五十六年十月新一版

王師靜芝《詩經通釋》輔仁大學文學院叢書　民國六十七年十一
　　月七版

余培林先生《詩經正詁》（上）　三民書局　民國八十二年十月
　　初版

余培林先生《詩經正詁》（下）　三民書局　民國八十四年十月
　　初版

丁福保《說文解字詁林》（全十二冊）　鼎文書局　民國七十二
　　年四月二版

陳師伯元《古音研究》五南圖書公司　民國 88 年 4 月初版一刷

評點的多元面向

—— 馮夢龍《掛枝兒》、《山歌》評語探究

劉 淑 娟[1]

提　要

　　評語，是傳統評點中的一項，作爲一種基礎文藝教育的方法，它涉及市民文化的品味、出版業的商業宣傳、籌資過程……等。馮夢龍（1574-1646）所搜集、整理與編定的晚明時調民歌集《掛枝兒》、《山歌》，內中附有大量的評語，反映著當時的市民文化趣味，亦有作者馮夢龍一己的藝術評論與見解。這些評語，相對於讀者於閱讀文本時，有著不容小覷的提點、指示作用。本文對《掛枝兒》、《山歌》中的評語加以分析探究，全文除前言與結語外，將馮氏評語條分縷析爲下列要項：「爲方言俗語標音釋意」、「道明來源或傳播途徑」、「說明傳承中之流變改動」、「附錄有關的風俗習慣、社會生活、故事、兒歌」、「呼應、提示編纂旨趣」、「揭明藝術特色」、「發表感慨或藉題發揮」等，並闡明意義。

關鍵詞：評點、掛枝兒、山歌

---

1 劉淑娟，台灣台北人，國立臺灣師範大學國文研究所博士，撰有《馮夢龍通俗文學志業之研究》（嘉義：國立中正大學中國文學研究所 1997 年碩士論文，）《馮夢龍纂評時調民歌美學研究》（臺北：國立臺灣師範大學國文研究所 2004 年博士論文）及期刊論文等十數篇。現職爲吳鳳技術學院通識教育中心專任副教授。

一、前言 —— 馮夢龍評點的重要性

評語，是傳統評點中的一項，據《四庫全書・總目》記載，評點之初，只是宋人讀書時在文章切要處，為顯明其例，而加以「筆抹」或「圈點」的一些符號標記：

> 宋人讀書，於切要處率以筆抹。故《朱子語類》論讀書法云：「先以某色筆抹出，再以某色筆抹出」。呂祖謙《古文關鍵》、樓昉《迂齋評註古文》，亦皆用抹，其明例也。謝枋得《文章軌範》、方回《瀛奎律髓》、羅椅《放翁詩選》始稍稍具圈點，是盛於南宋末矣。[2]

這樣的讀書方法，成為宋元以降常見的文學評論方式。點抹之外，以最著名的呂祖謙《古文關鍵》為例[3]，評點者也開始在篇章前後或夾行中間，寫下自己的心得見解。可見評點實含「筆抹」、「圈點」與評語。自此以往，評點乃成為近代讀者最常見之閱讀與評論方式。

根據學界研究，此種評論形式，不但作為一種基礎文藝教育的方法，也涉及市民文化的品味，以及出版業的商業宣傳、籌資過程……等等，其影響力之大，甚至可能動搖了傳統經典的神聖地位而改變了閱讀活動的內容。[4]

晚明時調民歌集《掛枝兒》、《山歌》中附有大量的評語，

2　《四庫全書・總目》，卷三十七，〈四庫類存目・蘇評孟子〉條，台北：藝文印書館，1989 年版。

3　據吳承學研究指出：「呂祖謙《古文關鍵》標志著南宋文學批評的一種新風氣：從寫作實用的角度，重在分析文章的結構形式、用筆，而基本不涉及其內容，這在文以載道、文以明道風氣為學術主流的宋代文壇，確是非常值得注意的。」特別之處還在於呂祖謙是理學家，卻開創一種純形式的批評，這種現象促使我們對宋代理學家與文學的關係作進一步考察。」（〈現存評點第一書 —— 論《古文關鍵》的編選、評點及其影響〉，《文學遺產》，2003 年第 4 期，頁 79。

4　見蒲彥光：〈傳統評點學試探〉，《中國海事商業專科學校學報》，台北：中國海事專科學校，2005 年，2 月，頁 167。

此為明末通俗文學家馮夢龍（1574-1646）[5]所搜集、整理與編定。馮夢龍將其畢生精力投注於民間文學與通俗文學之中，於民歌方面，即是搜集、整理與編定時調民歌集《掛枝兒》、《山歌》[6]。這兩本時調民歌集，實屬純粹的民間曲調集[7]，不同於一些無名氏所仿作的與民歌合纂的集子，故不論就文學價值、史學價值或民俗學等，《掛枝兒》與《山歌》有其重要的史料價值與貢獻。

　　《掛枝兒》、《山歌》中的大量評語，反映著當時的市民文化趣味，亦有作者馮夢龍一己的藝術評論與見解。這些評語中最長者達七百八十九字，短者僅一字。據統計，《掛枝兒》367 首（不包括附曲）曲子中有尾批 169 條，夾批 23 條；《山歌》334 首（不包括附詩）中有 75 條尾批，12 條夾批，眉批 36 條。[8]這些評語，相對於讀者於閱讀文本時，如何充份掌握詩歌的內容旨意，小至具體的字、句音讀等理解，大至抽象的作品精神、主旨與趣味等的理解，評語的存在，有著不可小覷的提點、指示作用。

　　今文以《掛枝兒》、《山歌》作為探討對象，乃因馮夢龍所

---

5 馮夢龍，字猶龍，別署龍子猶、綠天館主人、可一居士、茂苑野史、顧曲散人、墨憨齋主人、詞奴、香月居主人、詹詹外史等，長洲（今江蘇吳縣）人。青壯年時期因科考不第而寄情於青樓歌場。崇禎三年（1630）出貢，崇禎七年（1643）任福建壽寧知縣，不久即退職家居，後為「復社」成員之一。清兵渡江時，曾參加抗清之舉，後死於故鄉。見陸樹崙：〈馮夢龍的名號、籍貫、生卒與家世〉，《馮夢龍研究》，上海：復旦大學，1987 年版，頁 1-3；陸樹崙：〈馮夢龍的生平經歷〉，《馮夢龍研究》，頁 12-30。

6 馮夢龍所涉及之領域廣闊，包括民歌、笑話、散曲、戲曲、小說等，所從事的工作包括搜集、整理、編定民歌集《掛枝兒》、《山歌》以及笑話集《笑府》、《古今譚概》；編選散曲集《太霞新奏》，創作《雙雄記》、《萬事足》等傳奇，並重訂《墨憨齋定本傳奇》十種；改編長篇小說《平妖傳》、《新列國志》，評纂《太平廣記鈔》，評輯短篇小說集「三言」——《古今小說》（又名《喻世明言》）、《警世通言》、《醒世恆言》，並曾建議書坊以重價購刻《金瓶梅》。

7 見王國良：〈晚清知識份子的民間文學觀——以諺語、兒歌、山歌、民謠為例〉，台北：淡江大學，《第二屆中國社會與文化學術研討會論文集》，民國 77 年 12 月。

8 見聶付生：《馮夢龍研究》，上海：學林出版社，2002 年，頁 288。

輯民歌之相關研究，相較於馮氏的小說作品的相關研究，顯得薄弱；而擁有廣大民眾基礎並獲得熱烈迴響的明代民歌[9]，相對於明代戲曲、小說等的研究，亦是薄弱的一環。探討《掛枝兒》、《山歌》評語的相關篇章，聶付生所作《馮夢龍研究》一書下編第四章提及，餘則付之闕如。[10]然聶氏所論僅止於《掛枝兒》，且內容之陳列略失於邏輯之嚴整。筆者之博士論文《馮夢龍纂評時調民歌美學研究》第三章第二節亦述及，然僅是作為馮夢龍著述內容之一的說明，並沒有條理與意義性的闡發。本文全面伸入探究《掛枝兒》與《山歌》之評語，將馮夢龍所作之評語加以彙整，並進一步申述，除可明瞭其評語之整體內涵外，對於讀者之閱讀，實有相當大的啟發作用，藉由馮氏評語不同面向的各式提示，讀者能進一步發掘這些時調曲異於字面上的深厚趣味。

二、以評語為方言俗語標音釋意

此多為《山歌》中所有，《山歌》為吳地特有的地方性時調[11]，馮氏在拗僻的方言處，或用眉批標出字音、字義，或在末尾點明方言俗語的意思。如《山歌・卷三・私情四句・大細》：

> 姐兒養箇大細忒喇茄，喫箇情哥郎，打子兩擊大背花。常言道：踏子爺床便得親娘叫，難道我踏子娘床弗是你搭爺。

眉批是「大」叶「馱」，「擊」叶「記」。尾批為「大細，兒女之稱。喇茄，猶云怠慢。」又如〈卷七・私情雜體・篤癢〉之尾批云：「……松人謂陰為篤」。「篤癢」即「陰癢」。同卷

9　相關文字，明・范濂《雲間據目抄・卷二五・記風俗》、明・顧啟元《客座贅語・卷九・俚曲》及明・沈德符《萬曆野獲編・卷二五・時尚小令》等，皆有述及與說明。
10　見聶付生：《馮夢龍研究》，上海：學林出版社，2002 年版，頁 288-300。
11　關於吳地「山歌」的淵源等相關考證，見同上註，頁 303-312。

〈借箇星〉題下評注：「箇星，吳語，猶云這仲東西也。」

其它標音釋意處，以下則以表格羅列分明之，以見其梗概。

（一）評語之標音事例

曲　名	曲　文	評　語	形　式
《山歌·卷三·私情四句·老公小》	姐兒養箇大細忒喇茄，喫箇情哥郎，打子兩擊大背花。	「大」叶「馱」，「擊」叶「記」。	眉　批
《山歌·卷一·私情四句·熬》	生炭上薰金敖壞子銀。	吳歌人、銀同音。	眉　批
《山歌·卷一·私情四句·贈物》	算盤跌碎滿街珠。	吳音珠、知相似。	眉　批
《山歌·卷四·私情四句·姑嫂》	姑道露水裏採花還是含蕊兒好，嫂道池裏荷花開箇香。	蕊，俗音女。	眉　批
《山歌·卷九·雜詠長歌·山人》	……土地聽得箇班說話，就連聲罵道箇些寫說箇猢猻。……做了幾呵腰頭傺擦，難道只要鬧熱箇門庭。	寫音吊。 傺音悉。 擦音煞。	眉　批 眉　批 眉　批
《山歌·卷九·雜詠長歌·鞋子》	奉勸姐兒，沒要自道是腳力大，就是拖腳蒲鞋還勝子左嫁人。	左，俗音際。	尾　批

（二）評語之釋義事例

曲　名	曲　文	評　語	形　式
《山歌·卷三·私情四句·大細》	姐兒養箇大細忒喇茄，喫箇情哥郎，打子兩擊大背花。	大細，兒女之稱。 喇茄，猶云怠慢。	尾　批 尾　批
《山歌·卷七·私情雜體·篤癢》	姐兒篤癢無藥醫，跑到東邊跑到西。	……松人謂陰為篤。	尾　批
《山歌·卷七·私情雜體·借箇星》	郎聽姐兒借箇星，半箇時晨弗做聲。	箇星，吳語，猶云這仲東西也。	題下評
《掛枝兒·卷九·謔部·者妓》	沒定準的冤家也，看你者到何時了。	吳市語粧喬做勢曰者。	尾　批
《山歌·卷一·私情四句·看》	那了走過子我裏門前咦轉頭。	咦，本當作又，今姑從俗。	眉批

《山歌·卷三·私情四句·老公小》	老公小，逼疸疸。	逼疸疸，吳語小貌。	尾批
《山歌·卷八·私情長歌·求老公》	嫁着子介箇烏龜亡八。	亡八，俗云王霸。	眉批
《山歌·卷八·私情長歌·湯婆子竹夫人相罵》	一夜子搭箇家主婆睏在床上，說道會，那了你弗歡喜子箇湯家裏箇。	吳俗相呼曰會。	眉批
《山歌·卷九·雜詠長歌·山人》	元來到是你箇些光斯欣。	光斯欣，市語，猶言光棍。	眉批
《山歌·卷九·雜詠長歌·魚船婦打生人相罵》	并弗是羹碗魚頭撥撥轉，支花野味趙談春。	昔年有趙談春者，善詼諧。吳語謂沒正經曰趙，因曰趙談春云。	尾批
《山歌·卷九·雜詠長歌·鞋子》	奉勸姐兒，沒要自道是腳力大，就是拖腳蒲鞋還勝子左嫁人。	吳語再醮曰左嫁人。	尾批

此外，某些批點文字說明爲了協韻而加以改動的情形與原因，如《山歌·卷一·私情四句·引》：

郎見子姐兒再來搭引了引，好像銅杓無柄熱難盛。姐道我郎呀，磨子無心空自轉，弗知做子燈煤頭落水測聲能。

【馮評】：「引，舊作殷，欠通，今從引，而以平聲爲土音，甚妥。」[12]

爲了協韻，馮夢龍改「殷」爲「引」。另一方面，也可從馮氏評語見其在聲韻上的知見，如「凡生字、聲字、爭字，俱從俗談叶入江陽韻。此類甚多，不能備載。吳人歌吳，譬諸打瓦拋錢，一方之戲，正不必如欽降文規，須行天下也。」[13]說明吳人唱山歌在聲韻使用上較爲寬泛，不同於正規的詩詞用韻那般嚴謹，以解除讀者的疑惑。

---

12 見明·馮夢龍編著：《山歌》，《明清民歌時調集》，上海：上海古籍出版社，1986 年版，頁 282。
13 見《山歌·卷一·私情四句·笑》尾批，同上註，頁 271。

三、以評語道明來源或傳播途徑

馮夢龍於評語中所提及之來源或傳播途徑，有如下幾種情況：

（一）歌樓酒館藝妓所傳

如《掛枝兒・卷三・想部・帳》，琵琶婦阿圓提供，於尾批中明之：

> 為冤家造一本相思帳，舊相思，新相思，早晚登記得忙。一行行，一字字，都是明白帳。舊相思銷未了，新相思又上了一大椿。把相思帳出來和你算一算，還了你多少也，不知還欠你多少想。
>
> 【馮評】：琵琶婦阿圓，能為新聲，兼善清謳。余所極賞，聞余廣《掛枝兒》刻，詣余請之，亦出此篇贈余，云傳自婁江，其前尚有〈訴落山坡羊〉詞頗佳，因附記此。

另有《掛枝兒・卷四・別部・送別》第四首是名妓馮喜生嫁人前夕，與馮夢龍話別之際流傳下來的。又《掛枝兒・卷八・詠部・船》其二是「聞之舊院董四」，因為「歌末句腔甚奇，遂不能捨。」

（二）田間山野采風所得

如《山歌・卷五・雜歌四句・鄉下人》的評語記載馮夢龍年輕時之一段經歷，鄉人誤觸某節推舟，鄉人放聲之歌。

> 鄉下人弗識枷裏人，忽然看見只捉舌頭伸。咦弗知頭硬了鑽穿子箇板，咦弗知板裏天生箇樣人。
>
> 【馮評】：⋯⋯余猶記丙申年間，一鄉人棹小傳放歌而回，

暮夜誤觸某節推舟，節推曰：「汝能即事做歌當釋汝。」
鄉人放聲歌曰：「天昏日落黑湫湫，小船頭矼子大船頭。
小人是鄉下麥嘴弗知世事了撞子箇樣無頭禍，求箇青天爺
爺千萬沒落子我箇頭。」節推大喜[14]，更以壺酒勞而遣之。

馮氏以此田間山野采風所得來說明鄉下人儘有極聰明處，切
莫道鄉下人定愚。

（三）文人所傳

如〈泥人〉（《掛枝兒‧卷二‧歡部》），爲趙承旨贈管夫人
語，趙承旨與管夫一事見文後之說明。同時馮氏並將其與一篇題
爲〈夜坐〉的擬作置於一處比較，曰：「『到黃昏，獨背着銀缸
坐，和影兒兩箇把更漏消磨，聽譙樓又轉三通過，欲眠燈漸滅，
影子也拋奴。孤枕的無眠也，悽惶殺了我。』純用李易安〈如夢
令〉詞，便索然不堪再讀。」由馮氏口氣推測，此篇擬作應亦文
人所爲，只是索然無味，故只作爲前首的陪襯收錄。

（四）文人擬作

《掛枝兒》中能夠確定的擬作者有馮夢龍、米農部仲詔、董
遐周、白石主人、丘田叔、黃方胤、李元實；《山歌》中能夠確
定的擬作者有馮夢龍、蘇子忠、張伯起。文人擬作或作爲正文選
錄，如董遐周〈噴嚏〉，見《掛枝兒‧卷三‧想部‧噴嚏》：

對粧臺，忽然間打箇噴嚏，想是有情哥思量我，寄箇信兒。
難道他思量我剛剛一次。自從別了你日日淚珠垂，似我這
等把你思量也，想你的噴嚏兒常似雨。

14　馮氏於此夾批曰：「此節推亦不俗。」見同上註，頁343。

【馮評】：此篇乃董遐周所作。遐周曠世才人，亦千古情人，詩賦文詞，靡所不工，其才吾不能測之，而其情則津津筆舌下矣。願言則嚏，一發於詩人，再發於遐周，遂使無情之人，噴嚏亦不許打一箇。可以人而無情乎哉！[15]

馮夢龍對董遐周之才情景仰備至，除了尾批，馮夢龍還有三處行批：「題亦奇」、「奇」、「更奇」，可見其推許之情。馮夢龍之所以如此肯定，乃因「噴嚏」本身有一定的文化內涵。明・李詡《戒庵老人漫筆・卷五・噴嚏》條記載：

今人噴嚏，必唾曰：「好人說我常安樂，惡人說我齒牙落。〈終風〉之詩云：『寤言不寐，願言則嚏。』東坡有詩：『白髮蒼顏誰肯記，晚來頻嚏為何人？』隨筆亦載噴嚏不止者，必喋唾祝云：『有人說我。』婦人尤甚，其從來已久。嘗聞唐玄宗友愛昆季，呼寧王為大哥，每與同食，食次寧王錯喉噴上髭，王驚慚上顧。欲安之，黃幡綽曰：『不是錯喉。』上曰：『何也？』對曰：『是噴帝。』上大說，則固以噴嚏為佳事矣。」[16]

〈噴嚏〉此首以噴嚏切入，女主人公設想情哥也在思念著她，她每天以淚洗面，設想情哥也是噴嚏不止。構思新奇別致，不落俗套。

另外，米農部仲詔作〈打〉，收於《掛枝兒・卷二・歡部》：

幾番的要打你，莫當是戲。咬咬牙，我真箇打，不敢欺。纔待打，不由我又沉吟了一會。打輕了你，你又不怕我，打重了，我又捨不得你。罷罷罷。冤家也，不如打你。

---

15 見明・馮夢龍編著：《掛枝兒》，《明清民歌時調集》，頁 82、83。
16 見明・李詡撰、魏連科點校：《戒庵老人漫筆》，北京：中華書局，1982 年版，頁 205、206。

【馮評】：此米農部仲詔作。[17]

文意再三轉折起伏，描摹真切且語言通俗自然，故馮氏將其作爲可流傳小曲收在集子裏。其他文人擬作的有黃季子方胤作〈是非〉(《掛枝兒・卷五・隙部》)第五首，李元實作〈骰子〉(《掛枝兒・卷八・詠部》)第二首，蘇子忠作〈捉奸〉(《山歌・卷一・私情四句》)第三首。作品與市井細民情感切近，富有濃郁生活氣息。

四、以評語說明傳承中之流變改動

民間文學的一大特性即是變異性。同一首作品，在流傳過程中，由於各種原因，或許有程度不同的差異，晚明流行的時調民歌亦如是。同一首曲子，編纂者爲了真實反映該曲的流傳情況，將不同的部分一一引錄或說明在該曲的末尾。如《掛枝兒・卷二・歡部・泥人》：

泥人兒，好一似咱兩箇，捻一箇你，塑一箇我，^看兩下裏如何。將他來揉和了重新做，重捻一箇你，重塑一箇我，我身上有你也，你身上有了我。

【馮評】：此趙承旨贈管夫人語。增添數字，便成絕調。趙云：「我泥裏有你，你泥裏有我。」此改身上二字，可謂青出於藍矣。[18]

按：「趙承旨贈管夫人語」一事，趙孟頫夫婦感情甚篤，文學修養皆高，趙孟頫曾有納妾之想，寫了一首小曲試探妻子管夫人，曲云：「我爲學士，妳做夫人。豈不聞，陶學士有桃葉、桃根，蘇學士有朝雲、暮雲。我便多娶幾個吳姬、越女，何過分！你年紀也過四旬，只管占住玉堂春。」管夫人一聽，當即寫下〈我

---

17 見明・馮夢龍編著：《掛枝兒》，《明清民歌時調集》，頁 74。
18 見同上註，頁 66。

儂詞〉作答：「你濃我濃，忒煞情多，情多處，熱似火。把一塊泥，捻一個你，塑一個我。將咱兩個，一齊打破，用水調和，再捻一個你，再塑一個我。我泥中有你，你泥中有我。與你生同一個衾，死同一個槨。」如此深情又如此堅決，趙孟頫看後大笑，再也不做非分之想，而這兩首小曲卻流傳下來，成爲閨中佳話[19]。

　　此曲〈泥人〉在民間流傳後，文人孫石川可能改造後被陳所聞輯入《南宮詞紀》卷六裏。曲文是：

> 〔汴省時曲·鎖南枝〕傻俊角，我的哥！和塊黃泥兒捏咱
> 兩個。捏一個兒你，捏一個兒我，捏的來一似活托，捏的
> 來同床上歇臥。將泥人兒摔碎，着水兒重和過，再捏一個
> 你，再捏一個我。哥哥身上也有妹妹，妹妹身上也有哥哥。

　　這首〈鎖南枝〉標明的是汴省時曲，說明流傳在河南開封地區。到了吳地變成〈掛枝兒〉曲，詞有較大改動，與原曲比較，詞意凝鍊且韻味無窮。[20]馮夢龍收集這首曲子時，已將趙承旨最後兩句「我泥裏有你，你泥裏有我」改爲「我身上有你也，你身上有了我」，這一改，曲味又不同，馮夢龍極口稱贊曰：「青出于藍矣。」可知有很多曲子與歌謠是大同小異的，呈現主旨的「母題」是大同的，小異的是隨著流傳地區的不同所添加的枝葉細節或是「本地風光」。[21]

　　再如《山歌·卷五·雜歌四句》輯錄的〈月子彎彎〉：

> 月子彎彎照九州，幾家歡樂幾家愁。幾家夫婦同羅帳，幾
> 家飄散在他州。

19　此軼聞趣事，見明·蔣一葵《堯山堂外紀·卷七十·元·趙孟頫》條，清·沈雄《古今詞話·詞話下卷·元詞話·趙管唱和》條。明·馮夢龍編纂之《情史·卷八·情感類·白頭吟》條下亦錄了這一軼聞趣事。
20　參聶付生：《馮夢龍研究》，頁 289。
21　胡適著；姜義華編：〈歌謠的比較的研究法的一個例〉，《胡適學術文集 —— 新文學運動》，北京：中華書局，1998 年，436-442 頁。

【馮評】：一秀才歲考三等，其僕作歌嘲之云：「月子灣灣照九州，幾家歡樂幾家愁。幾家賞子紅段子，幾家打得血流流。只有我裏官人考得好，也無歡樂也無愁。」[22]

此曲初始於南宋，趙彥衛《雲麓漫鈔》卷九記載：

> 彭祭酒，學校馳聲，善破經義，每有難題，人多請破之，無不曲當。後在兩省同寮嘗戲之，請破「月子灣灣照幾州，幾家歡樂幾家愁。」彭停思久之，云：「運於上者無遠近之殊，形於下者有悲歡之異。」人益嘆伏。此兩句，乃吳中舟師之歌，每於更闌月夜，操舟蕩槳，抑遏其詞而歌之，聲甚悽怨。[23]

《京本通俗小說》裏的〈馮玉梅團圓〉話本對於此曲有完整的記錄：

> 月子灣灣照幾州，幾家歡樂幾家愁？
> 幾家夫婦同羅帳，幾家飄散在他州。[24]

此曲明‧葉盛《水東日記》卷五亦有記載，最後兩句為：「幾家夫婦同羅幛，多少漂零在外頭？」，[25]極可能為民間輾轉流傳演變的結果。而馮夢龍在歌詞後附錄了與正文相異的歌詞，無疑提供了這些小曲與歌謠在社會上流傳、演變的一手資料。

由附曲的部分觀察，大部分是小範圍的改動，或者為了內容表達更加完善、細膩、準確，或者因修辭的需要，使其言簡意豐，易於朗朗上口，在大眾之中迅速傳播。如馮夢龍在《掛枝兒‧卷

---

22 見明‧馮夢龍編著：《山歌》，《明清民歌時調集》，頁342。
23 見宋‧趙彥衛輯：《雲麓漫鈔》，卷九，收於楊家駱主編、劉雅農總校：《世界文庫‧四部刊要‧新校雲麓漫鈔》，台北：世界書局，民48年版，頁129。
24 見程毅中、程有慶校點：《中國話本大系 —— 京本通俗小說等五種》，杭州：江蘇古籍出版社，1991年版，頁82。
25 見明‧葉盛撰：《水東日記》，北京：中華書局，1980年版，頁59。

二‧歡部‧感恩》末尾注云：「第二句係余所改，舊云：『願只願我二人做一對夫妻』，反覺少味。」馮夢龍改動的第二句（應是第三句）是「願只願我二人相交到底」，這簡單的改動，除了聲律上的原因，詞義也改變，較原文含蓄。再如《掛枝兒‧卷三‧想部‧病》第三首：

> 寫情書，寫不盡我相思帳。直直的寫幾句教他細細詳。我病兒已在十分上，早早來還得見，也算與你厚一場。若是箇來遲也，切莫要身後將奴來想。

尾批云：

> 【馮評】：末句舊云：「除是黃泉路上來趕。」情亦慘至。南園變改，「切莫要身後將奴來想」。頗雅，用之。[26]

又《掛枝兒‧卷五‧隙部‧緣盡》：「緣法兒盡了，心先冷淡，緣法兒盡了，要好再難。緣法兒盡了，諸般改變。緣法兒若盡了，把好言當惡言，怎能勾緣法兒的重來也，將改變的都番轉。」尾批「末二句南園叟所易。舊云：『緣法兒盡了也，動不動就變臉。』不知已在諸般改變中矣。」[27]

更多的情況是沒有標明修改人姓名，因在流傳過程中，大眾感興趣的是小令與歌謠本身，鮮少有人特別去注意修改者的姓名，這是民歌傳唱過程中「得魚忘筌」之自然現象。[28]

---

26 見明‧馮夢龍編著：《掛枝兒》，《明清民歌時調集》，頁 92。
27 見同上註，頁 133、134。
28 如《掛枝兒‧卷一‧想部‧耐心》：「熨斗兒熨不開眉間縐，快剪刀剪不斷我的心內愁，繡花針繡不出鴛鴦扣。兩下都有意，人前難下手，該是我的姻緣，哥，耐着心兒守。」尾批：「後四句，一云：『兩下情都有，人前怎麼偷，只索耐着心兒也，終須着我的手。』亦佳。然末句太露。」又云：『香肌爲誰減，羅帶爲誰收，這一丟兒的相思也，何日得罷手。』亦未見勝」。又〈隙部〉卷五〈交惡〉第二首：「末二句，或前云：『便做道寡了這終身也，決不將你想。』後云：『我就做了一世的鰥夫也，決不將你想。』亦可。」又卷六〈怨部‧告狀〉：「末二句，一云：『那一箇掌情事的靈神也，聽我把冤情細細講。』亦可。然首句曰『鬼門關』，

另外，尚有屬於翻案之作，如《掛枝兒‧卷七‧感部‧雁》：

> 正抬頭，忽見那衡陽雁至。一行行，一隊隊，嘹嚦南飛。
> 眼見得你是箇薄情夫婿，你知道他回來便，竟沒有半行書。
> 等待那鴻雁春歸也，我也無書寄與你。

有人改成：

> 【馮評】：一云：「孤雁兒，一聲聲在天邊嘹嚦。告雁兒，
> 略停翅，奴有紙音書。相須寄到天涯去。他住在雲山烟樹
> 外，流水小橋西，切莫要差池也。回來深深拜謝你。」[29]

　　除了改動詞句，詞義也整個地改變。文人擬作者大都屬於這一類，如馮夢龍、白石主人和楚人丘田升對馮喜生所傳〈送別〉（《掛枝兒‧卷四‧別部》）第四首的擬作即是。[30]

五、以評語附錄有關的風俗習慣、社會生活、故事、兒歌

　　在《掛枝兒》與《山歌》的批注中附錄了許多與作品有關的風俗習慣、社會生活、通俗故事、兒歌等。

　　《掛枝兒‧卷五‧隙部‧嗔妓‧又》尾批附錄了關於娼妓風俗變異之事，云：「聞先輩云：四十年前，吳下妓者皆步行，使後生抱琵琶以從。見士大夫及武弁，俱行稽首禮，近來此風，惟北地庶幾猶存，而南國若掃矣。吳下其尤也。娼不唱，妓不伎，略似人形，便尊之如王母，譽之如觀音。頤指氣使，靡不俛從。曲中稍和一兩字，相詫以爲鳳鳴鸞響，跪拜不暇。又不然，則曰某也品勝，某也人良，而齷齪青樓，遂無棄物。取之彌恕，其質

則閻王面前較確。」
29 見明‧馮夢龍編著：《掛枝兒》，《明清民歌時調集》，頁 177。
30 見同上註，頁 107-110。

彌下，奉之彌甚，其技彌拙，而所謂抱琵琶過船者，僅歸之彈詞之盲女與行歌之丐婦。名娼名妓，實瞽乞之不若矣。誠得一有喉嚨者，何妨愛殺。……」

《掛枝兒‧卷五‧隙部‧男風》末批注附錄關於當時社會上男風的現象，云：「男風之說，素問已及之，其來遠矣。然破老破舌分戒男女，未有合而一者。邇年間往往聞女兼男淫，亦異事也。適有狎客述夫人自稱曰小童，題破云，即夫人之自稱，而邦君之所好可知矣。可發一笑，因附記此。」《掛枝兒‧卷九‧譴部‧子弟》後批注云：「好一幅行樂圖。○爾年以來，風俗又異矣。余所聞有十無賴語，錄以志感。云：一無賴，網巾邊兒像腳帶。二無賴，做完巾後饒一塊。三無賴，瑪瑙簪兒束銀帶。四無賴，一雙袖兒腳面蓋。五無賴，兩條魂旛做衣帶。六無賴，跣了腳指鞋中耐。七無賴，排骨扇兒好躲債。八無賴，馬吊花園圖口賴。九無賴，無腔曲子賭色賽。十無賴，逢着小娘舍舍空口愛。」由此十無賴可知當時的社會現象，由於經濟發達所帶來的人心變異，馮氏深有所感，錄以志之。

此外，《掛枝兒‧卷六‧怨部‧咒‧又》後附一事，可見當時挾妓風氣之一隅：「以客自蜀挾一妓歸，蓄之別室，率數日一往，偶以病少疎，妓疑之，客作詞自解，妓即韻答以〈踏莎行〉，云：『說盟說誓，說情說意，動便春愁滿紙。多應念得脫空經，是那箇先生教底。不茶不飯，不言不語，一味供他憔悴，相思已自不曾閒，又底得工夫咒你。』更奇。」

《掛枝兒‧卷二‧歡部‧願嫁》的尾批說明當時社會上從良一事的各種情狀，云：「從良一事，變態多端，或本非情願，而弄假成真；或委係志誠，而入門生悔。或霜欺雪妬，迫成少婦堅心。或月白風清，勾起暮年憨興。故曰：穿破是我衣，亡過是我

妻。……」而《掛枝兒‧卷五‧隙部‧鬮》尾批則說明青樓中的
三字經「烘哄鬮」，云：「青樓中有三字經，曰烘哄鬮。又曰：
烘如火，哄如蠱，鬮如虎。金樽檀板，繡幄香衾，饞眼生波，熱
腸欲沸，所謂烘也。粉陣迷魂，花妖醉魄，情濃若酒，萌重如山，
哄人伎倆，茲百出矣。已而願奢未遂，誓重難酬，寡醋誰堪，閒
槽易跳，百年之約，一鬮而止。故曰：十分真只好當三分用。識
得此意，大落便宜。」由此可知青樓文化之一端。

　　《掛枝兒‧卷五‧隙部‧負心》末附妓張潤三郎事。[31]《山
歌‧卷五‧雜歌四句‧姹童》附錄張伯起先生之故事，「張伯起
先生有所歡，既婚而瘦，贈以歌云：『箇樣新郎忒煞矬，看看面
上無肉多。思量家公真難做，弗如依舊做家婆。』俊絕，一時誦
之。」《山歌‧卷一‧私情四句‧月上》第二首，附錄姑蘇李秀
才冬夜行路，徬徨無依，求宿之奇事。《山歌‧卷四‧私情四句‧
多》附錄其問侯慧卿「閱人多矣，方寸得無亂乎」之故事。《山
歌‧卷一‧私情四句‧睃》尾批附幼時所聞兒歌，「十六不諧」，
其技巧上運用了諧音雙關之影語，正如〈睃〉此首之用法。《山
歌‧卷五‧雜歌四句‧月子彎彎》尾批附錄一秀才歲考三等，其
僕作歌嘲之之故事。

　　與作品有關的兒歌，如：《山歌‧卷一‧私情四句‧引‧又》：

　　　爹娘教我乘涼坐子一黃昏，只見情郎走來面前來引一引。
　　　姐兒慌忙假充螢火蟲說道爺來裏娘來裏，咦怕情哥郎去子
　　　喝道風婆婆且在草裏登。

　　【馮評】：「螢火蟲，娘來裏，爺來裏，搓條麻繩縛來裏。
　　　及風婆婆草裏登，喝聲便起身。」皆吳中相傳小兒謠也。[32]

---

31 此事內容繁多，茲不詳述，見同上註，頁 118-121。
32 見同上註，頁 282、283。

　　以上之附錄，除了兒歌的性質較不同外，馮氏在評語中所附錄的風俗習慣、社會生活、故事等，提供給讀者更多的社會背景認知，對於曲文的理解，有更進一步的幫助，同時也擴大了讀者的視野，增長讀者的見聞。

六、以評語呼應、提示編纂旨趣

　　馮氏於〈敘山歌〉中言其收集編纂《掛枝兒》及《山歌》之旨趣，「借男女之真情，發名教之偽藥」。所謂男女真情，即男女私情之真情流露。馮氏言「今所盛行者，皆私情譜耳」，其《童癡一弄》與《童癡二弄》正是私情之譜。觀其內容，《掛枝兒》卷一至卷七便是《山歌》卷一至卷四、卷七、卷八之「私情」。《掛枝兒》卷八詠物部旨在詠物，與《山歌》卷六詠物正好同類，《山歌》卷十〈桐城時興歌〉亦多詠物，而詠物者多數仍在寫情。情歌是這兩部書的主要題材，馮氏欲以其「真」發名教之偽藥。故除了敘言中所揭示的編纂旨趣，可見其在分類排序上依主題編次的編輯策略。此外，馮氏於評語中，亦表明出對於男女私情之解讀態度。黃慶聲先生於〈試論馮夢龍《掛枝兒》與《山歌》的趣味〉[33]一文中，談及馮夢龍的編纂策略，首先以馮夢龍置於《掛枝兒》卷首私部的〈私窺〉爲例說明：

> 是誰把奴的窗來舐破，眉兒來，眼兒去，暗送秋波。俺怎肯把你的恩情負，欲要摟抱你，只為人眼多。我看我的乖親也，乖親ˣ看着我。
>
> 【馮評】：好看！真好看！[34]

眉目傳情與摟抱觸摸乃逾越禮教之肢體語言，衛道者必然解

---

33 見《古典文學》，第 15 集，台北：台灣學生，2000 年版，頁 523-600。
34 見明·馮夢龍編著：《掛枝兒》，《明清民歌時調集》，頁 37。

讀此曲為狎邪淫逸；「只為人眼多」道盡私情必須承受的壓力，包括外來的嘲笑與自發的羞恥感，也交待了何以私情在社會結構中、光天化日下難以維繫。馮夢龍的批語以借用、重複、雙關，回應歌詞中的「人眼」與「我看我的乖親也，乖親又看着我」兩個「看」字，幽默風趣地與正文作對話，意涵豐富；所謂「好看」，蓋指當事人私下互瞧與批書者以偷窺者自居的感覺，甚至其他讀者閱讀的感受。「好看」兩字精警準確，簡潔扼要地證明了話語中「他者」的介入，並將各種人物的視角：歌者/女主角、男主角、評者/馮氏、讀者全部濃縮在這五個字的評語中，獲致一個自我與他者合併的完整視域。這樣的批語展現出他深悉兩性彼此滿懷好奇，人們極欲探知他人私情的心理。

　　黃慶聲先生又言與「觀看」性質類似的行為為「睃」，「睃」，斜視。「睃」的側視予人目光不正、迂迴間接之聯想。《山歌》第二首〈睃〉：

> 思量同你好得場駭，弗用媒人弗用財。絲網捉魚盡在眼上起，千丈綾羅梭裏來。
>
> 【馮評】：笑不許，睃不許，只此便是周南內則了。
>
> 眼上起，梭裏來，影語最妙。俗所謂雙關二意體也。唐詩中如「春蠶到死絲方斷，蠟燭成灰淚始乾」之類，亦即此體。又余幼時聞得十六不諧，不知何義，其詞頗趣，並記之。……[35]

　　馮夢龍特別闡釋閱讀情詩或吳歌要領略影語雙關的趣味，思/絲、睃/梭諧音雙關，「眼上起」與「睃裏來」排比對應；有「睃」方有思，故以「睃」總結。「絲網捉魚盡在眼上起，千丈綾羅梭

裏來。」不僅反映江南魚米之鄉及紡織業特盛的生活經驗，漁網與千丈綾羅又被借用隱喻和誇大情思之深與情絲之長。馮夢龍以反諷的方式點明一般女性常被告誡不許睃、不許笑（指涉前首〈笑〉「後生娘子家沒要嘻嘻笑」），言下頗不以爲然；反之，亦即肯定「睃」與「笑」流露出自然情致，又何必妄加禁止。因爲是私情，眉目傳情即可互相訂盟約，毋須金錢與媒妁之言這些社會上通行男女婚配時必要的條件，無異於破壞社會禮俗。因此在主流文化中私情絕對必須禁止，更不許睃。

再如《山歌》第三首〈看〉：

小年紀後生弗識羞，那了[36]走過子[37]我裏[38]門前咦[39]轉頭。

我裏老公谷碌碌介[40]雙眼睛弗是清昏箇[41]，你要看奴奴[42]那弗到後門頭[43]。

36　「了」即「爲什麼」；見胡明揚：〈三百五十年前蘇州一帶吳語一斑 ──《山歌》和《掛枝兒》所見的吳語〉，《語文研究》，第 2 輯，1981 年 12 月，頁 99。

37　「子」字用作時態動詞，相當於「了」；見胡明揚：〈三百五十年前蘇州一帶吳語一斑 ──《山歌》和《掛枝兒》所見的吳語〉，頁 99；「子」同「仔」，見閔家驥、范曉、朱川、張嵩岳編：《簡明吳方言詞典》，上海：上海辭書出版社，1986 年版，頁 21；吳連生、駱偉里、王均熙、黃希堅、胡慧斌編著：《吳方言詞典》，北京：漢語大詞典出版社，1995 年版，頁 47；錢乃榮指出「仔」與「了」可用爲「實現體」助詞，用於謂詞後或結果補語後，表示動作行爲已經實現，處於事實狀態。「仔」與「了」可互換，「仔」是舊用法，漸爲「了」所取代，見錢乃榮：《上海話語法》，上海：上海人民出版社，1997 年版，頁 210-211。

38　「我裏」即「我們」，是由「我奴」屈折變化而來；見錢乃榮：《當代吳語研究》，上海：上海教育出版社，1992 年版，頁 717；又見胡明揚：〈三百五十年前蘇州一帶吳語一斑 ──《山歌》和《掛枝兒》所見的吳語〉，《語文研究》，第 2 輯，頁 99。

39　馮眉批：「咦，本當作又，今姑從俗，下同。」

40　「介」是代詞，即「這樣」；見閔家驥、范曉、朱川、張嵩岳編：《簡明吳方言詞典》，1986 年，頁 35。

41　「箇」爲助詞，相當於普通話「的」；見同上註，頁 15。

42　「奴」即「我」，是第一人稱單數的代詞，具有古老吳語的特色，見錢乃榮《當代吳語研究》，頁 716。

43　吳語中綴有「頭」尾的詞彙很多，這是吳語中「頭」和方位語素結合的例子，見同上註，頁 718-719。

【馮評】：好雙谷碌碌眼睛，只顧其前，不顧其後。[44]

　　女性聲口一方面責怪年輕人不識羞，一方面又授意他到後門去看，因爲少婦之夫看不到自身背後。後門正隱喻走私情感、防不勝防的缺口。馮夢龍的批語又回應歌詞內文，並且發揮旁觀者補充「觀看盈餘」，一方又用「好雙谷碌碌眼睛」一語雙關地反諷丈夫之愚騃與後生之大膽，真所謂旁觀者「清」。

　　黃慶聲先生言馮氏種種評語穿針引線般地指引讀者詩歌之趣味所在，暗示出觀看私情的樂趣。然而觀看只是方法與過程，重要的是由觀察民歌裏對私情的刻畫，以對人性有更深刻的理解。《掛枝兒》與《山歌》以情歌反映人性之真，正可滿足多數人好奇心偷窺他人隱私的樂趣，猶如馮氏所言「好看！真好看！」然而這首歌女主角顧慮「人眼多」，也正是馮氏編輯出版這兩本民歌集所面臨的難題。因爲其內容文字所觸犯的禮教規範、道德禁忌，所在多有。但是馮氏也在〈敘山歌〉裡說明山歌流露人的真性情：「且今雖季世，而但有假詩文，無假山歌。則以山歌不與詩文爭名，故不屑假。苟其不屑假，而吾藉以存真，不亦可乎？」[45]山歌裏赤裸裸地體現了人們的意志、欲望、追求與歡樂，反映的不僅是「當代的」現實，男女在禮教束縛下如何締結私情的情境，以歌唱傳遞衷曲之策略，所反映的也是千古不變的人性。其編輯《山歌》的目的在「若夫借男女之真情，發名教之僞藥，其功於《掛枝兒》等，故錄掛枝詞而次其《山歌》」（〈敘山歌〉）。換句話說，「馮夢龍是要以田夫野豎鄙俚粗俗的詞語去救贖人們在追求高雅與教條桎梏中失落的活潑本性，在人性驅於虛僞僵化時，審視情欲中各種挑逗趣味、遊戲本質，重拾湮沒在社會總體

---

44 見明・馮夢龍編著：《山歌》，《明清民歌時調集》，頁 273、274。
45 見明・馮夢龍編著：《山歌・敘山歌》，《明清民歌時調集》，頁 269。

化裏人們所喪失的自我。」[46]而這樣的編纂旨趣，可透過評語之呼應提示剖析見出。

七、以評語揭明藝術特色

　　馮氏對於時調曲的藝術風格和特色加以評點，如《掛枝兒·卷二·歡部·醉歸》第二首：

> 俏冤家夜深歸，喫得爛醉，似這般倒着頭和衣睡。何似不歸，枉了奴對孤燈守了三更多天氣。仔細想一想，他醉得時節稀，就是抱了爛醉的冤家也，強似獨睡在孤衾裏。
>
> 【馮評】：唐人有辭云：「門外猧兒吠，知是蕭郎至，剗襪下香階，冤家今夜醉。扶得入羅幃，不肯脫羅衣，醉則從他醉，猶勝獨眠時。」此曲意用古而語入今，故自佳。[47]

　　「曲意用古而語入於今」，引古人辭說明此首小曲有古意而以今語表示，表其能深得古意又能運以時語，使市井細民明白暢曉，故爲佳作。又如《掛枝兒·卷七·感部·牛女》：

> 悶來時，獨自箇在星月下過。猛抬頭，看見了一條天河。牛郎星織女星俱在兩邊坐。南無阿彌陀佛，那星宿也犯着孤。星宿兒不得成雙也，何況他與我。
>
> 【馮評】：文有一字爭奇，便足不朽。如云：「牛郎星織女星在兩邊坐，壁虎兒得病在牆頭上坐。」一坐字俱用得奇，堪與唐詩螢火黃鶯並稱膾炙。而「打棗竿」中尤爲難得，正如孺子之歌，偶然合拍，若有心嵌入，便成惡道。[48]

　　極端讚賞時調民歌之自然合拍，反對有心嵌入。意如同卷

---

46 見黃慶聲，〈試論馮夢龍《掛枝兒》與《山歌》的趣味〉，《古典文學》，第 15 集，頁 523-600。
47 見明·馮夢龍編著：《掛枝兒》，《明清民歌時調集》，頁 68、69。
48 見明·馮夢龍編著：《山歌》，《明清民歌時調集》，頁 173。

〈月〉末評語：「不彫琢而味足，求之舉子業，其成、弘之間乎！」

關於藝術風格與特色的評點文字，爲確切明瞭其評語所對應的曲文，以下擇取數例以表格形式羅列。

曲　名	曲　文	評　語	形式
《掛枝兒·卷一·私部·贈瓜子》	瓜仁兒本不是箇希奇貨。汗巾兒包裹了送與我親哥。一箇箇都在我舌尖上過。禮輕人意重，好物不須多。拜上我親哥也[49]，休要忘了我。	首句舊云：「瓜仁兒本是箇清奇貨」，甚無謂。且與禮輕意重不合。今云：「本不是箇希奇貨」，妙甚。	尾　批
《掛枝兒·卷一·私部·調情》之二之三	俏冤家，扯奴在窗兒外，一口兒咬住奴粉香腮，雙手就解雙羅帶。哥哥[50]等一等，只怕有人來。再一會無人也，褲帶兒隨你解。俊親親，奴愛你風情俏，動我心，逐我意，纔與你相交。誰知你膽大就是活強盜，不管好和歹，進門就摟抱（着）（應爲贅字），撞見箇人來也，親親，教我怎麼好。	亦真。以上二篇，毫無奇思，然婉如口語，卻是天地間自然之文，何必胭脂塗牡丹也。	尾　批
《掛枝兒·卷一·私部·錯認》第二首。	原來是狂風擺花梢，喜變做羞來也，羞又變做惱。	二句描神。	行　批
《掛枝兒·卷一·私部·不湊巧》	香消玉減因誰害，廢寢忘飱爲着誰來？魂勞夢斷無聊賴！幾番不湊巧，也是我命安排。你看隔岸上的桃花也，教我怎生樣去採？	雅甚。亦是緣法篇[51]一小註腳。	尾　批
《掛枝兒·卷四·別部·送別》之一	送情人，直送到門兒外，千叮嚀，萬囑付，早早回來。你曉得我家中並沒箇親人在。我身子又有病，復內又有了胎，就	最淺最俚亦最真。	尾　批

49　此處有一夾批：「愈淡愈直。」見明·馮夢龍編著：《掛枝兒》，《明清民歌時調集》，頁 56。

50　此處有一夾批：「自饒情緻。」見同上註，頁 45。

51　〈緣法〉：「有緣法那在容和貌，有緣法那在前後相交，有緣法那在錢和鈔。有緣千里會，無緣對面遙。用盡心機也，也要緣法來湊巧。」見同上註，頁 40、41。

	是要喫些酸酸也，邢一箇與我買。			
《掛枝兒·卷四·別部·送別》之二	送情人，直送到花園後，禁不住淚汪汪，滴下眼梢頭。長途全靠神靈佑，逢橋須下馬，有路莫登舟。夜晚的孤單也，少要飲些酒。	逢橋須下馬，有路莫登舟，二語絕唱。即入之古樂府何慚。		
《掛枝兒·卷四·別部·送別》之五	送情人，直送到丹陽路，你也哭，我也哭，趕腳的也來哭。趕腳的，你哭是因何故？道是去的不肯去，哭的只管哭。你兩下裏調情也，我的驢兒受了苦。	妙哉！語詼而意諷，送情人諸篇，此爲第一。	尾	批
《掛枝兒·卷四·別部·送別》之七	送情人，直送到黃河岸。說不盡，話不盡，只得放他上船。船開好似離弦箭，黃河風又大，孤舟浪裏顛。遠望桅竿也，漸漸去得遠。	只寫行人之景，而送行者之凄涼，隱然言外。文品最高。	尾	批
《掛枝兒·卷四·別部·憶別》	駕歸舟，欲別去，使我情迤逗。怕分離，不由我痛淚交流。沉沉苦切從今受。舊遊何日續，情恨幾時休。我身子兒鎖住在重門也，魂靈兒還隨你走。	情真意切，切切情語，令人傷痛。	尾	批
《掛枝兒·卷五·隙部·是非》之二	俏冤家，我與你和睦了罷。千不是，萬不是，是我見差。勸多情不必記前番話。恨只恨搬唆的賊，我無端錯聽了他。我豈不諒你的情兒也，何必辨着真和假。	宛如對語。	尾	批
《掛枝兒·卷五·隙部·情淡》之二	想當初，罵一句心先痛，到如今，打一場也是空[52]。相交一旦如春夢，人無千日好，花無百日紅。想起往日的交情也，好笑我真懵懂。	〈打棗竿〉精神多在結句，此獨以起句出人，洵爲難得。	尾	批
《掛枝兒·卷五·隙部·醋》之四	我兩人要相交，不得不醋。千般好，萬般好，爲着甚麼。行相隨，坐相隨，不離你一步。不是我看得你緊，只怕你腳野	真真。語語切至。	行尾	批批

---

52 此處有一夾批：「實話」。見同上註，頁 132。

	往別處去波。你若怪我喫醋撚酸也，你索性到撐開了我。	
《掛枝兒·卷八·詠部·粽子》	五月端午是我生辰到，身穿着一領綠羅襖。小腳兒裹得尖尖趫。解開香羅帶，剝得赤條條。插上一梢兒也，把奴渾身上下來咬。	字字肯題，卻又自然。詠物中最為難得。
《山歌·卷二·私情四句·奢遮》	結識箇姐兒忒奢遮，聽渠咦討荷包咦討鞋。姐道郎呀，你五月端午先掛子荷包去，九月重陽來着鞋。	自有真趣。
《山歌·卷二·私情四句·貪花》	新做頭巾插朵花，姐兒看見就捉手來拿。拿花弗着喫郎摸子妳，郎貪白妳姐貪花。	第二句舊云：『貪花阿姐再捉手來拿。』不如留在末句說出有味。

　　眾多批語中，可見馮氏對於藝術風格上「自然」與「真趣」的極力推許，「最淺最俚亦最真」，此即是時調民歌迥異於文人之作的主要特色所在。正是宛如對語的淺白，最能打動市井小民的心，成為人人喜聽之的時調曲。除了藝術上整體性的評示，馮氏亦在字句之精采處作提示，如「逢橋需下馬，有路莫登舟」，馮氏極口讚曰「絕唱」、「入古樂府何慚」；又《掛枝兒·卷四·別部·送別》之五的「妙哉！語詠而意諷，送情人諸篇，此為第一」，《掛枝兒·卷四·別部·送別》之七的「只寫行人之景，而送行者之淒涼，隱然言外，文品最高」等，引導讀者如何欣賞、比較同題分詠的一系列送別曲。此外，馮氏亦在技巧上微細處作提示，如「打棗竿精神多在結句，此獨以起句出人，洵為難得」，觀此首乃是以「想當初」起句，以倒敘的方式來表達女主人公的心聲，此種方法較罕見亦較特殊，且用在起句，不同於同類時調曲的表達方式，經由馮氏的評點，讀者方可領略此曲在藝術上的特殊性。

八、以評語發表感慨或藉題發揮

　　馮氏常於所錄曲子之後有所感懷，或發表感慨或藉題發揮，以不同的形式表現。

（一）引用詩詞

1.自著詩

　　《掛枝兒‧卷二‧歡部‧感恩》後錄有編纂者自著之〈憶侯慧卿詩三十首〉末一首：「詩狂酒癖總休論，病裏時時盡掩門。最是一生淒絕處，鴛鴦冢上欲招魂。」因曲思人，以詩證曲，相得益彰。

2.附　詞

　　《掛枝兒‧卷一‧私部‧花開》後附何文縝寫給侍兒惠柔詞〈虞美人〉；《掛枝兒‧卷一‧私部‧虛名》附滇人郭舟屋〈竹枝詞〉；《掛枝兒‧卷六‧怨部‧咒》其二附〈踏莎行〉。

3.附　曲

　　《掛枝兒‧卷三‧想部‧帳》附〈訴落山坡羊〉、《掛枝兒‧卷五‧隙部‧是非》附〈哼調山坡羊〉、《掛枝兒‧卷四‧別部‧送別》附吳歌，《掛枝兒‧卷八‧詠部‧攧踢》附〈黃鶯兒〉等。

（二）附錄文人擬作

　　附錄文人擬作以表附和，或翻案、或深化，前者如馮夢龍、白石主人對〈燒窯人〉之一再附和；後者有馮夢龍對〈捉奸〉的擬作與張伯起對〈姹童〉的擬作。

（三）引用謎語、笑話、酒令等

其中以謎語次數最多，共引十七則之多，如《掛枝兒‧卷八‧詠部‧鏡》第四首：

> 鏡子兒，你忒煞恩情淺。我愛你清光滿體態兒圓，那一日不與你相親面。我悶你也悶，我歡你也歡，轉眼見他人也，你又是一樣臉。
>
> 【馮評】：古鏡謎云：「南面而立。北面而朝，象憂亦憂，象喜亦喜。」絕佳。此篇可謂善脫化矣。[53]

所引謎語與曲子相互輝映，可謂恰到好處。

（四）自鑄曲

以自鑄曲藉題發揮，相應和。如《掛枝兒‧卷八‧詠部‧竹夫人》：「分明是竹夫人醋湯婆語，湯婆獨無言乎？余爲代一篇云……」。

（五）精練之語

以精練之語對曲子的內容、主題等發表感慨、藉題發揮，有畫龍點睛之效。如：《掛枝兒‧卷一‧私部‧耐心》：

> 熨斗兒熨不開眉間縐，快剪刀剪不斷我的心內愁，繡花針[54]繡不出鴛鴦扣。兩下都有意，人前難下手，該是我的姻緣，哥[55]，耐着心兒守。
>
> 【馮評】：《雪濤閣外集》云：「妻不如妾，妾不如婢，

53　見同上註，頁 194。
54　此處有一夾批：「恨此句」，見同上註，頁 39。
55　此處有一夾批：「哥字襯得有情」，見同上。

婢不如妓，妓不如偷，偷得着不如偷不着。」此語非深於情者不能道。「耐着心兒守」，妙處正在阿堵。[56]

　　馮氏以此種方式來發表感慨、藉題發揮者最多，以下選取若干曲，以表格形式羅列之，可明瞭其發表感慨或藉題發揮的內容，有助於讀者閱讀時之輔助。

曲　名	曲　文	評　語	形式
《掛枝兒・卷一・私部・愁孕》	悔當初與他偷了一下，誰知道就有了小冤家。主腰兒難束肚子大。這等不尷不尬事，如何處置他。免不得娘知也，定有一頓打。	肚子不湊趣，可恨。	尾批
《掛枝兒・卷一・私部・商議》	俏冤家，近前來，我有句話兒商議。曾囑你，悄悄地休被人知。你緣何人面前常是調情綽趣，妹妹知覺了，恐怕他講是非。一網的兜來也，鉗住他的嘴。	今明一箇馬泊六，只取他不喫醋耳。	尾批
《掛枝兒・卷一・私部・佳期》	燈兒下，細把嬌姿來覷，臉兒紅，嘿不語，只把頭低。怎當得會溫存風流佳婿。金扣含羞解，銀燈帶笑吹，我與你受盡了無限的風波也，今夜諧魚水。	到此一杯淡話，卻是少不得。	尾批
《掛枝兒・卷二・歡部・同心》	眉兒來，眼兒去，我和你一齊看上。不知幾百世修下來，與你恩愛這一場。便道更有箇妙人兒，你我也插他不上。人看看你是男我是女，怎知我二人合一箇心腸，若將我二人上一上天平也，你半斤我八兩。	這天平欺頭否，不然二人定爲情死。	尾批
《掛枝兒・卷二・歡部・金不換》	想起來你那人，使我魂都消盡。看遍了千千萬，都不如你那人。你那人美容顏，又且多聰俊，就是打一箇金人來換，也不換你那人。就是	惟甚愛金，故以金不換爲尤愛。然則可換者亦多矣。余有慨世篇云：「雖有知音，不如名琴；雖有知	尾批

	金人也是有限的金兒也，你那人有無限的風流景。	心，不如黃金。」爲之三嘆。	
《掛枝兒·卷三·想部·癡想》之二	俏冤家，你怎麼去了一向，不由人心兒裏想得慌，你倒把砂糖兒抹在人的鼻尖上。餂又餂不着，聞着撲鼻香，你到丟下些甜頭也，教人慢慢的想。	餂着時，一丟砂糖，有何好處。慢慢的想，卻是無窮受用。	尾　批
《掛枝兒·卷三·想部·想嫁》	嫁了罷，嫁了罷，怎麼不嫁。說許他，定許他，怎能勾見他。秋到冬，冬到春，春又到夏。咬得牙根痛，掐得指尖麻。真不得真來也，假又不得假。	真不得真，假不得假，正是妙境。假則扮戲，真則村裏夫妻耳。	尾　批
《掛枝兒·卷三·想部·盼歸》之二	東君怪道無音耗，鳥不言花不語，等瘦了梅香。昨宵寒去想是他來到。朵朵花枝開笑臉，雙雙好鳥弄聲嬌，守過了二百七十日的淒涼也，春，你少不得也來了。	情人若比春，一般來得穩，一百年也情願等着。	尾　批
《掛枝兒·卷五·隙部·稍書》	稍書人才出得門兒外，喚丫鬟替我去喚轉他來。你見他時切莫說我將他怪。雖然他不是，我自有安排。若說破他的薄情也，惹得薄情心加倍歹。	不說破他，纔由我安排。此婦的是老手。	尾　批
《掛枝兒·卷五·隙部·心虛》	遠遠的望見我冤家到，見他的動靜有些蹊蹺。使奴家心裏突突跳。不合我做了虧心事，被他瞧破怎麼好。且昧着心兒也，罷，拼着和他攪。	既昧了心，攪他做甚。拼着和他攪，畢竟心不容昧。又曰：「我縱與別人好，怎肯把你丟」，真心中之虧心；『拼着和他攪』，虧心中之真心。	尾　批
《掛枝兒·卷五·隙部·發狠》	俏冤家，我與你恩深情厚，我縱與別人好，怎肯把你來丟。你爲何戀新人忘了奴舊。我好勸你你又不聽我，我苦爭你又怕結冤讎。不如狠一狠的心腸也，啐，各自去丟開了手。	說丟開，正是他不忍丟開處，所以佳。	尾批

《掛枝兒·卷六·怨部·假相思》	禿癩鬍梳了箇光光油鬢。缺嘴兒，點了箇種種的朱唇。齆鼻頭，吹了箇清清的簫韻，白菓眼兒把秋波來賣俏，啞子說話教聾子去聽。薄倖人兒說着相思也，這相思終欠穩。	真相思人煞有薄倖處，薄倖人煞有真相思處。莫要一例看人。	尾批
《山歌·卷二·私情四句·弗還拳》	昨夜同郎醉後眠，一言不合就捉我箇鬢來捼。喫渠罵子喫渠打，憶郎君好處只是弗還拳	得此大賢德夫人。	尾批
《山歌·卷五·雜歌四句·親老婆》	天上星多月弗多，雪白樣雄鷄當弗得娥。煮粥煮飯還是自家田裏箇米，有病還須親老婆。	忽然道學。還是無病的日子多。	尾批

透過以上評點文字的呈現，閱讀者若將評點文字與曲文內容相對應，則更能掌握曲文之題旨，同時亦能得馮氏思想旨趣，也更能透解此般評點文字所發揮的效用。馮氏以和讀者對話的方式，或對於曲文內容加以嘲諷、譏刺，或一時興會地對於曲文內之人物言行加以讚美或批評，或是對於曲文的情意抒發一己之心得、見解，或是針動某些論題因曲文的提及而加以發揮、議論一番。而其間之態度，或隨興、或專業，不一而足。

九、結語 —— 馮氏評點的價值

經由前述之分析，對於馮夢龍評點《掛枝兒》與《山歌》的價值，歸結出如下數點：

(一) 指導初讀者閱讀

基於當時市語之特殊性以及吳語方言之拗僻，《掛枝兒》與《山歌》中若干艱澀難懂的字詞，經由馮氏加以標音釋義，使馮氏所纂集寫定的文本，俾於初讀者閱讀，亦有利於此類時調曲之

廣佈流通。

（二）掘發重點關鍵

　　許多評點文字掘發重點關鍵，例如編纂旨趣的提示與呼應，使閱讀者更能明瞭馮夢龍編纂此類時調曲的用意，於閱讀過程中，更易於掌握曲文內在的精神與意旨，方不致為傳統所認為的「不登大雅之堂」的文字所誤解。

（三）保留民間文學題材且豐富完善文本

　　馮氏於評點時附錄許多風俗習慣、社會生活、故事、兒歌，保留了民間文學題材；再者，評點者針對文本所作的增刪修改，緣於時調曲之文本與小說文本一樣，具有「可寫性」的特色，其內容題材或藝術形式並不是一次定型或獨立完成的，都是不斷累積，逐步邁向完善的過程，此是所謂的累積流動性、變異性。蓋時調曲與小說等文體卑下，流傳時之民間性、刊刻之商業性使其文本在傳播及評點過程中不斷變異，而使其編創由「世代累積型」逐件轉向「個人獨創型」的方向演化[57]，而馮夢龍的評語所附錄的民間文學題材或所作的增刪，可謂豐富了文本，深化了文本。

（四）趣味的示讀作用

　　馮氏常以說話者自居的語氣發表感慨或藉題發揮，實以一種與讀者精神共享的閱讀情境來指導、提示讀者閱讀，在眾多看似散漫的評點文字中，為讀者提供了智慧、情感和心靈體驗相互撞

57　參譚帆撰，〈小說評點的解讀——《中國小說評點研究‧導言》〉，《文藝理論研究》，華東師範大學，2000 年 1 期，頁 76-84；張善堂，《聊齋誌異諸家評點研究》，暨南國際大學，中國語文學系研究所碩士論文，2001 年，頁 146。

擊的多重對話系統。馮夢龍是思路活躍而健談的評點家，伶牙俐嘴，指點排調，對曲文中人物極盡欣羨和調侃、同情和嘲諷；有時也把作者或時人拉出來，奉承幾句或捉弄幾句，到了一定的時機，自己本身也現身說法，當場表演一番。[58]

　　這種評語型態，讀者不必誠惶誠恐追究文本的作意爲何，卻以其評點與作者玩弄機鋒，在文本閱讀時形成一種動態的、活潑的論辯語境。這樣的語境，學者以當今時髦的話語形容爲「讀書沙龍」。[59]在閱讀的世界中，讀者與作者、曲中人、評點者、甚至還有評點者臨時拉來助興的時人的多向對話之中，身心投入地同憂樂，共行止，超越了時空障礙而成爲讀書雅集，對於讀者閱讀的樂趣與收穫，自是不在言外。[60]

58　參楊義：《中國敘事學》，嘉義：南華管理學院，1988 年，頁 388。
59　見同上註，頁 420。
60　參蒲彥光：〈傳統評點學試探〉，《中國海事商業專科學校學報》，頁 180、181。

參考文獻

宋・趙彥衛輯：《雲麓漫鈔》，收於楊家駱主編、劉雅農總校：《世界文庫・四部刊要・新校雲麓漫鈔》，台北：世界書局，民 48 年版。

明・馮夢龍編著：《掛枝兒》，《明清民歌時調集》，上海：上海古籍出版社，1986 年版。

明・馮夢龍編著：《山歌》，《明清民歌時調集》，上海：上海古籍出版社，1986 年版。

明・李詡撰、魏連科點校：《戒庵老人漫筆》，北京：中華書局，1982 年版

明・葉盛撰：《水東日記》，北京：：中華書局，1980 年版。

吳連生、駱偉里、王均熙、黃希堅、胡慧斌編著：《吳方言詞典》，北京：漢語大詞典出版社，1995 版。

孫秦安著：《中國評點文學》，上海：上海社會科學院出版社，1999 年版。

陸樹侖：《馮夢龍研究》，上海：復旦大學出版社，1987 年版。

張善堂著：《聊齋誌異諸家評點研究》，暨南國際大學，中國語文所碩士論文，2001 年。

程毅中、程有慶校點：《中國話本大系 —— 京本通俗小說等五種》，杭州：江蘇古籍出版社，1991 年版。

閔家驥、范曉、朱川、張嵩岳編：《簡明吳方言詞典》，上海：上海辭書出版社，1986 年版。

楊義著：《中國敘事學》，嘉義：南華管理學院，1998 年版。

錢乃榮著：《上海話語法》，上海：上海人民出版社，1997 年版。

錢乃榮著：《當代吳語研究》，上海：上海教育出版社，1992 年版。

聶付生著：《馮夢龍研究》，上海：學林出版社，2002 年版。

王國良：〈晚清知識份子的民間文學觀 —— 以諺語、兒歌、山歌、民謠為例〉，台北：淡江大學，《第二屆中國社會與文化學術研討會論文集》，民國 77 年 12 月。

吳承學：〈評點之興 —— 文學評點的形成和南宋的詩文評點〉，《文學評論》第 1 期 1995 年 1 月，頁 24-33。

胡適著；姜義華編：〈歌謠的比較的研究法的一個例〉，《胡適學術文集 —— 新文學運動》，北京：中華書局，1998 年，頁 436-442。

胡明揚：〈三百五十年前蘇州一帶吳語一斑 —— 《山歌》和《掛枝兒》所見的吳語〉，《語文研究》，第 2 輯，1981 年 12 月，頁 93-100。

孫秦安：〈試論中國評點文學的兩個來源〉，《遼寧大學學報（哲學社會科學）》第 5 期，總第 153 期（1998 年），頁 67-71。

蒲彥光：〈傳統評點學試探〉，《中國海事商業專科學校學報》，台北：中國海事專科學校，2005 年 2 月，頁 167-190。

譚帆撰，〈小說評點的解讀 —— 《中國小說評點研究‧導言》〉，《文藝理論研究》，華東師範大學，2000 年 1 期，頁 76-84。

「敎」、「教」二字本義異同探析

孫　劍　秋[1]

一、前　言

　　當前臺灣的教學環境，「敎」、「教」二字在使用上並無分別，不僅教科書編排未特別區分異同，甚至教育部的招牌、宣傳品也常見兩字混用。其實就字形分析，「敎」字可分爲「孝」、「攴」兩個構形，「孝」字本義爲幼童打繩結，「攴」字本義爲「手持木杖以擊物之形」，兩字組合可知「敎」字意爲手持木杖以督促幼童學習。

　　而「教」字爲「孝」、「攴」兩個構形，「攴」字字義同上，「孝」字本義則爲人老佝背之形（或釋爲老者伸手搭於幼子肩上），引伸而有孝順之意。兩字組合或與古代「棒殺老人」之意有關，不宜用於當前重道德倫理的教育之上。以下分別說明之。

二、釋「敎」字

　　「敎」字，《說文解字》釋爲：「上所施，下所效也。从攴，从孝。」[2]按：此字甲骨文作「𣏾」，金文作「𣪘」，小篆作「𢼅」，

1　孫劍秋　國立台北教育大學語文與創作學系教授兼華語文中心主任。
2　王初慶《中國文字結構—六書釋例》：《繫傳》及段注本作「从攴孝」，大徐本作「从攴从孝」，謹按：上所施與下所孝，當屬兩個概念，今從大徐。見 322 頁。台北市，洪業文化事業有限公司，2003 年 11 月初版。

字形皆象以手持杖，鞭策幼兒學習打繩結之技巧。[3]曾忠華先生指出，楷書寫作「教」，「孝」是由「爻」形變而來。[4]許進雄先生也指出，學和教是一事的兩面。學字爻旁的兩手是表示打繩結的動作。而教字則是作繩結之旁多一手執鞭之狀，表示以處罰勸誡孩童專心學習打結技巧。[5]綜合以上諸家說法可以確定，教字的正確字形是「左上為爻，左下為子，右為攴。」

右「攴」字，《說文解字》釋為：「小擊也，从又卜聲。」馬如森先生以為會意字，並釋為「手持木杖以擊物之形」[6]。曾忠華先生也將「攴」釋為手拿棍棒以示敲打之意，並指出小篆字形「攴」，隸變之後寫作「攵」，於是从攴的字，有的寫作攵，有的寫作攴。[7]

三、釋「孝」字

「孝」字，《說文解字》釋為：「善事父母者，从老省，从子，子承老也。」按：本字甲骨文作「孝」，金文作「孝」，小篆作「孝」。[8]對於這個字的字形，王初慶先生指出：《說文》釋老之形構「从人、毛、匕，言須髮變白也。」是望文生義的解法，他認為應該依《甲骨文編》釋為「象人老佝背之形」，並釋形為「从老从子，以示子之承老，為並峙見意之會意。然其字狹長，

---

3 此處甲骨、金文、小篆字形，依曾忠華《常用字探原》，398-399 頁所自繪，以下皆同。台北市，五南圖書出版有限公司，1992 年 5 月初版。
4 同註 2，399 頁。
5 許進雄《中國古代社會 —— 文字與人類學的透視》，頁 416-417。台北市，商務印書館，1998 年 11 月修訂版 2 刷。
6 馬如森《殷墟甲骨文引論》，頁 407。高雄市，麗文文化事業股份有限公司，1997 年 1 月初版。
7 同註 2，393 頁。
8 同註 1，379 頁。

於是省老以容子，乃爲行款之故。」[9]許進雄先生則認爲「孝」字始見於金文，其形作一老人以手搭在幼兒頭上之狀。[10]

不論「孝」字始見於甲骨或金文；其義爲人老佝背之形或老人以手搭幼兒頭上，此字確定與老人有關。如此一來，「孝」字與「攴」字組合的「教」字，其義是否爲「以杖擊殺老人」以助其投胎轉世呢？

四、生死循環的關鍵 —— 破體流血

爲什麼「以杖擊殺老人」在古代是一種孝道行爲？古人不瞭解生與死的關連，但是當認識到新生命（靈魂）的產生是伴隨血水而來，自然也會認爲生命的結束應該要伴隨血水而去。因此遠古許多民族都懼怕不流血的自然死亡，會讓生命循環中斷。所以古代中國也有將體弱多病或無謀生能力老人杖擊而死，使其血液流出，以助其投胎轉世的記載。許進雄先生在《中國古代社會》中說的很清楚：

> 在文明人看來，那是很不人道的野蠻行為，為法律、人情所不許。但價值取決於觀念．在有那種思想的時代，打死親人卻是為人子者所應盡的孝道，否則死者靈魂會因為不能再生而前來騷擾親人，成為全家真正的不幸。[11]

他指出：甲骨文的𢼄（微）字，作一手持棍棒撲打微弱長髮老人之狀。對古人來說，以一老弱殘病之軀，經過杖擊流血，將來可投胎重新獲得健康身軀，不論是親或子，都會認爲是一種解脫與孝道，而不會有遺憾。[12]等到社會發展到將屍體斂藏於棺木，

9　同註 1，380 頁。
10　同註 4，418 頁。
11　同註 4，399 頁。
12　同註 10。

有些地區就變通將身體某部分切割下來一起埋葬，以取代暴力的放血儀式。[13]再到全屍埋葬的觀念形成後，就發展出象徵性的放血儀式。一種是在往生者的胸前刺上花紋，甲骨文的 夃（文）字，可爲代表。[14]一種則是將棺木內緣漆成紅色，或將紅色粉末撒於棺內，以象徵破體流血的儀式，甲骨文的 㗊（死）字，可爲代表。[15]

　　所以依照「教」字字形的組合，將字義解釋爲「杖擊老人」，應該是合理的。

五、結　語

　　本文認爲「孝」字與「攴」字組合的「教」字，字義原本與「教育」無涉，而是與「杖擊老人」有關，這個意義在古代是孝道的表現，但是在現代重倫常的社會環境中，不容易被大家所接受。而古代教育有結繩記事的事實，且「教」字與「學」字部件中均有「爻」字，可見「教」字方符合教學之本意。因此在書寫「教育」這個詞彙時，應該還是以「孝」、「攴」兩個構形組成的「教」字爲最正確。

13　參見肖兵〈略論西安半坡等地發現的割體葬儀〉，《考古與文物》第四
　　期，73-77頁，1980年。
14　同註 4，403 頁。
15　同註 4，398 頁。

「紀念瑞安林尹教授百歲誕辰學術研討會」議程

會議時間：98 年 12 月 19 日（星期六）、20 日（星期日）

會議地點：臺北市和平東路一段 129 號　國立臺灣師範大學綜合大樓國際會議廳 509、508

第一日議程

時　間	地　點	12 月 19 日（星期六）		
		議　　　程		
08:30-09:00	綜合大樓	報　　　到		
場　次	地　點	主持人	主講人	論　文　題　目
09:00-09:30	國際會議廳 509	顏瑞芳	李　鍌	開　　幕　　式
09:30-10:20	國際會議廳 509	陳麗桂	陳新雄	專　題　演　講 高 山 仰 止 景 伊 師
10:20-10:30	國際會議廳 509	家　屬　致　謝　詞		
10:30-10:45	國際會議廳 509	茶　　　敘		
10:45-12:10 第一場 A	國際會議廳 509	邱燮友	賴貴三	林尹景伊教授《易》學管窺
			吳　璵	尚書五誓析論
			余培林	〈國風〉本非民歌
			杜忠誥	說「妘」
10:45-12:10 第一場 B	綜 508	羅宗濤	季旭昇	清華簡〈保訓〉「維王五十年」淺說
			楊晉龍	論經學和思維在臺灣教育及研究上的意義
			許錟輝	《說文》一字多義例釋要
			蔡信發	從大陸回歸姓氏「异体字」或「繁体字」可見正體字恢復的訊息
12:10-13:20	國際會議廳 509	午　　　餐		

場　次	地　點	主持人	主講人	論　文　題　目
13:20-14:45 第二場 A	國際會議廳 509	王初慶	莊雅州	論漢字之特質及其與文學體裁之關係
			曾榮汾	林景伊先生於當代文字整理之功
			施向東	關於漢語普通話聲母 r 的問題
			陳新雄	古韻三十二部音讀之擬測
13:20-14:45 第二場 B	綜 508	戴璉璋	王關仕	林薛應制詩析論
			林慶勳	清代冊封副使李鼎元的琉球文化行腳 —— 以《球雅》、採風為中心
			張意霞	周秦童謠聲律析論
			林曉筠	論王國維詩作之分類與分期
14:45-15:05	國際會議廳 509			茶　　　敘
15:05-16:30 第三場 A	國際會議廳 509	尤信雄	潘柏年	論陳澧處理《廣韻》同韻二音衝突之 方法及其得失
			何昆益	談《切韻指掌圖》序例中的幾個問題
			柯響峰	《白虎通義》中的複聲母問題
			金周生	論同義多音字的類型與異義多音字的 併讀
15:05-16:30 第三場 B	綜 508	王國良	葉政欣	論漢高祖劉邦 —— 附論呂后並澄清若 干誤解
			李　鍌	揚雄之性命觀
			劉文起	《荀子・禮論篇》正補
			胡楚生	《淮南子・主術訓》中儒道法三家思 想之合流與互補
16:30-17:55 第四場 A	國際會議廳 509	簡宗梧	賴明德	司馬遷對法家思想的論述
			趙麗明	從漢字傳播看六書層次
			陳麗桂	上博（七）〈凡物流形〉前後文之義 理對應與「察一」哲學
			姚榮松	近十年來兩岸當代新詞及流行語的比 較分析
16:30-17:55 第四場 B	綜 508	周虎林	孫劍秋	「敎」、「教」二字本義析論
			王更生	中國大陸近五十年（1949-2000）「《文 心雕龍》學」研究概觀 —— 以戚良德 著的《文心雕龍學分類索引》為依據
			陳松雄	老莊與南朝麗辭
			吳世畯	從漢-韓比較看幾個上古漢語複聲母 問題
17:55~				晚　　　餐

第二日議程

時　間	地　點	12月20日（星期日）		
		議　　　程		
場　次	地　點	主持人	主講人	論　文　題　目
08:30-10:15 第五場 A	國際會議廳 509	傅錫壬	許世旭	中華文化的雙層、雙重結構
			瀨戶口 律子	談琉球官話課本中的 "替" 字
			司仲敖	袁枚續詩品析論
			黃慶萱	修辭學與中國文學的對話
			張文彬	「為…所」句型解 —— 從沈復「二蟲盡為所吞」句說起
08:30-10:15 第五場 B	綜 508	張素貞	陳錫勇	通行本《老子》訛誤舉証
			張娣明	中國陶淵明與日本大伴旅人的詩學
			廖志超	另闢蹊徑，獨創異境 —— 蘇軾〈昆陽城賦〉考論
			康世統	《詩經.周南.螽斯》「振振」詞探析
			劉淑娟	評點的多元面向 —— 馮夢龍《掛枝兒》、《山歌》評語探究
10:15-10:35	國際會議廳 509	茶　　　敘		
10:35-11:35	國際會議廳 509	陳麗桂	李添富 王文顏 柯淑齡	綜　合　座　談
11:35-11:50	國際會議廳 509	李　鍌 陳新雄 顏瑞芳		閉　　幕　　式

※說明：2日計發表 10 場 42 篇論文，1 場專題演講，
　　　　1 場綜合座談。

　　　　每場主持人 5 分鐘，發表人各 15 分鐘，其餘為
　　　　共同討論時間。

紀念瑞安林尹教授百歲誕辰學術研討會匯款名冊

匯（繳）款日期	匯（繳）款人	繳款金額	匯（繳）款日期	匯（繳）款人	繳款金額
97.4.15.	康世統老師	$30,000	98.10.14.	李　鍌老師	$20,000
97.10.17.	李添富老師	$10,000	98.10.14.	陳松雄老師	$10,000
97.10.17.	王初慶老師	$10,000	98.10.22.	司仲敖老師	$10,000
97.10.24.	黃慶萱老師	$20,000	98.10.29.	曾榮汾老師	$10,000
97.10.24.	王關仕老師	$10,000	98.11.2.	莊雅州老師	$10,000
97.11.20.	王更生老師	$10,000	98.11.3.	許錟輝老師	$10,000
97.12.02.	黃坤堯老師	$10,000	98.11.3.	蔡信發老師	$10,000
98.2.18.	陳新雄老師	$20,000	98.11.3.	陳麗桂老師	$10,000
98.4.15.	余培林老師	$20,000	98.11.3.	柯淑齡老師	$10,000
98.5.22.	楊晉龍老師	$10,000	98.11.3.	廖志超老師	$10,000
98.6.10.	張文彬老師	$10,000	98.11.7.	杜忠誥老師	$10,000
98.6.10.	張意霞老師	$10,000	98.11.18.	林慶勳老師	$10,000
98.6.10.	潘柏年老師	$10,000	98.12.2.	季旭昇老師	$10,000
98.6.10.	林曉筠老師	$10,000	98.12.2.	金周生老師	$10,000
98.7.15.	何昆益老師	$10,000	98.12.2.	賴貴三老師	$10,000
98.8.4.	柯響峰老師	$10,000	98.12.4.	吳　璵老師	$10,000
98.9.23.	葉政欣老師	$10,000	98.12.4.	張娣明老師	$10,000
98.10.5.	陳錫勇老師	$10,000	98.12.10.	姚榮松老師	$10,000
98.10.12.	劉文起老師	$10,000		教育部國語會	$30,000
98.10.12.	賴明德老師	$10,000			

至 98 年 12 月 10 日

入帳總金額 **$470,000**

籌備暨工作人員名錄

籌備委員：尤信雄、文幸福、王　甦、王三慶、王文顏、王多珍、
王更生、王初慶、王金凌、王偉勇、王國良、王開府、
王隆升、王關仕、王讚源、亓婷婷、古國順、司仲敖、
左松超、皮述民、成　玲、朱守亮、朱鳳玉、朱榮智、
何淑貞、余培林、吳　璵、呂　凱、宋建華、宋新民、
李　鍌、李威熊、李添富、李殿魁、李瑞騰、杜忠誥、
沈秋雄、汪　中、汪中文、周虎林、周益忠、周聰俊、
季旭昇、林平和、林礽乾、林明德、林啓屏、林慶勳、
竺家寧、邱德修、邱燮友、金周生、姚榮松、柯淑齡、
洪燕梅、胡楚生、孫劍秋、徐信義、徐漢昌、徐麗霞、
耿志堅、康世統、張文彬、張高評、張曉風、張夢機、
張慧美、莊雅州、莊耀郎、許學仁、許錟輝、郭乃禎、
郭鶴鳴、陳　韻、陳文華、陳弘昌、陳松雄、陳梅香、
陳新雄、陳廖安、陳滿銘、陳瑤玲、陳維德、陳德昭、
陳慶煌、陳錫勇、陳麗桂、陳啓佑、凌亦文、崔成宗、
傅武光、傅錫壬、曾昭旭、曾榮汾、黃永武、黃坤堯、
黃明理、黃春貴、黃登山、黃湘陽、黃慶萱、黃靜吟、
楊昌年、葉政欣、葉鍵得、董忠司、董金裕、董俊彥、
趙中偉、劉文起、劉正浩、劉兆祐、潘麗珠、蔡孟珍、
蔡宗陽、蔡信發、蔡根祥、蔡崇名、鄭明娳、鄭阿財、
賴明德、賴貴三、鮑國順、應裕康、戴麗珠、戴瑞坤、
謝大寧、謝海平、簡明勇、簡宗梧、顏瑞芳、羅宗濤

召集人：李　鍌教授
總幹事：顏瑞芳主任
文書組：沈維華老師、簡惠琴助教、石建熙助教
總務組：陳廖安老師、許雯怡助教、吳靜評助教
論文組：吳瑾瑋老師、許文齡助教、蔡慧瑜助教
議事組：賴貴三老師、林宜靜助教、劉念慈助教
接待組：黃麗娟老師、劉純妤助教

國家圖書館出版品預行編目資料

紀念瑞安林尹教授百歲誕辰學術研討會論文
集 / 國立臺灣師範大學國文學系主編. --
初版. --臺北市：文史哲, 民 98.12
　　頁：　公分
　　含參考書目
　　ISBN 978-957-549-877-1 (全套：平裝)

1.論文－講詞

030

紀念瑞安林尹教授百歲誕辰
學術研討會論文集

主　編　者：國立臺灣師範大學國文學系
出　版　者：文　史　哲　出　版　社
　　　　　http://www.lapen.com.tw
登記證字號：行政院新聞局版臺業字五三三七號
發　行　人：彭　　　正　　　雄
發　行　所：文　史　哲　出　版　社
印　刷　者：文　史　哲　出　版　社
臺北市羅斯福路一段七十二巷四號
郵政劃撥帳號：一六一八○一七五
電話 886-2-23511028・傳真 886-2-23965656

全二冊平裝新臺幣一四八○元

中華民國九十八年（2009）十二月初版